Français, qui êtes-vous ?

DES ESSAIS ET DES CHIFFRES

sous la direction de :
Jean-Daniel Reynaud et Yves Grafmeyer

avec la collaboration de :
G. Adam, F. Balle, S. Berger, F. Bloch-Lainé, R. Boudon, J. Commaille, J.-L. Donnadieu, F. Dubet, F. Dubost, A. Girard, J. Guyaz, R. Lenoir, H. Mendras, P. Morin, R. Moulin, J. Pitts, R. Rémond, R. Sainsaulieu, M. Segalen, F. Sellier, C. Stoffaes, E. Suleiman, C. Tasca, A. Teissier du Cros, N. Thiéry, A. Touraine, M. Verret, A. de Vulpian, L. Wylie, Th. Zeldin.

La Documentation Française.

ISBN 2-11-000 700-1

paru également dans la Collection « Notes et Etudes documentaires »
N°s 4627-4628, La Documentation Française, Paris, 1981.

Sommaire

Education et vie intellectuelle

Les opinions exprimées dans cet ouvrage n'engagent que les auteurs

Avant-propos

Croissance économique, exode rural, extension du salariat, hausse du niveau d'instruction : les changements qui ont marqué la France depuis 1945 sont nombreux et bien connus. Mais qu'en est-il des Français eux-mêmes ? Ont-ils changé en profondeur dans leurs attitudes, leurs comportements, leurs rapports à autrui et aux institutions ? Telle est la question à laquelle le présent ouvrage, auquel ont collaboré une trentaine de spécialistes de renom, propose d'importants éléments de réponse.

Ce livre documentaire, mais d'un titre et d'une teneur inhabituels parmi les publications de la Documentation française, n'aurait pu voir le jour sans le rôle essentiel qu'aux côtés de Jean-Daniel Reynaud et d'Yves Grafmeyer joua Henri Mendras dans sa genèse, dans la définition de ses orientations générales et de son architecture, et aussi par les contacts qu'il assura avec nombre des auteurs sollicités. Qu'ils soient tous trois très vivement remerciés, ainsi que tous les auteurs de cet ouvrage collectif, qui ont bien voulu présenter, chacun sur un thème défini, des contributions précieuses auxquelles la brièveté imposée confère souvent une exceptionnelle densité. Remercions particulièrement ceux qui nous viennent de l'étranger : le miroir amical et parfois cruel qu'ils nous tendent, même lorsque l'image qu'ils donnent nous choque, mérite d'être scruté.

Moins qu'une synthèse, — qui aurait été ambitieuse à l'excès, et sans doute prématurée —, mais plus qu'une simple collection d'essais, cet ouvrage est nourri d'un important ensemble de données quantitatives. Ces chiffres, ces tableaux, ces graphiques ont leur cohérence propre et livrent des repères utiles pour saisir les évolutions de la société française contemporaine. Ils ont été regroupés par grandes rubriques en annexe de chacune des quatre parties du livre et peuvent être consultés indépendamment des articles, dont ils ne constituent pas un pur et simple commentaire statistique. Quelques renvois sont toutefois assurés dans certains textes par des notes en bas de pages.

Certes, de nombreux aspects de la société et de la culture françaises n'ont pas fait l'objet de contributions spécifiques ; d'autres institutions auraient également pu être prises en compte — elles le sont, de façon systématique, dans une autre publication de la Documentation Française *. Ce n'est pas l'exhaustivité qui a été ici recherchée, mais plutôt une diversité aussi large que possible des thèmes et des points de vue, qui fait la richesse de cette œuvre collective.

Jean-Louis Crémieux-Brilhac
Avril 1981

* Par exemple : *Les institutions sociales de la France,* ouvrage collectif sous la direction de Pierre Laroque, 1 200 pages, 1980.

Introduction

Jean-Daniel Reynaud

Le changement et la stabilité

Dans les trente-cinq ans qui se sont écoulés depuis la fin de la deuxième guerre mondiale, la société française a-t-elle profondément changé ? Est-elle restée, dans ses profondeurs, la même ?

Comme toutes les économies industrielles, elle a connu un développement sans précédent (sans doute même le contraste est-il plus fort que pour l'Allemagne ou les États-Unis) et la progression du produit national brut s'est accompagnée de la transformation, bien prédite, de la population active : réduction brutale du nombre des agriculteurs et fin des paysans ; augmentation de la proportion de salariés et tout particulièrement de ceux du secteur tertiaire ; augmentation du nombre et de la proportion des employés, gonflement très rapide de catégories de salariés les plus qualifiés, techniciens, cadres moyens et supérieurs, et des professions libérales ; arrivée massive d'immigrants, d'abord des pays les plus proches, Espagne et Portugal, puis de plus en plus de l'Afrique, blanche ou noire. Comme ailleurs en Europe occidentale, le grand retournement économique de 1973-1974 a arrêté brutalement cet afflux. Il a fait succéder au plein-emploi (qui, à vrai dire, s'effritait depuis dix ans) un chômage important et durable. Il a freiné la croissance jusqu'à l'arrêter en certaines périodes (1980 en est une). Il n'a pas conduit au repli sur soi, à la fermeture des frontières économiques, il n'a pas fait revenir sur l'ouverture à l'extérieur (à l'Europe, mais aussi aux échanges internationaux) qui avait été la grande décision des années cinquante.

D'autres changements, moins directement liés à la croissance économique, sont tout aussi importants. Comme dans tous les pays développés, le niveau d'éducation a fait un bond en avant : la plupart des enfants vont à l'école de 3 à 16 ans et l'université accueille un quart de la classe d'âge à l'entrée. L'explosion scolaire a eu lieu, même si le mouvement semble aujourd'hui avoir atteint ses limites (sont-elles définitives ? pourquoi s'arrêterait-il bien en deçà de ce qu'il a atteint au Japon, aux États-Unis ?). Les rapports entre les âges ont-ils beaucoup changé ? On peut en discuter, mais il est certain que les groupes les plus jeunes ont eu une capacité particulière de mobilisation et de contestation, dont Mai 1968 reste le symbole — comme il est certain qu'ils sont les premiers frappés par la nouvelle donne économique qui rend plus difficile et plus douloureuse leur entrée au travail. Les rapports entre les sexes, eux, sont en plein bouleversement (même si ce bouleversement n'a pas de manifestations spectaculaires) : l'activité professionnelle des femmes s'élève rapidement, même dans une conjoncture adverse, et tout particulièrement, malgré les barrières des traditions et des charges familiales, dans les emplois les plus qualifiés (ce que justifie le niveau de scolarisation des filles, un peu supérieur à celui des garçons). Les inégalités et la division traditionnelle des tâches (professionnelles ou domestiques) entre les sexes sont profondément remises en question. Largement du fait de cette redéfinition des rôles féminins, le mariage semble une institution ébranlée : on se marie plus tard, il reste plus de célibataires (les deux faits inversant une tendance à long terme), on a moins d'enfants (juste autant qu'au Japon, mais plus qu'en Allemagne fédérale et moins qu'aux États-Unis).

Face à ces changements profonds — et qui, au degré près, sont communs à tous les pays développés — ceux qui étudient les institutions sont plutôt frappés de leur stabilité. Certes, la France a connu en 1958 un changement de constitution qui a singulièrement renforcé les pouvoirs de l'exécutif en la dotant d'un régime qu'on peut appeler semi-présidentiel. Certes aussi, elle a connu en 1968 une fausse révolution, en tout cas un bref moment d'exaltation et d'incertitude, de vide du pouvoir et de libération du rêve. Mais, dans les années soixante-dix les partis politiques ont peu changé : la moitié droite de l'hémicycle avait gagné un ou deux points aux élections jusqu'en 1978 et elle maintenait, derrière des déchirements évidents, une unité fragile ; trandis que la moitié gauche était vigoureusement divisée et campait sur ses positions. En trente ans, l'électorat du parti communiste avait légèrement fluctué autour d'une moyenne de 21 ou 22 %. Les principales organisations syndicales avaient, à quelques points près, leur influence de 1950. Il y a toujours 36 000 communes et 36 000 maires. L'administration est toujours aussi compétente, éclairée et impérieuse et elle recrute toujours ses meilleurs commis au sortir des grandes écoles. La seule différence est qu'il y a plus de prétendants pour ces filières de l'élite, que la concurrence est plus âpre.

Les acteurs et les règles

Immuable ou changeante ? Ceux qui détiennent des responsabilités, ceux qui ont à prendre des décisions ne sont pas tentés de donner à cette question une réponse simple. Une société, ce n'est pas seulement un ensemble d'acteurs sociaux, individuels ou collectifs, de groupes dont la taille augmente ou diminue, qui défendent des intérêts et des convictions, qui ont des préférences (et qui en changent), une culture, un style de relations. C'est aussi un système avec ses régulations : par des règles, de coutume ou de droit, avec leurs sanctions et leurs contraintes ; par des valeurs, plus ou moins communes, plus ou moins acceptées qui les fondent ou servent à les justifier ; par des institutions qui inculquent, défendent ou affaiblissent ces valeurs, font vivre ces règles, assurent leur stabilité ; qui, aussi, les réforment, les corrigent, en inventent d'autres.

Ces régulations ne sont pas indépendantes du poids des groupes sociaux et de leurs pouvoirs. Elles ne sont pas, en tout cas pas toujours, l'expression d'un miraculeux accord des consciences individuelles ou de la profondeur mystérieuse d'une conscience collective. Elles portent la marque des conflits et des affrontements, elles sont des compromis entre des valeurs et des intérêts divergents. Même si elles ne relèvent pas toutes, bien loin de là, d'une délibération explicite, elles sont des décisions sociales et elles ont, de la décision, l'incertitude et la dignité.

Elles en ont aussi la fragilité. Les transformations des groupes sociaux, des organisations, des entreprises, entraînent aussi parfois des changements d'équilibre, des changements des rapports et des changements des règles. La légitimité d'une pratique n'est pas acquise une fois pour toutes. Elle s'affaiblit ou se renforce sans cesse, et généralement elle ne survit que par sa transformation. Il n'est pas trop difficile, dans une société, de recenser les catégories socio-professionnelles, d'estimer leurs revenus, de connaître les organisations qui les représentent et les défendent, de supputer leurs pouvoirs et leurs moyens d'action. Il est plus difficile, à partir de là, de prédire les transformations des régulations, c'est-à-dire finalement des rapports sociaux qui donnent sa figure à l'ensemble.

C'est sur ces régulations que nous voudrions nous interroger, en introduction à ce volume. Sans entrer dans l'étude du système politique proprement dit, nous voudrions en montrer le fondement, esquisser non un portrait des Français, mais une analyse de leurs liens sociaux, de ceux qui se défont, de ceux qui se resserrent. Nous emprunterons librement aux auteurs que l'on va lire, à qui nous devons beaucoup, bien qu'ils ne portent évidemment pas la responsabilité de nos propos. Nous sommes bien conscients du caractère incertain, voire spéculatif de cet essai. Mais les sciences sociales mériteraient-elles une heure de peine si elles ne servaient pas, au-delà du comptage des têtes et du répertoire des pratiques, à éclairer le fonctionnement et les transformations possibles des systèmes sociaux ?

Le renouvellement des valeurs et des acteurs sociaux

L'air du large

La société française n'a jamais vécu refermée sur elle-même. Du XVIe au XIXe siècle, cette nation de paysans a été aussi une nation de marins, de commerçants, de voyageurs, de colonisateurs. Mais la deuxième moitié du XXe siècle aurait pu être le moment du grand repli : une économie ruinée devait concentrer ses efforts sur le territoire national et renoncer pour quelque temps aux exportations de capitaux ; pour une puissance devenue moyenne, les illusions des premiers rôles internationaux étaient interdites ; le reflux de la colonisation et la montée des indépendances ramenaient l'empire (ou l'Union française) à l'hexagone (douloureusement et difficilement, jusqu'en 1962) ; une recherche scientifique défaillante, une technologie en retard laissaient peu de chances au rayonnement de la culture.

C'est cependant le contraire qui s'est produit. Même si l'on a été souvent sensible à l'étranger à l'archaïsme des guerres coloniales, au goût ombrageux de l'indépendance, aux affirmations provocantes du nationalisme, là n'est pas le plus important. La France a renoncé plus difficilement que la Grande-Bretagne aux prérogatives et aux privilèges coloniaux. Mais elle a en même temps contribué, parmi les premières, à inventer l'Europe. L'élan patriotique et national de la Résistance a abouti, en quelques années, au début de la construction européenne. Au moment même où elle ne perdait que pied à pied les illusions de la domination militaire en Asie et en Afrique, la France décidait l'ouverture des frontières économiques et acceptait le jeu de la concurrence et de la communauté. Avec des pays proches, il est vrai, par la civilisation, les mœurs et l'économie, riches d'un long héritage d'échanges, rapprochés par leur réduction à un statut de puissance secondaire et aussi par la peur de voir renaître leurs déchirements d'antan. Il n'est pas tout à fait banal qu'un des premiers pays inventeurs de l'État-nation, et certainement l'inventeur de sa forme la plus centralisée, ait été aussi un des inventeurs de la supra-nationalité, si contestée qu'elle puisse être.

L'apprentissage des contraintes économiques

Les conséquences pour la société française sont profondes. Elles vont bien au-delà du goût des voyages, de l'apprentissage des langues étrangères (c'est-à-dire pour l'essentiel, de l'anglais) ou du passage des étudiants avancés par les États-Unis. Sous le couvert du culte de l'indépendance, soigneusement célébré par tous les partis politiques, de l'extrême-droite à l'extrême-gauche, c'est bien le nationalisme traditionnel qui s'affaiblit ou plutôt qui change de sens. Un jeune Français aurait peine, aujourd'hui, à prendre un désaccord entre la France et l'Allemagne plus au tragique qu'un conflit entre les producteurs de fruits de la vallée du Rhône et ceux du Roussillon. Il écoute avec quelque complaisance ceux qui lui réaffirment son identité (sa langue, sa culture, ses goûts), mais il n'a plus besoin de l'affirmer par l'exclusion. Le Français s'est toujours cru citoyen du monde, parce qu'il était convaincu que la France en était le centre. Il l'est aujourd'hui un peu davantage, parce qu'il sait bien qu'elle ne l'est plus.

Mais la conséquence la plus frappante est probablement la découverte et l'apprentissage des comportements économiques. Puisque le temps est celui de l'échange et non plus celui de la conquête, de l'investissement et de l'exportation et non plus de l'exploit militaire du corsaire ou du conquérant, les Français ont appris l'économie. Non pas la science économique, où jusqu'ici ils ne brillent que d'un éclat discret, comparés à leurs voisins de Grande-Bretagne ; mais la pratique. La planification, c'est-à-dire l'important mouvement de consultations, d'échanges, de création d'idées qui s'est fait autour du modeste commissariat au Plan, a été un des facteurs importants de ce changement. Il ne suffit pas de dire qu'une nation restée plus paysanne que ses voisins s'est industrialisée. Les paysans en ont donné eux-mêmes l'exemple. La fin des paysans, ce n'est pas seulement le départ de la terre de millions d'entre eux, c'est aussi la transformation de centaines de milliers d'entre eux en entrepreneurs agricoles. Encadrés, il est vrai, par un formidable appareil corporatif, d'autant plus solide qu'il distribue une masse considérable de fonds ; mais il reste vrai que le mouvement s'est fait et qu'avec des résultats encore limités, l'agriculture est entrée dans l'économie internationale. Les agriculteurs tentent d'exporter.

Dans les convictions et les valeurs des Français (d'abord des milieux dirigeants, mais sûrement d'une part importante de la population), la découverte de ce nouveau champ d'action n'est pas allée sans naïvetés, bien apparentes aujourd'hui. La modernisation, la croissance ont parfois, même parmi les intellectuels, servi de pierre de touche pour séparer le bien et le mal (ou pour discerner le sens de l'histoire). Au-delà de leur portée bien réelle (apprendre à respecter les faits, obliger les parties intéressées à confronter ouvertement leurs prétentions, discerner le possible, diagnostiquer les problèmes, anticiper les difficultés), les opérations du Plan ont parfois pris une valeur symbolique, voire magique, attachant directement à un taux de croissance une « ardente obligation ». Les changements de la conjoncture ont montré la fragilité des prévisions, les menaces du nouvel ordre économique international ont conduit à plus de réalisme, l'expérience et la réflexion à plus de réserves sur l'appréciation du progrès. L'État a moins la prétention de fixer des objectifs de production et de consommation et davantage la responsabilité de réunir les conditions de l'initiative. On n'en est plus au temps de la reconstruction, mais à celui de la compétitivité, où il faut trouver les créneaux que l'on peut défendre dans une concurrence internationale (1), quitte à différencier davantage secteurs protégés et secteurs exposés (2). On peut, certes, discuter — et l'on ne s'en fait pas faute — la manière dont le gouvernement de 1980 traite ces problèmes. Il est difficile de les éluder.

L'entreprise et les cadres

Les changements des attitudes et des valeurs vont bien au-delà des programmes politiques ou des débats électoraux. Ils ne se réduisent pas à l'idéologie, néo-libérale par exemple, que l'on peut essayer de bâtir sur eux (non sans succès). Ils touchent les comportements des entrepreneurs, des salariés, des consommateurs, des administrations. Même si l'on ne croit plus aujourd'hui à la supériorité automatique des mastodontes, une forte concentration des entreprises s'est réalisée. Parallèlement, les petites et moyennes entreprises ont pris un nouveau prestige. Dans la conjoncture des années 80, l'esprit d'entreprise n'a sans doute plus le visage triomphant de l'expansion, plutôt la figure sévère de l'économie de main-d'œuvre et de la modération des salaires. Du moins est-il important que les associations professionnelles prétendent représenter une fonction plutôt qu'une catégorie sociale, la capacité d'entreprendre plutôt que le patrimoine.

Cette transformation n'est pas seulement celle des dirigeants ou des cadres très supérieurs. Pour tous ceux qu'un bagage de formation ou un diplôme privilégient sur le marché du travail, la carrière a changé de sens. Peut-être parce que la fidélité n'est plus guère récompensée, et que les positions acquises sont soumises à plus d'aléas, la carrière professionnelle est devenue davantage une aventure où le cadre, entrepreneur de sa propre main-d'œuvre, essaie de calculer ce qu'il peut tirer de ses capacités et ce qu'il peut risquer. Dans les cas les plus traditionnels, cela veut dire, pour le fonctionnaire d'un grand corps, pour le cadre à haut potentiel, une série de « missions » successives. Dans des cas encore marginaux, un partage entre des périodes lucratives et des périodes de réflexion, voire de création, des arbitrages entre les nécessités pratiques et le libre développement des goûts. Réciproquement, le cadre accepte davantage, en partie sous la contrainte, d'être jugé à ses résultats plus qu'à sa loyauté ou au prestige de l'école dont il est sorti. Ce type de comportement professionnel, qui est peut-être aujourd'hui le ressort principal de ce qu'on appelle un peu abstraitement l'esprit d'entreprise, a tendance à s'étendre aux techniciens, aux employés, voire aux ouvriers qualifiés. Certes, la protection la plus sûre, celle

(1) Michel Crozier, Réflexions sur le VIIIe Plan, *Le Monde,* 8 et 9 août 1980.

(2) *Réflexions sur l'avenir du travail,* Commissariat général au Plan, La Documentation française, 1980.

que l'on recherche d'abord, c'est le statut, la garantie d'emploi, l'avancement à l'ancienneté. Il faut disposer de beaucoup d'aisance (ou d'atouts tout à fait exceptionnels) pour se permettre de les dédaigner. Mais ce n'est plus le seul modèle. On apprécie, avec une sympathie mêlée d'envie, celui qui se risque, on mesure aussi mieux l'effort qu'il fait. Les critères d'efficacité sont parmi les moins contestés, notamment pour les différences de salaires.

Défense de l'emploi et responsabilité économique

L'extension du chômage, les licenciements collectifs, les fermetures d'entreprises ont souvent provoqué des réactions violentes, aisément compréhensibles et d'ailleurs fréquemment soutenues par tout l'entourage local, les commerçants, la municipalité, le conseil général, le député. Bien que prenant souvent pour thème la défense de « l'outil de travail », elles ont pu paraître économiquement peu rationnelles : le producteur vérifie la qualité de son produit, comme autrefois le paysan de ses artichauts, et attribue à des conjurations obscures la saturation du marché. Mais l'effet indirect — peut-être le principal — de ces débats (souvent publics, prolongés, véhéments) a plutôt été de mettre sous le regard de tous les décisions d'investissement et d'emploi et d'essayer de les influencer et de peser sur elles. Dans un pays où les oppositions restent vives et où la négociation paritaire est limitée dans l'entreprise, c'est peut-être la forme réaliste de la participation. C'est en tout cas assurément un moyen pour tous les intéressés d'exercer un contrôle partiel de la vie économique et donc d'entrer dans son jeu.

L'intérêt des syndicats et d'abord celui des salariés pour les problèmes d'emploi, comme pour l'organisation du travail, ne signifie évidemment pas qu'ils acceptent sans discussion ce que le patronat appelle contraintes économiques ou obligations de l'efficacité. Ils en sont loin. Mais il signifie bien que les conflits et les négociations se déroulent sur un terrain différent, qui est celui même de l'entreprise (aux deux sens du mot : l'établissement où l'on travaille, et les décisions qui constituent l'acte d'entreprendre).

Le changement des attitudes, des convictions, des comportements est, en tout cas, profond — particulièrement si l'on compare à l'entre-deux-guerres. La meilleure preuve en est donnée par la différence des réactions à la crise des années trente et à celle de 1973-1974 (3). La première a fait refleurir le corporatisme, le rêve d'une organisation autoritaire et protégée de la production, l'exaltation du « juste milieu ». La seconde, bien sûr très largement parce que le commerce international ne s'est pas bloqué, a provoqué une réaction de libéralisme. Paradoxe, c'est alors que le taux annuel d'inflation dépassait deux chiffres que l'on a décidé de libérer les prix ; malgré la certitude d'un lourd déficit extérieur dû au choc pétrolier, on a poursuivi la libéralisation des changes. De telles décisions ne font pas l'unanimité et peuvent être remises en cause. Mais auraient-elles été possibles sans un changement profond des valeurs économiques d'une large fraction de l'opinion française ?

Accepter les règles du jeu économique international, c'est accepter d'être jugé par les yeux d'autrui. Ce n'est pas la prospérité et la croissance qui ont provo-

(3) Le terme de crise est tout à fait impropre pour la nouvelle situation économique qui s'amorce en 1973. Il l'est aussi à un moindre degré pour les années trente, qui sont autre chose qu'une dépression conjoncturelle.

qué ce changement, c'est l'ouverture. Bien entendu, il est plus facile d'affronter le combat si l'on est bien armé. Mais l'ordre des causes (ou plutôt l'ordre stratégique) n'est pas celui-là, mais bien l'inverse.

La revanche des fédéralistes

La France est, comme on sait, jacobine, et la Révolution n'a fait, Tocqueville l'a montré, que parachever l'œuvre de la royauté : bâtir un État unitaire, centralisé, puissant, inscrivant sagement ses principes dans le Droit, mais ne tolérant pas les particularismes, responsable de tout et réglementant tout. Et il reste vrai aujourd'hui que la France a moins de diversité dans ses régions et de nuances dans sa langue que l'Italie, l'Allemagne, la Grande-Bretagne ou l'Espagne ; qu'elle a l'organisation scolaire la plus centralisée et la plus uniforme ; que l'autorité et le poids de l'administration y sont sans parallèle en Europe y compris pour ses interventions dans la vie économique ; enfin qu'on y célèbre volontiers le culte d'une raison déductive et classificatoire plutôt que le respect de l'expérience et de ses diversités.

Ces traditions sont si fortes, elles procèdent d'une continuité à la fois si royale et si républicaine, elles répondent si bien à l'image qu'on se fait des Français à l'étranger et à l'image qu'ils se font d'eux-mêmes qu'on hésite à dire qu'elles sont fortement ébranlées et qu'elles correspondent de plus en plus mal à la sensibilité, aux goûts, aux préférences d'aujourd'hui.

La division du travail et le goût de l'autonomie

Les raisons qui rendent bien des Français — sinon leurs institutions politiques — fédéralistes sont simples (et communes à la plupart des pays d'Europe). La croissance a pour effet non de reproduire la même société à une échelle agrandie, mais d'accentuer la différenciation des activités et des groupes sociaux, de ce que Durkheim appelait, au sens large, la division sociale du travail. Chacun de ces mondes professionnels ou sociaux a ses règles propres, ses habitudes, sa culture. Il devient plus difficile de gérer du centre cette complexité croissante. En outre, la progression du niveau de vie, comme l'extension des institutions de sécurité, ont allégé les pressions du besoin, augmenté les possibilités du choix, permis d'agir à plus long terme (pendant trente ans aussi, le plein-emploi a facilité l'usage de la grève et la pression sur les employeurs, terrain de combat principal des salariés). De ce fait, une morale traditionnelle fondée sur la pénurie et la menace perpétuelle de la chute dans la dépendance, et qui justifiait, avec le travail et la frugalité, la hiérarchie et l'obéissance, s'est affaiblie. Enfin, la diffusion de l'enseignement a donné à l'État-souverain des sujets plus formés, mais aussi plus raisonneurs et plus critiques, plus capables d'initiatives, moins faciles à convaincre ou à tromper.

Ce n'est donc pas seulement l'air du temps ou les oscillations de la mode qui inspirent l'aversion pour la bureaucratie, l'hostilité à l'égard des grands appareils (ou des grands ensembles), la méfiance à l'égard de la centralisation. A droite, le renouveau des idées libérales contre les traditions autoritaires, à gauche, le renouveau des thèmes anarchistes contre le centralisme dit démocratique signifient tous deux, bien évidemment, le goût de faire ses affaires soi-même et de ne pas en déléguer le soin aux autorités supérieures. La défense de l'esprit d'entreprise et la recherche de l'autogestion ont au moins en commun de refuser une planification centralisée de l'économie ou de la société. Dans l'entreprise, la direction ne parle que de délégation, de direction par objectifs, de groupes autonomes ; les syndicats, de démocratie industrielle et, pour certains, de conseils d'unité, d'expression directe des salariés. Dans les rapports inter-individuels comme dans les rapports de groupes, l'autonomie est le maître-mot.

Contrairement à des préjugés courants, la vie des associations est riche et active (les Français ne sont désespérément individualistes que lorsqu'ils sont pratiquement impuissants devant un pouvoir central). La démocratie locale, malgré l'extrême dispersion des communes, a des racines bien vivantes et l'exercice des mandats municipaux n'est pas une mauvaise école pour les citoyens.

Le pluralisme des cultures

Plus surprenante encore, par rapport aux traditions, est l'importance nouvelle des réalités régionales. Bien sûr, il y a toujours eu des pays de langue d'oc, des Bretons ou des Corses. Mais les traditions locales, le folklore, les chansons, la langue, qui étaient devenues un objet de révérence nostalgique et un peu désespérée pour des érudits locaux sont maintenant l'apanage de la jeunesse, passent dans la mode et, ce qui est beaucoup plus important, peuvent prétendre à la légitimité. Les syndicats eux-mêmes, après un instant de stupeur (les Jacobins n'incarnaient-ils pas la gauche républicaine ?) ont repris le mot d'ordre : vivre et travailler au pays.

Le pluralisme des cultures ne s'arrête pas au régionalisme. Superficiellement, c'est le goût des cuisines exotiques, des vêtements d'Afrique et d'Asie, des voyages lointains. Plus profondément, c'est le refus croissant d'une hiérarchie unique des goûts et de la culture. Les goûts dominants sont ceux des groupes dominants, mais les groupes dominants se sont diversifiés. La diffusion de l'éducation et de la culture crée un surplus de capacités et de ressources intellectuelles. Là où une société, matériellement et intellectuellement pauvre, ne pouvait cultiver qu'un petit nombre de genres, le goût d'une minorité imposait sa hiérarchie. L'abondance des ressources permet au contraire de multiplier les excellences. Il n'y a plus de genre ou de domaine, même réputé mineur, que la passion du collectionneur, la ferveur de l'amateur, la conscience du spécialiste ne puissent transformer en aventure culturelle majeure.

La recherche remet en cause les certitudes acquises et les architectures harmonieuses du savoir. Le pluralisme des excellences remet en cause la hiérarchie des goûts. Les pressions de la réalité sociale remettent en cause les commodités des classifications juridiques ou administratives. C'est tout un édifice, plus rhétorique que vraiment rationnel, ou plutôt masquant par la rhétorique les faiblesses d'une rationalité unique, qui se fissure. La France, pays classique parce que, plus qu'ailleurs, on y avait préparé une vérité pour l'école, pays des classifications parce qu'on y aime l'administration et l'ordre, découvre les désordres réels de la pensée et de la création. Dans les arts plastiques, on peut encore faire quelque tapage en contestant l'ordre officiel (et peut-être subsiste-t-il un mérite à le faire, car la pression du marché y est très particulière). Mais c'est une partie qu'il n'y a plus besoin de gagner et une agitation qui tourne à l'insignifiance. Les travaux des historiens, des musicologues, des fervents du théâtre ont fait davantage pour ébranler les ordres établis.

Ne faut-il pas rattacher à cette société hiérarchisée, centralisée, rationalisée qui se fissure une partie au moins des manières et des gestes des Français ? Parmi les pays d'Europe où la langue distingue le tu et le vous, la France d'il y a trente ans était la plus avare du tutoiement (plus que l'Allemagne, ou l'Espagne, ou l'Italie). Elle aimait les termes de courtoisie, les titres et n'épargnait pas les formes extérieures de respect. Dans l'attitude corporelle, elle aimait la raideur, le contrôle, la « tenue ». Les Français de cinquante ans sont, au Japon, les Européens les moins dépaysés. Mais là aussi, le changement est bien visible : le tutoiement s'est élargi, pratiquement à tous les collègues de travail, et des deux sexes, quel que soit le niveau de responsabilité. On s'appelle par son prénom (au début, c'était un emprunt aux États-Unis). Garçons et filles se disent bonjour en s'embrassant sur les deux joues (une coutume paysanne et populaire, mais seulement entre parents).

La différence et l'échange

Cet ébranlement de l'ordre centralisé accroît-il, en même temps que la diversité, les distances entre les groupes, les compartiments ou les strates, voire les factions ? Les Français ont toujours été fiers de leur diversité et inquiets de leurs divisions. Il n'y a pas de paradoxe à soutenir que la première s'accroît et que les secondes se réduisent. Ou au moins qu'elles perdent leurs formes et leurs assises traditionnelles.

Le meilleur exemple est celui que donne Suzanne Berger : la disparition des cloisons étanches qui séparaient du reste la « famille » sociale des catholiques. L'appartenance religieuse reste très importante pour influencer le comportement politique, syndical, les convictions et les mœurs. En revanche, l'appareil d'associations et d'institutions qui faisait du monde catholique un monde à part, contrôlant ses sujets dans leur vote comme dans leur vie domestique, dans la grève comme dans le mariage, a perdu son emprise et sa cohérence. L'école secondaire catholique est devenue très minoritaire et se distingue moins radicalement de l'école laïque. Les syndicats ne s'appellent plus chrétiens. Les adhérents — et les aumôniers — des mouvements d'action catholique se dispersent maintenant sur tout l'éventail politique, et notamment dans la gauche et l'extrême-gauche.

Que les catholiques ne forment plus une famille à part est bien un changement majeur.

Ce n'est pas se risquer beaucoup que de dire qu'il en est de même d'autres familles de pensée. Que les « laïques » ne forment plus un groupe cohérent et convaincu est aujourd'hui évident. Le réseau très important — et curieusement négligé par la science sociale — des coopératives et des mutuelles est encore largement animé par des militants de « gauche ». Mais, malgré leur assise municipale dans certaines régions et l'étendue de leurs activités, les socialistes, s'ils constituent toujours, et plus qu'il y a dix ans, un fort courant d'opinion, ne sont plus une famille isolée. Ne peut-on même se demander si, derrière l'impressionnant appareil qui garde au parti communiste l'aspect d'une société dans la société, la base qui vote pour lui est toujours aussi retranchée ? Ces prolétaires-là ne campent plus dans la nation.

Ce ne sont pas seulement les familles de pensée, religieuses ou politiques, dont les limites s'estompent. Ce sont les classes sociales. Plus que l'Allemagne fédérale et les pays scandinaves, la France a maintenu des distances sociales. La méfiance, voire l'hostilité entre ouvriers et direction y est plus vive qu'en Grande-Bretagne, la doctrine de la lutte des classes moins assouplie qu'en Italie. Mais, si importantes qu'elles soient, ces différences ne doivent pas cacher l'essentiel : dans l'opinion comme dans les comportements (sinon dans les discours), le partage traditionnel entre ouvriers et bourgeois a cessé d'être l'opposition la plus pertinente. Dans le genre de vie, les mœurs, les préférences, c'est, comme le suggèrent les travaux de John Goldthorpe pour l'Angleterre, une très vaste classe moyenne qui se constitue, avec une petite élite de privilégiés au-dessus, mêlant la grande bourgeoisie et la *café society,* et une couche importante de défavorisés au-dessous, immigrants (en tout cas les plus récents), sous-prolétaires du « quart-monde », handicapés, exclus. Ceux du bas ont peu d'accès à la parole. Ceux du haut dessinent la mode. Dans le vaste groupe du milieu qui va du paysan raisonnablement aisé et de l'ouvrier qualifié à l'*upper middle class* des cadres supérieurs et professions libérales, les modes de vie et les préférences deviennent plus homogènes. Comme le montrent les études de marché et de motivation, les différences entre les individus sont plus difficiles à rattacher à des caractéristiques sociales précises. Elles n'ont pas diminué. Elles ne se regroupent plus en quelques ensembles simples.

Pour ce groupe étendu, on peut parler d'une culture moyenne, où se révèlent particulièrement bien les changements des valeurs : respect accru de la différence, désir d'expression personnelle, besoin d'autonomie. Empruntant à la tradition paysanne, parfois largement réinterprétée, mais aussi à la tradition ouvrière pour le souci de la communauté et la facilité de contact, à la bourgeoisie pour le décor et le goût, cette culture mixte s'exprime dans la disposition de la maison et, comme le montre de manière convaincante Françoise Dubost, dans les destinations et les formes du jardin.

C'est peut-être l'étendue même de cette classe moyenne et l'homogénéisation de sa culture qui explique l'abandon, au moins partiel, des protections, des défenses contre autrui, du repli jaloux de la famille sur son intimité. Si le jardin est plus ouvert, si la maison laisse voir la vie personnelle, c'est aussi qu'on a moins à se défendre des classes inférieures, hostiles et dangereuses — mais il est vrai qu'on le fait d'autant plus que le voisinage est socialement plus homogène.

Ce serait aller un peu vite que de déduire de ce rapprochement dans la consommation une disparition des oppositions sociales. Les grands clivages s'estompent. Mais, à la place de la bourgeoisie et du prolétariat apparaissent d'autres groupes bien tranchés, avec leurs exigences, leur cohérence. Particulièrement sur le lieu du travail, l'affaiblissement des grands alignements, la diversité accrue des situations professionnelles ont libéré l'expression de catégories nouvelles, avec des différences, des spécificités, un sentiment collectif si bien affirmés qu'on peut parler à nouveau de classes : derrière les ouvriers qualifiés, les différents groupes d'ouvriers sans qualification, OS de la mécanique, ouvrières de l'électronique, immigrés du bâtiment ou du nettoyage ; affirmation, parfois dans la grève, des employés de banque et d'assurances ; découverte (et parfois déclin rapide) de nouvelles corporations, informaticiens, techniciens des télécommunications, aiguilleurs du ciel ; et reviviscence des plus anciennes (parfois directement menacées), ouvriers du livre, dockers, marins. Il n'est guère éclairant de vouloir ramener cette floraison d'identités collectives à l'unité du prolétariat. Mais il serait tout aussi erroné de n'y voir que les ratés mineurs du consensus en marche. La disparition des grandes alliances, c'est aussi la possibilité de la guerre sur tous les fronts.

Les groupes primaires

Le prolétariat et la bourgeoisie perdent leur cohérence, mais les intérêts et les valeurs de groupes plus étroits animent de vives oppositions. Une culture moyenne se dessine, mais la différenciation des goûts s'affirme avec de petites communautés fondées sur la passion ou le snobisme. Devant cette situation en partie contradictoire, où les identités collectives sont fréquemment remodelées et où les régulations centrales sont moins efficaces, le groupe de relations immédiates, face à face, le groupe primaire prend plus d'importance : à la fois parce qu'il répond mieux au besoin accru d'expression personnelle et d'autonomie, et parce qu'il est le meilleur bastion contre les menaces de l'anomie. Le couple, l'enfant ont plus de prix ; et c'est parce qu'on en attend davantage que le mariage se fait plus tard, que le divorce est plus fréquent et que la natalité baisse. Les relations de parenté se portent bien, pour le loisir et pour la fréquentation, mais aussi pour l'entr'aide. Le voisinage reprend quelque réalité dans une vie urbaine qui l'avait un peu oublié, et le village apparaît comme un modèle de convivialité. Dans l'atelier ou le bureau, le groupe de travail, l'équipe, l'ensemble des collègues forment plus souvent une solidarité active, sont plus capables d'initiative. Les associations, le syndicat, la démocratie locale fondent leur nouvelle force sur cette cohésion élémentaire.

Ce n'est donc pas seulement parce que l'école a aiguisé leur curiosité, les voyages les ont sensibilisés à d'autres habitudes, la télévision les a abreuvés d'images exotiques que les Français, et particulièrement les plus jeunes, semblent attacher un prix particulier à la communication des idées et des sentiments, à l'établissement de rapports sociaux plus ouverts. C'est aussi, dans le monde de dispersion et de différences où ils vivent, avec de forts ancrages dans des groupes restreints, l'expression d'une nécessité et la réponse à une inquiétude. Nécessité de rétablir la liaison entre un nombre croissant de particularismes. Inquiétude de se trouver sans boussole et sans attache dans un monde où il est plus difficile de s'orienter. La tolérance, le respect de la différence n'y suffisent plus. Il y faut l'échange.

Nouvelles divisions

L'effacement des grandes coupures ne signifie donc pas généralisation du consensus, encore moins harmonie. Il ne signifie même pas que les conflits, plus dispersés, soient plus faciles à gérer. Ils peuvent aussi, comme l'a montré 1968, s'enchaîner ou s'additionner par des coalitions et des contagions inédites — et, tout naturellement, dans ce cas, les grands appareils traditionnels retrouvent leur utilité pour essayer de maîtriser ce qui échappe à tout contrôle. L'ère de difficultés où l'économie mondiale est entrée, pousse chaque fraction à se replier sur ses acquis, voire ses privilèges. Elle renforce le risque d'anomie.

Elle aggrave aussi la situation de ce vaste groupe, mal défini, qui se situe au-dessous de la classe moyenne élargie : celui des faibles sur le marché du travail, cantonné dans le secteur des emplois précaires, mal payés et mal protégés, celui dont les handicaps se cumulent et s'enchaînent en cercle vicieux, absence de formation, santé incertaine et mal entretenue, chômage et difficultés familiales, celui donc des chômeurs à répétition, des femmes seules, chefs de famille qui n'ont nullement choisi de l'être, des enfants à la dérive ; recrutés notamment parmi les immigrants les plus récents, mais nullement limités à eux ; sans même parler de tous ceux qu'une infirmité grave ou la vieillesse dénuée de ressources mettent en marge de la vie professionnelle et sociale courante. La montée des taux de chômage, la conjoncture économique ont accru la taille de ce groupe et ont rendu son présent encore plus instable, son avenir encore plus incertain. Elles ont aussi aggravé la délinquance des uns, l'insécurité des autres, particulièrement dans les grandes villes. On ne peut plus confondre classes laborieuses et classes dangereuses comme on le faisait au XIXe siècle (4), mais il y a de nouveau des classes dangereuses en France comme ailleurs.

Elles le sont peut-être d'autant plus qu'à la différence des groupes d'intérêt qu'on voit clairement se manifester, elles ne sont ni organisées ni encadrées. Un vaste réseau d'assistance et d'aide sociales s'efforce de répondre aux besoins les plus urgents, de logement, de santé ou de sauvegarde de l'enfance, et la police s'efforce de limiter les infractions. Mais ces groupes n'ont pas leurs associations, ni leurs porte-parole. Les syndicats n'ont pas réussi (pas plus qu'en Italie) à regrouper les chômeurs. Les partis politiques visent cette clientèle sans s'y implanter. Poussière d'individus et de cas particuliers, masse inarticulée plutôt que classe.

Toutes les sociétés développées et urbanisées connaissent ce problème, que la conjoncture économique a aggravé mais non créé. La prospérité a produit une pauvreté nouvelle, les protections qu'elle permet d'assurer à la majorité comportent un seuil d'exclusion et les grandes concentrations urbaines donnent à cette marginalité un caractère massif. Le cas de la France n'est donc pas isolé, et il est loin d'être le pire, pour l'insécurité urbaine comme pour la délinquance organisée.

(4) Louis Chevalier, *Classes laborieuses et classes dangereuses à Paris dans la première moitié du XIXe siècle,* Plon, Paris, 1958.

La négociation de l'ordre social

Les progrès de l'ordre négocié

Tout ordre social est partiellement négocié. Mais la part de la négociation peut varier beaucoup. Tout, aujourd'hui, concourt à renforcer cette part, ou en tout cas à rendre la négociation plus nécessaire. Les sujets ou les citoyens sont plus indépendants et plus autonomes ; leur comportement est moins aisément prévisible parce que la possibilité de choix s'est accrue ; ils obéissent moins à des règles simples et à des contraintes externes. Ils sont organisés en groupes plus différenciés, plus forts, plus capables d'argumenter. La diversité des situations à régler est plus grande et le droit à un traitement spécifique mieux reconnu. Les décideurs travaillent plus souvent au grand jour, devant la presse et les autres moyens d'information, et la préparation de leurs décisions est plus souvent publique, exposée à la critique, permettant la riposte. Ils ne peuvent plus se borner à trancher. Il faut qu'ils démontrent, qu'ils convainquent ou qu'ils persuadent ; mais aussi qu'ils négocient.

Dire qu'ils négocient, ce n'est pas dire qu'ils se bornent à enregistrer la résultante d'un rapport de forces ou un état de l'opinion : trouver une solution acceptable demande qu'on explore le possible et parfois qu'on l'invente, qu'on anticipe sur l'avenir et non qu'on se borne à constater le présent. Encore moins est-ce dire que toutes les parties intéressées ont un pouvoir égal de se faire entendre. Mais les alliances ne sont pas établies une fois pour toutes et les sources du pouvoir sont nombreuses et variées. Le développement des procédures d'information et de consultation, voire des techniques d'aide à la décision, l'appareil de conseillers et de spécialistes doivent éviter des erreurs ou des révoltes, ils ne suppriment pas l'incertitude. La techno-structure ne dispense pas du décideur.

Réciproquement, il y a au moins une chose que celui-ci ne peut programmer en toute sécurité : c'est le consentement des sujets.

Les transformations des entreprises illustrent clairement cette affirmation. Comme le montre Pierre Morin, les progrès des techniques de gestion n'ont pas été seulement une amélioration des moyens d'action, mais un développement du contrôle sur les différents groupes de l'entreprise. Les derniers à être atteints par le contrôle, les cadres, l'ont souvent cruellement ressenti : pour eux, la direction par objectifs a bien été comprise comme une manière de vérifier leur efficacité.

Mais ce progrès bien vérifiable des moyens de la décision n'a nullement entraîné la transformation des dirigeants en agréables potiches décoratives, comme le croyait Galbraith. Tout au contraire, elle a accru leur responsabilité d'entrepreneur. Qui s'imagine aujourd'hui qu'une entreprise, même puissante et bien établie, peut vivre paisiblement sans affronter les incertitudes de la décision ?

Réciproquement, ce progrès inexorable du contrôle, s'il a bien accru, et parfois à la limite du supportable, les contraintes qui pèsent sur les exécutants (les révoltes contre l'organisation « scientifique » du travail en donnent un bon exemple), ne s'est pas accompagné d'une élimination de toute résistance. Au contraire, le progrès de la « rationalisation » s'est accompagné d'une extension (et non d'une régression) de la discussion, de la consultation, de la négociation dans l'entreprise. On peut la juger insuffisante, notamment si on la compare à ce qui se passe en Allemagne ou en Angleterre. On ne peut guère nier la tendance, qui a accru le poids et les compétences du comité d'entreprise, conduit à la reconnaissance et à la protection de la section syndicale d'entreprise, à l'aménagement du travail (et aux débats actuels sur l'expression sur le lieu de travail). Pour les cadres aussi, l'extension du contrôle ne s'est faite qu'en leur reconnaissant une possibilité de discussion, même si elle est limitée, voire marginale, des objectifs et en essayant d'aménager, même si les formules sont vagues et incertaines, leur participation.

Certes, une entreprise n'est pas la société, et ce qui est vrai de l'une ne s'applique pas nécessairement à l'autre. On reconnaîtra cependant que, quelle qu'en soit la complexité, la programmation est plus facile à concevoir et à exécuter dans le premier cas que dans le second, que plus d'outils sont disponibles (et que les objectifs économiques se prêtent mieux au calcul et à la prévision).

La transformation des règles

La solidité déductive du droit romain, par opposition au bourgeonnement de la *case law* et de la coutume ; la place centrale du raisonnement juridique dans la justification de la décision et des juristes dans l'appareil de l'État (recrutement des fonctionnaires, grands corps, grands commis) ; le rôle éminent de la doctrine pour établir ou rétablir la cohérence des pratiques : tout ce tableau, souvent dressé, est-il toujours véridique ? Les réflexions que font aujourd'hui les juristes sur leur propre discipline permettent d'en douter. La règle de droit a changé. La place de la règle de droit a changé tout autant.

Tout d'abord, la généralité des principes est difficile à maintenir eu égard à la spécificité des applications. Nouvelle conséquence du développement de la division sociale du travail : chaque domaine a ses règles propres, parfois très particulières, qu'il est plus artificiel de rattacher déductivement à quelques vérités fondamentales. L'employeur a-t-il le droit de fermer son entreprise paralysée par une grève partielle et de se délier ainsi de l'obligation de payer leur salaire aux non-grévistes ? Non, puisque c'est son obligation du fait du contrat de travail et qu'il n'en peut être délié que par la force majeure. Oui, en considérant que l'ordre est menacé et qu'il a un droit de police. En fait, le *lock-out* se développe, sans qu'il soit nécessaire d'approfondir le droit de propriété, et les tribunaux ne sont consultés que dans un petit nombre de cas sur sa licéité parce qu'il fait partie des péripéties de l'affrontement que l'accord incline à faire oublier. Certes, les tribunaux ont toujours sagement jugé des espèces et non des êtres abstraits. Mais la différence est ici plus systématique que celle du cas particulier et de la règle générale, la distance s'est accrue entre la spécificité des rapports sociaux concrets à régler et la généralité des principes.

La rigueur des ensembles déductifs, en second lieu, semble bien s'effacer devant les progrès du pragmatisme. Par moments, le caractère sacré du droit disparaît au profit d'un usage purement instrumental. Applique-t-on la loi, quand on se sert des fonds de la formation continue pour mettre en attente des salariés dont on a prévu le reclassement ? A dire vrai, qui se pose la question ? Pourquoi la poserait-on ? Le spécialiste du droit a moins aujourd'hui la figure austère de l'homme de doctrine et davantage celle de l'avocat, du *lawyer* qui bâtit une solution pratique par un usage habile des textes. A la limite, ce n'est plus qu'une question d'opportunité que de savoir si, pour indemniser une cessation d'emploi on le fera au titre du chômage, des conventions concernant le licenciement, de la formation ou de la retraite (5) : n'est-il pas significatif qu'on appelle couramment en France « préretraite » une indemnisation qui relève de l'assurance contre le chômage ? Le nom vient du but recherché, non du fondement juridique.

On étudie rarement les décisions des tribunaux dans leur contexte social. Nous soupçonnons que l'examen, en droit social, des espèces compte tenu du contexte (de la popularité du conflit, par exemple, des réactions de la municipalité ou du préfet) montrerait, dans les décisions des tribunaux, un degré élevé de pragmatisme et de sensibilité aux échos collectifs qu'éveille le problème à trancher.

Cette souplesse, cette spécificité de la règle de droit et le pragmatisme accru de son usage se retrouvent dans le changement du rôle des tribunaux, plus libres dans leur interprétation, plus soucieux de suivre l'effet de leurs décisions et de guider les parties vers un accord plutôt que de trancher leur différend. J. Commaille en donne ici-même de bons exemples pour le droit de la famille. J.C. Javillier a montré de la même manière en droit du travail comment le magistrat, jugeant en référé, retarde sa décision pour pousser à la négociation, nomme un expert, médiateur officieux, ou suspend l'exécution de sa décision jusqu'à la fin d'une discussion engagée (6).

Certes, les exemples que nous avons cités sont tirés de domaines particuliers, caractérisés par des changements rapides et profonds, mais aussi qui invitent à un usage instrumental du droit. Le droit public est peut-être différent. Mais jusqu'à quel point ?

Le droit et son contexte

C'est une banalité aujourd'hui que de souligner la prépondérance de l'exécutif sur le législatif dans la législation. Non seulement le gouvernement a beaucoup plus souvent que les députés l'initiative de la loi, non seulement il pèse lourdement dans sa discussion, mais les textes d'application en modifient parfois substantiellement la portée (même les délais que peut comporter leur mise au point touchent parfois au fond). Or, ce changement des procédures ne modifie pas seulement les sources du droit, par exemple en donnant une place accrue aux propositions et aux suggestions des intéressés ou de leurs organisations représentatives aux dépens du Parlement (une place accrue qui peut aller, pour le meilleur et pour le pire, jusqu'à l'autoréglementation). Il a aussi pour effet de modifier le sens et l'esprit de la loi : elle est moins un monument juridique, et

(5) Je dois cette observation à Gérard Adam (communication orale).

(6) Jean-Claude Javillier, *Droit du Travail,* LGDJ, Paris, 1978.

davantage un élément d'un programme d'action, une règle destinée, dans des circonstances et une conjoncture données, et en liaison avec d'autres mesures, législatives ou non, à produire certains résultats. En bref, de nouveau, un instrument, un moyen.

Les magistrats ont beaucoup réfléchi, depuis quelques années, sur la signification sociale du droit. Sans doute parce que, comme le relève Jacques Commaille, leur recrutement a changé, mais aussi parce que l'usage du droit a changé. Les tribunaux sont passés, dans plus d'un domaine, d'une morale de la conviction à une morale de la responsabilité : l'effet des décisions passe avant l'affirmation des principes.

Faut-il parler d'une extension de la compétence des tribunaux ? Il est vrai que, dans certains cas, on recourt à eux plus que par le passé. Les syndicats de salariés n'ont jamais dédaigné les voies du droit, mais ils en usaient avec prudence. Ils s'adressent aujourd'hui plus souvent aux tribunaux et exploitent davantage les arrêts (le licenciement individuel en donne un bon exemple).

Mais c'est plutôt la tendance inverse qui frappe. Des pans entiers de la vie sociale se réglementent, mais en dehors du droit des lois et des codes et sans recourir aux tribunaux en cas de désaccord. Le droit de grève autorise-t-il les salariés, à l'Électricité de France, à couper le courant, ou (ce qui revient au même, mais est plus conforme aux faits) à en changer la distribution ? Les autorise-t-il, dans la production du verre en continu, faute de pouvoir interrompre la production sans dommage aux équipements, à détruire le produit de la journée de grève ? Dans les deux cas, les parties ont préféré ne pas soumettre leur différend aux magistrats. Elles craignaient un écart excessif entre les habitudes des cours et les réalités professionnelles.

Plus généralement, et les entreprises privées en donnent de bons exemples, tout un infra-droit se développe, proche par certains côtés de la coutume et se nourrissant d'elle, mais moins enraciné dans les traditions de métier qu'en Grande-Bretagne, et plus dépendant des traditions d'entreprise. Est-ce encore du droit que ces règles consacrant pour quelque temps des habitudes et des privilèges ? Par leur particularisme et leur caractère éphémère, à peine. Par la réponse qu'elles apportent au besoin de régler des rapports sociaux spécifiques, plus probablement. Elles ne sont en tout cas que l'exemple extrême de la dispersion des règles et de leur émiettement, mais aussi de la capacité des groupes sociaux à les secréter et à les maintenir spontanément.

L'école et la formation des élites

On ne saurait sous-estimer l'effort énorme qui a été fait, comme dans tous les pays développés, pour répondre à une demande sans précédent d'éducation : effort de crédits, de construction, de recrutement des hommes, d'invention de méthodes, de programmes. On ne saurait sous-estimer non plus les résultats de cet effort : même si les fruits en sont doux-amers, bien différents en tout cas de ceux qu'on espérait, la France est devenue comme d'autres, une société de l'instruction et du diplôme. Nous en avons déjà souligné les effets sur les qualifications professionnelles comme sur les aspirations, sur les curiosités et la culture comme sur les relations sociales.

Peut-être parce que les espoirs d'égalisation des chances scolaires et surtout des chances sociales ont été partiellement déçus, les effets de la diffusion de l'éducation ont même sans doute été un peu négligés, dans l'énorme potentiel de transformation qu'ils comportent.

Nous ne reprendrons pas le bilan rigoureux que dresse Alain Girard. Nous nous interrogerons seulement sur la contribution qu'apporte l'école à l'élaboration du contrôle social. La multiplication des acteurs sociaux, la dispersion des valeurs, l'incertitude des règles accroissent l'importance de sa fonction de socialisation : dans quelle mesure esquisse-t-elle les éléments d'une communauté ? Les mêmes raisons accroissent l'importance du choix des décideurs : comment, sur quels critères et dans quelle mesure l'école contribue-t-elle à leur sélection ? Comment assure-t-elle ces deux fonctions (il va sans dire qu'elle n'est pas la seule à les assurer) ?

Personne n'attendra de l'école aujourd'hui qu'elle forme les travailleurs, les consommateurs et les citoyens à quelques certitudes simples, intellectuelles et morales. Ne serait-ce que parce qu'elle s'est allongée par les deux bouts. Quant à l'école primaire s'ajoute l'école maternelle d'un côté, l'enseignement secondaire de l'autre pour tous, les fonctions deviennent évidemment plus complexes. Mais aussi et surtout, parce que l'esprit en a changé, comme l'illustrent bien les instructions données aux maîtres : à une école de la discipline, de la contrainte physique (l'immobilité, le silence, la tenue), de l'attention scrupuleuse à la parole du maître a succédé une école de l'éveil et de la curiosité, de l'encouragement à l'initiative, de l'expression et de l'échange. Reflet, bien évidemment, de la société dont elle procède, de l'image que se fait cette société de l'enfant, et de la culture nécessaire ; mais aussi y renforçant ces tendances.

Il n'y a rien de surprenant, ni de fâcheux non plus, à ce que l'école ne soit plus seule à faire découvrir aux jeunes le monde où ils vivent. La télévision, tous les moyens de diffusion de masse créent une école parallèle qui, peut-être plus que l'autre, allume les curiosités et les appétits. Les loisirs sont plus variés. Plus d'activités sont offertes. Plus d'organisations et d'associations, commerciales ou non lucratives, partisanes ou non, offrent au grand nombre l'occasion de s'exercer aux rapports sociaux. Cet enrichissement ne soulève guère de critiques. Mais, dans ce concert, nécessairement peu harmonisé, l'école tient-elle une place suffisante ?

Comme dans la société où elle baigne, mais parfois, encore davantage, la tolérance à l'école glisse parfois à l'indifférence, le libéralisme à l'anomie. Certes, l'uniformité bureaucratique apparente dissimule une variété assez grande et surtout n'empêche pas une très grande autonomie des enseignants. L'exercent-ils dans un milieu et une organisation qui la soutiennent ? Pour combien d'élèves, l'école, le collège, le lycée restent-ils un pôle d'attraction, un centre de culture, une communauté de référence ? Combien d'entre eux y ont trouvé l'occasion d'apprendre à vivre ensemble, à faire quelque chose en commun, à en décider collectivement ? La tradition bourgeoise de la communauté culturelle et du chahut est sans doute moins vivante, bien qu'elle ait laissé dans la vie sociale, comme le montre Jesse Pitts, des traces profondes. Mais ce qui lui a succédé, n'est-ce pas le plus souvent une institution à faible emprise et à ressort limité ?

Sans doute n'est-il pas raisonnable d'attendre de l'école qu'elle maîtrise des problèmes qui sont ceux de la société tout entière. Elle ne peut guère, à la place de celle-ci, forger des convictions ou inventer des rapprochements. Reste qu'au total — bien peu d'enseignants y contrediraient — l'institution s'est affaiblie. Elle forme, elle marque moins ceux qui y passent — ou faut-il se féliciter que chacun n'y trouve guère que ce qu'il y a apporté ?

Elle accueille tout le monde, et dès le plus jeune âge. Mais ce succès de la scolarisation n'en fait pas un monde égalitaire. Le recrutement géographique (chaque élève rejoint l'école dont dépend son domicile) devrait éviter la ségrégation sociale et réduire la différence entre « bons » et « mauvais » établissements. Dans les grandes villes, il perpétue plutôt la fuite des classes aisées vers les écoles privées, non plus par conviction catholique, mais par crainte du désordre. Pour le moment, malgré les réformes, les filières sont fortement différenciées et une sélection supplémentaire se fait par l'accumulation des retards. Peut-être parce que la communauté est faible et l'individualisation des méthodes insuffisante, il y a un nombre appréciable d'élèves à la dérive, sinon en perdition.

L'école réussit mieux à sélectionner les bons qu'à amener tout le monde à un niveau satisfaisant. Mais là encore, elle ressemble à la société, à l'entreprise et elle répond à une de leurs exigences maîtresses : celle de « l'extraction des élites » (7).

Un enseignement supérieur dualiste

Ces caractéristiques s'accusent encore dans l'enseignement supérieur, notamment du fait de sa division rigide en deux filières, grandes écoles et universités proprement dites.

Bien entendu, dans tous les pays, il existe de grandes différences de prestige à l'intérieur de l'enseignement supérieur. Mais la différence entre les voies est, en France, plus complète, plus précoce et plus définitive ; elle est celle de deux systèmes : le concours et l'accès libre, le succès de tous (ou presque) après l'entrée et l'élimination progressive, la forte communauté de l'école et la faiblesse institutionnelle de l'université, le débouché assuré et l'absence d'orientation vers un débouché (sans parler des anciens élèves qui forment un fort groupe de soutien d'un côté, et nullement de l'autre). Au sortir du baccalauréat, les prétendants à l'enseignement supérieur choisissent une voie ou l'autre et, sauf pour ceux que l'échec dans la première voie rabat sur la seconde, définitivement. Réciproquement, le succès au concours assurera d'une place de choix au départ de la course sociale. Les quelques passerelles qui relient les deux mondes ne sont pas très encombrées.

(7) M. Maurice, F. Sellier, J.J. Silvestre, « Production de la hiérarchie dans l'entreprise : recherche d'un effet sociétal (France-Allemagne) », *Revue française de sociologie*, 1979, n° 2.

Assurément, tous les présidents-directeurs généraux ne sont pas d'anciens élèves des grandes écoles et, même dans l'administration, tous les hauts fonctionnaires ne viennent pas des grands corps. Il est d'autres voies d'accès à l'élite, économique ou politique (bien que la proportion d' « anciens élèves » dans le personnel politique et particulièrement dans les gouvernements fasse probablement de la France un cas unique au monde). Il y a aussi d'autres élites, par exemple les syndicats d'agriculteurs et de salariés. Mais l'importance de ce mécanisme de sélection et des avantages différentiels qu'il procure est indéniable.

Leur effet sur les différences sociales est évident : il est profondément conservateur. Le choix entre les deux filières est non seulement précoce, il est largement déterminé par les choix faits dans l'enseignement secondaire et par le succès qu'y a remporté l'élève. Donc, par ses talents, au moins tels que les mesure le système scolaire, mais tout autant par la sagesse de ses parents, qui ont su choisir la bonne section, par leur prévoyance, par le soutien qu'ils lui ont apporté, par la stimulation du milieu familial. Le tri se fait à vingt ans, mais dès quinze ou seize, la plupart sont déjà hors de course. Choisir si tôt, c'est privilégier l'héritage culturel.

Mais d'autres effets sont peut-être aussi importants. L'écrémage auquel se livrent les grandes écoles appauvrit les universités et souvent ni les unes ni les autres ne constituent des foyers intellectuels et scientifiques suffisants. Les premières sont trop petites, avec un faible corps de professeurs à plein temps, trop étroites (ou insuffisamment interdisciplinaires). Les secondes ne reçoivent pas les meilleurs étudiants, n'ont pas l'oreille des décideurs qui ne sont pas leurs anciens élèves, ont peu d'unité et, malgré la lettre de la loi, très peu d'autonomie. Malgré quelques belles exceptions, la vie intellectuelle en est mutilée : dans beaucoup de régions, l'université du lieu ne joue pas le rôle d'animateur intellectuel qui est, ailleurs, le sien.

De ce fait aussi, la recherche se développe où elle peut. L'université est loin d'être toujours son lieu naturel. Les grands laboratoires peuvent appartenir à une unité d'enseignement et de recherche, à une école, au Centre national de la recherche scientifique. C'est seulement dans les meilleurs cas qu'ils fécondent directement l'enseignement universitaire. C'est seulement lorsqu'ils en ont le goût que les élèves des grandes écoles s'y forment sérieusement.

Mais l'effet le plus grave est sans doute de créer un décalage croissant entre l'élite ainsi formée et le reste de la société. Non seulement parce que cette élite a un destin à part. Mais plus encore parce qu'on lui a appris à croire tout ce dont la société commence à douter : la suprématie du raisonnement déductif, la supériorité d'une rationalité impérieuse, la nécessité pour ceux qui commandent de garder leur autorité parce qu'ils sont les seuls à se conduire de manière responsable, la conviction que, grâce à leurs connaissances, leur travail et leur désintéressement, ils incarnent à eux seuls l'intérêt général.

Naturellement, l'opposition entre leurs certitudes et le pluralisme ambiant s'affaiblit à l'usage. Mais, même si nous avons forcé le trait, le recrutement et la formation de l'élite ne contribuent-ils pas, pour une bonne part, à expliquer qu'il subsiste tant d'autoritaire dans les comportements et les structures et que le goût actuel de l'autonomie se transforme si facilement, dans les rapports avec l'autorité, en contestation ?

La formation continue

Curieusement, ce n'est pas de l'université ou des écoles qu'est venue la réponse la plus directe à cette difficulté, ou du moins pas de leur enseignement traditionnel. C'est de la formation continue et il n'est pas indifférent de souligner que, quelle que soit l'appartenance, très variée, de ceux qui la prescrivent, qui définissent les besoins, qui y répondent et qui jugent des résultats, la formation n'appartient à aucune institution à proprement parler.

Ce qu'en attendaient ces promoteurs, hauts fonctionnaires, syndicalistes, dirigeants patronaux, c'était une réponse aux besoins nouveaux des entreprises et des administrations et une égalisation des chances sociales (un rattrapage des inégalités scolaires). Ce qui s'est réalisé est sans doute moins et davantage. Les effets immédiats en termes de promotion sont réels, mais limités ; en termes de mise en mouvement des individus, de mise en appétit, de capacité de voir différemment sa vie professionnelle, ils sont plus sensibles. Mais ils ont souvent, ce qui était moins attendu (sauf par les hommes de formation dans l'entreprise), contribué de manière importante à changer les rapports d'autorité, les formes de collaboration ou de contrôle, parfois (plus exceptionnellement) les structures. Nécessairement moins individualiste que l'enseignement traditionnel, moins strictement intellectuelle et plus sensible aux motivations, aux attitudes, aux savoir-faire, tournée tout naturellement vers la considération de ses conséquences pour l'organisation d'où venaient ses recrues (même si elle n'avait pas toujours les outils intellectuels nécessaires pour les analyser), la formation continue a été une intervention dans les entreprises, les administrations, les collectivités. Même si elle répondait imparfaitement à des besoins qu'elle avait du mal à définir (et même si elle avait plus de mal encore à évaluer ses résultats), du moins essayait-elle de répondre à ces besoins. Et peut-être d'abord, autant qu'à celui de connaissances techniques, juridiques, pratiques, à celui d'aménager de manière acceptable les rapports sociaux.

L'information et la presse

Que la presse spécialisée, celle qui s'adresse séparément aux amateurs de bricolage et aux fanatiques de la photographie, celle qui donne des conseils de beauté ou des nouvelles de la profession, l'emporte en nombre sur la presse générale est tout simplement la conséquence du foisonnement des intérêts et du pluralisme des excellences. Même le spectateur de télévision ne se contente plus de son quotidien et a besoin d'un hebdomadaire spécialisé. Bien plus, le progrès de la presse régionale va dans le même sens, dans la mesure où il s'appuie, en partie au moins, sur sa capacité à donner des nouvelles locales, c'est-à-dire à répondre à des curiosités particulières.

Les Français entretiennent des rapports malaisés avec leur presse (écrite ou orale, car les journaux télévisés ne recueillent pas seulement des approbations). Les reproches qu'ils lui adressent sont en partie contradictoires : tantôt de n'avoir pas pris le tournant de la presse américaine, de ne pas donner le détail des faits et des sources, de préférer l'éditorial et la chronique au reportage, l'admonestation à la documentation ; tantôt de manquer de fermeté, d'autorité, de courage, de ne pas oser prendre position, ou de refléter, fidèlement ou avec mauvaise humeur, ce que dit l'administration. C'est peut-être parce qu'ils attendent des « généralistes » (ceux qui parlent de toute l'actualité) qu'ils remplissent des missions contradictoires. C'est sûrement parce que leurs exigences se sont accrues.

Dans une société plus différenciée, où les groupes sont plus conscients de leur spécificité, le besoin devient urgent d'intermédiaires généralisés, chargés de la mise en relation. Il faut pouvoir dire au grand public pourquoi déplacer l'impression d'un quotidien de Paris à sa banlieue change tout l'équilibre des rapports dans les imprimeries de presse, quelle différence il y a, bien sensible pour les éleveurs de bovins, entre un prix de soutien et un prix d'objectif, ou pourquoi le dollar monte ou descend sur le marché des changes. Le problème n'est pas que l'information soit difficile, compliquée, technique. Il est plutôt que, comme on doit communiquer aux uns les points de vue, les habitudes, les évidences tacites des autres, ce qu'on communique s'accompagne presque nécessairement d'un jugement (et c'est, consciemment ou non, ce que le public demande). La communication des particularités est en même temps un repérage, une manière de les placer dans le paysage social et de les apprécier. Il est très difficile que les généralistes de l'information résistent à la tentation d'exercer un magistère que tout le monde leur réclame.

Leur responsabilité est d'autant plus lourde qu'il existe moins d'autres repères pour faciliter ce jugement. Beaucoup de problèmes sociaux sont heureusement balisés d'avance par les partis et les organisations professionnelles ; mais parfois un peu trop. Pour réunir les données, pour les analyser, on manque souvent d'experts indépendants. La faiblesse de l'Université, son silence font peser un poids excessifs sur les journalistes. C'est, en somme, la réciproque de ce que décrit Raymond Boudon comme « l'effet McLuhan » : l'absence de profession organisée et d'instances internes de jugement tourne les intellectuels vers le succès auprès du grand public. La même absence laisse aux journalistes la responsabilité de trancher des causes des désordres monétaires ou des effets de l'informatique sur l'organisation du travail.

Ce qu'on reproche aux généralistes, c'est l'importance des fonctions qu'ils assurent, c'est leur pouvoir. Excessif peut-être. Mais surtout parce qu'il n'a pas assez de relais et de concurrents, parce qu'il n'est pas assez partagé.

Bien entendu, les moyens d'information ne se réduisent pas à la presse quotidienne ou hebdomadaire, à ce que nous avons appelé les généralistes. Mais ce sont ceux-là qui posent problème parce qu'ils ont une fonction éminente. L'information spécialisée en pose beaucoup moins ou en pose de beaucoup plus spécifiques. Il faut bien mettre à part celle qui relie les différents segments de la société et qui transforme les débats de spécialistes ou les rencontres d'intérêts privés en problèmes de société.

Syndicats et partis

Ce qui nous intéresse ici, ce n'est pas la manière dont ces organisations agissent, le pouvoir dont elles disposent, la façon dont leurs interventions s'articulent, ce sont leurs fonctions d'expression des besoins et des préoccupations des salariés ou des citoyens et d'arbitrage entre eux, c'est-à-dire leur capacité de transformer une masse confuse d'intérêts et d'aspirations en revendications et en programmes, plus ou moins ordonnés, de jeter les bases d'une action collective.

En France, les confédérations syndicales jouent un rôle national, elles prennent position sur les grands problèmes, elles discutent avec les partis. Il est même arrivé, dans les débuts de la Ve République, que les syndicats prennent quelque temps le relais des partis politiques affaiblis, comme force d'opposition et de proposition.

Ce que les syndicats de salariés, d'une part, les employeurs et leurs organisations professionnelles, de l'autre (souvent avec l'aide de l'administration, mais non sans se méfier d'elle) ont créé, en trente ans, c'est tout simplement la négociation collective ; ou plutôt la forme française de cette négociation, moins décentralisée et chargée de moins de compétition qu'en Grande-Bretagne, moins disciplinée et moins rigide que dans le reste de l'Europe du Nord, moins inventive et moins désordonnée qu'en Italie. De ses acquis, qui sont substantiels et novateurs, de ses faiblesses, des difficultés qu'elle rencontre dans la nouvelle conjoncture économique, nous parlons plus loin. Nous voudrions attirer l'attention ici sur ce qu'elle a transformé, globalement, dans les rapports de travail et peut-être (car elle a largement servi de modèle) dans les rapports sociaux.

Si l'on entend la négociation au sens large (comprenant consultation et conflits), elle a, partout où elle a pénétré, été un facteur, le plus important peut-être, de transformation des relations entre dirigeants et dirigés.

Elle a fait circuler l'information dans les organisations par l'initiative syndicale, et par les ripostes des directions. L'efficacité des syndicats est si évidente en ce domaine que c'est devenu un problème pour les directions que de trouver les moyens d'informer leurs cadres aussi vite que les sections syndicales informent leur base, pour éviter, ce qui arrive particulièrement dans les administrations où les relations paritaires sont plus serrées, que les chefs apprennent les principales décisions par leurs subordonnés.

Elle a permis une intervention croissante des intéressés eux-mêmes. Certes, la démocratie syndicale est une démocratie représentative, non une démocratie directe. Mais l'attention accordée aux préoccupations de la base, le développement de conflits localisés, où les intéressés ont l'initiative, la solidarité plus forte des groupes primaires, ont fait diminuer l'isolement des représentants. Moins libres d'imposer leur point de vue, ils sont aussi plus soutenus. L'action directe a repris ses droits, mais une action directe liée à la négociation.

Elle a obligé les dirigeants à communiquer leurs décisions, à les expliquer, à les justifier : le chef d'entreprise devant le comité d'entreprise, mais aussi, de plus en plus souvent, le chef d'atelier devant l'atelier (ou, en tout cas, devant la maîtrise et quelques délégués).

Elle a souvent fait partager la décision. Mais, où ce n'est pas le cas, elle en a parfois modifié les critères. Parce qu'il faut la présenter et la défendre dans une procédure longue et contraignante, une décision de licenciement non seulement est devenue plus lourde à prendre, mais doit accepter plus de contraintes (la situation locale de l'emploi, l'avenir économique de la ville ou de la région).

Cette extension de la discussion, de la place de la négociation dans les décisions des entreprises ou des ensembles administratifs a certes ses limites (qu'on apprécie très différemment d'un côté ou de l'autre de la table). Mais elle est cependant déjà suffisante pour poser de nouveaux problèmes.

La négociation ne fournit plus seulement un cadre protecteur général, elle ne se limite plus à fixer horaires et salaires, elle se rapproche de l'entreprise, et même de l'atelier. Peut-elle, doit-elle s'étendre à l'organisation du travail, aux décisions d'équipement et d'investissement ? Sous sa forme traditionnelle, ce n'est souhaité par aucune des parties. Mais la consultation, les possibilités d'exprimer son point de vue sont revendiquées et souvent se développent. Jusqu'où peut aller l'association des salariés ? de leurs organisations ?

Des objectifs plus dispersés

Nous l'avons déjà vu, la nécessité de suivre de près les préoccupations des salariés a conduit à une spécificité accrue des objectifs, donc à une dispersion des revendications et des actions. Bien plus, la nécessité, pour les syndicats, de capter les courants militants, de s'alimenter de tout ce qui bouge, les a conduits à s'intéresser à de nouveaux problèmes, à des oppositions qui ne peuvent pas se confondre avec celles des salariés et des employeurs : inégalités entre sexes et discrimination à l'égard des femmes, poussées d'autonomie régionale, courants écologiques, sort des immigrés.

Cette ouverture les maintient vivants, assure leur assise et leur audience. Elle rend en revanche plus difficile l'élaboration d'une politique d'ensemble. Le rôle des confédérations, qui a toujours été central en France, rôle d'information, d'orientation générale, de doctrine, devient plus lourd et plus incertain. Les thèmes mobilisateurs ne sortent plus tout naturellement d'une ligne de classe. L'arbitrage entre les prétentions rivales des corporations obéit moins à des principes et plus à la conjoncture et à l'opportunité.

Les salariés sont un groupe plus difficile à réunir. On hésite plus à leur attribuer, au nom de l'histoire, une mission prédéterminée. Il reste, à coup sûr, l'originalité sociale du syndicat, le fait qu'il a ses racines dans la vie quotidienne de travail et par là une capacité d'exprimer et de mobiliser la base contre les appareils des grandes organisations. Mais, si cette fonction le justifie, elle ne lui donne ni un contenu ni une ligne d'action ; encore moins une unité autre que celle d'une organisation — et l'on sait qu'une organisation est toujours à reconstruire autour d'objectifs.

De ce fait aussi, les relations avec les partis politiques sont plus incertaines. Le parti communiste a affirmé, depuis 1978, son emprise sur la CGT. La CGT y gagne-t-elle ? On en peut douter. Les rapports entre la CFDT et le parti socialiste se sont distendus (bien que la première ait largement contribué au renouvellement du second depuis 1972 et qu'ils appartiennent assurément à la même famille). Le refus de Force Ouvrière d'entrer dans des débats partisans lui vaut un renouveau d'intérêt.

Des coalitions moins stables

Il n'y a plus de correspondance simple entre des groupes sociaux bien délimités et des organisations, ou plutôt — car cette correspondance simple n'a jamais existé — il y en a moins que jamais. Mais ce changement intéresse au moins autant les partis.

On attendait de l'élection présidentielle au suffrage universel qu'elle pousse les partis politiques à se regrouper en deux grands blocs. Des coalitions électorales se sont formées, par la force des choses, autour d'un homme, mais la division interne reste forte dans la majorité comme dans l'opposition. On pouvait en attendre aussi, le jeu de la compétition électorale se faisant autour des électeurs du centre, un glissement vers le centre. Il a eu lieu partiellement dans la majorité durant les années soixante-dix, presque pas dans l'opposition. L'effet principal de l'élection présidentielle n'a-t-il pas été plutôt, en organisant une compétition électorale qui dépasse le choix entre les partis traditionnels, d'accélérer et de rendre manifeste une évolution plus profonde, qui touche à la nature même de ces partis ? Les clientèles assurées ou les publics captifs se sont, en partie, évaporés. Le vote des catholiques ne forme plus un bloc, ou plutôt il est moins groupé. Le vote des paysans n'est plus acquis à la droite. Le vote des ouvriers reste massivement à gauche (bien qu'il ne soit pas pour un seul parti), mais il y a des défections (plus nombreuses pour le général de Gaulle que pour Georges Pompidou). Il faut donc davantage convaincre les siens et il est possible d'attirer les autres. D'autant que des classes plus restreintes ou des groupes d'intérêt de taille plus limitée peuvent être séduits et apporter leurs voix : petits agriculteurs polyvalents, artisans urbains, petits industriels ; ou transporteurs routiers, gens du bâtiment, producteurs de fruits et légumes.

Cette dispersion des « cibles » s'accompagne, grâce aux règles de la compétition, d'une homogénéisation du langage : dans les précieuses minutes dont chacun dispose à la télévision, il faut parler à tous et, en tout cas, ne choquer personne. Les programmes se font par addition d'objectifs spécifiques, les discours, même antagonistes, par alignement sur des vertus moyennes.

Les partis deviennent donc moins des partis de classe ou de doctrine, et davantage des partis « tous azimuts », offrant quelque chose à chacun, essayant d'attirer à eux tous les groupes et tous les âges. Bien sûr, on est loin de ces coalitions un peu lâches, de ces *catch-all parties* que sont le parti démocrate et le parti républicain aux États-Unis. Mais très loin aussi de l'apparente immobilité qu'a suggéré pendant vingt ans la grande stabilité des étiquettes et des résultats électoraux.

Dans cet effort pour répondre à de nouveaux problèmes et conquérir de nouveaux terrains, les partis rencontrent maintenant une concurrence nouvelle : celle de l'exécutif lui-même et de ses initiatives. Si les partis de la majorité ne forment pas un bloc unifié, en revanche, le gouvernement que cette majorité a permis et l'administration qu'il anime jouent un rôle plus autonome pour recueillir l'expression des besoins et y répondre. Banalité en apparence : une majorité au pouvoir, un gouvernement cherche normalement à répondre aux demandes des citoyens. C'est son devoir et son intérêt. Mais le fait est moins banal qu'il n'y paraît, dans un pays où l'on a toujours aimé distinguer l'État, qui est sacré, avec l'administration qui l'incarne, et les partis, qui, eux, font de la politique. La nouveauté est que cette séparation fictive et commode est de moins en moins tenable. L'administration n'a plus la même figure impartiale et solennelle ; on se demande si le gouvernement ne serait pas l'incarnation active de l'État.

Les partis enfin, subissent la concurrence d'autres groupes. Moins que les syndicats, ils ont su accueillir les courants nouveaux : par exemple le régionalisme et le féminisme. Le mouvement écologique les inquiète même directement en présentant des candidats aux élections, municipales, nationales, européennes. Bien qu'il ne recueille qu'un nombre limité de voix, il sert de porte-parole à toute une série de protestations et d'inquiétudes à qui convient mal l'étiquette de gauche ou de droite. Leur petit succès électoral témoigne de la part prise par ces nouveaux venus dans les débats publics et, ce qui est plus important encore pour les partis, de la part de dévouement et de militantisme qu'ils mobilisent à leur profit.

Cette concurrence renforce encore les pouvoirs de l'exécutif. La multiplication des groupes de pression ou d'expression, en rendant le relais des partis moins nécessaire, diminue leurs moyens de contrôle. L'exécutif a, en outre, aujourd'hui, plus de moyens de répondre directement aux demandes puisqu'il est davantage l'auteur de la loi.

Les corps intermédiaires extra-parlementaires sont plus nombreux, plus vivaces et s'expriment davantage. Mais le pouvoir central est plus distant d'eux et moins contrôlé par l'intermédiaire des partis. Est-il de ce fait plus puissant ? C'est une question qui mérite débat.

La décision et ses difficultés

Une réponse solide demanderait une analyse détaillée du système politique, et nous avons déjà dit qu'elle n'était l'objet ni de cette introduction, ni de ce volume. Nous nous bornerons, pour conclure, à quelques réflexions sur les difficultés de la décision.

Faut-il le rappeler ? Une « bonne » décision — celle qu'après coup, instruits par l'expérience, les intéressés jugeront bonne — ne demande pas seulement que l'information pertinente soit disponible, que les problèmes aient été bien analysés et les éventualités correctement définies et qu'on ait évalué le coût et les avantages de chacune. Ou plutôt, ces conditions intellectuelles de la qualité de la décision n'ont de chances d'être réunies (ou d'être approchées) que si d'autres conditions sont réalisées : celles qui permettent de se procurer l'information auprès de ceux qui la détiennent et de faire appel aux compétences, celles surtout qui permettent de dresser, malgré la multiplicité des intérêts et des points de vue, un tableau des objectifs et des contraintes, acceptable pour la majorité des parties prenantes et qui ne soit rigoureusement inacceptable pour aucune d'entre elles.

De toute évidence, les procédures d'information et de consultation sont devenues plus complexes et plus lourdes. Le nombre de ceux qui ont droit à la parole s'est accru, mais aussi l'étendue et le nombre des conséquences à considérer, et, avec eux, le nombre des contraintes à satisfaire. Comme le parcours à suivre pour aboutir est plus long, plus hérissé d'embûches, les chances d'accident ou de dérapage sont plus grandes. Les chances aussi de ne pas aboutir du tout (ou d'aboutir à une fausse décision qui ne fait que masquer l'irrésolution) ne sont pas négligeables. Les mécanismes correcteurs existent, mais l'ensemble est plus fragile ; en tout cas, plus difficile à manier.

Dans l'entreprise comme dans la vie publique, il arrive que le mécanisme se détraque. Michel Crozier avait analysé, il y a quelque vingt ans, sous le nom de « phénomène bureaucratique » un type idéal de ces difficultés : dans une organisation où les mécanismes d'auto-correction ne fonctionnent plus, où un cercle vicieux fait que l'apparition des signaux d'alerte renforce les causes de dysfonction, les décisions de redressement ne peuvent être prises que par à-coups, de l'extérieur, grâce à l'intervention d'une personnalité salvatrice.

Cette analyse n'a rien perdu de sa pertinence, bien au contraire, dans un monde économique où se développent les grands groupes d'entreprises, dans un monde politique et administratif où s'accroît, avec l'étendue des responsabilités, le poids des procédures. L'ampleur nouvelle des dimensions donne envie de parler de « phénomène hyperbureaucratique » : un nombre croissant de décisions monte dans la hiérarchie jusqu'à sortir de l'appareil bureaucratique proprement dit pour gagner la sphère où s'élaborent les politiques. Elles deviennent des décisions d'état-major ou de cabinet, mises au point à huis clos. Le « réformateur éclairé », invoquant une raison intemporelle, semble passer plus souvent la main au décideur le plus élevé, qui n'est pas à l'abri des assauts de la conjoncture.

Il n'y a rien d'extraordinaire à ce que les grands problèmes d'orientation soient tranchés dans la sphère politique. Ce qui l'est, c'est que les problèmes courants y soient portés, alors que les circuits habituels devraient les régler. Mais, si cela arrive, n'est-ce pas parce que les grandes orientations que l'appareil devrait appliquer sont parfois, soit ambiguës, soit difficiles à faire accepter ? Il n'y a rien d'étonnant à ce que la multiplication des consultations rende la tâche du décideur final plus lourde. Mais les enjamber conduit à d'autres blocages. Le temps est passé où l'on pouvait trancher les nœuds gordiens. Enfin, il n'est pas choquant, il est naturel que la décision consiste à prendre un parti et qu'elle ne s'abrite plus derrière la fausse apparence de la solution unique, de la *one best way,* technique, juridique ou bureaucratique. Mais cela veut dire qu'il faut associer davantage les subordonnés ou les citoyens à ce parti et à ce pari, sans dissimuler que c'est un choix, ni ce qu'il a d'incertain.

La décision n'est pas seulement plus complexe. Elle est aussi plus « politique » : elle tranche un débat. Une fois toutes les règles observées, il est vain de chercher sa légitimité ailleurs que dans la façon dont elle sera accueillie — et, bien sûr, dans ses résultats. Pour la rendre effective, il faut sans doute examiner moins l'excellence des déductions dont elle procède que la réalité sociale où elle s'insère et qu'elle est destinée à transformer.

*
* *

La société française a-t-elle aujourd'hui des traits bien spécifiques ? N'est-elle qu'un exemple parmi d'autres des sociétés économiquement développées et politiquement démocratiques ? Quoique nous ayons marqué au passage certaines particularités et certains traits communs, nous n'avons pas cherché à répondre systématiquement à cette question. Un examen comparé des pays de la même famille demanderait une autre étude.

Pour combien de temps ce portrait est-il valide ? Est-ce un constat pour l'année 1980 ou peut-on en retenir quelques traits durables ? Pour répondre avec quelque certitude, il faudrait étudier l'expérience de ceux qui arrivent aujourd'hui à l'âge adulte ou au début de la maturité et se demander en quoi cette expérience va modifier leurs horizons et leurs projets, ce qui leur paraîtra acceptable et ce qu'ils refuseront. Depuis quelques années, les conditions de l'entrée dans la vie ont profondément changé. Même pour les mieux préparés, mais, bien sûr, surtout pour les autres, il est plus difficile de trouver l'emploi de ses forces et de ses capacités. Soumis à un passage difficile et sans doute à plus d'insécurité par la suite, prendront-ils, avec une vue nouvelle des contraintes économiques, le goût de les maîtriser, ou se souviendront-ils surtout d'une période prolongée de morosité et de dépendance et de l'inutilité de leurs entreprises ? Comment jugeront-ils les protections et les garanties que notre société a construites : retiendront-ils surtout que certaines d'entre elles les ont maintenus à l'écart ou qu'elles leur ont permis, souvent par l'intermédiaire de leurs parents, d'attendre leur heure ? Des choix plus variés et plus difficiles qui leur sont ouverts, retiendront-ils surtout les difficultés et l'angoisse ou les chances de liberté et d'expression personnelle ? Comment apprécieront-ils le pluralisme un peu incohérent de la société où ils arrivent au seuil de ce dernier quart de siècle : comme une sagesse heureuse et tolérante ou comme l'oubli des grands desseins et la cécité devant les périls ?

Classes, castes et territoires

L'attachement à l'égalité et la course aux privilèges

René Rémond *

Les modes de vie ** s'uniformisent, beaucoup de particularismes locaux s'estompent, l'enseignement se démocratise, un nombre croissant de Français accèdent à des biens jadis réservés à une minorité de privilégiés. Au vœu d'égalitarisme répond maintenant en écho l'impératif national de la lutte contre les inégalités, devenu enjeu collectif et slogan politique. Mais la revendication d'égalité va souvent de pair avec la défense des avantages acquis, et le développement économique avec la différenciation sociale. Aux stratifications héritées de l'histoire se substituent ou bien s'ajoutent de nouvelles inégalités, de nouveaux clivages, qui ne peuvent être réduits aux seuls rapports de classes.

Des différenciations très nombreuses, une forte hiérarchisation, une mobilité limitée

Toute société est *différenciée* : c'est une loi de l'organisation sociale qui résulte de la nécessité d'une division des tâches. Elle l'est plus ou moins selon le degré atteint dans son développement : plus il est avancé et plus nombreuses sont les catégories qui la composent. La différenciation est donc un produit en même temps qu'un reflet de l'histoire. A cet égard, la société française qui a un long passé et qui a accédé à un niveau élevé de développement est une de celles où la différenciation est la plus poussée.

Il n'y a pas d'exemple que la différenciation des groupes, suscitée par la diversité des tâches, ne se dispose pas sur une échelle hiérarchique comportant des étages superposés. Les sociétés ne sont donc pas seulement plus ou moins différenciées, elles sont aussi *inégales* et, de même, le sont-elles plus ou moins.

Ces inégalités sont enfin plus ou moins enracinées selon que les individus ont une possibilité, restreinte ou effective, de changer de catégorie au cours de leur existence ou d'une génération à la suivante. D'une société à l'autre, et à l'intérieur d'une même société au cours de son histoire, la *mobilité* est inégale : ses variations mesurent et modulent les inégalités. Différenciation, hiérarchie et

* René Rémond, professeur à l'Université de Paris X - Nanterre et à l'Institut d'études politiques. Auteur de nombreux travaux d'histoire et de science politique, et notamment de *La droite en France de la première Restauration à la Ve République,* Aubier-Montaigne et de *La vie politique en France depuis 1789,* A. Colin.

** L'ensemble des textes de présentation des divers articles sont de la rédaction.

mobilité individuelle ou intergénérationnelle, tels sont les trois principaux facteurs qui caractérisent toute stratification sociale. Tels sont aussi les trois éléments à prendre en compte pour apprécier exactement l'originalité de chaque société.

La disparition de la société par ordres qui définissait l'organisation de l'Ancien Régime a simplifié et compliqué à la fois l'analyse de la société française. Simplifiée, en effaçant les vestiges d'une organisation devenue anachronique qui reposait sur des critères essentiellement juridiques et se fondait sur une hiérarchie de considération — encore que des traces en aient subsisté jusqu'à nous dans les mentalités avec le prestige qui demeure attaché aux titres nobiliaires. Compliquée aussi, dans la mesure où la proclamation de l'égalité de tous n'a pas pour autant supprimé toute inégalité de fait, mais privé l'observateur de repères indiscutés pour saisir la complexité de l'organisation sociale. A leur place, il trouve une pluralité de critères dont aucun ne suffit à rendre compte de la réalité et qu'il y a sans doute lieu de combiner pour approcher au plus près de l'état des choses.

Différenciation

Un accroissement du travail féminin

Les distinctions les plus générales entre les êtres, celles par exemple entre les *sexes* ou par *âge,* n'ont, en principe, pas de signification sociale. Elles ont néanmoins des incidences sur les rapports sociaux et, en retour, l'évolution de la société n'est pas sans conséquences sur le statut des personnes. Ainsi, la femme française a eu jusqu'à une date fort proche une position d'infériorité juridique : ce n'est que dans les vingt dernières années que le législateur a abrogé les dispositions qui en faisaient une mineure ou une incapable légale. La loi interdit toute discrimination entre les hommes et les femmes pour l'emploi et les rémunérations, mais dans la pratique les salaires féminins subissent par le jeu des qualifications des postes de travail une diminution qui va de 20 à 40 %. Les femmes commencent tout juste à accéder aux responsabilités élevées dans la fonction publique. Le veuvage qui frappe davantage les femmes du fait de la surmortalité masculine — la France compte plus de trois millions de veuves civiles — constitue un des risques sociaux les plus redoutables qui entraîne ordinairement un amenuisement des ressources et aggrave les inégalités sociales. Le pourcentage des femmes qui travaillent, demeuré constant depuis le début du siècle, s'élève régulièrement chaque année depuis 1967 * : il est passé de 34 à 38 entre cette date et 1975. C'est un des plus profonds changements de la société qui exprime une transformation des mœurs et révèle chez les femmes une volonté d'autonomie.

Des catégories en marge : les jeunes et les vieux

L'âge, s'il établit entre générations une différence irréductible, ne donne pas nécessairement lieu à des conflits entre elles, mais il dessine dans la société des lignes de partage et, depuis la seconde guerre, quelques phénomènes ont affecté les rapports de générations au point de comporter des implications pour

* Cf. annexe 1, p. 119 et annexe 2, p. 264 à 267.

la stratification sociale. La poussée démographique qui a depuis 1946 porté l'effectif d'une classe d'âge de quelque 550 000 à plus de 800 000 pendant une vingtaine d'années, a constitué une population adolescente en réalité distincte, qui forme un marché important pour la consommation et une foule de demandeurs d'emploi. Que la moitié environ des Français aujourd'hui en quête de travail soient des moins de 25 ans, que ceux qui cherchent un premier emploi soient aussi nombreux que ceux qui ont perdu le leur n'est pas sans effet sur la structure d'une société qui se révèle aux intéressés comme incapable de les intégrer. A l'autre extrémité de la pyramide des âges, l'allongement de la durée de la vie crée une population de plus en plus nombreuse (7 millions de plus de 65 ans) * qui forme un groupe distinct du fait de la diminution de leurs ressources et de l'éloignement de toute activité professionnelle : cette catégorie connaît, particulièrement en temps d'inflation rapide, des conditions de vie plus rigoureuses que celles dont jouissent leurs compatriotes ou qu'ils ont eux-mêmes connues au cours de leur vie active. Le gonflement de cette tranche d'âge pose à la société un de ses problèmes les plus aigus.

De moins en moins d'agriculteurs

Une distinction s'inscrit à la surface du territoire : celle entre *villes et campagnes,* citadins et ruraux. L'habitat, la relation à la nature et le travail différencient profondément deux populations. Cette différence est-elle source de stratification ? Est-elle inégalitaire ? La réponse ne va pas de soi : elle n'est pas indépendante de la conjoncture économique et du rapport des forces. Les dernières décennies ont connu à cet égard une évolution rapide et substantielle ** : la France qui était encore en 1930 une nation en majorité rurale a vu depuis 1945 la proportion de ses agriculteurs diminuer des trois quarts, tomber au-dessous de 10 %, fondre le nombre de ses exploitations et a rejoint le peloton de tête des sociétés urbanisées. Ce grand fait social s'est accompagné d'une élévation du revenu moyen des paysans qui a relevé leur place dans l'échelle sociale, en même temps que d'un progrès des techniques de production et de commercialisation qui leur vaut une plus grande considération. Avec le machinisme la catégorie, jadis fort nombreuse, des ouvriers agricoles a presque disparu.

Une autre classification trouve son principe dans *la nature de l'activité exercée* : celle qui emprunte aux économistes leur division tripartite en secteurs primaire, secondaire et tertiaire ***. L'évolution récente se caractérise par la brutale diminution du premier (encore 36 % en 1946 et aujourd'hui inférieur à 10 %), la relative stabilité du secteur industriel (un peu moins de 40 %) et le gonflement considérable du dernier (32 % en 1938, voisin aujourd'hui de 50 %), devenu le plus massif avec le développement rapide des services et notamment des activités de loisirs.

Pour la majorité des Français : la condition salariale

Aucune de ces distinctions générales ne rend pleinement compte de la différenciation sociale : le travail de la terre regroupe des types d'agriculture fortement dissemblables ; la ville juxtapose les revenus les plus inégaux qui soient et les modes d'activité les plus hétérogènes. Aussi les observateurs de la réalité

* Cf. annexe 1, p. 111.
** Cf. annexe 1, p. 114 à 118.
*** Cf. annexe 1, p. 119.

sociale sont-ils en quête d'un principe de classement plus satisfaisant. Le concept de *classe sociale* se propose comme la solution. Le marxisme a fait plus que tout autre système pour la présenter comme une vérité scientifique. Pour Marx, la classe trouve son unité objective dans la position qu'elle occupe dans les rapports de production. La préférence donnée à ce critère sur tout autre entraîne une division binaire de la société : d'un côté la bourgeoisie à laquelle le régime capitaliste réserve le monopole des instruments de travail, et de l'autre le prolétariat qui ne dispose que de sa force de travail. Entre les deux il n'y a pas d'intérêts communs et les rapports ne peuvent être que d'inégalité et d'antagonisme ; la possession du capital assure aux uns la domination des premiers jusqu'à ce que les exploités, prenant conscience de leur assujettissement et de ce qui les unit, s'organisent pour conquérir le pouvoir et supprimer toute société de classes.

Conscience de classe et préférences politiques

Appliqué à notre société contemporaine, ce schéma d'analyse met en valeur un changement récent et décisif : l'augmentation du nombre des salariés dont la proportion dans la population active est passée, en quelque vingt ans, de 62 % à 82 % (plus de 18 millions sur 22 millions d'actifs) *. Ce processus apporte un élément de confirmation expérimentale à la théorie marxiste qui prévoit par le mécanisme de la concentration, le dépérissement de la petite entreprise et la croissance indéfinie du prolétariat. Mais là s'arrête peut-être la vertu de l'explication par le phénomène de classe. Une première difficulté naît de l'incertitude des frontières : si la classe des ouvriers d'industrie présente des contours relativement bien définis, il n'en va de même pour aucun autre groupe. Où ranger la catégorie, de plus en plus nombreuse, des cadres ? L'analyse marxiste des classes contourne certes la difficulté, puisqu'elle prend en compte non pas l'opinion des intéressés sur leur identification sociale, mais leur position objective dans le système de production. Mais ce n'est là qu'un postulat : pour négligeable qu'elle soit, l'idée que chacun se fait de son appartenance de groupe n'est pas denuée d'importance : elle contribue tout autant que son statut objectif à déterminer son comportement. A cet égard l'observation de la vie politique française est riche d'enseignements : le développement des recherches sur les corrélations entre les choix idéologiques et les variables sociologiques fournissent, outre une riche moisson d'informations, matière à réflexion théorique sur les rapports entre classes et société. Il n'y a pas de corrélation générale entre classes et partis : tous les partis, y compris ceux qui s'intitulent ouvriers, comptent dans leurs rangs des membres de toutes les classes ; en retour chaque catégorie socio-professionnelle distribue, dans des proportions certes inégales, ses préférences entre les diverses formations politiques. La chose est connue depuis longtemps pour la paysannerie, encore que le marxisme puisse en prendre argument pour distinguer entre les salariés exploités et les gros agrariens capitalistes. Mais le cas de la classe ouvrière est plus probant : elle répartit approximativement ses suffrages en trois tiers dont l'un va aux partis de droite et dont le reste se partage à peu près par moitié entre Parti communiste et gauche non-communiste. Rétorquer à ce désaveu par l'expérience du schéma doctrinal que c'est là une situation appelée à se résorber à mesure que les salariés prendront conscience de leur situation et qu'ils apprendront à discerner quels sont leurs vrais défenseurs, relève plus de l'acte de foi que du constat scientifique ; de

* Cf. annexe 1, p. 119 et 120.

surcroît la chose est aussi vieille que la pratique du suffrage universel et donne à réfléchir à proportion de sa durée. Force est d'admettre que l'appartenance de classe ne conditionne pas la position politique et donc qu'interviennent, dans l'expérience vécue par chacun de la différence sociale, d'autres facteurs que le statut socio-professionnel. Cette conclusion est du reste corroborée par la recherche des paramètres statistiquement les plus explicatifs parce que les plus stables : les sociologues observent que c'est la référence religieuse qui présente la relation la plus constante avec le choix politique. On voit ainsi que les données culturelles, les représentations mentales, interfèrent largement avec les données socio-économiques pour déterminer la place de chacun dans le système social.

Appartenance de classe et statut socio-culturel

Si le concept de classe est évidemment l'une des clés à retenir pour l'analyse de la stratification sociale, il doit donc être associé à d'autres qui introduisent des subdivisions à l'intérieur des classes en même temps qu'ils jettent des traits d'union entre elles. Parler, par exemple, de bourgeoisie n'est guère éclairant : le concept englobe des types d'activité, des niveaux de vie, des revenus tellement dissemblables, du président-directeur général qui est du reste ordinairement un salarié, au petit boutiquier en passant par le professeur agrégé de médecine ou le cadre supérieur. En sens inverse, des individus que leur position dans les rapports de production situe dans des classes opposées, ont souvent même niveau de revenu, même mode de vie, même culture, mêmes convictions religieuses, mêmes votes politiques. La classification des groupes entre lesquels se divise la réalité sociale comme la place des individus sont la résultante d'une convergence de critères ; outre l'appartenance à une catégorie définie par le régime de la propriété, il faut prendre en compte le niveau dans l'échelle des ressources, la nature de celles-ci (à cet égard grande est la différence, surtout en période d'inflation, entre revenus fixes et revenus mobiles, entre producteurs et consommateurs), le type d'activité (indépendante ou salariée), l'étendue des responsabilités et les facultés d'initiative, les structures de consommation. Le jeu combiné de ces variables fait éclater l'unité simplificatrice de certains groupes et rapproche des ensembles qui seraient séparés du seul fait de la classe. Il souligne l'extrême diversité de la réalité sociale et la complexité comme la multiplicité des catégories.

Hiérarchies et inégalités

Cette différenciation qui tend peut-être plus à s'accroître qu'à diminuer, est-elle génératrice d'inégalités ? La question est des plus controversées. Certains présentent la société française actuelle comme l'une des plus inégalitaires. Ils se fondent sur ce qu'on sait de l'échelle des rémunérations * qui comporte de grands écarts, supérieurs à ceux relevés en d'autres pays, même de régime politique identique. Sans contester la réalité de ces écarts, il convient de noter qu'une part des revenus réels échappe à l'investigation et que, de plus, la connaissance des revenus ne livre qu'un aspect de la réalité psycho-sociale : il faudrait pouvoir prendre en compte et le patrimoine ** et les avantages en nature. En

* Cf. annexe 1, p. 130 à 133.
** Cf. annexe 1, p. 133 à 136.

outre, l'évolution atteste un effort continu et souvent efficace pour réduire les inégalités de fait par l'organisation d'un système de sécurité sociale qui vise à soustraire les individus aux risques de la maladie, de la vieillesse ou du chômage — autant de facteurs d'inégalité —, et par le gonflement du budget social, aujourd'hui supérieur à celui de l'État, qui corrige par une certaine redistribution les injustices.

Le resserrement de l'éventail des revenus

• En 1970, le salaire du cadre supérieur moyen (1) était égal à 4,24 fois le salaire moyen des ouvriers.
En 1980 : 3,4.

• En 1973, le salaire direct moyen des « cadres supérieurs » était de 6,9 fois le Smic.
En 1980 : 5,5.

• Salaires moyens. L'écart était de 1,9 en 1970. Il est de 1,5 en 1980.

Impôt sur le revenu

Salarié gagnant l'équivalent de :	Montant de l'impôt sur le revenu en % du salaire	
	en 1973	en 1980
1 fois le montant du Smic	0	0
2 fois le montant du Smic	4	12
3 fois le montant du Smic	6	18
4 fois le montant du Smic	7	21
5 fois le montant du Smic	11	23
6 fois le montant du Smic	15	27

• Ainsi, compte tenu des prestations sociales reçues et des impôts payés, le revenu salarial d'un cadre supérieur et moyen était :
En 1973, égal à 4,6 fois le revenu d'un salarié gagnant l'équivalent du Smic.
En 1980, égal à 3,2 fois le revenu d'un salarié gagnant l'équivalent du Smic.

(1) Salaires directs moyens des « cadres supérieurs » exprimés en salaires directs moyens des « ouvriers » (définitions et statistiques de l'INSEE).

La démocratisation de l'enseignement : facteur de réduction des inégalités sociales

De même, la généralisation de l'accès à l'enseignement tend à instaurer une plus grande égalité de chances. Sous ce rapport l'histoire des relations entre enseignement et société depuis un demi-siècle est riche de leçons. Au début de ce siècle, l'enseignement ajoutait un facteur de différenciation et d'inégalité à tous ceux qui procèdent de la naissance ou de la fortune : les études, la connaissance des langues anciennes, la possession d'un diplôme universitaire discriminaient une élite sociale. La généralisation de l'instruction, l'allongement de la scolarité auraient dû effacer cette inégalité. Ils l'ont fait partiellement, en dépit des discours sur les fonctions présumées du système éducatif dont la raison d'être occulte serait de reproduire les inégalités sociales : à preuve le pourcentage accru dans la population étudiante d'éléments originaires des milieux populaires. Il n'est pas excessif de parler de démocratisation de l'enseignement, même si la composition de la masse étudiante ne reflète pas exactement la société globale : certaines catégories y sont sur-représentées, professions libérales et cadres supérieurs, tandis que d'autres n'y sont qu'insuffisamment présentes *. Mais s'il est vrai qu'en toute organisation sociale, et singulièrement pour évaluer les inégalités, la tendance importe autant que la situation instantanée, en ce qui concerne l'instruction et la culture, les inégalités sont en voie de réduction.

Le nivellement des conditions de vie et l'influence des médias

Sur d'autres registres l'évolution paraît aller dans le sens de l'uniformisation et vers un certain nivellement des conditions et des mœurs, favorisé par l'enrichissement collectif : entre 1950 et 1970 le revenu moyen a été multiplié par trois. Sans insister plus que de raison sur l'uniformisation du vêtement ou des habitudes alimentaires, bien que ce soit un signe non équivoque d'égalisation que l'abandon de costumes distinctifs de la différence sociale, nous retiendrons quelques exemples : la voiture, les loisirs **, le logement. La possession d'une automobile a cessé depuis longtemps d'être un élément distinctif : elle confère à chacun une autonomie de déplacement, ménage à tous des possibilités de découvrir d'autres pays qui avaient été longtemps le privilège d'une élite de la fortune ou de la culture. Le franchissement des frontières est devenu de nos jours le lot du grand nombre. Même évolution pour les loisirs : l'institution des congés payés, la reconnaissance légale du droit au repos ont été à l'origine d'une révolution dans les mœurs, de grande portée pour la stratification de la société. Quant au logement, grâce au développement du crédit, plus de la moitié des Français sont aujourd'hui propriétaires de leur habitation, appartement individuel ou pavillon indépendant ***. L'accession à la propriété est une modification décisive qui rapproche la situation française de celle des grands pays voisins et qui nuance le caractère prolétarien de la classe ouvrière française : on a pu parlé de « nouvelle classe ouvrière ». Il est vrai que l'acquisition du logement a souvent créé une relation de dépendance des futurs propriétaires à l'égard des établissements de crédit : le mécanisme des traites régulières, qui joue aussi pour l'équipement électro-ménager, ne constitue-t-il pas une dépendance comparable à celle analysée pour le travail ? Mais l'inflation a allégé le poids de l'endettement et rendu supportable la charge du remboursement. A ce fait de l'appropriation individuelle il faut ajouter celui des résidences dites secondaires qui connaît en France un essor qui n'a d'équivalent dans aucun autre pays ; aujourd'hui quelque deux millions de familles disposent d'une résidence, petite ou grande, modeste ou somptueuse. Ajoutons encore à ce chapitre de l'uniformisation réductrice des différences et peut-être des inégalités, l'influence des nouveaux médias : l'universalité de la télévision propose à tous les mêmes éléments de culture. A la limite, on peut se demander si la chose n'est pas plus importante que les différences dans le travail : que les cadres et les ouvriers, les paysans et les citadins regardent le même spectacle, rient aux mêmes divertissements, s'informent aux mêmes sources, n'est-il pas plus déterminant, dans

* Cf. annexe 4, p. 489.

** Cf. annexe 3, p. 15 à 17 et 18 à 21.

*** Cf. annexe 1, p. 139.

une société où la durée du travail tend à diminuer, que les différenciations professionnelles ? En tout état de cause, ces puissants facteurs de réduction des différences doivent être pris en compte pour une description des rapports sociaux.

Mais d'autres facteurs travaillent en sens contraire, comme si les inégalités ne faisaient jamais que se déplacer et que l'effacement de l'une doive être payé par l'apparition d'une autre. Pour le logement * ou l'acquisition d'une voiture, des nuances existent qui, pour être moins grossières qu'autrefois, n'en établissent pas moins de réelles différences fort bien perçues par les intéressés. Tous ont la télévision, mais tous ne l'ont pas encore en couleur. Le récepteur de radio est devenu universel, mais on mettra son amour-propre à disposer d'une chaîne de haute fidélité. La plupart des Français passent les frontières, les plus fortunés iront au Népal ou aux Seychelles. Et ainsi de suite comme si l'ingéniosité des hommes pour recréer des supériorités était indéfinie. Notre société est tout ensemble profondément attachée à l'égalité et férue de privilèges.

Mobilité sociale

Une dernière question achève de dessiner la stratification d'une société : son degré de mobilité **. Elle est capitale : peu importe, jusqu'à un certain point, que la société soit compartimentée et que de l'un à l'autre de ces compartiments il y ait des inégalités, si les individus peuvent aisément passer de l'un à l'autre. C'est la rigidité et la fixité qui rendent insupportable la division en catégories sociales. A cet égard aussi, les appréciations portées sur notre société sont divergentes. Pour les uns, nous avons bien affaire à une « société bloquée » : les catégories dominantes accaparent pouvoir, fortune et culture ; les couches populaires sont enfermées dans leur condition. L'institution même dont ce devrait être le rôle de favoriser la mobilité en donnant leur chance aux individus doués — le système éducatif — aboutirait à reproduire les distinctions sociales et maintiendrait chacun dans le compartiment où le hasard l'a fait naître : à preuve les statistiques de la population des universités ou l'analyse des origines des hauts fonctionnaires ou des cadres supérieurs ; quelques brillantes exceptions peuvent bien donner l'illusion de la mobilité : elles ne modifient pas la réalité. D'autres observateurs relèvent que ces statistiques ne rendent pas compte de l'évolution qui a, depuis vingt ans, démocratisé l'enseignement supérieur en faisant accéder à l'université les enfants de la petite bourgeoisie, des classes moyennes et même, en nombre croissant, des couches populaires. De surcroît, si l'on élargit l'étude des relations intergénérationnelles, ordinairement limitée à celles des parents aux enfants, à celles des grands-parents aux petits-enfants, se découvre une mobilité réelle qui est plus révélatrice de notre société : l'ascension sociale s'y effectue sur deux générations.

---

* Cf. annexe 1, p. 137 à 140.
** Cf. annexe 1, p. 144 à 148.

La description de la stratification sociale de notre pays serait à coup sûr incomplète si elle omettait, au bas de l'échelle, la masse des immigrés (quelque quatre millions) pour la plupart en provenance de pays moins développés, en quête de travail, qui occupent les emplois dont les Français ne veulent plus, parce que plus durs ou moins rémunérés *. C'est cet afflux au bas de la pyramide qui a rendu possible, avec l'expansion de notre économie, l'ascension des nationaux à travers l'échelle sociale.

Ainsi, la stratification de la société française manifeste-t-elle simultanément et contradictoirement des tendances, incontestables, à l'uniformisation, une aspiration, souvent couronnée de succès, à la réduction des inégalités, et aussi la persistance et même la renaissance d'autres différences, sources à leur tour d'inégalités. La société est ainsi le champ clos de tendances opposées dont la résultante n'est jamais définitive.

---

* Cf. annexe 1, p. 125 à 127.

Les salariés : croissance et diversité

François Sellier *

La population active française compte aujourd'hui 85 % de salariés. Cette forte augmentation quantitative s'est accompagnée de nombreux changements : modifications de structure (en dépit de certaines continuités), élévation de la part du salaire indirect qui permet la protection sociale du plus grand nombre, accroissement de la syndicalisation. Dans l'ensemble, le statut social du salarié est devenu plus égalitaire et son image moins négative. Mais de nombreux clivages demeurent ou se développent : entre secteur public et secteur privé, entre grandes et petites entreprises, entre la majorité bénéficiant du système de protection sociale et syndicale progressivement mis en place et les franges défavorisées, victimes de la segmentation du marché du travail qui se trouvent souvent en marge des lois qui devraient les protéger.

L'image sociale du salariat

Le salariat évoque, paradoxalement, une double image : d'un côté, la sécurité, voire, pour la fonction publique, l'image même du « bon emploi » mais, d'un autre côté, le salariat est profondément associé, dans la mémoire collective, à celle de dépendance, de subordination, de précarité. Et cette image s'enracine dans une réalité historique encore proche, celle de l'ouvrier des premiers temps de l'industrialisation mais aussi celle de l'ouvrier agricole dont la masse est demeurée longtemps considérable, celle encore et jusqu'aujourd'hui, du travailleur dont l'emploi et le gain sont soumis aux aléas des crises, celle enfin des bas salaires. Les chiffres ne cessent d'illustrer cette image, la concrétisent : on ne parle guère des niveaux de revenu des paysans ou des petits commerçants car on les connaît mal, ni de leur sous-emploi réel, ni de leurs conditions ou de leur durée de travail. Mais le chiffre du chômage est depuis longtemps et reste aujourd'hui, le symbole profondément vécu d'une réalité que la statistique et l'image portent dans tous les foyers — les photographies des queues de chômeurs aux offices de placement puis dans les bureaux de l'Agence nationale

* François Sellier, professeur à l'Université de Paris X - Nanterre. Ancien directeur du Laboratoire d'économie et de sociologie du travail d'Aix-en-Provence (CNRS). A publié notamment *Économie du travail*, Presses universitaires de France, en collaboration avec A. Tiano, *Dynamique des besoins sociaux*, Éditions ouvrières et *Relations industrielles*, textes commentés, PUF, 1976.

pour l'emploi. La loi, elle-même, et les décrets récurrents des gouvernements imposent l'image du « smigard » que le passage du SMIG au SMIC n'a pas altérée (1).

Un des signes les plus frappants de l'influence de cette image sociale du salariat sur les attitudes des non-salariés eux-mêmes, se manifeste dans le rejet de l'assimilation à la condition salariale, de la part des travailleurs indépendants, commerçants et artisans, ou de catégories particulières comme les médecins. Lorsqu'en 1946-1947, il fut question d'appliquer le principe de la généralisation de la sécurité sociale à l'ensemble de la population, les organisations représentatives des artisans et commerçants opposèrent à ce projet un refus formel, refus fondé assurément sur les conséquences financières trop lourdes qui en auraient résulté pour ces catégories mais renforcé par la crainte qu'une telle mesure ne soit une étape sur la voie du salariat et de la « fonctionnarisation ». Quant aux organisations de médecins, elles luttent par les mêmes arguments contre tout empiètement de la sécurité sociale sur le caractère libéral de la profession.

Croissance du nombre des salariés et transformation des structures de qualification

Chacun sait que le nombre et la proportion des salariés ne cessent de croître depuis cent ans et que cette croissance s'est accélérée depuis la dernière guerre. Mais s'il est un domaine où les changements quantitatifs entraînent des profonds changements de qualité, c'est bien ici. Non pas que certaines continuités, certaines tendances fortes, permanentes, ne doivent être soulignées. Mais, surtout depuis 30 ou 50 ans, de profondes transformations de structure se sont produites (2).

Des ouvriers plus qualifiés

Le changement de structure le plus massif qui soit intervenu est illustré par la décroissance et la quasi-disparition des ouvriers agricoles. Ils représentaient encore en 1930 une population de 2 100 000 personnes, plus d'un cinquième des travailleurs manuels. Ils sont aujourd'hui moins de 400 000 (375 000 au recensement de 1975) et ne représentent plus que 5 % de la population ouvrière. Ajoutons que leur condition sociale s'est aussi transformée. Avec la mécanisation de l'agriculture, il s'agit désormais davantage, au moins pour les travailleurs non saisonniers, de conducteurs de matériel que de travailleurs de « la glèbe ». D'autres changements sont apparus, lourds de conséquences pour les conditions de travail et la création d'une nouvelle image sociale de l'ouvrier. L'un des plus importants est la diminution du nombre des mineurs, ceux-là même avec qui Zola fabriqua Germinal : près de 500 000 en 1930, encore 400 000 en 1954, leur nombre tombe à 100 000 en 1975. Mais la chute est encore plus impressionnante pour une catégorie presque aussi représentative de la pauvreté ouvrière, celle des ouvrières du textile : un million et demi en 1930, plus de

(1) Cf. J.P. Courthéoux, *Le salaire minimum*, PUF, Que sais-je, n° 1713, 1978.

(2) Pour plus de détails, cf. F. Sellier, *Les salariés en France depuis 100 ans*, PUF, Que sais-je, n° 433, 1979.

800 000 en 1954, 200 000 aujourd'hui. Plus généralement, la part de la population active (essentiellement ouvrière) employée dans des industries « pauvres » (textile, habillement, cuirs et peaux, industries de l'alimentation), de 45 % encore en 1930, de 55 % en 1950, s'est abaissée aujourd'hui à 25 % environ (27 % au recensement de 1975). Dans le même temps, les industries de « développement » (métallurgie, chimie...) ont vu leur capacité d'emploi passer de 30 % en 1930 à près de 50 % (48,5 % en 1975) aujourd'hui, dans l'ensemble de l'industrie (sans le bâtiment). Mais, à ce relèvement qualitatif des catégories ouvrières s'est associé un changement inverse des catégories d'employés, où les fonctions manuelles peu qualifiées ont proliféré.

La relative stabilité des structures de qualification

Sans doute, ces évolutions ne doivent-elles pas dissimuler, à côté des ruptures qu'elles manifestent, une continuité : celle de la relative stabilité des structures de qualification, encore que les statistiques dans ce domaine soient incertaines. Sur une période de 20 années, l'évolution est la suivante :

Tableau 1

Répartition des ouvriers (hommes et femmes) de diverses qualifications, des techniciens et des ingénieurs, de 1954 à 1975

en %

<table>
<tr><th rowspan="2"></th><th rowspan="2">1954</th><th colspan="2" rowspan="2">1962</th><th colspan="2" rowspan="2">1975</th><th colspan="3">Part des femmes dans chaque catégorie</th></tr>
<tr><th>1954</th><th>1962</th><th>1975</th></tr>
<tr><td>Manœuvres</td><td>18</td><td colspan="2">22,5</td><td colspan="2">20,2</td><td>21,6</td><td>27,9</td><td>38,1</td></tr>
<tr><td>Ouvriers spécialisés (semi-qualifiés)</td><td>29</td><td colspan="2">34</td><td colspan="2">33,4</td><td>31,8</td><td>26,3</td><td>26,8</td></tr>
<tr><td>Ouvriers qualifiés</td><td rowspan="2">48,8</td><td>32,5</td><td rowspan="2">36,8</td><td>32,9</td><td rowspan="2">37,5</td><td rowspan="2"></td><td>17,3</td><td>13,5</td></tr>
<tr><td>Contremaîtres</td><td>4,3</td><td>4,5</td><td>5,9</td><td>5,9</td></tr>
<tr><td>Techniciens</td><td>3</td><td colspan="2">4,8</td><td colspan="2">6,6</td><td>7,1</td><td>7,9</td><td>14,4</td></tr>
<tr><td>Ingénieurs</td><td>1,2</td><td colspan="2">1,9</td><td colspan="2">2,3</td><td>2,1</td><td>3,2</td><td>4,4</td></tr>
<tr><td></td><td>100,0</td><td colspan="2">100,0</td><td colspan="2">100,0</td><td>100,0</td><td>100,0</td><td>100,0</td></tr>
</table>

Source : L. Thévenot « Les catégories sociales en 1975 : l'extension du salariat », p. 5, *Économie et Statistique*, n° 91, juillet-août 1977 (INSEE, Paris).

Ce tableau tend à montrer — encore que, comme l'indique Laurent Thevenot (op. cit.) « un traitement très différent de la qualification ouvrière en 1954 empêche d'effectuer une comparaison avec les recensements suivants » — une baisse relative du niveau moyen de qualification dans l'industrie entre 1954 et 1975, mais — résultat plus fiable — une stabilité entre 1962 et 1975. On note cependant, sur la partie droite du tableau (pourcentage de femmes dans chaque catégorie) que la légère croissance du pourcentage global des manœuvres vient, dans une bonne mesure, de l'augmentation de la part des femmes dans cette catégorie, phénomène dû à l'importance des implantations d'usines nouvelles dans les régions peu industrialisées, et à l'accroissement du taux d'activité des femmes sans qualification dans ces régions.

Parmi les statistiques de classification, celles que donnent les recensements quinquennaux de la population sont parmi les plus fiables — ou les moins incertaines — Elles expriment les déclarations des individus et visent l'ensemble des emplois, alors que les statistiques fournies par les entreprises (surtout les grandes ou les moyennes) expriment plutôt le résultat des systèmes formels de classification. Des comparaisons ont montré que les entreprises tendaient à surévaluer la qualification, telle que la déclarent les individus eux-mêmes : ceux-ci se voient beaucoup plus manœuvres ou OS qu'ouvriers qualifiés, comme leur classification formelle semblerait l'indiquer. D'ailleurs, pour les ouvriers, la notion même de qualification semble vague : interrogé à deux années d'intervalle, un groupe a donné des réponses sensiblement différentes sur la qualification exercée au cours de la première année. Sans doute faut-il voir là un indice du faible niveau de « professionnalité » dans la classe ouvrière française. Ce fait apparaît bien lorsqu'on compare la relation entre classification et diplôme professionnel en France et en Allemagne.

Tableau 2

Correspondance entre formation professionnelle et qualification (1970)

en %

France			Allemagne		
Type de formation	Ouvriers qualifiés	Contre-maîtres	Type de formation	Ouvriers qualifiés	Contre-maîtres
Sans diplôme	29,8	20	Sans diplôme	13,2	9,1
Certificat d'études ..	25,7	33,7	Diplôme d'apprentissage ou autres formations techniques .	86,8	90,9
Autres formations gérales	2,2	3,8			
CAP ou autres formations professionnelles	42,3	42,5			
	100	100		100	100

Sources : France : Enquête sur la formation et la qualification professionnelle, 1970, *Collection de l'INSEE,* D 32 ; Allemagne : Enquête de *l'Institut für Arbeitsmarkt - und Berufsforschung der Bundesanstalt für Arbeit,* cf. Mitteilungen, 1972, n° 3, p. 217.

Alors que l'ouvrier qualifié ou le contremaître, en Allemagne, peut fonder sa qualification sur l'acquisition d'un diplôme professionnel — dont la qualité et la reconnaissance sociale s'appuient mutuellement — la classification comme ouvrier qualifié ou contremaître, en France, est assez peu associée à la possession d'un CAP. Elle résulte par conséquent, très largement, des caractéristiques des systèmes de classification et de promotion des entreprises particulières. On peut s'expliquer ainsi la relative indétermination, pour les travailleurs eux-mêmes, de la notion de qualification et la forte dépendance de leur statut. La stabilité des structures de qualification ouvrière et la faible professionnalité de la qualification elle-même constituent deux éléments fondamentaux de continuité qui caractérisent, depuis longtemps, la classe ouvrière en France. On peut d'ailleurs penser que la croissance des trente dernières années a plutôt aggravé ces traits, dans la mesure même où la participation des femmes — et des immigrés — a sensiblement augmenté.

Les emplois subalternes occupés par les femmes

Entre 1968 et 1975, une poussée exceptionnelle des femmes, et spécialement des femmes mariées, a eu lieu dans toutes les activités salariées : non seulement le pourcentage des femmes actives a continué à augmenter chez les cadres supérieurs et les professions libérales (elles forment désormais le quart de cette catégorie) et chez les employés, où elles en constituent les trois-quarts, mais ce pourcentage a même augmenté chez les ouvriers, alors qu'il avait diminué entre 1962 et 1968 comme entre 1954 et 1962. De 1968 à 1975, le nombre d'ouvrières a augmenté plus de deux fois plus que le nombre d'ouvriers (de 2,4 % en moyenne annuellement contre 1,1 % seulement pour les hommes). La part des femmes dans l'accroissement de la population ouvrière totale a été de près de 40 %, alors que leur part dans cette population en 1968 n'était que de 20,4 % (elle s'élève à 22,4 % en 1975). De plus, c'est parmi les catégories ouvrières *les moins qualifiées* que le nombre de femmes a augmenté le plus par rapport aux hommes : il y a eu un remplacement relatif des hommes par des femmes chez les OS et les manœuvres ; le contraire s'est produit chez les ouvriers qualifiés.

Tableau 3

Part des femmes dans les diverses catégories de salariés depuis 1954

en %

	1954	1962	1968	1975
Ingénieurs (1)	2,1	3,2	3,4	4,4
Cadres administratifs supérieurs (1)	8,6	11,1	13,4	17,1
Cadres moyens	36,7	39,6	40,6	45,2
Employés	52,8	58,8	61	63,9
Ouvriers	22,7	21,6	**20,4**	**22,4**

(1) Nous avons préféré ces deux sous-catégories à la catégorie qui les contient : « Professions libérales et cadres supérieurs », pour pouvoir ne tenir compte que des groupes composés de salariés.

Source : Thevenot, *op. cit.*, pp. 4 et 5.

L'explication de ce retournement semble se trouver dans le mouvement de décentralisation industrielle qu'a connu la France. L'implantation d'usines dans des régions jusqu'ici sans industries a créé des occasions d'emploi pour les femmes, plus sous-employées que les hommes dans l'agriculture. De 1967 à 1972, dans les industries de biens d'équipement, la croissance moyenne de l'emploi a été de 18 % mais de 1,5 % seulement en région parisienne contre 52 % pour la Bretagne et la Basse-Normandie. Dans les industries de biens de consommation, la moyenne nationale fut de + 0,7 % mais de 15,3 % en Bourgogne et de 13,7 % en Poitou-Charente. Or, cette réorganisation spatiale de l'industrie s'est accompagnée d'une tendance à la féminisation des emplois salariés inférieurs. On constate en effet que l'emploi féminin dans les catégories OS et manœuvres varie désormais notablement selon les régions pour la même activité. Dans les départements où de nouvelles usines se sont implantées, on a tendance à employer, dans une même industrie, plus de femmes qu'en moyenne dans les catégories OS et manœuvres. L'abondance de la demande féminine d'emploi, la faible qualification professionnelle des femmes, le niveau inférieur des salaires féminins incitent beaucoup d'activités à féminiser davantage leurs emplois non qualifiés et probablement même à féminiser certains emplois traditionnellement « masculins » (3).

Ce phénomène de l'emploi féminin ouvrier n'est pas entièrement nouveau. Il a changé de nature mais il a toujours existé dans la mesure même où l'industrie française a longtemps été dominée, comme on l'a vu, par les industries « pauvres ». Paradoxalement, la période de forte croissance que nous venons de traverser, parce qu'elle a été une période d'industrialisation et de décentralisation industrielle, a redonné aux femmes dans l'industrie, une partie de la place qu'elles y avaient perdue. Si l'on ne compte, dans la population ouvrière féminine, que les travailleuses d'usine, et non les ouvrières à domicile, on constate que leur nombre est du même ordre de grandeur en 1906 et en 1975 : un peu plus d'un million ; il a même légèrement augmenté d'une date à l'autre — encore que les chiffres de 1906 soient moins fiables que ceux de 1975 — passant de 1 011 000 à 1 170 000 (avec les ouvrières à domicile, on en comptait plus de 2 millions en 1906 !). Mais, alors que les femmes travaillaient dans le textile et l'habillement en 1906, ces industries n'en emploient aujourd'hui que la moitié ; un tiers travaille dans les industries des métaux.

Presque un OS sur cinq est un immigré

Un autre élément de continuité dans la structure de la classe ouvrière française, c'est le poids des étrangers *. La forte immigration récente n'est pas un phénomène nouveau.

Tableau 4

Immigration étrangère nette annuelle en période de croissance

1921-1926	1926-1931	1955-1961	1962-1968	1968-1975
250 000	140 000	160 000	150 000	120 000

Source : Carré, Dubois, Malinvaud, *La Croissance française,* Paris, Le Seuil, 1970, p. 58 ; pour 1968-1975, M.L. Samman, *Économie et Statistique,* septembre 1977, p. 55.

Les chiffres du tableau 4, des moyennes annuelles, montrent l'importance permanente de l'immigration dans les périodes de forte activité économique. De 1954 à 1974, la population étrangère totale a doublé, passant en gros de 1 750 000 à 3 500 000. Sa part dans la population totale croît de 4,1 % à 6,5 %. Mais, en 1975, les étrangers forment 7,3 % de la population active ; 80 % des actifs étrangers sont ouvriers (contre 40,5 % des actifs français). Ils forment une proportion importante des OS et des manœuvres : 17 %.

L'exode rural, un phénomène encore tout proche

Ces chiffres, qui illustrent un aspect permanent de la réalité française évoquent la question de l'hétérogénéité de la classe ouvrière. Mais, de ce point de vue, ils sont renforcés par un autre fait caractéristique de longue durée :

---

(3) Michel Gaspard, « Comment se déterminent les structures d'emploi des établissements industriels », *Économie et Statistique,* mai 1975, p. 17.

* Cf. annexe 1, p. 125 à 127.

l'importance mais surtout le prolongement jusqu'aujourd'hui de l'apport rural. La classe ouvrière française, comparée, par exemple, à la classe ouvrière allemande, s'est formée lentement, au rythme de la diminution, elle-même très lente jusqu'en 1950, de la population active agricole : il y avait encore autant d'agriculteurs en France en 1946 (4) qu'en 1866 : 7 500 000 ! L'explication principale de ce phénomène réside certainement dans la faiblesse des taux de croissance de l'industrie jusque dans la période la plus récente. Depuis 1950, la décroissance de la population agricole s'est nettement accélérée, surtout en ce qui concerne les enfants d'exploitants. Leur taux d'émigration tend aujourd'hui à rattraper celui des enfants d'ouvriers agricoles, lui-même de plus en plus élevé (5).

Le contraste entre un statut social de plus en plus égalitaire pour la plupart et une frange de plus en plus marginalisée

Les phénomènes de continuité que nous venons de présenter peuvent étonner alors que la France a connu de 1950 à 1975, les taux de croissance les plus élevés de son histoire industrielle et les plus élevés aussi des grands pays industriels, sauf le Japon ; alors que les salaires réels ont en gros triplé dans la même période ; alors que, enfin, le statut des salariés a été profondément transformé par la sécurité sociale, la généralisation des conventions collectives et la protection croissante des lois. Il semble en effet que le salariat en se généralisant, — près de 85 % de la population active — ait changé de signification. Il est devenu, de plus en plus, une activité protégée institutionnalisée et, osons le dire, une activité désirée, ou en tout cas, de plus en plus demandée : non seulement par les femmes mariées des classes sociales à revenu élevé, non seulement par les « aides familiaux », les jeunes de l'agriculture ou de l'artisanat, mais aussi par un nombre croissant des membres des professions traditionnellement indépendantes — médecins ou PDG — qui trouvent dans le salariat, complet ou partiel, une sécurité de base qui n'exclut pas les gains habituels.

Mais, d'un autre côté, la protection conquise par les salariés tend à en développer les franges non protégées : immigrés clandestins, travail à domicile non déclaré, contrats de travail à durée déterminée, salariés d'entreprises de travail intérimaire, d'entreprises sous-traitantes qui naissent et disparaissent au gré de la conjoncture, travailleurs auxiliaires de la fonction publique. Ces phénomènes de marginalisation sont en partie les effets pervers de la protection croissante. Mais ils ne doivent pas faire oublier les clivages quantitativement plus importants qui demeurent ou se développent au sein même du salariat protégé : entre salariés du secteur privé et de la fonction publique, des grandes et des petites entreprises, des secteurs prospères et des autres. Le fait que le salariat devienne une activité de plus en plus protégée et

(4) Il est vrai que les statistiques de recensement de 1946 sont gonflées par une plus forte prise en compte des femmes et par les avantages attachés à cette époque à la vie rurale.

(5) Cf. C. Jegouzo, « De nouvelles conditions de renouvellement de la population paysanne », *Économie et Statistique,* (INSEE), novembre 1974, p. 24.

institutionnalisée n'empêche donc pas, bien au contraire, que sa structure se diversifie ou, en tout cas, que son hétérogénéité traditionnelle demeure, voire s'accroisse. C'est ainsi que s'entretient une dynamique conflictuelle de rattrapage, alimentée par la comparaison entre situations que permettent, de mieux en mieux, la publicité de l'information et la croissance de la mobilité entre les occupations. Ce dernier point mérite quelques développements. Les enquêtes « formation-qualification professionnelle » menées par l'INSEE en 1959, 1965 et 1970 enregistrent la situation professionnelle des individus au moment de l'enquête et les interrogent sur celle qu'ils avaient 5 ans auparavant (6). La mobilité ainsi révélée résulte dans une large mesure de la croissance et des transformations de la population des entreprises, du développement des secteurs en expansion et des difficultés des secteurs traditionnels. Toujours est-il que, de 1959 à 1964, 20 % des actifs avaient changé d'établissement, mais 30 % entre 1965 et 1970. Cet accroissement de la mobilité a entraîné de nombreux changements de secteurs d'activité : entre 1965 et 1970, 17 % des actifs (des hommes comme des femmes) ont changé de secteur ; les échanges les plus importants ont eu lieu du bâtiment vers l'industrie mécanique et électrique et de l'industrie vers les services. Une telle mobilité est favorable à l'information sur les salaires et les conditions de travail. Elle la répand de proche en proche et tend à l'accroître, ajoutant ses effets à ceux des moyens de communication qui répondent eux-mêmes à une demande permanente (cf. la prolifération des « enquêtes sur les salaires des cadres » !). Mais elle est loin, comme le prétendrait la théorie économique classique, de niveler les écarts, de supprimer les différences. Un processus plus puissant encore tend à les entretenir ou à les accroître.

Presque un salarié sur quatre dans le secteur public

Le clivage entre secteur privé et fonction publique est d'autant plus ressenti qu'on entre dans une période de ralentissement d'activité, de chômage et surtout de freinage des hausses de salaire, où le secteur privé l'emportait traditionnellement. Or, les effectifs du secteur public, qui ont toujours été importants, sont en progression constante. Les agents de l'État et des collectivités locales sont passés, en gros, de 1 500 000 en 1900 à 3 500 000 en 1975, en comptant, parmi les agents des collectivités locales, ceux des hôpitaux publics et parmi ceux de l'État, les militaires et les agents des postes. Si l'on ajoute les Caisses de sécurité sociale, les établissements publics industriels et commerciaux, les grandes entreprises nationales et les banques et assurances, on arrive à un ensemble de salariés à statut public ou parapublic de 4 500 000 en 1975, soit plus du cinquième de la population active totale, et le quart de la population des salariés. Il est vrai que ces chiffres incluent titulaires et non-titulaires, qui ne bénéficient pas tous, ni au même degré, des pleines garanties du statut. Les non-titulaires forment d'ailleurs un ensemble hétérogène : les contractuels de la fonction publique, souvent très proches, en pratique, des titulaires, ont un déroulement de carrière organisé et une stabilité d'emploi élevée ; les auxiliaires, régis par des textes réglementaires, ont une faible stabilité et des perspectives d'avancement faibles ;

(6) Cf. Cl. Thelot, « Mobilité professionnelle plus forte entre 1965 et 1970 qu'entre 1959 et 1964 », *Économie et Statistique* (INSEE), décembre 1973, p. 3.

les vacataires enfin, rémunérés à l'heure, ont un statut comparable aux salariés sur contrat à durée déterminée. Cependant, là encore, il serait faux de croire que la « segmentation » de l'emploi public soit un phénomène nouveau et qu'il se soit aggravé. C'est plutôt le contraire qui est vrai. En fait, la part des non-titulaires tend à augmenter dans les périodes de croissance de l'emploi public et à décroître dans les périodes de stabilisation. Parmi les agents civils de l'État, on note une croissance de leur proportion de 1914 à 1946, mais une décroissance relative depuis. Depuis 1975, la stabilisation des effectifs due à la crise, mais aussi les fortes pressions syndicales ont accentué cette décroissance.

Tableau 5

Évolution des effectifs et du pourcentage des non-titulaires parmi les agents civils de l'État (1)

1914 - 1975

	1914	1922	1927	1932	1936	1937	1941	1946	1950	1952	1956	1962	1967	1969	1975
%	2	11	10	13	17	16	26	34	21	17	15	16	18	18,8	18,5
Effectifs en milliers	10	68	52	82	120	109	209	378	202	161	155	205	263	256	307

(1) Titulaires, ouvriers, non-titulaires à temps complet.

Source : « Jusqu'en 1967, recensement de la Fonction publique » (d'après Magaud, « *Vrais et faux salariés* » *Sociologie du travail,* 1974, n° 1, p. 20) ; pour 1969-1975, *Économie et Statistique,* février 1977, p. 20.

Les chiffres de 1969-1975 ne sont pas entièrement comparables aux précédents.

Malgré l'existence de cette zone marginale de salariat public, évaluable à 7 % de la population des 4 500 000 agents de toutes catégories, (mais plutôt 4 à 5 % si l'on tient compte du fait que la plupart des « contractuels » sont assimilables dans une large mesure aux titularisés), il est clair qu'on a là le secteur le plus protégé de tout l'ensemble salarial, l'équivalent de « l'emploi à vie » des firmes japonaises, avec cette différence que les conditions de retraite sont nettement plus favorables dans la fonction publique française.

Une concentration des salariés dans les grandes entreprises moins forte que dans d'autres pays

Un second ensemble de salariat protégé, bien qu'à un moindre degré que précédemment, concerne les ouvriers et employés des grandes entreprises. Il s'agira ici des *entreprises* plutôt que des établissements car, quel que soit le nombre des établissements que rassemble une entreprise, chacun d'eux bénéficiera, si l'entreprise est grande, d'une série d'avantages spécifiques à cette entreprise, souvent d'ailleurs expressément garantis par un accord collectif. Il existe environ 1 100 entreprises de plus de 1 000 salariés (sur plus de 1 400 000 entreprises de toutes tailles) (7). Un bon nombre d'entre elles ont signé avec leurs syndicats un contrat d'entreprise ou d'établissement. En 1971,

(7) R. Brocard, J.M. Gandois, « Grandes entreprises et PME », *Économie et Statistique,* janvier 1978, p. 28.

on avait enregistré 750 conventions d'établissements (8) et bien des entreprises de moins de 1 000 salariés ont de tels accords. Cependant, nous devons tenir compte de ce que toutes les grandes entreprises nationales sont classées parmi les entreprises de plus de 1 000 salariés et nous les avons déjà comptées pour évaluer le nombre de « salariés protégés » du secteur public. Or, elles en employaient environ 825 000 en 1973, banques et assurances nationalisées comprises. En les excluant on trouve cependant que les entreprises de plus de 1 000 salariés occupaient 27 % des salariés du secteur privé non agricole : on arrive à 35 % si l'on compte les effectifs des entreprises de plus de 500 salariés. Non seulement les salaires des entreprises de plus de 500 salariés sont significativement plus élevés — sans qu'on puisse distinguer dans cet écart ce qui est dû à un simple « effet d'entreprise » de ce qui pourrait se rapporter à une différence de qualification des individus (mais on a vu que la qualification recensée dépendait fortement de la classification et celle-ci de l'entreprise elle-même) — mais encore les avantages sociaux y sont plus favorables en montant et en diversité, en particulier grâce aux œuvres sociales des comités d'entreprise. Quant à la stabilité de l'emploi, bien qu'elle soit généralement élevée dans les grandes entreprises, elle ne saurait cependant se comparer avec celle du secteur public. Il est néanmoins essentiel, pour prendre une vue réaliste du phénomène salarial, de distinguer entre les 4 millions de salariés des grandes entreprises (de plus de 500 salariés) du secteur privé, les 4 300 000 salariés des entreprises moyennes (20 à 499 salariés) et enfin les 2 100 000 salariés des entreprises employant 1 à 19 salariés, alors que le nombre de ces dernières s'élève à 1 300 000 : 91 % de toutes les entreprises ! Il faudrait encore distinguer selon les secteurs : c'est dans le bâtiment, le commerce, les services que les petites entreprises abondent. Ce sont ceux aussi où le développement des conventions collectives et du syndicalisme est le moins avancé, où le contrôle des conditions de travail et de salaire par les syndicats ou l'Inspection du travail est le plus difficile. Il est important à ce propos de noter que tout progrès de la concentration rend plus facile l'activité syndicale et l'application des lois sociales.

Or, et c'est un phénomène qui nous ramène aux caractéristiques de « continuité », la France reste un pays aux effectifs relativement peu concentrés (et où l'évolution de la concentration est restée, jusque récemment, modeste, sauf dans le commerce) (9). De 1926 à 1962, la répartition de la population active entre les établissements *industriels* de plus de 10 personnes n'avait pratiquement pas varié. Alors qu'en 1962, dans la population des établissements industriels de plus de 10 salariés, 33 % des effectifs travaillaient dans des établissements de plus de 500 salariés, on en comptait à peu près à la même date 45 % en Allemagne (1961) et aux États-Unis (1963). Depuis 1962, la concentration a progressé, mais reste nettement inférieure à celle de ces

(8) G. Adam, J.D. Reynaud, J.M. Verdier, *La négociation collective en France.* Les Éditions ouvrières, coll. *Relations sociales,* 1972, p. 99.

(9) De 1968 à 1975, une entreprise sur six a disparu dans le commerce, spécialement dans le commerce de détail alimentaire (— 26 %). De 1973 à 78, le nombre de salariés passe de 1 750 000 à 1 872 000 (+ 7 %) et celui des non-salariés de 630 000 à 580 000 (— 8 %), cf. *Le commerce en France,* coll. de l'INSEE, C80, p. 31 ; Commerce, où est la concentration, *Économie et politique,* novembre 1979 ; *Structures et tendances de la distribution française* : tableau de bord 1977-1978, Université de Paris-IX-Dauphine.

deux pays : sur la population des établissements de plus de 50 salariés, la part des effectifs employés dans les établissements de plus de 500 salariés est passée de 52,2 à 62 % en Allemagne (entre 1961 et 1969), de 51,3 54,1 % aux États-Unis (entre 1963 et 1969), mais seulement de 42,1 à 46,5 % en France (entre 1962 et 1969) (10).

La protection de l'emploi favorisée par l'implantation syndicale

La relative faiblesse du syndicalisme et de ses capacités d'action en France n'est certainement pas étrangère à la multitude des petites et moyennes entreprises où doivent s'implanter les organisations et où elles doivent se maintenir. On peut aussi trouver dans ce fait la raison de l'importance qu'attribuent les syndicats à l'intervention de la loi, conjointement sinon de préférence à la convention collective, puisque seule la loi permet à chaque individu quels que soient son lieu de travail et ses moyens de défense, de se voir appliquer un taux de salaire minimum ou une règle de calcul des retraites. De ce point de vue, la concentration récente du commerce, si elle a entraîné l'élimination d'un grand nombre de petites entreprises indépendantes, a sans doute permis la syndicalisation — et par conséquent une meilleure protection — d'un grand nombre de salariés dans un secteur traditionnellement très défavorisé.

L'implantation syndicale est un critère décisif de protection des travailleurs. Comment a-t-elle évolué et quelle est son ampleur ? Depuis 1968, des sections syndicales peuvent se constituer dans les entreprises de plus de 50 salariés. En 1977, environ 36 275 entreprises de cette taille étaient *assujetties* à la loi sur la section syndicale (11) ; 20 367 avaient au moins une section syndicale (8 000 en 1970 ; 14 000 en 1973), soit un taux moyen d'implantation de 56 % (68 % dans le groupe chimie-caoutchouc-amiante, et dans le groupe des entreprises de construction mécanique et électrique, 55,25 % dans le commerce agricole et alimentaire, 50 % dans le commerce non alimentaire, 40,7 % — chiffre le plus bas — dans le secteur du bâtiment et des travaux publics) (12). Les comités d'entreprise, institution plus ancienne, davantage entrée dans les mœurs, permettent aussi d'apprécier le degré d'institutionnalisation de l'entreprise. Même si le comité a une moindre capacité de défense des salariés que la section syndicale, sa présence manifeste presque toujours une certaine organisation des salariés vis-à-vis de l'employeur. Une statistique qui recense les entreprises (de plus de 50 salariés) soumises au contrôle de l'Inspection du travail dans l'industrie et dans l'agriculture évalue à 40 646 en 1978 le nombre des entreprises assujetties à la loi sur les comités. Le taux d'implantation effective de ces comités atteignait 80,8 % en 1978 (72,6 % en 1975). Le progrès apparaissait surtout dans les établissements de 50 à 99 salariés pour lesquels le taux d'implantation des comités d'entreprise était passé de 60 % en 1975 à 72 % en 1978.

---

(10) Carré, Dubois, Malinvaud, *La croissance française,* Paris Ed. du Seuil, p. 223 et : *La Mutation industrielle de la France,* tome I, p. 114, collection de l'INSEE E 31-32, p. 114.

(11) La statistique utilisée plus haut (cf. Brocard-Gandois, *op. cit.*) ne comprenait que les entreprises assujetties à l'impôt sur les bénéfices industriels et commerciaux. Elle excluait une part des entreprises de service (bénéfices non commerciaux) et quelques milliers d'entreprises partiellement ou totalement exonérées (coopératives par exemple).

(12) Ministère du Travail, *Travail Informations,* n° 10, 12-18 mars 1979 ; Anne Beaufils, « Les sections syndicales », *Revue française des Affaires sociales,* juillet-septembre 1979, p. 167.

De tels chiffres révèlent assurément l'existence de zones diversement protégées mais — surtout depuis 1968 — une forte croissance du taux de protection syndicale. Ces traits particuliers, relativement récents, doivent cependant être associés à un phénomène plus ancien d'institutionnalisation.

Le salaire indirect : rempart contre la pauvreté

En effet, le changement le plus profond, parce que le plus général, qui soit survenu depuis la fin de la seconde guerre mondiale, vise la transformation du revenu salarial, sa décomposition en salaire direct et en « salaire indirect », qui correspond aux prestations sociales *. Ce changement n'a pas affecté la répartition du revenu national entre travail et capital dans la mesure où le financement des prestations est assuré par des cotisations — salariales ou patronales — qui n'ont été en fait qu'une réaffectation de la masse salariale (comme le montre la comparaison des comptes nationaux entre 1938 et 1952). Mais il a profondément modifié la répartition de la masse salariale entre les salariés eux-mêmes de sorte que les principales causes de pauvreté, la maladie, les familles nombreuses, la vieillesse et le chômage tendent à être éliminées ou du moins atténuées. Une enquête illustre bien ce phénomène pour les prestations familiales, qui sont sans doute — spécialement en France où elles forment en 1975 près de 20 % du budget social, contre 10 % seulement en Allemagne fédérale — le type de redistribution le plus efficace contre la pauvreté. Réalisée en Saône-et-Loire (13) en 1973, sur les 35 000 familles allocataires de salariés du département, l'enquête montre que si, en moyenne, les prestations atteignent 20 % des revenus directs (cotisations déduites mais avant impôt et prestations), elles représentent près de 42 % des revenus directs des familles aux revenus les plus bas et 58 % pour l'ensemble des familles de 4 enfants et plus. Quant aux familles nombreuses (plus de 3 enfants) à faible revenu, leurs prestations familiales atteignent 86,9 % de leurs revenus directs, doublant pratiquement ces revenus au-delà de 5 enfants.

Les prestations familiales ne constituent que 35 % environ des prestations de sécurité sociale redistribuées aux actifs, le reste allant à l'assurance maladie, mais leur évolution récente tend à en faire un instrument de plus en plus orienté vers le relèvement des revenus les plus bas. Les prestations de l'assurance maladie n'ont pas cet effet redistributif, mais elles constituent néanmoins un rempart important contre la pauvreté, tant par le remboursement des frais (à 75 % voire 95 ou 100 % si le salarié est assuré à des mutuelles ou s'il s'agit d'une hospitalisation pour une maladie grave) que par le versement des indemnités compensatrices du salaire perdu. A ce dernier point de vue, deux changements ont accru la compensation du risque. D'une part, les accords de « mensualisation » du 20 avril 1970 ont assimilé les ouvriers aux employés en adoptant pour les premiers la même règle que pour les seconds, de remboursement du salaire perdu parfois dès le premier jour de la maladie (comme dans l'industrie chimique). D'autre part, les négociations qui ont suivi l'accord sur la mensualisation ont permis d'attribuer à tout salarié ayant au moins un an d'ancienneté un complément d'indemnité qui aboutit à lui verser pendant

(13) A. Bouvy, R. Lepere, Ph. Steck, A. Vienot, « Les prestations familiales, la hiérarchie des revenus et les inégalités sociales en Saône-et-Loire », *Economie et Statistique,* (INSEE), mai 1977, n° 89, p. 69.
* Cf. annexe 1, p. 132.

les 45 premiers jours d'absence la totalité de sa rémunération, et 75 % ensuite, pendant 30 jours.

D'autres mesures ont renforcé le statut social des salariés et spécialement celui des ouvriers, tendant ainsi à combler leur écart par rapport aux employés. Ceux-ci, de tout temps, furent moins vulnérables aux crises et au risque de licenciement que les ouvriers, bien que leur contrat de travail fût juridiquement du même type. Ils le restent en général. Cependant, la loi et les conventions ont fortement relevé tous les coûts de licenciement, du moins lorsque l'ancienneté des salariés atteint une dizaine d'années.

Conclusion : Protection et segmentation

Ces dernières mesures sont cependant fort différentes dans leur nature et leurs effets, des premières, celles qui se rapportent à la sécurité sociale. Dans ce dernier cas, en effet, le système industriel est parvenu à utiliser les techniques de l'assurance, de sorte que la protection du travailleur se réalise par une péréquation des charges qui porte sur le coût du travail en général mais n'affecte aucun employeur en particulier. Cette technique peut certes entraîner — dans le cas de l'assurance maladie mais, non d'ailleurs, dans celui des prestations familiales — un gonflement des dépenses ; elle peut aussi entraîner un recours au travail noir dès que l'écart entre salaire direct et salaire indirect dépasse un certain seuil (la réforme du financement — par une plus grande « budgétisation » — pourrait pallier ces inconvénients). En revanche, les techniques de sécurité sociale n'ont pas d'effet pervers sur les statuts des travailleurs. Il n'en va pas de même lorsque les indemnisations prévues — pour le licenciement par exemple — frappent directement les employeurs des travailleurs indemnisés. Alors, ceux-ci réagissent par l'« évasion légale » en multipliant des formes d'emploi (contrat à durée déterminée, travail intérimaire, sous-traitance...) qui leur permettent de conserver à l'entreprise la flexibilité des effectifs qu'ils considèrent comme nécessaire pour faire face aux crises ou à la concurrence. De ce point de vue, il serait plus efficace de s'en prendre aux techniques qu'aux patrons eux-mêmes. L'histoire des caisses d'allocations familiales le montre bien : lorsque, dans les années trente, avant la généralisation et l'unification des taux de cotisation, les employeurs étaient libres de s'affilier à n'importe quelle caisse, une forme d'évasion se développa dans les industries et les établissements employant des jeunes sans charges de famille : « des caisses dissidentes » se créèrent qui se spécialisaient dans l'affiliation de ce genre d'employeurs (14). Et bien des employeurs eurent sans doute des comportements de ségrégation dans ce domaine.

On n'a pas tort d'imputer la segmentation du marché du travail, son cloisonnement en groupes protégés et groupes non protégés, aux « stratégies d'emploi des firmes ». Mais dans un système économique où les firmes doivent avoir

(14) Cf. L.P. Ceccaldi, *Histoire des prestations familiales,* éd. UNCAF et F. Sellier, *Dynamique des besoins sociaux,* Ed. ouvrières, Paris, 1970, p. 193.

une stratégie pour lutter économiquement on a tort de s'en indigner. Les techniques de protection doivent s'adapter à cette situation et l'exemple de la sécurité sociale montre que c'est possible. D'ailleurs, les phénomènes de segmentation se sont d'abord développés aux États-Unis, où la sécurité sociale elle-même s'est édifiée sur une base conventionnelle et non légale, où les syndicats ont fondé toute leur politique de protection des travailleurs sur les avantages d'ancienneté. Alors, les firmes ont réagi comme réagissent aujourd'hui les firmes françaises, par des stratégies de cloisonnement, tendant à limiter l'importance des groupes titulaires des obligations conclues. C'est par l'assurance générale, financée par une péréquation des prélèvements, voire sur base fiscale, que les garanties contre le licenciement devraient s'opérer. Alors, les effets pervers de segmentation tendraient à s'atténuer.

Dans la situation actuelle, ces effets existent. Ils sont dus dans une large mesure aux défauts des méthodes de financement — non complètement socialisées — de la sécurité sociale et aux techniques de « garantie d'emploi » que nous venons d'évoquer. Il en résulte, dans les deux cas, une taxe sur l'emploi normal qui défavorise d'une part les entreprises à faible productivité du travail — et aucun système économique ne peut éviter de tels écarts de productivité du travail entre entreprises — et d'autre part, les travailleurs dans leur ensemble, victimes des réactions segmentaires des employeurs. Alors que la généralisation de la sécurité sociale, l'ajustement du salaire minimum légal, depuis 1970, à l'évolution du revenu national et non plus au seul maintien du pouvoir d'achat, tendent à donner aux salariés un statut social plus égalitaire, des couches de salariés défavorisés, exclus des lois qui devraient les protéger, justifient le maintien d'une image misérabiliste à la fois fausse et vraie. Fausse parce que la croissance des années 1950-1975, d'une part, a entraîné un effet général de hausse du pouvoir d'achat et parce que la sécurité sociale, d'autre part, et dans une large mesure grâce aux prestations familiales et à l'assurance maladie, a provoqué une réduction des inégalités de conditions entre les familles de catégories sociales différentes.

Mais l'association du salariat à la pauvreté reste vraie à trois points de vue : d'une part, une frange des salariés exclus de tous leurs droits vit en marge de la société : immigrés clandestins exploités sans autre limite que le strict minimum de subsistance ; d'autre part une autre frange de travailleurs, victimes des phénomènes de segmentation, subissent les effets pervers que nous avons évoqués plus haut ; enfin, la concurrence étrangère des nouvelles zones capitalistes arriérées, mais en développement, dans les industries mal protégées du textile, de l'habillement ou de l'électronique entraîne une aggravation des cadences et des conditions de travail dont sont victimes des femmes et des jeunes. Là encore, les techniques inadéquates du commerce international — pourtant largement corrigées à l'intérieur de la Communauté européenne — entraînent des effets pervers qui creusent un large fossé entre progrès économique et progrès social (15).

(15) Cf. J.M. Jeanneney, *Un nouveau protectionnisme,* Le Seuil, Paris, 1978.

Classe ouvrière, conscience ouvrière

Michel Verret *

L'accès à la consommation de masse et la forte extension de la protection sociale ont profondément transformé les conditions d'existence de la plupart des ouvriers, ainsi que les formes de leur engagement syndical et politique. Faut-il pour autant parler d'embourgeoisement de la classe ouvrière ? Ce serait oublier que l'enrichissement général n'a pas réduit les inégalités sociales, et que des différences importantes peuvent être observées à l'intérieur même du monde ouvrier. Et le thème de la « nouvelle classe ouvrière », plus stable, plus qualifiée, mieux protégée, ne doit pas masquer une certaine précarité propre à la condition salariale, surtout en période de chômage.

L'appareil productif français a plus changé en trente ans qu'il ne l'avait fait en un siècle. Cette évolution accélérée a-t-elle transformé la classe ouvrière et modifié sa conscience ?

Classe et consciences d'hier

Classe ouvrière, l'histoire désigne par là ce vaste groupe d'hommes et de femmes, dépossédés de leurs moyens d'existence, séparés des moyens de les produire, forcés par le besoin à vendre périodiquement contre salaire l'usage de leur force de travail, organisés par le capital en collectifs de travail pour une production sociale à grande échelle, dont le produit leur échappera pourtant, puisque toute propriété leur échappe.

Classe nouvelle, contemporaine de l'accumulation des moyens sociaux du travail, de l'incorporation de la science à la technique, de la concentration économique et géographique des populations industrielles et urbaines. Classe nouvelle pour une conscience nouvelle, peut-être même de nouvelles consciences.

Car la conscience ouvrière léguée par l'histoire, c'est aussi bien, et pas toujours en même temps — le seul élément commun et fixe serait la solidarité — la conscience misérable du dépossédé, la conscience aliénée du travailleur devenu étranger à son propre travail, la conscience fière du producteur prenant

* Michel Verret, professeur de sociologie à l'Université de Nantes, directeur du LERSCO (Laboratoire d'études et de recherches sur la classe ouvrière), a publié notamment *Théorie et politique*, Éditions sociales et *L'espace ouvrier*, collection U, édition A. Colin.

le monde à témoin de l'immensité de ses œuvres, la conscience révolutionnaire du géant exploité brisant ses chaînes.

Qu'en est-il aujourd'hui de ces réalités et de ces images ?

L'enrichissement ouvrier

La misère ouvrière, lorsqu'elle subsiste, semble désormais en France le legs d'un autre siècle. Qu'on en juge par les biens d'usage, le revenu, la propriété même, l'ouvrier d'aujourd'hui semble bien être entré, selon l'expression de Goldthorpe, dans l'âge d'abondance (1).

Pas de meilleur indice peut-être de cet enrichissement ouvrier que l'accès de la classe aux biens durables *. Par définition, la dépense du pauvre s'organise sur la norme minimale, en périodes minimales. D'abord l'alimentation, le vêtement et pour le résidu le logement : logement de résidu donc. Telle était bien la structure du budget ouvrier au XIXe siècle, et même jusqu'à la dernière guerre.

Aujourd'hui, toutes les enquêtes le montrent (2), les dépenses de logement, et dans le logement les dépenses d'équipements, tendent à devenir le pôle et le principe organisateur du budget ouvrier **. Les chiffres sont là : en 1975, le « surpeuplement critique » n'affectait plus que 10 % à peine de la classe ouvrière, 53,7 % des ménages ouvriers habitaient des logements bâtis dans l'après-guerre. En 1978 (3), 77 % d'entre eux disposaient d'une automobile, 90 % d'une télévision, 80 % d'une machine à laver, sans que la crise ait affecté cet irrésistible mouvement d'équipement, puisque les pourcentages d'augmentation s'établissent respectivement en 1978 par rapport à 1973 à plus de 8 % pour l'auto, plus de 7 % pour la télévision et plus de 6 % pour la machine à laver.

Le mouvement des ressources monétaires, par lequel passe aujourd'hui nécessairement cet accès aux biens d'usage, confirme cet élargissement massif de la consommation ouvrière. En 26 ans, le salaire moyen en espèces de l'ouvrier a décuplé alors que l'indice INSEE des prix de détail était multiplié par 3,9. Le portât-on à 5, pour faire bonne mesure, que le pouvoir d'achat aurait encore doublé (4).

Le mouvement de l'épargne, et bientôt de la propriété, suit. La classe ouvrière est pour plus du tiers (plus de 38 % en 1975) propriétaire de son logement. 32 % des ménages ouvriers disposent d'un patrimoine (5), *** 10 % bénéficient même d'un revenu de propriété.

---

(1) John H. Goldthorpe. *L'Ouvrier de l'abondance,* Le Seuil, Paris, 1972, (traduction incomplète de l'édition anglaise parue en trois volumes, 1968-69).

(2) On en trouvera une présentation systématique dans *L'espace ouvrier,* Michel Verret avec la collaboration de J. Creusen, A. Colin, Paris, 1979.

(3) Alain Trognon, « L'équipement des ménages en biens durables au début de 1978 ». *Collections de l'INSEE,* Série M. n° 71, tableau 8, p. 76.

(4) C. Baudelot et A. Lebeaupin, *Les salaires de 1950 à 1975, INSSE,* Département « population ménages », division des « revenus », Paris, 1979.

(5) Philippe Madinier, Jean-Jacques Malpot - « La répartition du patrimoine des particuliers », *Économie et Statistique,* n° 114, septembre 1979, p. 88.

* Cf. annexe 3, p. 392 et 393.

** Cf. annexe 1, pages 139 et 140.

*** Cf. annexe 1, page 136.

La protection sociale

A l'enrichissement, ajoutons, non moins essentielle, la protection. L'insécurité ouvrière cumulait l'insécurité *de* l'emploi, ou les aléas du marché du travail (chômage structurel ou conjoncturel) et l'insécurité *dans* l'emploi, ou les aléas de la vie personnelle : accident, maladie. Sans doute « la croissance » n'a-t-elle jamais assuré le plein-emploi total. Mais la tendance allait bien dans ce sens, si l'on songe à ce que la croissance a permis, jusqu'à il y a peu, d'éponger (un exode rural sans précédent) ou d'absorber (la migration « pied-noir », l'immigration...).

Quant à la sécurité *dans* l'emploi, la socialisation organisée des fonctions d'assistance, autrefois laissée aux soins incertains de la charité ou de la philanthropie, a conféré à la classe ouvrière, par le bénéfice d'un salaire indirect s'élevant aujourd'hui à près de 50 % du salaire en espèces, une protection contre la maladie, l'accident, le licenciement, le chômage, la vieillesse, qui limite singulièrement l'insécurité classiquement attachée à la condition prolétarienne.

La mensualisation des ressources salariales (6), l'organisation de plus en plus fréquente d'une carrière de travail fondée sur des critères d'ancienneté, manifestent clairement cette stabilisation des ressources ouvrières, sans laquelle d'ailleurs la classe ouvrière n'eût guère pu accéder au crédit, ni donc à l'achat des biens durables...

La nouvelle classe ouvrière

Ces mutations dans la consommation ouvrière ne sont peut-être elles-mêmes pourtant que le contrepoint de changements non moins essentiels dans la condition productive de la classe, dont le bilan, à partir des travaux de Serge Mallet, Pierre Naville, Alain Touraine (7) peut être aujourd'hui dressé.

— La révolution scientifique et technique attachée aux applications industrielles de la théorie de l'information ont introduit, avec l'automatisation des processus de production, des modifications essentielles dans l'usage productif de la force de travail ouvrière. A l'habileté de métier, à la dépense physique parcellisée et automatique, qui définissaient les deux idéaux types de la dépense ouvrière, tend à succéder le travail de surveillance et de régulation. « Au-delà de l'ouvrier, l'opérateur » (8).

— En ces nouveaux processus de travail, l'indice d'intellectualité du travailleur collectif croît en raison inverse de l'indice de dépense physique. Le travail de l'ouvrier plus instruit — le temps de scolarisation des ouvriers s'est allongé de deux ans et plus depuis l'après-guerre — se combine de plus en plus intimement dans l'équipe de travail avec le travail, autrefois séparé, des techniciens et des ingénieurs.

---

(6) Amorcée en 1971, généralisée en 1978.

(7) Entre autres ouvrages, le lecteur se reportera par exemple à :
- S. Mallet, *La nouvelle classe ouvrière,* Le Seuil, Paris, 1963.
- P. Naville, *Vers l'automatisme social,* Gallimard, Paris, 1963.
- A. Touraine, *Les travailleurs et les changements techniques,* OCDE, Paris, 1965.

(8) A. Touraine, *La conscience ouvrière,* Le Seuil, Paris, 1966.

— Le problème peut dès lors se poser, et la revendication apparaître, d'une réappropriation collective, à une nouvelle échelle et dans de nouvelles formes, du contrôle, sinon de la gestion, du processus de travail par les travailleurs eux-mêmes. Mot d'ordre débordant du travail automatisé aux processus mêmes du travail à la chaîne, où percent l'aspiration et le besoin de « réorganisation des tâches ». A l'aliénation ouvrière du passé, le présent peut opposer, sinon la réalité, du moins le projet de l'autogestion ouvrière.

La restructuration du mouvement syndical

L'ensemble de ces changements ont évidemment modifié aussi les formes classiques selon lesquelles s'étaient cristallisées l'organisation et la lutte syndicale et politique de la classe ouvrière.

Sur une longue période, les tendances apparaissent clairement :

— montée du syndicalisme d'entreprise, où la solidarité verticale du travailleur collectif incluant les « nouvelles couches ouvrières » prend le pas sur la solidarité horizontale, de métier, ou de qualification, de telle ou telle couche ouvrière ;

— tendance nationale à une institutionnalisation des procédures de régulation des conflits industriels, sous instigation, surveillance, parfois intervention étatiques, avec la relance et l'extension de la négociation collective et la reconnaissance du syndicalisme ouvrier comme partenaire obligé de la « politique contractuelle » (9) ;

— tendance enfin, qui est à la fois l'effet et la sanction des capacités inégales des organisations traditionnelles à faire face à ces réalités nouvelles, à une recomposition des forces et des influences — la percée de la CFDT, sur le projet autogestionnaire, induisant chez la CGT, en position de recul, l'intégration plus tardive de ce même projet - cependant que la crise tendait ultérieurement à affaiblir conjointement les *deux* centrales, par les effets conjugués de la désyndicalisation relative des ouvriers et du « recentrage » patronal sur des politiques d'intégration persuasive contestant de fait le « pouvoir syndical ».

La restructuration du mouvement politique

Un remaniement non moins essentiel s'opérait parallèlement en politique, recomposant tout à la fois le rapport des forces et le champ idéologique de la lutte de classes.

L'élément le plus visible est évidemment, au confluent des humanismes laïc et chrétien, du projet autogestionnaire, voire de la coquetterie gauchiste, la renaissance d'un Parti socialiste à forte influence ouvrière, cependant que l'influence électorale du Parti communiste, ébranlée par le gaullisme, ne parvenait tout au plus qu'à se maintenir.

---

(9) G. Adam, J.D. Reynaud, *Conflits du travail et changement social,* PUF, Paris, 1978.

Les formes conflictuelles que prend aujourd'hui la lutte d'influence entre les deux partis ne sauraient pourtant masquer l'importance des convergences idéologiques. Sans doute les divergences traditionnelles subsistent sur le léninisme, sur l'anarchisme, sur les formes d'intervention étatique. Mais les deux partis s'accordent aujourd'hui fut-ce dans l'hostilité réciproque, à refuser la dictature du prolétariat. Et tous deux se réclament de déclarations universelles et abstraites des droits et des libertés, de la conquête du pouvoir par la voie parlementaire, de l'alternance et de la composition avec l'économie de marché.

Enrichie, protégée, plus instruite, reconnue dans l'usine comme partenaire, y soutenant ses droits, mais s'intégrant aussi aux usages dominants de la Cité, voilà somme toute, une classe ouvrière bien assagie. D'aucuns diront même : bien embourgeoisée.

Le maintien des écarts

Bourgeoisie : le mot est bien grand. La classe ouvrière ne s'est guère rapprochée dans ses modes de vie que de la petite bourgeoisie et même de la plus petite...

Est-ce même si simple ? Si la classe ouvrière n'est plus la classe ouvrière, la petite bourgeoisie est-elle encore la petite bourgeoisie ? Ce sont précisément les classes des petits producteurs et échangistes indépendants qui, depuis trente ans, ont fourni l'essentiel des bataillons des néo-salariés. Et cette néo-petite bourgeoisie (employés - petits cadres), à supposer qu'on lui garde ce nom, est par bien des aspects plus proche de la nouvelle condition ouvrière que de l'ancienne condition petite bourgeoise.

L'une et l'autre partagent en effet la même distance et la même dépendance à l'égard d'une bourgeoisie — la vraie, le capital même — dont la puissance, ébranlée par la Libération, s'est depuis non seulement confortée, mais aussi singulièrement élargie, en raison de l'accroissement de l'accumulation sur le plan mondial, du mouvement de concentrations nationale et internationale et des mille et une formes de l'aide et du soutien étatiques.

Ajoutons, qu'à nous en tenir même à la population salariée, il n'est guère possible de déduire de la translation générale de toutes les couches qui la composent — ouvriers compris — vers le mieux-être, leur homogénéisation dans un bien-être indifférencié (10). L'enrichissement général n'a nullement réduit les écarts de la richesse (11), ni dans l'échelle des revenus (salariés ou non) (12), ni dans l'échelle des salaires *. De 1950 à 1976, disions-nous, le salaire ouvrier a décuplé, le pouvoir d'achat doublé, mais l'écart s'est maintenu (3,7) entre le salaire ouvrier et celui du cadre supérieur, la réduction de l'éventail des salaires dans les années 1968-1975 compensant l'ouverture des années 1950-1967 (13).

(10) La démonstration opérée à ce propos sur les progrès de la scolarisation par P. Bourdieu et J.C. Passeron dans *La reproduction,* Minuit, Paris, 1970 est transposable à toutes les sphères de la consommation.

(11) M. Verret, *L'espace ouvrier.* Ouvrage cité.

(12) Les études du CERC (« Les revenus des Français », *Documents du Centre d'études des revenus et des coûts,* n° 37/38, La Documentation Française) confirment sur ce point celles de J. Stoetzel, *Les revenus et les coûts des besoins de la vie,* IFOP, Paris, 1976.

(13) Baudelot et Lebeaupin, op. cit.

* Cf. annexe 1, p. 130 à 133.

Aussi, ni le sentiment de la différence de classe, ni la sensibilité à l'égard des privilèges de classe ne se sont-ils réduits, bien s'en faut, dans la classe ouvrière. La demande d'égalité, voire d'égalitarisme, sous-jacente à la lutte anti-hiérarchique, est aujourd'hui bien plus présente dans les luttes syndicales qu'il y a trente ans...

Le nouveau et l'ancien...

De même faut-il sans doute relativiser les observations, trop aisément transformées en prédictions prophétiques, sur l'avènement de la nouvelle classe ouvrière (14).

Celle-ci ne constitue en effet aujourd'hui encore qu'une fraction très minoritaire de l'ensemble de la classe ouvrière (15). Les techniques avancées doivent à leur progrès même d'utiliser en règle générale moins d'ouvriers que les anciennes. L'apparition de nouvelles techniques n'exclut nullement d'autre part le maintien des anciennes, si même elle n'entraîne leur résurgence. Il suffit que les anciennes restent ou redeviennent plus rentables que les nouvelles. L'appareil industriel français fait ainsi coexister les différents âges des techniques, et ceux des classes ouvrières qu'elles appellent : au moment même où l'automatisation s'empare de la SNCF ou de la chimie, c'est le travail à la chaîne qui se généralise dans mille et une entreprises des industries de consommation. Et le bâtiment et les travaux publics continuent d'employer leurs manœuvres sur les petits chantiers urbains et ruraux.

Si l'on songe enfin que les *techniques avancées* peuvent relancer leur propre demande de main-d'œuvre non qualifiée, dans le processus dit de *surqualification-déqualification,* on ne s'étonnera pas de voir la proportion des ouvriers non qualifiés se stabiliser en France depuis les années soixante à environ 60 % du total de la classe ouvrière — soit bien plus que la moitié... (16)*.

Le sentiment de dépossession à l'égard des puissances intellectuelles de conception, d'organisation, de régulation du processus de travail n'a guère trouvé là de quoi régresser. Bien au contraire, car dans la disparité maintenue ou resurgie des types d'organisation du travail, un élément au moins se maintient et s'aggrave à notre époque : le degré de contrainte sur la *dépense de travail* de l'ouvrier, que cette contrainte s'impose par la surveillance des hommes ou la régulation automatique du système mécanique, par l'étude ergonomique ou l'intéressement au rendement. Le sentiment d'aliénation au travail n'a pu que s'y confirmer, se déplaçant seulement de l'aliénation devant la maîtrise, ou la machine, vers l'aliénation à l'égard du temps et de l'organisation, maîtresse anonyme et abstraite de son usage.

---

(14) On se reportera, entre autres études, à J.D. Reynaud, « La nouvelle classe ouvrière, la technologie et l'histoire ». *Revue Française de Sciences politiques,* vol. XXII, n° 3, juin 1972, pp. 529 à 543.

(15) Dans une étude sur les emplois industriels, les *Cahiers du Centre d'études de l'emploi* estimaient à 5 % la proportion actuelle d'ouvriers opérateurs dans la classe ouvrière industrielle (Ph. d'Hugues, G. Petit, F. Rerat, « Les emplois industriels. Nature. Formation. Recrutement ». PUF, Paris, 1973, *Cahiers du Centre d'Études de l'Emploi,* n° 4).

(16) On trouvera le dernier état chiffré de la question dans Michel Cezard, « Les qualifications ouvrières en question », *Économie et statistique,* n° 110.

* Cf. annexe 2, p. 257 à 261.

Le renouveau de l'ancien

Peut-être même ce sentiment a-t-il pris une dimension nouvelle pour la classe ouvrière depuis quelques années. Le développement de la division internationale du travail et l'avènement du « capitalisme mondial » (17) ont induit, avec le transfert du capital productif de « notre » monde vers le « tiers » monde, dans « notre » monde même des villes vers les campagnes, une plus grande fragilité des formes anciennes de production, une vulnérabilité nouvelle des vieux centres industriels, devant lesquelles les couches ouvrières apparemment les mieux protégées se sont trouvées brutalement sans recours.

Les licenciements consécutifs aux restructurations de la sidérurgie, comme auparavant des mines, et de manière plus sourde du textile, ont fait éclater les mirages de la protection d'entreprise et rappelé aux ouvriers la pérennité de la précarité propre à la condition salariale.

Les moins armés pour s'en défendre sont notamment :

— les immigrés qui représentent actuellement environ 17 % des ouvriers en France — plus de 30 % dans le bâtiment et les travaux publics* ;

— les femmes, particulièrement les femmes rurales, venues grossir les rangs des OS dans les nouvelles localisations industrielles depuis les années soixante ;

— les jeunes, professionnellement mal préparés ;

— les vieux, professionnellement usés... tous ceux qui font aujourd'hui la masse des ouvriers chômeurs : près d'un sur vingt pour l'ensemble de la classe (bien plus en telles branches ou telles localités).

Les deux classes ouvrières

Ces couches sont si loin, dans leur existence et leur expérience, de la « nouvelle classe ouvrière » décrite plus haut qu'on a pu parler de deux classes ouvrières, répondant à deux types de marché du travail, de processus de travail, de gestion des forces de travail :

— l'une stable, qualifiée, protégée, parfois quasi-fonctionnarisée dans des entreprises modernes et concentrées travaillant pour les marchés les plus vastes et les plus constants ;

— l'autre instable, déqualifiée, « précarisée ». épongeant les à-coups du marché dans les entreprises dépendantes des premières, notamment dans le réseau de la sous-traitance.

Si la nouvelle classe ouvrière masquait seulement l'ancienne ? On comprendrait mieux par là peut-être l'actuel retour en force, si bien analysé par P. Dubois (18),

(17) C'est le titre de l'ouvrage de Charles-Albert Michalet, *Le capitalisme mondial,* PUF, Paris, 1976.

(18) Pierre Dubois, *Travail et conflit dans l'industrie,* Thèse de doctorat, Université de Paris VII, 1978, 2 tomes, ronéoté.

* **Cf. annexe 1, p. 125 à 127.**

de formes de luttes ouvrières redonnant vie aux premières formes de la résistance ouvrière à l'industrialisation : absentéisme, « rotation », freinage, chapardage, contestation de la discipline d'usine, voire sabotages et, quand le « ras-le-bol » déborde, grèves sauvages, à l'occasion violentes, parfois héroïques et sitôt intégrées dans la légende ouvrière... Reviviscence de formes spontanées de refus et de résistance à l'exploitation de ces couches nouvellement venues à l'usine (jeunes, femmes), plus proches souvent de la société paysanne d'origine que de la société industrielle (migrants et immigrés), souvent, aussi, dépourvues des droits (immigrés, salariés précaires) sans lesquels il n'est guère possible de s'organiser...

L'unité des deux classes

L'attention portée à ces phénomènes de fractionnement de la classe ouvrière ouvre, bien plutôt qu'elle ne ferme, la question de son unité.

Que les différences dans la classe ouvrière induisent spontanément sa division, plutôt que son unité, c'est certain. Qu'elles interdisent tout processus d'unification, un seul fait — grandiose — y infligerait à lui seul un démenti.

Mai 1968, la plus grande grève de l'histoire universelle, selon Tilly (19), est l'exemple type de ces possibilités de combinaison, en conjoncture favorable, des luttes de couches ouvrières, parfois aux positions extrêmes de leur condition de classe, unifiées pourtant à un moment donné sur quelques intérêts essentiels à tous (garantie du minimum, extension du salaire, reconnaissance du droit syndical), plus même, sur une aspiration commune dont on retrouverait le fil « rouge » tout au long de l'histoire de la classe ouvrière : sinon « l'usine à l'ouvrier », du moins « l'ouvrier chez lui dans l'usine »... L'autogestion, n'est-ce pas plus ou moins cela ?

Sans doute peut-on attribuer aussi aux effets de 1968, et à l'aspiration des ouvriers à leur propre unité politique, le projet de gouvernement d'Union de la Gauche formé conjointement dans les années soixante-dix par les deux partis politiques qui se partagent majoritairement en France la confiance de la classe ouvrière (situation, mais aussi projet uniques en Europe occidentale), ainsi que la consolidation remarquable de l'implantation syndicale dans les petites et moyennes entreprises qui marque la décennie dans le domaine syndical.

L'effondrement politique fracassant de l'Union de la Gauche et la reviviscence de la logique des frères ennemis entre partis, et en écho, entre syndicats, a soumis certes à rude épreuve ce qui avait pu en cette période se recomposer d'une conscience politique commune dans la classe ouvrière.

Les conséquences pour l'avenir de cette défaite peuvent se dérouler selon plusieurs modèles contradictoires : social-démocratisation générale de la classe ouvrière, intégrée sous une forme ou sous une autre, à la gestion de la crise, comme au Royaume-Uni ou en RFA. Ou à l'inverse radicalisation générale soutenue par un archéo- ou un néo-communisme (ou la combinaison des deux). Ou

(19) Auteur avec Edward Shorter de *Strikes in France, 1830-1968,* Cambridge University Press, Cambridge, 1978.

encore partage, à l'amiable ou de manière polémique, de l'influence sur la classe ouvrière : la nouvelle favorable au PS, la vieille au PC (encore que l'un et l'autre aient chacun aujourd'hui une influence sur les deux à la fois). Ou bien enfin, redistribution des forces, de leurs organes et de leurs expressions sous la poussée des nouvelles luttes ouvrières et des nouveaux « mouvements sociaux ».

L'avenir le dira. Constatons seulement pour l'heure qu'au terme d'un vaste mouvement de restructuration de la production, caractérisé principalement par un développement jusqu'alors inconnu de l'exode rural, de l'urbanisation, de l'extension du salariat, de l'industrialisation, la classe ouvrière française aborde la fin du siècle :

1 - dans des conditions d'existence et de droit profondément renouvelées du fait de l'accès à la consommation de masse et de la socialisation de la protection sociale ;

2 - dans des conditions d'emploi et de travail qui pour l'heure laissent intact l'essentiel de son aliénation, de son insécurité économique, de son labeur et de sa peine ;

3 - avec la conscience et le sentiment renouvelé de sa différence, la perception toujours vive de son exploitation, une confiance acquise en ses capacités de résistance, spontanée ou organisée ;

4 - mais aussi dans l'extrême disparité, voire la discordance, des formes de cristallisation, d'élaboration et d'organisation de cette conscience.

encore partagée, à l'amiable, [illegible] de manière [illegible] de [illegible] sur la classe ouvrière, la nouvelle [illegible] au [illegible] la [illegible] (tandis que l'un et l'autre [illegible] une influence sur les deux à la fois). Où [illegible] [illegible] [illegible] des forces de leurs organes et de leurs [illegible] [illegible] la [illegible] [illegible] luttes [illegible] et [illegible] mouvements sociaux.

[illegible] le [illegible] Comité [illegible] pour [illegible] d'une vaste [illegible] de la restructuration de la production, [illegible] par le développement [illegible] de l'intérim, de [illegible] [illegible] du salariat, de la [illegible], [illegible] ouvrier [illegible] [illegible] [illegible]

[illegible] des [illegible] [illegible] [illegible] [illegible] de [illegible] [illegible] [illegible] de la [illegible] [illegible]

[illegible] [illegible] [illegible] [illegible] [illegible] [illegible] [illegible] son [illegible], [illegible] [illegible] [illegible] sa [illegible]

[illegible] [illegible] [illegible] [illegible] [illegible] [illegible] [illegible] [illegible] [illegible] [illegible] [illegible]

[illegible] [illegible] [illegible] [illegible] [illegible] [illegible] d'organisation [illegible]

Inadaptation et exclusion sociales

René Lenoir *

Nos sociétés industrielles et urbaines, qui ont amélioré la condition matérielle et la protection sociale du plus grand nombre, sont en même temps productrices d'un mal nouveau, l'inadaptation, faite du cumul et de la reproduction de handicaps économiques, sociaux, culturels, éventuellement aggravés par des déficiences physiques ou psychologiques. Qu'elle porte sur les symptômes ou sur leurs causes, l'action des pouvoirs publics peut-elle fournir un remède efficace à l'exclusion sociale ?

Durant trente ans après la dernière guerre, le bien-être n'a cessé de s'étendre. Toutefois, dans cette France heureuse, l'alcoolisme n'a pas disparu, la drogue est apparue, les maladies psychosomatiques ont pris le pas sur toutes les autres, la délinquance s'est étendue et a gagné les enfants, la frange des marginaux s'est renforcée, la zone de grande pauvreté n'a que faiblement régressé. On trouve en outre un million d'handicapés physiques et un million d'handicapés mentaux (1) et plus d'un million de personnes âgées sont invalides ou semi-invalides **.

A cette masse impressionnante de gens j'ai donné le nom d'exclus. Ils ont en effet en commun d'être en marge du progrès économique et de la vie culturelle et sociale. J'ai essayé de donner une définition de l'inadaptation sociale : « Dire qu'une personne est inadaptée, marginale ou asociale, c'est constater simplement que, dans la société industrialisée et urbanisée de la fin du XXe siècle, cette personne, en raison d'une infirmité physique ou mentale, de son comportement psychologique ou de son absence de formation, est incapable de pourvoir à ses besoins, ou exige des soins constants, ou représente un danger pour autrui, ou se trouve ségrégée soit de son propre fait, soit de celui de la collectivité » (2).

---

* René Lenoir, inspecteur général des Finances, ancien directeur de l'Action sociale au ministère de la Santé publique et de la Sécurité sociale, puis Secrétaire d'État à l'Action sociale de 1974 à 1978.

Son livre *Les Exclus*, paru aux éditions du Seuil en 1974, est consacré aux causes de l'inadaptation physique et sociale dans les sociétés industrielles et aux moyens de la prévenir.

(1) Ces chiffres tiennent compte des handicaps légers ; les cas lourds ne représentent qu'un bon tiers du total.

(2) Extrait de *Les Exclus* op. cit.

** Cf. annexe 1, p. 141 à 143.

En fait les inadaptés, s'ils souffrent en commun d'une exclusion sociale partielle ou totale, ne forment pas un ensemble socio-économique et socio-culturel homogène. Un handicapé physique peut être un intellectuel parfaitement intégré dans l'univers culturel contemporain même s'il est rejeté du monde du travail ; l'homme du Quart-Monde, même en bonne santé, ne participe pas du tout à cet univers culturel.

Essayer de comprendre ce qui fait l'inadaptation et l'exclusion permet de mieux cerner les catégories concernées. Il paraît bon de distinguer ce qui vient de l'homme lui-même et ce qui vient de la société.

Un homme fragile dans une société pathogène

Commençons par l'homme, l'individu. Ne tombons pas dans le travers de la mode : la société n'est pas responsable de nos jambes cassées ou de nos amours malheureuses ; elle ne l'est pas davantage de certaines fragilités psychiques. L'homme est un être de désirs qui sait mal réguler ses passions ; souvent son psychisme est abîmé par l'histoire, une histoire faite de violence, de viol, de pillage et de dérèglement. Les traces n'en sont que trop visibles dans nos gènes.

La société, de même, n'est pas responsable de la naissance d'enfants handicapés, sous la seule réserve que les progrès de la médecine permettent de vivre à des enfants qui jadis seraient morts très tôt. Ces mêmes progrès sont évidemment « responsables » du nombre beaucoup plus grand des personnes très âgées maintenues en vie, mais invalides.

Toute société est pathogène. La nôtre l'est plutôt moins que toute autre société du passé ou du présent. Elle l'est en tout cas de façon différente et c'est ce qui est intéressant de voir. Le pauvre, le malade, le prisonnier, l'alcoolique, on les rencontre dans toute littérature et, dans la nôtre, de Rabelais à Zola. L'inadapté social, en revanche, forme une catégorie inconnue dans le passé. L'évolution technique et sociale depuis un siècle l'explique.

Notre science, nos connaissances, nos techniques ont changé si vite qu'il en est résulté une dévalorisation du savoir ancien. Jadis le vieux était celui qui par force, par intelligence ou par chance avait survécu. Il transmettait à la famille, au clan, à la collectivité, les recettes pour vivre et prospérer. L'adulte désormais est celui qui ne sait plus, qui doit se recycler. En même temps qu'ils contestent les connaissances, les facultés opératoires des anciens, les jeunes mettent en doute leur sagesse. Assimilation illégitime peut-être, mais les résultats sont là : il n'y a plus de référence sûre, tout devient fragile et mouvant, les gens sont « désorientés », c'est-à-dire qu'il n'y a pas d'orient pour leur apporter la lumière. La science n'a pas pris le relais de la morale et de la religion, elle n'est plus porteuse d'espoir, elle fabrique la bombe atomique aussi bien que la pénicilline.

Les contrôles sociaux s'atténuent, l'espace et le temps manquent à l'homme

Du coup, les contrôles sociaux (famille, milieu, morale) s'atténuent ou disparaissent. Les mœurs évoluent brutalement, l'exercice de la liberté se fait débridé et dans une société qui n'est plus que marchande, la compétition sociale s'exaspère.

L'industrialisation a entraîné une urbanisation rapide. Le temps et l'espace humains se sont trouvés bouleversés. Les rythmes de la vie se sont accélérés non sans conséquence fâcheuse pour certains : il suffit de voir l'hésitation des personnes âgées à traverser la rue. Un grand nombre de personnes ont décroché des rythmes solaires : les ouvriers qui travaillent en équipe (3 x 8), les personnels des hôpitaux, des services de surveillance et de certains établissements de loisirs et de spectacles. Lié à cet aspect des choses, le bruit perturbe le sommeil de millions de personnes qui s'en trouvent fragilisées (3).

L'incidence du resserrement de l'espace est peut-être encore plus pernicieuse. On n'entasse pas, sans dégâts, dans un univers dense et vertical, une espèce habituée depuis huit cents millions d'années à la vie dans les grands espaces. Les éthologues qui étudient le comportement des animaux ont montré qu'on obtenait un effondrement du comportement *(behavioral sink)* en resserrant fortement l'espace autour d'une tribu d'une espèce vigoureuse : les mâles deviennent hypo ou hypersexuels, les femelles abandonnent leurs petits, la saleté et la violence se généralisent. Bien entendu l'anthropologie ne peut se réduire à l'éthologie, mais du point de vue qui nous occupe, l'homme réagit comme un animal. La ville ajoute encore pour certaines personnes (handicapés physiques, personnes âgées, semi-valides, mères avec de très jeunes enfants) ce qu'on appelle les barrières architecturales, qui rendent l'accès des bâtiments publics et des logements difficile pour tous ceux qui ne sont pas valides ou bien portants. Les pouvoirs publics en ont pris conscience mais il faudra du temps et de l'argent pour venir à bout de ces barrières.

Le pauvre, c'est celui qui ne sait pas

Cette société industrielle et urbaine est aussi une société complexe et réglementée. Le système de protection sociale lui-même ajoute à cette complexité, de telle sorte qu'il n'est pas toujours utilisé par ceux pour lesquels il est conçu. Le pauvre, aujourd'hui, c'est celui qui ne sait pas. De nombreuses familles sont en difficulté parce qu'elles ignorent les codes, les procédures, ne remplissent pas les imprimés ou les remplissent mal. Elles finissent par tomber dans un circuit d'assistance alors qu'une série de dispositions existe pour leur éviter cette « faillite ». Mais ces dispositions supposent le problème résolu, à savoir des gens suffisamment autonomes et instruits pour respecter leurs obligations et faire valoir leurs droits.

Un système éducatif « normalisé » donc inadapté

Le système d'éducation devrait éviter ce genre de difficultés aboutissant à des drames. Il n'en est rien. En premier lieu, plusieurs millions de personnes — les immigrés — n'ont pas transité par lui. En second lieu, le système éducatif n'est

(3) Ce phénomène n'est pas propre à la France ; il est beaucoup plus fort dans les grandes villes japonaises où les constructions restent légères et la circulation très intense.

pas orienté vers les mécanismes et procédures de la vie quotidienne. Un élève peut avoir terminé sa scolarité sans savoir ce qu'est un chèque, un budget, une caisse de sécurité sociale ou une entreprise. Cette remarque est d'autant plus valable pour ceux des enfants qui arrêtent leur scolarité à 16 ans. Mais, de surcroît, le système lui-même est générateur d'inadaptation. La « toise » scolaire a été conçue pour des spéculatifs, des forts en thèmes. Les tempéraments rêveurs, créateurs, ceux qui sont avant tout sensibles aux sons, aux formes ou aux couleurs, ceux qui sont doués pour le travail manuel, sont brimés. Ils se renferment sur eux-mêmes, finissent par être rejetés du système scolaire, passent par des classes dites de transition ou d'adaptation qui les enferment dans un ghetto et fournissent un contingent sérieux de révoltés et d'inadaptés.

Ces jeunes inadaptés perçoivent comme une provocation les modèles ostentatoires de consommation que les médias mettent particulièrement en relief et même la richesse diffuse, voire le luxe, qui s'étalent aux vitrines de nos magasins. Ils cherchent les voies les plus rapides pour atteindre ce qui leur paraît être des normes de consommation et ces voies ne sont pas celles du travail et du courage patients.

Reproduction des handicaps et ségrégation

Quelles sont les conséquences de ces aspects négatifs de la réalité sociale ? C'est d'abord l'éclatement et la dissociation d'un grand nombre de familles. Il est difficile de savoir si ce nombre était plus ou moins grand dans le passé. Peut-être le fait de s'en occuper révèle-t-il un phénomène jadis occulté. Le nombre des enfants pris en charge par l'aide sociale à l'enfance donne une idée de ce phénomène*. Il a doublé en vingt ans et atteint 550 000. Sur ce total la moitié environ est constituée d'enfants enlevés à leur famille par décision du juge ou du directeur départemental des affaires sanitaires et sociales ; ils sont considérés comme en danger physique ou moral. Un quart environ d'entre eux proviennent de famille d'immigrés. Dans ces familles, quand le père disparaît, quand la mère tombe malade, il faut intervenir en suppléant les grands-parents ou les oncles et tantes absents. Quels que soient les efforts de l'aide sociale à l'enfance en faveur de ces enfants, on constate qu'ils fournissent un gros contingent d'attardés scolaires, d'inadaptés et de délinquants. Les phénomènes de reproduction sociale jouent ici à plein.

La ségrégation s'installe de multiples façons :

— par âges : les rythmes scolaires ne sont pas ceux du travail. Les enfants vivent entre eux, ne voient leurs parents que le soir quand ils sont fatigués. Quant aux grands-parents, l'exiguïté de l'habitat moderne les exclut et la mobilité sociale éloigne d'eux les jeunes couples.

— par catégories sociales : il y a toujours eu des quartiers pour les riches et des quartiers pour les pauvres, mais ils étaient souvent proches. Le centre des villes tend aujourd'hui à se vider complètement de ses populations peu aisées.

— par ethnies : il s'agit moins d'une ségrégation voulue par les autorités locales que spontanée. Les immigrés se retrouvent par origine nationale et leur densité même, dans un quartier, le vide peu à peu de ses autres habitants.

* Cf. annexe 1, p. 142.

— par handicaps : les barrières architecturales obligent soit à aménager des groupes de logements particuliers, soit à construire des établissements spécialisés pour les personnes handicapées et les personnes âgées semi-valides ou invalides.

La société a changé de maux

Le troisième effet notable, c'est l'importance des maladies psychosomatiques et nerveuses. Elles ont pris le relais des grandes endémies depuis longtemps jugulées. Nos contemporains ont apparemment tout pour être heureux et pourtant un grand nombre d'entre eux souffrent de la longueur des transports en commun, du bruit, d'un mauvais sommeil et de l'isolement. L'isolement dans la grande ville est devenue un phénomène massif. Il explique en grande partie la permanence du suicide.

La persistance puis la remontée de la violence est amplement mise en relief par les médias. Le phénomène n'est pas propre à la France et paraît même plus accusé dans un pays comme l'Italie, ce qui semble montrer que des causes identiques dans toutes les sociétés industrielles produisent des effets similaires.

L'apparition du phénomène de contre-culture est-il lié ou non à la résurgence de la violence ? Refusant les valeurs dominantes de la société, rejetant les normes admises, des groupes entiers s'isolent en petites communautés plus ou moins éphémères. Certaines de ces communautés sont totalement pacifiques et témoignent pour des valeurs fort respectables. D'autres sont plutôt assimilables à des bandes, cherchant à vivre aux dépens de la société par les moyens les plus divers, avouables ou non.

Ainsi notre société a changé de maux. Elle a vaincu les grandes endémies. Elle nourrit, loge et soigne la quasi-totalité de la population. Mais une personne sur cinq est exclue de la vie sociale et du confort minimum ou connaît une situation de véritable détresse.

L'action des pouvoirs publics et ses limites

Les pouvoirs publics en ont pris conscience et ont multiplié les actions destinées à recoudre le tissu social déchiré. La plupart de ces actions, en effet, visent à réparer des dégâts existants. Elles consistent en des aides diverses aux personnes en difficulté ou perturbées, qui prennent la forme :

— *d'aides en espèces,* par exemple : aides aux familles momentanément sans ressources ou minimum vieillesse pour les personnes âgées ;

— *de services :* service social polyvalent pour toute la population, aide ménagère à domicile pour les personnes âgées, équipe de prévention pour les jeunes marginaux ;

— *d'établissements :* centres d'hébergement pour inadaptés sociaux et ex-détenus, établissements de soins, d'éducation ou de travail protégé pour les enfants et les adultes handicapés, logements-foyers pour les personnes âgées, etc.

D'autres actions plus ambitieuses s'efforcent de passer des symptômes aux causes et portent sur les structures fondamentales :

— la lutte contre la ségrégation a pris la forme de règlement d'urbanisme, de préférence donnée aux actions en milieu ouvert par rapport aux actions en établissements, de la mise sur pied d'un programme prioritaire de maintien à domicile des personnes âgées. Ce dernier est un des rares succès probants de la politique sociale. Il se traduit par la multiplication des aides à domicile, des clubs de personnes âgées (en 1980 plus de 13 000 clubs regroupant deux millions de personnes), la création d'universités du troisième âge, l'extension des activités culturelles et physiques et, d'une façon générale, une participation plus intense des personnes du troisième âge à la vie sociale.

— le groupe interministériel « Habitat et Vie Sociale » s'efforce, depuis 1976, de « gommer » de la carte de France une cinquantaine de zones grises, zones urbaines de plusieurs milliers d'habitants dans lesquelles les habitants cumulent les handicaps : habitat insalubre, scolarité médiocre, absence de formation professionnelle, mauvaise santé, etc. La méthode consiste à faire intervenir simultanément et de façon coordonnée toutes les administrations concernées.

— la prévention prend de plus en plus la forme d'actions améliorant la qualité de la vie : lutte contre le bruit, amélioration de l'environnement, aménagement du temps destiné à éliminer des fatigues inutiles (transports aux heures de pointes) ou à favoriser la vie familiale, participation plus grande des citoyens aux décisions relatives à leur travail ou à leur cadre de vie. Dans ce domaine le champ social commence à peine à être défriché.

Les pouvoirs publics nationaux ou locaux n'ont pas été les seuls à réagir. Les syndicats et surtout les associations sont à l'origine de multiples innovations, de micro-réalisations destinées a réduire l'inadaptation et l'exclusion sociales.

La mise en œuvre des mesures de réparation ou de prévention ne va pas toujours sans danger. Elle suppose des moyens importants et elle contribue à l'alourdissement du prélèvement obligatoire (on rappellera que ce prélèvement est passée de 35,6 % de la PIB en 1970 à 41,6 % en 1980). La socialisation a des aspects bénéfiques mais elle restreint la zone de libre choix des individus et des familles. En second lieu, une mentalité d'assisté s'est développée dans de larges couches de la population ; on attend trop de l'État ; on répugne à se mobiliser soi-même pour des actions qui relèveraient cependant de la solidarité de voisinage.

Durkheim écrivait au début du siècle : « Il est contraire à toutes les vraisemblances qu'une ère doive jamais s'ouvrir où l'homme sera moins dispensé de se résister à soi-même et pourra vivre une vie moins tendue et plus aisée ». Pendant plus d'un demi-siècle l'idéologie du progrès scientifique et technique a pu faire croire qu'il avait tort et qu'on finirait par venir à bout du malheur des hommes. L'histoire récente nous incite à plus de modestie. Nous dominons plus facilement la matière que l'homme dont on a peut-être surestimé les facultés d'adaptation. En prendre conscience permet non plus d'adapter l'homme, mais la machine, le travail, les transports, la ville, à cet être encore fragile pour qui la qualité des relations compte tant.

L'inadaptation témoigne de l'imperfection de notre société. Mais n'ayons pas l'illusion qu'il puisse exister une société parfaite : elle ressemblerait par trop au « meilleur des mondes » à la manière d'Huxley.

La fin des paysans et le retour à la nature

Henri Mendras *

Ce n'est qu'au cours des dernières décennies que la France a connu le plus fort de son exode rural. Aujourd'hui, la proportion d'actifs occupés dans l'agriculture est comparable à celle des autres pays industrialisés. Dans le même temps, le paysan traditionnel s'est mué en agriculteur moderne, la vieille société campagnarde s'est disloquée, la campagne est devenue de moins en moins agricole. Mais la fin des paysans signifie-t-elle la fin de la France rurale ?

En 1945, au lendemain de la guerre, la France était le plus « paysan » de tous les pays occidentaux : 45 % de la population vivaient dans des communes « rurales » et un quart de la main-d'œuvre travaillait dans l'agriculture. Trente-cinq ans plus tard, la France s'est urbanisée, l'agriculture n'occupe plus que 9 % de la population active** et ne représente plus que 6 % de la production nationale. Pendant les années soixante, au plus fort de l'exode rural, près de 100 000 travailleurs ont quitté la terre chaque année. L'économie française a fait sa mutation industrielle et la société française a perdu sa base paysanne. La France est aujourd'hui un pays urbanisé et industrialisé comparable aux autres. Disposant de plus de terres, son agriculture conserve un poids économique un peu plus lourd qu'en Angleterre, en Allemagne et aux Pays-Bas : c'est une nuance, non une différence de structure.

Cette extraordinaire mutation a duré moins de trente ans et marque une révolution historique à l'échelle des siècles, et même des millénaires. En 1940, le paysan breton ou rouergat vivait, travaillait et mourait comme le paysan d'Hésiode ou d'Olivier de Serres : il était l'incarnation d'un type humain qui paraissait éternel. On parlait de l'âme paysanne, de l'éternel paysan, comme de l'éternel féminin. Le jeune agriculteur d'aujourd'hui n'a plus rien à voir avec son grand-père. C'est un producteur urbanisé qui vit à la campagne, qui a fait des études, regarde la télévision, et fait ses comptes comme un cadre ou un commerçant des villes. La civilisation paysanne est morte en France avec la dernière génération de paysans : la vie dans un village est aujourd'hui si différente de celle d'hier, qu'on s'interroge pour savoir si ce sont les mêmes maisons, la même église, la même école qui sont peuplées par les enfants des villageois d'hier.

* Henri Mendras, directeur de recherche au CNRS, professeur à l'Institut d'études politiques, spécialiste de sociologie rurale (groupe de recherches sociologiques du CNRS à l'Université de Nanterre). A publié notamment *La fin des paysans* et *Sociétés paysannes* aux éditions A. Colin et *Voyages au pays de l'utopie rustique* aux éditions *Actes/Sud (Le Paradou 13 520).*

** Cf. annexe 1, p. 124 et p. 150 à 153.

Et par un curieux retour des choses, c'est au moment même où les paysans et la civilisation paysanne viennent de mourir qu'ils se chargent d'une valeur idéologique et d'un attrait sentimental tout nouveau. Il y a trente ans, paysan était synonyme de rustre et de cul-terreux, rustique voulait dire mal dégrossi.

Aujourd'hui, le paysan est un modèle, la civilité paysanne est exemplaire et chacun veut avoir un intérieur rustique. Les sabots, hier symboles de pauvreté, liés à la paille et au fumier, sont aujourd'hui signes d'avant-garde sur le chemin du retour à la nature que chacun semble désirer. Volte-face idéologique qui laisse bouche bée tout vieil observateur des campagnes françaises ! Paradoxalement, les jeunes qui ont accompli ce retour à la nature l'on fait au moment même où ils ne trouvaient plus au village la sociabilité qu'ils venaient y chercher, ni à la ferme l'agriculture « naturelle » dont ils voulaient faire leur métier. Les communautés créées par les jeunes, en Cévennes ou ailleurs, et l'agriculture biologique n'ont rien à voir avec l'agriculture paysanne et la société villageoise disparues. Certes, on peut interroger quelques vieillards, apprendre le dialecte, jouer de la vielle, faire du fromage de chèvre, chausser des sabots, on ne ranime pas pour autant la ferme et le village paysans. Essayons de montrer pourquoi.

La ferme traditionnelle : un monde révolu

Entre les deux guerres, une famille française sur trois vivait dans une ferme et se nourrissait du produit de ses champs : quatre millions de fermes, chacune unique, mais toutes analogues, malgré les contrastes régionaux, la variété des productions et les différences de modes de faire-valoir et de dimensions. Si l'on excepte les très grandes exploitations céréalières du Bassin Parisien et les grandes entreprises viticoles du Languedoc, on peut brosser une image modèle de la ferme française de cette époque. Dans une maison de deux ou trois pièces, vit une famille d'une dizaine de personnes qui cultive un domaine d'une douzaine d'hectares avec l'aide d'une paire de bœufs ou de vaches, ou d'un attelage de chevaux. La maison se compose d'une grande salle, d'un cellier, d'une ou deux chambres ; l'eau se puise au puits ou va se chercher à la source, souvent assez éloignée. La grand-mère fait la cuisine ou houspille les femmes, bonne, bru et fillettes qui s'occupent du potager, de la basse-cour, des cochons et du lait, et qui vont donner la main aux hommes dans les champs au moment des gros travaux. Les hommes, le patron, son valet et son fils, sont toujours dehors à travailler la terre, à surveiller les bêtes ou l'hiver à faire du bois. Toute la maisonnée vit au même pot et au même feu, s'assemble autour de la même table, y compris les domestiques qui partagent en tout la vie de la famille dont ils ne sont pas membres mais dont ils font provisoirement partie. Leur salaire en argent est dérisoire : ce qui compte, c'est le vivre et le couvert, pour eux comme pour toute la famille ; le fils de quarante ans qui aide son père ne reçoit pas de salaire, il vit en famille.

On mange uniquement ce que l'on produit : si l'on ne cuit pas son pain soi-même, on échange son blé contre du pain chez le boulanger. La soupe est faite des légumes du potager. Chez l'épicier, on achète le riz, l'huile, le café et le sucre. Le cochon tué et salé, parfois une volaille suffisent ; on ne va jamais chez le boucher, sauf pour les grandes fêtes où l'on commande une tête de veau. Aucun éleveur de brebis ne mange de gigot, ni un éleveur de charolais un filet de bœuf, sauf à l'occasion d'une première communion, d'un mariage ou d'un enterrement.

De même, les hommes n'achètent rien pour l'exploitation : les bêtes mangent le fourrage poussé sur les terres, auxquelles elles rendent le fumier. Outils, chars et charrettes durent des lustres et se réparent facilement : chacun est un peu charron et forgeron ; et même maçon pour entretenir les bâtiments. Les hommes vendent du blé une fois par an et des bêtes (veaux, vaches, agneaux ou brebis) deux ou trois fois l'an : l'argent gagné sert à l'achat d'un outil neuf, sinon il est épargné pour acquérir de la terre ou dédommager les frères et les sœurs au moment de l'héritage. Les femmes vendent des œufs, des volailles ou du lait pour pouvoir régler leurs achats chez l'épicier et se payer de temps à autre un tablier neuf ou du tissu pour faire une robe.

Cette économie familiale toute faite d'autoconsommation et où l'argent n'avait de valeur que marginale, paraît singulièrement archaïque aujourd'hui. Et cependant tous les paysans de plus de soixante ans l'ont connue et ont été modelés par ses exigences. Pour leurs petits-enfants, c'est un monde révolu, des histoires de vieux, comme « les tranchées de la Guerre de 14 ».

L'exploitation agricole d'aujourd'hui

En effet, aujourd'hui, il ne reste guère plus d'un million d'agriculteurs sur dix-huit millions de ménages, et tout a changé. Les parents habitent la vieille ferme à côté de laquelle les jeunes ont construit une maison neuve qui ressemble comme une sœur à une maison de banlieue. Dans les deux maisons, la cuisine est moderne : le réfrigérateur et la télévision voisinent avec la vieille pendule à balancier, la cuisinière électrique voisine avec le vieux fourneau, l'évier est à double plonge... tout comme en ville. Un salon sert plus à repasser et à ranger qu'à recevoir. Chacun a sa chambre, la salle de bains est toute neuve et un énorme congélateur a été installé dans le cellier. Que chaque couple habite sa maison n'empêche pas que l'on mange ensemble ; la grand-mère fait la cuisine pour tous, sauf le dimanche. Le grand-père qui a pris sa retraite continue à donner la main à son fils. Mais enfin on est chacun chez soi, la bru est maîtresse de ses enfants et le fils est son patron.

Un ou deux tracteurs pour cultiver vingt-cinq ou trente hectares* et nourrir une étable de vingt vaches laitières : on vend du lait et de la viande et, selon les régions, des céréales, des fruits ou des légumes ; ou encore on a une porcherie « industrielle » de cent ou deux cents cochons. Toute l'exploitation est orientée vers la vente de deux ou trois produits qui sont livrés à la coopérative ou au négociant de la ville voisine. Dans une exploitation sur deux, quelqu'un travaille au dehors et apporte son salaire au budget familial : un fils ouvrier, une fille secrétaire et même, de plus en plus souvent, la femme du chef d'exploitation a un métier, institutrice ou infirmière par exemple. Si bien que l'argent manque toujours parce qu'on s'en sert tout le temps. On emprunte au Crédit agricole pour acheter des engrais ou un tracteur neuf, pour construire la nouvelle maison et changer de voiture. Chaque semaine, il faut aller au bourg ou en ville pour assister à une ou deux réunions organisées par le syndicat, la coopérative,

---

* Cf. annexe 1, p. 149.

le groupement de productivité, la mutuelle, etc. Et chaque jour passent des représentants de ceci ou de cela, il faut faire appel de plus en plus fréquemment au vétérinaire, à l'inséminateur, à l'agronome ou aux zootechniciens : la porte de la maison s'ouvre très fréquemment devant des visiteurs.

Le village

Diversité sociale et homogénéité culturelle

Le village a vécu une mutation aussi radicale que la famille et la ferme. La société villageoise du XIXe siècle, celle qui est encore vivante dans les souvenirs des vieillards et que les jeunes urbains idéalisent, se caractérisait par sa diversité interne et par son relatif isolement à l'égard de l'extérieur. Certes, en France, aucun village n'a jamais été clos sur soi-même ni coupé de la société française dans son ensemble, mais cette pénétration du monde extérieur n'empêchait pas que chaque village préservât son originalité et vécût pour l'essentiel sur soi.

L'autarcie économique de chaque ferme faisait que l'ensemble du village produisait tout ce qui était nécessaire à la vie : ce qui n'était pas produit par les paysans l'était par les artisans. Dans des temps plus anciens, au XVIIIe siècle, l'industrie elle-même était campagnarde : les forges de Normandie, de Bourgogne et du Périgord coulaient la fonte et le fer qui servaient à fabriquer les socs de charrue, mais aussi les canons des armées royales. Les papeteries et les verreries étaient en Lorraine, en Dauphiné et en Velay, et aussi dans d'autres régions. La fabrication textile était dispersée dans presque tout le pays, comme la fabrication des meubles. Le travail se faisait souvent à domicile. Par exemple, en Creuse, chaque ferme abritait un métier à tisser et en Picardie un atelier de fabrication de chaises. Le verre, le fer, et le papier se produisaient dans de petites manufactures sous l'œil du maître de forge, du maître-verrier, du maître-papetier. L'activité était le plus souvent saisonnière et les ouvriers vivaient dans des fermes où ils redevenaient paysans à la saison des gros travaux. Se nourrissant des produits qu'ils cultivaient, ils n'attendaient pas un gros salaire de leur patron.

Parmi les familles paysannes, les différences étaient très considérables. Le gros paysan des XVIIe et XVIIIe siècles disposait d'un grand domaine, de plusieurs attelages de bœufs et de chevaux et régnait sur une maisonnée nombreuse d'enfants et de domestiques. Il ressemblait à peu de choses près à un gentilhomme-campagnard. Le pauvre manouvrier cultivait son jardin et cherchait à s'employer à la journée ici où là. Tout un peuple de marginaux vivait dans les forêts on ne savait trop de quoi : pauvres hères, mendiants, boisilleurs, etc. Entre ces extrêmes, toutes les situations existaient et notamment la ferme moyenne, décrite plus haut. Enfin, les notables chapeautaient l'ensemble : propriétaires, petits et grands, vivant de leurs rentes sans travailler eux-mêmes, prêtres, instituteurs, notaires, médecins, etc., dont beaucoup vivaient au bourg ou en ville, mais avaient aussi leur domaine et leur maison de campagne.

Cette remarquable diversité sociale allait de pair avec une homogénéité culturelle profonde. Du châtelain au mendiant, tout le monde parlait le patois ou le dialecte, tout le monde allait à l'église au moins pour les grandes fêtes ; et le sermon du curé réaffirmait toujours les mêmes valeurs morales, bonnes pour tous. A l'église, les enfants et les adolescents étaient près du chœur, les femmes dans la nef et les hommes à l'arrière ou à la tribune ; les notables, hommes, femmes et enfants réunis avaient leurs bancs ou leur chapelle. Ainsi, unité et diversité se manifestaient et s'imposaient clairement à tous : l'autorité du notable était affirmée par sa place dans l'église et la position particulière de sa famille était visible, puisque ses membres n'étaient pas répartis entre catégories d'âges et de sexes.

Cette image intime et cohérente séduit les urbains d'aujourd'hui, surtout les jeunes. Et pourtant, la vie n'était pas rose dans ces villages. Cette intimité voulait dire vivre constamment sous l'œil des autres, s'amuser des rumeurs et des ragots, mais aussi les subir... Les notables exerçaient leur pouvoir avec morgue et violence, le curé brandissait les foudres de l'enfer, les femmes étaient soumises aux hommes, les jeunes aux vieux. La hantise de la famine jusqu'au XVIIIe siècle était perpétuelle, une année sur quatre ou cinq, les pauvres étaient réduits à la misère et à la mendicité ; un orage pouvait détruire l'effort d'une année. Enfin, les autorités extérieures étaient toujours menaçantes surtout sous l'Ancien Régime voire jusqu'en 1815 : troupes de passage, agents fiscaux et gabelous, conscription, etc. Les paysans d'autrefois avaient toujours peur d'une calamité. La fuite dans les bois et la jacquerie étaient les ripostes coutumières.

L'exode rural

Depuis le milieu du siècle dernier, l'exode rural a vidé tous les villages de la moitié ou des deux tiers de leur population : les manufactures, puis les artisans ont été chassés par la concurrence des industries urbaines qui attiraient les notables en même temps que les pauvres, petits paysans, ouvriers et journaliers. Tant et si bien qu'au lendemain de la première guerre mondiale, les campagnes n'étaient plus peuplées que de familles d'agriculteurs, petits et moyens. La modernisation de l'agriculture fit partir les petits et il ne restait plus voici dix ans que les agriculteurs qui avaient su se moderniser. Tout le monde se chagrinait de voir les maisons tomber en ruine et les campagnes se « désertifier ». Comment vivre dans un village où les deux-tiers des maisons sont vides et où les voisins sont tous des agriculteurs, répliques de soi-même ? Comment même se marier, si les voisines s'en vont en ville, et si celles qui demeurent vous regardent d'en haut car les filles ne veulent plus être paysannes ? Alors, les célibataires se multiplient, signe de la dégradation ultime d'une société qui ne sait plus se renouveler.

Les nouveaux citadins campagnards

Or depuis dix ans tout paraît changer : le village se modernise et se repeuple à certaines époques, quand reviennent les citadins. Ceux qui sont partis ont souffert pour s'adapter à la vie urbaine ; s'ils ont réussi leur reconversion citadine, ils reviennent au village, transforment la vieille maison familiale en résidence secondaire et vendent la grange à un Parisien qui en fera une « fermette ». Le village se repeuple périodiquement au cours de l'année, de ces citadins en vacances. S'il n'est pas trop éloigné d'une ville, on voit même des citadins venir s'y établir. Les retraités y demeurent ou y reviennent. Ainsi, un village de vingt feux peut ne compter que deux ou trois exploitations agricoles : l'agriculture qui nourrissait toutes les familles il y a trente ans n'en occupe plus qu'une minorité aujourd'hui.

Gentilhommes-campagnards et bourgeois de village et de petites villes étaient des personnages familiers de la scène campagnarde, ils y jouaient des rôles essentiels. Ils sont partis, mais leurs enfants reviennent ou sont remplacés par des nouveaux citadins-campagnards qui reprennent des rôles anciens et nouveaux et ramènent de la vie. Le château est devenu une colonie de vacances ou un hôtel, la gentilhommière ou le manoir des résidences secondaires comme la grange transformée en « fermette ». De plus en plus de retraités s'installent définitivement et transforment leur résidence secondaire en principale et des citadins eux-mêmes viennent habiter à la campagne à côté de la ville où ils travaillent.

La campagne redevient un lieu de vie autant qu'un lieu de production agricole. Et c'est bien ce dont rêvent les écologistes et tous ceux qui y retournent périodiquement ou qui souhaitent s'y établir : tous ces néo-ruraux contribuent à créer une société au village qui n'a plus rien de commun avec l'ancienne société villageoise à laquelle on emprunte cependant son cadre et souvent aussi ses traditions culturelles. Les fêtes locales se multiplient, les marchés et les foires retrouvent une activité nouvelle. La cuisine régionale se trouve codifiée dans des livres de recettes que les nouveaux venus suivent scrupuleusement ; les restaurants se multiplient et affichent des menus régionaux.

La commune

Le découpage de la France date du XIIe siècle quand l'Église a fixé les limites des paroisses. Il y a deux siècles, la Révolution a transformé les paroisses en communes et depuis lors, rien ou presque n'a changé, malgré l'exode rural, malgré l'automobile et le téléphone : les 36 000 communes dont 32 000 rurales ont toujours leur mairie et leur conseil municipal alors que l'Italie compte 3 600 municipalités et que l'Angleterre a regroupé ses *parishes* en *counties.* Depuis vingt ans, l'échelle de la société rurale a changé, c'est évident : on est passé d'une aune de trois ou quatre kilomètres que l'on parcourt à pied en moins d'une heure à une aune de dix ou quinze kilomètres que l'on fait en auto en un quart d'heure. Pour répondre à ce changement, de multiples projets de regroupements de communes en municipalités de cantons ont été élaborés, mais il n'a jamais été question de forcer les communes à se regrouper comme en Angleterre. La légitimité de la commune est si forte dans l'esprit de la démocratie française que personne ne songe à mobiliser contre elle la légitimité du Parlement et de la Nation. Le pays le plus centralisé est aussi le plus respectueux du *self-government* communal.

Une vitalité nouvelle

Cette hésitation et ce respect de la localité se sont révélés sages. Il y a vingt ans, le manque de prêtres conduisait à désaffecter les églises de village et à replier les desservants dans des équipes cantonales ; en même temps, le ralentissement des naissances vidait les écoles de villages et les instituteurs aussi se regroupaient au bourg ; puis les bureaux de poste communaux se fermèrent quand les facteurs furent équipés d'autos. La commune paraissait se vider de toute vie. Depuis dix ans, le mouvement inverse s'amorce. Une nouvelle vitalité sociale bourgeonne de toutes parts dans chacune des communes, même les plus petites. Chaque samedi ou chaque dimanche, une commune ou l'autre organise un bal, un moto-cross, un méchoui, une brocante, etc. Si bien que la jeunesse est toujours assurée de trouver où danser et un spectacle ou une fête à quinze kilomètres à la ronde. Et les adultes y participent aussi. Le village éclate de toutes parts et s'intègre dans une société locale qui n'est plus ni urbaine ni rurale, mais les deux à la fois. Les jeunes de la ville vont aux bals de villages et à la discothèque isolée dans la campagne, les citadins partent en promenade tous les dimanches pour participer à une fête, assister à un spectacle ou acheter à « la ferme » des œufs, des volailles, du miel, du vin. En semaine les agriculteurs sont sans cesse à la ville pour une réunion ou une autre, pour passer au Crédit agricole ou acheter une pièce de rechange au garage ou à la quincaillerie et les femmes vont faire leurs courses à la grande surface qui s'est établie en lisière de la ville, petite ou grande.

Après une période de léthargie qui faisait redouter sa mort, la commune a repris une vie sociale, culturelle et politique qui justifie a posteriori qu'on ne l'ait pas fondue dans une municipalité de canton ou de pays. Certains s'en étonnent. Un conseil municipal pour deux cents habitants, soit cent vingt ou cent cinquante citoyens, et un budget de quelques dizaines de milliers de francs : n'est-ce pas ridiculement étriqué à l'heure présente ? L'expérience prouve que non. Il suffit de vivre dans un village lors de la campagne pour les élections municipales pour se convaincre qu'il s'y passe quelque chose d'important pour ses habitants. Le village se donne en spectacle à soi-même, se formule ses problèmes, évalue ses dirigeants, réordonne ses clans et ses coteries, ses parentèles et ses clientèles, réaffirme ses oppositions idéologiques et ses conflits d'intérêt. En un mot, il vit.

Et il répond par là à une des exigences primordiales dans notre société de masse où l'individu a grand-peine à se définir sa propre personnalité. Plus de différences de costumes, de coutumes, de classes, ni de croyances pour se sentir soi, par opposition aux autres. Même les sexes estompent leurs différences et les femmes veulent se conduire comme les hommes, les adultes comme les jeunes, et chacun s'applique à oblitérer ce qui le différencie. Au village, au contraire, puisque chacun sait qui est son voisin, la position de chacun, visible et connue, permet d'être soi et de vivre avec les autres en reconnaissant leurs différences. Sans doute est-ce pour cela que les urbains sont si nombreux à revenir au village dans une maison de famille ou une maison que l'on a construite ou restaurée et que l'on ne cesse de bricoler chaque dimanche. Les enfants peuvent s'identifier à la maison de campagne et non à l'appartement standardisé des grands ensembles. Ils peuvent aussi faire des bandes avec leurs voisins. Les adultes cherchent à se faire leur place dans la société villageoise et notamment à se faire élire au conseil municipal, signe suprême de reconnaissance et d'adoption. Aux élections municipales de 1977, dans la plupart des régions françaises, de nombreux résidents secondaires sont entrés dans les conseils municipaux. Ils reprennent ainsi la position traditionnelle des notables dans les villages paysans d'autrefois.

Milieu paysan et classe paysanne

L'agriculture : milieu rénové

Cette dissociation progressive entre société rurale et population agricole se marque par la diminution nette du pourcentage de ménages vivant principalement de l'agriculture : la campagne est de moins en moins agricole. Dès lors quelle est la place des agriculteurs et des ruraux dans la société française : classe particulière, ou milieu original rassemblant un grand nombre de « fractions » de classes ? Pour le XIXe siècle tous les observateurs (y compris Marx) étaient d'accord pour juger que la paysannerie n'était pas une classe, mais un monde en soi, le plus nombreux, marginal parce que fractionné en unités géographiques autonomes et comportant en son sein de profondes divisions : la France des villages était le soubassement de la France des classes sociales et des catégories professionnelles.

Les militants marxistes et certains militants paysans se sont donné à tâche de transformer ce monde à part en une véritable classe : ils opposaient les agrariens et gros paysans, alliés nécessaires de la bourgeoisie, aux petits paysans auxquels ils voulaient donner une conscience de classe pour en faire des alliés du prolétariat ; quant aux paysans moyens, il leur faudrait bien choisir leur camp. A l'opposé, les mouvements agricoles de droite ou d'inspiration catholique insistaient sur l'unité du monde paysan par delà les contrastes régionaux, les divergences d'intérêts économiques entre producteurs de produits divers et les compétitions entre gros, moyens et petits. L'analyste lui-même ne pouvait être neutre, puisque son analyse était une arme de lutte idéologique et politique. Aujourd'hui la paysannerie est morte, et les travailleurs agricoles qui ne représentent plus qu'un travailleur sur dix, rentrent dans le rang des classes pour le marxiste, et des catégories professionnelles pour le statisticien. Les agriculteurs sont exploités par le système capitaliste, on peut donc, mutatis mutandis, les assimiler à des prolétaires. Ce qui ne résoud pas le probème parce que tout agriculteur est propriétaire de ses moyens de production, ce qui le différencie du prolétaire : il possède un capital parfois important. En outre, il y a un tel éventail entre les situations des agriculteurs qu'il est abusif de les regrouper en un bloc ou une catégorie statistique unique. Entre le petit métayer âgé qui ne possède presque rien et qui attend la mort dans une misérable retraite et le grand exploitant du Bassin Parisien, il n'y a rien de commun. Et la foule des situations intermédiaires recèle une incroyable variété : par exemple, dans la moitié des ménages d'agriculteurs il entre des revenus autres que celui de la ferme et par conséquent entre deux fermes voisines et en tout comparables, il n'y a rien de commun si dans l'une vit un technicien agricole ou une institutrice. Un ménage d'agriculteurs dispose en moyenne de revenus équivalents à ceux d'un ménage français moyen. Mais il y a des agriculteurs parmi les Français les plus pauvres comme parmi les plus riches.

Inclassables dans les catégories de la société contemporaine, les agriculteurs se veulent de temps en temps des « patrons » parmi les patrons et de temps en temps ils s'assimilent à des salariés et exigent la stabilité de leur revenu et même un minimum garanti, ce qui leur crée des difficultés : par exemple ils ont bénéficié plus tardivement que la plupart des autres Français du régime complet de la sécurité sociale. Mais cette situation « à part » le plus souvent leur est très favorable car leurs intérêts sont défendus par leurs puissantes organisations professionnelles et syndicales et par tout le système politique qui est à l'écoute de leurs revendications et attentif à développer une politique agricole coûteuse et pourtant acceptée par tous.

Politique agricole

Des progrès de productivité spectaculaires

L'extraordinaire révolution technique qu'a accomplie l'agriculture française en un quart de siècle, se mesure à quelques chiffres. En 1954, la récolte totale de blé retrouve pour la première fois son maximum de 1907 : 100 millions de quintaux ; en 1979, elle dépasse 190 millions de quintaux. Le rendement moyen a été plus que triplé : de 15 à 48 quintaux à l'hectare. La production de viande de bœuf a doublé (de 650 000 tonnes à 1 400 000 tonnes) et celle des poulets a probablement décuplé de 1950 à 1980. En revanche, le vignoble produit toujours 60 à 70 millions d'hectolitres. Aujourd'hui la France couvre ses besoins alimentaires pour la plupart des produits et pourtant, la population est passée de 42 à 53 millions et la consommation par tête a fortement augmenté : le Français moyen qui mangeait 68 kilos de viande par an en 1956 en mangeait 90 en 1975. Dans le même temps, la France est devenue le deuxième exportateur mondial de produits alimentaires, derrière les États-Unis.

Ces remarquables performances ont été accomplies grâce à des progrès de productivité, puisque l'on est passé de six millions de travailleurs agricoles en 1946 à deux millions en 1980 : trois fois moins de travailleurs produisent deux fois plus. Pour réaliser ce prodigieux bond en avant, ils se sont équipés en machines (20 000 tracteurs en 1945, un million et demi en 1980), ils ont appris à mettre des engrais dans leurs champs (1 million de tonnes en 1946, 5,5 en 1978), à sélectionner leur bétail et à calculer des rations alimentaires nutritives, etc., etc. L'agriculture est une des branches de l'économie française qui a fait la reconversion technique et les progrès de productivité les plus spectaculaires.

Cette reconversion était complètement imprévisible en 1945. Le paysan moyen était âgé, n'avait jamais dépassé le niveau des études primaires et n'avait reçu aucune formation technique : tout ce qu'il savait lui avait été appris par son père qui le tenait de son propre père. La routine paysanne paraissait insurmontable : emprunter pour acheter un tracteur terrorisait les vieux qui ne voulaient pas être « en dettes » et jetait un doute sur la bonne gestion du jeune qui s'y aventurait. Aujourd'hui, tous les agriculteurs ont un compte au Crédit agricole et l'endettement moyen des exploitants paraît alarmant aux responsables de la politique agricole.

Les connaissances techniques et la compréhension des mécanismes économiques d'un jeune agriculteur de 1980 sont incomparables à celles de son grand-père et pourtant son niveau d'instruction de base n'a guère changé : c'est à peine si après l'école primaire, il a suivi quelques cours d'agronomie et de zootechnie. Mais la JAC et le CNJA ont mis sur pied dans les années cinquante un formidable réseau de formation générale et technique qui, à coups de stages, de sessions, de journées d'études, de voyages, a diffusé chez les militants, puis dans leur famille une nouvelle vision du métier, une fierté d'être paysan, des connaissances techniques et un savoir économique élémentaire. C'est peut-être la plus grande réussite d'éducation populaire qui soit au monde : toute une population, en une génération, a appris un métier rénové et s'est acclimatée au monde moderne. Connaissances nouvelles, mais aussi morale neuve et surtout une conception des rapports sociaux libérée des tabous anciens qui autorisent l'échange et la coopération entre voisins, la participation à des associations professionnelles, l'écoute d'un technicien et la discussion de ses avis. Cette ouverture à autrui est en contradiction avec la morale paysanne d'autrefois et la rigidité des rapports sociaux du village traditionnel. Aujourd'hui, les agriculteurs sont une des catégories sociales les mieux informées, les plus en éveil et les plus ouvertes au progrès. Qui l'eût annoncé en 1950 aurait soulevé le rire et la plaisanterie. Personne ne pouvait prévoir que les militants chrétiens de la JAC, sous la conduite de leurs aumôniers, allaient entraîner toute l'agriculture française à leur suite et insuffler leur enthousiasme à tous leurs congénères.

Ce puissant mouvement de la base agricole et paysanne a été renforcé et dirigé par la politique de la quatrième et de la cinquième République. Traditionnellement, les programmes de tous les partis et la politique de tous les gouvernements se donnaient pour objectif de défendre une paysannerie nombreuse réputée « la base la plus saine de la Nation », et qu'il fallait préserver comme creuset de toutes les vertus nationales : sagesse, robustesse, respect de l'autorité établie, etc. En outre, elle était féconde à un moment où la France s'inquiétait de sa démographie languissante : les villes étaient vues comme le tombeau de la race et la campagne comme son berceau. La guerre de 1914-18 avait renforcé cette attitude unanime. Les paysans dans les tranchées avaient été les sauveurs de la Patrie. Dans un pays, où depuis Valmy, la doctrine militaire était celle du peuple en armes et de la conscription généralisée, disposer d'une paysannerie nombreuse et robuste était la condition première de la Défense nationale et de l'indépendance, de la survie et de la grandeur de la Patrie.

La modernisation des structures et l'entrée dans le Marché commun

En 1944, le Plan Monnet proposa une volte-face complète de la politique agricole : ne plus défendre l'équilibre entre l'agriculture et l'industrie, mais bien au contraire sacrifier la première à la seconde pour créer une branche agro-alimentaire rentable et compétitive sur le marché international et briser l'autarcie des agriculteurs pour les transformer en consommateurs actifs sur le marché national : acheter des tracteurs, des autos, des engrais, même leur nourriture et plus tard, des machines à laver et des télévisions... En 1956, les jeunes agriculteurs, par la voix de Michel Debatisse, cautionnèrent cette nouvelle orientation en se déclarant, contre leurs aînés, favorables à l'exode, à la réforme des structures, à la modernisation. Enfin, à partir de 1958, le général de Gaulle, poussé par Michel Debré, puis Edgar Pisani, en fit la doctrine officielle de la Ve République. Il était bon qu'un général venu de l'infanterie qui s'était fait le prophète des chars, manifestât ainsi que la doctrine militaire française avait changé. La priorité à la défense atomique, à l'arme blindée et la tendance vers une armée de métier, rendaient inutile à la défense de la patrie une paysannerie nombreuse.

Par la suite, l'ouverture du Marché commun agricole donna tout son sens à cette nouvelle politique. Aujourd'hui, de nouvelles questions se posent. Les agriculteurs sont confrontés à nouveau à l'exigence de gains de productivité pour rester compétitifs. Les vieux mythes de la vocation agricole de la France renaissent sous la forme du « pétrole vert » : les exportations agricoles seraient le moyen de payer le pétrole. Certes, les exportations de poulets vers le Moyen-Orient et l'Algérie ont fait un bond spectaculaire, mais sont bien loin d'équilibrer le pétrole. Par ailleurs, depuis l'entrée de la Grande-Bretagne dans le Marché commun, la politique agricole commune est remise en question et ne pourra pas longtemps encore favoriser de façon aussi nette les agriculteurs français.

Citoyens

Paradoxalement, à mesure que les agriculteurs se réduisent en nombre, leur place paraît de plus en plus importante sur la scène politique : manifestations de toutes sortes, barrages de routes, séquestration de ministres et de préfets, débats interminables chaque année au Parlement sur le budget du ministère de l'Agriculture... Ce sont eux qui remettent en question l'équilibre et même l'existence du Marché commun : conflit avec l'Angleterre, opposition à l'entrée des pays méditerranéens (Portugal, Grèce, Espagne). Tant de bruit récent ne doit pas faire oublier que les paysans ont toujours été au centre de la vie politique française ; les révoltes paysannes ont activé la Révolution en 1789 et 1790 et Marx insistait sur le rôle du paysan parcellaire dans la révolution de 1848. Le second Empire s'est appuyé sur la paysannerie. La troisième République a cherché à faire pénétrer la politique au village et y a réussi. Toutefois, lorsque l'agriculture ne représente plus que 6 % du PIB et qu'il n'y a plus qu'un million d'exploitants agricoles, on reste surpris de leur importance sur la scène nationale. Importance qui n'est d'ailleurs pas particulière à la France, on le sait : les lobbies agricoles sont très importants à Washington au point de faire échouer une politique de sanctions à l'égard de l'URSS.

En France, il n'y a jamais eu de parti paysan digne de ce nom, car tous les partis ont une clientèle paysanne. Les voix paysannes se répartissent sur l'ensemble de l'éventail politique de l'extrême droite à l'extrême gauche avec une légère dérive à droite par rapport à l'ensemble de l'électorat ; mais les départements les plus à gauche sont ruraux : la Creuse donne les trois quarts de ses voix au Parti communiste et au Parti socialiste. Par conséquent, tous les partis et toutes les tendances se doivent de défendre les intérêts des agriculteurs. D'autant plus que chaque parlementaire, député ou sénateur, compte des électeurs agriculteurs puisqu'il y en a sur tout le territoire, dans toutes les circonscriptions, sauf à Paris et dans les grandes métropoles. Ce poids dû à la dispersion sur le territoire est aggravé par le découpage électoral et par le système électoral du Sénat : une voix rurale pèse plus qu'une voix urbaine. Ce qui peut paraître justifié si l'on pense que 90 % du territoire national demeurent ruraux et qu'ils sont possédés pour les deux tiers et exploités à 100 % (sauf les forêts) par les agriculteurs. Au moment où l'espace redevient un enjeu politique et économique, il est normal qu'il soit une force pour ceux qui en ont la maîtrise.

Intégration sociale, politique et syndicale

Il a été dit plus haut que la commune conserve une légitimité politique intangible et qu'elle est en passe de retrouver une vitalité sociale nouvelle. Or, il y a trente deux mille communes rurales, ce qui veut dire trente deux mille maires, dont près de la moitié sont agriculteurs, et quelque 400 000 conseillers municipaux : aucun pays au monde n'a un réseau aussi dense d'élus locaux. Ces nombreuses cohortes de notables s'organisent en clientèles politiques et entretiennent des rapports continus avec les administrations et elles sont étroitement imbriquées avec les organisations agricoles qui sont puissantes et influentes. Depuis 1950, elles ont acquis une audience incontestée malgré leurs divisions : le taux de syndicalisation des agriculteurs est nettement plus élevé que celui des ouvriers ; les coopératives, les centres de gestion et les associations de tous ordres touchent pratiquement tous les agriculteurs. Les congrès de la Confédération nationale de la mutualité, du crédit et de la coopération est chaque année un événement auquel toute la classe politique est attentive.

Une nouvelle France rurale

Chemin faisant, nous avons vu mourir les paysans, naître des agriculteurs modernes, disparaître une vieille société campagnarde et en renaître une nouvelle : la politique agricole a été radicalement changée, mais le poids des agriculteurs est demeuré. Pour terminer la question s'impose : la ruralité existe-t-elle encore en France ? A-t-elle encore un sens ? Les statistiques de l'INSEE conservent le critère de 2 000 habitants agglomérés pour différencier l'urbain du rural*. Ce seuil a été fixé au siècle dernier, lorsqu'un bourg de plus de 2 000 habitants était une petite ville qui se différenciait nettement des villages campagnards et agricoles des environs : pas d'agriculteurs en ville, si petite soit-elle, seulement des ouvriers, des employés, des commerçants, des artisans et des bourgeois. Au contraire, au village, des paysans et des artisans empaysannés et des gentilhommes-campagnards. Aujourd'hui, ce contraste est complètement anachronique, la mobilité et l'interaction incessante entre la ville et la campagne alentour font qu'une petite ville de 15 000 habitants est rurale, tandis qu'une ville de 30 000 habitants est déjà urbaine. Toutes les études sociologiques en cours sur les petites villes retrouvent ce seuil entre 15 000 et 30 000 habitants : au-dessous, la société, les rapports sociaux, les conflits, les clientèles s'agencent sur le modèle rural, au-dessus, on est en ville et l'agencement est tout autre.

Admettons un instant le seuil de 20 000 habitants et regardons la carte de France : elle se transforme radicalement. L'ensemble de cette population

---

* Cf. annexe 1, p. 117 et 118.

« rurale élargie » demeure à peu près stable depuis 1945 : en pourcentage de la population nationale, elle baisse légèrement de 50 à 44 %, mais en chiffre brut, elle augmente de 21 à 23 millions. Si l'on remonte plus loin dans le temps, on retrouve au XVIIIe siècle à peu près le même étiage qu'aujourd'hui. Étonnante stabilité sur la courte comme sur la longue période ! Malgré l'énorme développement récent des grandes métropoles urbaines, la France demeure beaucoup moins urbanisée que les autres pays industrialisés et sa structure rurale demeure beaucoup plus vivante. La politique actuelle d'aménagement du territoire cherche à promouvoir les « pays » comme échelons intermédiaires d'initiative et de gestion. Or, ces « pays » sont le plus souvent les anciens « baillages » de l'Ancien Régime devenus les arrondissements au début de la IIIe République avec sous-préfet et conseil d'arrondissement. Baillage, arrondissement, pays : il s'agit toujours des mêmes petites villes avec le même environnement rural.

Le dynamisme des campagnes et des petites villes

Tout le maillage de la carte de la France rurale se retrouve inchangé depuis plus de deux siècles : le XIXe a construit les grandes villes, peu nombreuses, et depuis un quart de siècle se sont édifiées les grandes métropoles, avec leurs immenses banlieues. Mais ces deux urbanisations successives se sont faites avec le surcroît de population au-dessus du tissu rural sans le toucher. Cette image est exactement l'opposée de celle qui avait été accréditée en 1945 par un livre au titre provoquant *Paris et le désert français*, dont la thèse a été démentie par les faits. Paris n'a pas « sucé toute la vitalité » de la France. Bien au contraire, après une période de transformations, la France des campagnes et des petites villes demeure vivante et même visiblement plus dynamique dans certains domaines, notamment culturel.

La renaissance des civilisations régionales et tous les mouvements régionalistes se nourrissent de cette vitalité locale et rurale conservée. Ce thème, qui dépasse le cadre de ce chapitre, est traité par ailleurs, il convient de souligner que toutes les tendances se conjuguent pour entretenir et renouveler la diversité des traditions et des contrastes régionaux dont on a dit trop vite qu'ils étaient condamnés par la société de masse et la société de consommation. Bien au contraire, toutes nos enquêtes montrent que loin d'homogénéiser les mœurs et les conduites, le développement de notre société donne aux traditions locales de nouvelles possibilités de se perpétuer et de se rajeunir. Ainsi, au bout du compte, la mort des paysans n'entraîne pas inéluctablement la fin des coutumes et des pratiques qu'ils avaient agencées dans une multitude de civilisations locales et régionales. Après une période de léthargie, puis un temps de remue-ménage, on voit se dégager les traits essentiels d'une nouvelle France rurale qui conserve beaucoup de ses structures anciennes, les rajeunit, les met au goût du jour et ainsi offre à ses habitants, ainsi qu'à ses visiteurs citadins ou étrangers, une société où il fait bon vivre.

Les "pays" contre l'État

Alain Touraine* et François Dubet**

Le renouveau actuel des mouvements régionalistes revêt plusieurs significations : recherche des racines et des traditions locales, défense d'économies régionales menacées par un développement déséquilibré, refus de la centralisation politique et administrative. Cette résistance des « territoires » contre les « appareils » doit-elle être interprétée seulement comme un sursaut passéiste favorisé par une situation de crise, ou bien n'apparaît-elle pas au contraire porteuse de changement ?

Que les mouvements nationaux et ethniques traversent les luttes sociales et les affrontements des sociétés du Tiers Monde n'étonne pas ; ces sociétés ne sont-elles pas déchirées par la formation de nouveaux États nationaux ? Il est plus surprenant de voir se développer des luttes qui en appellent à l'autonomie ou à l'indépendance au cœur de l'Europe et plus encore de la France qui incarna longtemps la forme la mieux réalisée de l'État-Nation. Sans doute de tels mouvements ne sont-ils pas nouveaux, mais on est frappé par leur renforcement et leur volonté de se démarquer des combats conservateurs et anti-républicains auxquels ils ont été souvent associés jusqu'à la première moitié de ce siècle.

Des manifestations multiples

Elles vont de l'affirmation d'une identité culturelle locale ou régionale à la formation de mouvements nationalistes qui s'orientent vers une rupture violente. Dès la fin des années soixante, les thèmes du « pays », de la culture traditionnelle, des racines, ont pris une grande force et se sont affirmés contre les stéréotypes folkloriques, souvent conservateurs, qui marquaient jusqu'alors l'identité locale et régionale. Mouvements importants d'écrivains, de chanteurs, d'intellectuels qui ont surtout touché les jeunes. Ce nouvel attachement aux enracinements locaux fait écho aux thèmes écologiques et aux tentations néo-rurales. Mais ces changements dans l'ordre de la culture, pour importants qu'ils soient, ne sont pas la seule manifestation des mouvements régionaux.

---

* Alain Touraine, directeur d'études à l'École des hautes études en sciences sociales (EHESS). Auteur de nombreux ouvrages de sociologie dont *La sociologie de l'action* (Le Seuil, 1965) et *Production de la société* (Le Seuil, 1973). Conduit actuellement un ensemble de recherches sur les mouvements sociaux (Centre d'étude des mouvements sociaux, laboratoire associé au CNRS).

** François Dubet, maître-assistant à l'Université de Bordeaux III, chargé de conférences à l'EHESS, étudie depuis de nombreuses années le mouvement occitan auquel il participe.

En Bretagne, en Corse, en Occitanie, des luttes économiques ont été très fortement identifiées à des combats pour la défense de pays et de régions en crise. La grève du Joint français en Bretagne (1) a pris l'allure d'une lutte bretonne, tandis que les combats des viticulteurs en Languedoc ont provoqué de grands mouvements de solidarité au nom de la défense de l'Occitanie, sans que l'on puisse pour autant identifier ces luttes sociales à des mouvements nationalistes. Des rassemblements ont surgi contre l'État central et « parisien ». Le mot d'ordre « Vivre et travailler au pays » qui s'est d'abord énoncé « Volem Viure Al Païs », est allé enrichir le champ des revendications syndicales. L'attachement aux racines n'en est donc pas resté au seul climat d'affirmation d'une spécificité et d'une différence. Au tournant des années soixante, les régionalistes ont délaissé leur habituel terrain d'action, celui de la lutte culturelle, pour agir au sein de groupes qui dénonçaient le déclin démographique et économique des régions, et en appelaient à une décentralisation qui libérerait les initiatives et le développement. Les analyses en terme de « colonialisme interne », qui ont connu leur plus grand développement en Amérique latine, sont reprises par des intellectuels régionalistes : ils montrent qu'aux laminages culturels se superpose une exploitation économique par la sous-industrialisation, le pillage des matières premières et des hommes à travers l'exil. Un modèle tiers-mondiste de critique sociale s'installe alors. De plus en plus nettement ces mouvements se marquent à gauche ; ils en appellent à des communautés définies par leur être culturel et par leur état de domination vis-à-vis d'un État central et jacobin soumis aux intérêts de puissances économiques : ils luttent pour l'autonomie et le socialisme.

Depuis quelques années, et de façon de plus en plus nette, notamment en Corse, surgissent des tendances strictement nationalistes qui veulent arracher une indépendance politique et se lancent dans une action de rupture qui paraît aujourd'hui provoquer l'éclatement des mouvements nationalistes eux-mêmes.

Plusieurs niveaux de crise

La résurgence des cultures traditionnelles face à la crise des valeurs de la société industrielle

De la redécouverte d'une culture à l'affirmation nationaliste, se dessine un ensemble complexe qu'il paraît difficile de réduire à une signification unique et à un problème social simple. Il ne semble pas que chacune des expressions que nous venons de signaler relève elle-même d'une seule analyse.

Tous ces mouvements manifestent d'abord la résistance de cultures traditionnelles en chute et en crise, leur force étant restée longtemps plus grande que ne le disait l'enseignement officiel, comme l'a montré Th. Zeldin (2), mais l'industrialisation et l'urbanisation rapides de l'après-guerre, la « fin des paysans », ont très largement affaibli les langues bretonne, occitane, corse, alsa-

(1) Le conflit du Joint français à Saint-Brieuc a duré du 23 février 1972 au 8 mai 1972, il a repris en mars 1980 pendant 13 semaines.

(2) Cf. l'article de Théodore Zeldin p. 309.

cienne, qui restaient fortement en usage dans les régions rurales. Le très rapide développement des médias et l'allongement de la scolarité n'ont certainement pas été sans effet non plus sur la chute de ces cultures et de ces langues. Leur défense, principalement par les enseignants et les étudiants, s'est orientée vers la recherche des racines, des traditions, en un mot vers le déploiement d'un discours identitaire. Ce discours se rattache donc à la crise des cultures traditionnelles dans une France qui s'industrialise et se modernise. Mais ce phénomène renvoie aussi à la crise des valeurs de la société industrielle elle-même qui s'annonce à la fin des années soixante. En particulier la concentration géographique et sa conséquence principale, l'exil vers la région parisienne, ne paraissent plus légitimes, ne sont plus considérés comme la voie obligée du progrès, et la culture traditionnelle est revalorisée par le déclin des valeurs industrielles. Cet appel communautaire n'est pas simplement restaurateur ; il dessine l'utopie d'une société plus équilibrée et plus enracinée, d'une société qui en finirait avec les déchirures de l'industrialisation. Ce sont ces thèmes que développent les chansons bretonne, occitane, et la lutte du Larzac, pendant plus de dix ans, aura été la toile de fond où se sont projetés les divers moments de la crise de la culture industrielle, puisque cette lutte fut tour à tour occitane, écologique, antiétatique, et aura opposé les racines d'inculture et la nature aux fausses valeurs industrielles.

Le déséquilibre des économies régionales traditionnelles

Pourtant les aspirations nationalitaires ne doivent pas, non plus, être réduites à la seule mise en question des valeurs industrielles ; elles sont aussi tournées vers le développement économique régional. Les sensibilités régionalistes les plus fortes s'enracinent dans les régions les moins industrialisées de la Bretagne, de la Corse et de l'Occitanie. Les économies marchandes et rurales sont brisées par l'ouverture des marchés, par l'emprise croissante des grandes sociétés industrielles, le plus souvent extérieures à la région et par des plans d'aménagement du territoire.

La revendication régionale répond au déséquilibre du développement économique de la France et à la crise des économies locales. Ces régions sont bouleversées et les économies traditionnelles sont détruites par le développement qui échappe aux entrepreneurs locaux. Toute une organisation économique dominée par les bourgeoisies marchandes est destructurée, ne laissant subsister qu'un ensemble de solidarités locales contre un adversaire extérieur. Les élites de la société locale mise en crise en appellent à la communauté qui leur permettra de souder des alliances et de mobiliser les « forces vives » d'une région. C'est ainsi que se constitue le CELIB (3) en Bretagne. En Languedoc, la viticulture qui s'est constituée et maintenue à l'abri des protections douanières et de l'influence des hommes politiques du Midi est mise en concurrence avec d'autres vignobles méditerranéens et les marchés sont dominés par le négoce international ; la viticulture est sommée de se « moderniser », de limiter une production qui ne peut s'écouler, de diversifier son activité, sans que les possibilités lui en soient toujours offertes. Les acteurs ont le sentiment d'être le dos au mur, et le thème occitan apparaît alors pour renforcer des solidarités locales

(3) CELIB : Comité d'étude et de liaison des intérêts bretons.

larges, pour défendre un pays, une façon de vivre, une culture qui meurent. Devant la crise qui touche une région, des alliances de classes s'opèrent sous la bannière occitane. Un processus voisin s'était développé en Bretagne à l'occasion de la grève du Joint français et en Corse avec le problème de la prise de terres par des agriculteurs rapatriés d'Algérie. Il s'agit là de réactions à la crise provoquée par les mutations et les modernisations inégales de l'économie française. Le discours régional apparaît alors comme une action à la fois défensive et contre-offensive des sociétés préindustrielles et peu capitalistes à l'emprise croissante de l'économie industrielle et du profit capitaliste.

La crise du pouvoir politique local

Enfin, les mouvements régionaux, attachés à des cultures traditionnelles et répondant à une crise économique régionale, peuvent aussi être interprétés en termes de revendications décentralisatrices. Si la cinquième République n'a pas accentué la centralisation de l'appareil administratif, elle a tendu à lui donner plus d'autonomie encore par rapport au système politique local, ce qui a dépossédé les notables d'une partie de leurs pouvoirs. Ceux-ci en appelleraient alors aux thèmes régionaux afin de récupérer et d'augmenter leur capacité d'action. Cette hypothèse vaudrait surtout pour l'Occitanie où le radicalisme et le socialisme ont longtemps été les forces politiques dominantes. Mais cette image semble superficielle car il apparaît que le « pouvoir périphérique » dont parle Pierre Grémion (4) reste assez hostile à la décentralisation. Les mouvements régionaux sont plus dirigés par des enseignants que par des élus ; ces derniers peuvent devenir sensibles au discours régional mais celui-ci se développe en dehors de leur influence directe. Plus général encore est le thème de la crise de l'État national. Alors que l'hégémonie des multinationales s'étend et que l'Europe se fait, l'identification de l'État national français à des valeurs universelles s'affaiblit. Et, comme le souligne Louis Quéré (5), ce sont les agents qui lient le plus directement cet État à la Nation, les enseignants, qui ressentent le plus fortement cette crise et en appellent aux thèmes régionaux ou nationalistes, aux territoires et aux pays, contre un Etat qui ne se nourrit plus que de sa grandeur passée. Toutes les diversités, les enracinements, les langues, que l'on croyait disparus à jamais, resurgissent et aspirent à une autre figure de l'État et de la France. Travail de la crise qui détruirait une force intégratrice plus qu'il ne développerait un mouvement social pouvant jouer un rôle important dans la transformation de nos rapports sociaux.

La tentative nationalitaire

Lutte contre l'État ou contestation du pouvoir technocratique

Toutes ces interprétations ont en commun de lier la sensibilité et les mouvements régionaux à la crise d'une culture, d'une économie, d'un État-Nation et dans une moindre mesure d'un État administratif. Mais pouvons-nous en rester

(4) *Le pouvoir périphérique,* Pierre Grémion, Le Seuil, Paris, 1975.

(5) *Jeux interdits à la frontière. Essais sur les mouvements régionaux,* Louis Quéré, Anthropos, Paris, 1978.

là ? Ces mouvements sont-ils uniquement des expressions d'une crise, donc des conduites réflexes, nécessairement hétéronomes ? A cette hypothèse, on peut en ajouter ou opposer deux autres. La première voit dans les mouvements régionaux une forme de populisme. Celui-ci n'est pas la défense d'un passé menacé, mais une volonté de contrôler le changement et de défendre une certaine continuité entre le passé et l'avenir au nom d'une lutte dans le présent contre un adversaire considéré comme étranger. Le populisme est donc une action de défense sociale et de lutte nationale, un mouvement mené à la fois au nom de forces sociales et d'une culture de « base » et contre un État, puisque l'étrangeté de l'adversaire lui donne davantage la figure d'un envahisseur que d'un patron.

La seconde est plus « moderniste ». Au lieu de voir dans les mouvements régionaux la défense du passé ou un effort pour sauvegarder une identité dans le changement, elle les analyse comme une forme de contestation du pouvoir technocratique qui étend son emprise sur la culture autant que sur la production économique et qui provoque la résistance des « territoires » contre les « appareils » selon les expressions que nous avons souvent employées pour définir les nouveaux mouvements sociaux. Résistance du passé, réaction au changement, le mouvement régional serait-il aussi construction d'une lutte anti-technocratique, moderniste dans sa critique contre la concentration du pouvoir et des ressources ?

Un mouvement populiste consiste à s'appuyer sur des racines et une identité pour construire un changement que les agents dominants, extérieurs à la société locale, introduisent par la rupture, le déchirement et la destruction ; il ne se borne pas à résister au changement : il se bat pour l'image d'une société qui se défendrait et s'ouvrirait en même temps, pour prendre en main son développement et son avenir. Cet élan populiste est marqué par la critique, plus fréquente qu'on ne le croit, des formes de domination et de pouvoir qui régissent les sociétés traditionnelles et archaïques, ce qui l'éloigne des tendances conservatrices qui ont longtemps dominé le régionalisme en France. Ces mouvements critiquent aussi les élites locales qui ont perdu toute initiative et se bornent à maintenir et à défendre des économies et des communautés dominées. La crise des régions plus ou moins dépendantes n'entraîne pas seulement le repli et la révolte, mais un climat qui veut éviter les ruptures du changement et lie l'appel au passé aux utopies modernisatrices. Ce qui ne marque pas réellement l'existence d'un mouvement social, mais la volonté de se dégager des pesanteurs de la seule réaction à la crise.

Ce populisme a conduit les mouvements nationalitaires à reprendre à leur compte la pensée tiers-mondiste en définissant leur adversaire non seulement en termes de nation dominante mais aussi d'impérialisme. Les intellectuels qui ont parlé de colonialisme interne ont essayé de lier la domination extérieure qui pèse sur ces populations et les rapports de classes internes à la région. Ils cherchent à mobiliser un « peuple », à la fois classe et communauté, contre un adversaire qui impose une « vocation », souvent touristique, à un espace, qui détruit des identités ou mieux encore, les met en forme folklorique pour leur donner une expression liée à cette vocation supposée.

Différente de cette lutte populiste et anticoloniale est celle qui en appelle au développement régional comme condition de l'efficacité économique et de la modernisation sociale contre le « gaspillage » que représente et qu'impose la concentration technocratique. De nouvelles élites régionales, en particulier syndicales, en appellent à une « complexité » plus grande des réseaux de communication et de décision et combattent le centralisme parisien comme archaïque. Pourquoi opposer, dit ce type de revendication, une culture nationale, supposée universelle, à une culture locale, supposée particulariste. Ne faut-il pas, plutôt que d'enseigner l'anglais ou le russe à un lycéen de Béziers ou d'Agen, lui apprendre à connaître et à vivre activement son champ réel d'expérience, qui va d'une culture locale à une culture nationale ou transnationale ? N'est-il pas urgent de se défendre contre le préjugé qui identifie le rendement et l'efficacité à ce qui est gigantesque et centralisé ? C'est dans cet aspect que les mouvements régionaux s'associent souvent aux luttes antinucléaires et aux mouvements écologiques (qui ont eux aussi une grande diversité de significations).

Rupture interne ou radicalisation des luttes régionales ?

En France, les mouvements régionaux ne semblent pas pouvoir choisir entre ces diverses significations : leur force principale dans l'opinion vient de leur attachement à une culture menacée ; mais leur capacité de mobilisation est d'autant plus forte qu'elle se rapproche davantage d'un populisme révolutionnaire ou même d'un mouvement de libération nationale ; en même temps les régions sont trop incorporées à la vie nationale pour que leur capacité d'initiative politique ne dépende pas dans les années récentes de leur association à la gauche française et donc de luttes de plus en plus situées dans la zone de passage de la société industrielle à la société post-industrielle.

Tout se passe comme si leur base était préindustrielle, leur force anticapitaliste et leurs perspectives liées à celles des luttes antitechnocratiques, ce qui explique leur faiblesse et les risques de désagrégation qui les menacent constamment. Il ne sert à rien de masquer ces difficultés en parlant de mouvement nationalitaire, c'est-à-dire de luttes pour la défense d'une nation qui ne prendrait pas la forme d'un État. Ce thème est historiquement antérieur à la formation d'un État-nation. Il s'appliquerait mieux à l'Inde et surtout au monde arabe. Il n'est qu'une tentative superficielle de concilier la défense d'une culture régionale traditionnelle, un mouvement de libération nationale et une lutte modernisatrice pour l'autonomie régionale.

Des mouvements désemparés

Cet équilibre fragile entre tant de significations diverses est menacé par les changements récents de la conjoncture économique et politique, la défaite et plus encore la rupture de la gauche en 1977-78 et l'accroissement des difficultés économiques. Dès 1974, la plupart des groupes politiques, en Bretagne et en Occitanie, s'étaient orientés vers la pression sur la gauche dont les programmes apportaient de très larges réponses aux revendications régionales. La gauche voyait aussi dans les luttes régionales les « fronts de classes » ou les « unions antimonopolistes » qu'elle appelait de ses vœux. La crise de la gauche a rendu moins crédible la stratégie de pression sur les partis « hexagonaux » et les mouvements régionaux sont désemparés. De nombreux militants ont rejoint les partis de gauche, encourant le risque de dégrader la lutte en simple mouvement d'opinion tandis que d'autres, plus déçus et désespérés, s'orientent vers la mise en place d'organisations autonomes et développent un nationalisme radical qui les éloigne de la gauche. La déchirure est de plus en plus profonde entre les nationalistes et les régionalistes de gauche. La dégradation de la situation économique depuis 1974 a, de son côté, renforcé le caractère défensif des luttes économiques sans que le mouvement régional leur apporte de réponse. On voit alors surgir une violence, un désespoir qui peuvent rencontrer le nationalisme radical. Les mouvements pourront-ils surmonter l'éclatement entre cette incorporation du thème régional aux partis nationaux et un nationalisme dur mais isolé et réprimé ? L'éclatement des thèmes nationalitaires peut conduire d'abord au renforcement de l'affirmation nationaliste et à des mouvements de libération violents, du type irlandais ou basque, comme on l'a vu en Corse.

Aujourd'hui, des mots faibles et ambigus comme « autonomie », « décentralisation » ou « nationalitaire », ne suffisent plus à masquer les divergences. Le régionalisme corse est balayé par le nationalisme, la rupture est totale entre le FLB et l'UDB (6) qui ne veut pas se séparer de la gauche en Bretagne, tandis que le mouvement occitan connaît des tensions de plus en plus profondes entre ses leaders régionalistes de gauche et ceux qui songent à l'indépendance. Au Pays basque le mouvement « modéré » se sépare de ceux qui s'identifient à l'action d'ETA (7). Connaîtrons-nous à la fois une explosion nationaliste et une pression sur la gauche dominée par les partis « hexagonaux » ? Les syndicats auront-ils la capacité de reprendre l'action bretonne, corse, occitane, à un niveau plus revendicatif ?

L'importance des mouvements régionaux et de la connaissance de la société française qu'ils apportent vient de cette diversité de sens qui fait aussi leur faiblesse.

La France, comme les principaux pays industriels, a connu une séparation presque complète des problèmes internes, considérés comme sociaux, et des problèmes externes qui concernent surtout l'État. Mouvements sociaux et problèmes nationaux étaient tellement séparés qu'ils se contredisaient plus qu'ils ne se renforçaient les uns les autres.

Cette séparation tend à disparaître à mesure que se transforme le rôle de l'État, qui devient à la fois de moins en moins souverain ou impérial et de plus en plus gestionnaire économique. Alors que le mouvement ouvrier s'est opposé le plus directement à une classe dirigeante au point même de se méfier parfois des interventions de l'État, les mouvements régionaux sont à la fois sociaux et nationaux. Pour les mêmes raisons ils sont à la fois plus traditionalistes et

---

(6) FLB : Front de libération de la Bretagne - UDB : Union démocratique bretonne.

(7) ETA : Mouvement autonomiste basque - *Euzkadi Ta Az Katasana.*

plus modernisateurs que l'était le mouvement ouvrier, ce qui explique aussi que la distance entre leurs intentions politiques et leur base sociale et culturelle soit aussi beaucoup plus grande.

Leurs difficultés et leur déchirement montrent qu'à la séparation de la classe dirigeante et de l'État succède dans notre société la domination des appareils centraux, qu'ils soient publics ou privés, qu'ils se situent dans le champ de la culture ou dans celui de l'économie. De sorte que les conflits sociaux les plus importants associent de plus en plus directement une défense culturelle et des objectifs politiques au lieu de répondre à une logique économique. Ce qui fait leur importance, mais aussi leur fragilité.

Élites et grandes écoles

Ezra N. Suleiman *

En France, la production des élites repose essentiellement sur un système méritocratique beaucoup plus fortement institutionnalisé que dans les pays anglo-saxons. Formés par l'État pour le service de l'État, les anciens élèves des principales grandes écoles bénéficient d'une double légitimation par la compétence technique et par la réputation de généraliste, qui leur permet d'occuper des positions dirigeantes dans les secteurs les plus divers de l'administration et de l'économie. Les grands corps, en particulier, ont su évoluer tout en restant eux-mêmes, assurant ainsi à leurs membres une polyvalence accrue des carrières et l'extension de leurs réseaux de solidarité tant au sein de l'administration que du secteur privé.

Si l'on veut bien saisir par quel système se recrutent les élites en France, il faut comprendre le rôle des grandes écoles dont l'importance n'a cessé de croître depuis un siècle et demi. Une brochure récente, publiée par la conférence des grandes écoles, intitulée « Les grandes écoles françaises : une introduction à un système original de formation », ne nous apprend-elle pas, dès les premières lignes, que :

« Parmi les 100 plus grandes entreprises françaises, les deux tiers sont dirigées par d'anciens élèves des « grandes écoles » françaises. Une proportion encore supérieure se retrouve aux plus hauts niveaux de l'administration publique. Les grandes écoles fournissent enfin à la France la plupart de ses ingénieurs, de ses chercheurs industriels, de ses managers, de ses administrateurs.

C'est-à-dire que quiconque est amené à rencontrer les hommes de décision du secteur public ou du secteur privé en France a inévitablement pour interlocuteurs des hommes dont l'esprit et la culture ont été profondément marqués par une formation qui, quelle que soit leur spécialité, présente des caractères communs. »

Chaque société a ses propres moyens de créer ses élites. En Angleterre et aux États-Unis, un petit nombre d'écoles forment à elles seules la plupart des élites

---

* Ezra N. Suleiman, professeur de sciences politiques et directeur du Centre d'études européennes à l'université de Princeton. A publié plusieurs ouvrages sur la société française et, en particulier, *Les hauts fonctionnaires et la politique* et *Les élites en France* (éditions du Seuil, 1979).

politiques, économiques et administratives. Elles sont à l'origine de réseaux de relations qui lient entre elles les différentes élites rapprochées par leur formation commune. Les pays anglo-saxons n'ont cependant jamais réussi à établir un système bien ordonné de recrutement des élites, qui allie le mérite et une origine sociale commune.

Un système de recrutement fortement institutionnalisé

Ce qui caractérise le système français de recrutement et de formation des élites, et ce qui le différencie des autres pays, c'est l'existence d'institutions créées dans ce seul but. Le recrutement des élites compétentes n'est en effet pas laissé au hasard : il s'agit d'un système hautement institutionnalisé, qui repose sur des concours d'entrée à des écoles professionnelles, qui donnent alors accès à l'élite. Or, ce système se trouve entièrement entre les mains de l'État qui peut ainsi contrôler le niveau de recrutement, le nombre des entrées, en un mot, toute la formation de ses propres élites.

Le contrôle de l'État sur la formation des élites

Cette organisation est importante à différents titres. Elle a d'abord eu un but politique de stabilité, car il était utile non seulement que l'éducation soit contrôlée mais aussi mise au service de l'État. Napoléon affirmait : « Je veux former une corporation, non de jésuites qui aient leur souverain à Rome, mais de jésuites qui n'aient d'autre ambition que d'être utiles, et d'autre intérêt que l'intérêt public. » (1).

Pour que les écoles de l'État puissent jouer leur rôle et assurer la stabilité, il fallait surtout qu'aucune institution ne puisse rivaliser avec elles et menacer de détruire leurs réalisations. De plus, le contrôle par l'État de la formation de l'élite lui permettait de s'assurer de l'utilité de l'enseignement prodigué. L'État a besoin de personnel qualifié pour servir dans les sphères qu'il dirige, et l'une des tâches principales de ces écoles est précisément de le former.

Les divers régimes qui ont régi la France, qu'ils soient monarchiques ou républicains, ont pour la plupart adopté des attitudes similaires lorsqu'il s'agissait de recruter des élites. Ils ont tous cherché à créer ou à conserver les écoles spéciales.

L'Ancien Régime a créé l'école connue aujourd'hui sous le nom d'École nationale des ponts et chaussées ; la Convention a fait naître l'École normale supérieure ; Napoléon a consolidé les écoles spéciales déjà en activité, et en a créé d'autres ; sous la IIIe République, on vit naître l'École libre des sciences politiques ; le Front Populaire envisagea de créer une École nationale d'administration, qui vit finalement le jour après la seconde guerre mondiale, sous le patronage des principales forces politiques au pouvoir à la Libération.

---

(1) Pelet de Lozère, *Opinions de Napoléon* (Firmin Didot frères, Paris, 1833), p. 167.

Si les différentes formes de régimes ont témoigné d'un même attachement pour les écoles spéciales, c'est sans doute que celles-ci étaient capables de remplir des fonctions similaires sous n'importe quel gouvernement. Il faut rappeler que la création d'une grande école répondait en général à un besoin précis : on avait besoin d'ingénieurs, d'officiers, de professeurs, de diplomates, de fonctionnaires. Les écoles ayant été créées pour répondre à des besoins spécifiques sont bientôt devenues indispensables dans leur propre domaine, et ont ensuite débordé vers d'autres sphères d'activité.

Une sélection très sévère à l'entrée des grandes écoles

Le caractère unique du système français de recrutement des élites apparaît également dans la façon dont on a pu le concilier avec les exigences modernes de la démocratie. La France vit avec un système d'enseignement supérieur à deux voies, les universités d'une part, les grandes écoles de l'autre. A l'exception des facultés de médecine et de pharmacie, il suffit d'avoir passé le baccalauréat pour entrer à l'université, alors que pour les grandes écoles, il faut effectuer une préparation, généralement de deux ans après le baccalauréat, et réussir un concours très sélectif. Les universités ont vu leurs effectifs se multiplier par dix en vingt ans, alors que ceux des grandes écoles sont restés stables (si l'on excepte ceux qu'apporte la création de nouvelles grandes écoles). Les universités ont produit des diplômés à un rythme accéléré, mais ceux-ci ne trouvent pas facilement de place dans la population active ; les grandes écoles au contraire n'ont guère de mal à placer leurs étudiants, que ce soit dans l'administration ou dans le secteur privé. Les postes-clés des secteurs administratif, nationalisé ou industriel sont quasiment tous occupés par des diplômés de grandes écoles.

Le rôle des grands corps

Il existe un lien direct entre les grandes écoles et les grands corps, institutions qui remplissent ostensiblement des missions au nom de l'État.

Ces institutions rassemblent une élite unie par une certaine éducation commune, des perspectives communes de carrière, et des intérêts corporatistes communs. Mais surtout, les corps sont capables d'assurer à leurs membres un rapide succès et une grande diversité de carrières.

Comment parvient-on à appartenir à un grand corps ? En sortant dans les premiers de la promotion de la grande école correspondante. Ainsi, pour entrer dans le corps des Mines ou celui des Ponts et Chaussées, il faut sortir dans les premiers de l'École polytechnique et ensuite suivre avec succès l'École des mines ou l'École nationale des ponts et chaussées. De même, pour faire partie de l'Inspection des finances, de la Cour des comptes ou du Conseil d'Etat, il faut se trouver en tête d'une promotion de l'ENA. Le système d'enseignement a donc un lien institutionnel avec les structures de l'élite de la société. A vrai dire, le lien entre grandes écoles et grands corps n'a pas toujours existé (2).

(2) C'était le cas de l'Inspection des finances, du Conseil d'État et de la Cour de cassation qui, avant la création de l'École nationale d'administration en 1945, recrutèrent eux-mêmes leurs membres. Mais même à cette époque, les corps avaient un lien non négligeable avec l'École libre des sciences politiques puisque quasiment tous leurs membres étaient passés par cette école.

Cependant, dans la situation actuelle, un petit nombre de grandes écoles forment l'élite gouvernante de la France et participent activement à la vie des grands corps. Ces derniers, à leur tour, rendent le même service aux institutions qui précisément leur fournissent leurs meilleures recrues, en leur apportant leur soutien (3).

Grands corps et esprit de corps

Puisque le passage par une grande école devait conduire à l'exercice d'une fonction particulière, ceux qui avaient reçu la même formation pour le même métier étaient supposés partager les mêmes objectifs, avoir les mêmes perspectives et les mêmes intérêts. Et il est vrai que l'un des objectifs reconnu de ces écoles était de promouvoir un haut degré de camaraderie parmi les membres de l'élite. C'est ce que Napoléon avait en tête lorsqu'il voulut copier les principes d'organisation de l'armée et de l'église dans toutes les institutions auxquelles il attachait de l'importance. Ces principes symbolisaient ce dont une société telle que la concevait Napoléon avait le plus besoin : *la hiérarchie, l'uniformité, l'ordre, le caractère fonctionnel et la loyauté.* Les grandes écoles pouvaient faire beaucoup pour promouvoir le sentiment d'orgueil d'être au service de l'État, sentiment qui serait renforcé chez des individus qui avaient rencontré les mêmes difficultés pour forcer l'entrée dans une telle école, et qui bénéficiaient des mêmes privilèges à leur sortie. Comme l'observait Philippe Ariès, citant Prony, l'école spéciale était idéale pour susciter émulation et camaraderie : « conformité de sentiments et d'habitudes, liens d'affection mutuelle entre les individus lancés dans une même carrière au sortir d'une même école. » (4).

Mais les grandes écoles à elles seules ne pouvaient suffire pour inculquer une fois pour toutes les vertus associées à un « esprit de corps », et ce sont les « corps » qui devaient constituer l'institution capable de remplir cette fonction. On parle souvent des liens tissés par les élèves des meilleures écoles anglaises, mais quelle que soit la force de ces liens pour unir plus tard dans la vie ces anciens élèves, ils ne représentent pas grand chose comparés à un système qui institutionnalise la camaraderie d'études en s'assurant qu'elle continuera durant toute la vie active. Le temps même passé à l'école devient le commencement de la carrière, et il n'y a pas de cassure entre cette période et la vie active puisqu'on y retrouve les mêmes collègues. En aucun autre pays, le terme « esprit de corps » ne possède un sens aussi littéral. C'est à la fin de leurs études dans les grandes écoles que les meilleurs entrent normalement dans les grands corps. Le choix du corps dépend entièrement du rang obtenu en dernière année, car, de même qu'il existe une hiérarchie entre les écoles, il en existe une entre les corps.

---

(3) Bien que nos considérations s'appliquent ici principalement aux deux grandes écoles les plus importantes — l'ENA et Polytechnique — il ne faut pas oublier qu'il existe environ 160 grandes écoles d'où sortent 16 000 diplômés par an. La plupart d'entre elles sont des écoles d'ingénieurs. Cependant, nous ne traitons pas de ces dernières, car nous nous intéressons surtout ici au lien entre l'élite au pouvoir et les grandes écoles qui produisent ces élites.

(4) Philippe Ariès, « Problèmes de l'éducation » dans *La France et les Français*, Bibliothèque de la Pléiade, Gallimard, Paris, 1972, p. 932.

Une hiérarchie des mérites qui tend à se consolider

Mais le lien entre les grandes écoles les plus importantes et les grands corps les plus prestigieux — chacun renforçant l'autre — dépend encore d'un autre facteur d'importance : les membres de ces corps bénéficient d'une plus grande mobilité de carrière et d'un succès plus grand que ceux qui sortent d'écoles moins importantes ou qui appartiennent à des corps moins cotés. C'est la raison pour laquelle les meilleurs ne choisissent que certains grands corps : ceux-ci en effet offrent à leurs membres des carrières intéressantes, qui dépassent largement les fonctions étroites du corps, des salaires relativement élevés et des promotions rapides dans toute une série de secteurs différents. Ainsi se crée une situation dans laquelle les grandes écoles parviennent à peser de leur influence sur la société grâce aux structures d'organisation (les corps) dans lesquelles se trouvent leurs diplômés. Les diplômés acquièrent une légitimité parce qu'ils ont reçu l'estampille d'une grande école, et les grandes écoles renforcent leur position grâce aux succès de leurs anciens élèves.

De la formation technique à la production d'une élite sociale

Les grandes écoles les plus importantes sont aujourd'hui responsables de la formation des élites françaises de l'administration, des finances, de l'industrie et, dans une très grande part, de la politique. Si elles n'ont pas un monopole, notamment sur les élites religieuses, de la presse, de l'enseignement, de la médecine, elles forment néanmoins ceux qui prennent les principales décisions économiques et politiques. Cette tendance à créer une élite générale était peut-être inévitable. Comme l'a noté Ariès : « ... les grandes écoles où on entrait par concours et par des concours de plus en plus difficiles, déterminèrent à l'intérieur des divisions puissantes mais floues, de la naissance et de la fortune, une catégorie sociale nouvelle, définie à la fois par sa rareté et par son mérite. Elle porte un nom, c'est l'élite. Le mot est du temps. Dans une plus vieille langue il existait, certes, mais il s'employait avec un complément : l'élite du régiment, l'élite de la noblesse. Il est devenu l'élite de la nation ou du pays et l'élite tout court. » (5)

L'adaptation des grandes écoles au monde moderne : une plus grande diversité

Mais, si elles voulaient maintenir leur position dominante et réaliser leur but de former « l'élite de la nation », les grandes écoles ne pouvaient pas rester à l'écart des changements que la société subissait. Elles ont dû :

— s'adapter et adapter leurs programmes aux exigences d'une société qui entrait dans l'âge industriel,

— élargir énormément la définition du service public

— et produire des diplômés qui ne soient pas trop étroitement spécialisés, même si les connaissances techniques devenaient plus nécessaires pour résoudre les problèmes de la société.

---

(5) Ibid. pp. 934-935.

Toutes les grandes écoles ont été à l'origine créées pour former une élite destinée à un secteur spécifique. Certaines d'entre elles continuent à remplir cette fonction, mais d'autres ont dû changer avec leur temps et chercher à se donner une nouvelle raison d'être. Jusqu'au début de ce siècle, les deux tiers des élèves sortant de l'École polytechnique optaient encore pour la carrière militaire. Mais, petit à petit, les démissions de l'armée devenaient de plus en plus fréquentes à la sortie de l'École. Dans les années cinquante, moins d'un quart d'une promotion choisissait de faire carrière dans l'armée. La grande majorité des élèves de cette école scientifico-militaire démissionnaient de l'armée dès leur sortie. L'École a répondu à ce changement d'options de ses élèves de façon à assurer sa propre pérennité. Elle s'est donné une nouvelle raison d'être en redéfinissant la notion de « service de l'État », de sorte qu'elle tienne compte de l'importance croissante de l'industrie. Elle a prétendu former des cadres pour la nation toute entière. Cela a permis à l'École polytechnique d'endosser la responsabilité de la formation de l'élite technique de l'administration et de l'élite industrielle. L'École n'a fait que suivre les sentiments de ses élèves, les prenant pour l'expression d'un changement de la société. Ce faisant, elle s'est ellemême désignée comme lieu de formation d'une élite encore plus importante, car, à l'heure actuelle, l'industrie a clairement remplacé l'armée.

Il en résulte qu'ainsi, l'École polytechnique (avec l'École des mines et l'École nationale des ponts et chaussées) fournit près de la moitié des présidents des 500 plus grandes sociétés industrielles. En un mot, l'École polytechnique a su répondre au phénomène d'une économie en grand changement et a réussi à ne pas être qu'un vestige du passé.

Des aptitudes générales plutôt que des connaissances spécialisées

En liant leur sort à l'économie industrielle, les grandes écoles et leurs diplômés ont contribué à faire tomber les murs qui séparaient traditionnellement le secteur privé du secteur public en France. Les grandes écoles elles-mêmes — que ce soit Polytechnique, l'ENA, l'École des mines ou les Ponts et Chaussées — ne se considèrent plus comme de simples viviers de fonctionnaires. Elles acceptent que leurs élèves prennent la tête d'entreprises privées et, en fait, les encouragent à sortir du secteur public. Cela a conduit à l'apparition de réseaux intersecteurs, composés d'une élite partageant la même éducation, des perspectives, des intérêts de corps et, la plupart du temps, la même origine sociale. Ces réseaux inter-sectoriels caractérisent le système français de prise de décision par rapport à d'autres pays.

En fin de compte, quoique les grandes écoles soient connues comme des écoles professionnelles, elles ont fait en sorte de ne pas fournir une formation trop étroitement spécialisée. Elles n'estiment pas qu'elles ont à former des élites spécialisées et la compétence technique n'est pas considérée comme étant la qualité primordiale développée par les écoles. A vrai dire, les élèves reçoivent de l'ENA une formation d'ordre très général, les stages constituant une partie très importante du programme (de même qu'à l'École des mines). Ce que ces écoles veulent, c'est être un lieu où l'on acquière une capacité générale à saisir n'importe quel problème. Cette qualité est considérée comme essentielle pour exercer un leadership et on inculque à l'élite la certitude qu'elle en est dotée.

La capacité de faire des synthèses, d'avoir une vision globale des choses et de prendre des décisions globales est considérée comme la marque de l'élite produite par les grandes écoles. Posséder « l'esprit de synthèse », c'est être doté de la qualité la plus souhaitable, elle-même en contradiction avec une spécialisation trop étroite. Il est évident que si les écoles ne fournissaient qu'une étroite formation technique, elles ne prépareraient pas leurs élèves aux postes de direction auxquels ils sont destinés, dans les secteurs privé, public et nationalisé. C'est pourquoi les écoles ont toujours dû naviguer au plus juste entre prétendre préparer l'élite d'un secteur particulier et affirmer qu'elles préparent celle de la nation toute entière. C'est la dernière solution qui est désormais acceptée de façon générale et elle fait désormais partie intégrante de l'idéologie de l'élite. Elle constitue un aspect important de la stratégie de l'élite pour maintenir l'emprise qu'elle a sur les différents secteurs.

La vitalité des grandes écoles

Les grandes écoles ont été, dans le passé, l'objet de critiques provenant de personnalités telles que Taine, Renan, Boutmy, Liard, Marc Bloch. De plus, elles sont périodiquement l'objet d'attaques de la part de différentes forces politiques. On leur reproche leur nature élitiste, leur apparence conservatrice, la formation étroite des technocrates et l'aide qu'elles apportent à la propagation de graves inégalités sociales et économiques. Mais leur pouvoir politique et social est aujourd'hui tellement développé qu'elles sont capables de faire front à toutes les critiques.

Conséquence de cette situation bien assurée, le système d'enseignement supérieur à deux voies, qui fut si sévèrement attaqué au XIXe siècle et à certaines périodes de ce siècle, ne donne aucun signe d'affaiblissement. Grâce à la souplesse dont elles ont fait preuve et qui leur a fourni un cercle toujours plus vaste d'alliés, et grâce au pouvoir politique qu'elles sont capables de mobiliser aux moments critiques, les grandes écoles se retrouvent après chaque crise sur un terrain plus *ferme.* Finalement, leurs critiques politiques, reconnaissant la contribution qu'elles apportent à la stabilité sociale, se sont révélés être en secret leurs alliés. Mais, ayant résolu, à leur satisfaction, leurs propres problèmes, les grandes écoles laissent toujours posé le vaste problème de l'enseignement supérieur en France (6).

---

(6) Cf. p. 421, Yves Grafmeyer, « Un enseignement supérieur en quête d'universités ».

Annexe 1 :

La société française en chiffres

Population et territoires (1)
Population active
Les étrangers
L'inégalité des espérances de vie
Revenus et patrimoines
Le logement
Inadaptation et exclusions sociales
Les paysans et le monde rural

---

(1) On trouvera les statistiques démographiques, taux de natalité, répartition de la population par âge et sexe, etc., dans l'annexe 3.

Population et territoires (1)

Carte 1 :

Variation de la population des départements entre le 1er janvier 1975 et le 31 décembre 1978.

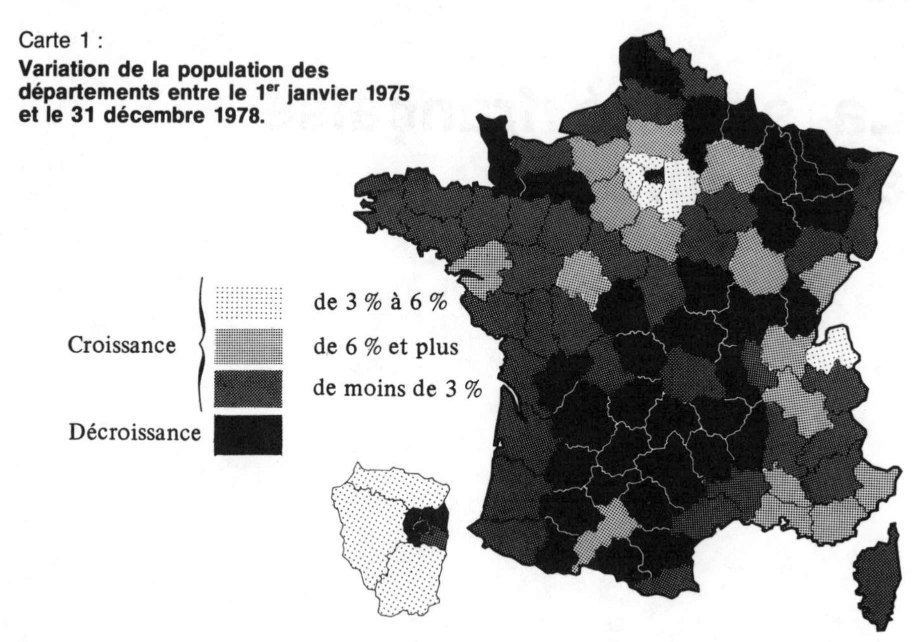

Carte 2 :

En noir, les départements présentant un excédent de décès en 1978.

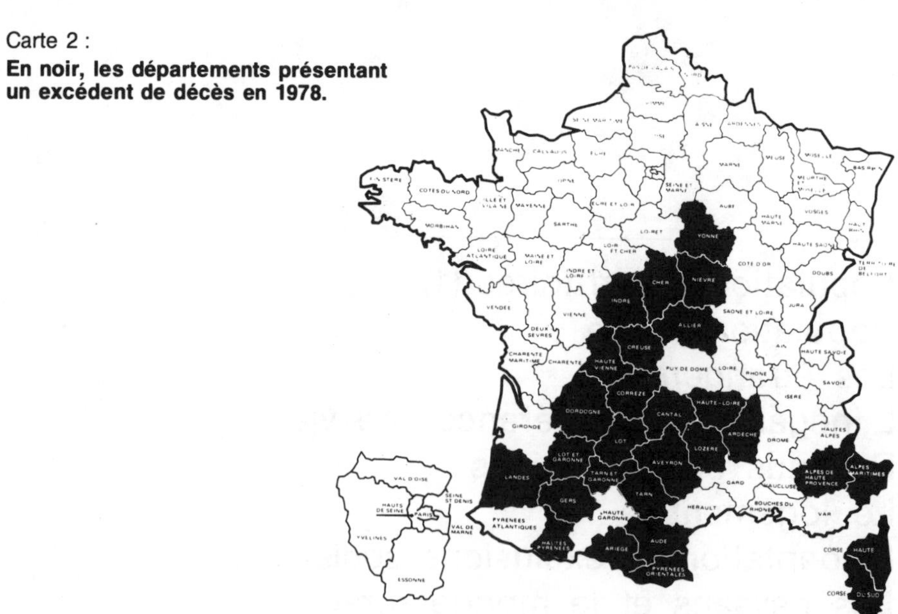

Source : Population et sociétés, juin 1980, n° 136.

(1) Cf. également annexe 3 et *Les institutions sociales de la France*, ouvrage collectif sous la direction de Pierre Laroque, 1 200 p., La Documentation française, Paris, 1980.

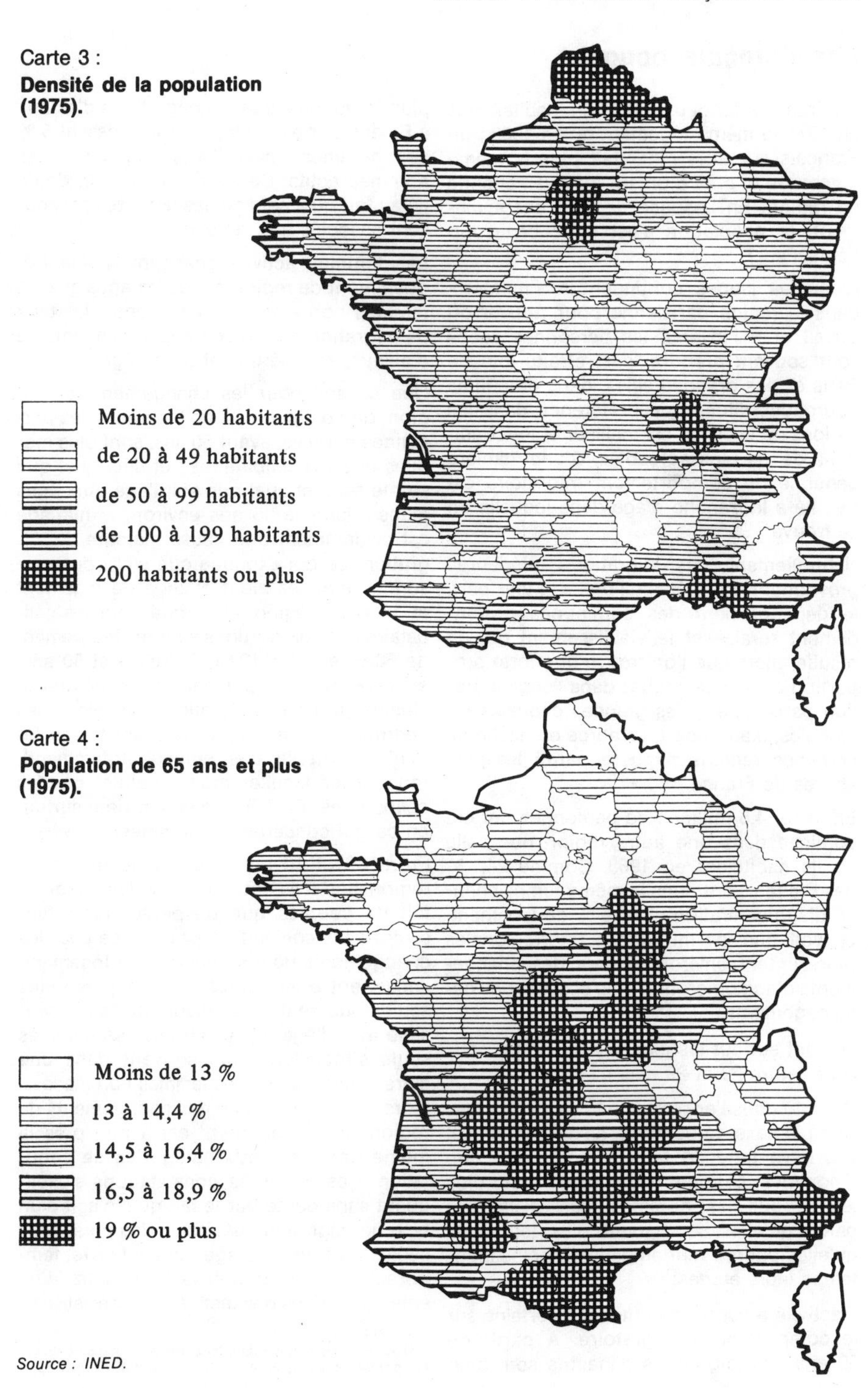

Carte 3 :
Densité de la population (1975).

Carte 4 :
Population de 65 ans et plus (1975).

Source : INED.

Les Français bougent *

Un Français sur deux (50,5 %) n'habitait plus en 1975 le même logement qu'en 1968 ; un Français sur trois n'habitait plus la même commune et près d'un sur dix avait changé de région. En l'espace de sept ans seulement, la population s'est donc beaucoup déplacée.

Ainsi, les jeunes continuent à « monter » dans la région parisienne pour trouver du travail et à l'inverse les personnes âgées vont souvent prendre leur retraite loin de Paris et des grandes villes, dans de petites bourgades situées de préférence dans les régions où le climat est meilleur et les conditions de vie plus agréables. D'une manière générale, le comportement migratoire est très lié à la tranche d'âge dans laquelle on se trouve.

Naturellement, ces migrations intérieures provoquent des déséquilibres : d'une part, le dépeuplement des communes profondément rurales et le vieillissement qui en résulte, alors que l'on trouve une forte proportion de jeunes adultes dans l'agglomération parisienne et les grandes capitales régionales, d'autre part, l'amorce du déclin de certaines régions naguère parmi les plus actives de France.

En 1975, 4,6 millions de personnes ont élu domicile dans une autre région que celle où ils habitaient en 1968. Comme 24,1 % des Français ont dans le même temps changé d'agglomération et 50,5 % de logement, on voit que les migrations interrégionales représentent environ le tiers des changements d'agglomération et le sixième des déménagements.

Ce sont surtout les jeunes adultes qui bougent : entre 20 et 29 ans.

On note dans l'ensemble peu de différences selon le sexe. Cependant, de 18 à 29 ans, il y a davantage de femmes migrantes que d'hommes. Les femmes migrent donc plus jeunes que les hommes, essentiellement parce qu'elles se marient plus jeunes et qu'elles poursuivent en général moins longtemps leurs études.

L'activité a aussi une influence certaine sur le comportement migratoire. A partir de 50 ans, les migrations d'inactifs sont bien plus fréquentes que les migrations d'actifs : à 65 ans par exemple, elles intéressent 5 % des hommes, mais 2,4 % seulement des hommes actifs. Ceci est sans aucun doute lié au fait qu'à cet âge, les départs sont souvent associés à la retraite.

Les femmes actives changent moins fréquemment de région à tous les âges que les femmes non actives. L'écart entre les taux de migration des deux catégories augmente d'ailleurs régulièrement avec l'âge.

Que ce soit pour les changements de région, de commune ou de logement, les personnes mariées, avant 50 ans, sont plus mobiles que les célibataires ; et ceci quel que soit le sexe et quel que soit l'âge. Aux âges jeunes, jusqu'à 35 ans environ, le mariage est évidemment une cause majeure de migration, ce qui explique que 90 % des personnes mariées aient changé de logement et 16 % de région, alors que pour les célibataires ces proportions sont respectivement de 50 % et 10 à 12 %. Entre 35 et 50 ans, en revanche, on pourrait imaginer que la stabilisation de la situation familiale et les contraintes que celle-ci impose (travail féminin, scolarité des enfants notamment), rendent les familles moins mobiles que les célibataires. En fait, il n'en est rien, surtout en ce qui concerne les hommes.

Entre 60 et 70 ans, les déplacements de région liés à la retraite sont davantage le fait de couples que de personnes vivant seules sans conjoint. C'est l'inverse pour les changements de commune et de logement, l'écart entre les couples et les personnes seules augmentant d'ailleurs de façon sensible avec l'âge. Après 60 ans, les hommes seuls s'installent plus souvent dans une autre commune que les femmes non mariées, alors que la fréquence des changements de région ou de logement est à peu près la même pour les deux catégories de population. Ces dernières constatations s'expliquent sans doute par le fait qu'il s'agit d'un type de migration spécifique des personnes seules du troisième âge qui vont vivre, temporairement ou définitivement, chez leurs enfants ou dans des institutions spécialisées.

---

* D'après « Les migrations intérieures entre 1968 et 1975 », *Economie et Statistique*, n° 107, janvier 1979, INSEE.

Des régions qui attirent, des régions qui déplaisent

L'importance et la nature des mouvements migratoires varie beaucoup selon les régions. Ainsi les déménagements à l'intérieur d'une même agglomération sont particulièrement nombreux dans les régions très urbanisées (ils atteignent 35 % en Ile-de-France, dépassent 25 % dans les régions Rhône-Alpes, Nord - Pas-de-Calais, Haute-Normandie et Provence - Alpes - Côte d'Azur). Ils sont relativement peu fréquents, en revanche, en Poitou - Charentes et Limousin.

Certaines régions se caractérisent par une forte immigration intérieure. Dans cinq d'entre elles, plus de 10 % des habitants vivaient dans une autre région en 1968 : les régions qui bordent la Méditerranée, le Languedoc - Roussillon et la Provence - Alpes - Côte d'Azur, ainsi que la Picardie, le Centre et la Bourgogne où s'installent des Parisiens.

Tableau 1
Principales caractéristiques des migrations selon les régions

Région	Population en 1975	Proportion de personnes qui, en 1968, habitaient :				Taux d'émigration intérieure	Proportion de migrants	
		Un autre logement	Une autre commune	Une autre région française *	Un pays étranger		Venus d'une région voisine	Partis pour une région voisine
Ile-de-France	9 876 665	55,3	42,0	9,2	6,0	10,9	28,2	31,7
Champagne-Ardenne	1 337 460	51,3	29,6	8,7	2,7	11,1	73,1	59,9
Picardie	1 680 505	50,4	31,5	10,8	2,3	10,7	77,7	65,2
Haute-Normandie	1 598 350	51,9	32,2	8,8	1,6	8,8	60,3	53,4
Centre	2 150 800	51,2	34,5	12,9	2,7	10,0	72,9	65,9
Basse-Normandie	1 305 885	49,8	33,0	8,9	1,0	10,8	39,8	42,4
Bourgogne	1 574 540	49,4	31,6	10,8	2,7	10,1	74,9	69,4
Nord-Pas-de-Calais	3 913 250	45,5	27,0	3,1	1,6	6,5	25,5	18,6
Lorraine	2 325 435	48,3	30,4	5,5	3,0	9,1	32,9	22,6
Alsace	1 519 525	45,8	26,9	6,3	4,0	4,9	39,1	25,1
Franche-Comté	1 060 850	50,1	31,3	7,7	4,0	9,9	54,1	51,7
Pays de la Loire	2 768 125	48,2	28,1	7,9	1,2	7,4	41,4	40,5
Bretagne	2 594 925	46,5	26,8	7,8	1,0	6,9	22,7	26,8
Poitou-Charentes	1 526 595	47,0	29,6	9,2	1,4	10,0	40,7	43,9
Aquitaine	2 547 645	48,3	32,1	9,1	2,3	8,1	28,5	29,5
Midi-Pyrénées	2 264 725	46,2	28,3	8,8	2,3	8,1	39,6	38,4
Limousin	741 285	43,1	25,2	9,6	1,6	9,4	43,9	49,2
Rhône-Alpes	4 795 820	53,4	34,4	7,5	3,8	5,9	42,3	52,6
Auvergne	1 333 285	46,2	28.5	7,8	2,4	8,9	49,6	51,4
Languedoc-Roussillon	1 788 425	50,1	28,7	11,3	3,1	9,7	46,1	56,4
Provence-Alpes-Côte d'Azur	3 676 210	55,4	32,4	12,8	3,9	7,0	24,4	33,2
France entière	**52 599 430**	**50,5**	**32,6**	**8,7**	**3,2**	**8,7**	**41,0**	**41,0**

* Ou taux d'immigration intérieure.
Source : Economie et statistique, n° 107, janvier 1979, INSEE.

D'autres régions ont à la fois de forts taux d'émigration et d'immigration, soit que la population se renouvelle à un rythme rapide en se fixant relativement peu (Centre, Bourgogne, Picardie, Ile-de-France), soit qu'on en parte jeune pour y revenir plus tard (Languedoc, Limousin, Poitou). Pour d'autres encore, comme l'Alsace ou le Nord, les flux migratoires sont faibles. Deux régions ont un accroissement relatif important, dépassant 2 % : la Provence - Alpes - Côte d'Azur et le Centre, essentiellement à cause d'un taux d'immigration très élevé. A l'opposé, le Nord et la Lorraine sont dans une situation défavorable non pas tant à cause des départs — l'émigration relative est la même dans le Nord qu'en Provence - Côte d'Azur et moins forte en Lorraine que dans le Centre — mais surtout parce qu'elles attirent peu. De même, en Champagne et en Franche-Comté, les soldes migratoires sont respectivement de – 2,4 % et de – 2,2 % à cause surtout des départs.

Vivre à la ville ou à la campagne ?

L'étude des migrations entre les différentes régions a révélé l'attraction de certaines zones géographiques : l'Ile-de-France pour les jeunes, le Midi par contre pour les personnes âgées. Mais dans l'ensemble, les échanges se font surtout entre régions adjacentes.

Ainsi, entre 1968 et 1975, 1,66 million de personnes ont quitté les communes profondément rurales où vivent 8,7 millions d'habitants en 1975, et 1,25 million sont partis de l'agglomération parisienne (8,5 millions en 1975). Au total, plus de 9 millions, près d'une sur six, ont changé de commune ou d'agglomération pour une autre de taille sensiblement différente. Parmi elles, près de 4 millions ont en même temps changé de région.

Certaines caractéristiques des migrations ne sont évidemment pas nouvelles. L'exode rural est un mouvement qui se prolonge depuis des années et qui persiste même si la part du territoire concerné se réduit du fait de l'urbanisation et surtout de la déconcentration des agglomérations. Comme dans le passé récent, les migrants sont assez jeunes, et les femmes le sont plus que les hommes. En revanche, l'agglomération parisienne perd de son pouvoir d'attraction, ce qui était déjà sensible au recensement de 1968, et ce sont les villes moyennes qui profitent le plus des échanges entre catégories de communes.

Les jeunes adultes ont tendance à gagner des unités urbaines de plus grande taille quelle que soit l'importance de leur commune d'origine. En particulier, les départs des campagnes sont particulièrement nombreux : les jeunes représentent 34,8 % des émigrants, alors que les arrivées sont loin de compenser ces départs (18,5 %). Les adultes d'âge mûr, et les familles en général, plus souvent que par le passé, quittent les agglomérations importantes pour de plus petites ou pour la périphérie des villes. Quant aux personnes âgées, leurs départs de la région parisienne se sont nettement accrus entre les périodes 1962-1968 et 1968-1975, surtout dans les années proches du départ en retraite, à destination des petites villes, mais aussi de la campagne.

Ces mouvements étant parfois de sens contraire.

Quand on est jeune, on se déplace davantage

Que ce soit pour changer de région ou pour changer de catégorie de commune, ce sont les jeunes adultes qui se déplacent le plus : 25,2 % des personnes âgées de 20 à 24 ans, 32,6 % de celles qui ont entre 25 et 29 ans en 1975, résidaient en 1968 dans une commune de catégorie différente, au lieu de 18 % de l'ensemble de la population.

Entre 20 et 29 ans, ce sont ainsi près de 2,5 millions de personnes qui se sont déplacées d'une catégorie de commune à une autre. Parmi elles, une nette majorité de femmes : 1,34 million, contre 1,15 million d'hommes ; et pourtant, à cet âge, les hommes sont plus nombreux. Cela s'explique en grande partie par la précocité des départs des femmes. A partir de 17 ans, et jusqu'à 30 ans, leur taux de migration est nettement plus important. Au-delà, et jusqu'à 60 ans, c'est le contraire. Dans l'ensemble, les femmes migrent en effet comme les hommes qui ont 2 ou 3 ans de plus. Ce décalage correspond assez bien, pour les couples, à la différence d'âge moyenne entre les conjoints. Cependant, c'est entre 20 et 24 ans que le comportement des deux sexes est le plus différent : 29,5 % de migrantes et 21,1 % de migrants. Et à ces âges, toutes les femmes sont loin d'être mariées.

La retraite : loin de Paris

Les personnes âgées se déplacent moins que l'ensemble de la population, comme on peut l'imaginer aisément. Sur les quelque 10 millions de personnes de 60 ans ou plus en 1975, 880 000 avaient changé de catégorie de commune entre 1968 et 1975, moins de 10 %. Mais les personnes les plus âgées, celles qui ont plus de 75 ans, ne se déplacent guère moins que celles de 55 ou 60 ans (8,5 % contre 9,1 %). Si les mouvements ont une importance relativement faible, les soldes migratoires sont par contre assez importants du fait que, dans une catégorie de commune donnée, il y a en général soit beaucoup de départs, soit beaucoup d'arrivées, rarement les deux. Ainsi 215 000 per-

Tableau 2

Les 20 agglomérations les plus peuplées en 1975

Agglomérations	Population de l'agglomération en 1975 (milliers d'habitants)	Population de la ville-centre en 1975 (milliers d'habitants)	Croissance de l'agglomération 1968-1975 (% par an)
1. Paris	8 550	2 300	+ 0,4
2. Lyon	1 171	457	+ 1,0
3. Marseille	1 071	909	+ 0,6
4. Lille, Roubaix, Tourcoing	936	(a) 172	+ 0,7
5. Bordeaux	612	223	+ 0,9
6. Toulouse	510	374	+ 1,7
7. Nantes	453	257	+ 1,4
8. Nice	438	344	+ 1,6
9. Grenoble	389	166	+ 2,3
10. Rouen	389	115	+ 0,7
11. Toulon	378	182	+ 1,6
12. Strasbourg	365	253	+ 0,9
13. Valenciennes	351	42	0
14. Saint-Etienne	335	220	+ 0,1
15. Lens	329	40	− 0,6
16. Nancy	281	108	+ 1,1
17. Le Havre	264	218	+ 0,9
18. Grasse, Cannes, Antibes	258	(b) 71	+ 2,6
19. Clermont-Ferrand	253	157	+ 1,3
20. Tours	248	141	+ 2,2

(a) Lille ; (b) Cannes.

Source : INSEE, recensement de 1975.

sonnes de 60 ans ou plus ont quitté l'agglomération parisienne, mais 38 000 seulement s'y sont installées : 6 départs pour une arrivée !

Mais l'agglomération parisienne est une exception : le taux d'émigration atteint 14 %, alors que nulle part il n'excède 10 % ; le taux d'immigration reste inférieur à 3 %, contre 10 à 15 % dans les petites unités urbaines et tout de même près de 6 % dans les grandes agglomérations autres que celle de Paris.

Ces dernières connaissent également ce déséquilibre, mais à un degré moindre : cette fois, il y a à peine 3 départs pour 2 arrivées.

Parmi les parisiens âgés qui ont quitté l'agglomération, un tiers est allé dans les communes rurales hors ZPIU, ce qui est une proportion élevée, compte tenu du fait qu'un tel déplacement se fait souvent à longue distance.

Ainsi, entre 60 et 69 ans, beaucoup de déplacements correspondent au désir de quitter les grandes agglomérations et d'aller retrouver un cadre peut-être moins anonyme à la campagne ou dans les petites villes.

Au-delà de 75 ans, fuir la grande agglomération et surtout celle de Paris, n'est plus le premier but du déplacement. Beaucoup de personnes, dont beaucoup de femmes, sont alors seules ; si elles se déplacent, c'est plutôt pour aller vivre auprès d'un enfant, accompagner celui-ci dans sa migration ou pour se retirer dans une maison de retraite : elles fuient la solitude plus que la ville.

Communes rurales vieillies, villes jeunes

Jeunes, adultes et personnes âgées ne s'orientent pas vers le même type de villes. Ainsi ce sont toujours les mêmes qui voient partir (ou arriver) soit des jeunes, soit des personnes âgées.

Au recensement de 1975, on note effectivement de profondes disparités entre les pyramides des âges : quelquefois elles s'écartent très nettement de celle de la France entière.

C'est dans les communes rurales hors ZPIU que les différences sont les plus sensibles. Les jeunes adultes sont sous-représentés, les jeunes enfants également. Vers 25 ou 30 ans, l'effectif se monte à 70 % seulement de ce qu'il serait si la pyramide des âges était celle de la France entière. A l'opposé, on compte beaucoup de personnes âgées, jusqu'à 50 % en plus. Autrement dit, le poids des personnes de 60 ans ou plus par rapport aux adultes de 20 à 39 ans est près du double de ce qu'il est pour la France (1,20 au lieu de 0,68).

Une autre caractéristique de ces communes, c'est le taux de masculinité très important, quel que soit l'âge, qui résulte de la fréquence des départs féminins : entre 20 et 24 ans, l'effectif des femmes est de 20 % inférieur à celui des hommes. Là encore, ce n'est pas un phénomène nouveau.

Croissance des banlieues, croissance des villes moyennes et petites continuent de contribuer à l'exode rural.

Tableau 3

Répartition de la population et migrations entre catégories de commune au recensement de 1975

Catégories de commune	Population en 1975	En %	Immigrants	Emigrants	Solde migratoire	Taux d'immigration (1)	Taux d'émigration (1)	Solde migratoire relatif (1)
Communes rurales :								
Hors ZPIU (2)	8 663 180	27,0	1 142 910	1 656 205	– 513 295	13,2	19,1	– 5,9
Appartenant à des ZPIU	5 548 205		1 425 395	1 090 070	335 325	25,7	19,7	+ 6,0
Communes urbaines de :								
Moins de 5 000	2 869 380	5,5	753 130	646 210	106 920	26,3	22,5	+ 3,7
5 000 à 9 999	2 588 950	9,6	646 875	592 615	54 260	25,0	22,9	+ 2,1
10 000 à 19 999	2 464 225		617 560	547 065	70 495	25,1	22,2	+ 2,9
20 000 à 49 999	3 622 070	6,9	826 860	785 055	41 805	22,8	21,7	+ 1,2
50 000 à 99 999	3 541 415	15,2	781 730	699 930	81 800	22,1	19,8	+ 2,3
100 000 à 199 999	4 434 645		903 830	802 920	100 910	20,4	18,1	+ 2,3
200 000 à 1 999 999	10 319 735	19,6	1 431 895	1 310 475	121 420	13,9	12,7	+ 1,2
Agglomération parisienne	8 547 625	16,2	849 885	1 249 525	– 399 640	9,9	14,6	– 4,7
Ensemble	**52 599 430**		**9 380 070**	**9 380 070**	—	**17,8**	**17,8**	—

(1) Immigrants, émigrants et solde migratoire sont rapportés à la population de 1975 dans chaque catégorie de commune.
(2) ZPIU : « Zones de peuplement industriel ou urbain ».
Source : Economie et Statistique, n° 107, janvier 1979, INSEE.

Tableau 4

Proportion de jeunes adultes et de personnes âgées dans les différentes catégories de communes, au recensement de 1975

Catégories de commune	Pourcentage d'adultes de 20 à 39 ans	Pourcentage de personnes âgées de 60 ans et plus	Nombre de personnes âgées de 60 ans et plus pour 100 adultes de 20 à 39 ans
Communes rurales :			
Hors ZPIU	.21,5	25,9	120
Appartenant à des ZPIU	25,4	20,0	79
Unités urbaines :			
Moins de 5 000	25,9	20,5	79
5 000 à 9 999	26,6	19,3	72
10 000 à 19 999	27,9	17,9	64
20 000 à 49 999	28,5	17,5	61
50 000 à 99 999	29,6	16,5	56
100 000 à 199 999	30,3	15,2	50
200 000 à 1 999 999	30,1	17,1	57
Agglomération parisienne	32,4	16,6	51
Ensemble	**27,8**	**19,0**	**68**

Source : Economie et Statistique, n° 107, janvier 1979, INSEE.

Carte 5 :

Part de la population appartenant à des communes rurales (1) **dans le total de la population départementale en 1975.**

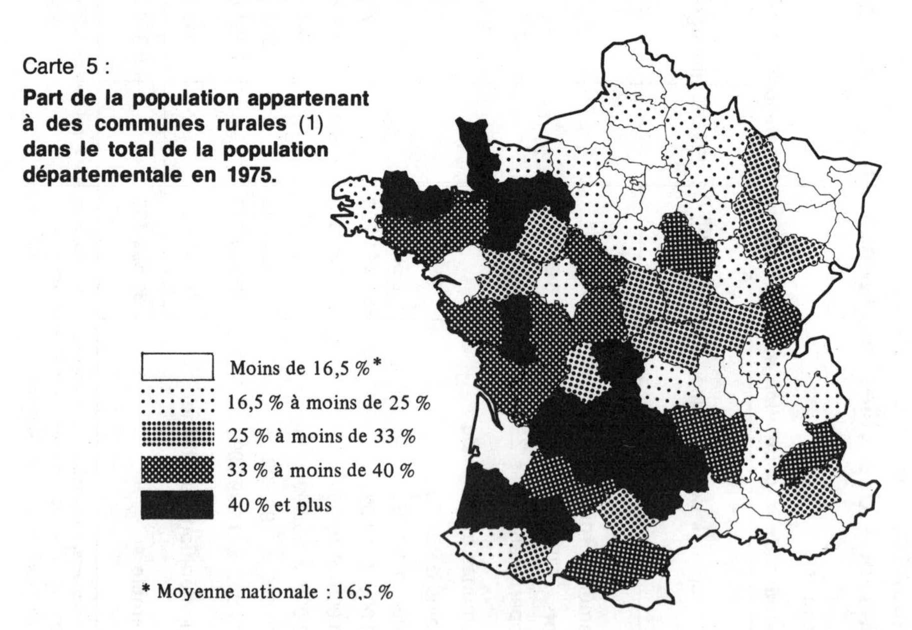

(1) *Il s'agit des communes rurales hors ZPIU.*

Source : Economie et Statistique, n° 115 ; octobre 1979, (INSEE).

Population active

La population active maintient ses tendances
L'expansion du secteur tertiaire se poursuit

Tableau 5

Evolution des structures de la population active occupée au sens du BIT *

Population active occupée	avril 1975	mars 1977	mars 1979	mars 1980
Effectifs (en milliers)	21 110	21 309	21 482	21 593
Par secteur (en %) :				
Agriculture, sylviculture, pêche	10,5	10,0	9,1	8,9
Industrie (y compris bâtiment, génie civil et agricole)	37,6	37,3	36,2	35,8
Tertiaire	51,9	52,7	54,7	55,3

* Les chiffres de ce tableau sont uniquement destinés à mettre en évidence les tendances d'évolution à moyen terme des structures de la population active. En raison du mode de renouvellement de l'échantillon, les variations d'effectifs entre deux enquêtes successives que l'on pourrait en déduire seraient affectées d'erreurs aléatoires importantes. Ces variations ne peuvent être valablement calculées que sur la partie de l'échantillon commune à deux enquêtes.

Source : Economie et Statistique, n° 126, octobre 1980, « Enquête sur l'emploi, mars 1980 : la montée du chômage féminin » par Pierre Laulhé (INSEE).

Le taux d'activité des femmes augmente, celui des jeunes baisse

Tableau 6

Evolution des taux d'activité au sens du BIT * par âge

(en %)

Age	avril 1975		mars 1980	
	Hommes	Femmes	Hommes	Femmes
Moins de 18 ans	14,1	8,9	10,1	6,0
18 à 24 ans	73,7	61,4	71,6	59,0
25 à 39 ans	97,1	60,4	97,1	66,9
40 à 49 ans	96,8	55,0	97,0	60,1
50 à 59 ans	89,6	48,8	87,1	51,0
60 ans et plus (1)	26,1	11,4	17,3	7,6
Ensemble	**72,5**	**41,9**	**71,0**	**44,0**

* Le taux d'activité est égal au pourcentage d'actifs (occupés + chômeurs) dans l'effectif total. Les militaires du contingent sont ajoutés aux actifs pour éliminer l'effet des variations de leur effectif.

(1) La hausse du taux d'activité des personnes de plus de 60 ans est due à la modification de la structure par âge de cette population ; sont arrivées à l'âge de 60 ans les personnes de la génération 1920, première génération importante de l'après-guerre.

Source : idem.

Graphique 1 :
Evolution des taux d'activité

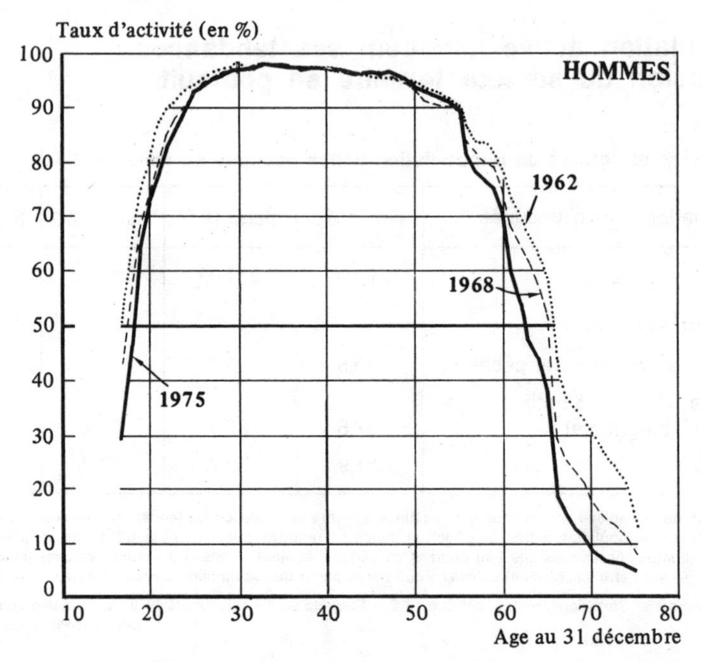

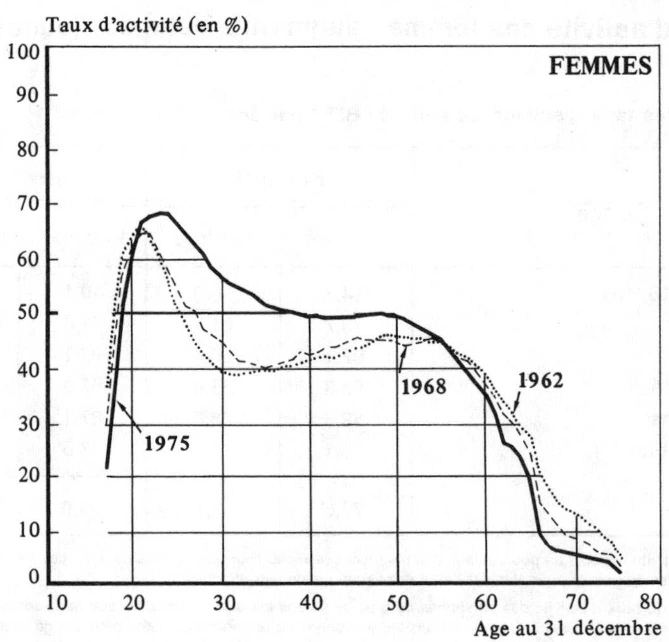

Sources : INSEE, recensements de la population (cité par L. Thévenot, dans *Economie et Statistique*, n° 91).

Tableau 7

Variation annuelle moyenne de la population active (en milliers)

	Observations intercensitaires			Projections (3)
	1954-1962	1962-1968	1968-1975	1975-1980
Incidence de l'évolution démographique intérieure [**1**]	20	132	170	200
Solde migratoire [**2**]	66 (1)	136 (1)	58	4 (2)
Incidence de la variation des taux d'activité masculins [**3**]	– 42	– 106	– 101	– 59
moins de 25 ans	– 18	– 44	– 51	– 15
25 à 54 ans	– 3	– 5	+ 2	– 1
55 ans et plus	– 21	– 57	– 52	– 43
Incidence de la variation des taux d'activité féminins [**4**]	– 16	– 22	+ 67	+ 96
moins de 25 ans	– 2	– 20	– 19	+ 6
25 à 54 ans	– 3	+ 25	+ 113	+ 103
55 ans et plus	– 11	– 27	– 27	– 13
Variation totale de la population active (1 + 2 + 3 + 4)	28	140	194	241
dont : hommes	+ 34	+ 60	+ 50	+ 75
femmes	– 6	+ 80	+ 144	+ 166

(1) Chiffres incorporant les rapatriés d'Algérie.

(2) 20 en 1975, solde supposé nul ensuite.

(3) Par projection, il faut entendre une estimation ancrée sur le recensement de 1975, compte tenu d'une estimation du solde migratoire, d'une projection démographique intérieure et des taux d'activité déclarés aux enquêtes emploi. Sans être une observation, il s'agit d'un mode d'estimation relativement robuste.

Source : Economie et Statistique, n° 123, juillet 1980, « Les comptes de la nation pour l'année 1979 », Michel Boëda (INSEE).

Tableau 8

Evolution des effectifs des catégories socio-professionnelles 1962-1968-1975

Catégories socio-professionnelles	Effectifs en 1975		Evolution annuelle (en %)			
	Ensemble (en milliers)	Dont femmes (en %)	Ensemble		Dont femmes	
			1962-1968	1968-1975	1962-1968	1968-1975
Agriculteurs exploitants	**1 651**	**34,3**	**– 3,5**	**– 5,6**	**– 3,9**	**– 7,0**
Salariés agricoles	**375**	**11,6**	**– 5,6**	**– 6,1**	**– 7,3**	**– 4,5**
Patrons de l'industrie et du commerce	**1 709**	**33,4**	**– 0,7**	**– 1,9**	**– 1,4**	**– 2,6**
Industriels	60	13,5	0,0	– 4,2	– 0,6	– 4,4
Artisans	534	11,9	– 0,5	– 2,1	– 1,9	– 5,0
Patrons pêcheurs	15	10,2	– 0,8	– 2,1	– 0,8	– 3,2
Gros commerçants	187	30,8	+ 3,3	– 1,7	+ 4,9	– 2,6
Petits commerçants	913	48,2	– 1,7	– 1,7	– 2,0	– 2,2
Professions libérales et cadres supérieurs	**1 459**	**23,2**	**+ 4,5**	**+ 5,6**	**+ 7,7**	**+ 8,6**
Professions libérales	172	22,2	+ 2,0	+ 2,9	+ 3,8	+ 5,0
Professeurs, professions littéraires et scientifiques	377	47,0	+ 9,3	+ 8,5	+ 10,0	+ 9,2
Ingénieurs	256	4,4	+ 5,1	+ 4,7	+ 6,2	+ 8,4
Cadres administratifs supérieurs	654	17,1	+ 3,1	+ 5,3	+ 6,4	+ 9,1

Instituteurs, professions intellectuelles diverses	738	63,5	+ 4,9	+ 4,0	+ 4,3	+ 4,2
Services médicaux et sociaux	298	79,0	+ 7,8	+ 8,1	+ 7,5	+ 7,3
Techniciens	759	14,4	+ 7,5	+ 5,2	+ 14,3	+ 8,9
Cadres administratifs moyens	970	44,9	+ 2,8	+ 3,9	+ 4,4	+ 7,8
Employés	**3 841**	**63,9**	+ **3,8**	+ **3,6**	+ **4,4**	+ **4,3**
Employés de bureau	3 104	65,0	+ 3,9	+ 3,9	+ 4,6	+ 4,6
Employés de commerce	737	59,4	+ 3,4	+ 2,4	+ 3,6	+ 2,8
Ouvriers	**8 207**	**22,4**	+ **1,5**	+ **0,9**	+ **0,6**	+ **2,2**
Contremaîtres	443	5,9	+ 2,9	+ 2,9	+ 6,2	+ 0,2
Ouvriers qualifiés	2 986	13,5	+ 2,4	+ 1,8	+ 1,3	– 0,9
Ouvriers spécialisés	2 947	26,8	+ 1,8	+ 1,4	– 0,4	+ 3,7
Mineurs	73	0,3	– 4,6	– 9,2	—	—
Marins et pêcheurs	38	4,6	– 1,7	– 1,8	+ 1,6	+ 0,9
Apprentis ouvriers	107	4,9	+ 0,3	+ 11,8	– 6,3	– 19,4
Manœuvres	1 613	38,1	+ 0,2	+ 0,1	+ 1,4	+ 3,6
Personnels de service	**1 244**	**77,9**	+ **1,8**	+ **0,9**	+ **1,4**	+ **0,7**
Gens de maison	234	96,5	– 1,5	– 2,6	– 1,5	– 2,4
Femmes de ménage, etc.	154	98,4	+ 0,4	– 5,4	+ 0,2	– 5,5
Autres personnels de service	856	69,1	+ 4,1	+ 3,8	+ 4,4	+ 4,7
Autres catégories	**524**	**19,1**	– **1,2**	– **0,1**	– **3,1**	– **1,2**
Artistes	59	30,4	+ 2,9	+ 2,4	+ 2,0	+ 1,2
Clergé	117	60,2	– 3,1	– 2,2	– 4,0	– 2,6
Armée et police	348	3,5	– 0,8	+ 0,4	– 1,9	+ 6,2
Total	**21 775**	**37,3**	+ **0,97**	+ **0,94**	+ **1,1**	+ **1,9**

Sources : Recensements de population de 1962, de 1968 (sondage au 1/4) et de 1975 (sondage au 1/5).

Tableau 9

Evolution des principales caractéristiques des chômeurs au sens du BIT

	avril 1975	mars 1979	mars 1980
Effectifs des chômeurs au sens du BIT	827 100	1 284 700	1 391 300
dont : Femmes (en %)	55,6	56,5	60,6
Taux de chômage (en %) :			
Cadres moyens	2,0	2,7	3,2
Employés	4,3	6,3	7,2
Ouvriers	4,3	6,4	6,4
Personnels de service	5,6	8,4	9,2

Population sans emploi à la recherche d'un emploi (PSERE)

Effectifs	776 200 (100)	1 249 200 (100)	1 335 300 (100)
Nature de l'emploi recherché (sur 100) :			
A temps complet	80,3	84,3	84,1
Régularité de l'emploi recherché (sur 100) :			
Permanent	91,2	93,0	92,0
Circonstance de la recherche (sur 100) :			
Licenciement individuel	19,6	18,6	18,3
Licenciement collectif	18,3	20,9	18,0
Démission	17,8	14,6	14,2
Emploi occasionnel	6,5	13,1	14,4
N'a jamais travaillé : fin d'études ou de service militaire	15,9	17,1	18,4
Reprise d'activité	17,7	13,0	14,8
Autres	4,2	2,6	1,9
Ancienneté moyenne de chômage (en mois)	7,6	11,1	11,7

Sources : Enquêtes « Emploi », paru dans *Economie et Statistique*, n° 126, octobre 1980 (INSEE).

Les étrangers

Tableau 10

Estimation de la population étrangère par nationalité en octobre 1976 (en milliers)

Nationalités	Actifs	Inactifs	Total
Italiens	175,8	290,1	465,9
Autres CEE	66,2	86,8	153,0
Espagnols	184,5	322,8	507,3
Portugais	385,0	438,0	823,0
Yougoslaves	43,1	30,9	74,0
Turcs	36,3	21,6	57,9
Polonais	19,3	77,9	97,2
Marocains	181,4	118,5	299,9
Algériens	361,0	431,0	792,0
Tunisiens	73,7	73,4	147,1
Autres Africains	50,7	41,9	92,6
Autres nationalités	65,8	124,3	190,1
Total	**1 642,8**	**2 057,2**	**3 700,0**

Source : Selon le rapport sur la mesure de la présence étrangère en France — septembre 1979 — Collection *Pour une politique du travail* (n° 13).

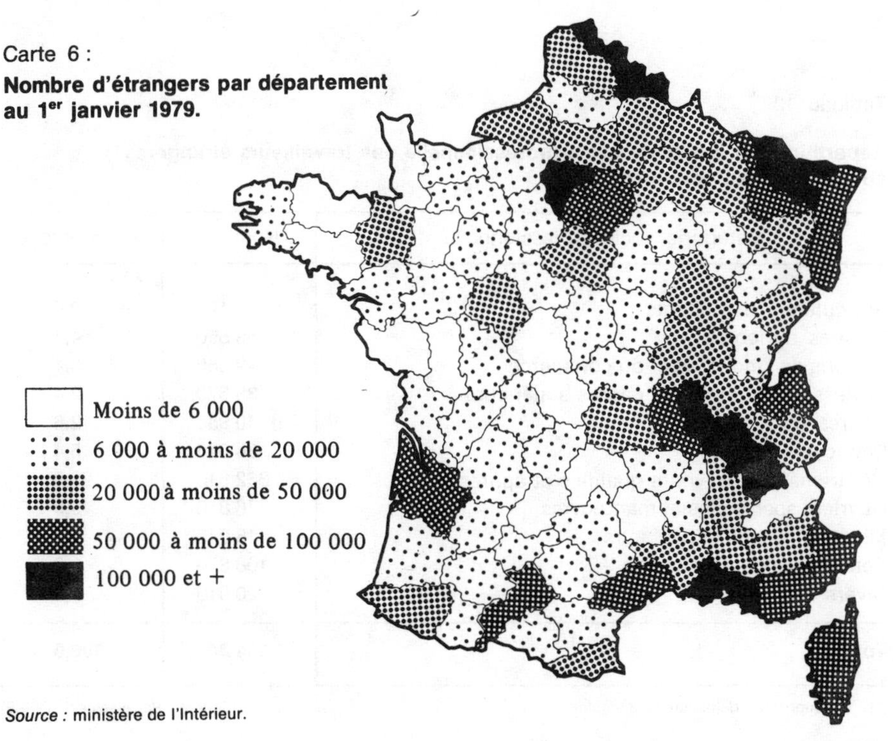

Carte 6 :
Nombre d'étrangers par département au 1er janvier 1979.

Source : ministère de l'Intérieur.

Tableau 11

Répartition par activité économique des travailleurs étrangers (1) **au recensement de 1975**

Activité économique	Nombre	Pourcentage
Agriculture, sylviculture, pêche	86 560	5,7
Industries agricoles et alimentaires	33 545	2,2
Production et distribution d'énergie	17 095	1,1
Industrie des biens intermédiaires	214 500	14,2
Industrie des biens d'équipement	189 965	12,6
Industrie des biens de consommation	129 395	8,5
Bâtiment, génie civil et agricole	405 450	26,8
Commerce	89 900	6,0
Transports et télécommunications	37 560	2,5
Services marchands	167 510	11,1
Location et crédit-bail immobilier, assurances, organismes financiers	9 980	0,7
Services non marchands	129 830	8,6
Total	**1 511 240**	**100,0**

(1) Etrangers ayant un emploi seulement.

Source : Recensement (INSEE).

Tableau 12

Répartition par catégorie socio-professionnelle des travailleurs étrangers (1) **au recensement de 1975**

Catégorie socio-professionnelle	Nombre	Pourcentage
Agriculteurs exploitants	15 125	0,9
Salariés agricoles	69 550	4,4
Patrons de l'industrie et du commerce	49 585	3,1
Professions libérales et cadres supérieurs	38 570	2,4
Cadres moyens	40 955	2,6
Employés	86 010	5,4
Contremaîtres, ouvriers qualifiés et apprentis	362 810	22,9
Ouvriers spécialisés et manœuvres	776 810	49,0
Mineurs, marins et pêcheurs	16 045	1,0
Personnels de service	108 870	6,9
Divers	20 010	1,4
Total	**1 584 340**	**100,0**

(1) Y compris les demandeurs d'emploi.

Source : Recensement (INSEE).

Tableau 13

Répartition par qualification des salariés étrangers et de l'ensemble des salariés

	Manœuvres	Ouvriers spécialisés	Ouvriers qualifiés	Total ouvriers	Employés	Agent de maîtrise techniciens	Cadres	Total (y compris apprentis)
Salariés étrangers	16,1	38,3	34,8	89,2	6,7	2,1	1,7	100,0
Ensemble des salariés	7,3	22,3	25,0	54,6	25,0	11,0	9,0	100,0

Source : ministère du Travail et de la Participation, octobre 1976.

Tableau 14

Entrées des membres des familles

Nationalité	1974	1975	1976	1977	1978	1979
Algérienne	5 663	4 249	5 832	6 355	5 565	6 619
Espagnole	4 709	2 842	1 602	1 064	778	659
Marocaine	13 798	10 801	17 969	16 521	12 218	12 007
Portugaise	23 398	18 490	13 703	11 013	7 038	5 755
Tunisienne	4 347	3 871	4 194	4 101	3 837	3 449
Turque	5 551	6 991	8 927	7 303	5 697	6 267
Yougoslave	2 395	1 571	1 253	1 073	658	434
Autres nationalités (1)	3 598	3 007	3 891	4 835	4 329	4 110

(1) Non compris les familles CEE, pour lesquelles aucune information n'est disponible après le 1/1/1975.

Source : ONI.

L'inégalité des espérances de vie

Les individus ne sont pas égaux devant la mort. Elle frappe plus ou moins tôt selon l'héritage génétique, selon le sexe, mais aussi selon l'appartenance sociale.

De ces deux derniers points de vue, des écarts considérables entre les espérances de vie à la naissance retiennent l'attention :

— de l'ordre de huit ans entre hommes et femmes ;
— de l'ordre de huit ans entre catégories socio-professionnelles.

• « Les deux tiers des vieux sont des vieilles »

Au 1er janvier 1975, sur 7 050 000 personnes de 65 ans et plus, 4 335 000 étaient des femmes. Leur prépondérance augmente avec l'âge : 57 % chez les « 65-74 ans », mais 66,6 % chez les « 75-84 ans » et 74 % chez les « 85 ans et plus ». L'écart entre l'espérance de vie des hommes et des femmes explique ce déséquilibre. Cet écart a doublé en trois quarts de siècle :

Le manœuvre meurt huit ans plus tôt que l'instituteur

La mortalité par catégorie socio-professionnelle a été étudiée par l'INSEE sur un échantillon de population tiré lors du recensement de 1954 et suivi jusqu'en 1971. Les conclusions n'ont rien perdu de leur actualité car la mortalité évolue peu dans la population française aux âges observés.

Tableau 15

Espérance de vie à la naissance

	Hommes	Femmes	Ecarts
1900	45 ans	49 ans	4 ans
1935	56 ans	62 ans	6 ans
1975	70 ans	78 ans	8 ans

Tableau 16

Nombre de survivants à 75 ans (pour 1 000 à 35 ans).
Espérance de vie à 35 ans et quotients de mortalité à 35, 55, 75 ans par catégorie socio-professionnelle (hommes : période 1955-1971) (1)

Catégorie socio-professionnelle (3)	Nombre de survivants à 75 ans pour 1 000 à 35 ans (2)	Espérance de vie à 35 ans	Quotient de mortalité à :		
			35 ans	55 ans	75 ans
42. Instituteurs	574	40,9	1,02	7,8	59,5
39. Cadres supérieurs, professions libérales	551	40,5	1,07	8,3	64,2
81. Clergé catholique	524	39,5	1,24	9,2	68,2
45. Cadres moyens (public)	518	39,3	1,33	9,5	68,3
43. Techniciens	507	39,0	1,55	10,2	67,8
44. Cadres moyens (privé)	489	38,5	1,78	11,1	69,0
00. Agriculteurs exploitants	473	38,0	1,90	11,7	71,7
60. Contremaîtres	472	37,8	2,02	11,9	70,5
62. Ouvriers qualifiés (public)	446	37,3	1,91	12,3	79,2
52. Employés (public)	448	37,2	1,98	12,4	77,6
29. Artisans et commerçants	460	37,6	2,21	12,5	71,3
51. Employés (privé)	448	37,4	2,28	13,0	73,8
64. Ouvriers spécialisés (public)	406	36,0	2,47	14,4	83,8
61. Ouvriers qualifiés (privé)	380	35,6	2,49	15,1	91,7
10. Salariés agricoles	356	34,8	2,72	16,2	96,9
63. Ouvriers spécialisés (privé)	362	34,7	3,02	16,6	91,2
68. Manœuvres	310	32,9	4,38	20,5	96,0
France entière	**412**	**36,1**	**2,69**	**14,6**	**79,6**

(1) Le quotient de mortalité à un âge donné mesure le risque pour une personne atteignant cet âge de mourir avant l'anniversaire suivant. Il est exprimé en général en « pour mille ». Un quotient égal à 2 à 35 ans signifiera donc que, sur 1 000 personnes atteignant cet âge, deux en moyenne mourront avant leur 36e anniversaire.

(2) Le nombre de survivants a été calculé en appliquant à un effectif de 1 000 personnes de 35 ans les quotients de mortalité de 35 à 75 ans obtenus par ajustement.

(3) Dans toute la suite, il s'agit de la catégorie socio-professionnelle au recensement de 1954.

Revenus et patrimoines

Tableau 17

Evolution des salaires par catégorie socio-professionnelle

Le salaire net moyen était estimé en avril 1980 à 4 000 francs par mois. Depuis 1975, la tendance à la diminution des disparités se poursuit.

	Salaires nets annuels en 1975 (en francs)	Effectifs en 1975 (en milliers d'années-travail)	Progression des salaires bruts entre 1975 et avril 1980 (en %)	Indice de passage du brut au net (base 1 = 1975). avril 1980.	Progression des salaires nets entre 1975 et avril 1980 (en %)	Salaires nets annuels moyens estimés (en francs). avril 1980
Ensemble (1)	**29 482**	**12 490,7**	**72,1**	**0,951**	**63,7**	**48 250**
dont :						
Cadres supérieurs	88 900	621,8	63,4	0,948	54,8	137 600
Cadres moyens	43 380	1 514,5	67,1	0,947	58,3	68 650
Contremaîtres	40 023	452,1	69,1	0,950	60,7	64 300
Employés	25 067	2 734,9	74,8	0,954	66,8	41 800
Ouvriers (sauf maîtrise, apprentis et jeunes ouvriers)	23 136	6 342,7	75,2	0,952	66,8	38 600
Salaire estimé au SMIC annuel moyen (2)	14 711	—	76,9	0,955	69,0	24 855

(1) Champ des déclarations annuelles de salaires, DAS.

(2) Correspondant à la durée moyenne effective du travail des employés et des ouvriers des secteurs privé et semi-public.

Source : Economie et Statistique, n° 126, octobre 1980, « Les salaires au 1er avril 1980 », Philippe Choffel et Patrice Hernu (INSEE).

Tableau 18

Répartition par niveau de salaire net annuel * (en %)

Salaire net en francs par an	Proportion de salariés **	
	Dans la tranche de salaire	Au-dessous du plafond de la tranche % cumulés
Moins de 20 000	10,3	10,3
De 20 000 à moins de 30 000	32,7	43,0
De 30 000 à moins de 35 000	15,0	58,0
De 35 000 à moins de 40 000	10,7	68,7
De 40 000 à moins de 50 000	12,2	80,9
De 50 000 à moins de 60 000	6,2	87,1
De 60 000 à moins de 80 000	6,5	93,6
De 80 000 à moins de 120 000	4,1	97,7
120 000 ou plus	2,3	100,0

* Champ : salariés à temps complet des secteurs privé et semi-public, 1977.

** Données corrigées des erreurs de déclaration, de l'absentéisme et du chômage partiel.

Source : Economie et Statistique, n° 131, mars 1981.

Un salarié à temps complet sur deux percevait un salaire mensuel de 3 600 F à 3 700 F par mois en avril 1980.

Graphique 2 :

Revenus moyens annuels par tête selon la catégorie socio-professionnelle du chef de ménage (1975).

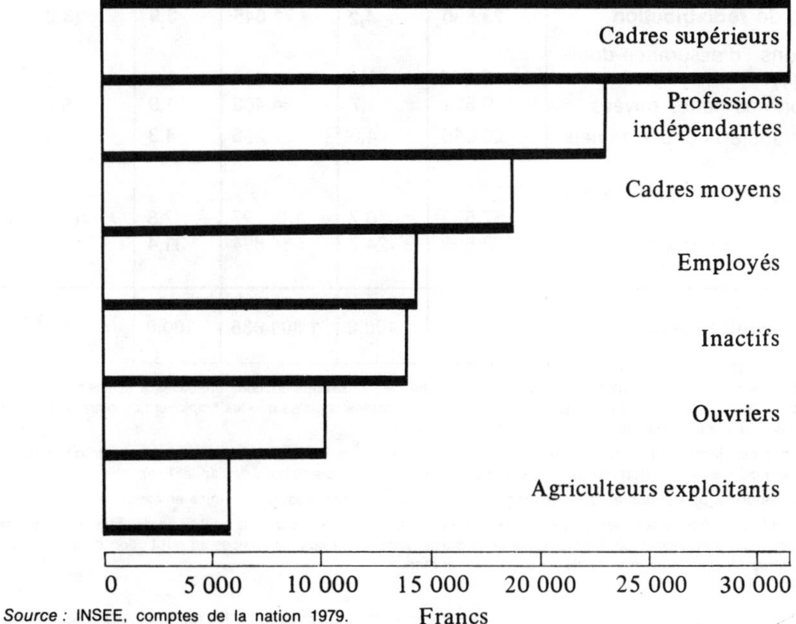

Source : INSEE, comptes de la nation 1979.

Tableau 19

Structure et évolution du revenu disponible brut des ménages et de ses emplois

	1970		1979		Variation annuelle (%)
	Millions de F	%	Millions de F	%	Moyenne 1970-1979
Revenu primaire : revenus d'activité et revenus de la propriété	**584 604**	**104,2**	**1 872 681**	**103,9**	**13,8**
Rémunération des salariés (1)	381 801	68,0	1 315 069	73,0	14,7
dont : Salaires et traitements bruts	289 551	51,6	957 241	53,1	14,2
Cotisations sociales effectives des salariés	21 424	3,8	111 821	6,2	20,1
Rémunération nette des salariés	268 127	47,8	845 420	46,9	13,6
Participation des salariés	1 099	0,2	3 984	0,2	15,4
Excédent brut d'exploitation (2)	182 759	32,6	491 714	27,3	11,6
dont : Entreprises individuelles	138 886	24,8	353 874	19,6	10,9
Intérêts, dividendes et fermages nets (3)	18 945	3,4	61 914	3,4	14,1
Transferts de redistribution	**– 23 530**	**– 4,2**	**– 71 045**	**– 3,9**	**13,0**
Opérations d'assurance-dommages (4)	2 316	0,4	6 211	0,4	11,6
dont : primes nettes payées	– 9 521	– 1,7	– 34 463	– 1,9	15,4
Autres transferts courants nets	– 25 846	– 4,6	– 77 256	– 4,3	12,9
dont :					
Impôts sur le revenu et le patrimoine	– 37 525	– 6,7	– 139 727	– 7,8	15,7
Prestations sociales reçues	138 599	24,7	564 894	31,4	16,9
Revenu disponible brut	**561 074**	**100,0**	**1 801 636**	**100,0**	**13,8**

(1) Comprend les salaires et les traitements bruts, mais aussi les cotisations sociales effectives à la charge des employeurs et des cotisations sociales fictives, contrepartie des prestations sociales que les employeurs (notamment l'Etat) versent directement à leurs salariés ou à leurs ayants droit.

(2) Exploitation des jardins familiaux, occupation ou location de logement..., et solde du compte d'exploitation des entreprises individuelles (déduction non faite des amortissements ou consommations de capital fixe).

(3) Solde des intérêts, dividendes et fermages reçus et versés, c'est-à-dire ressources moins emplois.

(4) C'est le solde des indemnités versées par les assurances et de la partie des primes payées par les ménages pour se couvrir du risque pendant l'exercice, à l'exclusion de la partie restant due aux assurances en rétribution de leur service et qui est affectée en consommation finale de services marchands.

Source : INSEE, *Rapport sur les Comptes de la Nation*, 1979.

Tableau 20

Revenu d'un couple de deux actifs avec 1 enfant de moins de 3 ans (1979)

Catégorie socio-professionnelle du chef de ménage	Revenu net annuel moyen (en F)
Ouvrier	66 810
Cadre moyen	96 530
Cadre supérieur	155 230

Source : INSEE, comptes de la nation 1979.

Tableau 21

Répartition par fonction du patrimoine brut total de chaque catégorie socio-professionnelle en 1975

en %

	Usage domestique	Usage professionnel	Fonction de rapport	Autres fonctions
Exploitants agricoles	16	65	17	2
Industriels et gros commerçants	24	32	39	5
Artisans et petits commerçants	28	36	31	5
Professions libérales	25	25	44	6
Cadres supérieurs	45	5	42	8
Cadres moyens	58	3	32	7
Employés	59	3	31	7
Ouvriers, salariés agricoles, personnel de service	70	3	20	7
Autres actifs	60	4	30	6
Inactifs	36	4	52	8
Ensemble	**39**	**19**	**36**	**6**

Source : CERC.

59 % du patrimoine en biens immobiliers

Graphique 3 :

La composition moyenne du patrimoine des Français en 1977.

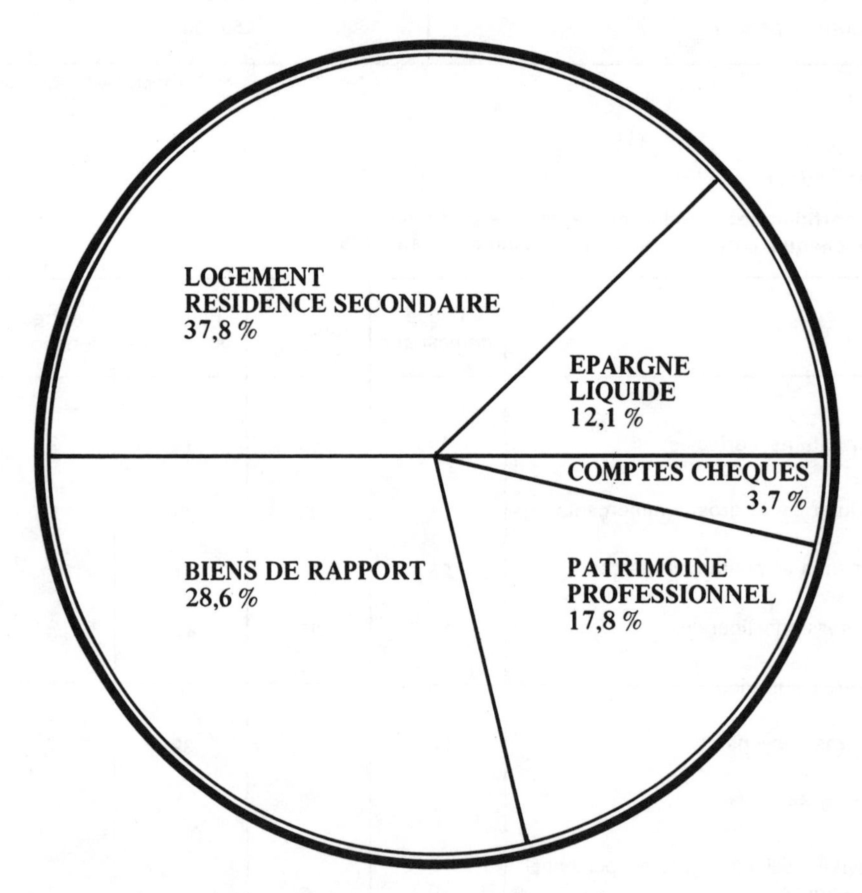

Source : Regards sur l'actualité, La crise touche-t-elle les patrimoines ?, Décembre 1980, n° 66, La Documentation Française.

Le patrimoine des Français se répartit en cinq grands types d'actifs :

— les comptes-chèques : encaisse monétaire ;
— l'épargne liquide : livrets, épargne-logement, bons à court terme ;
— les biens de rapport : valeurs mobilières, immobilier de rapport, biens fonciers ;
— le logement et les résidences secondaires : patrimoine résidentiel ;
— les actifs professionnels : entreprises, fonds de commerce, exploitations agricoles.

Les 10 % les plus fortunés possèdent plus de la moitié du patrimoine

Graphique 4 :

Répartition du patrimoine et des revenus.

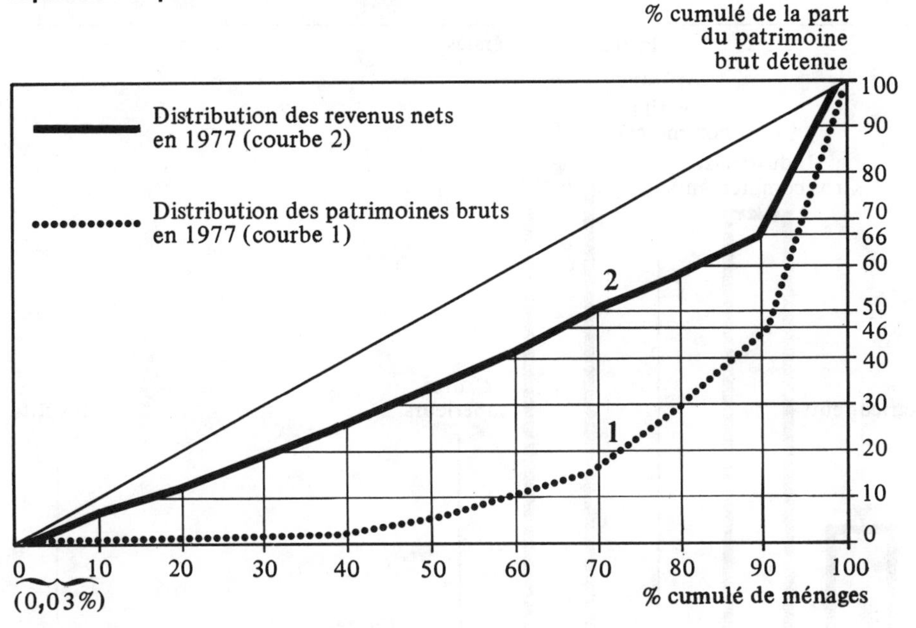

Source : Regards sur l'actualité : La crise touche-t-elle les patrimoines ? Décembre 1980, n° 66, La Documentation Française.

La courbe 1 exprime la part du patrimoine brut total détenue par les ménages en pourcentages cumulés. On peut y lire que les 10 % de ménages les plus fortunés possèdent 54 % du montant estimé du patrimoine brut et que les 10 % des ménages les moins fortunés en possèdent une part infime (0,03 %). Si le patrimoine était réparti de façon égale entre les ménages, la courbe serait confondue avec la diagonale du carré. Son éloignement de la diagonale mesure donc la concentration de la distribution. En revanche, la distribution des revenus nets d'impôts en 1977 (courbe 2) est beaucoup plus proche de la diagonale : on peut ainsi remarquer la forte différence entre la concentration des revenus et la concentration des patrimoines en France. Les 10 % de ménages qui ont les revenus les plus élevés touchent en effet le tiers du revenu global après impôt.

Graphique 5 :

Le montant moyen du patrimoine brut selon la catégorie socio-professionnelle du chef de ménage en 1977.

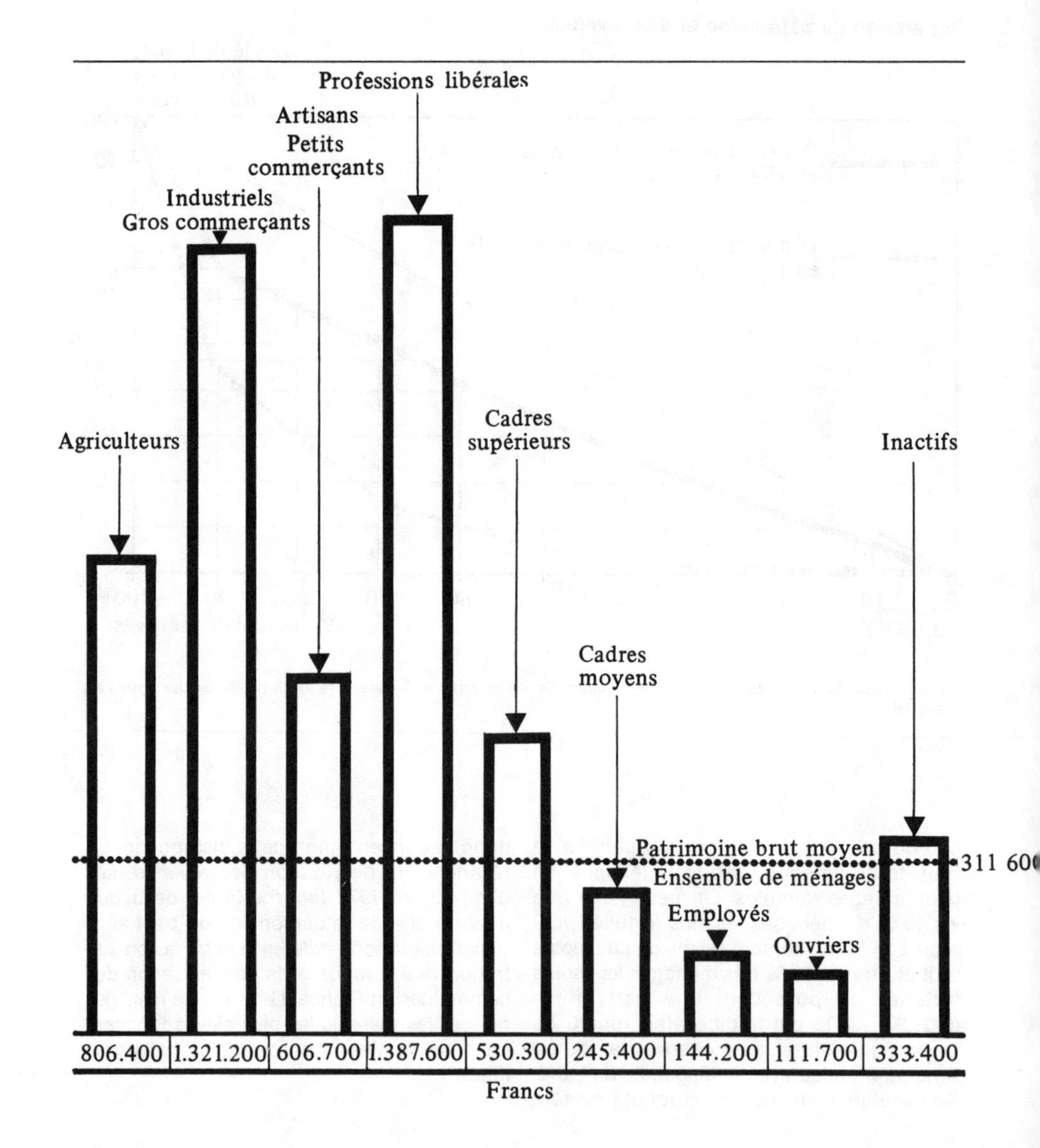

Source : Regards sur l'actualité : La crise touche-t-elle les patrimoines ? Décembre 1980, n° 66, La Documentation Française.

Le logement

Tableau 22

Equipement des résidences principales selon l'âge du chef de ménage et la catégorie de commune, en % des logements en 1975

	Age du chef de ménage		
	Tous âges	65-74 ans	75 ans et plus
Logements avec eau seulement :			
agglomération parisienne	13	17	19
autres unités urbaines	14	23	29
communes rurales	31	40	48
Logements avec eau, WC intérieurs, sans baignoire ou douche :			
agglomération parisienne	10	19	25
autres unités urbaines	8	13	19
communes rurales	9	12	15
Logements avec eau, WC intérieurs, baignoire ou douche, et chauffage central :			
agglomération parisienne	61	47	40
autres unités urbaines	53	38	30
communes rurales	26	17	11

Source : recensement de 1975.

Tableau 23

Caractéristiques de confort des résidences principales

Caractéristiques de confort	Recensement de			
	1962 (c)	1968	1975	1978
Eau courante dans le logement	79,3	90,8	97,2	98,7
dont : eau chaude	(b)	50,2	75,7	81,4
Installations sanitaires	30,3	47,5	70,3	77,1
WC intérieurs	41,2	54,8	73,8	79,1
Chauffage central	19,9	34,8	53,1	60,3
Tout le confort (1)	(a)	(a)	47,7	56,4
Téléphone	(b)	(c) 16,0	26,6	44,6
Ensemble (en milliers)	**14 565**	**15 763**	**17 745**	**18 641**

(a) Cette définition n'était pas utilisée aux précédents recensements.

(b) Question non posée en 1962.

(c) Les résultats relatifs à 1962 et à l'équipement en téléphone de 1968 ont été estimés ici par affectation des « non réponses ».

(1) Eau courante dans le logement, baignoire ou douche, WC intérieurs et chauffage central.

Tableau 23 (suite)

Caractéristiques de confort	Enquête-logement de 1978					
	Ensemble	Dont communes rurales	Dont unités urbaines de moins de 100 000 hab.	Dont unités urbaines de plus de 100 000 hab.	Dont agglomération parisienne	Dont parc existant au 1er janvier 1975
Eau courante dans le logement	98,7	96,4	99,3	99,5	99,4	98,6
dont : eau chaude	81,4	68,1	83,5	86,1	89,2	80,1
Installations sanitaires	77,1	63,9	80,7	83,6	79,9	75,3
WC intérieurs	79,1	65,0	82,8	84,2	85,1	77,5
Chauffage central	60,3	40,4	62,2	67,0	74,5	57,5
Tout le confort (1)	56,4	37,0	59,1	63,8	67,8	53,3
Téléphone	44,6	39,2	38,2	42,8	64,6	44,3
	100,0	**100,0**	**100,0**	**100,0**	**100,0**	**100,0**
Ensemble (en milliers)	**(18 641)**	**(4 735)**	**(5 242)**	**(5 276)**	**(3 388)**	**17 273**

(1) Eau courante dans le logement, baignoire ou douche, WC intérieurs et chauffage central.

Tableau 24

Répartition des ménages selon le statut d'occupation en 1973 et 1978 (en %)

Age du chef de ménage	Structure de l'ensemble des ménages	Propriétaires	Locataires d'un local loué vide	Autres	Ensemble
Moins de 30 ans :					
1973	(14,1)	12,4	68,1	19,5	100,0
1978	(14,4)	12,5	71,8	15,7	100,0
30 à 39 ans :					
1973	(16,9)	39,0	47,6	13,4	100,0
1978	(17,5)	39,8	49,0	11,2	100,0
40 à 49 ans :					
1973	(19,5)	51,1	37,7	11,2	100,0
1978	(17,9)	54,7	35,0	10,3	100,0
50 à 64 ans :					
1973	(24,7)	55,3	33,3	11,4	100,0
1978	(24,6)	57,3	31,9	10,8	100,0
65 ans et plus :					
1973	(24,9)	54,6	31,5	13,9	100,0
1978	(25,6)	54,8	31,4	13,8	100,0
Ensemble					
1973	**(100,0)**	**45,5**	**40,7**	**13,8**	**100,0**
1978	**(100,0)**	**46,7**	**41,0**	**12,3**	**100,0**

Source : Economie et Statistique, n° 128, décembre 1980, INSEE.

Graphique 6 :

Caractéristiques du logement selon la nationalité du chef de ménage en 1975.

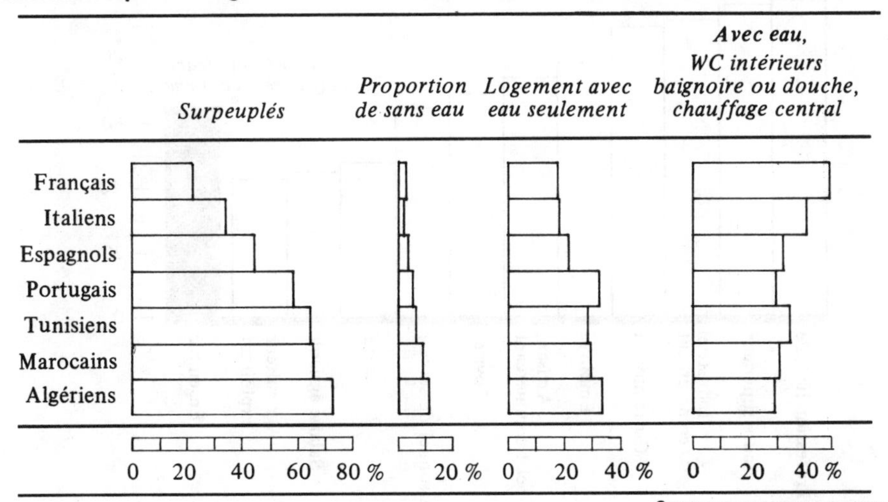

Source : recensement de 1975.

Graphique 7 :

Caractéristiques du logement selon la catégorie socio-professionnelle du chef de ménage en 1975.

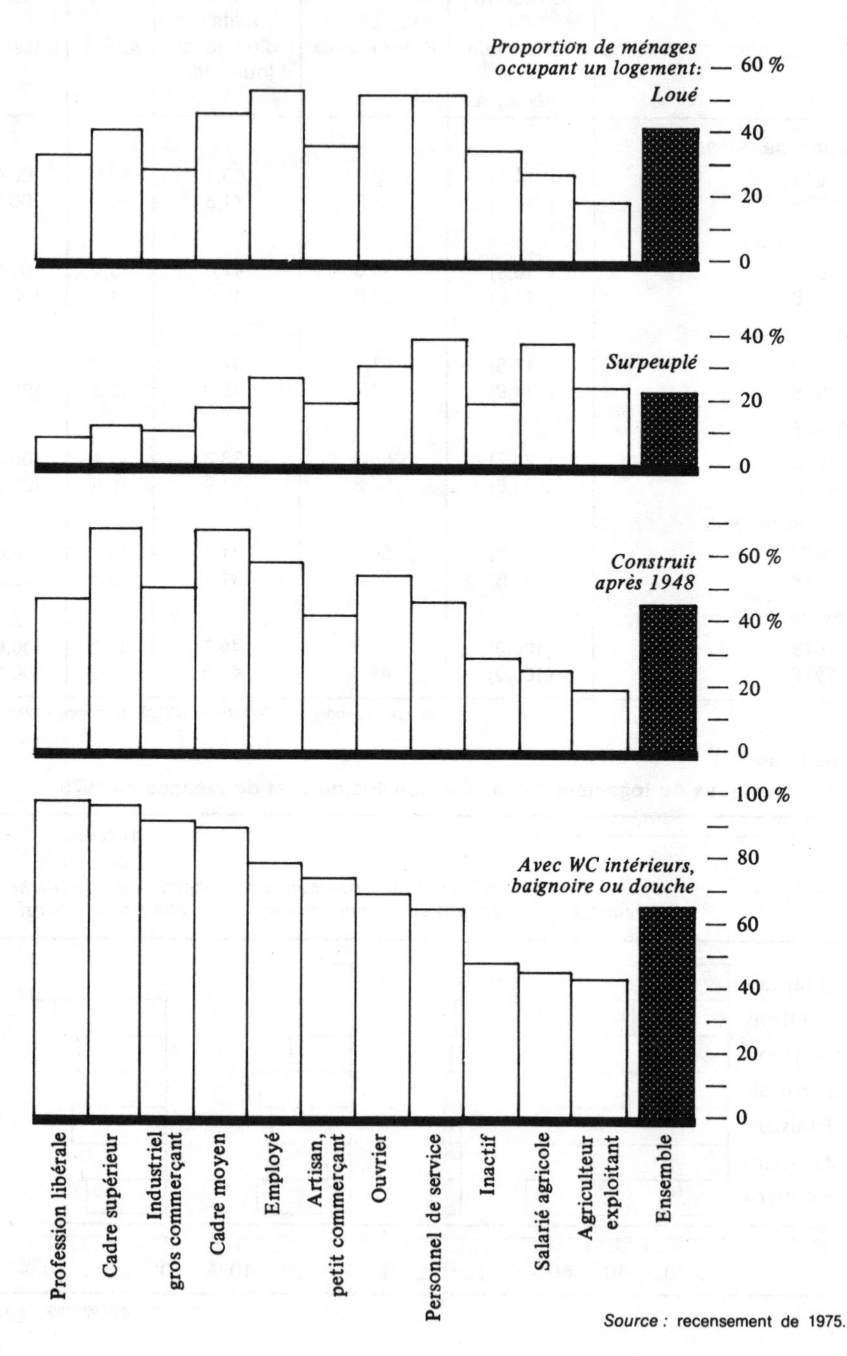

Source : recensement de 1975.

Inadaptation et exclusion sociales

Handicapés physiques et mentaux

L'évaluation des handicapés physiques et mentaux de moins de 65 ans varie de 2 à plus de 3 millions, dont près d'un million de handicapés sévères.

On peut donner les ordres de grandeur suivant :

total des déficients mentaux : 0,9 à 1,3 million dont 650 000 à 1 100 000 enfants et adolescents de 5 à 19 ans dans le cas où on n'inclut pas les déficients mentaux adultes ou d'âge préscolaire ne nécessitant pas une prise en charge particulière ; 2,2 millions à 2,6 millions dans le cas contraire ;

total des handicapés moteurs : 860 000 dont 130 000 enfants et adolescents de 5 à 19 ans ;

total des déficients sensoriels : 180 000 dont 40 000 enfants et adolescents de 5 à 19 ans ;

total des comitiaux (essentiellement épileptiques) : 140 000 dont 40 000 enfants et adolescents de 5 à 19 ans.

Source : Données Sociales, 1978, (INSEE).

Tableau 25

Estimation de l'effectif des adultes handicapés.
Population comprise entre 20 et 60 ans (d'après étude RCB, ministère du Travail)

Origine	Estimation 01-01-1974	Estimation 01-01-1980	Variation relative 1974-1980 %
Origine congénitale ou juvénile :			
Sensoriels	35 400	37 000	+ 4,5
Moteurs	52 200	54 000	+ 3,4
Handicap intellectuel	104 900	109 000	+ 3,9
Comitiaux (épileptiques)	59 500	62 000	+ 4,2
Total	**252 000**	**262 000**	+ **4,0**
Origine accidentelle :			
Dus au travail	88 000	95 000	+ 8,0
Dus à la circulation	47 000	60 000	+ 27,7
Autres	16 000	17 000	+ 6,2
Dus à la guerre	23 000	15 000	− 34,8
Total	**174 000**	**187 000**	+ **7,5**
Origine pathologique tardive :			
Psychiques et mentaux	130 000	141 000	+ 8,5
Autres maladies invalidantes	450 000	514 000	+ 14,2
Total	**580 000**	**655 000**	+ **12,19**
Total général	**1 006 000**	**1 104 000**	+ **9,7**

« Marginaux » et « associaux »	200 000
Population de plus de 60 ans :	
Personnes âgées invalides	1 500 000

Remarques :

Les sources d'information sont le plus souvent liées au bénéfice d'une aide (pension d'invalidité, allocation, emploi prioritaire, carte de grand infirme). Elles sont lacunaires (certains handicapés, bien adaptés à la vie active demandent peu d'aides), difficiles à conjuguer entre elles et avec d'autres données (longue maladie, maladies à répétition...).

Tableau 26

Nombre d'enfants par catégorie accueillis en 1977 par les établissements relevant du :

	Ministère de l'Education	Ministère de la Santé et de la Sécurité Sociale (établissements médico-éducatifs seulement)
Déficients sensoriels	3 146	13 373
Handicapés moteurs	2 542	11 038
Déficients somatiques	2 298	1 479
Troubles psychiatriques graves	310	3 268
Débiles et arriérés profonds	822	34 609
Débiles moyens	16 731	37 934
Autres (débiles légers, troubles du comportement, cas sociaux)	221 277	37 698
Ensemble	**247 126**	**139 399**

Pauvreté et inadaptation sociale

Tableau 27

Enfants pris en charge par l'aide sociale à l'enfance	600 000
Alcoolisme	2 500 000 à 3 000 000
Suicides et tentatives	165 000
Malades mentaux en hôpitaux psychiatriques	120 000
Personnes accueillies dans des centres d'hébergement	25 000

La notion d'inadaptation sociale ne recoupe pas exactement celle de pauvreté ; aucune couche sociale n'est en effet a priori épargnée par les maladies nerveuses ou mentales ou par des réactions de déviance, comme, parmi les jeunes notamment, les fugues, l'usage de stupéfiants ou la délinquance.

Toutefois le risque est beaucoup plus élevé pour certains groupes sociaux très défavorisés, comme le montre le tableau 28.

Source : ministère de la Santé.

Tableau 28

Comparaisons des catégories socio-professionnelles de la population active masculine et de la population de divers groupes d'inadaptés sociaux

Catégories socio-professionnelles	Population active masculine	CSP des parents				Adultes masculins délinquants
		Recueillis temporaires	Inadaptés scolaires	Jeunes délinquants	Mineurs en danger	
	(1)	(2)	(3)	(4)	(5)	(6)
Ouvriers et salariés agricoles	50 %	68,3	62,3	69,5	67,7	64,0
Employés	8,9 %	8,5	7,6	18,5	11,4	9,2
Agriculteurs	11,5 %	—	13,2	0,5	2,5	3,1
Industriels, commerçants, artisans, professions libérales	26,5 %	—	16,8	10,3	14,1	22,4
Autres	3,1 %	23,2		1,2	4,3	1,3
Total	**100 %**	**100**	**100**	**100**	**100**	**100**

(Extrait des *Institutions sociales de la France*, La Documentation Française.)

(1) Recensement de 1968.

(2) Voir dans le rapport : Enfants placés temporairement à l'Aide sociale à l'enfance (Sauvy, Girard, « Population », mars-avril 1965).

(3) Il s'agit des enfants de onze ans qui ont un retard égal ou supérieur à deux ans.

(4) Il s'agit de mineurs PES, in Statistiques judiciaires 1960.

(5) Les jeunes en danger, Vaucresson, 1972.

(6) Statistiques des condamnations en appel et devant les tribunaux correctionnels, 1969.

La mobilité sociale

Graphique 8 :

Principaux changements de catégories socio-professionnelles entre 1965 et 1970 (hommes).

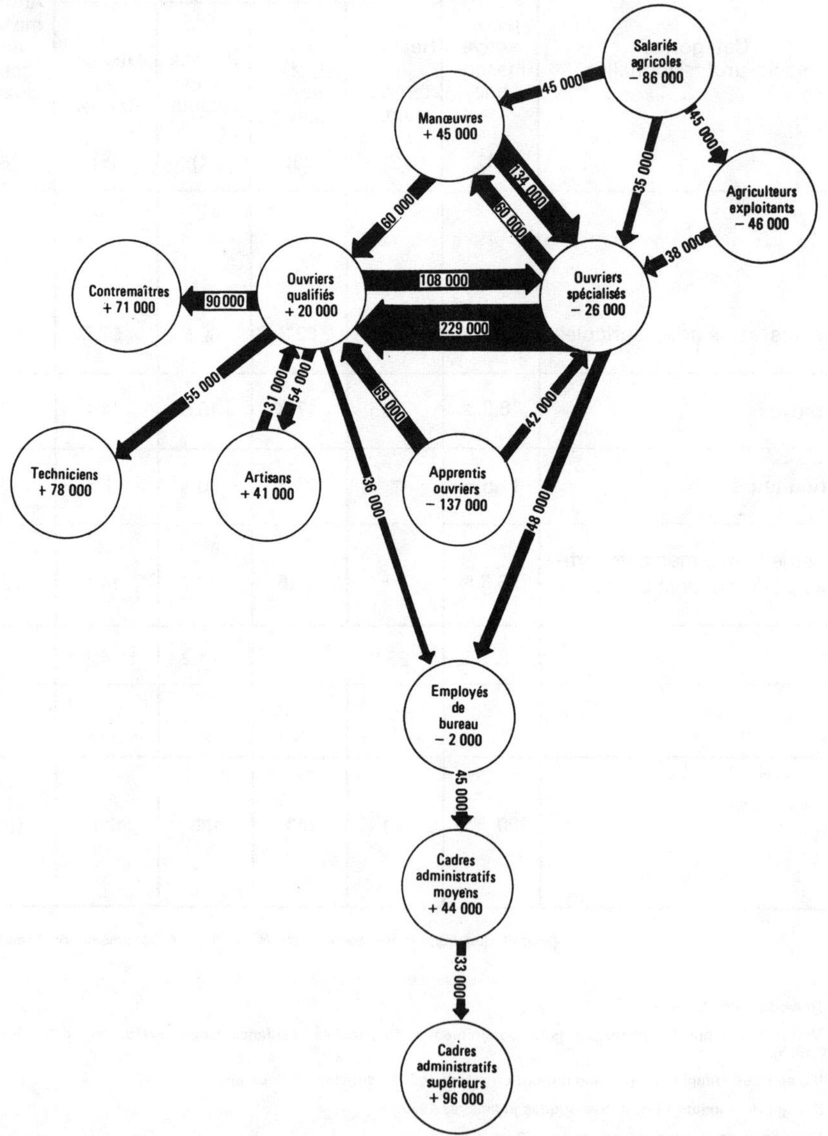

Source : Enquête Formation, qualification professionnelle, 1970, R. Pohl, C. Thélot, et M.-F. Jousset. *Collections de l'INSEE,* 32 D.

Graphique 9 :

Principaux changements de catégories socio-professionnelles entre 1965 et 1970 (femmes).

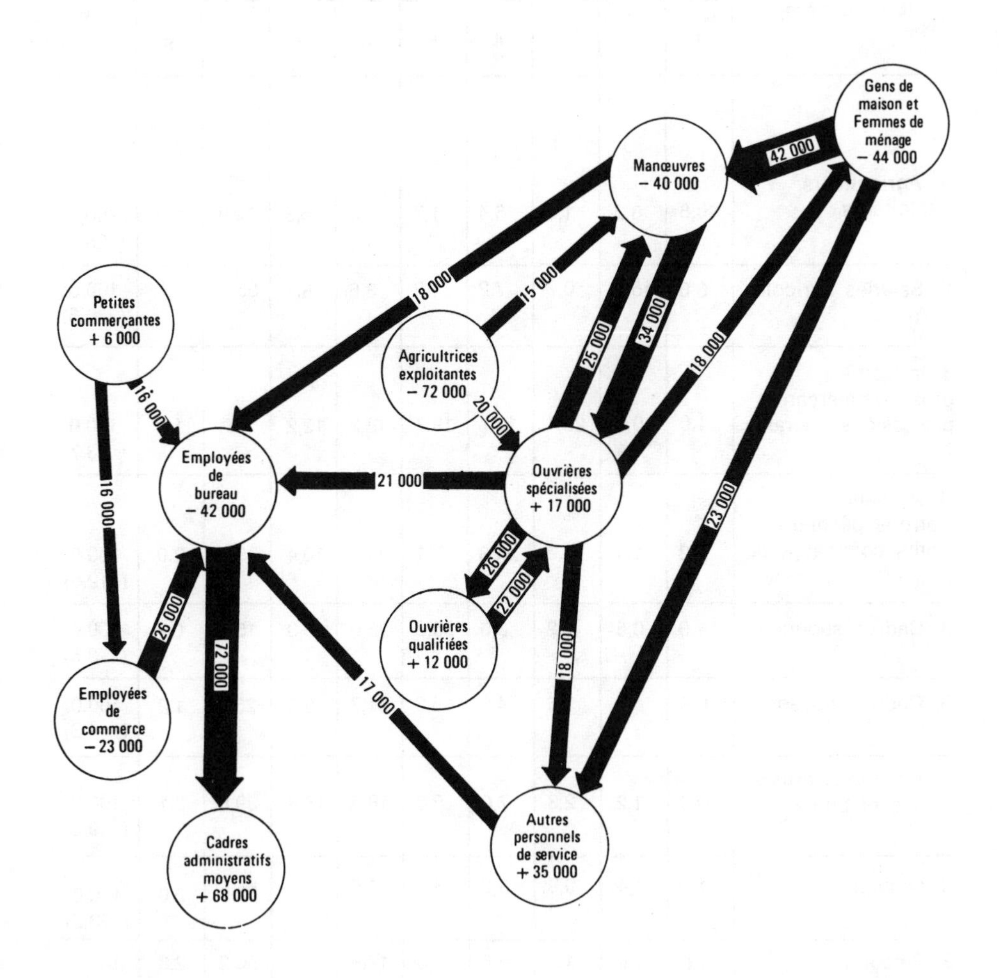

Source : Enquête Formation, qualification professionnelle, 1970, R. Pohl, C. Thélot et M.-F. Jousset. *Collections de l'INSEE,* 32 D.

Tableau 29

Mobilité sociale en 1970

Origine sociale (CS du père)	Position sociale (CS du fils)									Ensemble
	1	2	3	4	5	6	7	8	9	
1. Agriculteurs exploitants	38,8	6,3	1,3	5,4	1,7	3,8	6,8	34,9	1,0	100,0 (25,6)
2. Salariés agricoles	6,6	15,6	0,7	7,2	1,2	3,6	8,1	55,3	1,7	100,0 (6,5)
3. Industriels, gros commerçants, professions libérales	1,0	0,2	20,1	10,7	19,7	18,2	12,2	16,1	1,8	100,0 (3,7)
4. Artisans, patrons pêcheurs, petits commerçants	2,2	1,4	5,3	24,6	7,1	11,4	10,4	35,6	2,0	100,0 (12,0)
5. Cadres supérieurs	1,9	0,5	7,2	3,6	35,2	25,0	10,3	15,6	0,7	100,0 (3,6)
6. Cadres moyens	0,5	0,3	3,5	4,2	18,3	31,7	15,2	25,1	1,2	100,0 (4,3)
7. Employés, artistes, armée et police	0,9	1,2	2,3	7,0	9,3	18,8	18,6	39,8	2,1	100,0 (9,5)
8. Ouvriers	1,0	1,4	0,9	5,2	3,2	10,6	11,8	63,9	2,0	100,0 (33,2)
9. Personnel de service	1,0	1,6	1,2	6,6	4,0	17,6	15,0	50,2	2,8	100,0 (1,6)
Ensemble	**11,2**	**3,4**	**2,7**	**8,0**	**6,1**	**11,1**	**10,9**	**44,9**	**1,7**	**(100,0)**

Tableau 30

Actifs nés depuis 1918, selon leur catégorie socio-professionnelle et celle de leur père en 1970

(en %)

Hommes Catégorie socio-professionnelle du père	Catégorie socio-professionnelle du fils				
	Cadres supérieurs, professions libérales	Patrons, cadres moyens, employés, autres actifs	Agri-culteurs	Ouvriers, personnel de service	**Total**
Cadres supérieurs, professions libérales	40,3	42,9	0,9	15,9	**100,0**
Patrons, cadres moyens, employés, autres actifs	11,5	48,4	1,7	38,4	**100,0**
Agriculteurs	1,5	17,8	37,2	43,5	**100,0**
Ouvriers, personnel de service	3,1	27,6	1,6	67,7	**100,0**
Total	6,7	31,3	12,3	49,7	**100,0**

Femmes Catégorie socio-professionnelle du père	Catégorie socio-professionnelle de la fille				
	Cadres supérieurs professions libérales	Patrons, cadres moyens, employés, autres actifs	Agri-culteurs	Ouvriers, personnel de service	**Total**
Cadres supérieurs, professions libérales	17,4	75,7	0,8	6,1	**100,0**
Patrons, cadres moyens, employés, autres actifs	4,3	70,6	2,3	22,8	**100,0**
Agriculteurs	1,0	27,4	39,5	32,1	**100,0**
Ouvriers, personnel de service	0,9	51,4	1,7	46,0	**100,0**
Total	2,7	51,5	12,5	33,3	**100,0**

Source : INSEE, enquête FQP 1970.

Tableau 31

Diplôme le plus élevé du père et diplôme le plus élevé du fils en 1970

Hommes nés en 1918 ou après, y compris ceux en cours d'études

(en %)

Diplôme le plus élevé du fils / Diplôme le plus élevé du père	Aucun diplôme ou non déclaré	CEP	BEPC, CAP ou équivalents, Brevets techniques, Baccalauréat	Diplôme d'études supérieures	**Total**
Aucun diplôme ou non déclaré	42,2	31,2	24,2	2,4	**100,0**
CEP	18,8	38,7	38,2	4,3	**100,0**
CAP ou équivalent, Brevet élémentaire, Brevets techniques, Baccalauréat, Brevet supérieur	11,9	23,5	48,8	15,8	**100,0**
Diplôme d'études supérieures	13,4	9,9	36,2	40,5	**100,0**
Total	**32,3**	**32,2**	**30,5**	**5,0**	**100,0**

Source : Economie et Statistique, n° 71, octobre 1975.

Tableau 32

Diplôme le plus élevé du père et diplôme le plus élevé de la fille en 1970

Femmes nées en 1918 ou après, y compris celles en cours d'études.

(en %)

Diplôme le plus élevé de la fille / Diplôme le plus élevé du père	Aucun diplôme ou non déclaré	CEP	BEPC, CAP ou équivalents, Brevets techniques, Baccalauréat	Diplôme d'études supérieures	**Total**
Aucun diplôme ou non déclaré	43,1	34,6	20,3	2,0	**100,0**
CEP	17,8	40,8	36,8	4,6	**100,0**
CAP ou équivalent, Brevet élémentaire, Brevets techniques, Baccalauréat, Brevet supérieur	13,6	22,2	49,6	14,6	**100,0**
Diplôme d'études supérieures	12,8	6,0	43,4	37,8	**100,0**
Total	**32,7**	**34,8**	**27,9**	**4,6**	**100,0**

Source : Economie et Statistique, n° 71, octobre 1975.

Les paysans et le monde rural

Tableau 33

Répartition par taille des exploitations agricoles françaises

Taille (a)	1960 %	1967 %	1970 %	1977 %	1977 % SAU *
1 à 5 ha	26,2	23,8	22,9	19,6	1,9
5 à 10	21,2	19,5	17,6	15,2	4,4
10 à 20	26,7	26,2	25,0	21,8	12,4
20 à 50	20,5	23,6	26,0	30,9	38,1
50 et plus	5,5	6,9	8,5	12,5	43,2
Total	**100**	**100**	**100**	**100**	**100**
Milliers d'exploitations	**1 774**	**1 576**	**1 421**	**1 148**	**29 125 (mha)**

(a) Les exploitations d'exactement 5, 10, 20, 50 ha sont classées avec la tranche supérieure.
* SAU : surface agricole utile.

Tableau 34

Main-d'œuvre des exploitations agricoles de la Communauté européenne (1977)

	Chefs d'exploitation (milliers)	Aides familiaux (milliers)	Main-d'œuvre non familiale (milliers)	Total (milliers)	Nombre de personnes par 100 ha SAU
Allemagne (RFA) (1976)	471	427	86	984	7,4
France	883	574	193	1 650	5,1
Italie (1973)	622	399	809	1 830	10,5
Pays-Bas	141	60	35	236	11,4
Belgique	80	23	5	108	7,1
Royaume-Uni	288	68	213	569	3,1

Source : Tableaux de l'économie française, 1980, INSEE.

Tableau 35

Evolution de la population active agricole

(taux d'évolution annuel en %)

Statut et sexe	De 1954 à 1962		De 1962 à 1968		De 1968 à 1975	
Exploitants agricoles	– 1,7		– 3,0		– 2,8	
Hommes		– 1,5		– 2,7		– 3,5
Femmes		– 2,4		– 5,1		+ 1,6
Aides familiaux	– 5,0		– 4,0		– 10,2	
Hommes		– 6,5		– 5,0		– 11,7
Femmes		– 4,3		– 3,6		– 9,6
Salariés agricoles	– 4,1		– 5,6		– 6,1	
Hommes		– 3,6		– 5,4		– 6,3
Femmes		– 7,1		– 7,4		– 4,6
Ensembles des actifs agricoles	– 3,5		– 3,9		– 5,7	
Hommes		– 3,1		– 3,8		– 5,1
Femmes		– 4,2		– 4,1		– 6,8

Sources : Recensements de la population de 1954, 1962, 1968 et 1975.

Tableau 36

Activité au sein de la population agricole

	Hommes		Femmes		Ensemble	
	1968	1975	1968	1975	1968	1975
Population agricole (en milliers d'individus)	3 734	3 026	3 519	2 858	7 253	5 884
dont : actifs	*2 261*	*1 610*	*1 163*	*812*	*3 424*	*2 422*
actifs non agricoles	*294*	*261*	*223*	*249*	*517*	*510*
Actifs parmi la population agricole (en %)	61	53	33	28	47	41
Actifs non agricoles parmi les actifs des ménages agricoles (en %)	13	16	19	31	15	21

Sources : Recensements de la population de 1968 et 1975.

Tableau 37

Age moyen des actifs agricoles

(en années)

Années du recensement	Hommes	Femmes
1954	42,44	42,94
1962	45,76	45,84
1968	45,82	46,50
1975	45,36	46,64

Sources : Recensements de la population de 1954, 1962, 1968 et 1975.

Carte 7 :

Importance de la représentation des actifs agricoles dans la population active totale en 1975.

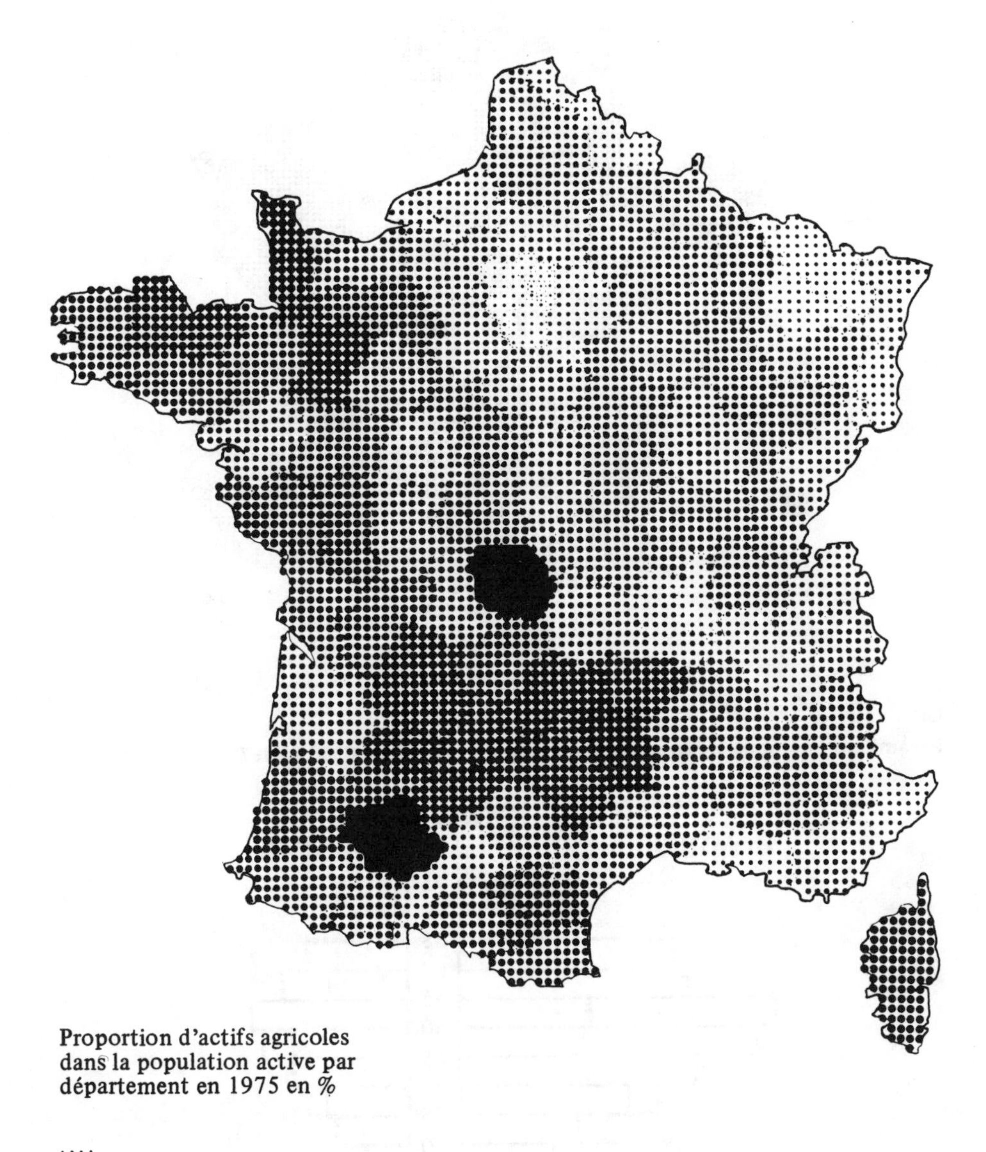

0,2

5,0

30,00

Source : Economie et Statistique, n° 100, mai 1978, INSEE.

Carte 8 :

Diminution des effectifs de population active agricole entre 1968 et 1975.

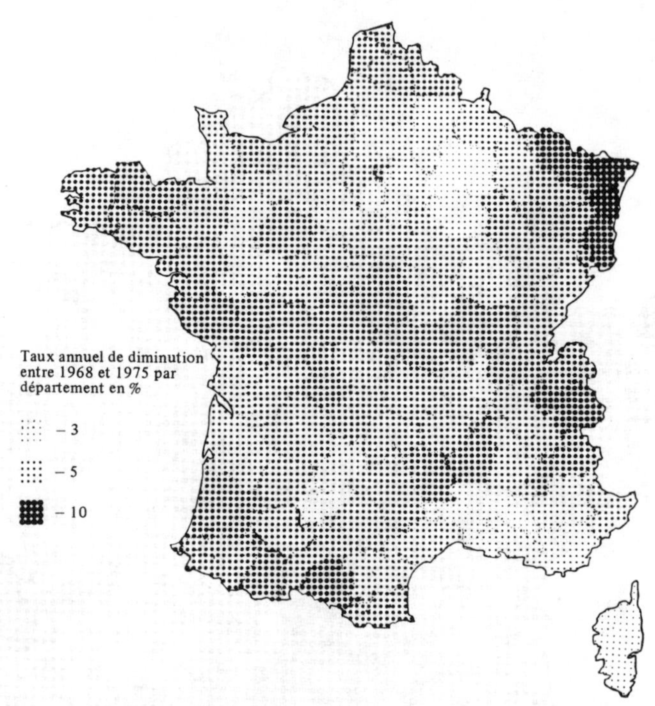

Graphique 9 :

Pyramides des âges de la population active agricole en 1968 et 1975.

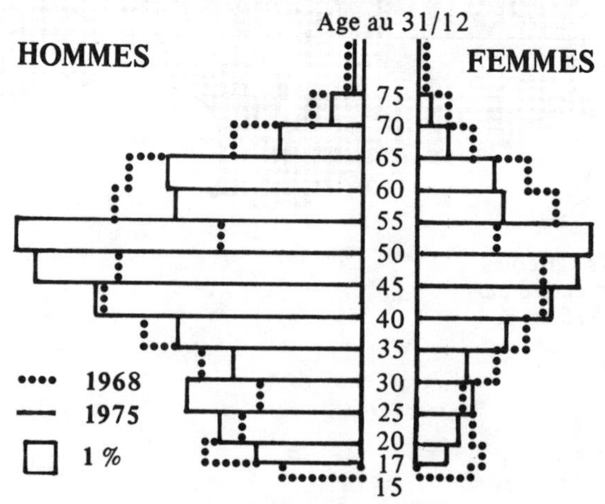

Source : Economie et Statistique, n° 100, op. cit.

Graphique 10 :

Pyramides des âges de la population active agricole, par statut, en 1968 et 1975.

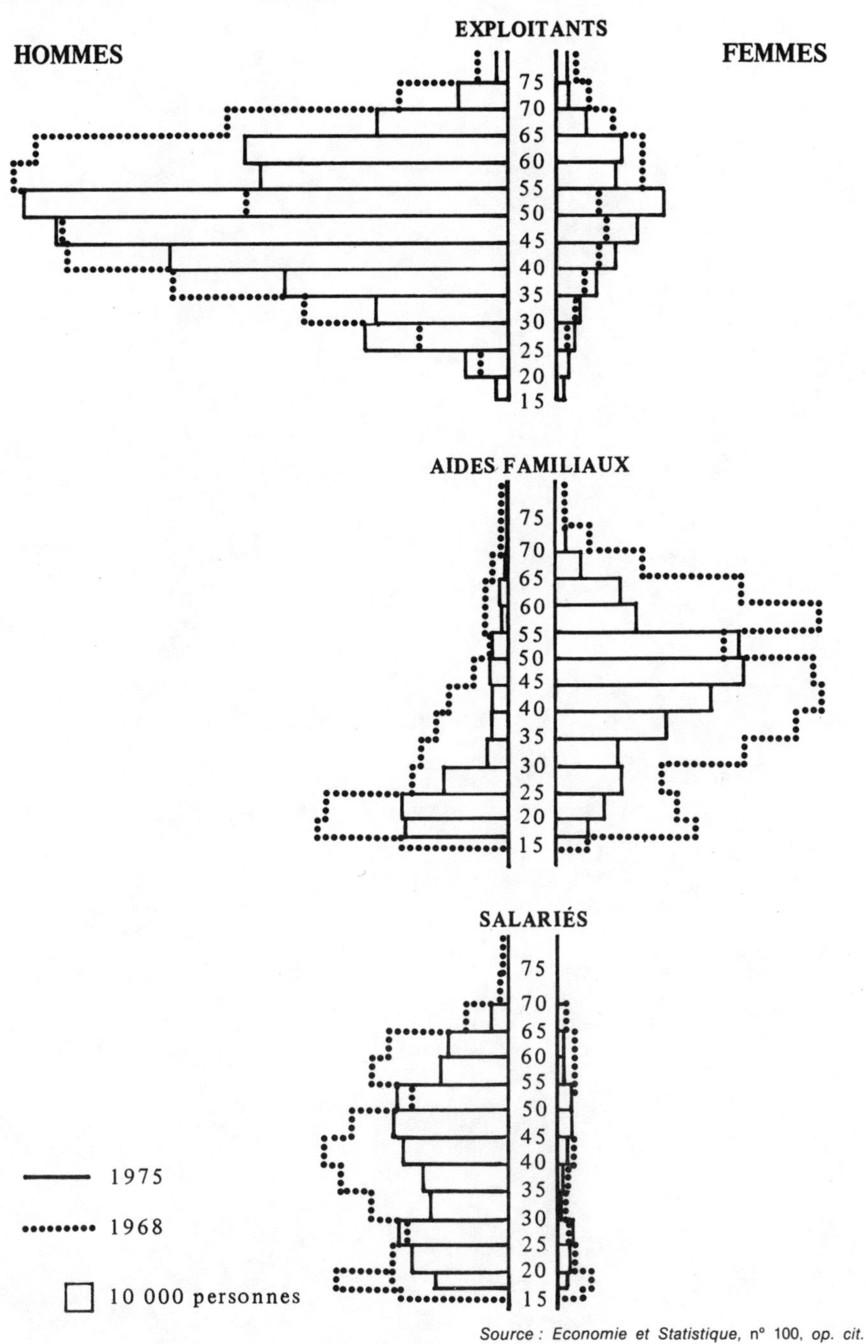

Source : Economie et Statistique, n° 100, op. cit.

L'entreprise et les relations sociales

Les talents industriels des Français

Christian Stoffaës *

« Il n'y a de richesses que d'hommes ». Pour comprendre les singularités de l'industrialisation en France, l'examen des structures sociales, de l'histoire politique, du système éducatif et des mentalités importe plus que le simple bilan des ressources naturelles. Quels sont aujourd'hui les points forts et les secteurs vulnérables de l'industrie nationale ? Au-delà de cet inventaire se pose la question de l'émergence d'un modèle industriel français.

Peut-on parler des talents industriels d'une nation ?

L'aventure industrielle procède à la fois des individualités et de la collectivité. Elle est le fruit conjoint du hasard et de la nécessité. Ainsi, le processus qui a fait de Bic le champion mondial du crayon à bille et du rasoir jetable, ou de Michelin la troisième multinationale et le premier innovateur mondial du pneumatique, n'est-il issu d'aucune ambition nationale de la société française de régner sur le stylo, ni de la région de Clermont-Ferrand de dominer mondialement la technologie de la roue d'automobile. Mais, à l'inverse, on ne peut nier non plus qu'au XIXe siècle, la nation anglaise ait offert un terrain plus favorable que la nation française à la révolution industrielle ; qu'aujourd'hui le Japon paraît être devenu l'un des champions mondiaux de l'industrie ; donc qu'il y a aussi une composante spécifiquement nationale des talents industriels.

Cette double logique fait toute la difficulté de traiter globalement du thème des talents industriels des Français. Car l'innovation technique est toujours un peu le fruit d'un accident, obéit à une logique de la science et de la rationalité, indépendante du tempérament national, qui rencontre le dynamisme individuel d'un entrepreneur. Mais en même temps, elle dépend de l'environnement humain et institutionnel du pays où elle s'inscrit. La Science n'a pas de patrie, dit-on. Mais il n'est déjà pas certain que le mouvement de la science soit autonome par rapport à la société. Que dire alors des innovations et de l'application des techniques qui, elles, dépendent à coup sûr de facteurs historiques et culturels, obéissent à une logique sociale, où interviennent les travailleurs, les entrepreneurs, les consommateurs et les utilisateurs, l'opinion générale, le cadre politique et réglementaire de la nation.

---

* Christian Stoffaës, ingénieur en chef des Mines, chef du Centre d'études et de prévision du ministère de l'Industrie, professeur à l'Institut d'études politiques de Paris. Auteur notamment de *La Grande menace industrielle,* éditions Calmann-Lévy et le Livre de Poche, Collection Pluriel.

La France est aujourd'hui une nation industrielle à part entière, et même une des plus avancées, au quatrième rang mondial. Elle a dépassé l'Angleterre dans le courant des années soixante ; elle a traversé plutôt mieux la crise industrielle mondiale des années soixante-dix que des pays comme ceux de l'Europe du Nord ou même que les États-Unis.

Mais il n'en a pas toujours été ainsi, et pour comprendre les comportements d'aujourd'hui, il faut remonter à l'histoire, et même à l'histoire lointaine. Ensuite, il faudra examiner si l'on peut déterminer quelques traits spécifiques du tempérament industriel national : y a-t-il, dans l'industrie mondiale d'aujourd'hui, certaines activités, certaines formes d'organisation industrielle dans lesquelles nous excellons, et d'autres, en revanche, dans lesquelles nous avons du retard ?

Une révolution industrielle tardive mais brillante

L'histoire économique de la France montre que notre pays a mis longtemps à accepter les bouleversements liés à la révolution industrielle. Le processus d'industrialisation y a été très progressif, avec de longues périodes de pause, et n'a pas revêtu le caractère de rupture brutale qu'il a eu dans la plupart des pays aujourd'hui industrialisés.

Un système de valeurs et un comportement peu favorables à l'industrie

Les retards de la révolution industrielle française s'expliquent par un faisceau de causes et non par une seule. C'est en fait l'ensemble des traits de la société française qui ont rendu l'acclimatation de l'industrie moderne plus difficile dans notre pays que chez la plupart de nos voisins d'Europe du Nord-Ouest ou qu'aux États-Unis.

Ce ne sont pas en effet les facteurs de production favorables qui ont fait défaut à la France.

Pour la disponibilité des *technologies,* notre pays s'est toujours classé dans les premiers rangs : les encyclopédistes et les ingénieurs français ont été souvent à l'origine des découvertes scientifiques et des inventions qui ont précédé, aux XVIIIe et XIXe siècles, l'éclosion de la révolution industrielle ; plus récemment, des innovations industrielles majeures, comme l'aluminium, la chimie organique, l'électricité, l'aéronautique, le nucléaire, etc. doivent beaucoup aux savants et inventeurs français ; le niveau global de formation de la population française a toujours été excellent dans les comparaisons internationales, même si un certain nombre de déficiences traditionnelles existent dans le domaine des formations technologiques. Mais il ne suffit pas de disposer du savoir de la découverte : il faut aussi l'appliquer, passer des concepts de l'ingénieur, au savoir-faire de l'entrepreneur ingénieux, ce qui n'est pas la même chose.

Pour la disponibilité du *capital,* la France a également été toujours bien dotée. La prospérité de son agriculture lui a permis, dès avant la révolution industrielle, de dégager une épargne nationale relativement importante : pendant longtemps les Français ont été les champions internationaux de l'épargne. Mais cette épargne s'est plus volontiers investie dans le foncier et l'immobilier, dans les rentes d'État, françaises et étrangères que dans l'industrie nationale, considérée comme plus risquée, parfois à tort, si l'on pense au sort des détenteurs des emprunts russes.

Pour les *matières premières,* en revanche, la France a occupé une position contrastée. Les conditions privilégiées dans l'agriculture (terre, climat) ne se sont pas retrouvées dans les matières premières minérales, à quelques exceptions près (minerai de fer lorrain). Dotée de mines de charbon d'exploitation difficile et coûteuse, la France a toujours été en situation d'insuffisance et de forte dépendance extérieure sur le plan énergétique, qui s'est révélée particulièrement critique au cours du grand décollage de l'industrie sidérurgique dans le troisième tiers du XIXe siècle, avec l'aggravation que représentait la perte de l'Alsace-Lorraine. Cette situation a encore empiré avec l'avènement depuis trente ans du pétrole-roi.

Mais le Japon a toujours été défavorisé, lui aussi, par la rareté des matières premières nationales et cela n'a guère handicapé une industrialisation extrêmement rapide.

Les raisons qu'il faut mettre au premier rang pour expliquer les retards français sont d'ordre sociologique. L'agriculture, en raison de la forte dispersion des exploitations, manque au XIXe siècle des moyens et de la volonté d'introduire les techniques nouvelles, la spécialisation des productions, le machinisme agricole, etc., et reste en conséquence, malgré les avantages naturels dont elle dispose, peu productive, mobilisant au détriment de l'industrie une part trop importante des ressources nationales. Alors qu'elle était, au XVIIIe siècle, la championne démographique de l'Europe, la France s'oriente, au XIXe siècle et jusqu'au milieu du XXe siècle, vers la stagnation démographique et le déclin de la natalité. Ce malthusianisme développe un cercle vicieux de la non-industrialisation : marchés stagnants, préférence pour l'épargne plutôt que pour la consommation caractéristique d'une structure d'âge élevée, etc., en bref une mentalité peu favorable au dynamisme industriel. Les productions industrielles restent routinières, artisanales, de petites séries, organisées autour du mode de vie dominant qui reste le village et non la grande ville, terrain d'élection de la consommation de masse. La tradition d'excellence de l'industrie française dans les produits de luxe pour la Cour et la noblesse, relayées par la grande bourgeoisie, contribue aussi à limiter la standardisation des produits et l'allongement des séries.

Enfin, il faut sans doute aussi se référer à des motifs du type de ceux qu'invoque Max Weber, le fonds *catholique et latin* dont les valeurs dominantes, contrairement à celles du protestantisme anglo-saxon, rabaissent le commerce et l'esprit d'entreprise. L'entrepreneur, au sens de Joseph Schumpeter, le capitaliste innovateur et aventureux, est une denrée peu répandue dans la France du XIXe siècle, dont les valeurs culturelles mettent l'accent sur la gestion prudente, de bon père de famille, et prônent l'idéal de l'entreprise familiale, suffisamment petite pour être gérée et financée sans appel à l'épargne publique ni aux banques. Pas de Cobden, de Carnegie, de Vanderbilt, pas de barons belges ni de junkers ni de samouraïs reconvertis dans l'industrie. Les Français ne sont pas, contrairement aux Hollandais, aux Anglais, aux Allemands du Nord, un peuple de marchands : ils répugnent à s'expatrier, à courir l'aventure de l'expansion commerciale à l'étranger, et la situation n'est évidemment guère améliorée par la perte des colonies à la suite des longues guerres avec l'Angleterre. L'Empire colonial constitué au XIXe siècle ne fournira jamais à l'industrie française les débouchés protégés qu'ont représentés les dominions pour l'Angleterre ou l'Europe centrale et orientale pour l'Allemagne.

Au XIXe siècle : une révolution industrielle différée

En France, bourgeoisie des villes et grands propriétaires terriens ne s'unissent pas autour de la grande idée capitaliste, contrairement à ce qui se passe en Angleterre à l'aube de la révolution industrielle. Le capital agricole ne s'investit guère dans la grande industrie ni dans le commerce.

De ce point de vue, la révocation de l'édit de Nantes, la fuite des protestants à la fin du XVIIe siècle marquent la victoire de la France rurale, centralisée, mercantiliste sur la France maritime, libérale et entrepreneuriale.

Au XVIIIe siècle, les campagnes françaises ne connurent pas les transformations structurelles qui affectèrent l'agriculture anglaise à la même époque, en particulier l'instauration du système des « enclosures » qui contribua si puissamment à chasser des campagnes vers les villes le prolétariat agricole sans terre et à fournir à la révolution industrielle ses soutiers.

Certes, la révolution française balaie les survivances de la féodalité, libère les paysans des droits seigneuriaux et des taxes ecclésiastiques, disloque les monopoles des corporations et établit le libre-échange sur le territoire, toutes circonstances en principe favorables à l'éclosion du capitalisme industriel. Mais la *réforme agraire,* par la vente des grands domaines féodaux sous la forme des biens nationaux, le Code civil, qui supprime le droit d'aînesse et répartit les terres entre tous les enfants, entraînent une forte dispersion de la propriété foncière. L'agriculture française s'oriente alors vers la polyculture de subsistance plutôt que vers des formes spécialisées, plus capitalistes, favorables à la modernisation et aux gains de productivité : elle contribue ainsi à maintenir à la terre une forte population active peu productive.

La France accumule du retard sur l'Angleterre dans la grande industrie. Malgré quelques exceptions, comme les mines d'Anzin, le capital foncier est réticent à s'investir dans les mines de charbon, la production de fonte, les technologies modernes. Pour l'introduction des machines à vapeur la France a au moins une génération de retard par rapport à l'Angleterre. La politique financière, encore marquée du cuisant souvenir de l'échec de Law et de l'inflation des assignats, reste très conservatrice. Les banques et le crédit se développent peu ; la bourgeoisie reste plus financière qu'industrielle, plus attirée par la rente que par le risque d'entreprise.

Une exception cependant, dans la grisaille qui marque le siècle et qui voit le déclin progressif de la Grande Nation, guerrière et conquérante, phare culturel de l'Europe des Lumières face aux pays qui ont accepté la révolution industrielle.

Pendant le *Second Empire,* la France connaît une expansion économique sans précédent. En vingt ans, la production industrielle double, le commerce extérieur triple : la France exporte du textile et des produits agricoles mais reste fortement importatrice de charbon, d'acier, de machines. Le nombre de machines à vapeur installées est multiplié par cinq, la longueur des voies ferrées par six (de 3 000 à 20 000 km). Les premières grandes banques d'investissement sont créées, les premières grandes banques commerciales, les premiers grands magasins. Les entreprises françaises vont investir à l'étranger : des ingénieurs et des capitalistes français vont construire des infrastructures, des ponts, des routes, des canaux partout en Europe et dans le monde (Suez, Panama, etc.). La révolution des transports permet le désenclavement des régions, l'extension de la concurrence et le développement du commerce intérieur et extérieur.

Dans ce mouvement d'expansion industrielle, la France bénéficie d'un environnement économique mondial favorable : la reprise économique, l'expansion des transports maritimes, l'afflux d'or. Mais le gouvernement de Napoléon III, régime autoritaire et technocratique avant la lettre, peut aussi être crédité de ces performances. Il impose des réformes, il crée un état d'esprit et une législation favorables à l'entreprise privée (traité de libre-échange avec l'Angleterre, signé en 1860 malgré l'opposition des industriels, législation encourageant le crédit). Mais il pratique aussi le dirigisme. Le mouvement saint-simonien fait en particulier des adeptes chez les ingénieurs de l'État, (cf. Michel Chevallier, Paulin Talabot) et dans les administrations techniques qui prennent de nombreuses initiatives pour développer les infrastructures et les chemins de fer ainsi que les industries lourdes (mines de charbon, fonte et acier, etc.).

Cependant les véritables capitaines d'industrie (Schneider, de Wendel, etc.) restent rares : beaucoup des entrepreneurs qui jettent alors les bases de l'industrialisation de la France sont des éléments extérieurs à l'*establishment,* principalement des banquiers d'origine protestante ou juive (Fould, Rothschild, Péreire).

Le repli sur les valeurs traditionnelles : la République rurale

Après la grande expansion du second Empire, la croissance industrielle se poursuit tout au long de la IIIe République à un rythme lent qui rend difficilement applicable à la France la notion de révolution industrielle. Au contraire, un vaste *consensus anti-industriel* existe pour ne pas bouleverser la structure de la société et le système de valeurs sous-jacent.

Le secteur moderne et dynamique de l'économie est beaucoup moins influent dans la conduite des affaires que le secteur traditionnel et stagnant. La grande industrie reste beaucoup moins développée et beaucoup plus dispersée qu'en Angleterre ou en Allemagne. Au début du XXe siècle, 90 % des entreprises françaises sont des entreprises individuelles de moins de 5 employés. Dans les industries du textile et de l'habillement, plus de la moitié des employés travaillent à domicile. Le commerce et la banque sont organisés de la même manière, avec une profusion de petites banques et de petites boutiques. La France rurale est dominée par la petite exploitation pratiquant la polyculture et l'autosubsistance : la proportion de la population active dans l'agriculture est de 52 % en 1870, 45 % en 1914, 35 % en 1930 alors qu'elle a baissé à 20 % en Allemagne, à 8 % en Angleterre à cette dernière date.

Pris ensemble, les petits producteurs individuels, artisans, commerçants, paysans, etc. constituent le cœur de la société française et sont bien plus nombreux qu'aucune autre catégorie socio-professionnelle y compris le prolétariat ouvrier. On dénombre au recensement de 1911, 8,5 millions de « patrons » contre seulement 11,2 millions d'ouvriers, employés et domestiques dans la population active.

Lorsque les traités libre-échangistes de Napoléon III viennent à expiration en 1877, la IIIe République ne les renouvelle pas sous l'influence de la petite bourgeoisie. Mieux même, elle aggrave le protectionnisme à l'issue de la grande dépression mondiale qui marque la décennie 1880 (et qui voit en France des krachs financiers comme celui de l'Union générale), avec le vote des lois Méline.

La reprise économique qui marque la Belle Epoque, voit une certaine résurgence de la croissance française : la production industrielle, les exportations s'accroissent, la Lorraine s'affirme comme grand centre sidérurgique. Mais la croissance est beaucoup moins prononcée que dans les autres grands pays : de 1870 à 1914, la France régresse de la seconde à la quatrième place des nations industrielles, dépassée par les États-Unis et l'Allemagne. Ses ressources financières excédentaires, notamment en raison de l'épargne due à la faiblesse de la croissance démographique, qui font du franc la monnaie la plus solide du monde, vont se placer à l'étranger, plutôt que dans l'investissement domestique (pour un tiers estime-t-on, et en Russie plutôt que dans l'Empire colonial), et dans la spéculation foncière et immobilière plutôt que dans l'industrie. L'agriculture, grâce au maintien de prix agricoles élevés, ne progresse guère dans ses méthodes. La France manque la nouvelle grande phase de la révolution industrielle fondée sur la sidérurgie : alors qu'elle représentait, en 1860, 20 % de la production mondiale d'acier (avec 1,5 million de tonnes) elle n'en représente plus, en 1913, que 7 % (avec 9 millions de tonnes).

Les caractéristiques de la révolution industrielle, migration massive des campagnes vers les villes, forte diminution de la population active employée dans l'agriculture, spécialisation des tâches, grandes concentrations industrielles et introduction de nouvelles méthodes de travail dans les usines font défaut en France. En comparaison de l'Angleterre, de la Suède, de la Belgique, des États-Unis et surtout du géant industriel qui se développe de l'autre côté du Rhin, la France reste rurale et artisanale.

Peu de Français mettaient en doute la justesse de la politique économique de la IIIe République avant 1914. Le consensus le plus large régnait sur la protection des structures économiques et des valeurs existantes. Le *radicalisme,* tendance politique dominante de la République rurale, exprime bien, dans ses options, ce mélange de conservatisme profond et de méfiance vis-à-vis du capitalisme, de peur des « gros » et de protection des « petits » qui marque la classe moyenne française. Face à l'Allemagne qui se modernise à grande vitesse, la France se replie sur ses valeurs.

Après la reprise des années vingt qui porte la production industrielle et les revenus bien au-delà de 1914, (+ 40 % en 1929) grâce notamment à l'expansion d'industries motrices comme l'électricité, l'automobile, etc. pour lesquelles la France est moins défavorisée par sa faiblesse en matières premières, la grande crise frappe durement ; moins durement toutefois que les nations les plus industrialisées (États-Unis, Allemagne, Angleterre), ce qui a pour effet de convaincre les Français qu'ils ont eu raison de préserver leur stabilité et de ne pas choisir la voie de la révolution industrielle à outrance. Mais en même temps, les signes du *déclin* s'accumulent : coût énorme des pertes de la guerre, régression démographique, spoliation des rentiers par l'inflation et la dévaluation, exacerbation des luttes sociales, impuissance à maintenir l'ordre du traité de Versailles.

La défaite de la France en 1940 fait se révéler au grand jour les deux tendances psychologiques profondes de la société française d'alors vis-à-vis de la technique et de l'industrie. D'une part, le discours du maréchal Pétain, très majoritairement accepté, selon lequel le déclin de la France viendrait de ce que le pays aurait renié ses valeurs traditionnelles en s'industrialisant, en s'urbanisant, en faisant perdre aux citoyens leurs racines rurales, en créant les tensions sociales par la parcellisation du travail et le développement de grandes concentrations ouvrières.

L'idéologie de la Révolution nationale, aboutissement logique de la République rurale, accuse simultanément le capitalisme et les syndicats, en un mot l'industrialisation, d'être les grands responsables du malheur de la France. Mais, en même temps, Vichy, période charnière s'il en fut, voit la fin du libéralisme d'État malthusien, la naissance du dirigisme technocratique et industrialisateur, qui se poursuivra dans un contexte tout différent, avec la planification après 1945 : sur le plan économique, c'est à la fois la fin d'un monde et l'annonce d'un renouveau.

Le discours du général de Gaulle se situe à l'opposé de celui du Maréchal : la défaite de 1940 est conçue comme essentiellement technologique face à un voisin qui s'est industrialisé. « Foudroyé aujourd'hui par la force mécanique, nous pourrons vaincre dans l'avenir par une force mécanique supérieure » lit-on dans le discours du 18 juin. La renaissance par l'industrialisation ainsi exprimée par le gaullisme prendra le dessus, après la Libération, sur les forces tournées vers le passé ; la France nouvelle prend le relais sur le vieux pays qui demande une pause à l'Histoire.

Le décollage de l'après-guerre : reconstruction, expansion, redéploiement

Les mauvais souvenirs de la période des années trente, l'émergence d'hommes nouveaux issus de la Résistance dans la politique, l'administration et les affaires, la mise à l'écart des anciennes classes dirigeantes conservatrices mettent au premier plan les mots d'ordre de rénovation, de modernisation, de reconstruction de la grandeur de la France. L'État y joue un rôle clef : de gendarme de la société bloquée, il se transforme en promoteur de l'industrialisation.

Ce changement des mentalités, aussi bien que le retard accumulé qui impose un rattrapage, expliquent largement la croissance économique qui marque les années cinquante et soixante. Après une période difficile dans l'immédiat après-guerre, marquée par l'inflation et le rationnement, une expansion économique, inégalée depuis le second Empire, s'ouvre avec la Reconstruction. Grâce à la planification et aux entreprises publiques, la France se dote des infrastructures et des industries de base qui lui faisaient défaut. L'ouverture des frontières, avec le traité charbon-acier, puis le traité de Rome, puis la décolonisation font sortir l'économie française de l'autarcie. Les exportations passent de 10 % à 22 % du PNB en vingt ans ; les zones de complémentarité commerciale se déplacent de l'Empire colonial vers l'Europe. Grâce à un taux d'investissement particulièrement élevé (25 % du PNB) et à la croissance la plus rapide du monde occidental après le Japon (5,5 % par an de 1958 à 1973), une puissante industrie de transformation s'édifie. Une stabilité politique exceptionnelle, un vaste effort d'équipements collectifs (aménagements urbains et ruraux, communications, logement, éducation, santé, etc.) permettent d'aménager la transition de la société rurale à la société industrielle : les paysans migrent des campagnes vers les villes ; la population active employée dans l'agriculture diminue de 30 % à 10 % en vingt ans ; l'artisanat, le petit commerce, les mineurs, les cheminots voient également fondre leurs effectifs au profit de l'industrie manufacturière et surtout des services modernes (banques, transports, administrations, etc.). La France s'est industrialisée.

A partir de 1973, elle se trouve confrontée à la *crise mondiale,* sous ses multiples aspects : inflation généralisée, hausse du pétrole, dépression économique, concurrence de nouveaux partenaires (Japon, Asie du Sud-est, Europe du Sud), ouverture de nouveaux marchés dans le Tiers Monde, etc. L'industrie française voit se réduire son taux de croissance et surtout entreprend un profond redéploiement de ses structures : déclin d'industries traditionnelles (textile, métallurgie, etc.) ; expansion d'industries nouvelles (électronique, biens d'équipement) ; effort accru d'exportation outre-mer et de mondialisation, qui la font accéder au rang d'industrie multinationale. Mais, globalement, elle arrive à maintenir un taux de croissance plus élevé que la plupart des pays européens (3 %) : malgré l'inflation difficilement maîtrisée, malgré l'extension du sous-emploi, dû notamment à des conditions démographiques particulières, l'économie française fait plutôt bonne figure dans la crise. Depuis 1974, le pouvoir d'achat augmente de 22 %. La condition des travailleurs manuels s'améliore nettement.

La productivité du travail en France et dans le monde occidental

Indice de la productivité de l'heure de travail :

1970	1979	1980
100	142,8	146,2

Indice de la productivité nationale de l'année de travail
(Taux moyens annuels de croissance)

	1963-73	1974-77
Allemagne fédérale	4,6 %	3,2 %
Japon	8,7	2,8
France	4,6	2,7
Italie	4,5	1,8
Angleterre	3,0	0,5
États-Unis	1,9	0,0

Ces indices mettent en évidence la « cassure » de 1974. Ils montrent l'ampleur de la baisse anglaise et américaine.

A ce test capital, la France témoigne d'une résistance très honorable.

Surtout, la France fait la preuve qu'elle a exorcisé ses vieux démons protectionnistes, la crise étant pour elle l'occasion d'une libéralisation encore plus poussée de son économie, d'un renforcement et d'une conversion de ses structures et non, comme dans beaucoup d'autres pays industrialisés gravement touchés, la source d'une intervention accrue de l'État, du laxisme financier, de la protection des structures dépassées. Par exemple, elle est le seul pays occidental à mettre en œuvre un programme aussi ambitieux de réduction de la dépendance pétrolière (électronucléaire) ; elle se lance aussi hardiment dans la télématique (programme télécommunication) et dans le développement d'industries nouvelles et accepte de convertir ses industries lourdes et de main-d'œuvre touchées par les surcapacités ou les nouvelles concurrences.

Les vocations industrielles de la France moderne

Il n'est de richesse que d'hommes. A l'heure de l'économie mondialisée, ce ne sont plus tellement les avantages comparatifs fondés sur la disponibilité des ressources naturelles qui déterminent la spécialisation des nations. Les performances sectorielles d'une industrie nationale, ses vocations exportatrices privilégiées, ne sont pas autre chose que le reflet de ses spécificités humaines et de la manière dont elles se traduisent dans l'organisation de la production. Les talents industriels des Japonais s'incarnent préférentiellement dans la grande usine, inondent le monde entier de biens de consommation durables de haute qualité (électronique, automobile, caméras) produits en très grande série, grâce à une main-d'œuvre industrieuse, dévouée à l'entreprise, marchant comme un seul homme. Le fleuron industriel de l'Allemagne, nation chimiste grâce à ses grands trusts, mais surtout nation mécanicienne par excellence, est la fabrication de machines spécialisées et coûteuses par des ingénieurs, contremaîtres et ouvriers professionnels de haute qualité technique, vendues partout dans le monde à des clients quasi-captifs à l'aide d'un sens technico-commercial très poussé, assurant une livraison, une maintenance, et un service après-vente de qualité parfaite. La puissance industrielle américaine est bien symbolisée par le conseil aux entreprises en droit, en management, en investissements, en publicité, en ingénierie, etc., ou encore par la grande firme multinationale implantée partout dans le monde (IBM, Exxon, etc.). Les qualités anglaises se révèlent dans la banque, l'assurance, les services financiers.

Alors, dans quelles structures, dans quel type d'organisation industrielle s'incarnent le mieux les talents français ?

Y a-t-il une fatalité, et comment l'expliquer, qui ferait que la France ne fabrique pas de motos ou d'appareils photos et soit traditionnellement faible dans la machine-outil et forte dans la haute couture ?

Les spécialisations technologiques et sectorielles de la France

Est-il possible de dégager des vocations industrielles privilégiées pour la France ?

La tâche est difficile, car la réalité industrielle est infiniment complexe, et malaisée à globaliser. Une première approche consiste à examiner la structure dynamique de la balance commerciale française, et ses positions exportatrices et importatrices par secteurs industriels. La considération des valeurs absolues est toutefois insuffisante : il faut encore les comparer aux positions des autres pays industriels pour déceler les retards et les avances. On note ainsi que :

— pour les *matières premières minérales* et les sources d'énergie, la position française est très défavorable, reflétant un manque séculaire de ressources naturelles. La France importe les trois quarts de l'énergie qu'elle consomme, dont à peu près la totalité de son pétrole, la moitié de son charbon ; ses ressources nationales de gaz naturel sont en voie d'épuisement. L'électricité hydraulique et l'uranium sont les deux seuls secteurs où elle ne soit pas trop mal placée.

Pour les minerais, la dépendance extérieure est de l'ordre des deux tiers pour le cuivre, le plomb, le zinc, l'étain, etc. ; l'autonomie n'est atteinte que pour le fer, la bauxite, la potasse. Malgré ces faiblesses l'industrie française a pu développer des positions technologiques avancées dans certains secteurs liés à la production d'énergie ou à la première transformation des minerais (gros matériel électrique, exploitation et valorisation du pétrole, de l'uranium, aluminium, ciment, etc.).

— pour les *produits alimentaires,* la France est en revanche plutôt bien dotée par les avantages naturels. La situation de compétitivité internationale varie cependant beaucoup selon les secteurs. La France est fortement exportatrice de céréales, de sucre, etc. grâce aux exploitations extensives des plaines du Bassin Parisien, mais il s'agit en général de produits en vrac, peu transformés. En revanche, pour l'élevage, les produits méditerranéens, les légumes, la viande la conserverie, et les produits de la filière lait, les résultats médiocres reflètent une insuffisante compétitivité internationale.

De manière générale, l'insuffisance se révèle au niveau de l'industrie agro-alimentaire, qui reste encore trop proche de l'exploitation agricole, de la coopérative, de l'artisanat et n'a pas encore atteint la dimension de la grande industrie, fondée sur la standardisation, la production de masse, la distribution intégrée, le marketing, etc. Là encore, toutefois, l'industrialisation s'améliore : on note en particulier de belles performances de compétitivité internationale et d'exportations dans le secteur des boissons (alcools, vins, non-alcoolisés, eaux minérales), grâce à des entreprises très spécialisées.

— pour les *biens intermédiaires,* on observe une légère détérioration de la balance commerciale, au voisinage toutefois de l'équilibre, dissimulant des situations contrastées. La position dans la métallurgie est relativement médiocre (dans la sidérurgie, fonderie, première transformation des métaux), avec quelques points forts comme les tuyaux de fonte, les aciers spéciaux, les métaux non ferreux (aluminium, transformation du cuivre). La chimie donne de bons résultats dans le caoutchouc, le verre, le ciment, la pharmacie, la parfumerie, encore insuffisants dans la chimie organique, les engrais, la para-chimie et la chimie fine (là encore en comparaison des autres grands pays industriels). La « filière bois », bois d'œuvre, papier et carton accuse un déficit extérieur considérable, alors même que la France dispose des plus belles zones forestières d'Europe continentale ; il faut sans doute incriminer là les structures d'exploitation forestière, encore trop proches de l'économie agricole et pas assez industrielles

— pour les *biens de consommation courante,* on observe une détérioration constante depuis dix ans du solde commercial et de l'emploi. Au début de la décennie soixante-dix, la France était sans doute excessivement spécialisée, pour un pays industriel avancé, dans des secteurs comme le textile et l'habillement, le cuir et les chaussures, l'ameublement, etc. Les positions se sont détériorées, face à la concurrence des pays en voie d'industrialisation à main-d'œuvre peu qualifiée mais à bon marché de l'Asie du Sud-Est et de l'Europe du Sud (Italie surtout), mais aussi face à des pays plus industrialisés (USA). Néanmoins, l'industrie française a pu maintenir et développer sa vocation dans certains créneaux spécialisés, ou de luxe, où elle a pu faire preuve d'innovation (haute couture et prêt à porter, porcelaine, bijouterie, etc.), qui sont les héritiers des célèbres « articles de Paris », symboles de la présence française sur les marchés internationaux avant-guerre.

— pour les *biens de consommation durable,* on observe de très fortes disparités de performances. Il s'agit en général de productions de grande série. La France excelle dans le secteur automobile, dont le taux de couverture extérieur excède 250 %, et le surplus commercial couvre le tiers de la facture pétrolière. Cette « vocation automobile » de la France a de longues traditions historiques : elle s'appuie sur une technologie avancée et sur deux entreprises qui bien qu'ayant des stratégies industrielles et des statuts juridiques très différents (Renault nationalisée mais gérée de manière autonome et poursuivant une stratégie de croissance interne ; Peugeot, à statut privé, et même à contrôle familial, poursuivant une stratégie de croissance externe par absorptions), ont vocation à demeurer dans le peloton de tête mondial dans la grande compétition en cours. Les succès de l'automobile ont entraîné dans leur sillage ceux des branches sous-traitantes. En revanche, la situation est médiocre dans l'électroménager, réfrigérateurs, machines à laver, biens d'équipement domestique, dont le déficit extérieur, déjà considérable (taux de couverture 50 %) continue de s'accroître (malgré de bonnes performances à signaler dans les articles de sport et le petit électroménager).

— les *biens d'équipement industriel* mécaniques et électriques sont le talon d'Achille traditionnel de l'industrie française qui importe depuis deux siècles beaucoup de ses machines d'Angleterre d'abord, puis d'Allemagne et des États-Unis.

Mais la position extérieure, qui était déficitaire il y a encore dix ans, est maintenant devenue excédentaire (taux de couverture des importations par les exportations de 130 %). Ces succès ont été obtenus surtout par une très forte croissance des exportations vers les pays de l'OPEP et de l'Europe de l'Est, devenus très avides d'équipements industriels ; mais la position reste déficitaire sur les grands pays industriels, États-Unis, République fédérale d'Allemagne et Japon. A un niveau d'analyse plus fin, on observe une très bonne position sur le matériel d'équipement électrique, l'électronique professionnelle, la construction aéronautique et l'armement ; mais des positions encore trop faibles, par rapport à d'autres grands pays industriels, dans la machine-outil, les machines spéciales et autres équipements mécaniques, les véhicules industriels, les composants électroniques et les ordinateurs, les machines agricoles et pour les industries agro-alimentaires, la mécanique de précision et l'instrumentation, etc. Mais, de manière générale, le rattrapage sur les nations plus avancées semble très nettement amorcé.

— les services à l'industrie recèlent de bonnes performances dans le conseil informatique, l'ingénierie bâtiment et travaux publics, la banque, mais encore insuffisantes dans les transports internationaux, le courtage, les sociétés de commerce international, etc.

Des performances contrastées

Ces performances sectorielles reflètent des *dons technologiques contrastés,* que l'on peut résumer dans le tableau suivant, où sont regroupés différents métiers technologiques classés en trois catégories. Il faut entendre ici le mot technologie dans son sens le plus large, celui du « métier industriel » faisant intervenir non seulement les techniques de production et la capacité de recherche, mais aussi la gestion, le marketing, la maîtrise des marchés internationaux et de l'implantation à l'étranger.

Les secteurs figurant dans la catégorie « à améliorer » ne sont évidemment pas pour autant condamnés par la concurrence internationale et on pourrait citer, dans chacun, d'entre eux, des entreprises qui constituent de brillantes exceptions. Mais il s'agit là des limites bien connues de l'approche sectorielle, qui ne peut prétendre à décrire entièrement des phénomènes de compétitivité observables au seul niveau des firmes.

Classement des talents de l'industrie française par groupes de technologies (1980)

Position dans la compétition mondiale	Métiers industriels
Position dominante	Aluminium, pneumatiques, gaz liquides, verre, ciment, parfumerie, automobile, petit électroménager, matériel d'équipement électrique, matériel ferroviaire, électronique professionnelle, nucléaire, aéronautique, production et raffinage de pétrole, haute couture, boissons, services et conseil en informatique, ingénierie - BTP, etc.
Compétitivité moyenne	Agro-alimentaire, bonneterie, chimie organique et plastiques, chimie fine, pharmacie, navires, véhicules industriels, télécommunications, etc.
Compétitivité à améliorer	Sidérurgie, bois, papier-carton, ameublement, cuir, chaussures, électronique grand public, composants électroniques, machinisme agricole, machines-outils, machines spécialisées, équipements industriels, mécanique de précision, instrumentation, etc.

Aussi globalisée que soit la nomenclature sectorielle adoptée, qui ne fait pas justice des situations particulières qu'occupent les entreprises au sein des divers métiers technologiques, la description qui vient d'être tentée donne une vision conceptuelle imparfaite, parce que trop multiple, des talents industriels privilégiés des Français.

Pour se rapprocher davantage de la dimension vraiment collective des réussites et aussi des échecs industriels français il faut tenter d'autres regroupements que sectoriels.

Les structures et les hommes

Ainsi, une approche à travers les *structures de concentration* * des entreprises montre que, si l'industrie française a pu se concentrer au cours de la phase d'expansion (décennie soixante et jusqu'en 1974), et si elle a su rattraper son retard sur les autres nations industrialisées en matière de taille de grandes entreprises, ses grandes firmes sont cependant restées souvent davantage des conglomérats financiers diversifiés que des groupes menant des stratégies cohérentes d'intégration verticale et de domination du marché mondial. Les grandes vagues de regroupement des années soixante ont répondu plus souvent à une logique financière qu'à une logique industrielle dans une période où tout était facile et, où il suffisait de se donner la peine d'investir.

Néanmoins, la situation a fortement évolué depuis la crise, et de nombreux désinvestissements, rectifications de frontières entre groupes, réorientations stratégiques de toute nature sont intervenus ces dernières années, qui donnent désormais à la grande industrie française un visage analogue à celui des nations industrielles les plus avancées. On peut se reporter par exemple aux réorientations intervenues ces dernières années dans la chimie de base (Rhône-Poulenc - PUK-Pechiney Ugine Kuhlmann - Elf - Total); dans la chimie fine et la pharmacie (Rhône-Poulenc - Elf - Sanofi); dans l'agro-alimentaire (BSN - Gervais-Danone); dans le verre (BSN); dans le textile et l'habillement (Boussac - Bidermann - Willot); dans la sidérurgie (Usinor - Chiers Creusot-Loire - Sacilor Ugine-Aciers); dans l'électronique et l'informatique (Thomson-Ericson-LMT; Saint-Gobain-CII-Honeywell Bull); dans les véhicules industriels (Berliet-Saviem), etc.

La réussite de la France apparaît incontestable dans les grandes industries concentrées, dont le prototype est l'automobile, alors que les secteurs correspondants ont été gravement affectés par la crise et déchirés par les conflits sociaux dans d'autres pays européens, comme la Grande-Bretagne ou l'Italie. Les capacités d'organisation françaises, le taux relativement faible de syndicalisation ouvrière par rapport aux grandes nations social-démocrates expliquent sans doute ces résultats: ils reflètent aussi un certain degré de consensus industriel, au-delà des apparences du discours politique.

• Moins de 1 500 entreprises françaises réalisent plus des deux tiers de nos exportations. 56 groupes industriels dont le chiffre d'affaires à l'exportation dépasse le milliard de F assurent à eux seuls 42 % des ventes françaises à l'étranger. Les trois premiers sont : Peugeot-Citroën (27 milliards), Renault (22 milliards), Pechiney-Ugine-Kuhlmann (10 milliards).

* Cf. annexe 2, p. 252 à 254.

En revanche, l'industrie française est sans doute encore trop caractérisée par de *petites entreprises* héritées de la France préindustrielle, particulièrement nombreuses dans le textile et la confection, le cuir, l'ameublement, la mécanique, etc. Celles-ci ont été certes soumises à de grandes vagues de restructuration depuis trente ans ; mais elles subsistent encore en trop grand nombre, notamment dans les régions rurales excentrées. Ce n'est pas que la petite entreprise soit synonyme de manque de compétitivité : au contraire, elle est sans doute une voie d'avenir, avec l'avènement de l'électronique et de l'informatique qui permettront la décentralisation, la demande croissante de produits plus diversifiés, le rejet des formes d'organisation hiérarchique des grandes entreprises. Mais il y a deux types de petites entreprises : celles qui sont les héritières de l'artisanat pré-industriel, routinières, menacées par la concurrence des pays à bas coût de main-d'œuvre ; et celles qui innovent, sont spécialisées sur des créneaux avancés, ont adopté des méthodes de gestion modernes, se sont tournées vers les marchés extérieurs.

La France, au contraire, n'est sans doute pas encore assez forte dans la catégorie des *moyennes entreprises performantes,* dont le type est constitué par l'entreprise allemande de la mécanique, employant quelques centaines d'ouvriers, fabriquant des produits technologiques et très spécialisés, exportant partout dans le monde. L'industrie italienne excelle aussi, dans ces structures de petites et moyennes entreprises dynamiques, dans des secteurs comme l'ameublement, le textile, le cuir, la mécanique, l'équipement ménager, etc.

Si l'on tente une approche de la spécialisation industrielle à travers les *grandes fonctions* de l'entreprise et le *capital humain* industriel, on constate que le « management gap », si criant il y a vingt ans, a en grande partie disparu. Malgré la forte croissance du nombre de cadres et le développement des formations de gestion, il subsiste des faiblesses au niveau de l'application des techniques modernes de gestion. Le marketing en particulier se révèle faible, surtout le marketing des biens d'équipement, c'est-à-dire le technico-commercial, la liaison entre les commerçants et les ingénieurs qui permet d'adapter sans cesse les produits aux goûts de la clientèle, d'assurer le respect des délais de livraison et la qualité du service après-vente. Cette faiblesse est à rapprocher du retard de modernisation qu'accusent encore les structures de la distribution.

La dimension internationale aussi apparaît déficiente, tant en ce qui concerne la formation à l'exportation et la connaissance des marchés (problèmes de langue, difficulté de faire voyager les cadres) que l'implantation à l'étranger (difficulté et coût élevé d'expatriation de cadres, réseaux commerciaux, gestion d'usines à l'étranger, etc.). Certes la situation s'est améliorée ces dernières années et beaucoup d'entreprises françaises, même de dimensions moyennes, ont découvert avec succès les voies de la grande exportation. Mais l'industrie française reste handicapée par une longue tradition d'autarcie et de réticence des Français à s'expatrier.

En revanche, les capacités techniques proprement dites sont bonnes : la France dispose de bons ingénieurs, de bons chercheurs, d'une capacité d'innovation à la fois dans les techniques de pointe (aéronautique, électronique) et dans des industries plus modestes (alimentation, confection) grâce au génie inventif de ses artisans et de ses entrepreneurs individualistes.

Le véritable atout d'une nation, ce sont ses hommes et leur formation ; l'exemple du Japon, dépourvu de matières premières, le prouve amplement. Le niveau de formation et la capacité des ingénieurs français sont en général excellents et supérieurs à ceux des autres pays industrialisés. La France occupe ainsi souvent le deuxième rang mondial et même parfois le premier, dans la plupart des techniques de pointe : aéronautique et espace, électronique, informatique, télécommunications, nucléaire, etc. En revanche, elle révèle des faiblesses non encore totalement résorbées au niveau de la main-d'œuvre technique : les usines françaises emploient encore trop d'ouvriers peu qualifiés, juste issus du milieu rural ou immigrés de l'étranger. Le travail manuel est encore trop dévalorisé dans l'échelle des valeurs sociales, notamment par rapport au travail de bureau. Le retard est particulièrement marqué au niveau des ouvriers très qualifiés, de la maîtrise technique, etc. C'est ce qui explique que l'industrie française, forte simultanément dans les techniques de pointe et les activités recourant à une main-d'œuvre relativement peu qualifiée (automobile, textile, etc.) soit encore loin du niveau de la République fédérale d'Allemagne, de la Suisse, du Japon, etc. dans les industries de biens d'équipement qui, précisément, se caractérisent par une technique avancée, une main-d'œuvre très qualifiée, sans toutefois être, au sens strict, des industries de pointe. L'apprentissage industriel est insuffisant ; la formation, même à vocation technique, insuffisamment adaptée aux besoins de l'industrie. C'est à ce niveau, davantage qu'à celui des formations supérieures, que se révèle le divorce entre la technologie et l'éducation, et plus généralement les valeurs sociales, qui subsiste encore dans notre pays. Une des tâches les plus urgentes pour faire face à la compétition internationale de demain, est précisément de résorber cette incompréhension qui subsiste entre l'industrie et le monde de l'éducation et de la recherche fondamentale. Cette meilleure insertion de l'industrie dans la société passe aussi par une plus grande participation des travailleurs aux décisions et il y a, de ce point de vue, encore du chemin à parcourir pour nous rapprocher du modèle allemand.

Mais ces critiques s'adressent plutôt à la France de 1974, qui a abordé la crise au sommet d'une phase d'expansion facile sans avoir encore tous les traits d'une nation industrielle à part entière. La crise a été l'occasion d'efforts d'adaptation impressionnants dans tous ces domaines.

Le rôle de l'État

Un trait très spécifique des talents industriels de la France est le rôle très important joué par l'État et par la *politique industrielle.* La politique industrielle, c'est-à-dire l'intervention publique pour développer ou assister l'industrie, est un concept très particulier à la France. Il n'a guère sa place, par exemple, dans le monde anglo-saxon où le développement industriel s'est accompli par l'action des entrepreneurs et des capitalistes privés, en réaction précisément contre l'intervention étatique.

En France, au contraire, l'État a joué un rôle d'entrepreneur industriel, d'une part en raison des traditions anciennes de centralisation, mais aussi pour se substituer aux initiatives privées déficientes et peu portées à prendre le risque d'opérations lourdes en capital ou visant au développement d'industries nouvelles.

Les traditions de la politique industrielle remontent à Colbert et aux doctrines mercantilistes. Les préoccupations militaires et d'autonomie nationale sont au cœur des initiatives prises pour développer les industries d'armement modernes de l'époque dans des arsenaux d'État (construction de navires, d'armes à feu, poudreries, etc.) ; pour exploiter les colonies (compagnies à charte) et les ressources naturelles (monopoles miniers, sel, tabac, etc.) ; pour acclimater en France les technologies nouvelles dans des ateliers d'État (glaces de Saint-Gobain, textile et ameublement des Gobelins, porcelaines de Sèvres, etc.) ; pour, en général, attirer sur le territoire national l'or, nécessaire à la guerre, par une politique de soutien des exportations.

Ces traditions seront pousuivies au XVIIIe siècle, sous la Révolution et sous l'Empire, avec notamment la création des Corps techniques de l'État et de l'École polytechnique, qui constitueront les instruments des volontés industrielles de l'État (Génie maritime et artillerie, pour les fabrications militaires ; Ponts et Chaussées pour la réalisation d'infrastructures ; Mines pour l'exploitation des ressources du sous-sol). Le saint-simonisme du second Empire perpétue cette tendance, mais la IIIe République enregistre un déclin des interventions publiques, sauf dans quelques cas liés à la défense (industries militaires, aéronautique, approvisionnements en pétrole avec la loi de 1928). Avec la vague des nationalisations de 1936 et 1946, la période de la Reconstruction voit à nouveau l'apogée de l'intervention publique, préfigurée dans un contexte tout différent, comme on l'a vu, par l'interventionnisme industriel du gouvernement de Vichy.

Il s'agit d'abord de faire face à la pénurie, de répartir la rareté, d'assurer le ravitaillement. Il s'agit ensuite de faire décoller les *industries de base,* par l'allocation des capitaux aux grandes industries publiques et privées de l'énergie, des transports, des biens intermédiaires (Électricité de France, Gaz de France, Charbonnage-SNCF, sidérurgie, ciment, chimie lourde). Sous la Ve République, l'interventionnisme se concentre sur les *technologies avancées,* souvent liées d'ailleurs aux préoccupations de défense et d'indépendance nationale. C'est l'époque des « grands projets » destinés à relever le défi américain : l'acier avec Fos et Dunkerque ; l'aéronautique, avec les avions Dassault, la Caravelle, le Concorde ; l'espace, avec la création du CNES ; les télécommunications avec le CNET ; le nucléaire, avec le CEA ; l'informatique, avec le Plan Calcul ; l'électronique, avec les soutiens à Thomson et à Matra ; la recherche scientifique, avec le CNRS et le développement des universités ; le pétrole avec la création d'Elf-Aquitaine.

Après la crise de 1973, la politique industrielle continue à se développer activement, visant à adapter l'industrie française au nouveau contexte, par la conversion, l'aide à l'investissement régional par le FSAI (1) et le CIASI ; l'aide à l'exportation (notamment d'usines-clés en main vers les pays en développement et de l'OPEP) (2) ; le développement de la compétitivité sur les marchés mondiaux (aides à l'innovation, révisions stratégiques des grands projets technologiques, création du CODIS (1) et des contrats de croissance dans la

(1) FSAI : Fonds spécial d'adaptation industrielle - CIASI : Comité interministériel d'adaptation des structures industrielles - CODIS : Comité de développement des industries stratégiques.

(2) Organisation des pays exportateurs de pétrole.

bureautique, les composants, la robotique, les biotechnologies) et un programme de conversion énergétique particulièrement ambitieux (électronucléaire, économies d'énergie).

Si l'industrie française occupe aujourd'hui une place très enviable dans la compétition mondiale dans les industries de pointe, c'est à l'action de l'État-entrepreneur qu'elle le doit pour l'essentiel. Certes, dans certains cas l'intervention publique a rencontré en face d'elle l'initiative d'entrepreneurs privés dynamiques (cf. Dassault, Matra, etc.) ; dans d'autres cas, l'administration a produit de véritables « capitaines d'industrie » publics (cf. Freycinet au XIXe siècle ; Raoul Dautry et Louis Armand dans les chemins de fer ; Ernest Mercier et Pierre Guillaumat dans le pétrole ; André Giraud dans le nucléaire, etc.). Gaspillages des deniers publics, pour un prestige trompeur, ont dit certains. Mais on peut avancer sans risque de se tromper que la France n'aurait pas aujourd'hui d'industries aéronautique, électronique, nucléaire ou pétrolière, ni de complexes sidérurgiques modernes sans la politique industrielle qui a été menée avec persévérance et longueur de vue. Et il paraît difficile de soutenir que l'intervention publique a bridé les initiatives privées : elle s'y est plutôt substituée, même si l'on a pu observer, ça et là, quelques erreurs de tir ou révisions déchirantes, mais inévitables, s'agissant de paris technologiques d'aussi grande ampleur (filière nucléaire graphite-gaz, Concorde, premier Plan Calcul, etc.) : le capital scientifique et technique accumulé n'a pas été perdu.

On peut aussi observer que beaucoup des dirigeants de la grande industrie, qu'elle soit privée ou nationalisée, sont d'anciens fonctionnaires issus des grandes écoles et des grands corps techniques. Ce facteur humain, d'une très grande originalité parmi les pays occidentaux, contribue à maintenir entre l'administration et le monde de l'industrie un climat de consensus et de compréhension mutuelle très précieux en ces périodes de tempête, et qui n'est pas sans évoquer le Japon moderne, qui est en tout cas aux antipodes du modèle américain où l'État et l'industrie n'entretiennent guère de relations de confiance.

Conclusion : le modèle français

Si l'on effectuait, sur les marchés internationaux, une enquête d'opinion pour déterminer les traits marquants de l'image de marque de la France industrielle, on trouverait à coup sûr les trois spécialités suivantes, trois symboles :

— les produits de consommation de luxe (haute couture, bijouterie, porcelaines, parfumerie, vins et spiritueux, fromages, etc.), c'est-à-dire des talents héritiers des traditions séculaires de la France préindustrielle, qui ont su s'adapter aux goûts du monde moderne ;

— les automobiles, qui symbolisent la grande réussite industrielle de la France de l'après-guerre, et où se révèlent à la fois la créativité française, le don du marketing et de l'adaptation aux goûts du grand public, l'excellence technique, ainsi que le sens de l'organisation nécessaire à la gestion d'entreprises géantes ;

— les technologies liées aux armements modernes (et leurs applications civiles dans l'électronique, l'aéronautique, le nucléaire, etc.), incarnation de la volonté d'indépendance nationale, du colbertisme et du rôle essentiel de l'État dans le développement des technologies avancées.

Que conclure de ce tableau disparate et un peu impressionniste des talents industriels des Français ? L'industrie française, dans les comparaisons internationales, exprime un certain nombre des caractéristiques éternelles du tempérament français : individualisme et défiance vis-à-vis du grand capitalisme, imagination et créativité, jacobinisme et confiance dans l'État centralisé. Elle est encore marquée du poids du passé rural, et d'avoir différé longtemps le choc de la révolution industrielle : la main-d'œuvre ouvrière n'a pas encore le statut et le niveau de qualification des pays industriels les plus avancés ; un divorce subsiste entre ce qui reste des valeurs de la société rurale, les structures de l'éducation et le monde moderne et technologique.

Mais c'est peut-être précisément ce goût simultané pour le progrès et la stabilité, pour le changement dans la continuité qui aide la France à ne pas trop mal traverser les crises. La France, ce vieux pays, présente en effet en même temps beaucoup des caractéristiques des pays industriellement neufs, avec ses usines relativement récentes et surtout son dynamisme face à l'avenir, sa manière de considérer les défis économiques actuels, de la crise énergétique au redéploiement industriel mondial et à l'aventure technologique de l'an 2000, alors que tant de vieilles nations industrielles baissent les bras ou se dissolvent dans les conflits internes. Face aux menaces et aux opportunités du monde nouveau, alors que le modèle industriel anglo-saxon donne des signes de faiblesse, le modèle industriel français existe et se porte bien.

Réconciliation des Français avec la technique

André Teissier du Cros *

Traditionnellement, les Français préfèrent les inventeurs aux entrepreneurs, les savants aux industriels. Le renouveau de la confiance dans la technique, sensible depuis la fin de la deuxième guerre mondiale, n'a pas aboli leur vieux réflexe de méfiance vis-à-vis de l'État et plus encore des grandes entreprises qui mettent en œuvre et commercialisent les innovations. Face aux nouveaux défis de l'énergie chère et de la concurrence internationale, quels sont les atouts technologiques de la France et la capacité de la société française à accepter les exigences de la compétitivité marchande ?

La France est une nation technicienne qui se méfie des fruits de la technique.

Les Français aiment la technique, mais pas la richesse que cette technique produit. Ils aiment les produits (automobile, télévision, fusil de chasse, appareils ménagers..), mais pas les entreprises qui les créent et les fabriquent, surtout quand elles sont grandes, c'est-à-dire quand elles ont réussi. Ils aiment les inventeurs, mais pas les entrepreneurs qui, éventuellement, acquièrent, développent et commercialisent les inventions. Ils aiment l'innovation, qui change la vie et la rend plus agréable, mais pas l'industrie qui est née de cette innovation. Ils aiment la Science, qui éclaire le progrès des hommes, sauf quand il s'agit de l'Économie, discipline du diable, qui mesure la création de richesses et ose étudier par quels « sales » trafics et malversations les hommes fixent les prix de leurs sordides échanges. Ils n'aiment pas qu'on leur rappelle que depuis le premier outil créé par l'homme, la technique facilite la vie, a un pouvoir libérateur, un but productif et pédagogique, mais de toute façon économique, et que technologie et économie sont les deux visages du même phénomène de libération de l'homme par son travail et par son esprit créateur.

---

* André Teissier du Cros, ingénieur-conseil, spécialiste des problèmes d'innovation technologique et de stratégie de l'entreprise. A publié notamment aux Éditions Robert Laffont, *Le courage de diriger*, en collaboration avec J.J. Thiébaut (1970) et *L'innovation - Pour une morale du changement* (1971) ; et, aux éditions d'Organisation, *Recherche d'activités et de produits nouveaux* (1976), et *L'innovation malade de l'impôt* (1980).

Du respect pour la technique lorsqu'elle améliore le sort des êtres humains

Pour les Français, la technique doit être au service désintéressé de l'homme et de la société. Pour les Anglo-Saxons, ce service est intéressé, et la sanction du marché prouvera que le service est bon. D'où l'intérêt des Français pour la machine que touche directement l'homme (le chemin de fer et l'automobile plutôt que les machines-outils) ; et pour la machine qui résoud un problème d'intérêt général ou social plutôt que d'intérêt particulier (les transports en commun, la distribution d'énergie, les maisons préfabriquées plutôt que le machinisme textile ou les pigments...). Le grand inventeur reste Pasteur, et on lui est reconnaissant de ce que son nom désigne aujourd'hui un Institut de recherche, et non une multinationale, comme c'est le cas d'Edison ou de Ford. Les grands inventeurs d'armements : Chassepot, Gribeauval, Birkigt, le Prieur, sont de même respectés.

En tout cela, les Français restent influencés par la morale d'une société agraire : défense du territoire, légitimité du prince et de l'intérêt général : condamnation du marchand donc de l'échange ; condamnation de la création de richesses ; sanction par l'opinion publique ou par l'expert plutôt que par le « marché aveugle » ; méfiance vis-à-vis de l'international.

De l'estime pour les inventeurs, un certain mépris pour les industriels et les commerçants

Il ne s'agit pas là d'un conservatisme rétrograde : les Français, dans leur histoire, ont cédé à la tentation marchande. Ce fut le XIXe siècle des gravures de Daumier et des romans de Zola : de 1815 à 1914, la France connaît un développement technique, scientifique et économique exceptionnel, et comparable à celui du reste de l'Europe développée. De grandes inventions voient le jour : aluminium, béton armé, automobile, avion, électricité, photographie, cinématographie, etc. Des industries naissent, des fortunes se font, des populations sont déplacées. Le niveau de vie s'élève, tandis que la monnaie est stable et que les prix baissent. Pourtant, les Français gardent de cette époque un mauvais souvenir, bien qu'ils continuent à lire Jules Verne.

Il y a à cela plusieurs raisons. Tout d'abord, le pouvoir politique qui va lancer la France dans l'aventure industrielle et marchande n'est pas légitime. Louis XVIII, c'est le roi qui a imposé la défaite. On renverse Charles X pour trouver Louis-Philippe qu'il faudra renverser encore. Napoléon III, c'est le coup d'État. Pour les Français, il est évident que le pouvoir légitime, progressiste et démocratique est le pouvoir jacobin s'appuyant sur la volonté populaire pour diriger le progrès social plutôt que le progrès économique. Ce pouvoir-là n'est pas favorable à l'économie de marché et ne l'a jamais été.

D'autre part, la bourgeoisie du XIXe siècle, elle-même formée aux valeurs d'une société agraire, ne comprendra pas l'éthique capitaliste et marchande. Les bourgeois industriels recréeront des féodalités, craindront la concurrence, redouteront l'élévation de niveau de vie d'une populace *a priori* encombrante, ne verront pas qu'un peuple prospère forme d'abord un marché riche, et tendront à abriter leur richesse fautive plutôt qu'à la réinvestir. Malgré l'essor remarquable de la IIIe République, les Français garderont de cette époque le souvenir que l'outil technique, abandonné aux mains d'une bourgeoisie sotte et craintive, ne peut produire que la tragédie de 1914.

Et puis il y a le vieux fonds libertaire qui veille et entretient un individualisme farouche, et d'ailleurs salutaire. Aux yeux du sans-culotte, du communard, comme de l'étudiant de Mai 68, la technique est une affaire individuelle entre la Science et l'Homme, et l'on n'a pas besoin de tous ces industriels qui viennent s'immiscer entre les deux pour tenter d'en « profiter ». Les dessins humoristiques de Reiser dans Charlie-Hebdo sont les dignes héritiers de cet esprit-là : faites vous-même votre capteur solaire, et ennuyez les industriels ! A ses yeux, l'homme de science est noble et estimable, et la communauté scientifique doit être protégée du monde marchand comme de l'État qui pourrait aussi devenir trop tentaculaire.

L'essor de la technique française

A partir de 1945, la technique française va connaître un nouvel essor. Il était temps : trente années de guerres, de crises et de désarroi politique, laissaient en héritage un retard et un sous-équipement considérables. Apprenant à se servir d'un marché international et bénéficiant (sans s'en rendre compte) d'un excellent système monétaire assurant, par les parités fixes et la convertibilité du dollar, une transparence monétaire des échanges, les Français vont constituer une grande puissance technologique, dépassant les Anglais et se hissant au niveau des meilleurs. Le développement de l'industrie automobile peut être considéré comme particulièrement significatif. Née en France avec le siècle, l'automobile a toujours séduit les Français : elle est un moyen de transport (la France est également puissante en aviation, à l'avant-garde du rail, novatrice dans les transports urbains et les grands travaux publics, présente dans la construction navale...) ; elle est adaptée à une société rurale installée sur un territoire grand et varié, aux routes inégales ; elle est une manifestation d'individualisme ; elle se prête à un art de vivre ; elle pose des problèmes d'urbanisme et d'aménagement du territoire. Un marché puissant et très spécifique (coût élevé de l'énergie et des matières premières, lourde fiscalité...) se crée dès les années vingt. Une industrie profondément originale va s'appuyer sur ce marché, puis se tourner vers l'exportation, enfin s'implanter intelligemment dans les pays sous-développés, en exploitant à fond un créneau technologique : le véhicule à traction avant, aux pneumatiques à carcasse radiale, à suspension à grande flexibilité. En 1980, on découvre que ce créneau s'est élargi jusqu'à couvrir 60 % de la production européenne, et que l'Amérique et le Japon s'y introduisent à leur tour, constatant que l'énergie chère y conduit fatalement.

La technologie contestée dans les années soixante

Le développement de la technologie suscite des interrogations nouvelles à partir des années soixante. La France connaîtra, comme d'autres pays, une vague contestataire dont l'expression est gauchiste-libertaire (la technique, outil du grand capital mais aussi de l'État), écologiste (respect de l'environnement, danger nucléaire...), consumériste (information du consommateur, qualité des produits...) et féministe. Mais cette contestation restera, si on compare avec les États-Unis et l'Angleterre, beaucoup plus politique quant au champ des préoccupations, beaucoup plus théoricienne quant à l'action. Et puis, ce sera 1973 et la « crise » pétrolière. Là, le comportement des Français s'avérera singulier, et positif.

La France a toujours connu une énergie chère : les ressources naturelles énergétiques sont rares et d'exploitation coûteuse sur le territoire. Là où l'Amérique, et même l'Angleterre et la République fédérale d'Allemagne avaient acquis des réflexes de gaspillage parfois de vieille date (qu'on se souvienne de la pollution par la fumée de charbon à Londres en 1900), la France ne faisait que retrouver, vers 1975, le prix du kWh de 1950. Les Français n'avaient pas eu le temps de se laisser aller à gaspiller leurs tonnes d'équivalent-pétrole. Il fallait, de nouveau, être économe de fuel et d'essence ? Brûler du bois et du charbon quand on le peut ? Isoler et calfeutrer ? Le message fut accepté, avec toutes ses conséquences, avec une remarquable discipline. Et les Français comprenaient du même coup que la technique allait devoir arriver à la rescousse du citoyen, de la collectivité, de l'économie nationale. Quand le jacobinisme officiel annonçait les augmentations de prix et la priorité au nucléaire, il était écouté.

Une nouvelle étape : l'énergie chère

En 1980, alors que commence une nouvelle croissance industrielle fondée sur l'énergie chère, le passé et l'excellence française en matière de production et transformation de l'énergie sous des formes diverses, d'agriculture et de travaux publics, les vieux réflexes d'un pays pauvre en énergie, l'urgence du problème au niveau national alors que d'autres pays comparables disposent (Angleterre, Allemagne) en partie de ressources propres, tout cela peut constituer les racines d'une vocation dans l'industrie de l'énergie.

Le bagage technologique disponible est appréciable. La France est déjà une des grandes puissances dans le domaine nucléaire. Elle a une expérience ancienne et diversifiée de l'hydro-électrique, et pourrait dès demain se couvrir de petites centrales au fil de l'eau. Dans le domaine des énergies nouvelles (solaires, éoliennes, végétales), plusieurs technologies sont déjà bien maîtrisées en France. D'autres sont connues, mais l'expérimentation est étrangère (électronique et fermentation, par exemple) : elle peut être attirée en France par la promesse d'un marché porteur à court terme, et préfigurant le marché mondial à long terme. Nous l'avons déjà vécu avec l'automobile, la voiture française ayant eu, avant beaucoup d'autres, l'expérience du carburant cher et préfigurant la voiture américaine des années quatre-vingt-dix.

La technique réhabilitée grâce aux entrepreneurs individuels

Si une confiance nouvelle dans la technique semble se dessiner chez les Français à l'heure actuelle, en revanche les agents manipulant cette technique souffrent d'un certain manque de crédibilité.

L'entreprise capitaliste n'a jamais été aimée. Mais c'est la grande entreprise, cette fois, dont on se méfie ; et non plus parce qu'elle est capitaliste d'ailleurs, mais parce qu'elle est grande.

L'État, lui, a été vénéré ou au moins respecté. Mais la grande administration parisienne est de plus en plus contestée. La crise de l'énergie n'est-elle pas une affaire trop sérieuse pour être laissée entre ses mains ? Un Concorde, cela suffit. Le Français n'a plus confiance en ces deux mastodontes. Il va choisir une troisième voie : il va redevenir entrepreneur et bricoleur. Dans la France des années quatre-vingt les travailleurs au noir vont égaler les chômeurs en nombre. Le mouvement vers les résidences secondaires va s'accélérer. Les petites entreprises sont soudainement parées de toutes les vertus. Les créateurs d'entreprises vont à nouveau se révéler (1). Le vieux démon libertaire s'empare de la perceuse et de la truelle, et apprend à lire un plan de circuit électrique. Les *garden-centers* et centres de bricolage voient leur marché grandir à un rythme inespéré.

L'État réagit, un peu étonné, et cherche à accompagner le mouvement. La toute nouvelle Agence nationale pour la création d'entreprises est assaillie de coups de téléphone. Technicien, le nouvel entrepreneur l'est à coup sûr. Mais pour son entreprise, à quel modèle rêve-t-il ? Socialisme autogestionnaire, capitalisme marchand, participation, coopérative ? Au fond, on verra plus tard : cela ne l'intéresse plus tellement. L'important, c'est de ne pas être chômeur, et de faire quelque chose. Tout au plus, sans trop oser l'exprimer, le nouvel entrepreneur français est-il prêt à admettre que, en tout cas, et puisqu'il faut bien acheter et vendre, la vénérable économie de marché a encore de beaux jours devant elle, quand il s'agit de sanctionner la technique la plus prudemment efficace.

La France, quatrième puissance commerciale du monde, est entrée, à reculons et par la petite porte, dans cette société marchande qu'elle avait jadis si violemment combattue. Il en a résulté, pour la nation française comme pour l'allemande et la japonaise, une profonde crise d'identité. On la retrouve à toutes les grandes occasions : décolonisation, construction européenne, crise de l'énergie, politique scientifique et redéploiement industriel.

L'un des problèmes fondamentaux qui se posent à la France pour les années quatre-vingt — et que l'on pourrait illustrer par le cas exemplaire de l'aéronautique ou de l'informatique — est celui du conflit entre identité nationale et compétitivité mondiale. Pour l'Amérique traditionnelle, le conflit n'existait pas. Être américain signifiait (au moins théoriquement) ambitionner la

(1) En France, l'entreprise cherche peu, mais la jeune entreprise innove assez volontiers. Beaucoup d'idées modestes au départ (fixations de ski, abribus, stylo à bille, petit électroménager, autocuiseurs, pelle hydraulique, accélérateurs de piétons, pompe thermodynamique à énergie solaire, briquet à jeter, clubs de vacances...) naissent dans le tissu industriel français.

compétitivité marchande, profitable à l'Amérique, car stimulant la libre entreprise que finance le progrès technologique. La prospérité qui en résultait était la manifestation culturelle de l'identité américaine. La crise d'identité américaine, perceptible dès les années soixante, se traduisit par une véritable « francisation » outre-atlantique : prolifération des agences gouvernementales et des réglementations, augmentation de la pression fiscale, attaques diverses contre l'industrie, la grande entreprise et l'éthique marchande, ralentissement net, en même temps qu'intervention de l'État dans l'innovation technologique.

Les critiques contre l'État scientifique américain ressemblent à celles que certains font en France. La santé de l'économie américaine reste profonde et il ne s'agit sur le front technologique que d'un répit : la France en profitera-t-elle et y trouvera-t-elle des raisons *a contrario* pour se réconcilier définitivement avec la société marchande ? En 1980, il n'est pas interdit de l'espérer.

Les petites entreprises : un monde contrasté

Gérard Adam *

Longtemps considéré comme résiduel ou marginal, le monde des petites et moyennes entreprises retient aujourd'hui l'attention par sa vitalité, par la capacité qu'on lui prête à créer des emplois ou même à innover dans le domaine des relations de travail. Face au modèle dominant de la grande entreprise, quelles sont les chances d'un ensemble au demeurant fort hétérogène et contrasté, mais dont la place reste considérable au sein de l'appareil productif de la France ?

Les petites entreprises sont à la mode. Est-ce un simple jeu de pendule après les vastes concentrations de la décennie soixante ? « Small is beautiful »... Sans doute, mais quelques raisons plus objectives s'y ajoutent. La place des petites et moyennes entreprises (PME) dans la production, le dynamisme et la réussite spectaculaire de quelques-unes d'entre elles, leur capacité — réalité ou illusion ? — à créer des emplois, la réhabilitation de l'autorité patronale contestée après 1968 et l'espoir de nouvelles formes de progrès social dans des petites unités échappant aux contraintes bureaucratiques des grandes organisations constituent, en vrac, quelques-unes des raisons contrastées, presque contradictoires, du renouveau des petites entreprises, spécialement dans le secteur artisanal.

Une importance sous-estimée

Dans leur diversité les statistiques établissent toutes le même constat : la part des très petites entreprises demeure considérable en France **, bien supérieure à ce que le discours dominant des grandes organisations (syndicats, professions, pouvoirs publics...) sur la politique industrielle ou le progrès social laisse croire.

• Sur un total de 2 118 516 entreprises industrielles et commerciales recensées en 1971 par l'INSEE (1), près d'un million (974 541) n'avaient aucun salarié et à peu près autant (983 953) en employaient moins de 10. Au total 160 022

---

* Gérard Adam, professeur associé au Conservatoire national des Arts et Métiers (CNAM), spécialiste de sociologie du travail et des relations professionnelles. A publié notamment, en collaboration avec Jean Daniel Reynaud, *Conflits du travail et changement social,* aux Presses universitaires de France, 1978.

** Cf. annexe 2, p. 252 à 254.

(1) *Les entreprises et établissements industriels et commerciaux en France en 1971.* INSEE 1974. Volume 1.

entreprises avaient plus de 10 salariés et un peu plus d'un millier seulement occupaient plus de 1 000 salariés.

• Plus récemment une enquête (2) menée à partir des déclarations au titre des bénéfices industriels et commerciaux auprès de 1,4 million d'entreprises employant plus de 11 millions de salariés (soit l'ensemble des entreprises non agricoles à l'exception d'une partie notable des services — environ 300 000 déclarant des bénéfices non commerciaux — et de quelques milliers d'entreprises exonérées comme les coopératives) a établi que les entreprises de moins de 20 salariés regroupaient 95 % du total, 19 % des effectifs salariés et 27 % du chiffre d'affaires. A l'autre extrémité, les grandes entreprises, moins de 1 % du total, assuraient 39 % du chiffre d'affaires et utilisaient 43 % des salariés.

Tableau 1
Concentration des entreprises en 1975

	Nombre d'entreprises	**Effectifs salariés**	**Chiffre d'affaires (HT)**
Petites entreprises (— de 20 salariés)	95 %	19 %	27 %
Moyennes entreprises (20 à 499 salariés)	5 %	38 %	34 %
Grandes entreprises (500 et plus)	ε	43 %	39 %
Total	1 416 000	11 242 000	1 895 milliards de F

• Dans une perspective différente enfin un rapport officiel note que « l'ensemble des entreprises occupant moins de 50 salariés, à l'exception de l'agriculture, du commerce et des activités financières, peut être évalué à 950 000 unités environ. Plus de la moitié n'emploient aucun salarié ; celles qui emploient moins de 10 salariés représentent près de 40 % » (3).

Dans cette évaluation, près de la moitié de ces petites entreprises appartiennent au secteur des transports, des services alimentaires et des services marchands. L'autre moitié se partage en deux parts à peu près égales : le bâtiment et les travaux publics d'un côté, l'industrie de l'autre.

Au total, tous statuts confondus (salariés et non-salariés) 4 millions de personnes actives au moins sont occupées dans des entreprises industrielles et commerciales d'effectifs inférieurs à 20 salariés.

---

(2) Brocard (Renaud) et Gandois (Jean-Marie) « Grandes entreprises et PME », *Économie et Statistique*, N° 96, janvier 1978.

(3) Mignot (Gabriel). *Les perspectives de développement de l'artisanat et de la petite entreprise.* Rapport remis à Jacques Barrot, ministre du Commerce et de l'Artisanat, mai 1979, 180 pages, p. 14.

L'absence de modèle industriel unique

Cette évaluation — même si elle ne constitue qu'un ordre de grandeur — témoigne que le secteur de la très petite entreprise ne peut pas être considéré comme résiduel. Il n'est ni en voie de disparition ni caractérisé par l'archaïsme. Rien ne permet de considérer que le développement de la société industrielle passe par la marginalisation de la petite entreprise et même par son alignement progressif sur le modèle socio-économique des grandes unités de production.

Pour J.K. Galbraith (4), seul le système industriel, caractérisé par « quelques centaines de grandes sociétés, dynamiques sur le plan technique, pourvues d'une assiette massive de capitaux et hautement organisées », est pertinent pour l'évolution générale de la société. Certes, note-t-il, il y a le monde « du petit détaillant, de l'agriculteur, du cordonnier, du *bookmaker* » (*op. cit.* p. 400/401), mais, au total, General Motors ou le Standard Oil sont bien plus caractéristiques de la scène industrielle moderne « que le laveur de chiens ou que le petit fabricant qui peut avoir une grande idée ». Reste à déterminer si la petite entreprise se confond réellement avec cet univers pittoresque mais désuet.

Si J.K. Galbraith analyse la petite entreprise comme un secteur négligeable coexistant avec le système industriel, les économistes marxistes soutiennent la thèse d'une domination croissante du mode de production capitaliste (identifié à celui des grandes entreprises) et du déclin rapide des autres formes de production, en particulier de la « petite production marchande ». L'évolution du capitalisme ne peut conduire qu'à l'élimination des petites entreprises familiales (5). En fait, l'analyse marxiste mêle constamment deux questions fondamentalement différentes :

— L'une qui porte sur le caractère pré-industriel de la petite entreprise, c'est-à-dire finalement sur son caractère archaïque ou moderne. La petite entreprise est considérée comme une survivance ou une étape éphémère dans le développement de l'économie capitaliste.

— L'autre sur son caractère capitaliste, c'est-à-dire sur son identification avec un mode de production caractérisé par l'accumulation du capital et la lutte des classes. Si on sait que la plupart des entreprises agricoles conservent un caractère familial et que près d'un million d'entreprises non agricoles n'ont aucun salarié (dans le seul secteur des métiers le pourcentage est de 60 % sur les 850 000 entreprises qui le composent), le qualificatif de « capitaliste » requiert assurément une démonstration. Il ne suffit pas, par exemple, de mettre les artisans « aux côtés » des salariés parce qu'ils seraient des petits capitalistes ruinés par le grand capital et non des producteurs spécifiques qui ne participeraient pas au mouvement général d'accumulation (dans la mesure où leurs moyens de production ne sont pas essentiellement du capital) pour clore le débat sur la place de la petite entreprise dans la société moderne (6).

(4) Galbraith (John K.), *Le nouvel État industriel,* Gallimard, Paris, 1968, p. 21-25.

(5) Ainsi dans *Le capitalisme monopoliste d'État* (Ouvrage collectif - Éditions Sociales), il est précisé : « dans tous les secteurs où elles étaient traditionnellement dominantes, les activités non salariées sont ainsi en déclin rapide » (p. 227 - Tome I).

(6) Voir par exemple *Économie et Politique* (novembre 1976, n° 268, p. 50-54) « Plan Giscard-Barre : artisans, commerçants, petits industriels, également victimes » (J. Chatain).

Cette interrogation ne vise pas à esquisser une « contre-théorie » globale sur l'évolution économique et sociale, mais à souligner, à l'intérieur d'un mouvement de concentration du capital, les spécificités d'un ensemble sans doute fort hétérogène mais dont le poids demeure à tel point important qu'il est susceptible d'influencer le modèle dominant de façon non négligeable.

L'apport des petites entreprises au développement économique

La petite entreprise constitue un vivier où sont nées et ont grandi un nombre appréciable d'affaires moyennes. L'ampleur du phénomène est réelle, bien que mal connue. On estime qu'une entreprise sur 10 000 sort chaque année du secteur des métiers pour acquérir une taille supérieure. Dans les régions rurales en voie d'industrialisation le phénomène est particulièrement net dans des secteurs comme l'agro-alimentaire, les services, la réparation... Cette vitalité des petites entreprises est acquise au prix d'une très forte mortalité. Celle-ci est bien connue dans le commerce et les métiers grâce aux nombreuses études réalisées par les Chambres de métiers et de commerce.

- Ainsi sur 100 artisans ayant cessé leur activité en 1975, 35 % avaient plus de 60 ans et pris leur fonction avant 1966, 22 % étaient âgés de 35 ans au plus et s'étaient installés depuis 1970. Le reste correspondait aux mutations affectant les entreprises que l'on pourrait qualifier d'adultes. Au total, en 1977, 48 800 radiations du répertoire des métiers ont été effectués pour 66 000 immatriculations.

- Dans le commerce, 40 746 inscriptions ont été enregistrées pour 33 649 cessations (7).

Si le mouvement de création d'entreprises en France relève pour l'essentiel du secteur des petites unités de production ou de services, il reste évidemment que ce secteur n'assure qu'une part modeste des investissements, légèrement décroissante depuis quelques années. Le tableau de la formation brute de capital fixe s'établit ainsi en France :

Tableau 2 (en milliards de francs et en %)

	1970	1976
Entreprises individuelles	19,9 (22,3 %)	40 (21,9 %)
Sociétés (sauf grandes entreprises nationales)	69 (77,6 %)	142 (78,1 %)

(7) Source : *La situation du commerce français en 1978.* INSEE, janvier 1979. Commission des comptes commerciaux de la nation. Le solde des créations est positif pour tous les types de commerce, y compris les détaillants qui représentent d'ailleurs 36 327 inscriptions sur le total.

Le nouveau mythe de la PME

Au-delà de leur poids économique spécifique les petites entreprises ont acquis une valeur mythique au cours des dernières années car les grandes organisations publiques ou privées sont réputées bureaucratiques : lourdes dans leur fonctionnement, lentes à innover. Le postulat est simple : les petites unités sont « naturellement » compétitives et mobiles ; elles incarnent davantage que les grandes « l'acte d'entreprendre » par opposition à l'institution « Entreprise ». En bref, s'identifiant à une aventure personnelle, elles seraient tout dynamisme et adaptation au changement. Assurément, la thèse est excessive car les rentes de situation ne sont l'apanage d'aucun secteur et les héritiers n'ont pas toujours les qualités des fondateurs. En fait, les PME ne constituent plus un bloc homogène frileusement replié sur lui-même en quête de protection et de subventions. Toutefois, une question fondamentale demeure : sont-elles un îlot dynamique, certes, mais marginal dans l'économie moderne ? Constituent-elles, au contraire, un pôle attractif et original de développement économique et du progrès social, significatif d'une autre voie des sociétés industrielles ?

En réaction contre la période de Mai 1968, un courant de réhabilitation de l'autorité patronale s'est développé récemment. Le monde de la PME est celui où la distinction entre l'entreprise et son chef s'efface. Aussi, naturellement, un nouveau discours sur le patronat s'esquisse à travers la promotion des petites entreprises : finies les chimères du partage du pouvoir et des responsabilités. La crise mais aussi les excès de la société permissive imposent la réhabilitation de l'autorité et de la hiérarchie. Simplement, il ne s'agit plus de légitimer le pouvoir du chef d'entreprise par la propriété, mais par sa capacité de création et d'innovation. Le contre-pouvoir syndical, ajoute-t-on, — comme celui de tout organe collectif — ne saurait être que conservateur et protectionniste par nature...

Le statut défavorable des salariés...

La situation des salariés est moins avantageuse dans les très petites entreprises que dans la grande industrie. A qualification égale, le salaire du métallurgiste parisien travaillant dans une entreprise de moins de 10 salariés est inférieur de 10 % à celui qu'accorde l'entreprise de plus de 500 salariés. En province et dans les branches où l'autorité des organisations patronales demeure faible, les différences peuvent atteindre le double, tempérées parfois par des rémunérations occultes. La durée du travail est également plus élevée dans la petite entreprise : 2 heures en moyenne en 1978 entre l'entreprise occupant de 10 à 50 salariés et celle employant plus de 500 personnes. Cet écart est accentué par la pratique des équivalences qui subsiste encore dans les professions du commerce, les hôtels-cafés-restaurants, la coiffure... Les avantages sociaux (prestations sociales complémentaires à la sécurité sociale, cantines, œuvres sociales) des branches où prédominent les petites entreprises (commerce, alimentation, hôtels, cafés, restaurants, réparation, artisanat) sont largement inférieurs à ceux des branches industrielles où les grandes entreprises servent de référence. Souvent les conventions collectives sont anciennes, voire inexistantes (8). En fait, en analysant les comptes établis à partir des données fiscales, on constate que le taux des charges sociales par rapport aux salaires ne varie pas en fonction de la taille des entreprises, mais en fonction de l'activité : faible dans les métiers où les consommations intermédiaires ont une forte valeur et dans ceux qui font appel à un équipement important, forte au contraire dans le bâtiment et les travaux publics, par suite des charges spécifiques au secteur. Le taux moyen est de 35 % avec un maximum de 47,5 % pour le bâtiment et un minimum de 32 % pour les activités de conseil. Comme le note le rapport de G. Mignot (9), le coût du travail croît avec la taille mais cette progression correspond simplement à celle du salaire moyen, plus élevé dans les grandes entreprises. Au total, la nature économique de l'activité, l'importance des frais généraux (croissant avec la taille) constituent les principaux facteurs explicatifs des variations du poids des rémunérations et des charges sociales.

L'impression peu favorable que dégage l'analyse du statut des salariés de la petite entreprise doit cependant être corrigée car le travail dans la très petite entreprise présente des avantages certains : proximité du domicile, travail parfois plus diversifié, souvent plus qualifié dans le secteur des métiers. Les salaires sont faibles mais la hiérarchie des salaires est aussi plus resserrée. Selon le premier rapport du CERC (10) sur les revenus des Français, le revenu annuel moyen d'activité des professions indépendantes était le suivant en 1976 :

Industriels	:	240 000 F
Gros commerçants	:	170 000 F
Artisans	:	83 000 F
Petits commerçants	:	78 000 F
Professions libérales	:	206 000 F

Rêve ou illusion : être à son compte

Du point de vue social, la très petite entreprise doit être considérée surtout en fonction de la capacité qu'elle offre de s'installer à son compte. Dans la classe ouvrière « s'installer à son compte » semble être la principale voie de promotion ; pour les uns antichambre du monde industriel, recours pour les autres qui ne le supportent pas et sont nostalgiques du passé.

Le recrutement des artisans *, par exemple, se fait principalement parmi la population ouvrière : sur 100 chefs d'entreprise en 1970 venus à l'artisanat entre 1965 et 1970, 45 % étaient ouvriers qualifiés en 1965, 23 % étaient OS, 6 % étaient contremaîtres et 32 % manœuvres. Cependant, selon une enquête de l'INSEE de 1970, 32 % des artisans n'avaient aucun diplôme, 33 % étaient

(8) Pour être appliqués à tous les salariés les accords nationaux interprofessionnels doivent être signés par le CNPF et la CGPME. Cette dernière n'est pas signataire de tous les accords conclus par le CNPF depuis 1968. En raison souvent de la double appartenance des PME au CNPF et à la CGPME, le nombre de salariés écartés des accords interprofessionnels nationaux par le refus de signature de la CGPME est impossible à connaître.

(9) *Op. cit.*

(10) Les revenus des Français, Premier Rapport de synthèse, *Document du CERC,* n° 37-38, 1977.

* Cf. annexe 2, p. 253.

titulaires d'un certificat d'études primaires et 34 % d'un certificat d'aptitude professionnelle. Apprécié par les diplômes le niveau de qualification des artisans est modeste. C'est oublier que 45 % d'entre eux ont été apprentis et ont acquis leur compétence « sur le tas ». L'ouvrier qualifié qui se met à son compte tire la conséquence de l'impossibilité où il s'est trouvé de satisfaire son ambition dans la grande industrie. Dans 75 % des cas, l'entrée dans l'artisanat résulte d'un choix positif (11 % considèrent qu'ils ne pouvaient rien faire d'autre, 9 % ayant pris « naturellement » la suite de leurs parents, 5 % indiquent des raisons diverses).

Au total, les artisans qui se sont installés en 1976 avaient travaillé pendant 14 ans et demi avant de s'installer pour la première fois à 29 ans et demi, après avoir exercé un seul métier pour la grande majorité d'entre eux. Seuls les enfants d'indépendants accèdent à l'artisanat sans passer par le salariat. Les autres ne s'installent directement à leur compte que très exceptionnellement après avoir eu en moyenne 2,1 emplois salariés (11).

Rigidité et diversification des relations professionnelles

Les visages de la très petite entreprise sont contrastés, parfois contradictoires. Il est vain d'y chercher une unité et une cohérence comparables à celles du « système industriel ». L'erreur la plus commune est sans doute de vouloir comparer le kaléidoscope des entreprises individuelles ou de l'artisanat aux grandes organisations industrielles. D'ailleurs, il n'existe pas en France un seul système de relations du travail. Quatre mondes cohabitent : la fonction publique, le secteur nationalisé, les branches industrielles à tradition de négociation (comme les métaux, la chimie...) et les secteurs délaissés où dominent notamment les très petites entreprises, ce qui ne signifie nullement qu'elles soient absentes des branches à tradition de négociation.

Entre ces quatres secteurs, les différences portent à la fois sur le statut des salariés, l'importance de l'influence syndicale, les domaines et les règles de la négociation. Pour s'en tenir au secteur privé, la loi de 1950 avait implicitement pour référence un modèle socio-industriel *unique* caractérisé par :

— un fort encadrement des entreprises par leur profession, comme dans les métaux.

— des activités peu diversifiées : appartenance à une seule branche et application d'une seule convention.

— des établissements disposant d'une réelle présence syndicale à travers le comité d'entreprise et les délégués du personnel.

— une main-d'œuvre stable à statut unique (contrat de travail à durée indéterminée), susceptible de faire toute sa carrière dans l'entreprise.

---

(11) Voir pour tout ce qui concerne le cheminement professionnel des artisans les études de B. Zarca (Études réalisées dans le cadre du CREDOC).

Or, en trente ans, les entreprises ne se sont pas fondues dans ce modèle. Les grandes entreprises qui, pendant longtemps, ont joué un rôle moteur dans le progrès social, ont imprimé leurs spécificités à toutes les règles et institutions des relations sociales.

Pendant longtemps, les petites entreprises n'ont pas eu d'autre stratégie que de se retrancher d'un système auquel elles ne se sentaient pas partie prenante. La bataille pour l'élévation des seuils d'application de la législation sociale, (10 pour les délégués du personnel, 50 pour le comité d'entreprise, 200 pour le local de la section d'entreprise, 300 pour le plan d'amélioration des conditions de travail, 750 pour le bilan social) est sans doute la manifestation la plus évidente de cette politique de refus d'intégration.

Mais aujourd'hui les impératifs de la compétitivité économique et la crainte d'un contre-pouvoir syndical excessif incitent les grandes entreprises à l'immobilisme, à la gestion des acquis. Et, paradoxalement, depuis le début de la crise, une dynamique sociale encore très fragile, s'esquisse dans les petites entreprises.

Les entreprises moyennes et l'innovation sociale

Leur capacité à créer des emplois constitue un facteur non négligeable de déblocage des relations sociales même si ces créations sont inférieures aux affirmations officielles. Les PME sont en effet vivement incitées à prendre les relais des grandes entreprises qui, pour la plupart, compriment leurs effectifs. Les pouvoirs publics savent qu'il ne suffit pas d'alléger le franchissement des seuils (les principaux butoirs se situent au niveau de l'embauche du premier et du dixième salarié) ou de multiplier les aides financières (exonération de cotisations sociales), mais qu'il convient de rendre les emplois attractifs pour les salariés. Le refus de mauvaises conditions de travail ou d'horaires contraignants sont un obstacle majeur à l'embauche dans beaucoup de branches du commerce de détail, par exemple. Surtout, on a pris conscience à travers certaines expériences d'aménagement du temps de travail, de création de coopératives, d'organisation du travail individuel en systèmes de sous-traitance que les petites entreprises pouvaient imaginer des formes de relations de travail différentes de celles de la grande entreprise sans être pour autant source d'un accroissement des inégalités. La polyvalence, l'alternance, l'intéressement à un chiffre d'affaires ou aux résultats, les horaires souples ou le travail à temps partagé entre deux activités sont parfois des réalités naturelles des petites unités. Des institutions existent telles le collège « compagnons » des Chambres de métier où les salariés sont représentés, pour servir de support institutionnel à la représentation des salariés et éventuellement à la négociation. Elles n'ont jusqu'à présent pratiquement pas été utilisées (12). Dans le domaine des conventions collectives on n'a guère assisté au développement de nouveaux types d'accords collectifs adaptés aux petites entreprises et à leurs contraintes. Les conventions ne jouent aucun

(12) Ainsi sur les 800 000 salariés relevant de l'artisanat, 181 000 seulement sont inscrits au titre des « Compagnons » dans les Chambres de métier. Et 43 000 ont participé aux dernières élections...

rôle moteur dans le progrès social. Elles ne font que s'aligner sur la pratique des entreprises les moins évoluées. Rien n'interdit cependant d'envisager des conventions entre grandes et petites entreprises pour ouvrir les équipements culturels et sociaux à tous les salariés d'une localité, de signer des accords multi-professionnels sur une base locale dans le domaine de la sécurité et de la prévention des accidents (par exemple dans les centres commerciaux regroupant des activités diverses), de « professionnaliser » un certain nombre d'avantages sociaux habituellement traités au niveau de l'entreprise (13), ou d'imaginer des délégués syndicaux inter-entreprises comme cela a été expérimenté dans l'agriculture. L'imagination et la détermination dont feront preuve — ou non — les petites entreprises constituent, pour les années à venir, un enjeu social plus important qu'il n'y paraît aujourd'hui. L'importance que les syndicats ont attachée à établir leur influence dans les PME à l'occasion de l'élection prud'hommale de décembre 1979 est le signe de l'infléchissement de leurs stratégies traditionnelles dans cette nouvelle direction. Tant que la grande entreprise demeurera le modèle social unique de référence des syndicats, la petite entreprise se condamne à n'être qu'un secteur marginal de la société française.

(13) Ainsi, dans le bâtiment, les congés payés sont traités au niveau de la profession. Le système pourrait être étendu à d'autres avantages sociaux, ce qui permettrait d'assurer une plus grande solidarité au sein d'une profession.

Innovations dans le secteur des services : du militant à l'entrepreneur

Jacques Guyaz *

A l'origine de plusieurs innovations marquantes dans le domaine des services, on trouve des hommes dont les activités de jeunesse se sont situées dans la mouvance idéologique de la gauche, chrétienne ou non. De ce mariage du militantisme et de l'esprit d'entreprise sont issues de nombreuses associations dynamiques et parfois même quelques entreprises de grande taille. Quatre exemples illustrent cet itinéraire original, mais tout à fait caractéristique du secteur des services dans la France de l'après-guerre.

Depuis quelques années, la France, du moins ses élites, est comme obsédée par l'innovation. Enquêtes, articles et colloques se succèdent à un rythme impressionnant. Dans un pays où la parole a toujours accompagné l'action, quant elle ne se substitue pas carrément à elle, il faut peut-être y voir la crainte de ne pas se maintenir à la hauteur de nations dont l'économie semble plus prospère et plus dynamique.

Alors que les pays les plus développés, dont la France fait partie, s'orientent de plus en plus vers une économie de services, ces multiples réflexions sur l'innovation portent presque toujours sur les moyens de stimuler la nouveauté technique et traduisent une véritable fascination pour le monde industriel. Pourtant, depuis la dernière guerre, la France est peut-être un des pays qui s'est montré le plus créateur en matière de services, que ce soit par l'apparition de grandes entreprises commerciales ou par le surgissement de petites associations très dynamiques.

Nous avons choisi de présenter ici quatre de ces organisations, totalement dissemblables les unes des autres. Les deux premières ont été fondées dans l'après-guerre et sont devenues aujourd'hui des firmes très importantes. Les deux autres datent des dix dernières années et sont restées de petites associations. Nous verrons que les hommes qui sont à l'origine de ces expériences fort diverses ont entre eux des traits communs qui tiennent sans doute à certaines caractéristiques de la société française contemporaine.

---

* Jacques Guyaz, sociologue, rattaché au Centre de sociologie des organisations, auteur de plusieurs rapports consacrés au fonctionnement des grandes entreprises et des organes de presse.

Une entreprise de vacances : le Club Méditerranée

C'est aujourd'hui la plus célèbre organisation française de vacances. Pour le public français, elle correspond aux quatre « S » chers aux anglo-saxons *(sun, sand, sex, sea).* Le Club est né en 1950. Mais pour comprendre sa génèse, il faut remonter dans les années trente, à un champion de natation belge nommé Gérard Blitz.

Pendant la guerre, il participe à la Résistance et crée son propre réseau. A la fin des hostilités, il obtient de loger des Belges qui reviennent des camps dans de grands hôtels alors déserts d'Annecy et de Chamonix afin qu'ils se refassent une santé. Ce sont les gens de son réseau qui vont gérer les hôtels. Ce sera, dit-il, « le Club avant le Club ».

Démobilisé en 1947, Gérard Blitz prend ses premières vacances en Corse, dans un village de vacances sous tente, le premier du genre dans l'après-guerre. Séduit par la formule, il propose quelques perfectionnements qui resteront jusqu'à aujourd'hui les principes de base du Club : suppression de l'argent dans les villages, gratuité de toutes les prestations sportives, accent mis sur la collectivité plutôt que sur l'individu avec des animations réalisées tous les soirs. La propriétaire de ce club refuse de le suivre et Gérard Blitz décide de créer son propre club de vacances.

Comme il a des relations dans le journalisme sportif, « l'Équipe » fait un article sur ce projet. Gérard Blitz recevra plus de 2 500 réponses. Il faut s'équiper, louer des tentes. C'est comme cela qu'il rencontrera Gilbert Trigano, président actuel du Club.

Un style de vacances

Les parents de Gilbert Trigano sont dans le commerce. Avant la guerre, celui-ci est apprenti comédien, il écrit des textes pour des chansonniers. Résistant, il devient communiste et organise, à la Libération, la première fête des jeunesses communistes. Il tâte du journalisme avant de revenir dans l'entreprise paternelle qui vend des bâches et se lance peu à peu dans le camping. C'est à ce titre qu'il sera pendant quatre ans le fournisseur du Club Méditerranée qui est d'abord une association sans but lucratif. En 1954, Blitz engage Trigano comme adjoint et l'année suivante le Club se transforme en société commerciale. Il ouvre son premier village en dur, puis le premier village-hôtel de sports d'hiver. La croissance très rapide de l'entreprise va être marquée par une double crise.

Tout d'abord une crise financière : Blitz et Trigano se préoccupent fort peu de gestion. Le Club est un succès commercial, mais un échec financier. Les prix de vente sont trop bas compte tenu des coûts d'exploitation. L'entreprise, qui exploite alors une dizaine de villages et emploie près de 1 000 personnes, se retrouve avec un trou de trésorerie impossible à combler. Il faut trouver de l'argent. La chance veut qu'Edmond de Rothschild, alors âgé de 35 ans, vient de passer d'excellentes vacances au Club. Après étude de l'affaire, il accepte de la renflouer, prend le tiers du capital de la nouvelle société qui est créée et maintient Blitz et Trigano à sa tête (1). Les deux hommes doivent en principe alterner tous les deux ans au poste de président. En fait, après avoir implanté le Club aux États-Unis, Blitz va s'éloigner peu à peu et Trigano restera seul président.

Le Club Méditerranée est coté en Bourse depuis 1967.

Selon le rapport annuel d'avril 1979, la répartition du capital est la suivante :

50 % dans le public

50 % répartis entre 7 actionnaires :

- Groupe de l'UAP
- Groupe du Crédit Lyonnais
- Compagnie financière du groupe Edmond de Rothschild
- Banque de Paris et des Pays-Bas
- Groupe canadien CEMP
- IFI international (Luxembourgeois) du holding Fiat
- Fonds commun de placement du personnel du Club Méditerranéen

La seconde crise touchait au fonctionnement même du Club. Au début, le personnel affecté dans un village, les GO ou « gentils organisateurs » comme on dit au Club, restaient dans le même village d'une année sur l'autre. Cela entraîna progressivement la constitution de clans, de féodalités, et pas seulement parmi les GO mais aussi parmi les touristes qui revenaient chaque année pour retrouver *leur* chef de village ou *leur* moniteur de voile, ce qui créait peut-être un sentiment d'exclusion chez le nouveau qui ne connaissait personne. Bref, c'était l'esprit même du Club qui était menacé. Gilbert Trigano institua une rotation saisonnière. Désormais aucun GO ne devait rester plus d'une saison dans le même village et les équipes devaient se séparer à chaque fois.

Depuis, le Club a poursuivi son expansion et diversifié ses activités. Il gère plus de 80 villages de vacances dans une vingtaine de pays, emploie 12 000 personnes et reçoit 600 000 touristes par an. Avec un chiffre d'affaires de 1 milliard et demi en 78, il est au premier rang mondial dans le domaine des clubs de vacances. Mais la raison du succès de l'entreprise, plus encore que les idées initiales, c'est le maintien d'un exceptionnel climat de relations sociales dans les villages, grâce à ce personnage-clé qu'est le « gentil organisateur ».

Priorité à la gestion et à l'animation

Les employés du Club n'ont rien de commun avec le personnel hôtelier traditionnel. Le GO s'habille comme le vacancier. Il vit comme lui et il s'amuse

(1) En même temps en 1970, le Club Méditerranée fusionne avec le CET, club européen du tourisme. Aujourd'hui la capacité d'accueil du groupe est de 70 000 lits, le coefficient d'occupation atteint 73 %.

avec lui et pour lui durant la soirée. Le cuisinier participera à la pièce de théâtre satirique montée par les animateurs et le gestionnaire dansera avec ses clientes. Plus que le soleil et la plage, le Club vend surtout des rapports humains. Et ce sont les GO qui organisent la communication. C'est une affaire de sensibilité, d'intuition, d'expérience. Ce sont d'ailleurs là les mots qui reviennent le plus fréquemment lorsque l'on interroge les cadres supérieurs, eux-mêmes anciens GO pour la plupart, sur le fonctionnement de leur entreprise.

Naturellement, tout peut se dérégler très vite. Il suffit de quelques conflits personnels, d'un chef de village qui a des ennuis familiaux, pour que l'ambiance se dégrade et que les vacanciers ne trouvent plus ce qu'ils étaient venus chercher. De tels cas sont assez rares et le Club a toujours su corriger rapidement et avec efficacité les problèmes qui surgissent dans les villages.

Une entreprise de distribution : la FNAC

La Fédération nationale d'achat des cadres (FNAC) est fondée en 1954 par deux personnages assez singuliers. Le premier est Max Théret. Ses parents possèdent une petite entreprise de maroquinerie et ils fournissent les détaillants. Avant la guerre, le jeune Théret est militant trotskyste. Il participe à la guerre d'Espagne. En France, il crée des coopératives de distribution. Passionné par la photo, il apprend le métier en autodidacte. Après la Libération, il travaille dans un groupement d'achats destiné aux fonctionnaires.

André Essel est issu d'une famille de commerçants. Lui aussi militant trotskyste à 16 ans, il fait la guerre, puis la Résistance. Il abandonne ensuite le mouvement trotskyste et devient permanent aux Jeunesses socialistes. Déçu par la vie politique, il y renonce en 1947 et cesse désormais toute activité militante. Il devient représentant et vend des chemises, puis du matériel de bureau.

Les deux compères s'étaient rencontrés aux Jeunesses socialistes. Ils décident de créer un groupement d'achat. Il s'agit de vendre dans le public un carnet avec une liste de commerçants agréés. Ceux-ci acceptent de faire une réduction sur les achats des membres du groupement. Simultanément, Essel et Théret créent un magasin de photo qui figurera bien entendu sur leur liste de commerçants. Pour placer leurs carnets, ils cherchent une clientèle grâce aux annuaires d'anciens élèves des grandes écoles.

C'est la raison pour laquelle le mot « cadre » figure dans leur raison sociale. Ils considéraient en effet que cette catégorie sociale en pleine expansion était la mieux à même de comprendre leur démarche qui consistait à obtenir les prix de vente les plus bas possible.

Informer le consommateur

Le magasin de photo fonctionne selon une formule *discount* alors peu connue en France en vendant avec 15 % de réduction. Au début, faute de capital, il est difficile de constituer des stocks. Le client paie d'avance et revient ensuite chercher son matériel. Un journal baptisé « *Contact* » est créé avec le but de servir de lien entre les adhérents pour mieux défendre les consommateurs. Ce journal permet aussi de rassembler les gens autour de la FNAC et peut donc être utilisé comme moyen de pression. Ce fut d'ailleurs nécessaire vis-à-vis des fabricants qui pratiquèrent le refus de vente afin de ne pas mécontenter les détaillants traditionnels mis à mal par la politique commerciale d'Essel et de Théret. Il fallut user d'astuce, faire appliquer la loi qui interdit les refus de vente. En d'autres occasions, il faudra faire procès sur procès pour briser la résistance de fournisseurs qui essaient de tourner la difficulté en créant des réseaux de concessionnaires exclusifs. Dans toutes ces campagnes successives, le journal joue un rôle essentiel par l'information qu'il apporte au public.

En 1960, la bataille est gagnée sur le front de la photo. En 1961, le magasin s'adjoint des départements disques et électroménager. Bientôt une association culturelle est créée qui propose à ses membres des prix réduits sur les spectacles. En 1966, un magasin d'articles de sports est ouvert. Deux ans plus tard, c'est le tour d'un second magasin radio-photo. Depuis la FNAC a ouvert deux autres grandes surfaces à Paris, essaimé dans toutes les grandes villes françaises et s'est lancée dans la librairie. Elle gère aujourd'hui 11 magasins, emploie environ 1 800 personnes et a 350 000 adhérents.

Mais la FNAC n'est pas qu'une grande surface faisant du *discount.* Elle réalise et publie des tests comparatifs des matériels qu'elle met en vente. Elle dispose de son propre laboratoire pour le matériel hi-fi. Un classement est établi par gamme de produits et de prix avec des notes sous forme d'étoiles, une étoile indiquant un mauvais rapport qualité-prix et quatre étoiles le meilleur. Naturellement, ces tests ont parfois valu à la FNAC l'ire des fournisseurs et même un procès, mais leur succès auprès du public est garanti.

Associer le consommateur

Comme Migros en Suisse, la FNAC consacre 1 % de son budget à des activités culturelles. Et d'abord le journal qui est envoyé gratuitement à tous les adhérents et mis à disposition du public dans les magasins. « *Contact* » est fait d'un équilibre subtil entre son utilisation comme instrument de politique commerciale, avec une présentation attrayante des nouveaux matériels, son rôle de défense des consommateurs par la présentation des tests comparatifs et une information générale dans le domaine des loisirs, de la culture et pour tout ce qui touche de près ou de loin aux produits vendus par les magasins.

Des expositions de photos ont lieu en permanence dans les surfaces de vente avec tous les grands noms de la photographie. Des débats quotidiens sont organisés autour des livres qui viennent de paraître ou des nouveaux spectacles de Paris. L'association culturelle ne se contente pas de fournir des billets à prix réduits, elle produit elle-même chaque année plusieurs spectacles créés à Paris ou venant de l'étranger, surtout dans le domaine du théâtre d'avant-garde. Ces diverses activités créent une animation constante autour de l'entreprise et renforcent son impact sur les couches sociales à haut revenu et à niveau culturel élevé qu'elle vise en priorité. Elles constituent en fait un substitut très efficace à la publicité traditionnelle que la FNAC n'utilise pratiquement jamais.

Le mariage du militantisme et du commerce

Le succès de l'entreprise FNAC provient de la conjonction de plusieurs éléments. D'abord Essel et Théret proviennent d'un milieu de commerçants. Ils ont travaillé d'ailleurs tous deux dans le commerce avant de fonder la FNAC. Ensuite, militants dans des mouvements d'extrême-gauche, ils ont utilisé leurs techniques d'action politique dans un cadre commercial. La création d'un journal, le souci de rassembler leurs clients et d'en faire un groupe de pression, leurs préoccupations culturelles, tout cela relève de méthodes fort peu orthodoxes et étrangères au monde de la distribution, du moins en France. Ce mélange détonnant de pratiques commerciales et militantes est certainement une des clés de l'originalité de la FNAC.

Les fondateurs ont su d'autre part maintenir une ligne d'action cohérente fondée sur une réflexion « politique », entendue au sens large, et sur l'information du consommateur et la pratique de prix aussi bas que possible. Ils ont compris qu'il ne fallait pas seulement vendre un produit, mais un service et une animation autour du produit. Un soin particulier est d'ailleurs apporté au service après-vente. Si l'on considère que la FNAC représente aujourd'hui 10 % du marché français de la photographie et 9 % du marché du disque, il faut bien admettre que nous avons là un des plus remarquables succès qu'ait connu le monde de la distribution en France.

Une association : Médecins sans frontières

En 1968, c'est la guerre au Biafra. Le général de Gaulle décide d'apporter un certain soutien à la sécession et la France, sous l'égide de la Croix-Rouge, envoie une équipe médicale. Max Récamier, un médecin qui a déjà travaillé pour la Croix-Rouge internationale lors de la guerre civile au Yémen, met sur pied l'opération. Issu d'une famille de médecins, c'est un militant catholique qui est passé par la JEC (Jeunesse étudiante catholique).

A leur retour, ces médecins décident de rester en contact. Ils fondent un groupe, le GIMCU (2), destiné à intervenir rapidement en cas de catastrophe dans le Tiers-Monde. Lors des inondations de 1971 au Bangla-Desh, la Croix-Rouge française décide d'envoyer une équipe et contacte le GIMCU. On est à la veille de la guerre entre l'Inde et le Pakistan. Il y aura des atermoiements et les médecins ne partiront pas. Simultanément un journal médical, « Tonus », lance un appel dans le même but. Près de 200 médecins répondent, mais aucun n'a eu l'occasion de faire de la médecine d'urgence dans un pays tropical. Le GIMCU prend aussi contact avec « Tonus ». Médecins sans frontières naît de cette rencontre et de l'impulsion donnée par trois médecins :

(2) GIMCU : groupe d'intervention médicale d'urgence.

Max Récamier, Guy Béres et Bernard Kouchner, ancien membre de l'Union des étudiants communistes et militant actif en Mai 68.

Le journal prête ses locaux, son fichier de tous les médecins de France et met une secrétaire à disposition. Il paiera le courrier et le téléphone. Ceux qui ont été au Biafra apportent leur expérience et leur savoir-faire. Le financement est assuré par les cotisations des membres et bientôt par des appels lancés une fois l'an à l'ensemble des médecins pour une contribution volontaire. De nombreux dons sont aussi reçus de particuliers ou d'institutions.

Au bout de deux ans, Médecins sans frontières quitte le journal et emménage dans ses propres locaux. Le directeur de « Tonus » est toujours trésorier de l'association qui compte aujourd'hui 2 000 membres, tous médecins, et une centaine d'infirmières. A ses débuts, Médecins sans frontières fournissait des médecins à la Croix-Rouge et à d'autres organisations humanitaires quand celles-ci en faisaient la demande. Ils organisèrent ensuite sous leur propre nom des missions d'urgence dans des pays en guerre. Les médecins partaient bénévolement et étaient pris en charge sur place par les organisations locales. Aujourd'hui, pour des missions de longue durée dans des camps de réfugiés, le financement est souvent assuré en commun avec d'autres organisations de secours et comprend un dédommagement pour le personnel.

Médecins sans frontières est parvenu à se développer grâce à l'entregent de son équipe fondatrice qui a su utiliser au mieux les capacités et les talents extra-médicaux des uns et des autres. Au départ, l'un des problèmes-clés était celui des billets d'avion. L'organisation avait peu d'argent. Elle n'aurait jamais pu se développer, ni même survivre si elle avait dû payer ses billets. Grâce aux relations entretenues par tel ou tel dans le monde politico-administratif, MSF obtint la gratuité sur les vols d'Air-France et d'UTA. L'association a su ensuite se faire connaître du grand public grâce à certains de ses membres qui étaient bien introduits auprès des médias.

C'est la guerre du Liban où MSF avait un hôpital du côté palestino-progressiste qui fit entrer l'association dans l'actualité. Lorsqu'ils voulaient recueillir des informations sur les victimes de la guerre, les journalistes francophones pouvaient toujours s'adresser aux médecins de MSF.

Il continue à en aller de même dans les autres conflits. Lorsqu'un journaliste fait un reportage sur l'aide humanitaire ou les problèmes médicaux des populations de l'Erythrée ou des réfugiés du Sud-est asiatique, il est rare que n'apparaissent pas ensuite dans l'article les propos d'un membre de l'équipe de MSF qui est sur le terrain.

Enfin, MSF est arrivé au bon moment, alors que se produisaient de profondes modifications sur le « marché » de l'aide humanitaire. Jusqu'alors, en cas de conflit armé, celle-ci était du ressort du CICR (Comité international de la Croix-Rouge), dépositaire et exécuteur des conventions de Genève. Mais depuis quelques années, les conflits ne sont plus du type classique : les guerres ne se déclarent plus et, bien souvent, les adversaires refusent de se reconnaître mutuellement quand ils ne vont pas jusqu'à nier l'existence même du conflit. N'étant pas enfermé dans un cadre juridique rigide comme le CICR, Médecins sans frontières peut intervenir plus souplement. De plus, même si MSF se veut apolitique, sa sensibilité tiers-mondiste lui a souvent ouvert les portes des mouvements de libération. Devenue célèbre depuis son action dans la guerre du Liban, l'association a su par son sérieux médical et aussi grâce à un sens certain des relations publiques s'imposer auprès de l'opinion et des gouvernants français.

Une association sur le marché du transport aérien : le Point - Mulhouse

Cette association, qui vend des billets d'avion pour des destinations lointaines à des prix défiant toute concurrence, a d'abord été créée pour... construire un chalet. A l'origine, un jeune homme de vingt ans, Maurice Freund, ancien scout, ex-interne dans un collège religieux, s'occupe d'une maison de jeunes en Alsace, près de Mulhouse. Les mouvements de jeunesse du département ont un projet : construire un chalet dans les Vosges. Le recours à diverses subventions permet de réunir 70 % des fonds. Ne sachant comment réunir les 30 % manquants, le conseil départemental des mouvements de jeunes renonce au projet. Maurice Freund, qui a participé à des chantiers du service social international, propose d'organiser un chantier de jeunes. Cette proposition est elle aussi refusée.

Avec deux amis, Maurice Freund s'obstine. Nous sommes en 1964. Il crée une association, le Point, et vend des cartes de soutien dans l'université pour avoir un fond de caisse. Il fait le tour des membres des professions libérales en leur proposant de devenir membre-bienfaiteur et de faire une donation. Des entreprises de travaux publics prêtent un camion pour un week-end ou donnent quelques sacs de ciment. Une municipalité concède un terrain. A l'université, une cinquantaine de jeunes sont intéressés par le projet. Mais lorsqu'il s'agit de grimper sur la montagne pour commencer les travaux, il n'y a plus que trois ou quatre présents. Par chance, un journaliste de Radio-Luxembourg s'intéresse au projet et en parle dans une émission. Maurice Freund et ses copains reçoivent près de 300 lettres de jeunes disposés à venir donner un coup de main.

La construction du bâtiment progresse avec des jeunes venus d'un peu partout, de l'Est bien sûr, mais aussi de la région parisienne. Arrive Mai 68 et le grand vent de la contestation. Les gens du Point n'y échappent pas et se disent que puisqu'ils arrivent à construire un chalet en Alsace, ils pourraient peut-être travailler plus utilement dans le Tiers-Monde. Maurice Freund se souvient qu'il a fait ses études secondaires chez des religieux qui ont des missions en Inde. Il reprend contact avec eux, et voilà toute l'équipe du Point qui part durant l'été 68 construire des puits dans les léproseries tenues par ces bons pères. Ils prennent un charter affrété par une autre association qui part avec... quatre jours de retard ! L'été suivant ils repartent. Cette fois, il n'y a plus d'avion pour rentrer en France. Ils sont obligés d'emprunter de l'argent aux religieux, en Inde, pour payer de nouveaux billets de retour.

L'année d'après, le Point décide d'organiser lui-même un vol charter. Le directeur de l'aéroport tout proche de Bâle-Mulhouse est un ami. Il donne les informations utiles. Le Point prend contact avec une compagnie, loue un avion et, comme l'association est formée uniquement de bénévoles, elle vend les places quasiment au prix coûtant, soit 950 francs l'aller-retour, alors qu'à l'époque, en 1970, le prix le plus bas était de 1 650 francs. La propagande se fait de bouche à oreille parmi tous ceux qui ont participé aux chantiers du chalet. L'avion est rempli facilement et le voyage se passera sans problème.

Le succès des vols à des prix concurrentiels

Les années suivantes, séduit par le succès de la formule, le Point récidive et organise des vols à des prix très bas vers le Mexique et le Pérou. L'association se donne pour but de permettre à un maximum de gens de voyager au loin pour un prix aussi bas que possible. Entre-temps, Maurice Freund, qui a eu un accident de voiture, est en arrêt de travail pour une année. Il en profite pour organiser les vols et faire le travail administratif. A la fin de son année d'indisponibilité, plutôt que de reprendre son travail dans les laboratoires d'une firme automobile, il devient permanent du Point avec un salaire dérisoire. Une deuxième employée est engagée en 1973.

Le Point se retrouve bientôt pris dans un engrenage. Les compagnies charters proposent des tarifs plus avantageux si des voyages sont organisés toute l'année. La proximité des frontières suisses et allemandes va être un atout de taille. Si l'étalement des vacances n'est pas réalisé en France, il est plus facile de faire partir des Suisses et des Allemands en hiver. C'est ainsi qu'il y aura, sur les vols du Point qui partent de Zurich, 80 % de Français en été, et 80 % d'étrangers en hiver. Le Point qui a commencé à gagner de l'argent achète des locaux dans différentes villes où les billets d'avion et les voyages seront vendus par des bénévoles, anciens du chantier ou nouveaux voyageurs désireux de donner un coup de main.

En 1980, le nombre de voyageurs transportés a été de 65 000 personnes. Le Point dispose de bureaux baptisés « Point-contact » dans neuf villes et des antennes dans dix-huit autres. Onze personnes sont employées à plein-temps à son siège de Mulhouse et deux à Paris. L'association continue à vendre ses billets d'avion à des prix sensiblement plus bas que ses concurrents grâce au recours du bénévolat et au maintien de ses objectifs de départ de démocratisation et de mise à portée de tous des voyages. Le Point-Mulhouse a réalisé un chiffre d'affaires en 1980 de 150 millions de francs.

De la politique à l'innovation

Ces quatre réalisations sont fort différentes les unes des autres, mais elles ont en commun les parcours étrangement semblables des innovateurs qui les ont faites. Dans le domaine des services, celui qui innove ne sort pas toujours d'une grande école ou d'une université prestigieuse. Par contre, il a souvent eu dans sa jeunesse une activité militante, que ce soit dans des mouvements politiques d'extrême-gauche — Gilbert Trigano aux jeunesses communistes, André Essel et Max Théret comme trotskystes — ou dans des mouvements d'inspiration chrétienne — Max Récamier à la Jeunesse étudiante catholique, Maurice Freud chez les scouts et au Service civil international —. Ces personnalités ont souvent traversé de grands événements qui les ont profondément marquées : la guerre et la résistance pour la génération des 50-60 ans, Mai 68 et les révoltes étudiantes des années soixante pour les jeunes. A travers toutes ces expériences ils ont acquis des savoir-faire et des modes de pensées nouveaux, différents, qu'ils ont su ensuite utiliser dans la mise sur pied et dans la conduite de leurs affaires. Gilbert Trigano ne déclare-t-il pas : « Le Club est un résultat purement empirique. On est arrivé en tâtonnant à créer une structure qui tient compte du régime capitaliste puisque c'est le régime dans lequel nous vivons, mais qui tient compte également de certaines idées socialistes, au sens proudhonien du terme ». Et l'un des deux fondateurs de la FNAC nous dira : « Ma véritable université, ce fut la politique avec ses analyses, ses discussions, ses théories » alors que l'autre affirme : « Le fait d'être des anciens militants nous a donné l'habitude de nous bagarrer. Un de nos concurrents nous avait dit : vous avez créé un parti politique ; ça ne ressemble pas au commerce traditionnel ».

Les exemples que nous avons choisis ne sont pas exceptionnels. Ils sont au contraire très représentatifs de ce que nous trouvons un peu partout chez les innovateurs dans le secteur des services. Ces activités de jeunesse se sont déroulées dans des mouvements situés dans la mouvance idéologique de la gauche, même quand leurs objectifs ne sont pas directement politiques, comme c'est le cas pour les organisations chrétiennes. Mais il ne suffit pas bien sûr d'être un ancien militant pour devenir un entrepreneur et un innovateur. Ce qui compte, c'est le choc entre modèles intellectuels différents, ici le militantisme et l'entreprise. C'est là une règle qui dépasse sans doute largement le cas français : ce n'est pas l'accumulation des connaissances dans un domaine précis qui importe, mais le passage d'un domaine à l'autre. Après avoir quitté leurs organisations politiques, André Essel et Max Théret travaillent comme représentants et Gilbert Trigano réintègre l'entreprise familiale. Maurice Freund est cadre d'entreprise et Max Récamier exerce la médecine pour le compte de la Croix-Rouge internationale.

Des pratiques commerciales qui ne renient pas un certain idéalisme

Notons aussi le rôle du hasard et des circonstances : c'est parce qu'il a eu un accident de voiture et du temps libre que Maurice Freund élargit les activités du Point et, sans le soutien — discret — de la France à la sécession biafraise, il n'y aurait peut-être pas eu de Médecins sans frontières. Mais c'est dans l'idéologie qu'elles se donnent que les nouvelles entreprises de services françaises restent le plus fidèles aux origines militantes de leurs fondateurs. Loin de s'assimiler à une chaîne de grands magasins comme une autre, la FNAC considère qu'elle est au service de la défense des consommateurs face aux méthodes purement commerciales de la concurrence. Le Club Méditerranée développe une idée du plaisir pur au sein d'une espèce d'utopie communautaire qui serait pratiquée dans ses villages. Il arrive d'ailleurs que l'innovateur se laisse prendre au piège de son propre discours. Alors qu'il fait voyager des cadres, des enseignants et des étudiants, Maurice Freund explique tout à fait sérieusement : « ce n'est pas le billet d'avion moins cher qui nous intéressait au plus haut point, mais que les gens comprennent ce qu'on voulait faire, permettre aux jeunes et aux personnes non favorisées de partir dans des pays lointains sans qu'on gagne de l'argent sur leur dos ».

On pourrait sourire de tout cela, souligner la contradiction entre des pratiques tout à fait marchandes et des idéaux de fraternité générale. Même Médecins sans frontières n'y échapperait pas dans la mesure où il existe bel et bien un véritable marché de l'aide internationale où chacun défend farouchement sa place. Or, c'est précisément ce dualisme qui fait toute l'originalité de ces « services à la française » et qui en est probablement la source et le moteur.

Ces différents exemples sont peut-être le symptôme d'une mutation des valeurs de la société française elle-même. Pendant longtemps, le service public, sanctifié et magnifié, a été le refuge de tous ceux qui, au nom d'une vision idéaliste de la société et de son devenir, répugnaient à s'engager dans le monde de l'entreprise. Or, Maurice Freund et Max Récamier, créateurs d'associations, sont tout autant des entrepreneurs que Gérard Blitz ou André Essel. La France est un pays où, depuis la dernière guerre, les différentes composantes de la gauche jouent un rôle primordial dans la vie intellectuelle, sans avoir pu jusqu'ici concrétiser cette influence dans le domaine politique. On peut supposer qu'un certain nombre d'individus sont devenus des entrepreneurs privés, faute de possibilités d'action à partir des organisations politiques. Après tout, si André Essel ou Gilbert Trigano avaient été Anglais ou Allemands, qui sait s'ils n'auraient pas persévéré dans l'action politique et n'auraient pas fait carrière dans les gouvernements du *Labour party* ou du SPD allemand.

En définitive, c'est la déception devant l'impuissance de la gauche dans l'après-guerre pour André Essel, Max Théret ou Gérard Blitz, face au manque de perspective de l'après 68 pour un Bernard Kouchner ou un Maurice Freund qui a été le moteur de leur entreprise. On peut ainsi conclure en émettant l'hypothèse que le monde des affaires et de l'entreprise est depuis trente ans sans cesse fécondé par des idées, des façons d'être, des manières de faire venues d'autres univers dont celui du militantisme politique et religieux. Comme nous l'avons montré, cette symbiose fait l'originalité des entreprises que nous avons décrites et leur donne une tonalité propre, une singularité dont nous ne voyons guère l'équivalent dans d'autres pays.

Propos d'un chef d'entreprise

Nicolas Thiéry *

On peut certes s'attacher à saisir l'entreprise comme organisation, comme ensemble de moyens matériels et humains mobilisés en vue de la production. Mais l'entreprise, c'est aussi, et plus fondamentalement, l'acte d'entreprendre, la confrontation permanente avec l'incertitude, avec les risques de déclin et les chances de renouveau. Tel est le point de vue que développe ici un chef d'entreprise, avant de décrire les changements majeurs qui ont caractérisé le monde de l'entreprise dans la France d'après 1945.

On peut jeter sur les chefs d'entreprises un regard d'historien, de sociologue ou d'économiste, éventuellement armé d'instruments statistiques. On peut mener à leur propos une réflexion de professeur de gestion. N'étant que chef d'entreprise et toutes ces spécialités étant hors de ma portée, je ne pourrai donner que des points de vue personnels c'est-à-dire, comme tous les points de vue, partagés par quelques autres auxquels je les ai souvent empruntés.

Je dirai d'abord de qui et de quoi il s'agit. J'insisterai notamment sur l'entreprise considérée comme agent des mutations technologiques. Je parlerai du rôle de l'incertain dans la gestion de l'entreprise et de ses conséquences sur l'éthique de l'entrepreneur et sur la prévision économique.

Je tenterai ensuite de souligner ce qui a changé, spécialement en France, sans omettre de rappeler ce qui, sans aucun doute, est trop durable pour avoir subi une modification profonde : ce qui a changé, c'est le rythme de la croissance et celui de la création d'entreprises, ce sont les relations des entreprises avec l'Etat, c'est la généralisation des connaissances en management, et ce sont les organisations professionnelles.

L'entreprise

Une confusion s'instaure souvent dans l'esprit du public dès qu'il est question d'entreprise. On ne sait si l'on parle du fait d'entreprendre ou d'un ensemble qui fonctionne. Cette confusion s'est également instaurée dans la langue courante.

* Nicolas Thiéry, ancien élève de Polytechnique, président-directeur général de la société Armand Thiéry-Sigrand, vice-président de l'Institut de l'entreprise.
A publié notamment en collaboration avec François Dalle : *Dynamique de l'auto-réforme de l'entreprise.*

On dira, par exemple, que rapprocher les chrétientés d'Orient et d'Occident est une vaste entreprise. On dira aussi qu'un arsenal est une entreprise. On voit tout de suite cette confusion au niveau de l'institution appelée comité d'entreprise. Cette institution a été créée en 1945 pour que le chef d'entreprise discute du projet global de l'entreprise et de son état d'avancement, tandis que la majorité des membres s'évertue à centrer les discussions sur le fonctionnement courant.

Esprit d'entreprise et management

J'entendrai par entreprise le fait d'entreprendre. Les chefs d'entreprises, ce sont ceux qui entreprennent. C'est, et ce n'est pas seulement le chef d'entreprise — il arrive même que ce ne soit pas lui : il est administratif à ses heures (et malheureusement parfois à toutes les heures). Il n'y a pas d'une part le chef d'entreprise qui entreprend et les autres qui fonctionnent de façon routinière. Dans les cas les meilleurs, l'acte d'entreprendre est réparti largement à partir du centre, c'est-à-dire de l'animateur. Il est donc entendu que lorsque je parle de chefs d'entreprises, je parle de la part de chacun qui se consacre à entreprendre. Ceci évite de consacrer du temps aux distinctions classiques entre les entrepreneurs propriétaires et les managers professionnels, les grands et les petits, les Français et les multinationales étrangères, et autres catégories que j'ai peut-être omises.

Ceci conduit à une autre précision à propos du management. L'entreprise n'est peut-être pas seulement le management, sauf à inclure dans le management la création d'entreprise (1). Les progrès du management ont été immenses, ce qui est probablement encore mal perçu du public. Les chefs d'entreprises, massivement, l'ont appris. C'est sans aucun doute un acquis majeur des vingt ou vingt-cinq dernières années, ou plutôt comme le dit Jean Fourastié des « 30 glorieuses ».

Il est clair que sans management, l'entreprise échoue. Mais il est non moins clair que le management ne réussit que s'il est fécondé par l'esprit d'entreprise. Le management est l'outil du chef d'entreprise, mais il n'est pas indiqué sur l'outil comment s'en servir. Le management c'est la réduction du risque, c'est la gestion la plus parfaite possible de chaque étape. Entreprendre consiste à prendre le risque et à imaginer la succession des étapes.

L'entreprise et la technologie

D'après ce qui précède, on peut dire de l'entreprise qu'à chaque instant elle est en déclin et qu'à chaque instant elle revit, d'où la perte irrémédiable de certaines entreprises, sûres d'elles-mêmes, qui exploitent une formule.

Or, de tout temps, entreprendre, ce fut franchir une frontière : géographique, ou technologique, et d'ailleurs principalement technologique, car ce furent les technologies qui permirent, autrefois, de franchir les frontières du monde connu. Ce sont aujourd'hui les technologies qui forcent les entreprises à franchir les frontières

(1) Aujourd'hui, aux Etats-Unis des enseignements d'entrepreneurs viennent s'ajouter aux enseignements de managers.

nationales après qu'elles aient franchi une frontière de la connaissance et du savoir-faire.

Les entreprises gèrent un portefeuille de produits, avec ou sans méthode, mais quelle que soit la méthode l'idée est la même. L'entreprise ne se renouvelle pas seulement, et constamment par les produits nouveaux, mais, et souvent bien plus, par le progrès des produits arrivés à maturité. (Elle ne se renouvelle pas, non plus, seulement par les produits, mais aussi par la gestion.)

Les entreprises sont donc, à l'échelle de l'économie, les agents des mutations technologiques et des autres mutations qu'elles entraînent. Les mécanismes purement économiques constituent le substrat, en forme d'organisations, d'échanges et de régulation financière, de l'histoire des techniques. En quelque sorte, l'histoire économique et l'histoire des technologies s'enroulent l'une sur l'autre comme les deux faces d'un hélicoïde. Comme l'indique le fait que les périodes d'intermède technologique où les aspirations continuent à se développer sans que l'on détecte un grand mouvement de croissance, sont des périodes d'inflation et de désordre. Si l'on demande ce qui est nouveau depuis la seconde guerre mondiale, ce n'est pas le phénomène de mutation que je viens de citer, mais c'est incontestablement son ampleur.

Rôle de l'incertain

Lorsque l'on dit que l'entreprise sans cesse décline et renaît, on est en contradiction avec la vision commune pour laquelle la puissance de l'entreprise entraînerait sa solidité. Contrairement à cette vision, les équilibres de l'entreprise sont constamment en transformation et si l'équilibre général peut être maintenu, ce n'est pas dans la permanence des choses mais plutôt dans une instabilité contrôlée. L'incertain est au centre de la vie de l'entreprise et il faut en comprendre les conséquences sur le plan moral et sur le plan économique.

Le fait que l'entreprise vive dans l'incertain est le fondement même de l'éthique des entrepreneurs. Si le management éliminait l'incertain, il n'y aurait qu'une activité automatique, qui n'aurait plus d'autre fondement que dans une sorte de service administratif, et il faudrait pourvoir aux fonctions par voie de concours. C'est d'ailleurs une idée qui revient de temps à autre, sous forme du « permis de conduire une entreprise ».

Ce n'est pas là un sujet mineur. On pourrait croire que l'éthique est un domaine étranger à notre propos. On ne le pensera plus si l'on considère que l'incertitude est un sujet de scandale pour les marxistes et surtout, verbalement tout au moins, pour les syndicalistes marxistes. L'impossibilité dans laquelle se trouve le chef d'entreprise de garantir l'avenir, même à court terme, et donc la nécessité dans laquelle il se trouve de raisonner uniquement en termes de stratégie, sont prises par les syndicats marxistes comme preuve d'incapacité ou de mépris des travailleurs. Or, je tiens pour fondamental de l'esprit d'entreprise ce que Kostas Axelos appelle « l'éthique problématique ». Entendons le mot éthique au sens de forme de l'esprit, fondement des attitudes et de la conviction morale. Je ne dis pas que ce soit une éthique très explicite. Je pense seulement que c'est une réponse que l'on pourrait faire à ceux qui s'interrogeraient sur l'éthique, le support moral d'une action caractérisée comme l'optimisme dans l'incertain. A ne pas confondre avec l'optimisme béat.

Le fait fondamental de l'incertain est également à l'origine d'une autre confusion relative à la prévision économique. Je me rappelle qu'à la fin de 1958, lorsque la France bascula dans le Marché Commun, et lors du retour à la convertibilité extérieure, le journal du soir le mieux informé et le plus au fait des réflexions de l'administration, pouvait publier une série retentissante d'articles où il était prouvé que la balance commerciale de la France était structurellement déficitaire et ce, pour longtemps. On sait ce qui arriva : la surprise causée par l'adaptation des entreprises à une nouvelle concurrence internationale. Le prolongement des courbes, aussi raffinés fussent les modèles, ne dresse qu'un horizon bouché. La prévision ne peut être optimiste. La prospective peut l'être, car le plus certain c'est que toujours l'inattendu arrive.

Les entreprises depuis la seconde guerre mondiale : croissance et concurrence internationale

Peut-on dire que cette vision de l'entreprise est nouvelle ? Certainement pas. On peut même douter qu'il y ait dans l'esprit d'entreprise quoi que ce soit de nouveau depuis le début des échanges aux douzième et treizième siècles. Mais ce qui, incontestablement, est nouveau, on l'a dit, c'est l'ampleur de la croissance, ce sont les outils de la croissance et ce sont les structures mises en place pour la croissance.

Les chefs d'entreprises ont massivement entrepris depuis la guerre. Il y avait toujours eu des chefs d'entreprises. Les fondateurs de l'industrie — chemins de fer, sidérurgie, industries électriques — étaient de grands chefs d'entreprises. D'une façon générale, les entreprises répondent aux incitations du contexte économique et politique. Sans doute, l'entre-deux-guerres était-il moins favorable à cet égard.

L'occident est sorti de la seconde guerre mondiale avec un grand appétit de croissance et un grand optimisme. Des mesures importantes ayant été prises en France après la guerre pour reconstituer un contexte qui permît de faire redémarrer l'économie, les chefs d'entreprises français ont manifesté une grande aptitude à saisir ce que le management appelle les opportunités. Ils s'appuyèrent largement sur le modèle américain. (On se souvient des missions de productivité), et ils continuent, dans une large mesure, à le faire, les Etats-Unis demeurant une source majeure d'exemples pour le management. Après la période de reconstruction, ce fut le basculement dans la CEE et c'est aujourd'hui, la mondialisation des échanges — ou plutôt, la mondialisation de toutes les fonctions de l'entreprise. On peut dire, aujourd'hui, que toute entreprise, quelle que soit sa taille, est située dans une concurrence mondiale, parce que des concurrents étrangers, et souvent lointains, pénètrent son marché, parce que ses approvisionnements ou ses technologies sont mondiaux, parce qu'elle a besoin d'un réseau international d'accords, ou parce qu'elle ne peut survivre qu'en étant présente sur les marchés internationaux. Toute entreprise, même celle dont les activités se limitent à la France, est donc aujourd'hui dans une concurrence internationale et ceci bien évidemment a bousculé nombre d'habitudes.

Les entreprises en mutation

Je ne me hasarderai pas à établir une typologie. La croissance requiert une infinité de formes d'entreprises. Il y en eut d'anciennes, grandes ou petites. Il y en eut beaucoup de nouvelles. Parmi les anciennes, certaines ont subsisté, la plupart du temps en fusionnant avec d'autres, en totalité ou au niveau de filiales, parfois à l'instigation de l'Etat. D'autres ont disparu. Certaines sont devenues des multinationales françaises. Les multinationales étrangères ont développé d'importantes branches françaises.

Des familles se sont effacées, d'autres sont apparues. Des fortunes se sont écroulées. Il s'en est créé de nouvelles que l'on ne peut comparer cependant par leur importance aux puissances de la fin du dix-neuvième et du début du vingtième.

Les petites et moyennes entreprises ont constitué un milieu très vivant, à très fort taux de renouvellement et par définition, tout au moins à l'origine, à forte rentabilité. Il y a peut-être un changement dans ce type d'entreprises. Si leur pérennité, au-delà du fondateur, demande une restructuration financière, cela suppose deux conditions : de la part des propriétaires, une ouverture d'esprit à une participation financière et ceci est presque un changement de culture ; mais aussi l'aptitude des groupes absorbants à acquérir les entreprises moyennes sans les ruiner (on a pu constater dans bien des cas que l'entrée dans un conglomérat tuait la rentabilité d'une entreprise moyenne). Cette aptitude s'est développée, ce qui équivalait à reconnaître le rôle fondamental des dirigeants.

Un acte de volonté

Est-ce que cette forte croissance et cette considérable création d'entreprises sont le résultat d'une action volontaire, ou est-ce une création spontanée dans un contexte favorable ? C'est, sans doute, le produit des deux. Il faut pour fonder une entreprise et la développer une attitude tout à fait « volontariste » dans un contexte le moins défavorable possible. Or, on a pu créer un contexte favorable par une action volontariste. La CEE fut un acte de volonté de la part des gouvernements et aussi de la part de certains chefs d'entreprises qui surent, au moment décisif, entraîner la majorité plutôt hésitante. Georges Villiers, alors président du CNPF, fut le catalyseur de leurs volontés.

L'Etat mena une politique volontariste dans les domaines essentiels du financement, des infra-structures, de l'énergie. On a pu souligner à l'opposé certaines incompatibilités entre différents pans de la politique, par exemple entre la fiscalité et les incitations diverses au développement. Il y eut parfois également incohérence entre la volonté générale de développement et l'attitude à l'égard de l'entreprise.

Ceci est en train de s'effacer. On reconnaît les réalités de l'Etat, son rôle d'ordre général, et même parfois son rôle en tant qu'entrepreneur ou plus simplement en tant qu'il suscite certaines entreprises, et d'un autre côté, on reconnaît l'importance de l'entreprise. Il y a là, probablement une nouveauté.

Tandis que les organisations professionnelles s'orientaient résolument vers la croissance, l'Etat de son côté affichait sa volonté de croissance économique et proposait aux entreprises des projets communs. Il a été admis qu'il n'y avait pas toujours de capitaux français privés aptes à s'investir massivement dans des projets purement français. L'Etat et les entreprises furent donc partenaires dans des projets communs, souvent heureux, et parfois moins. Tout ceci amena un changement certain dans les rapports entre les entreprises et l'Etat. Aujourd'hui, les entreprises ne forment pas une catégorie socio-professionnelle qui se contente de se défendre. Les entreprises constituent une collectivité consciente des moyens de la croissance et s'expriment, à ce titre, envers l'Etat. De son côté, malgré d'évidentes pesanteurs administratives, le gouvernement reconnaît dans l'entreprise le rôle de l'entrepreneur.

D'ailleurs, la croissance continue et relativement facile des « trente glorieuses » avait engendré quelques illusions que le freinage récent de l'activité a dévoilées. L'Etat sait désormais fort bien que l'emploi et la balance commerciale dépendent surtout des hommes qui entreprennent. De son côté, le public a constaté que l'entreprise est à la fois indispensable et mortelle. Le chef d'entreprise n'est plus à ses yeux le parasite d'une croissance dont l'Etat serait le maître d'œuvre. Cela est nouveau.

Cette réflexion empreinte de réalisme s'est traduite dans les attitudes à l'égard du profit. Je ne crois pas que dans leur majorité les entreprises aient jamais eu honte du profit. On a constaté, cependant, pendant une période, une certaine pudeur des porte-parole de l'entreprise sur le sujet. On sait aujourd'hui que l'entreprise, sans profit, s'écroule rapidement. Que la difficulté des temps réhabilite le profit n'est donc paradoxal qu'aux yeux de ceux qui restent à la surface des choses.

Le management

Les changements induits par la croissance ont évidemment eu leur correspondance dans le management. De nombreuses familles ont été remplacées par des managers professionnels. Ce fut inéluctable, le plus souvent heureux, mais pas toujours. Les dirigeants doivent réunir la connaissance du management et le tempérament du fondateur. Trouve-t-on assez de dirigeants de ce gabarit ? Pourquoi pas ?

La généralisation des connaissances du management fut un immense changement. Il faut d'ailleurs, là aussi, distinguer l'apparent et le profond. Le management, comme d'autres activités, connaît les modes et les modes mettent en exergue des idées. Dans l'immédiat après-guerre, on voyait les entrepreneurs surtout comme des techniciens et des producteurs. Puis le management a imposé la nécessité du marketing. Quelques échecs ont ensuite acclimaté des idées plus élaborées sur les stratégies de marchés et la cohérence nécessaire entre l'acquisition d'une part de marché, la maîtrise de la technologie et le système financier de l'entreprise. Aujourd'hui, l'on voit bien que le succès de ces stratégies repose sur la maîtrise de la production et l'on semble revenir à des idées anciennes. Mais ceci n'est qu'en apparence. Les bons dirigeants ont toujours eu, notamment, une grande aptitude à conserver l'acquis, sans se priver pour autant de donner la priorité à de nouvelles formes d'action. Ils ont en quelque sorte une aptitude permanente à la récupération, bien connue de leurs adversaires.

La mise en relation de toutes les données stratégiques est d'ailleurs l'un des thèmes majeurs des écoles de management d'aujourd'hui. Cette mise en relation peut même se faire au travers de centrales de données telles le Système PIMS (*Profit Impact of Market Strategies*) à Boston, qui collectent et traitent sous forme anonyme les configurations stratégiques d'entreprises du monde entier. L'enseignement du management ne progresse pas autrement que par l'observation des faits. C'est en inventant ses concepts à partir des faits que le patronat contribue à faire progresser la connaissance du management. Le progrès du management est caractéristique de la méthode inductive et recherche moins des théories globales que des invariants.

L'émergence des problèmes sociaux

Le va-et-vient des idées, ou plutôt leur sédimentation, s'applique notamment au social. Il fut un temps où prendre en compte les problèmes sociaux était une obligation morale. Ce fut ensuite une concession aux puissances adverses, puis le progrès social parut le plus important. Pour beaucoup de penseurs, et notamment de politiques, poussés par le freinage de la croissance et par l'idée que la solidité de l'entreprise était un fait acquis, il sembla qu'il n'y eût plus de progrès que social. En 1974, une commission fut chargée d'étudier la réforme de l'entreprise. Je crois que les chefs d'entreprises ont vu le problème différemment. Ils observent que l'entreprise se réforme en permanence et, en quelque sorte, s'auto-réforme selon une dynamique dont les règles sont assez connues. Ils ont su qu'il n'y avait pas de social sans économique et inversement ils ont su qu'il fallait faire entrer les faits sociaux dans leurs perspectives. Comme l'écrivent François Dalle et Jean Bounine-Caballe « l'entreprise s'ouvre à la conscience sociale », et ceci de deux façons.

L'entreprise a reconnu l'importance des faits sociaux, d'abord au sens habituel des rapports entre entreprises et personnels. Il y a, bien sûr, des exceptions. D'un côté, il y a les « durs ». A l'autre extrémité du spectre, il y a les « matamores » du social que la première conjoncture adverse aplatit et que les syndicats n'apprécient guère au fond, même s'ils les utilisent comme référence pour la manœuvre. Mais on peut dire que la plupart des entreprises et au premier rang les organisations professionnelles, ont su s'ouvrir au social en le fondant sur l'économique. Dans une acception minimum, ce fut la version française du fordisme : il faut que l'ouvrier puisse acheter la voiture qu'il construit. Dans son acception la plus large, c'est l'innovation sociale qui est devenue un projet majeur de l'entreprise et des organisations professionnelles.

D'une autre façon, l'ouverture au social déborde largement les rapports ouvriers-patrons. Non seulement parce que le social permet à l'entreprise de fonctionner, non seulement parce que le social crée en quelque sorte certains des marchés de l'entreprise, mais parce que l'ouverture au social concerne tous les groupes sociaux. L'entreprise dialogue avec la ville, la magistrature, l'Université, l'armée, les agriculteurs dont beaucoup sont des chefs d'entreprises, et l'Etat, comme on l'a vu. L'entreprise s'insère pleinement dans la vie sociale. Si ce phénomène n'est peut-être pas nouveau, son ampleur elle, est nouvelle.

Les organisations professionnelles ont adapté leur action aux circonstances

Elles ont affirmé leur volonté de croissance économique. Elles se sont ouvertes au social. Elles ont dialogué avec l'Etat. Elles ont œuvré pour l'internationalisation des échanges.

Peut-être les structures formelles n'ont-elles pas changé de façon significative ? Les hommes et les priorités ont, sans doute, profondément changé. Le CNPF, représentant de toutes les entreprises, adhère aux évolutions de notre temps et guide ses troupes. Représentatif de l'ensemble, il favorise cependant les expériences particulières. Il a favorisé ainsi la création de l'Institut de l'entreprise pour conduire dans certains domaines une réflexion avancée, cette réflexion qui devient banale au bout de quelques années, mais que l'on mène moins commodément dans les organisations plus structurées pour la conduite efficace des affaires courante, ou que l'on ne pourrait mener sans déchirer le tissu des entreprises si on la généralisait dès l'abord.

En dehors du CNPF * fonctionnent de nombreuses organisations spécialisées. Les organisations patronales reflètent l'extrême diversité des entreprises. Les PME, dont les adhérents sont également représentés par le CNPF, ont un impact certain qui leur vient non de leur spécificité, non d'une politique dont les objectifs ne sont sans doute pas fondamentalement distincts, mais d'une sensibilité particulière due au rapprochement du chef d'entreprise et du terrain et d'une volonté de manifester cette sensibilité.

Entreprise et progrès fut animée par un désir très vif de réformer les organisations patronales. L'association, aujourd'hui, a enregistré l'évolution du patronat et s'est spécialisée dans l'étude des données sociales internes à l'entreprise où elle a atteint une compétence utile à l'ensemble du monde patronal.

Le Centre des jeunes patrons s'est mué il y a quelques années en Centre des jeunes dirigeants. Ce fut une option. Aujourd'hui, le CJD se présente comme une organisation à deux étages. Au niveau local, ce sont des clubs où de jeunes cadres se frottent aux chefs d'entreprises locaux et apprennent l'état d'esprit d'entrepreneur. Les nouveaux chefs d'entreprises y apprennent les mœurs de la communauté patronale. Au-dessus de ce rôle initiatique, les structures nationales mènent une action à un niveau idéologique, dont il est difficile de percevoir le résultat politique.

---

* Cf. annexe 2, p. 273 et 274.

Les Chambres de commerce occupent une place tout à fait à part. Largement dotées de moyens financiers par voie fiscale, elles sont à mi-chemin entre des organisations privées et des services publics. Elles assurent de nombreux services collectifs, gèrent de vastes entreprises, assument de lourdes tâches d'enseignement. Tout cet ensemble se fait en collaboration localement avec le patronat, mais c'est à tort que certains considèrent les Chambres de commerce comme représentatives des entreprises ; ce sont des institutions d'une nature différente.

On pourrait citer beaucoup d'autres organisations plus spécialisées et qui s'expriment moins. Le patronat a une organisation centrale, le CNPF, et englobe un ensemble extrêmement diversifié d'organisations. Vu dans son ensemble, c'est un système évolutif dont les changements viennent des influences réciproques de ces organisations et des échanges entre elles et leur environnement. Je dirai volontiers que la force du patronat résulte de ce qu'il n'a pas de comité central.

Les modèles de management et leur avenir

Pierre Morin *

Organisation scientifique du travail, marketing, recherche opérationnelle, direction par objectifs : par vagues successives, les entreprises françaises ont importé des États-Unis des modèles d'organisation et de gestion toujours plus sophistiqués, en réponse aux problèmes posés par le développement d'une économie de marché. Portant initialement sur les procédés de fabrication, pour faire face à l'impératif de productivité, cette rationalisation s'est étendue progressivement à d'autres fonctions de l'entreprise, renforçant du même coup le contrôle exercé sur des catégories de plus en plus nombreuses de salariés : exécutants, commerciaux, employés de bureau, cadres. Quel est le seuil de tolérance à ce contrôle ? Un nouvel équilibre est à trouver entre les contraintes de la production et la capacité de jeu des acteurs dans l'entreprise.

La France, dit-on aujourd'hui, serait enfin devenue une nation industrielle. Et tout un chacun de constater à travers indices et statistiques les signes de cette mutation en vingt années. Il conviendrait alors de préciser le comment de cette évolution : d'où vient le nouveau savoir-faire, comment s'est fait cet apprentissage social, comment les organisations industrielles et tertiaires ont-elles vécu cette transformation, quelles démarches ont-elles suivies, comment ont-elles appris à fonctionner de cette manière ?

Succintement, comme le célèbre facteur de Jacques Tati dans le film « Jours de Fête », serait-on tenté de répondre, en se référant à l'expérience industrielle nord-américaine. On est allé voir ce que faisaient les entreprises américaines et on a essayé d'en appliquer les enseignements. Bien que ce processus ait commencé auparavant, il s'est accéléré à partir de la fin de la seconde guerre mondiale avec les missions de productivité et les voyages aux USA des dirigeants européens. Cette influence américaine s'est poursuivie à travers l'activité des bureaux d'études, et des sociétés de consultants ou d'organisateurs. Que parmi celles-ci certaines fussent filiales de sociétés américaines, changeait peu à l'affaire : le message transmis ne différait pas

* Pierre Morin, consultant, directeur adjoint de l'IDRH (Institut pour le développement des ressources humaines), maître de conférence à l'Institut d'études politiques de Paris. A publié notamment *Le développement des organisations,* Dunod, 1976 et *Commander demain,* Dunod, 1978.

quant au fond. Les séjours aux États-Unis dans les universités et les *business schools* de jeunes diplômés des grandes écoles complétant par un MBA (1) leur diplôme perçu comme insuffisant, ont multiplié les effets de ce transfert de connaissances et de savoir-faire. Enfin, des publications périodiques spécialisées, l'édition de très nombreuses traductions de livres américains sur la gestion et le management, ont complété le processus.

Du taylorisme au management

Toute cette histoire avait commencé avec la première guerre mondiale. Pour accroître l'efficacité de l'effort industriel, spécialement dans les productions d'armement, le ministre de la Guerre, Clemenceau, et son ministre de l'Armement, Albert Thomas, un socialiste ami de Jaurès, avaient assuré une diffusion massive des méthodes tayloriennes d'organisation du travail. Le prestige des troupes américaines venues en France, leur organisation efficace avaient fait le reste pour assurer le succès du taylorisme en France. Succès exclusif même. Au même moment un Français, Henri Fayol publiait le premier ouvrage de direction et de gestion des entreprises : *Administration industrielle et générale* (1916). Son livre, tiré de son expérience et de sa réussite professionnelle, n'eut alors qu'une audience limitée. On oublia Fayol et son pragmatisme au profit de Taylor. En revanche, après la seconde guerre mondiale, les Américains ayant repris et développé les idées de Fayol à travers le « general management » enseignèrent aux Français « to plan, to organize, to coordinate, to control », en oubliant parfois de leur dire que Fayol avait défini la gestion par la séquence : prévoir, organiser, commander, coordonner, contrôler. Ainsi que le constatait R. Braun, secrétaire général du Comité international de l'organisation, lors du cinquantenaire de la publication du livre de Fayol, « les conseillers américains venus en France après la seconde guerre mondiale, pendant la période de reconstruction et du plan Marshall, pour aider au redressement industriel, enseignèrent aux dirigeants français ce que le Français Fayol avait publié trente ans auparavant en France ». La réaction de cadres et dirigeants français ignorant Fayol et expliquant que le management est un produit typiquement américain bon pour les Américains ne manque pas de saveur.

On peut repérer aujourd'hui des moments privilégiés de cet apprentissage. A la fin des années quarante et au début des années cinquante, on parle de productivité. Lors de la seconde guerre mondiale, à la fin de l'occupation allemande (1944), la France a un indice général de production industrielle égal à 41 (base 100 en 1938). Cet indice ne retrouvera son niveau d'avant-guerre qu'en 1947 (pour atteindre sa valeur maximale 499 en 1974). Il faut alors relancer l'activité économique. L'atelier, l'usine deviennent le point de mire, le centre des préoccupations. Une méthode ayant maintes fois fait ses preuves : **l'organisation « scientifique » du travail** d'inspiration taylorienne permet d'accroître la productivité industrielle. Pour organiser les ateliers, les services de méthodes définissent des temps minimaux standards et les mouvements les plus efficaces, le grand enseignement de Taylor. On s'efforce pareillement de

(1) MBA : *Master in business administration.*

rationaliser l'ordonnancement (définir l'ordre de succession, dans lequel fabriquer un ensemble de produits différents au moindre coût). On installe le long du processus de production des contrôles pour détecter à temps les erreurs et corriger les déréglements.

De l'ingénieur à l'homme du marketing

Cela acquis, à partir de 1955, on commence à parler **marketing** et non plus seulement vente. Désormais selon l'expression bien connue, il faudra fabriquer ce qu'on peut vendre et non se contenter de vendre ce qu'on fabrique. L'ingénieur cède le pas à l'homme de marketing, révolution profonde pour la France où les Écoles les plus prestigieuses forment des ingénieurs et non pas des spécialistes de la gestion ou du commerce. Études de marché, études des motivations d'achat deviennent à partir de cette époque pratiques courantes.

Parallèlement, commencent de s'étendre les applications de la **recherche opérationnelle.** Grâce à ses modèles mathématiques on va développer encore plus les possibilités de rationaliser ventes et productions : on va surtout harmoniser et optimiser l'ensemble des activités dans des entreprises de plus en plus complexes face à des marchés en expansion et se diversifiant. Pour sa part, la grande aventure de l'informatique va débuter vers 1960. Jusque-là réservée aux calculs scientifiques, dont est issue la recherche opérationnelle, elle va se voir banalisée et prendre en charge les tâches administratives de recueil, de stockage et de traitement des données.

Enfin, stade ultime de cette histoire, autour de 1970 le mot **management** se fait de plus en plus fréquent. Cadres et dirigeants doivent apprendre à se comporter en « manager » et les tentatives de **direction par objectifs** (DPO) s'étendent. Au lieu de demander à leurs subordonnés obéissance, soumission, initiatives et dévouement, les supérieurs leur proposent, pour une période donnée, des objectifs de rentabilité, d'économie, d'accroissement du marché afin de les juger sur les écarts entre les objectifs et les résultats qu'ils auront obtenus. (L'informatique permet désormais les systèmes comptables qu'exige cette forme de direction).

Au vu de cette rapide chronologie, on ne peut que constater le même processus : on part d'éléments de provenance américaine. Le vocabulaire à lui seul ne l'atteste-t-il pas ? Le calcul économique, ses algorithmes, les méthodes de décision et de gestion qu'ils entraînent, dans leur quasi-totalité, ont été mis au point aux USA : la programmation linéaire (T.C. Koopmans, G.B. Dantzig), la simulation des files d'attentes (P.M. Morse, M.G. Kendall), la théorie statistique de la décision (A. Wald), la programmation et l'ordonnancement (J.D. Foulkes, R. Bellman). R. Dichter avec les techniques d'étude des motivations apportera un outil supplémentaire au marketing (Th. Levitt, P. Kotler). A. Chandler, H. Ansoff et P. Drucker allaient donner forme au « general management » avec la planification, la budgétisation prévisionnelle, le contrôle de gestion et la direction par objectifs. Dans les ateliers on continue d'utiliser les tables de temps prédéterminées de H.B. Maynard et les graphiques de H.L. Gantt. Même l'humanisme industriel et la philosophie ambiguë des (bonnes) relations humaines, nous viennent à travers E. Mayo, D. Mc Gregor et Ch. Argyris. Quant à l'ère informatique, elle s'imposa à travers l'affrontement de deux firmes américaines : Remington et IBM, avant de s'affirmer vers 1959 grâce à une technologie américaine, le transistor, et aux travaux de mathématiciens et de logiciens comme Neumann, Eckert et Aitken.

De nouvelles structures pour une économie de concurrence

A partir d'une étude conduite aux États-Unis et en Europe, on peut mettre en lumière ce processus. En 1950, les grandes entreprises américaines, pour répondre aux nouvelles exigences de gestion nées de l'expansion et de la concurrence, commençaient de substituer aux structures par fonctions (une division administrative, une division commerciale, une division des fabrications, une division de la recherche) des structures par produits ou marchés (une division grand public, une division produits industriels, une division internationale, par exemple, chaque division possédant son administration, ses unités de production et de recherche, ses services commerciaux). On peut voir dans le tableau 1 avec quel décalage dans le temps, ces structures se diffusèrent au cours des années en France.

Tableau 1

% des entreprises ayant des structures	**USA** (1)			**France** (2)		
	1950	**1960**	**1970**	**1950**	**1960**	**1970**
par fonctions	77	47	17	61	53	33
par produits	15	47	78	3	8	35
Autres	8	6	5	36	39	32

(1) USA : 500 premières entreprises de FORTUNE.

(2) France : 76 plus grandes entreprises industrielles.

Source : Bruce R. Scott, « The industrial state : old myths and new realities », *Harvard Business Review*, march-april 1973.

Fallait-il que les Européens inventent une industrialisation spécifiquement européenne ? La solution la moins coûteuse, la plus rapide, la plus économique à court terme, n'est-elle pas l'imitation ?

En fait, chacun de ces moyens de gestion, d'organisation, chacune de ces méthodes de rationalisation répondaient à une préoccupation précise. Convient-il de retracer le parallélisme entre l'appel à ces techniques et le contexte économique : l'organisation scientifique du travail et l'économie de pénurie de l'après-guerre, puis le marketing et le développement de la consommation privée, enfin le management, la direction par objectifs, les structures par produits-marchés face à une concurrence européenne et internationale entre les groupes industriels de taille croissante ?

L'extension progressive des contrôles internes

Le succès de ces méthodes et de ces techniques de gestion et d'organisation élaborées aux États-Unis, reprises, adoptées en France (et en Europe) s'explique certes par leur capacité à résoudre tout un ensemble de problèmes techniques posés aux entreprises industrielles et tertiaires par le développement d'une économie de marché. Il s'explique aussi par leur capacité à permettre un contrôle des divers groupes de personnels présents dans les entreprises. Cette fonction de contrôle, (au sens orientation, pilotage, vérification, du mot contrôle), demeure moins bien perçue, bien qu'en grande partie à l'origine du succès de ces méthodes. Grâce à celles-ci, les entreprises d'un même mouvement, s'adaptent à leur environnement extérieur économique et commercial et accroissent, à l'intérieur, leur contrôle sur un groupe d'acteurs devenus les personnages-clé du succès ou de l'échec. L'appel aux modèles successifs de gestion proposés par les Américains correspond aussi à une logique de contrôle interne progressif.

Au départ, l'urgence réside dans la fabrication : la productivité de l'atelier comme réponse à la pénurie. Qui dit organisation scientifique du travail (OST), méthodes, ordonnancement, dit contrôle précis de chaque minute, de chaque geste des exécutants ainsi que du fonctionnement des installations. Après s'être préoccupé de la productivité des ouvriers, on se tourne vers un autre secteur : les commerciaux. Si le marketing permet de répondre aux exigences du marché, il s'accompagne d'une organisation plus stricte et d'un contrôle inconnu jusque-là des activités du personnel dans les services commerciaux. L'informatique semble alors venir à point pour permettre de contrôler les activités d'un autre groupe de personnel alors en forte croissance : celui des bureaux (les employés, qu'ils se trouvent dans les entreprises industrielles ou dans le secteur tertiaire proprement dit). Enfin, même le groupe des privilégiés, devenu lui aussi important en nombre, les cadres, va connaître de nouveaux modes de contrôle plus contraignants grâce au management et à la direction par objectifs.

Les difficultés de transfert en France des méthodes de gestion de provenance américaine ont eu la plupart du temps pour origine cette seconde composante : la mise sous contrôle d'un nouveau groupe d'acteurs au sein des entreprises.

La résistance aux contrôles

Confronté à ces modèles et à leurs capacités de contrôle, chaque groupe d'acteurs a réagi pour en réduire les aspects les plus contraignants. Les exécutants face aux chronométreurs des services de méthodes n'emploient pas les tours de main qui leur gagnent du temps. Les commerciaux s'arrangent pour disposer de réserves masquées de clientèle pour assurer les quotas. Les cadres soumis à la DPO (direction par objectifs) se gardent de s'engager sur des progrès trop incertains et d'accepter des objectifs trop risqués.

Le cas des cadres illustre bien le phénomène. Ils s'accordent pour approuver tout effort de rationalisation du fonctionnement des entreprises. Ils se plaignent de travailler dans des structures vieillottes, dépassées. Ils vantent les mérites d'un contrôle de gestion moderne comparé aux tracasseries bureaucratiques auxquelles on les soumet. Mais ils découvrent avec surprise, lorsque les dirigeants de leur société instaurent une direction par objectifs, la rigueur des marges comptables et des écarts entre prévisions et résultats. Ils regrettent alors le flou ancien de leur position, l'ambiguïté et les moindres contraintes d'une structure un peu désuète, le confort de se voir jugé en termes de dévouement ou de (bonne) volonté. Dans certains cas, les acteurs en cause — cadres, agents commerciaux, techniciens — ont eu la pouvoir, grâce à des positions privilégiées ou à des statuts antérieurs, de faire échouer la mise en place de nouvelles méthodes de gestion. Plus souvent, ils ont tenté, et partiellement réussi, de s'opposer à ces effets internes. On a pu observer ainsi des sortes de perversions lors de telles réformes : les dirigeants finalement exerçaient moins d'influence qu'auparavant sur ceux qu'ils désiraient mieux contrôler par la nouvelle technique de gestion.

On ne peut nier que les organisations françaises, tant industrielles que commerciales et même administratives, aient fait aujourd'hui un apprentissage important et double. A travers une certaine expérience et une certaine pratique des modèles américains, élaborés face à des situations économiques similaires, ces organisations ont appris à répondre aux situations que leur environnement leur imposait. Aujourd'hui, devant des situations plus complexes, plus diverses, elles cherchent une issue en partant de tel ou tel des modèles (structure centralisée ou décentralisée, par fonction ou par marché, etc.) expérimentés antérieurement. Elles ont aussi appris à étendre au cours de ces vingt ans leur contrôle sur les différents groupes de la hiérarchie, de l'exécutant aux cadres : de ce point de vue, il n'y a plus besoin de nouveau modèle. Un certain apprentissage organisationnel se termine durant les premières années soixante-dix. Toute une gamme de méthodes, de tactiques, de stratégies pour gérer les activités de vente, de production, d'administration, pour contrôler les divers groupes hiérarchiques a été acquise, en partant de l'extraordinaire capacité américaine d'inventer, d'élaborer des techniques de gestion et de management.

Le management maîtrisé

Si certains ont parlé depuis quelques temps de la fin des modèles américains de gestion et d'organisation, ils ont mal compris ce qui s'est passé. Certes, après la diffusion du modèle du management et sa mode, au début des années soixante-dix, aucune innovation majeure n'est apparue en ce domaine. Faut-il parler pour autant de fin de ces divers modèles ? Loin de là. Le nouvel ordre économique international apparu depuis 1973-1975 avec ses conséquences pour les organisations industrielles et commerciales françaises (américaines et européennes aussi) montre au contraire l'utilité de ces modèles. Il s'agit aujourd'hui de les maîtriser pour les employer à propos, de manière contingente selon l'expression des experts des *business schools* et des cabinets de consultants. La contingence vantée désormais ne refuse pas les anciens modèles ; elle les garde tous, mais invite à y recourir à bon escient : « Centralisez, planifiez de manière fine, recourez à des budgets aux lignes nombreuses dans telles circonstances, dans d'autres, contentez-vous d'objectifs globaux de rentabilité, laissez chaque département arbitrer entre les priorités...

Vous disposez d'un nombre suffisant de méthodes pour répondre, en les combinant, aux événements ; toutes ont leur valeur, l'efficacité réside dans la pertinence de leur emploi, l'apprentissage est fini ». Désormais on perfectionnera, on adaptera, ce qu'on a appris à travers les divers modèles américains successivement apparus : la technologie de la gestion des organisations en économie de marché.

Conditions de travail et néotaylorisme

Si le débat aujourd'hui concerne la qualité de la vie au travail et cherche à la rendre moins contraignante, on en voit alors les raisons. A la fatigue physique de la première forme d'industrialisation, avant le développement de la mécanisation, de l'automatisation et de l'informatique, la seconde a substitué, et parfois ajouté, les contraintes de contrôles plus sophistiqués. Le débat sur les conditions de travail y fait écho en s'interrogeant sur la manière de les rendre plus acceptables pour des acteurs de moins en moins tolérants. A leurs yeux, le coût vécu des contraintes organisationnelles a crû de façon disproportionnée face à des avantages en dépréciation. Il est significatif que certains parlent au sujet du mouvement actuel concernant les conditions de travail de néo-taylorisme, car il s'agit bien de conserver — sinon d'augmenter — la productivité tout en la rendant supportable : on vise ainsi les aspects contraignants des méthodes d'organisation et de gestion, non pas ces méthodes elles-mêmes.

De cette analyse que peut-on retenir pour l'avenir proche ? Une époque de grande innovation technologique en gestion paraît terminée. Face à la panoplie actuelle — recherche opérationnelle, planification, structures fonctionnelles ou matricielles, budgétisation, direction par objectifs, contrôle de gestion... — le problème est désormais une question d'emploi pertinent, d'adaptation, de mise en œuvre, de substitution au moment opportun. D'où l'accent sur la *contingency theory.* Mais le problème est aussi celui des réactions des acteurs aux contraintes que leur imposent ces technologies : pouvoir des dirigeants de recourir au potentiel de contrôle inhérent à ces techniques et pouvoir de s'y opposer ou de s'en protéger de la part des groupes contrôlés à travers elles. De ce point de vue, la solution consistera à adapter les mécanismes de contrôle qu'impliquent ces techniques de gestion afin de les maintenir en-deçà du seuil d'intolérance.

Rendre acceptable la nécessaire productivité

Dans la mesure où le nouvel ordre économique mondial conservera une économie de concurrence, les organisations de production de biens et de services auront à trouver un équilibre entre les exigences externes d'une productivité nécessaire et l'exigence de rendre celle-ci acceptable, tolérable pour les agents. Aucun modèle ne le fera automatiquement, ni ne l'a jamais fait. De plus en plus, les acteurs accroissent leurs capacités de jouer avec les systèmes de gestion auxquels on les soumet en même temps que croissent leur niveau scolaire, leur expérience, leur information. A chercher à se défendre contre les contraintes de contrôle d'un modèle d'organisation économiquement nécessaire, ils risquent de lui ôter toute son efficacité. Les dirigeants ne pourront ni éviter certains débats à ce sujet, ni certaines modulations dans la mise en œuvre des techniques de gestion apprises dans les deux décennies passées.

Peut-on dire de ce fait qu'un apprentissage à dominance socio-organisationnelle va succéder à une période d'apprentissage à dominantes de management et de technologie ? Les choses seront sans doute moins simples. Etant donné les mutations que va provoquer la nouvelle répartition internationale du travail, il faudra plutôt se préoccuper d'apprendre à optimiser un monde à trois dimensions : les exigences technologiques et économiques, les exigences de la gestion et de la productivité et les exigences du fonctionnement socio-organisationnel. Cela signifie en fait pour les divers groupes d'acteurs, apprendre à jouer avec une complexité accrue dans le cadre de contraintes renforcées. Ce qui veut sans doute dire : tensions entre les acteurs, fragilité des accords entre eux et difficultés pour les négocier.

Bibliographie

Beard, M., *A history of business,* University of Michigan Press, 1963.
Crozier, M., *La société bloquée,* Le Seuil, 1970.
Crozier, M., *On ne change pas la société par décret,* Grasset, 1979.
Fourastié, J., *Les trente glorieuses,* Fayard, 1979.
George, C.S., *The history of management thought,* Prentice-Hall, 1968.
Gilbert, M., ed., *The modern business enterprise,* Penguin Books, 1972.
Mc Arthur, J.H., Scott, B.R., *L'industrie française face aux Plans,* éditions d'Organisation, 1970.
Mee, J.F., *Management thought in a dynamic society,* New-York University Press, 1963.
Morin, P., « Le manager et le bureaucrate », *Projet,* 4, 1973.
Morin P., éd., *Le travail dans la société et l'entreprise modernes,* CEPL-Hachette, 1974.
Morin, P., « Actualité de Fayol ou l'occasion perdue », préface de Fayol, H., *Administration industrielle et générale,* Dunod, 1979.
Pagé, J.P., éd., *Profil économique de la France,* La Documentation française, 1975.
Péhuet, L., éd., *Organisation technique de l'entreprise industrielle,* Eyrolles, 1960.
Thoenig, J.C., *L'ère des technocrates,* éditions d'Organisation, 1973.

Les relations dans l'entreprise : entre l'affrontement et la concertation

Jean Léon Donnadieu *

L'âge d'or des relations industrielles est désormais révolu. Depuis 1975, les contraintes issues de la nouvelle situation économique tendent à faire passer au premier plan l'impératif de compétitivité. Mais les aspirations du personnel demeurent. Sont-elles compatibles avec les exigences de rigueur et d'efficacité économique, ou bien va-t-on au contraire vers un système de relations sociales durablement bloquées et souvent conflictuelles ? La réponse que propose l'auteur se fonde sur son expérience personnelle au sein d'une grande entreprise.

Comment décrire ce que sont aujourd'hui, les relations dans l'entreprise ! La diversité des situations et la multiplicité des phénomènes sont telles qu'il faut renoncer à une analyse globale. Je me limiterai à présenter ce qui, à travers ma propre expérience, me paraît caractériser l'évolution de ces relations.

On ne peut pas comprendre la situation actuelle si l'on ne tient pas compte du passé récent. Il est impossible de négliger ce qui s'est passé en Mai 68, c'est le début d'une période qui nous marque encore. On ne peut pas non plus ignorer la crise qui a surgi en 1973 ni l'inflation, ni le chômage qui touchent l'Europe depuis 1974.

Décrire les relations dans l'entreprise, c'est aussi tenter de dégager dans ce qui existe, les perspectives d'avenir. C'est un exercice difficile. On sait ce qui s'est passé. On ignore de quelle manière les différents acteurs ont tiré la leçon des réalités contradictoires qu'ils ont vécues.

La période 1968-1974 aura été celle d'un « âge d'or » des relations industrielles. L'acquis de ces quelques années a-t-il sombré dans le choc de la crise ? Quelles conséquences les élans de cette époque auront-ils dans la mutation socio-économique que nous vivons ?

Depuis 1974, nous subissons un ajustement brutal aux réalités économiques. S'agit-il d'une adaptation définitive à une situation de guerre économique ? Cela

* Jean Léon Donnadieu, directeur général, chargé des Relations Humaines de BSN-Gervais Danone. Professeur associé à Dauphine.

masque-t-il momentanément, des transformations profondes dont les racines plongent jusqu'en 1968 ?

Une des réponses — ce sera la mienne — est que les relations dans l'entreprise évoluent vers une prise en compte de cette contradiction : la communication et la négociation paraissent seules capables d'associer l'indispensable rigueur économique et l'inéluctable réponse aux aspirations du personnel.

Nous examinerons l'état des relations dans l'entreprise telles que nous les avons perçues et vécues de l'intérieur d'un grand groupe industriel sans prétendre le moins du monde faire une analyse théorique et exhaustive.

1968-1974 — « Age d'or » des relations industrielles

Il n'y a, de notre part, aucune intention provocatrice dans cette expression. Certes, les dirigeants gardent en mémoire une mise en question de l'autorité de la hiérarchie et la reconnaissance du droit syndical. Des conflits importants ont marqué cette époque. De même, les ouvriers n'ont pas perçu également leur participation à la croissance et une majorité d'entre eux n'ont pas vécu une transformation concrète de leurs conditions de travail.

Pourtant, le bilan de ces quelques années est positif.

C'est l'époque de la politique contractuelle. Une série d'accords ont été passés au niveau du Conseil national du Patronat français (CNPF) et des confédérations syndicales, des branches et des entreprises. Leurs résultats sont incontestables :

- augmentation du pouvoir d'achat ;
- refonte des grilles de classification ;
- réduction de la durée de travail ;
- organisation de la pré-retraite ;
- extension de la protection sociale ;
- réduction des inégalités statutaires entre ouvriers, employés, maîtrise et encadrement ;
- mensualisation ;
- institution du droit syndical.

En outre, le chômage était faible et les licenciements collectifs, l'exception.

Ce qui donne une portée particulière aux lendemains de 1968 est d'avoir été également le point de départ de toute une série de transformations qualitatives qui ont marqué profondément les relations dans l'entreprise :

- les lois de 1971 sur la formation, précédées par l'accord interprofessionnel de 1970 ;
- la participation, l'intéressement, l'actionnariat ;

- l'apparition de la communication et de l'expression du personnel ;
- la notion de la qualité de la vie au travail ;
- la prévention des accidents du travail et la protection de la santé et de l'intégrité physique des travailleurs ;
- la définition des droits de la femme salariée ;
- la prise en compte du problème des travailleurs handicapés ;
- enfin, la critique du taylorisme et la recherche et la promotion de nouvelles formes d'organisation du travail dans le but d'enrichir les tâches, de revaloriser le travail et les qualifications, de développer l'initiative et l'autonomie des exécutants.

A la fin de cette période, les traits saillants des relations dans l'entreprise étaient, me semble-t-il, les suivants.

Le problème de l'emploi ne se posait pas. Les marchés avaient encore une expansion remarquable.

L'affirmation que l'entreprise a, à la fois, un objectif social et un objectif économique, traduisait une évolution de son système de valeurs et la remise en cause de l'exclusivité de sa finalité économique. Cela se traduisait notamment par le développement, dans beaucoup d'entreprises, de politiques sociales qualitatives visant à attirer et à intégrer une main-d'œuvre nouvelle et nombreuse qui, en raison de son niveau d'éducation, avait des exigences accrues vis-à-vis des conditions de travail et des relations dans l'entreprise.

La négociation sociale avait lieu le plus souvent au niveau des directions. Cela augmentait les problèmes d'un encadrement déjà peu préparé à une évolution de son rôle et troublé par l'alignement progressif des statuts des autres catégories de personnel sur le statut des cadres.

Cet encadrement, souvent trop nombreux, court-circuité par la négociation centralisée et parfois réfugié dans sa spécialité n'affirmait pas suffisamment sa présence sociale.

Parallèlement, le syndicalisme, en majorité politisé, bénéficiait — sur la lancée de Mai 68 — des vides laissés par un système de direction qui privilégiait en matière sociale le canal syndical au détriment du canal hiérarchique.

Ce tableau, dont on voit aujourd'hui les lacunes, apparaissait — au total — comme positif. La formation, la préoccupation qualitative des dirigeants, les aspirations à l'autonomie, à l'information, à l'initiative, paraissaient être les éléments d'avenir d'un développement industriel que l'on croyait sans limites. Le problème de l'encadrement devait être résolu peu à peu par une action continue, progressive vers une transformation inéluctable.

1974-1980 - Le retour à la rigueur et à l'efficacité

Cet « âge d'or » n'allait pas sans difficultés. Il n'était pas non plus sans faiblesse. Sa fragilité résidait dans le laxisme que génère toute période de prospérité. Il fallut, pour en prendre conscience, le choc de la crise pétrolière. Tout, soudain, a changé mais il a fallu plusieurs mois pour qu'on le mesure.

L'élan qui portait le progrès des relations dans l'entreprise était fortement humaniste. Il ne tenait pas assez compte de la spécificité économique de la société industrielle. Comme si les contraintes du travail étaient indignes de l'humanisme ou comme si la prospérité était sans fin et sans limite. Il n'y avait pas, généralement, cohérence entre cet élan humaniste et la nécessité de développer la productivité du travail. C'est peut-être une caractéristique de la société française que cet antagonisme perpétuel entre l'humanisme et l'efficacité. On voit bien que tout concourt à renforcer cette opposition : le système éducatif, l'université, la religion, le discours politique et syndical et l'attitude patronale.

Si bien que la rigueur et les efforts de productivité auxquels brusquement la crise a obligé toutes les entreprises, apparaissaient naturellement difficilement compatibles avec la prise en compte des aspirations des hommes.

Il est vrai aussi que ces aspirations changeaient parfois de nature. La sécurité de l'emploi passait avant d'autres besoins. Certes, une usine où l'on licencie du personnel n'est pas, *a priori,* un terrain favorable à l'expérimentation sociale.

Dès 1974, mais surtout à partir de 1975, les effets de la nouvelle situation économique pèsent sur les relations industrielles :

— réadaptation de l'outil industriel, entraînant des licenciements et des reclassements mais aussi l'obligation d'assurer la subsistance des salariés sans emploi (aides financières, conventions...) et des salariés à la recherche d'un premier emploi ;

— ralentissement de la politique contractuelle ; il n'y a pas grand-chose à négocier, sinon le maintien du pouvoir d'achat et, parfois, les conditions de reclassement et de mobilité du personnel ;

— les actions de formation, d'amélioration des conditions de travail et d'enrichissement des tâches ne sont développées que par ceux qui croient à leur efficacité économique. Mais ils sont peu nombreux. Toutes ces actions sont volontiers rangées dans le domaine social qui, nous l'avons vu, n'est pas jugé compatible avec l'économique.

— par contre, on assiste à un retour aux méthodes classiques d'organisation pour réduire les coûts et améliorer la productivité.

Les traits saillants des relations dans l'entreprise me paraissent à la fin de cette période, être les suivants :

— La priorité, donnée par les directions, à la compétitivité : il faut adapter la production aux nouvelles conditions économiques, abaisser les prix de revient, mieux utiliser le temps, l'énergie, les matières. Il faut parfois restructurer l'appareil de production face à la concurrence internationale.

— Cette politique s'appuie sur la hiérarchie, mieux soutenue par sa direction, y compris parfois au prix de conflits qui visent à une restauration de son autorité. Ce renforcement de l'encadrement entraîne la volonté de lui redonner la plénitude de ses responsabilités sociales, ce qui ne va pas sans difficultés. D'une part, l'encadrement est lui aussi victime des suppressions d'emploi, d'autre part, sa capacité à assurer son nouveau rôle n'est pas encore acquise.

— Les syndicats, qui ont trop souvent commis l'erreur de subordonner la satisfaction de leurs revendications à la victoire de la gauche aux élections de mars 1978, ont provoqué une déception et une amertume qu'ils ne parvenaient pas à surmonter. Ils ont vu leur influence diminuer et faiblir leur capacité à mobiliser une population hétérogène (ouvriers professionnels, ouvriers spécialisés, adultes, jeunes, immigrés, femmes, employés, maîtrise, etc.) qui prend en compte, mieux sans doute qu'on ne le croit, les réalités d'une situation économique que les moyens de communication lui montrent comme générale.

— Les problèmes de l'emploi sont une préoccupation majeure de la plupart des grandes entreprises. Comment réaliser les restructurations nécessaires en en limitant, dans toute la mesure du possible, les conséquences pour le personnel ? Telle est la question. Beaucoup d'entreprises ont accepté d'assumer leurs responsabilités dans les sites où elles ont des effectifs excédentaires. Des services ou des sociétés de reconversion et de recherche d'activités nouvelles ont été créés.

Quel avenir pour les relations dans l'entreprise ?

Il me paraît important, ayant exposé ce qu'ont été les relations dans l'entreprise après 1968 et après 1974, de dégager les tendances actuelles de la vie sociale dans la société industrielle.

Nous ne retrouverons jamais, sans doute, une prospérité et une facilité comparables à celles des années soixante. Nous sommes dans une époque désormais difficile et dure. Nous ne subirons sans doute pas non plus un choc aussi rude et inattendu que celui de 1974. Nous sommes réveillés et nous sommes mieux armés.

Certes, si les grandes actions de restructuration industrielles réalisées depuis 1975 laissent espérer que le plus gros de l'effort est passé, on doit s'attendre, notamment dans le tertiaire, à des ajustements difficiles dus à l'inévitable développement de l'automatisation.

Il reste que la concurrence entre les pays industriels et la nécessité d'exporter pour payer le pétrole nous placent dans une situation de guerre économique. La compétitivité restera la priorité.

Cependant, la réalité des aspirations du personnel demeure. Si l'exigence est moins quantitative, compte tenu de la situation économique, elle reste fortement orientée vers la satisfaction de besoins qualitatifs : sécurité d'emploi, aménagement de la durée du travail, responsabilité, initiative, participation.

Dès lors, comment seront vécues les relations dans l'entreprise ? Seront-elles conflictuelles ou bloquées ? Seront-elles, au contraire, fondées sur une sorte de coopération critique ?

Les deux perspectives sont possibles et la réalité ne sera sans doute ni tout à fait conforme à l'une, ni tout à fait conforme à l'autre.

Il est vrai qu'on perçoit aujourd'hui, de-ci de-là, s'appuyant sur la situation de lutte économique, une tendance à développer la productivité et la compétitivité en-dehors de tout appel à la participation des travailleurs. Pour certains, la rigueur de la gestion est synonyme de contrainte et la situation exige, enfin, que l'on abandonne l'utopie de la participation, de la concertation, de la négociation.

Mais il existe, à mon avis, de fortes possibilités pour que l'on s'éloigne — pour peu qu'on le veuille — d'un système de relations sociales perpétuellement bloquées et souvent conflictuelles.

La leçon des deux périodes contraires des douze dernières années est qu'il devrait être possible de résoudre, enfin, l'opposition traditionnelle entre l'humanisme et l'efficacité.

Quelle serait l'efficacité réelle d'une entreprise qui aurait des équipements performants et des produits de qualité, si elle n'a pas l'adhésion de son personnel, ouvriers et encadrement ? Quelle sera sa compétitivité ?

Comment susciter cette adhésion alors que la priorité sera donnée à la rigueur et à la productivité, nécessaires pour exporter et conquérir et développer les parts de marché ?

Certes, il y a là une contradiction difficile à résoudre. Je crois que les entreprises performantes seront celles qui seront capables d'inventer un mode de gestion socio-économique qui tienne compte du double héritage de 1968 et de 1974.

Pour ces entreprises-là, les relations dans l'entreprise devraient se caractériser par les quatre aspects suivants :

- la réduction des distances sociales ;
- la négociation de la productivité ;
- la recherche d'un nouveau dialogue avec les syndicats ;
- la communication avec l'environnement.

La réduction des distances sociales

Diverses études ont montré que les distances sociales entre dirigeants, encadrement et exécutants sont, en France, plus accusées que dans la plupart des autres pays européens.

Cette situation est la source de l'incompréhension, voire de la méfiance et, à coup sûr, du manque de solidarité que l'on observe dans la majorité des entreprises françaises qui ont atteint une certaine taille.

Ce problème a ses racines dans la société française, mais les entreprises ont aussi leurs responsabilités et elles ont pris conscience du handicap que cela représente pour leur fonctionnement. C'est le problème du pouvoir et de la communication dans l'entreprise. La communication est impossible si les pouvoirs sont trop inégalement répartis et si l'encadrement n'en est pas responsable et capable.

L'atelier est l'endroit privilégié pour la communication.

En effet, c'est au niveau de l'atelier que se passent les événements qui conditionnent la vie quotidienne des travailleurs. C'est là que l'encadrement doit assumer, chaque jour, sa responsabilité sociale : informer, écouter, répondre, résoudre les problèmes des individus ou des groupes. Il n'est pas à son poste uniquement responsable des machines et de la quantité et de la qualité de la production. Il doit aussi prendre en charge les hommes, totalement. Il doit produire avec et par eux. C'est aussi au niveau de l'atelier que les travailleurs ont la possibilité de s'exprimer sur ce qui les concerne quotidiennement.

Qu'on le veuille ou non, le droit à la parole est désormais acquis. Il sera réalisé en fait, bien ou mal, suivant la qualité de l'encadrement et la réduction des distances sociales qu'on saura atteindre.

Cette évolution, à peine amorcée, est favorisée par l'arrivée d'un encadrement de production plus jeune et mieux préparé à exercer ses responsabilités sociales. En contrepartie, il sera plus exigeant vis-à-vis de sa direction. Plus et mieux informé, il voudra de plus en plus être associé à la gestion de son entreprise et remettre en cause la forme rigide et pyramidale des organigrammes.

La négociation de la productivité

Le mot « productivité » fait parfois grincer certains. Est-il possible aujourd'hui de nier la nécessité de l'effort qu'il faut faire en vue d'obtenir des produits de qualité qui consomment moins d'énergie, moins de matières et moins de temps ?

Je parle ici de la productivité de la main-d'œuvre par différence avec la productivité de l'équipement.

Certes, la productivité de l'équipement, affaire d'investissement, est aussi un sujet de négociation. Selon la manière dont le nouvel équipement sera accepté et mis en œuvre, sa rentabilité sera conforme ou non à la prévision. La négociation, là, porte sur l'information économique, les conséquences de l'investissement et la conception socio-économique de l'installation. Il y a maints exemples d'échecs et de réussites de l'introduction de nouvelles technologies.

Mais il me semble qu'il y a d'abord à se préoccuper de la productivité de la main-d'œuvre. Elle a un fondement tout à fait humaniste : reconnaître que l'homme est important et que, sur un équipement donné, la productivité dont son intelligence est capable, est considérable. Il ne délivre aujourd'hui qu'une part — parfois modeste — de sa capacité à produire. Il y a à cela de multiples raisons dont la première est qu'on ne reconnaît pas suffisamment sa dignité et son importance.

Comment libérer cette force créatrice ? La réduction des distances sociales et le droit à la parole sont des facteurs favorables à l'amélioration de la productivité.

Négocier la productivité, c'est obtenir une implication plus grande du travailleur dans son effort de production en apportant des contreparties nouvelles. Naguère, c'était le salaire et les primes de rendement dont on connaît les limites et les échecs. Aujourd'hui c'est, souvent, une forme d'intéressement collective, négociée et contrôlée.

Déjà, on s'est posé la question de contreparties différentes telles que l'aménagement ou la réduction du temps de travail, la création de filières professionnelles qui offrent, grâce à la formation et à des changements de l'organisation du travail, la possibilité de réaliser des tâches plus qualifiées et mieux rémunérées.

Dans tout le débat engagé, en 1980, sur la réduction du temps de travail, on a souvent parlé de l'impossibilité de découper un même gâteau en davantage de parts égales aux précédentes. Ne peut-on étudier des moyens d'augmenter le gâteau à partager par la négociation sur l'amélioration de la productivité ?

La recherche d'un nouveau dialogue avec les syndicats

Les syndicats français accepteront-ils la réduction de distances sociales dont l'excès leur était favorable ? Il leur était facile d'occuper le terrain laissé vide entre l'encadrement et les travailleurs. Accepteront-ils l'expression des travailleurs et leur participation à la vie quotidienne de l'atelier ? Le silence des exécutants justifiait souvent leur rôle. Il sera modifié.

Les syndicats français accepteront-ils, comme l'ont fait la CGIL en Italie ou la DGB en République fédérale d'Allemagne, de négocier l'amélioration de la productivité en échange de contreparties nouvelles ?

Sont-ils prêts à considérer qu'une entreprise forte bénéficie plus aux travailleurs et à l'économie du pays que des entreprises assistées, ou voudront-ils perpétuer une politique de revendications fondées sur des options politiques et économiques nationales ?

La réponse appartient aux syndicats. Elle appartient aussi au personnel et aux dirigeants des entreprises.

Si la participation se développe dans les ateliers, si les institutions représentatives sont respectées dans leurs rôles et leurs compétences, si la négociation concrète s'instaure sur des questions réelles au niveau des professions et des entreprises, on peut espérer parvenir à un dialogue nouveau.

Il me semble que commence à naître dans ce pays une image nouvelle du syndicalisme. Les conséquences de l'échec de la gauche aux élections de mars 1978, celles de la crise dont la réalité n'est plus contestée, les discussions sur le drame de la sidérurgie où les syndicats ont abordé le problème de la stratégie industrielle, le changement d'attitude et de comportement d'une importante confédération syndicale, le succès des élections prud'hommales du 12 décembre 1979, m'inclinent à penser que des évolutions significatives sont possibles.

Sans qu'on puisse, hélas, parler d'une recherche de consensus, il semble qu'il existe un terrain favorable à un changement des habitudes.

Il appartient aux directions de saisir toutes les chances, qui peuvent exister, de créer un nouveau dialogue avec les syndicats. Sans initiative de leur part, elles ne peuvent pas s'attendre à ce que les syndicats viennent à elles les bras tendus.

La communication avec l'environnement

La crise et ses conséquences, notamment sur l'emploi, ont permis aux entreprises de mesurer leur importance pour les régions où elles sont implantées. Ainsi surgissent dans le champ des préoccupations des directions générales et des directions d'établissement, les pouvoirs publics régionaux ou locaux, les autorités locales et notamment les maires, les associations, la presse, les moyens audio-visuels et l'opinion publique.

Le rôle de cet environnement a été depuis quelques années très important et dans certains cas, la négociation avec lui a été plus difficile qu'avec le personnel et ses représentants pour résoudre les problèmes d'emploi.

Cette responsabilité économique et sociale de l'entreprise à l'égard de sa région a des aspects multiples : emploi, pollution, activités de sous-traitance, urbanisme, etc.

De plus en plus, les directeurs d'usine, prenant place parmi les responsables locaux, auront à informer leurs interlocuteurs de l'environnement, à dialoguer avec eux et à prendre en compte leurs problèmes et leurs attentes.

Je dirai, pour conclure, ma conviction que le débat est déjà engagé entre ceux qui croient qu'on gagnera la bataille économique par la rigueur imposée, le refus de la négociation, l'association de l'encadrement à une politique d'autorité, et ceux qui pensent que pour gagner cette bataille il faut, dans les entreprises, des dirigeants et des cadres qui soient des « nouveaux patrons », capables d'élaborer un projet et de le communiquer à tous pour que chacun en prenne sa part et y participe, capables de négocier leur autorité et leur force, d'écouter et de répondre avec clarté.

Les premiers prennent la voie la plus facile et, peut-être, la plus efficace à court terme. Les seconds construisent l'avenir.

La formation, outil de développement pour l'entreprise

Renaud Sainsaulieu *

La formation des adultes a connu au cours des trente dernières années un développement considérable, fortement encouragé par la législation, et par l'action de nombreux organismes publics ou para-publics. Face aux changements technologiques, économiques et culturels qui ont marqué la société française depuis 1945, la formation des adultes est apparue comme un recours indispensable pour adapter les hommes à des exigences multiples : recyclage professionnel, formation à la gestion et aux relations humaines, amélioration du niveau de culture générale. Bien que le système d'organisation des entreprises n'en ait pas été radicalement transformé, toutes ces expériences de formation représentent plus qu'un simple accompagnement du changement : elles ont induit de profondes modifications dans les rapports de travail et les orientations culturelles des individus.

C'est avec l'après-guerre que la formation d'adultes connaît en France une extension considérable, marquée, au plan des institutions, par la création de l'AFPA (1) et de diverses institutions publiques (2), le développement de nombreux centres de formation à structure tripartite (syndicats ouvriers, entreprises et État), et enfin les lois et accords divers sur la généralisation de la formation permanente pendant le temps de travail, sur le rôle des comités d'entreprises, sur la création des commissions et des congés de formation (accords de 1970, loi de 1971, accords de 1976 et 1978).

A considérer le nombre de stages et les sommes consacrées à la formation **, le bilan des seules années soixante-dix est impressionnant. Les stagiaires sont

---

* Renaud Sainsaulieu, professeur à l'Institut d'études politiques, a publié notamment *Les relations de travail à l'usine,* éditions d'Organisation, 1972 et l'*Identité au travail,* Presses de la Fondation nationale des sciences politiques, 1977.

(1) Association pour la Formation professionnelle des adultes.

(2) INFA (Institut national pour la formation des adultes), Secrétariat d'État auprès du Premier Ministre pour la formation professionnelle, etc.

** Cf. annexe 2, p. 268 à 271.

passés de 1 800 000 en 1972 à 2 700 000 en 1977, pour une moyenne d'environ 60 heures de formation par individu. Les cotisations patronales sont passées de 0,8 % de la masse salariale en 1971 à 1,1 % en 1978. Les dispositions du congé de formation ont été étendues, par la loi de juillet 1978, à la prise en charge partielle des salaires des stagiaires par l'État. Le montant des crédits consacrés par le secteur privé à la formation permanente aura été multiplié par plus de six au cours des dix dernières années, sans parler de l'effort qu'a réalisé de son côté le secteur public.

Cette longue pratique de formation d'adultes a entraîné des conséquences importantes, tant dans le domaine de la pédagogie que sur la profession de formateur. Le métier de formateur à temps plein s'est considérablement développé : programmes de formation de formateurs, multiplication de rencontres et d'études sur les problèmes de la formation (3), colloques sur les politiques et les pratiques de formation. En matière pédagogique, une nouvelle conception de l'enseignement se précise pour mieux répondre aux exigences d'un public d'élèves adultes qui ont des expériences et des services variés. Le petit groupe, la pédagogie permissive, le refus des cours magistraux, l'entraînement à la pratique et au débat, la volonté d'accompagner toute la complexité culturelle et professionnelle des adultes mis en cause par des savoirs et des échanges nouveaux ; le souci d'évaluer l'efficacité des programmes et des enseignants et la double présence d'intervenants et d'animateurs dans les cycles deviennent la règle d'un enseignement à temps continu ou partagé qui se différencie nettement des méthodes universitaires et scolaires.

Cet impressionnant dispositif, toujours en place, quoique confronté à de graves difficultés économiques peu prévisibles au début des années soixante-dix, interroge les entreprises, mais aussi l'État et le public d'adultes concerné. Faut-il y voir un véritable mouvement social ? Ne s'agit-il que d'un simple effort de circonstance pour adapter les adultes aux exigences de la croissance accélérée des années cinquante et soixante ? S'agit-il d'un processus de transformation sociale et culturelle rendu nécessaire pour faire face aux problèmes actuels et futurs du développement économique des sociétés avancées ?

Répondre à ces questions devient une nécessité urgente, comme en témoigne le nombre des colloques et séminaires où chercheurs, formateurs et responsables de formation s'interrogent avec anxiété sur la signification collective de leur action présente ou passée. Quelles leçons tirer de tant d'expériences ? Tel est l'objet des réflexions qui vont suivre. Elles s'appuient sur une longue expérience personnelle de formateur en sciences sociales, et sur de nombreux travaux scientifiques et débats internes au milieu professionnel.

(3) En particulier les journées d'études de l'ANFOPE (Association nationale pour la formation et le perfectionnement d'entreprise), qui réunit tous les ans des centaines de formateurs. Citons également le séminaire du Centre d'études sociologiques (CNRS) qui réunit depuis 1980 chercheurs et formateurs sur le thème « Formation, outil de développement » sous la direction de Boris Falaha et Renaud Sainsaulieu.

L'accompagnement du changement

Le développement de la formation des adultes depuis 1945 a répondu à des objectifs multiples, inégalement affirmés selon les moments. Un découpage trop strict en phases successives serait simplificateur, car on observe de nombreux phénomènes de chevauchement et de continuité au cours de ces décennies. La formation apparaît bien toutefois, tout au long de cette période, comme un moyen d'adaptation des hommes à un environnement économique et social en constante évolution.

Avec la période de reconstruction et de modernisation qui s'étend approximativement de 1945 à 1955, l'accent est mis sur la productivité. On assiste à la naissance d'une politique de formation professionnelle accélérée pour adultes, dont l'objectif est de fournir à l'industrie la main-d'œuvre qualifiée qui lui fait cruellement défaut. C'est l'époque de la création de l'AFPA (Association pour la formation professionnelle des adultes) et de centres de formation professionnelle proches des grandes industries. Ce courant d'adaptation technique de la main-d'œuvre aux outils sera par la suite alimenté en permanence par les nombreux recyclages imposés par les changements technologiques : diesel, électronique, informatique, télématique...

On voit naître au cours des années 1955-1965, avec le souci d'organiser la croissance rapide des firmes et de gérer l'investissement, la concurrence et les concentrations, une conception toute nouvelle de la formation d'adultes, centrée sur les relations, le commandement, la gestion et l'expression dans le petit groupe. Ce sont exclusivement les cadres moyens et supérieurs qui bénéficient de ces stages confortables et résidentiels, où les animateurs travaillent dans une sorte de mécénat en dépendance directe de la Direction générale. C'est à cette époque bénie sur le plan de la création pédagogique, des moyens financiers et de l'abondance des stagiaires, que l'on s'interroge aussi sur l'effet intégrateur de ces politiques de formation.

Deux nouvelles conceptions de la formation des adultes se développent au cours de la décennie suivante. Tout d'abord, la dimension proprement culturelle prend une part croissante dans les programmes de stages. On dispense aux cadres de la culture générale, des sciences sociales, des langues, en plus des relations humaines et de la gestion. Puis, avec Mai 68, le droit à l'expression pour tous et l'attention portée aux inégalités scolaires et culturelles, on discute autour des accords de 1970 et de la loi de 1971 sur une formation dite générale, intégrée au travail, mais cette fois-ci accordée avant tout aux défavorisés culturels, c'est-à-dire aux ouvriers et employés. Des débats s'ouvrent sur la part de cette culture dans l'ensemble des programmes de formation, sur ce qui est général et culturel pour les individus et technique ou professionnel pour l'entreprise. Mais le fait est là : de nombreux cycles de formation portent sur les langues, l'expression orale et écrite, l'alphabétisation, la littérature, l'économie... et l'initiation à de multiples sciences juridiques, bancaires, mathématiques, etc. *Tout se passe comme si l'entreprise devait servir d'université permanente à une société honteuse de la ségrégation culturelle qu'elle a provoquée* dans les catégories modestes et qui, pour des raisons complexes (niveau de vie, mass media, urbanisation, etc.), tend à devenir insupportable. Pour schématiser, on pourrait presque dire que le monde industriel, choqué par Mai 68 et découvrant tardivement les effets culturels de la croissance économique, a cherché à atténuer les effets pénibles de son système d'organisation toujours fondé sur une rationalité de type taylorien, par une sorte de compensation culturelle dont les individus auraient à profiter dans leurs temps libres *.

Dans le fonctionnement interne des entreprises, la formation d'adultes suit une évolution différente et non moins remarquable. On assiste en effet au développement des interventions par la formation ; ce sont les actions de réorganisation qui deviennent en elles-mêmes pédagogiques, sans que l'on puisse clairement distinguer ce qui relève de la formation et de la technologie. En fait, c'est le stage résidentiel qui tend à disparaître au profit d'actions pédagogiques intégrées dans un contexte général d'expériences sur l'amélioration des conditions de travail, de changement dans les processus décisionnels, d'introduction de nouvelles méthodes de gestion... La formation d'adultes, sur le tas, n'est plus un apport de connaissances nouvelles, mais un véritable outil d'accompagnement et de provocation du changement, où l'on remodèle les rôles, les fonctions et les habitudes antérieures. L'adaptation est ainsi centrée sur des changements internes, la formation vise à faire participer les individus à la conception du changement. Récupération des ressources humaines au profit de la gestion des entreprises, peut-être ? Mais aussi sans doute, découverte progressive qu'une transformation des procédures et conditions de travail ne se fait pas sans avoir recours à l'imagination et l'esprit d'adaptation des exécutants. Découverte, en fait, des limites de l'OST, où les meilleures études ou analyses du travail laissent toujours une marge considérable à l'interprétation des exécutants pour que les choses marchent correctement. *La formation intégrée au processus de production aurait ainsi un effet correctif sur l'excessive division taylorienne du travail.*

La formation des adultes s'essouffle

Depuis 1975, avec la fin d'une période de croissance économique accélérée, la formation pour adultes marque nettement le pas. Ni l'État, ni les entreprises ne sont soucieux d'augmenter, comme prévu antérieurement, les fonds accordés à la formation et le milieu des formateurs entre lui aussi en crise. Il reste néanmoins que d'autres missions permettent à la plupart des centres de survivre. Il s'agit de préparer à la retraite anticipée, que les entreprises incitent à prendre pour diminuer leurs frais de personnel. Il importe de convertir ceux qui restent à des activités plus rentables ou plus variées. On entame de nombreux cycles de formation des demandeurs d'emplois pour leur faire supporter le chômage et les aider à retrouver un emploi, on prépare les individus à créer des entreprises, en se demandant parfois s'il vaut mieux former les sortants futurs chômeurs, ou les restants dans l'entreprise. Tous les grands centres de formation d'adultes cherchent et trouvent le contrat miracle avec des pays africains ou au Moyen-Orient pour former leurs cadres, ou assurer sur place la formation technique accélérée de jeunes issus de la campagne et d'une société traditionnelle, afin de soutenir, comme en France dans les années cinquante, un grand effort d'industrialisation. La formation d'adultes apparaît ainsi comme le moyen de s'adapter à la chute de la croissance économique. Face aux individus menacés, il s'agit de les rendre mieux armés et plus actifs dans un monde menaçant ;

* Cf. annexe 2, p. 271.

face au Tiers Monde, il s'agit d'exporter notre savoir-faire en matière de « *know how* pédagogique ».

Ainsi, la formation d'adultes a exercé tout au long de ces dernières décennies une réelle fonction d'adaptation aux changements techniques, économiques et sociaux. Pour l'avenir, de nouvelles inadaptations sont prévisibles ; les formateurs devraient s'interroger notamment sur les nouvelles exigences nées du travail féminin, de l'emploi des jeunes scolarisés, des multiples formes de travail précaire, du développement des relations avec le Tiers-Monde en voie d'industrialisation, de l'augmentation des activités de temps libre et des formes d'enseignement pour adultes qui seront ainsi amenées à se développer, moins dans les entreprises qu'au sein des collectivités et sociétés locales. Il faut s'attendre aussi à ce que les nouveaux progrès de la technologie induisent un renouvellement de nombreuses professions. L'atout économique de sociétés développées n'est-il pas en tous cas celui de la capacité culturelle et professionnelle de ses travailleurs de tout grade ? La formation d'adultes apparaît ici comme une mesure permanente d'entretien et de développement d'un tel capital humain.

Mais ne s'agit-il que d'adaptation à des changements survenus de l'extérieur ? Tant d'efforts d'adaptation réalisés au cœur même de la profession, du milieu des formateurs et des entreprises concernées n'ont-ils pas induit une dynamique propre du changement par la formation ?

Les effets inattendus de la formation en entreprise

Fortement inspirées par les politiques de personnel et le souci d'assurer une meilleure adaptation de l'entreprise à un environnement changeant, les actions de formation exercent en outre tout un ensemble d'effets inattendus sur les rapports de travail. Cet effet de formation, mis en lumière par de nombreuses enquêtes depuis le début des années soixante, concerne tout à la fois les formés, les formateurs et les hiérarchies d'entreprise. Il peut être repéré à trois niveaux : les interactions et le pouvoir, les représentations et la culture, les pratiques et régulations formelles.

Les formés et la dynamique du groupe de formation

Du côté des formés, on sait depuis longtemps que l'expérience de stage de longue durée ou de cycles en entreprise est porteuse d'une conscience critique nouvelle. En acquérant de nouveaux savoirs et en vivant des relations d'apprentissage nouvelles par rapport à l'école et au travail habituel, les formés sont poussés à vivre une expérience neuve et souvent inattendue. C'est fondamentalement l'épreuve du groupe cognitif et relationnel qui est ici la source d'une évolution considérable. Ce groupe temporaire, mais intense, constitue en effet une sorte d'institution nouvelle, où s'observent des échanges affectifs mais également centrés sur un acquis et parfois même une production en commun, des cheminements personnels mais aussi collectifs par sous-groupes, des conflits, des clivages et des phénomènes d'identification aux enseignants, animateurs et meneurs divers, et enfin des évolutions contrastées passant de périodes affectives et fusionnelles à d'autres plus stratégiques, articulées sur la différence des rythmes, capacités et intérêts de chacun dans l'apprentissage.

A la différence d'une collectivité militante, le groupe de formation pour adultes met l'accent sur les individus et sur leurs problématiques personnelles d'apprentissage ; mais il se distingue aussi des groupes purement affectifs — tels que ceux constitués par la dynamique de groupe et le psychodrame — par sa dimension cognitive. Il diffère aussi des groupes d'information, de créativité et de résolution de problèmes par le caractère lent et continu de l'acquisition de savoirs nouveaux. En accordant à chacun la position d'acteur de son propre développement et de celui des autres stagiaires, le groupe de formation accélère les processus de reconnaissance sociale et produit ainsi une sorte de mise en mouvement des individus. On se perçoit différemment, car on est plus écouté et agressé que dans la monotonie du travail quotidien. Il s'ensuit une dynamique sociale intense, centrée sur la transformation culturelle de chacun, le choc au niveau des valeurs, la mise en cause des identités, des représentations et des personnalités, et l'échange d'aides et de soutiens mutuels à l'occasion de cette remise en question.

Une sorte de culture commune de l'auto-évaluation, de la critique, de l'expression, de la définition de projets personnels, de l'attitude quasi thérapeutique à l'égard de structures mentales fragilisées par une telle épreuve de relations intenses, devient ainsi la norme et le ciment intégrateur du groupe de formation.

Les formateurs confrontés à l'entreprise (4)

Du côté des formateurs, le choc de l'expérience n'est pas moindre, surtout depuis que la loi de 1971 institue les commissions de formation au sein de l'entreprise, oblige à négocier un budget dans un jeu paritaire, à rendre des comptes sur l'utilité des actions de formation et à recruter des candidats aux stages et aux cycles. La logique professionnelle et pédagogique du formateur se trouve mise en question par une logique purement organisationnelle : il devient un nouvel acteur au sein de l'entreprise. Il découvre avec gêne et stupeur qu'il n'a pas que des amis, alors qu'il a conscience d'œuvrer pour le mieux-être des individus. Sa fonction le place au cœur d'un réseau composé de tous ceux qui sont impliqués dans les actions de formation : anciens formés, collègues formateurs extérieurs à l'entreprise, syndicalistes, cadres ayant eux-mêmes un rôle de formateurs, directions d'établissements soucieuses de ces pratiques nouvelles. L'action menée par le formateur le met en opposition avec ceux que la formation gêne : les responsables de la production et de nombreux travailleurs qui ne veulent pas retourner à l'école. Il s'ensuit des rivalités avec des responsables du personnel, des cadres, des délégués du personnel, à propos du contenu même de sa formation : qui recrute les stagiaires, constitue les programmes, appelle les intervenants, évalue les résultats ? En entrant dans

(4) Cette réflexion s'appuie tout particulièrement sur l'enquête effectuée par Paul Cousty, Rosa Nehmy et Renaud Sainsaulieu dans trente entreprises entre 1976 et 1978, et publiée sous le titre « Rapports de formation et rapports de production ». Equipe C.S.O.-MACI, ronéo, 1978.

le système social des rapports de travail, le formateur perd ainsi son ancienne position, libre de créer un milieu pédagogique actif dans une liberté surveillée par les directions générales, agissant comme des mécènes à son égard. Il lui faut apprendre la réalité stratégique du pouvoir en organisation pour arriver à ses fins ; il n'est plus seul dans sa pratique face à des élèves bien intentionnés et il lui faut compter avec les effets de son action sur l'évaluation courante des travailleurs, leurs perspectives d'affectation et de promotion, leur avenir.

Une telle plongée dans le système organisationnel est certes utile puisqu'elle confère un pouvoir d'acteur réel, mais elle est inconfortable car elle fait exploser toutes les représentations culturelles sur le rôle habituel du formateur. Il faut inventer une fonction, ce qui est source de malaise et parfois d'anomie, car le formateur n'a pas encore la culture de sa pratique. La difficulté de la situation est encore aggravée par le mélange des rôles que doivent vivre nombre de cadres eux-mêmes formateurs à temps partiel, et nombre de formateurs impliqués dans des actions de changements internes sur les conditions de travail par exemple. On ne fait ainsi que difficilement la distinction entre une action pédagogique, un rôle d'organisation et une fonction d'encadrement.

La formation remet en cause l'autorité de l'encadrement

Pour le personnel d'encadrement, l'entrée en scène de la formation des adultes pose également un problème. Bien que sur des points apparemment accessoires — les stages et les cycles — elle porte atteinte aux pratiques courantes dans les domaines les plus divers : communication, rétribution du travail, critères et expertises de l'évaluation des travailleurs, décisions d'investissement, méthodes de commandement. Tout comme le formateur, le cadre n'est désormais plus seul à jouer son rôle en matière de formation : il doit compter avec d'autres experts, d'autres jugements sur ses propres subordonnés, d'autres savoirs et d'autres capacités d'évolution de la part de ces derniers et d'autres processus de décision en partie négociés avec les représentants du personnel. En outre, certains cadres adhèrent spontanément à l'« esprit formation » et s'y découvrent une nouvelle vocation d'enseignant, ce qui crée des clivages profonds à l'intérieur du « groupe hiérarchique ». De façon partielle certes, puisque l'acte de formation ne concerne que peu de gens à la fois et sur peu de journées, mais de façon bien réelle, à en juger par les conflits, malaises et rivalités que déclenche la formation qui trouble l'ordre hiérarchique et les fondements techno-bureaucratiques de l'autorité. Qu'est-ce qu'un chef dès lors qu'il n'est plus seul à juger du savoir et des capacités de ses subordonnés et à décider des circuits d'information dont ils disposent ?

Des effets diffus de la formation

Tous ces effets inattendus de la formation sur le milieu habituel de travail n'ont cependant pas apporté de révolution dans l'organisation et la gestion des entreprises. Les effets culturels, hiérarchiques et professionnels que nous venons de citer constituent, à notre avis, comme une intervention sur le système d'organisation rationnelle du travail, mais sans lui substituer une organisation pédagogique du travail, qui ferait clairement reposer la rationalité des entreprises sur les possibilités ouvertes par la formation. Ce qu'on peut diagnostiquer sans aucun doute, c'est un effet global de la formation d'adultes sur le système des rapports habituels de travail : effet d'*ouverture systémique,* par l'arrivée de nouveaux acteurs, l'introduction de nouveaux rapports de pouvoir, de négociation et de communication, la découverte de nouveaux projets individuels et professionnels. Mais un tel effet, sensible quel que soit le mode de gestion de l'entreprise (paternaliste, « managériale », relations humaines), se heurte à d'autres effets de résistance non moins inattendus ou inavoués.

Il est tout d'abord important de souligner avec Philippe Fritsch (5) et bien d'autres que la loi de 1971 n'a pas entraîné le rattrapage culturel que certains avaient pu espérer dans le sillage des idées de Mai 68. Toutes les observations et études statistiques montrent que les plus grands bénéficiaires des stages n'ont pas été les plus défavorisés par la culture scolaire. Professionnels, agents techniques et cadres l'ont emporté dans les contingents d'élèves stagiaires sur les OS, les employés, les étrangers et les femmes en général *. Beaucoup ne voulaient en effet pas recommencer une deuxième fois l'école dont ils avaient conservé tant de mauvais souvenirs. Dans les stages eux-mêmes, les capacités d'expression ne sont pas également réparties et beaucoup y ont durement revécu leurs inégalités culturelles d'origine.

Pour d'autres qui ont suivi les stages avec intensité, c'est le retour au « pays du travail » qui fait peur. Déjà au cours des cycles, on peut sentir le frein à l'apprentissage dans le jeu des relations de groupe, par anticipation du retour. Comment en effet transposer les projets, capacités et changements vécus en formation, sur le milieu habituel de travail ? Un effet d'inadaptation et de critique déçue peut être la conséquence du stage si les capacités intellectuelles, techniques et relationnelles qui ont été acquises ne trouvent pas à s'utiliser dans le milieu de retour. L'entourage immédiat résiste à cet « être nouveau » du formé : ni les collègues ni les chefs ne sont prêts à supporter un nouvel acteur dans un jeu antérieurement bien défini. Et l'on dira facilement qu'au lieu de former des gens on en a fait des inadaptés ; en période économique faste, l'ancien formé n'avait souvent d'autre issue que de quitter son entreprise, au grand dam de ses supérieurs et collègues !

Cette résistance de l'entourage ne provient d'ailleurs pas que des jeux de pouvoirs et de la concurrence entre collègues immédiats, mais, on l'a vu, de tout le système social des rapports de travail. Plus profondément, l'effet de formation est contrecarré par cette sorte de brouillage qu'il entraîne dans la perception des places et des rôles de chacun, tant exécutant que décideur : en effet, si l'organisation scientifique du travail et de la division sociale du travail qui l'accompagne sont remises en cause, on ne voit guère de rationalité alternative. Parler de « société éducationnelle » demeure à l'heure actuelle une utopie dépourvue de fondement économique visible.

En définitive, on ne saurait affirmer que la formation opère un changement radical, car elle touche à des réalités sociales d'un poids considérable,

---

(5) Philippe Fritsch, *L'éducation des adultes,* éd. Mouton, Paris - La Haye, 1971. Cf. également le n° 10 de la revue *Esprit* et les nos 16 et 17 de la revue *Connexion.*

* Cf. annexe 2, p. 270.

en particulier l'inégalité culturelle, les rapports hiérarchiques et la division sociale du travail. Mais elle a du moins le mérite de constituer un *lieu d'expérimentation spontanée* où s'essaient *d'autres modèles d'accès à la reconnaissance, d'autres systèmes de relations dans le travail et d'autres logiques professionnelles.* Ce qui importe alors, c'est de repérer et de comprendre les processus de changement social et culturel ainsi amorcés.

La formation comme lieu de création institutionnelle

Pour s'en tenir au seul cas des actions touchant des salariés des entreprises publiques ou privées, il serait trop rapide de conclure que la formation reproduit purement et simplement les systèmes et rapports sociaux antérieurs. Elle agit incontestablement sur les relations de travail, les cultures individuelles et les idéologies professionnelles ou « managériales ». Contrairement à ce qu'ont pu penser de nombreux formateurs, elle ne constitue certes pas à elle toute seule le changement social, mais elle représente un outil d'action capable de susciter des changements importants.

Au sein des structures encore dominantes de la société industrielle et organisationnelle contemporaine, la formation semble être en mesure d'introduire une expérience irremplaçable et profondément attendue des rapports de groupe. Où peut-on espérer constituer un mode de sociabilité plus « groupale » hors des modèles reçus de la vie communautaire, ou seulement psycho-affective, ou encore trop exclusivement militante ?

Une seconde réalité produite par la formation est celle du projet personnel. Davantage de savoirs, d'expression, de débats, de contacts avec d'autres entraîne certainement une remise en question des évaluations personnelles et des projets antérieurs. Si la bureaucratie et le monde contemporain du travail, statutaire et divisé, annihilent les réflexes d'initiatives du plus grand nombre, la formation peut être pensée comme un moyen de redonner vie au projet d'avenir dans le domaine professionnel ou celui du temps libre. Il y a là une dimension importante de l'avenir des grandes institutions, qui sont toutes plus ou moins affrontées à une remise en question des systèmes de rétribution inventés pour accompagner et gérer une croissance accélérée. Les rôles de chefs, les avantages sociaux ne sont plus aussi motivants qu'à d'autres époques, car ou bien l'économique ne permet plus de payer, ou bien les avantages obtenus sont considérés comme des acquis banalisés. Face à la crise des formes traditionnelles de motivation du personnel, la formation peut ainsi apparaître comme le révélateur de projets latents plus personnalisés et permettant de structurer différemment les politiques des entreprises.

En outre, par les relations qu'elle développe à l'intérieur et hors du système formel des rapports de travail, la formation est un lieu d'invention de futurs rapports interinstitutionnels faisant intervenir dans un jeu nouveau les villes, les centres de formation, les écoles, l'Agence nationale pour l'emploi, les entreprises, les syndicats, les groupes de formateurs, etc. Il y a là un potentiel de création institutionnelle dont l'utilisation soulève une question particulièrement importante au moment où l'on s'interroge sur le rôle de la base locale à propos de l'emploi.

Enfin, dans une société confrontée au renouvellement de sa forme d'organisation hiérarchique, il semble que l'on puisse attendre de la formation plusieurs effets dans le domaine de la culture qui sous-tend les rapports de travail. En premier lieu, la rencontre d'adultes en formation tend à conférer une signification nouvelle à l'acte de parole. Chacun s'y exprime et apprend par référence à une réalité professionnelle ; il n'y a pas de savoir en soi, mais des connaissances confrontées à l'épreuve des faits. Une sorte de recollage des mots et des choses peut ainsi être un résultat fondamental de la formation d'adultes, dans un monde où l'excès d'information finit par faire perdre le sens actif des mots.

Une autre dimension culturelle à attendre de la formation est l'apprentissage comme valeur permanente et non comme pur rite d'initiation achevé à la fin de la période scolaire. Apprendre de nouveau devient possible, et le goût du retour du savoir paraît déjà bien entré dans les mœurs de ceux qui sont passés en formation. A terme, le rapport au savoir pourrait s'en trouver modifié, ce qui induirait alors une évolution considérable des divisions sociales liées à l'expérience initiale de l'accès aux connaissances.

Une dernière dimension culturelle à attendre de la formation est peut-être l'accès à la notion de projet réellement collectif, parce que négocié et confronté dans un contexte d'échanges durables. Le projet est en effet encore de nos jours l'apanage des puissants, des représentants, ou le domaine du rêve intime pour le plus grand nombre. Si l'expérience du projet se développe par l'effet de formation, ne peut-on en espérer une transformation des attitudes collectives à l'égard des responsabilités à plusieurs ? De la simple société de revendication, ne peut-on attendre de l'impact de la formation le passage à une culture « propositionnelle », parce que davantage fondée sur la reconnaissance de projets personnels ?

Au moment où la formation d'adultes sort de la dimension expérimentale, il est urgent d'en reconnaître les effets de production sociale : elle ne se contente pas de répéter les modèles antérieurs mais recèle aussi et surtout de multiples occasions d'invention et de véritable création institutionnelle.

Bibliographie

Note : Ces réflexions s'appuient sur une série de recherches et d'articles parus dans les revues suivantes :

Esprit, n° spécial, 1974, octobre, « Formation permanente idée neuve ? idée fausse ? ».

Connexion, n° 16 et 17, « Politiques et pratiques de formation ».

Revue française de sociologie, Cl. Dubar, octobre 1977, « Formation continue et différenciations sociales ».

Formation continue, n° spécial, février 1978.

Droit social, n° 2, février 1979, « La formation professionnelle continue ».

Après-demain, 1973, n° 152-153, « La formation permanente ».

Éducation permanente, n° spécial, 45-46, décembre 1978.

Bulletin de la Société française de sociologie, 1976, n° 2.

Forces et faiblesses de la négociation collective

Jean-Daniel Reynaud *

Les conventions collectives de branche, souvent stimulées et encadrées par les accords interprofessionnels, ont été à l'origine de nombreuses innovations dans les rapports de travail, et le rôle de l'État en a été profondément modifié. Le système ainsi défini par les accords et par la nouvelle législation contraste avec une très faible institutionnalisation de la négociation au niveau de l'entreprise. L'accentuation des contraintes économiques et l'évolution des attitudes des salariés ne vont-elles pas remettre en cause cet équilibre précaire entre un cadre conventionnel relativement rigoureux et un appareil de négociation généralement faible à l'intérieur de chaque entreprise ?

En France comme dans la plupart des pays d'Europe, la négociation collective des conditions d'emploi et de travail a pour cadre principal la branche d'industrie, soit dans une région (le plus souvent un département), soit pour l'ensemble du pays. C'est à ce niveau que l'on fixe, généralement par accord mutuel, les règles qui régissent les rapports de travail : salaires minimaux, durée du travail **, conditions de congédiement ou de départ, indemnités diverses. C'est là aussi qu'on s'efforce de traiter des problèmes que rencontre l'industrie : fluctuations de l'emploi, formation professionnelle, conversion, modernisation. La branche d'industrie ainsi couverte par une convention, c'est ce qu'on appelle la profession (à vrai dire, ce mot est employé plus volontiers par les employeurs que par les représentants des salariés).

Dans quelle mesure cette autoréglementation de la profession répond-elle aux problèmes d'aujourd'hui ? Certes, elle atteint, plus ou moins bien, selon sa vigueur, un des objectifs que Béatrice et Sidney Webb (1) assignaient à la négociation : créer une règle commune qui, au moins dans la limite des minima, soustrait les conditions d'emploi aux pressions de la concurrence. Mais ces minima sont-ils suffisamment efficaces ? Et suffisent-ils aujourd'hui face aux

* Jean-Daniel Reynaud, professeur au Conservatoire national des Arts et Métiers, président de l'Association internationale de relations professionnelles (1976-1979). A publié notamment *Les syndicats en France,* A. Colin, 1963, et *Conflits du travail et changement social,* PUF, 1978, en collaboration avec Gérard Adam.

(1) Béatrice et Sidney Webb, *Industrial Democracy,* London, 1897.

** Cf. annexe 2, p. 262 et 263 et p. 255 et 256.

problèmes que pose la tranformation générale de l'ordre économique international ou aux questions que soulèvent les nouvelles exigences et les nouvelles préoccupations des salariés ?

Il est impossible, pour répondre à cette question, de s'appuyer sur un bilan chiffré, car les résultats économiques bruts sont difficiles à interpréter et les comparaisons entre la France et les autres pays d'Europe ambiguës et faciles à solliciter dans le sens que l'on voudra. Les salaires ouvriers paraissent plus élevés en Allemagne fédérale et moins différents de ceux des cadres ; mais la structure des organisations n'est pas la même. La discussion des salaires comporte moins de liberté et de démocratie directe qu'en Angleterre ; mais elle conduit aussi moins à la surenchère entre les métiers et entre les industries. La fréquence du recours au conflit ouvert est plus élevée qu'en Allemagne fédérale ou dans les pays scandinaves ; mais moindre qu'en Grande-Bretagne et aux États-Unis.

En fait, la négociation collective est un moyen de gouvernement, une manière particulière d'associer les citoyens (ici les citoyens économiques) aux décisions qui les intéressent. Il est peu raisonnable de vouloir apprécier la qualité d'un gouvernement exclusivement à ses résultats économiques à court terme ou à ses frais de fonctionnement (le coût des grèves peut être considéré comme un coût de la décision). Le plus important est plutôt la manière dont il répond aux demandes, le degré d'assentiment qu'il reçoit, la légitimité qu'il est capable de donner à ses lois et ses décisions. C'est à cette aune qu'il faudrait mesurer aussi le succès ou l'échec d'un système de négociation.

Mais peut-on encore parler de mesure ? Plutôt d'une appréciation, à la fois trop globale pour s'appuyer sur une démonstration, et trop subjective pour prétendre à plus qu'à donner matière à la discussion. Car la discussion est vive, et les opinions violemment opposées, notamment sur la part de la contrainte et celle du consentement, sur ce qui appartient à la nécessité économique et ce qui relève de l'injustice sociale. Sans prétendre trancher ce débat — qui, pour nous, fait partie du système de négociation lui-même —, nous essaierons du moins d'en préciser les termes et les enjeux.

Forces et faiblesses du cadre traditionnel

La négociation collective : processus de généralisation et de régulation

La convention collective de branche a ses faiblesses, sur lesquelles nous reviendrons. Mais il faut aussi rappeler ce qui fait sa force : dans les branches dont le nombre d'entreprises n'est pas trop élevé et dont l'homogénéité est grande, elle contrôle efficacement les minima de salaires. Dans les branches plus vastes et plus hétérogènes, son effet sur les salaires est sans doute médiocre, comme l'attestent les efforts faits pour rapprocher les minima des salaires effectifs et leurs échecs. Mais, en revanche dans ce cas, elles étendent à la plupart des entreprises un certain nombre d'avantages sociaux. Cet effet de généralisation et de régularisation est peu sensible dans les entreprises les plus actives ou qui donnent plus d'attention à la politique du personnel. Mais il n'est guère fait pour elles, il vise plutôt la grande masse des autres. Certes, dans les plus mauvais cas, une extrême fragmentation ou une extrême diversité des unités économiques réduit la convention à un minimum très peu différent de la loi. Mais, s'il existe en France comme ailleurs des secteurs délaissés, où la négociation est absente ou de pure forme, ils n'y sont pas plus nombreux qu'ailleurs ; c'est même probablement le contraire.

N'en donnons qu'un exemple : les retraites complémentaires — entendons : complémentaires à celles qu'assure la sécurité sociale — ont été créées branche par branche, puis harmonisées par des accords confédéraux (pour les cadres, la décision a été directement prise à ce niveau). Le champ d'application n'a rien de commun avec un système d'entreprises (et on évite aussi certaines inégalités — bien entendu, on ne les évite pas toutes).

Le rôle stimulant des accords interprofessionnels

L'encadrement et la stimulation des accords de branche par des accords interprofessionnels a été une des nouveautés de l'après-guerre. Le Conseil national du patronat français (CNPF) *, les Confédérations syndicales de salariés * ont conclu des accords, les uns directement opératoires, les autres régularisant et généralisant des dispositions acquises dans certaines branches, d'autres enfin posant les principes d'une politique paritaire. Parmi les premiers, on peut citer tous les accords « de sécurité sociale » (les retraites complémentaires, déjà mentionnées, mais aussi, ce qui est un cas plus rare, l'indemnisation du chômage) et la généralisation de la troisième, puis de la quatrième semaine de congés payés.

Mais cet effet de généralisation n'est pas le seul. Même dans les accords du premier type, il y a d'importants éléments d'innovation. La négociation sur l'indemnisation du chômage ne s'est pas bornée à prévoir le versement d'un complément ; elle a en fait obligé le système public à se remodeler pour mieux répondre aux besoins. Et les capacités de faire face aux situations nouvelles sont frappantes dans les accords du second type : l'accord sur la protection de l'emploi de 1969 a permis, par un avenant d'octobre 1974, d'assurer 90 % du salaire brut pendant un an aux salariés licenciés pour cause économique ; puis, comme les différences ainsi créées entre les situations paraissaient excessives dans une période de chômage étendu, une nouvelle négociation, non sans péripéties difficiles, a réduit cet avantage particulier et amélioré la couverture générale du chômage (1979). La négociation a donc non seulement été capable de répondre à la conjoncture, mais aussi, ce qui est plus difficile, de corriger ce qui, dans ses propres décisions, se révélait discutable à l'expérience.

Faut-il multiplier les exemples ? Grâce à l'impulsion de la « politique contractuelle », la négociation interprofessionnelle a construit tout un système de formation continue pour les salariés (accords de juillet 1970 et 1971) qui peut compenser certaines des faiblesses de l'enseignement proprement professionnel en France **. Avec des résultats moins tangibles, l'accord de mars 1975 a posé des principes pour l'amélioration des conditions de travail : limitation de la charge de travail, diminution du salaire au rendement, amélioration des rapports de commandement.

---

* Cf. annexe 2, p. 273 et 274 pour le CNPF et p. 272 pour le syndicalisme des salariés.

** Cf. annexe 2, p. 268 à 271.

A-t-on ainsi simplement remplacé les habitudes de la réglementation d'État par une réglementation tout aussi centralisée, mais ayant l'estampille des organisations professionnelles ? En tout cas, la substitution de l'une à l'autre entraîne d'importants changements : elle transforme les rapports de l'État et des interlocuteurs sociaux, elle améliore les relais.

Les résultats de la politique contractuelle

Le rôle de l'État dans les rapports de travail a en effet fortement changé. C'est un des acquis les plus solides de la « politique contractuelle ». Il respecte davantage les décisions de la négociation : la loi sur la formation professionnelle de 1971 affirme explicitement son respect des dispositions prises par la négociation. Elle en généralise les résultats : la loi du 3 janvier 1975 sur la protection contre le licenciement reprend l'essentiel des dispositions d'un accord antérieur de quelques mois. Elle dénoue l'impasse d'une négociation sans se substituer à elle : ainsi la loi sur l'assurance chômage, parce qu'elle n'adoptait que des principes très généraux, a permis à la négociation de repartir et d'aboutir en 1979. Les partenaires sociaux sont même associés à l'élaboration des règles qui définissent leurs obligations et pouvoirs respectifs : la loi de 1971 réformant la négociation collective a été très largement « négociée » avant d'être votée à l'unanimité par le Parlement.

Les relais sont plus efficaces : la déclaration commune sur la mensualisation * (1971) a entraîné une série de négociations de branche mieux que ne l'aurait fait un texte réglementaire. Certaines branches ont su tirer de l'accord sur la formation professionnelle les moyens d'une politique active : ainsi les « chaux et ciments » y ont puisé les ressources d'une reconversion profonde de leur personnel devant la transformation des méthodes de production. Dans ce cas, la politique générale tracée en haut a bien eu un effet d'impulsion et d'orientation.

Bien sûr, ce n'est pas toujours vrai. Les conditions qui le permettent ne sont pas toujours réunies. La procédure, par elle-même, est souvent inefficace. Le cadre tracé peut rester un cadre vide.

Les négociations : un phénomène discontinu et incertain

Les faiblesses de ces règles ont été souvent diagnostiquées et elles sont bien connues : aucune procédure n'oblige les employeurs à reconnaître effectivement un interlocuteur (la loi de 1968 n'impose que la présence du représentant syndical), encore moins à négocier avec lui (et rien ne lui interdit de le faire avec des interlocuteurs faiblement représentatifs). Aucune règle ne détermine l'unité de négociation. L'obligation de se syndiquer (le *closed shop*) est illégale et pratiquement inconnue (à part quelques petites corporations). Il faut donc, pour que la négociation de branche associe vraiment les deux parties, l'appui des circonstances ou des conditions particulières. Ainsi les moments de haute conjoncture, économique et surtout sociale, voient souvent la négociation repartir après des périodes de sommeil ou de latence : 1968 a été pour beaucoup de branches et de régions, un réveil un peu brutal. Ou encore, la conjonction d'une organisation

---

* Cf. annexe 2, p. 259.

patronale forte et active et de syndicats fortement constitués permet une discussion suivie (c'est le cas dans des branches petites et homogènes).

A défaut, il arrive que les minima restent des minima et les règles des réalités un peu lointaines dont on ne sent guère la présence efficace dans le travail quotidien. C'est ainsi que, parce qu'il abordait un problème particulièrement difficile, dans une conjoncture défavorable, l'accord sur les conditions de travail a eu des prolongements utiles, mais modestes : on a accordé quelques avantages aux femmes enceintes et aménagé le travail posté, au mieux on a organisé la consultation. Il ne semble pas qu'on ait bouleversé l'organisation du travail ni transformé beaucoup les responsabilités de la maîtrise.

Le contexte économique des années quatre-vingts, parce que la concurrence y est plus dure et les transformations des industries plus rapides, peut renforcer l'importance et la pertinence de la négociation de branche : elle peut être le cadre naturel des grandes reconversions qui seront nécessaires. Mais, même dans cette hypothèse, où la solidarité de « profession » peut être plus sensible, il n'est pas très sûr que ce cadre un peu formel, un peu rigide, soit, en dehors d'un petit nombre de cas, tout à fait suffisant. Les difficultés récentes de la sidérurgie semblent bien le montrer.

Enfin, la faiblesse majeure est sans doute aujourd'hui celle que provoque l'absence très générale de relais dans l'entreprise.

L'entreprise et les relations de travail

Peu de décentralisation au niveau de la négociation

Contrairement aux attentes, l'entreprise n'est pas devenue, dans les transformations de notre société, une communauté moins importante, bien au contraire. Les salariés attachent peut-être à leur travail une valeur plus « instrumentale », surtout si on les compare aux ouvriers de métiers traditionnels. Ils ont, certes, des intérêts plus divers. Mais l'équipe de travail reste bien vivante, l'établissement est une réalité active, la patriotisme d'entreprise (fût-ce contre la direction) n'est pas mort. La plupart des chefs d'entreprise jugeaient, dans les années soixante, qu'ils devaient écarter progressivement les responsabilités extérieures au contrat de travail lui-même. Le reste était suspect de paternalisme. C'est le contraire qui s'est produit. Peut-être parce que dans un monde incertain, aux structures ébranlées, l'entreprise est une des institutions capables de ressort, elle a vu ses responsabilités s'alourdir et les salariés attendre davantage d'elle.

L'exemple de l'emploi est le meilleur pour le montrer. Il est sûrement plus « rationnel » économiquement, en apparence au moins, de répondre aux menaces sur l'emploi par la mobilité, l'indemnisation, la formation complémentaire. Mais, avant même que le niveau de chômage rende la mobilité moins attrayante, la « rationalité » des salariés n'a pas été celle-là. De manière répétée, ils ont cherché à défendre *leur* emploi dans *leur* entreprise et, sous la pression des mœurs, la convention collective, puis la loi ont fait du licenciement une opération plus longue, plus difficile, soumise à plus de contrôles et d'examens.

La sortie de l'entreprise n'est plus simplement la fin ou la rupture d'un contrat (accompagnée des indemnités nécessaires). Elle est une décision à discuter avec les représentants du personnel de manière détaillée — et, bien évidemment, avec des arguments qui peuvent être ceux de la survie, mais non ceux de la simple rentabilité.

L'atelier et les représentants des salariés

Plus généralement, et même en dehors de ces grands moments de crise que sont aujourd'hui les licenciements collectifs, les occasions se sont multipliées où les salariés entendent se mêler de leurs « conditions de travail », c'est-à-dire des décisions concernant l'organisation du travail, la répartition des tâches, la coordination entre elles ou le contrôle des résultats. Bien que prenant plus souvent la forme de la contestation et du conflit * que de la « participation », c'est bien un droit de regard qu'il leur arrive de demander, ou en tout cas un droit d'expression : un appel à une certaine forme de démocratie directe.

C'est à cette occasion que se révèle en toute clarté l'absence de relais effectif de la négociation dans l'entreprise. Des accords existent. Mais ce n'est pas général. Le plus souvent, ils existent dans de grandes entreprises, c'est-à-dire à un niveau encore éloigné de l'établissement (pour ne pas parler de l'atelier ou de l'équipe de travail). En outre, ils sont rarement, une fois signés, soutenus par une administration paritaire du contrat (par exemple, par une procédure de réclamation qui rendrait les droits mutuels bien sensibles). La règle négociée, même quand elle existe, reste lointaine. Le droit coutumier qui la relaie est d'origine incertaine et de portée douteuse. Au moins s'il s'agit des règles négociées, ce n'est pas l'excès de règles, c'est l'anomie qui règne dans l'atelier.

Réciproquement, les représentants du personnel, élus directs ou syndicalistes **, outre qu'ils ne disposent que d'un temps et d'une liberté de mouvement limités dans la plupart des cas, ne sont pas reliés étroitement à l'équipe de travail. A la différence des *shop-stewards* anglais, ils n'expriment pas les souhaits, les traditions et les pratiques d'une communauté de métier dont ils feraient partie. A la différence des délégués italiens, ils ne sont pas choisis directement par l'équipe et destinés à lui rendre compte. Notre scrutin est un scrutin de liste, par établissement. Ils disposent généralement, les sondages le montrent, de la confiance et de la sympathie de leurs mandants. Ils ne représentent pas directement la petite communauté de travail qu'ils constituent, leur qualification et leur capacité *(professionalità)* collectives.

Les institutions de représentation, dans ces conditions, ont plutôt un rôle de communication, au mieux d'information mutuelle, que de négociation. Dans les meilleurs cas, et notamment lorsque la conjoncture y pousse, elles sont, pour traiter les problèmes, un lieu d'échanges officieux, qui n'engagent pas vraiment. Dans les plus mauvais, une formalité et une tribune, où l'on parle pour le compte rendu.

---

* Cf. annexe 2, p. 279 à 281.

** Cf. annexe 2, p. 275 à 278.

Négociation : constat plus que contrat

Assurément, des conclusions aussi sommaires mériteraient plus d'une nuance. Le très lourd appareil par lequel les entreprises nationales soumettent beaucoup de leurs décisions de gestion du personnel à un examen paritaire n'a certes pas les mêmes défauts. Dans quelques branches homogènes (généralement celles où la négociation de branche est efficace), les comités d'entreprise sont des relais réels qui permettent des échanges. Enfin, due à la ténacité d'un syndicaliste ou à l'ouverture d'esprit d'un chef d'entreprise, plus d'une exception individuelle existe.

Il reste qu'au total l'avis des observateurs, français et étrangers, est très largement convergent. Comparés aux *shop-stewards* anglais, les délégués français négocient peu et leur fonction de négociation est peu reconnue. Comparé au *Betriechsrat* allemand, le comité d'entreprise français * a peu de ressources (et d'abord de temps disponible) et peu de moyens.

Faut-il en conclure que les délégués (il serait plus juste de dire : les militants, car ils sont définis plutôt par la conviction qu'ils suscitent que par leurs fonctions électives) sont sans pouvoir ? Ce ne serait vrai que dans un petit nombre de cas. Le plus souvent, ils disposent d'un pouvoir incertain et fluctuant, mais souvent bien tangible : celui que leur donnent leurs capacités de « mobiliser » une partie au moins des salariés. Et le ressort de cette mobilisation, c'est un vieux fonds de mécontentement, de sentiments d'inégalité et d'injustice, de méfiance à l'égard des puissants et d'incapacité d'exprimer tout cela ; fonds qui existe toujours à quelque degré dans toute situation de subordination et de contrainte, mais qui semble bien, quand on compare les ouvriers et plus généralement les salariés français aux Anglais ou aux Allemands, être chez eux plus présent et plus à vif.

Si ce tableau est vrai, on comprend mieux une caractéristique plus particulière à la France : l'incertitude des voies d'action et de l'usage des institutions dans beaucoup d'entreprises. Dans un pays qui aime à se réclamer du droit romain et où l'on ne se sent assuré dans ses décisions que si on les appuie sur un code, on ne sait jamais si une revendication de salaire passera par les délégués du personnel, le comité d'entreprise ou le délégué syndical. La plupart des cadres découvrent avec étonnement, lorsqu'ils deviennent chef d'établissement, qu'il y a plusieurs sortes de délégués et que leurs fonctions ne sont pas identiques. Ils l'avaient ignoré jusque là, sans grand dommage.

Cette incertitude des voies et moyens s'explique si l'on voit que la négociation est faible, que règne plutôt une sorte de paix armée, avec menace perpétuelle de rouvrir les hostilités et que les différents recours institutionnels d'une part n'ont de valeur qu'instrumentale, d'autre part, ne prennent leur sens que selon le contexte : qui rappellera que le comité d'entreprise n'a pas à décider des salaires, quand sa convocation est un moyen de renouer la discussion après un conflit ?

Malgré la multiplicité des institutions et des procédures juridiquement bien définies (et bien que, dans les grandes entreprises au moins, elles soient souvent

* Cf. annexe 2, p. 277 et 278.

respectées), c'est donc une faible institutionnalisation de la négociation qui caractérise l'entreprise française.

De ce fait aussi, c'est une faible légitimité des décisions des directions aux yeux des exécutants. Non pas, sans doute, que ces décisions soient plus mauvaises, plus injustes ou plus égoïstes qu'ailleurs. Mais plutôt parce qu'elles sont moins discutées et moins partagées. Un des effets principaux de toute négociation est de rendre les décisions plus acceptables : en partie parce que la négociation les a modifiées ou corrigées ; en partie aussi parce que la négociation fonde leur légitimité.

Perspectives

Les inconvénients de la faible légitimité du système des relations sociales

Cet étrange équilibre entre un cadre conventionnel et réglementaire plus ou moins rigoureux, mais généralement lointain et une faible institutionnalisation (accompagnée d'une faible légitimité) dans l'entreprise n'a évidemment pas que des désavantages. Selon un schéma familier aux lecteurs de Michel Crozier, il assure une assez grande liberté de décision à la direction, bien que ce soit au prix de graves incertitudes sur les réactions possibles de la base, c'est-à-dire d'une plus forte insécurité. Il dispense aussi les représentants du personnel de prendre des engagements onéreux, sans les priver de tout pouvoir. Il assure aux salariés, avec une protection minimale, une grande liberté de protestation, dont ils peuvent faire usage assez librement (la loi et l'accord ne les restreignent guère) et quelquefois avec efficacité.

En outre, il est clair qu'un changement dans les relations exigerait des bouleversements très importants dans les responsabilités et les convictions de chacun et, ce qui est peut-être plus lourd encore, dans la structure des organisations. Il est à peine excessif de dire que, dans la France de 1980, les directions sont construites pour prendre des décisions unilatérales et faire face à l'insécurité conséquente et que les organisations syndicales sont bâties pour mobiliser la protestation plutôt que pour s'engager.

Rôle de l'opinion publique dans la solution des conflits

De plus, un tel système a l'avantage d'être très peu fermé sur lui-même. Souvent, un appareil solide de négociation a pour contrepartie d'isoler les deux parties intéressées et de les rendre sourdes aux tiers. En sens inverse, parce que les rapports d'une direction et de ses salariés sont plutôt ceux d'un gouvernement et de son opinion publique (mais sans échéance électorale), les besoins et les préoccupations des tierces parties se manifestent aisément. Dans les conflits sur l'emploi, surtout si l'entreprise est située dans une ville petite ou moyenne, le débat se déroule avec la présence active du conseil municipal, des associations locales, du sous-préfet, du député ou du sénateur. Les intérêts locaux, ceux des autres employeurs, des fournisseurs, des commerçants s'expriment et sont souvent entendus. Bon gré mal gré, direction et syndicats font le nécessaire ou en tout cas font leur possible pour mettre l'opinion de leur côté, convaincre les journalistes, les notables et la population. L'administration joue souvent un rôle modérateur ou médiateur (beaucoup plus que les tribunaux). Il est exceptionnel en France qu'une grève impopulaire puisse durer (les exceptions sont celles de petites corporations très unies et très puissantes). Réciproquement, l'employeur qui a l'opinion contre lui constatera souvent qu'il lui est beaucoup plus difficile de faire valoir son bon droit devant le juge des référés ou, s'il y parvient, d'obtenir des préfets l'exécution du jugement.

L'opinion publique n'arbitre pas les conflits. Mais elle joue, dans leur succès ou dans leur échec, un rôle croissant.

Faut-il donc conclure que l'équilibre ainsi réalisé est tel qu'il a peu de chance d'être troublé ?

Vers un nouvel équilibre

Il en a peu, en effet, si on compte sur les grandes réformes législatives. Ni la gauche quand elle était unie, ni la majorité n'ont de perspectives bien claires à ce sujet. Et il est peu probable que l'initiative d'une réforme profonde vienne des parties.

Il reste cependant bien des difficultés qu'on aura quelque peine à résoudre dans le système de rapports actuel.

Tout d'abord, le nouveau contexte économique, en accentuant les contraintes d'efficacité, peut rendre plus difficile parce que plus coûteux un système où les entreprises « mieux placées » acceptent de payer davantage leurs salariés. L'intérêt que la règle commune soit vraiment commune va s'accroître.

De plus, la diminution des taux de croissance ou des marges de profit rend difficile aussi de régler, comme on le faisait, une part des mécontentements par la distribution de revenus. Quand la faible légitimité des règles (et, par exemple, des différences et des classifications) n'est plus compensée par la générosité des augmentations, elle risque d'être plus clairement ressentie (et, de fait, indépendamment de toute politique concertée des parties, les périodes de forte inflation et de forte incertitude économique ont des effets d'égalisation).

Ce qui est plus important encore, si l'on pense que les pays à coûts élevés de main-d'œuvre ne peuvent rester compétitifs qu'en utilisant intelligemment leurs ressources humaines, ils devront donc jouer non seulement sur la formation et la qualification, mais aussi sur la mobilité et l'adaptabilité des individus et des équipes. Dans de telles perspectives, l'efficacité n'est plus totalement séparable du consentement. Un système à faible légitimité constitue un handicap.

Réciproquement, du côté des salariés, il n'est pas très probable que les tendances qu'ils ont montrées à se mêler de plus en plus de leurs affaires s'apaisent d'elles-mêmes à l'avenir. Elles ne nous semblent pas fondées uniquement, en effet, sur la situation favorable du marché de l'emploi jusqu'en 1974 ; mais tout autant sur la sécurité économique accrue, sur la diffusion de l'enseignement (avec les capacités et les aspirations qu'il crée) et de l'information, sur les progrès de la vie associative... En bref, sur toute une transformation du tissu social qui ne peut changer aussi facilement que la conjoncture de l'emploi.

Le droit d'expression, que réclame la CFDT, dont se méfient la CGT et la CGT-FO, et auquel le patronat a refusé en 1980 de donner une forme juridique, répond à une tendance profonde. Cette tendance peut être utilisée par les employeurs pour enlever une partie de leur substance aux institutions représentatives et aux organisations syndicales. Mais elle peut aussi — et les organisations syndicales contribueront à en décider — servir à les assouplir, à les renouveler, à améliorer leurs échanges avec leur base. La démocratie directe peut jouer contre ou pour les organisations.

Mais, dans tous les cas, elle va à l'encontre de l'équilibre que nous avons décrit parce qu'elle crée des zones d'engagement et de contrat. Il est difficile de prédire comment elles se développeront et qui en tirera parti. Mais elles ont beaucoup de chances d'être un point de renouvellement des rapports dans l'entreprise, à la fois des rapports hiérarchiques et des rapports de négociation.

Bien entendu, il y a quelque artifice à traiter des relations professionnelles comme d'un système isolé. Leur succès dépend du succès économique. Comme dirait La Palice, le véritable employeur est celui qui offre de l'emploi et cette source de légitimité qu'est le succès économique est évidemment décisive. D'un autre côté, les relations professionnelles touchent de toutes parts à la vie politique : les changements éventuels de majorité ou de doctrines ne peuvent leur être indifférents. Nous espérons cependant avoir fait sentir qu'elles ne sont pas la simple conséquence de l'un et de l'autre et qu'elles peuvent même en être une condition : les relations qui se nouent dans le travail sont aussi une condition du succès économique. Elles sont de toute évidence un élément de la démocratie politique et elles en esquissent la figure. Les forces et les faiblesses de la négociation collective en France sont en partie celles de la société française.

Annexe 2 :

La société française en chiffres

Les entreprises

Tableau 1

Distribution des entreprises selon la taille en 1975

Entreprises de :	Nombre d'entreprises	en %	Effectif salarié en % cumulé	Chiffre d'affaires hors taxe en % cumulé
10 000 salariés et plus	51	ε	16,0	11,2
5 000 salariés et plus	131	ε	20,5	16,9
500 salariés et plus	2 216	0,2	41,9	38,9
100 salariés et plus	12 647	0,9	59,8	54,5
20 salariés et plus	70 347	5,1	79,5	73,9
10 salariés et plus	123 732	8,9	85,7	79,9
0 à 9 salariés	1 263 103	91,1	14,3	20,1
Total	**1 386 835**		**11 746 325**	**2 524 630** millions de F

(1) Les entreprises considérées appartiennent aux secteurs suivants :

Industries agricoles et alimentaires, énergie, industrie des biens intermédiaires, industrie des biens d'équipement professionnels, industrie des biens d'équipement ménagers, matériel de transport terrestre, industrie des biens de consommation courante, bâtiment, génie civil et agricole, commerce, transports et télécommunications, services marchands.

Sont exclus l'agriculture, les organismes financiers et d'assurances, les services non marchands.

Source : R. Brocard, Les entreprises françaises, *Collection de l'INSEE - E 64,* juin 1979, d'après SUSE 1975 (système unifié de statistiques d'entreprises).

Tableau 2

Evolution à la concentration industrielle 1962-1977

		1962	1970	1973	1974 (2)	1976 (2)	1977 (2)
Entreprises de + de 1 000 salariés	Nombre	466	445	502	559	553	541
	Effectif (10^3)	1 941,64	2 006,3	2 374	2 361,1	2 360	2 258,00
	Effectif moyen	4 166	4 509	4 729	4 225	4 269	4 175
Entreprises de + de 10 salariés	Nombre	41 179	33 391	41 822 (1)	32 691	32 792	31 797
	Effectif (10^3)	4 500,2	4 343	5 061 (1)	4 911,4	4 853,8	4 721,9
	Effectif moyen	109	130	121 (1)	150	148	148
Pourcentage des + de 1 000 sur les + de 10	Nombre	1,13 %	1,33 %	1,20 % (1)	1,71 %	1,68 %	1,70 %
	Effectif	43,1 %	46,2 %	46,9 % (1)	48,1 %	48,7 %	47,8 %

Source : 1962 : Recensement industriel. 1970 à 1977 : Enquête annuelle d'entreprise.

(1) Se rapporte aux entreprises de plus de 6 salariés.

(2) Les entreprises de plus de 10 salariés comprennent les entreprises « hors tranches ».

Le réveil artisan *

Les entreprises artisanales

La France comptait en 1979, 800 000 entreprises artisanales, c'est-à-dire de petites unités occupant moins de 10 salariés (la moitié d'entre elles n'ont aucun salarié et un quart n'en emploient qu'un seul) à des activités manuelles. Implantées plus souvent au Sud de la Loire qu'au Nord et en général dans les petites agglomérations, elles se répartissent en 500 métiers, 37 % dans le bâtiment, 28 % dans la réparation et les services, 22 % dans la fabrication de biens de consommation et 15 % dans l'alimentation.

En dépit de la crise et en partie grâce à elle (nécessité de conserver un tissu artisanal pour éviter le dépeuplement des zones fragiles) le secteur artisanal est donc actuellement florissant. Depuis 1970, le solde des créations d'entreprises (65 000) et des disparitions (40 à 50 000 par an) est positif : 10 000 entreprises supplémentaires par an.

Les artisans

2 millions d'actifs sont occupés dans le secteur artisanal (soit 10 % de la population active) dont 800 000 chefs d'entreprises, 850 000 salariés, 200 000 auxiliaires familiaux et 150 000 apprentis. La plupart d'entre eux sont issus du monde ouvrier et en général peu qualifiés. Plus de 60 % n'ont aucun diplôme et les chefs d'entreprises eux-mêmes sont issus de l'enseignement technique ou ont été formés par l'apprentissage. En 1970, 32 % n'avaient aucun diplôme.

Pour une durée de travail supérieure à celle du secteur industriel, les rémunérations sont moins élevées, quelquefois nulles lorsqu'il s'agit d'une « main-d'œuvre familiale » bénévole.

La revalorisation de l'artisanat qui se dessine actuellement passe par une réforme visant à simplifier le statut juridique des artisans, à garantir une qualification minimale et à leur accorder un certain nombre d'avantages (prêts, droit de former des apprentis).

* Le réveil artisan, *Regards sur l'actualité*, mai 1980, n° 61, La Documentation Française.

Concentration : comparaisons internationales

Tableau 3

Rapport des chiffres d'affaires des entreprises leaders au PNB de leurs pays respectifs en 1975 (et en 1969) *

	Part des 4 premières entreprises	Part des 20 premières entreprises
USA	6,14 (6,58)	14,40 (14,50)
RFA	6,78 (6,87)	19,40 (19,44)
G-B	11,80 (10,85)	29,60 (27,51)
Japon	5,70 (5,59)	18,04 (17,04)
France	5,75 (5,26)	16,20 (15,57)

* Il semble que globalement et malgré les difficultés de comparer les statistiques nationales, la concentration reste très inférieure en France à celle de la RFA, du Japon ou de la Grande-Bretagne.

Source : D'après *Fortune.*

Tableau 4

Nombre d'entreprises réalisant un chiffre d'affaires supérieur à, respectivement, 5 et 1 milliard de $ en 1976

	(1) USA	Japon	G-B	RFA	France	Italie
CA ⩾ 5 milliards $	36	6	6	7	5	2
CA ⩾ 1 milliard $	242	48	46	34	19	6

(1) 1977.

Source : Fortune.

Tableau 5

La concentration des entreprises imposées aux bénéfices industriels et commerciaux en 1975

	BIC réel			BIC réel et forfait		
	Nombre d'entreprises	Effectif salarié	Chiffre d'affaires hors taxe (millions de F)	Nombre d'entreprises	Effectif salarié	Chiffre d'affaires hors taxe (millions de F)
Industries agricoles et alimentaires	15 991	457 021	160 003	56 989	504 865	167 357
Energie	839	305 408	193 596	850	305 411	193 598
Industrie des biens intermédiaires	26 170	1 582 075	290 886	55 483	1 599 869	293 916
Industrie des biens d'équipement professionnels	14 538	1 207 706	187 728	24 109	1 215 289	188 866
Industrie des biens d'équipement ménagers	609	99 218	18 818	961	99 412	18 858
Matériel de transport terrestre	1 572	517 539	86 128	3 398	519 001	86 329
Industrie des biens de consommation courante	38 238	1 465 013	206 430	88 432	1 491 383	209 795
Bâtiment, génie civil et agricole	63 320	1 386 636	171 775	247 206	1 567 172	192 157
Commerce	194 732	1 739 255	706 017	449 915	1 824 108	747 150
Transports et télécommunications	26 653	1 189 323	137 908	57 125	1 194 735	139 614
Services marchands	132 181	1 256 665	260 438	402 367	1 425 080	286 990
Assurances	432	100 641	59 756	432	100 641	59 756
Organismes financiers	2 301	321 917	74 455	2 301	321 917	74 455
Tous secteurs	**517 576**	**11 628 417**	**2 553 938**	**1 389 568**	**12 168 883**	**2 658 841**

Source : R. Brocard, Les entreprises françaises. Concentration et grandes entreprises des secteurs et des branches. Collection de l'INSEE - E 64, juin 1979, d'après SUSE 1975 (système unifié de statistiques d'entreprises).

La durée du travail

Tableau 6

Répartition des salariés selon la durée du travail

(en %)

	Moins de 40 h	40 h	De 40 h à 44 h	De 44 h à 48 h	48 h	Plus de 48 h	Total
Ouvriers							
Janvier 1967	1,7	11,1	12,5	27,1	29,8	17,8	100
Janvier 1975	3,6	27,9	30,6	24,8	7,4	5,7	100
Janvier 1976	4,7	31,6	30,2	24,0	6,4	3,1	100
Janvier 1977	3,3	37,0	31,0	24,3	3,4	1,0	100
Janvier 1978	4,6	42,6	36,0	13,9	2,3	0,6	100
Janvier 1979	3,6	48,3	36,0	9,9	(1)	2,1	100
Janvier 1980	3,3	51,3	34,7	8,9		1,8	100
Employés							
Janvier 1975	1,4	53,0	30,4	12,1	1,6	1,5	100
Janvier 1976	2,0	56,6	28,7	10,2	1,4	1,1	100
Janvier 1977	1,9	63,5	25,0	8,3	0,9	0,4	100
Janvier 1978	2,4	65,7	25,3	5,7	0,6	0,3	100
Janvier 1979	2,4	69,3	23,4	4,1	(1)	0,8	100
Janvier 1980	2,5	72,0	21,5	3,3		0,7	100

(1) A partir de janvier 1979, les salariés travaillant 48 heures sont regroupés avec ceux travaillant plus de 48 heures.

Source : Enquête trimestrielle du ministère du Travail.

Le travail à temps partiel (*)

Une population hétérogène par ses motivations et ses caractéristiques professionnelles, un travail peu qualifié :

— Plus répandu chez les non salariés presque 1 sur cinq.

— La moitié sont occupés chez des agriculteurs.

— 2/3 sont des aides familiaux essentiellement des femmes.

— Le secteur public ne représente que 1/4 des emplois salariés à temps partiel mais la progression de ce type d'emploi est assez nette.

— Dans le secteur privé, 5,2 % des emplois sont des emplois à temps partiel surtout dans les services « marchands » et dans le commerce. Dans l'industrie, on trouve des emplois à temps partiel dans les industries agricoles et alimentaires et celle des biens de consommation.

— Les entreprises de moins de 6 salariés et celles dépassant 100 salariés sont celles dans lesquelles le travail à temps partiel est le plus développé.

* D'après *Economie et Statistique*, n° 126, octobre 1980, Pierre Laulhé, article cité.

Tableau 7
Durée hebdomadaire moyenne du travail, en heures

Ouvriers		Employés	
Janvier 1976	42,3	Janvier 1976	41,1
Janvier 1978	41,4	Janvier 1978	40,7
Janvier 1979	41,2	Janvier 1979	40,6
Janvier 1980	41,0	Janvier 1980	40,5

Source : Enquête trimestrielle du ministère du Travail.

Tableau 8
Evolution du travail à temps partiel d'avril 1975 à mars 1980

	avril 1975		**mars 1980**	
	Effectifs	Taux (1) (en %)	Effectifs	Taux (1) (en %)
Ensemble	1 371 408	6,5	1 547 540	7,2
dont : Femmes (%)	80	13,6	83,2	15,2
Indépendants et employeurs	130 464	4,7	138 365	5,1
Aides familiaux	274 761	23,9	257 680	26,4
Salariés du secteur privé	731 771	5,8	839 371	6,5
dont : Salariés de particuliers	174 799		188 369	
Salariés du secteur public	234 412	5,2	312 124	6,2

(1) Il s'agit de la proportion des actifs à temps partiel dans la population active ayant le même statut.

Tableau 9
Actifs à temps partiel selon le sexe et l'âge

(mars 1980)

Age atteint en 1980	Hommes (1) Taux (en %)	Femmes (1) Taux (en %)	Ensemble (1) Taux (en %)
15 à 24 ans	2,7	8,6	5,3
25 à 39 ans	1,1	13,2	5,9
40 à 49 ans	0,8	19,2	7,7
50 à 59 ans	1,9	18,4	8,1
60 ans et plus	12,7	25,4	17,6
Effectifs	2,0 260 003	15,2 1 287 537	7,2 1 547 540

(1) Il s'agit de la proportion des actifs à temps partiel dans la population active du même âge.

Source : Economie et Statistique, n° 126, octobre 1980.

Les ouvriers

Tableau 10

Les ouvriers selon le sexe, la qualification et le « type de travail principalement effectué » en 1978.

(en %)

	Ouvriers qualifiés		Ouvriers spécialisés		Manœuvres		Ensemble des ouvriers (y compris maîtrise et apprentis)	
	Hommes	Femmes	Hommes	Femmes	Hommes	Femmes	Hommes	Femmes
Fabrication	39,5	51,0	31,8	60,0	20,5	12,2	33,0	41,7
Manutention	2,8	4,7	7,0	6,2	41,7	11,0	8,8	7,5
Conditionnement, emballage	0,6	3,8	1,6	9,4	3,1	7,7	1,3	7,6
Entretien, réglage, réparation	29,7	4,9	13,7	1,2	6,6	4,4	20,8	3,1
Surveillance de machines en fonctionnement	3,9	2,6	5,3	3,4	2,7	1,2	4,1	2,5
Contrôle, essais	2,1	4,2	1,8	6,0	0,9	0,7	2,2	3,9
Transport (à l'intérieur de l'entreprise)	0,9	ε	3,1	0,1	4,0	ε	1,9	ε
Livraison, service après-vente, démarchage, transport en dehors de l'entreprise	0,7	ε	21,7	0,7	0,3	ε	7,1	0,3
Gardiennage, balayage, nettoyage, aménagement de terrains ou de locaux	2,6	1,7	3,9	1,4	8,1	51,0	3,5	17,6
Etudes (dessin, prototypes)	0,4	0,3	0,3	0,1	ε	ε	0,4	0,2
Tâches de type commercial	0,3	0,6	0,2	0,4	0,9	0,5	0,4	0,5
Tâches de type administratif	0,4	1,3	0,3	0,6	0,6	0,2	0,5	0,8
Services sociaux, sanitaires, éducatifs, culturels	0,4	5,6	0,3	0,8	0,1	3,4	0,3	2,6
Organisation du travail, encadrement	2,5	1,0	0,8	0,5	0,4	0,5	5,1	1,2
Autres	13,2	18,3	8,2	9,2	10,1	7,2	10,6	10,5
Total	**100**	**100**	**100**	**100**	**100**	**100**	**100**	**100**
Effectifs correspondants (en milliers)	2 664	349	1 746	768	662	555	5 720	1 703

Source : Economie et Statistique n° 118, janvier 1980, « Les conditions de travail des ouvriers et des ouvrières », par Anne-Françoise Molinié et Serge Volkoff, INSEE.

Tableau 11
Le type d'horaire de travail, en 1978

(en %)

	Même horaire tous les jours	Alternant 2 équipes	Alternant 3 équipes ou plus	Différent selon les jours mais fixé par l'entreprise	Horaire du type « à la carte »	Horaire « libre » fixé par l'ouvrier	Total (y compris les « non déclaré »)	Effectifs correspondants (en milliers)
Ouvriers qualifiés								
Hommes	72,3	7,3	5,8	10,8	0,7	2,6	100,0	2 664
Femmes	76,2	5,2	0,0	6,7	2,8	8,4	100,0	349
Ensemble	72,8	7,1	5,2	10,4	0,9	3,3	100,0	3 013
Ouvriers spécialisés								
Hommes	57,5	13,0	8,2	15,4	0,9	4,0	100,0	1 746
Femmes	72,4	16,6	0,1	4,7	3,0	2,9	100,0	768
Ensemble	62,0	14,1	5,7	12,1	1,5	3,7	100,0	2 514
Manœuvres								
Hommes	68,7	9,1	8,1	11,6	0,5	1,0	100,0	662
Femmes	75,0	4,4	0,0	13,8	1,0	4,9	100,0	555
Ensemble	71,6	7,0	4,4	12,6	0,7	2,8	100,0	1 217
Ensemble des ouvriers (y compris maîtrise et apprentis)								
Hommes	67,2	9,4	6,9	12,0	0,9	3,0	100,0	5 720
Femmes	73,9	10,2	0,1	8,3	2,4	4,7	100,0	1 703
Ensemble	68,7	9,5	5,3	11,2	1,2	3,3	100,0	7 423

Source : Economie et Statistique n° 118, janvier 1980, « Les conditions de travail des ouvriers et des ouvrières », par Anne-Françoise Molinié et Serge Volkoff, INSEE.

Tableau 12

Evolution de la répartition de la catégorie socio-professionnelle des ouvriers selon la qualification

	1968	1975	1979
Effectif total	7 315 015	7 638 232	7 622 178
dont, en % :			
contremaîtres	5,3	6,3	6,7
ouvriers qualifiés	31,1	36,9	38,6
ouvriers spécialisés	37,5	36,3	34,6
mineurs	1,7	0,8	0,7
marins et pêcheurs	0,5	0,4	0,4
apprentis ouvriers	3,4	1,6	1,6
manœuvres	20,5	17,7	17,4

Source : INSEE, enquêtes sur l'emploi.

Tableau 13

Evolution de la proportion d'ouvriers mensualisés parmi l'ensemble des ouvriers, selon l'activité économique

	Décembre 1969	Avril 1973	Avril 1977
Pétrole	88,0	94,3	96,8
Extraction de minéraux divers	—	43,1	76,2
Production des métaux	1,3	92,3	99,9
Construction électrique	10,2	71,9	96,1
Verre, céramique, matériaux de construction	5,6	65,0	83,1
Industrie textile	2,1	72,9	79,9
Cuirs et peaux	1,9	35,0	76,5
Industrie agro-alimentaire	14,3	72,2	80,1
Papier-carton	3,7	66,5	81,9
Industrie polygraphique	15,7	17,4	23,1
Industrie de transformation (non compris Bâtiment et travaux publics)	6,9	70,5	85,5
Bâtiment et travaux publics	4,0	89,1	85,2
Commerces	32,9	66,8	78,3
Transports	43,7	70,7	79,3
	10,6	73,4	82,5

Nota : Afin de permettre des comparaisons sur une longue période la nomenclature retenue est celle qui a été employée jusqu'en octobre 1972. Toutefois, on n'a fait figurer que les postes qui se retrouvent à l'identique (éventuellement sous une autre dénomination) dans la nouvelle nomenclature.

Source : Supplément au *Bulletin mensuel des statistiques du Travail*, n° 53, 1978, p. 69.

Un OS sur quatre travaille à la chaîne

Tableau 14

Les contraintes strictes sur la cadence de travail en 1978

(en %)

	Proportion d'ouvriers... (1)			Effectifs correspondants (en milliers)
	... travaillant à la chaîne	... ayant une cadence imposée par le déplacement automatique d'un produit ou d'une pièce	... ayant à suivre la cadence automatique d'une machine	
Ouvriers qualifiés				
Hommes	2,2	3,6	8,5	2 664
Femmes	15,1	6,3	11,2	349
Ouvriers spécialisés				
Hommes	7,7	7,1	14,8	1 746
Femmes	26,5	16,5	25,7	768
Manœuvres				
Hommes	8,1	7,9	16,4	662
Femmes	9,1	5,2	8,7	555
Ensembles des ouvriers (y compris maîtrise et apprentis)				
Hommes	4,5	5,0	11,0	5 720
Femmes	18,2	10,6	16,8	1 703

(1) Ces trois contraintes ne sont bien sûr pas exclusives l'une de l'autre.

La place du travail manuel dans l'économie

12,5 millions de travailleurs :
20 % d'étrangers, 1/4 de femmes

dont :
2,5 millions à leur compte
10 millions salariés
— 400 000 dans l'agriculture
— 1,2 million dans le secteur public
— 8,5 millions dans le secteur privé.

Dans le secteur privé :
1 million d'artisans :
900 000 dans les services
6,6 millions dans l'industrie

dont :
400 000 contremaîtres
2,5 millions d'ouvriers qualifiés
2,6 millions OS
1,1 million manœuvres

Source : Regards sur l'actualité, janvier 1980, n° 57, La Documentation Française.

Tableau 15

La répétitivité des tâches en 1978

(en %)

	Proportion d'ouvriers ayant déclaré toujours répéter une même série de gestes ou d'opérations	
	Hommes	Femmes
Ouvriers qualifiés	20,7	48,2
Ouvriers spécialisés	33,5	68,6
Manœuvres	36,4	42,7
Ensemble des ouvriers (y compris maîtrise et apprentis)	25,4	55,3

Source : Economie et Statistique, n° 118, janvier 1980, « Les conditions de travail des ouvriers et des ouvrières », par Anne-Françoise Molinié et Serge Volkoff, INSEE.

Tableau 16

Le lien entre rémunération et rythme de travail

(en %)

	Proportion d'ouvriers ayant déclaré que leur rémunération dépend de leur rythme de travail	
	Hommes	Femmes
Ouvriers qualifiés	16,0	26,1
Ouvriers spécialisés	18,1	29,0
Manœuvres	16,3	17,2
Ensemble des ouvriers (y compris maîtrise et apprentis)	16,4	24,4

Presque un manœuvre sur deux est une femme

Graphique 1 :

La « féminisation » des catégories ouvrières.

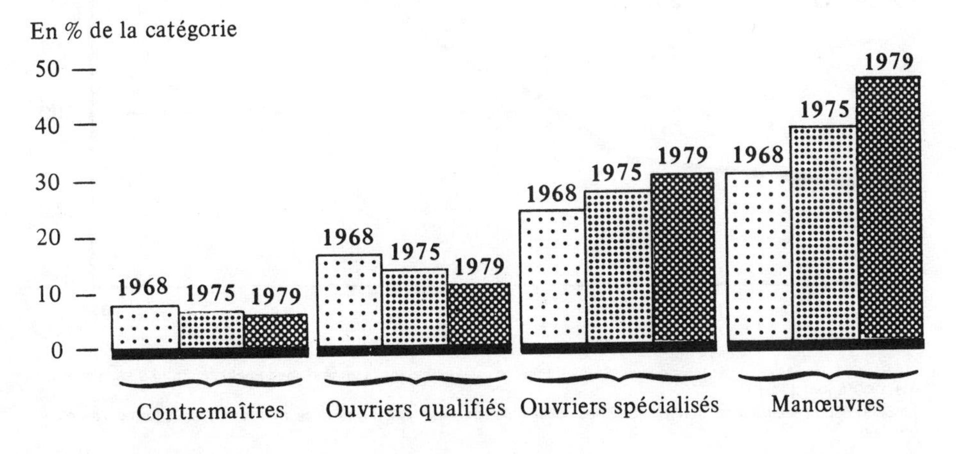

Source : Recensements, enquête sur l'emploi de mars 1979.

Le SMIC

En 1950 la loi du 11 février a institué le droit pour le salarié à une rémunération minimale dite *salaire minimum interprofessionnel garanti* (SMIG) au-dessous de laquelle aucune rémunération ne peut descendre.

Le SMIG a été fixé à partir d'un budget type de consommation mensuelle établi en fonction des besoins « incompressibles » de tout travailleur.

Du fait du retard pris par le SMIG sur les autres salaires, une loi du 2 janvier 1970 lui a substitué le SMIC, salaire minimum interprofessionnel de croissance, dont l'évolution se fait non seulement en fonction des prix mais encore en fonction de l'évolution des conditions économiques générales et des revenus afin de faire bénéficier les salariés les moins payés du développement économique national.

Evolution du SMIC

Le pouvoir d'achat du SMIC a progressé de 12,6 % soit un rythme d'un peu plus de 2,5 % par an depuis 1976.

Depuis le 1er mars 1981, le taux horaire du SMIC est de 15,20 francs ce qui correspond à une rémunération mensuelle de 2 644,80 francs sur la base de 40 heures hebdomadaires, et à 2 727,45 francs en retenant la durée effective moyenne du travail (41 h par semaine dans l'industrie et le commerce).

A partir de 41 h, et jusqu'à 48 h par semaine, l'heure supplémentaire est majorée de 25 % soit 19,00 francs. Au-delà de 48 heures par semaine, la majoration est de 50 % soit 22,80 francs.

Graphique 2 :
Evolution du salaire minimum (1) **depuis 1960**
(par mois, pour 40 heures hebdomadaires, moyennes annuelles).

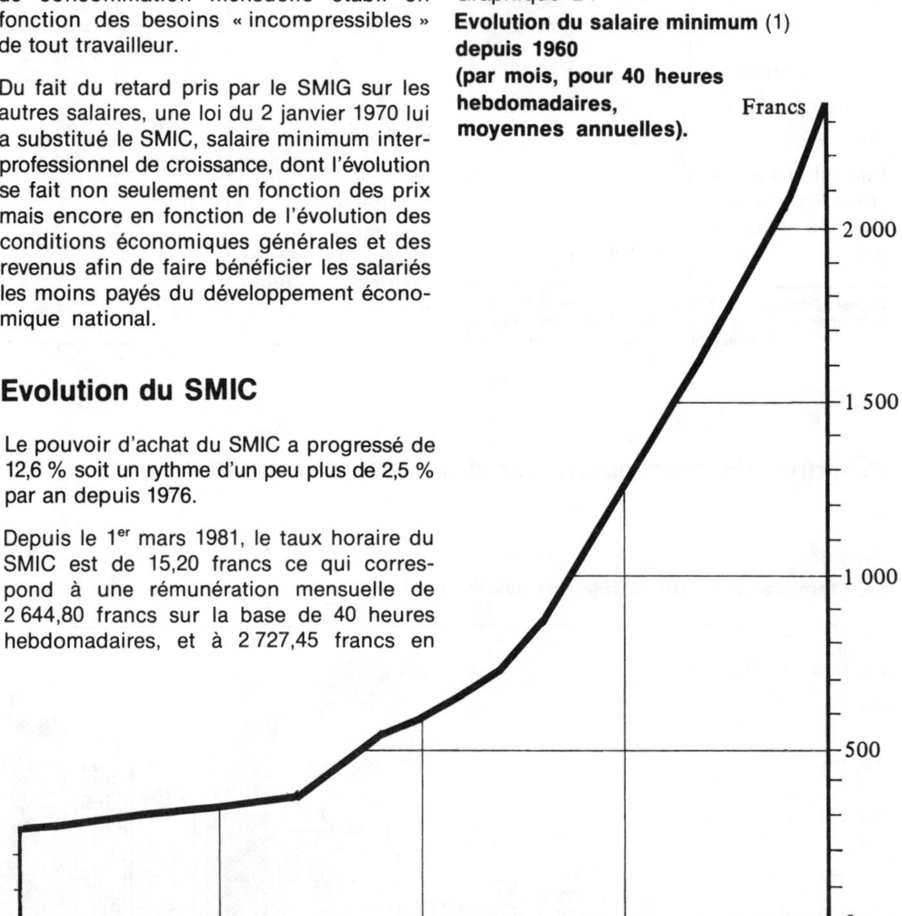

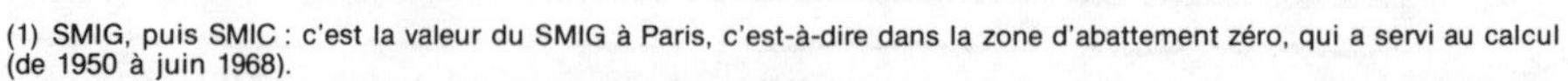

(1) SMIG, puis SMIC : c'est la valeur du SMIG à Paris, c'est-à-dire dans la zone d'abattement zéro, qui a servi au calcul (de 1950 à juin 1968).

Le SMIC est un *salaire brut*, non défalqué des cotisations sociales ; il peut être versé, pour partie, sous forme d'avantages en nature.

Source : d'après *Données sociales*, p. 125, édition 1978, INSEE.

Les bénéficiaires

Depuis 1977, des enquêtes annuelles du ministère du Travail portant sur les établissements de 10 salariés et plus, permettent d'évaluer le nombre de bénéficiaires directs du relèvement c'est-à-dire ceux dont le taux de salaire effectif est inférieur au nouveau taux du SMIC.

De 16 % en 1954-1955, la proportion des bénéficiaires est tombée à 2 % en 1967. Depuis 1970, ce pourcentage a augmenté en raison d'une politique de relèvement du SMIC active. Il est évalué à 4 % au 1er juillet 1979 et au 1er juillet 1980 soit environ 600 000 personnes. Il y a plus de femmes que d'hommes et plus d'ouvriers que d'employés ; ils sont principalement occupés dans les services et les secteurs traditionnels.

En réalité, c'est un nombre beaucoup plus important de personnes qui est touché par les relèvements du SMIC : d'une part parce que le pourcentage de salariés payés au SMIC est plus important dans les petites entreprises de moins de 10 salariés, d'autre part, les salaires immédiatement supérieurs sont concernés par les relèvements du SMIC sans oublier les salariés agricoles et les personnels domestiques dont le nombre est difficile à cerner. Enfin le SMIC joue le rôle de salaire de référence pour toutes sortes de prestations.

Tableau 17
Salariés au SMIC, par activité

(en % des effectifs du secteur)

Secteurs d'activité	Juillet 1974	Juillet 1978	Juillet 1979
Hygiène (nettoyage de locaux, blanchisserie)	46,9	33,5	38,6
Restauration et hébergement (salariés au pourboire)	13,6	10,6	12,0
Habillement	20,2	9,7	10,0
Autres industries manufacturières (articles de Paris)	9,9	7,4	9,4
Cuir	17,9	8,6	8,5
Chaussures	14,8	8,3	7,8
Commerce de gros alimentaire	10,7	6,8	7,7
Bois et meuble en bois	12,1	7,3	7,0
Commerce de détail non alimentaire	8,6	4,3	6,1
Bâtiment et génie civil	7,7	5,5	5,4
Transformation des matières plastiques	9,3	4,9	5,3
Réparation et commerce automobile	8,1	4,9	5,2
Industries alimentaires	9,2	5,5	5,2
Ensemble des activités	**5,8**	**3,8**	**4,0**

Sources : Enquêtes du ministère du Travail et de la Participation publiées, pour juillet 1974, dans le supplément au *Bulletin mensuel des statistiques du travail,* n° 26, 1975 ; pour juillet 1976, dans le n° 41, 1977 ; pour juillet 1977, dans le n° 53, 1978 ; pour juillet 1978, dans le n° 65, 1979 ; pour juillet 1979, en cours de publication.

Le travail des femmes*

Une répartition des emplois féminins très différente de celle des hommes.

Beaucoup d'employés, de cadres moyens et de personnel de service.

La féminisation de la plupart des catégories se poursuit.

Cependant les taux de variation des effectifs entre octobre 1978 et 1979 ne sont pas uniformes selon les CSP.

• si le nombre d'employés masculins diminue légèrement (– 0,8 %) il augmente pour les femmes (+ 2 %).

A l'inverse, le nombre d'ouvrières diminue (– 0,2 %) alors que celui des hommes de la catégorie ouvrière augmente (0,4 % soit + 24 619).

Professions libérales, cadres supérieurs :

— hommes : + 48 728 soit + 4,1 % (ou 1977/1978 + 49 266 soit + 4 %) ;

— femmes : + 9 289 soit + 2,4 % (ou 1977/1978 + 24 000 soit + 6,5 %).

Cadres moyens :

— hommes : + 37 400 soit + 2,4 % (octobre 1977/1978 – 16 815 soit – 1 %) ;

— femmes : + 13 181 soit + 1 % (octobre 1977/1978 + 32 350 soit + 2,4 %).

Ainsi les femmes de la catégorie professions libérales et cadres supérieurs représentent 16 % de la croissance de cette catégorie en une année et 26 % pour les cadres moyens.

Le secteur public

2 396 478 femmes sont salariées de l'Etat, des collectivités locales et des services publics, 33,8 % des femmes salariées travaillent dans ce secteur. Le poids des femmes continue à y croître : elles représentent 47,8 % des effectifs de ce secteur (octobre 1978 : 47,2 %).

De fait près de la moitié (48,8 %) des effectifs féminins supplémentaires salariés ont trouvé un emploi dans le secteur public.

Les hommes restent pourtant plus nombreux que les femmes dans ce secteur avec 2 613 009 salariés.

La qualification des emplois féminins est supérieure dans le secteur public. Cependant si les inégalités d'accès aux postes qualifiés sont moindres dans ce secteur, elles demeurent : 10 % des effectifs féminins du secteur public appartiennent à la catégorie cadre supérieur pour 17,8 % des effectifs totaux.

Les données sont respectivement de 5,3 % et 10,8 % pour l'ensemble du secteur salarié.

* *Actualités du travail des femmes*, novembre 1980, n° 25.

Tableau 18

Pourcentage de la population active féminine par secteur *

Secteur	1946	1954	1962	1968	1975
Primaire	41,4	28,3	19,7	14,7	8,6
Secondaire	21,1	25,7	26,6	25,7	25,5
Tertiaire	37,5	46,0	53,7	59,6	65,9
	100	**100**	**100**	**100**	**100**

* *Source :* « 35 millions de Français », P. Longone, Ed. Le Centurion Formation 1977, p. 77.

Tableau 19

Métiers occupant plus de 100 000 femmes en France en 1975

Code métiers	Nombre en milliers	% de femmes dans les métiers
01. Agriculture et activités connexes	607	30
19. Couture ; chapellerie, matelasserie	282	84,7
67. Ouvriers mal désignés	375	21,6
69. Ouvriers de la manutention	123	30,1
70. Manœuvres	196	21,1
80. Autres cadres administratifs	159	44,2
81. Emplois de bureau	1 685	69
dont : 8101. Emplois de bureau qualifiés	223	50
8102. Emplois de bureau non qualifiés	455	70
8104. Secrétaire, dactylo, sténodactylo	706	97,4
8109. Comptable, chef comptable	137	51,5
83. Salariés du commerce et des services commerciaux	448	52,3
dont : 8305. Pompiste, vendeur, camelot et autres salariés de commerce (sauf hôtellerie)	378	74,1
84. Services	861	84,6
dont : 8603. Femme de ménage, employé de maison, nourrice	369	97,6
8604. Personnel de service divers	397	81,3
89. Santé	475	67,8
dont : 8801. Aide infirmière, infirmier non diplômé et assimilés	223	84,1
8803. Infirmier diplômé d'Etat	176	85,8
90. Enseignement	546	66,9
dont : 9003. Enseignant de l'enseignement primaire, technique court et assimilés	369	67
9004. Enseignant de l'enseignement secondaire et technique long et assimilés	106	54,1
Total	**5 757**	

* Soit 70,8 % de la population active féminine.

Source : Recensement de la population de 1975, exploitation au 1-20.

Travail à domicile

32 981 femmes y sont recensées et représentent 76,7 % de cette catégorie de travailleurs. Leur nombre a diminué de 8 381 personnes en un an (81,2 % en octobre 1978).

Secteur d'activité

Il apparaît que les femmes sont de plus en plus concentrées dans le secteur tertiaire (octobre 1978 : 68 %, octobre 1979 : 69,7 %) dont elles constituent près de la moitié des effectifs employés.

A l'intérieur de ce secteur 35 % sont dans les services non marchands, 33,5 % dans les services marchands, 20,6 % dans les commerces et 5,5 % dans les institutions financières.

Dans l'industrie, la diminution des effectifs est générale d'octobre 1978 à octobre 1979.

La perte d'emplois féminins dans l'industrie affecte tous les secteurs.

C'est dans le bâtiment génie civil et agricole et le tertiaire que l'emploi féminin résiste le mieux. Cependant même dans le tertiaire la croissance des effectifs féminins est inférieure à celle des hommes (39,4 % des effectifs supplémentaires sont féminins).

C'est à la fois dans les services marchands et les services non marchands, les transports et télécommunications que l'on relève une augmentation nettement plus élevée des effectifs masculins que féminins en octobre 1978/1979 à l'inverse de l'année précédente.

93 % des emplois féminins de cadres supérieurs et de professions libérales sont dans le secteur tertiaire (hommes 72 %).

Pour les cadres moyens la concentration est un peu moindre mais quand même écrasante (87,2 %) et davantage que pour les hommes (62,7 %).

Travail à temps partiel

1 356 105 femmes travaillent à temps partiel. Leur nombre croît : 1 345 133 en octobre 1978. 82,8 % des travailleurs à temps partiel sont des femmes (82,4 % en octobre 1978).

Pour les femmes, la catégorie professionnelle la plus représentée est celle des personnels de service (23,9 %) suivie par les employés (18,9 %), les ouvriers (18,1 %).

Formation

Dans la population totale non scolarisée soit 17 661 500 hommes et 19 232 126 femmes, le nombre de femmes n'ayant aucun diplôme (34,5 %) reste supérieur à celui des hommes (31,1 %) ; cela est dû à la surreprésentation de la population féminine âgée et ce phénomène tend à disparaître.

Tableau 20

Salaires nets annuels moyens des salariés travaillant à temps complet en 1975
(Secteurs privé et semi-public)

en francs

Catégories socio-professionnelles	Hommes	Femmes	Ecart
Cadres supérieurs	92 322	59 086	— 36 %
Cadres moyens	46 697	34 764	— 25,5 %
Employés	29 026	22 850	— 21,2 %
Contremaîtres	40 601	34 119	— 15,9 %
Ouvriers (sauf maîtrise, apprentis, jeunes ouvriers)	24 593	17 631	— 28,3 %
dont : ouvriers qualifiés	*26 515*	*20 010*	*— 24,5 %*
Apprentis et jeunes ouvriers	9 253	11 317	+ 22,3 %
Personnels de service	22 012	18 415	— 16,3 %
Autres catégories	34 910	27 663	— 20,7 %
Ensemble	**32 860**	**22 463**	**— 31,6 %**

Source : Tableaux de l'économie française, INSEE, 1980, p. 75.

En effet, de 18 à 24 ans la situation s'inverse : femmes 24,1 % et hommes 25,7 % de sans diplômes.

En ce qui concerne le diplôme professionnel ou technique le plus élevé obtenu par les jeunes entrés dans la vie active entre les deux enquêtes, il apparaît que la majorité des femmes (56 %) comme des garçons (53,7 %) n'a aucun diplôme professionnel ou technique dont 48 % pour les garçons (155 744) et 39,6 % (93 063) pour les femmes n'ont également aucun diplôme d'enseignement général.

Population étrangère

La population étrangère féminine s'élevait en octobre 1979 à 1 568 690 dont 13 % en provenance des pays de la CEE.

Le nombre d'actives au total est de 385 565 soit 3,9 % de la population active féminine en France, leur nombre augmente régulièrement (octobre 1978/1979 + 27,606) mais leur poids parmi les actives diminue (4,39 % de la population active féminine en octobre 1978).

Tableau 21

Répartition des salariés en % selon le montant de leur salaire *

(au 1er janvier 1977 dans l'industrie et le commerce)

Salaire mensuel	Hommes	Femmes	Total
Moins de 1 350 F	7,6	15,4	10
Entre 1 350 et 2 010 F	16,9 } 50,6	38,5 } 77,9	23,8 } 59,2
Entre 2 010 et 2 680 F	26,1	24	25,4
Entre 2 680 et 4 030 F	29,5	16,4	25,4
Entre 4 030 et 5 460 F	9,5	3,7	7,6
Entre 5 460 et 6 700 F	4,1	1,1	3,2
Entre 6 700 et 9 570 F	3,4	0,6	2,5
Entre 9 570 et 10 740 F	0,8	0,1	0,6
Entre 10 740 et 15 900 F	1,4	0,2	1
Plus de 15 900 F	9,7	0	0,5

* Il s'agit uniquement des salariés à temps complet (11 901 000). Le salaire mensuel indiqué ici est le salaire annuel (après déduction des charges sociales) divisé par douze.

Source : Tableaux de l'économie française, INSEE, 1979, p. 73.

La formation professionnelle continue

Tableau 22

Bilan global des formations financées par l'Etat et par les entreprises *

	1972	1976	1977	1978	1979 (3)
Stagiaires en formation (1)					
Etat	958 000	805 000	894 000	993 000	1 041 000
Entreprises	1 049 000	1 814 000	1 856 000	1 831 000	1 686 000
Fonds d'assurance-formation	—	190 000	164 000	195 000	201 000
Ensemble (2)	1 760 000	2 770 000	2 880 000	3 000 000	2 900 000
Heures-stagiaires					
Etat	182 000 000	189 000 000	206 000 000	250 000 000	242 000 000
Entreprises	78 000 000	107 000 000	107 000 000	104 000 000	92 000 000
Fonds d'assurance-formation	—	15 000 000	12 000 000	18 000 000	15 000 000
Ensemble (2)	241 000 000	309 000 000	317 000 000	370 000 000	350 000 000
Budget (milliards F)					
Etat (4)	1,7	3,1	5,1	6,8	6,3
Entreprises	2,8	6,5	8,0	8,7	9,5

* L'apprentissage ressortissant aux premières formations, ni ses effectifs, ni son budget de fonctionnement ne sont compris dans les statistiques de ce chapitre.

(1) Stagiaires ayant suivi un stage ou une partie de stage au cours de l'année civile.

(2) L'Etat et les entreprises assurent conjointement le financement de la formation d'un certain nombre de stagiaires, ce qui explique que les chiffres de la troisième ligne ne constituent pas l'addition rigoureuse des deux lignes précédentes.

(3) Les résultats sont provisoires.

(4) Il s'agit des dotations initiales et des crédits inscrits au titre des lois de finances rectificatives soit 1 635 millions F en 1977 et 2 405 millions F en 1978.

Source : Projet de loi de finances pour 1981, Document annexe, formation professionnelle et promotion sociale.

Caractéristiques de la formation professionnelle et continue des salariés (*)

Une enquête « formation » effectuée en mars 1979 auprès d'un échantillon de personnes âgées de 14 à 44 ans fait apparaître un certain nombre de données intéressantes sur la formation professionnelle en dépit de certaines erreurs dues à la faiblesse numérique de l'échantillon (1 037 000 personnes actives ont été étudiées).

Les personnes suivant un enseignement post-scolaire représentent 7,4 % des actifs. Les jeunes sont les plus nombreux (33,6 % ont de 15 à 19 ans, 8,4 % entre 20 et 24 ans, 3,6 % de 35 à 44 ans). Elles appartiennent en majorité au secteur tertiaire : 69 % des stagiaires (dans le secteur des institutions financières, 19 % des effectifs suivaient une formation lors de l'enquête) alors que l'industrie n'en compte que 21,5 %.

L'initiative de la formaton appartient pour 49 % des cas aux salariés eux-mêmes et pour 44 % à l'employeur. La recherche individuelle est cependant plus fréquente pour les cadres supérieurs (60 % des cas) et les cadres moyens (54 %) que pour les employés

(*) D'après l'article de M. Pierre Laulhé dans *Economie et Statistique*, juillet 1980, n° 123.

(34 %). En outre, dans le cas d'une première formation (apprentissage) l'initiative personnelle est généralement plus importante que lorsqu'il s'agit de perfectionnement.

L'objectif de la formation pour les personnes interrogées est le perfectionnement dans leur spécialité (50 %), l'acquisition d'une première formation professionnelle (28 %), la reconversion (11 %) ou une formation sans lien avec leur activité (9 %). Les stages d'apprentissage sont très fréquents chez les jeunes tandis que le perfectionnement concerne plus particulièrement les adultes, cadres moyens et supérieurs.

Les spécialités dominantes sont les formations technologiques pour les ouvriers et contremaîtres (24 % des stagiaires, en majorité des hommes) et les enseignements commerciaux (gestion, comptabilité, secrétariat) qui occupent 20 % des stagiaires.

La durée de la formation est d'au moins 100 heures dans les 2/3 des cas surtout lorsqu'il s'agit de premières formations professionnelles (80 %) ou d'enseignement de reconversion (les 2/3 dépassent 100 heures). Pour le perfectionnement et les formations étrangères à la profession, les stages courts sont plus nombreux.

Tableau 23

Evolution des effectifs de stagiaires en formation dans les différentes catégories d'actions financées par l'Etat

	1972 (1)	1976	1977	1978	1979
Formation professionnelle des adultes (AFPA)	76 000	102 000	105 000	104 000	106 000
Fonds national de l'emploi (FNE)	28 000	16 000	14 000	10 000	12 000
Contrats emploi-formation	—	23 000	42 000	69 000	91 000
Conservatoire national des arts et métiers (CNAM)	29 000	33 000	33 000	34 000	38 000
Centre national d'enseignement par correspondance (CNEC)	106 000	117 000	115 000	121 000	124 000
Fonds de la formation professionnelle :					
— conventions et cours de promotion sociale	631 000	406 000 (1)	421 000 (1)	424 000 (1)	461 000
— conventions « pacte pour l'emploi »	—	—	58 000	124 000	102 000
— conventions DOM	—	11 000 (1)	13 000 (1)	14 000 (1)	14 000
— actions collectives	—	18 000 (1)	18 000 (1)	18 000 (1)	19 000
— cours à distance	33 000	33 000 (1)	33 000	33 000	36 000
— jeunes du contingent	55 000	46 000	42 000	42 000	38 000
Total	**958 000**	**805 000**	**894 000**	**993 000**	**1 041 000**

(1) Jusqu'en 1975, les effectifs comportaient des doubles comptes du fait des inscriptions multiples prises dans les centres régionaux associés du CNAM ; ces doubles comptes ont été éliminés depuis. A l'inverse, les effectifs des conventions ont été complétés par les conventions concernant les DOM et les actions de formation collective.

Source : Projet de loi de finances pour 1981, op. cit.

Actions de formation professionnelle financées par les entreprises

Tableau 24
Caractéristiques générales

	1972	1976	1977	1978	1979 Résultats provisoires
Nombre d'entreprises	113 000	124 000	127 000	126 000	121 500
Montant des salaires versés (milliards de F)	207	398	451	497	524
Dépenses effectivement consenties (millions de F)	2 800	6 470	7 950 (1)	9 070 (1)	9 470 (1)
Taux de participation	*1,35 %*	*1,62 %*	*1,76 %*	*1,82 %*	*1,81 %*
Versements au Trésor (millions de F) :					
— pour insuffisance de participation	170	250	209	232	208
— pour défaut de consultation du comité d'entreprise	7,5	12	10	10	11
Nombre de salariés	9 760 000	10 433 000	10 500 000	10 382 000	9 813 000
Nombre de stagiaires	1 050 000	1 814 000	1 856 000	1 831 000	1 686 000
Pourcentage de salariés ayant effectué un stage	*10,7 %*	*17,3 %*	*17,7 %*	*17,6 %*	*17,2 %*
Nombre d'heures de stage (millions)	77,6	106,8	106,7	103,7	92

(1) Y compris la participation au financement des actions de formation des jeunes demandeurs d'emploi.

Tableau 25
Evolution des effectifs selon la qualification des stagiaires

en %

	Stagiaires					Heures de formation 1979
	1972	1976	1977	1978	1979	
Manœuvres, ouvriers spécialisés	18	17	16	15	15	18
Ouvriers et employés qualifiés	36	46	45	46	47	44
Agents de maîtrise, agents techniques, techniciens	27	23	24	24	23	24
Ingénieurs et cadres	19	14	15	15	15	14
	100	100	100	100	100	100
Nombre	*1 050 000*	*1 814 000*	*1 856 000*	*1 831 000*	*1 686 000*	*92 000 000*

Tableau 26

Répartition selon le type de stage suivi

(en %)

	1973	1974	1975	1976	1977	1978	1979
Prévention	1	2	2	2	3	2	3
Adaptation	15	15	12	12	11	11	10
Promotion professionnelle	12	12	12	12	10	10	8
Acquisition, entretien, perfectionnement des connaissances	72	71	74	74	76	77	79
Total	**100**	**100**	**100**	**100**	**100**	**100**	**100**

Tableau 27

Evolution du taux de participation selon la taille de l'entreprise

en %

Entreprises de :	1977	1978	1979
10 à 19 salariés	0,82	0,86	0,94
20 à 49 salariés	0,97	1,03	1,05
50 à 499 salariés	1,28	1,28	1,29
500 à 1 999 salariés	1,61	1,66	1,63
2 000 salariés et plus	2,73	2,83	2,88
Ensemble des entreprises	**1,76**	**1,82**	**1,81**

Tableau 28

L'objectif de la formation selon la catégorie sociale en 1978

Principales catégories socioprofessionnelles	Proportion d'actifs en formation post-scolaire (1) (en %)	Dont :			
		Apprentissage, première formation professionnelle	Perfectionnement dans la spécialité professionnelle	Nouvelle formation professionnelle (reconversion)	Autres
Cadres supérieurs	12,4	4	74	9	13
Cadres moyens	10,6	13	64	10	13
Employés	8,5	22	56	12	10
Ouvriers	5,8	46	31	13	10
Personnels de service	9,2	50	34	11	5
Ensemble de la population de 15 à 44 ans en formation post-scolaire (2)	**7,4**	**28**	**50**	**11**	**11**

(1) Y compris les personnes dont l'objectif de formation est sans lien direct avec l'activité professionnelle ou non déclaré.
(2) L'échantillon étudié portait sur 1 036 584 personnes.

Source : Economie et Statistique, n° 123, juillet 1980, INSEE.

Le syndicalisme

Trois principes de base régissent le syndicalisme en France : celui de la liberté, celui de l'autonomie et celui de la pluralité syndicales. Employeurs et travailleurs sont libres de fonder des syndicats et d'adhérer ou non à un syndicat de leur choix. Il est notamment interdit aux employeurs de prendre en considération l'appartenance syndicale pour toute décision en matière d'embauchage, de licenciement ou d'avantages professionnels. La création d'un syndicat n'est subordonnée à aucune autorisation, préalable ou postérieure. La seule exigence de fond est relative à l'objet du syndicat, qui doit être l'étude et la défense des intérêts professionnels, un syndicat ne pouvant, par conséquent, grouper que des personnes exerçant la même profession ou des professions similaires. Les règles de forme se limitent au dépôt des statuts et de la liste des membres chargés de l'administration du syndicat. Dès sa constitution, le syndicat est doté de la personnalité civile et peut accomplir tous les actes juridiques attachés à cette qualité.

Les syndicats de base peuvent constituer des unions interprofessionnelles, au plan géographique, ou des fédérations d'industrie. Les unes et les autres sont regroupées au plan national dans des confédérations qui ont la nature juridique de syndicats pour les confédérations de salariés, mais, plus souvent, celle d'associations pour les confédérations d'employeurs.

La portée du principe de pluralité syndicale a été tempérée par l'introduction de la notion de représentativité qui visait à dégager, parmi les syndicats, ceux que leurs effectifs et leur autorité rendaient plus aptes à la participation à des tâches d'intérêt national. La loi a défini un certain nombre de critères (d'effectifs, d'indépendance, d'ancienneté...) à partir desquels peuvent être déterminées les organisations syndicales les plus représentatives. Comme aucun seuil d'effectifs minimum n'a toutefois été prévu, l'appréciation de la représentativité se fait de manière relativement souple et le nombre des organisations syndicales les plus représentatives a tendance à croître dans le long terme.

Les syndicats de salariés (1)

Du côté des salariés, un arrêté interministériel du 31 mars 1966, reconnaît le caractère d'organisations les plus représentatives au plan national et interprofessionnel à cinq confédérations. On peut les classer en trois groupes.

Le premier groupe est né du courant révolutionnaire exprimé dans la Charte d'Amiens en 1906. Deux organisations en sont issues :

— *la Confédération générale du travail (CGT)* créée en 1895, de tendance marxiste, qui regroupe environ 2 millions et demi d'adhérents et qui est affiliée, sur le plan mondial, à la Fédération syndicale mondiale. Elle est particulièrement implantée dans les industries de transformation, la presse, les ports et les organismes sociaux ;

— *la Confédération générale du travail - Force ouvrière (CGT-FO)* s'est séparée de la CGT en 1947, au nom de l'indépendance syndicale vis-à-vis des partis politiques. Elle a environ 600 000 adhérents, qu'elle recrute surtout dans les banques, les assurances, parmi les salariés des professions libérales et dans la fonction publique. Elle est affiliée à la Confédération internationale des syndicats libres.

Les organisations du second groupe sont issues du courant qui trouve son origine dans la doctrine sociale chrétienne :

— *la Confédération française des travailleurs chrétiens (CFTC)* constituée en 1919 et qui est restée fidèle, après la scission de 1964, à la référence chrétienne, a un peu plus de 200 000 adhérents, surtout dans les mines et dans certains secteurs du commerce et des services ;

— *la Confédération française démocratique du travail (CFDT)* s'est séparée de la CFTC en 1964, et a renoncé à la référence chrétienne de la Confédération. Elle a conservé l'essentiel des effectifs de l'ancienne CFTC et regroupe 900 000 adhérents répartis assez

(1) *Source : Les institutions sociales de la France*, sous la direction de Pierre Laroque. La Documentation Française.

également dans toutes les familles professionnelles. Elle est affiliée à la Confédération mondiale du travail.

La CGT-FO, la CFTC et la CFDT sont membres de la Confédération européenne des syndicats.

— Enfin, en 1945, avec la *Confédération générale des cadres (CGC)*, est apparu un syndicalisme catégoriel qui entend défendre les intérêts spécifiques du personnel d'encadrement (mais des organisations propres aux cadres existent également à l'intérieur des autres confédérations de salariés). La CGC regroupe quelque 250 000 adhérents, recrutés principalement dans les grandes entreprises et le secteur semi-public et public.

S'il fallait caractériser sommairement les objectifs et surtout les modes d'action de ces organisations, on pourrait distinguer, d'une part, celles qui se déclarent résolument favorables à la politique contractuelle (CGT-FO, CFTC, CGC), d'autre part, la CGT et la CFDT qui tout en étant favorables à la négociation de conventions, émettent souvent quelque réserve à l'égard d'accords acceptés par les autres organisations et qu'elles jugent insuffisants.

Les syndicats patronaux

Conseil National du Patronat Français (CNPF)

La principale confédération patronale, qui regroupe plus de 900 000 entreprises tant de l'industrie que du commerce et des services, organisées en syndicats professionnels locaux ou régionaux, en syndicats professionnels nationaux, et enfin en Unions, Confédérations, Fédérations et Chambres syndicales professionnelles nationales. Les entreprises se réunissent par ailleurs au sein d'associations interprofessionnelles, à l'échelon local ou régional.

Confédération Générale des Petites et Moyennes Entreprises (CGPME)

Créée en 1944, elle rassemble environ 3 000 syndicats professionnels auxquels sont affiliés environ 120 000 entreprises industrielles, 500 000 entreprises commerciales et près d'un million d'entreprises de services. Un grand nombre de ces entreprises adhèrent également au CNPF, qui assure l'essentiel de la représentation patronale face au syndicalisme salarié et aux pouvoirs publics.

Confédération Nationale de l'Artisanat et des Métiers (CNAM)

Rassemble plus de 100 000 entreprises affiliées à environ 1 000 syndicats et à 18 fédérations de métiers.

Dans le secteur agricole, l'organisation la plus représentative est la *Fédération nationale des syndicats d'exploitants agricoles* (FNSEA).

Les autres organisations patronales

Associations et mouvements patronaux

Diverses associations regroupent des patrons et des cadres soit à titre individuel, soit au titre de leurs entreprises. Associations et mouvements patronaux jouent un rôle d'expression et de représentation qui se distingue de la fonction de défense des intérêts économiques assurée par les syndicats.

Association des Cadres Dirigeants de l'Industrie (ACADI)

Réunit environ 450 membres, dont l'objectif est de conduire un travail de réflexion sur les problèmes sociaux de l'entreprise, et de favoriser la diffusion d'un certain nombre d'expériences.

Association des Chefs d'Entreprise Libre (ACEL)

Se propose comme mission la défense d'un système libéral contre l'action dirigiste de l'Etat et la politisation des syndicats de salariés.

Association des Grandes Entreprises Françaises faisant appel à l'Epargne (AGREF)

Groupe de réflexion et instance de proposition réunissant essentiellement de grandes entreprises.

Centre Français des Patrons et Chefs d'Entreprises Chrétiens (CFPC)

Centre de réflexion et groupe d'influence qui rassemble environ 2 500 patrons et dirigeants d'entreprises soucieux de mettre en œuvre la doctrine sociale chrétienne.

Centre des Jeunes Dirigeants (CJD)

Lieu d'échange et de réflexion sur les problèmes posés par la fonction d'entrepreneur. Est attaché à promouvoir et à diffuser des idées novatrices, à partir d'études de cas. Rassemble environ 3 000 patrons et cadres dirigeants, regroupés en 98 sections locales.

Entreprise et Progrès

Né à la fin des années soixante d'une scission au sein du Centre des Jeunes Dirigeants. Ses adhérents appartiennent pour la plupart à de grandes entreprises. L'objectif de l'association est de promouvoir un certain nombre de réformes dans les entreprises et les organisations patronales à partir de l'analyse de données et d'expérimentations sociales.

Mouvement des Entreprises à Taille Humaine Industrielle et Commerciale (ETHIC)

Se propose d'assurer une liaison entre les entreprises de taille moyenne, et de défendre leurs intérêts. Créé en 1976, compte à l'heure actuelle environ 700 adhérents.

Union des Chefs et Responsables d'Entreprise (UNICER)

Fondée en 1975, regroupe principalement des patrons et dirigeants de petites et moyennes entreprises.

Etablissements publics

Chambres de Commerce et d'Industrie

Soumises à la tutelle de l'Etat, elles bénéficient de ressources d'origine fiscale, provenant de la taxe professionnelle. Les 152 Chambres sont regroupées en 22 Chambres régionales et en une Assemblée permanente des Chambres de Commerce et d'Industrie. Les Chambres assurent la gestion de nombreux établissements (entrepôts, bourses de commerce, ports, aéroports, zones industrielles, gares routières, expositions, etc.). Elles administrent également des établissements d'enseignement tels que l'Ecole des Hautes Etudes Commerciales (HEC) et de nombreuses écoles supérieures de commerce de province. Elles assurent plusieurs services collectifs comme l'assistance technique au commerce et l'assistance technique en gestion industrielle.

Chambres de métiers

Les 104 Chambres de métiers sont des établissements publics qui représentent auprès des pouvoirs publics les intérêts de l'artisanat de leur ressort territorial.

La représentation des salariés dans l'entreprise

Les sections syndicales d'entreprise

A la date du 1er juillet 1976, pour l'ensemble de la France, on compte 30 171 sections syndicales, et 34 343 délégués syndicaux. L'implantation de ces institutions a progressé rapidement : la proportion des entreprises ayant une ou plusieurs sections syndicales passe de 27,5 % en 1970 à 51,7 % en 1976. Ces sections sont implantées majoritairement dans les grandes entreprises : 96,8 % des entreprises de plus de 1 000 salariés ont des sections syndicales, contre 41,2 % de celles de 50 à moins de 150 salariés. Cependant, le rythme d'implantation au sein de ces dernières est particulièrement élevé : (35,4 % seulement des entreprises de 50 à moins de 150 salariés étaient concernées en 1975).

L'évolution par tendance syndicale fait ressortir la progression du nombre de sections de toutes les organisations syndicales. La CGT voit son importance relative diminuer (de 44,5 % en 1970 à 40,5 % en 1976), bien qu'elle enregistre le plus fort accroissement du nombre des sections en valeur absolue. Au contraire, la CGT-FO et la CGC progressent le plus en valeur relative, mais restent encore loin derrière la CGT et la CFDT pour le nombre des sections créées.

Si on précise cette évolution par tranches d'effectifs, on constate qu'entre 1975 et 1976, la CGT connaît un léger recul dans l'ensemble des tranches ; par contre, la CFDT doit sa progression globale à une implantation croissante dans les entreprises de 50 à 150 salariés, tandis qu'elle recule dans celles de plus de 300 salariés, et reste stable dans celles de 150 à 300 salariés.

Chaque syndicat représentatif peut constituer au sein de l'entreprise une section syndicale qui assure la représentation des intérêts professionnels de ses membres.

Tableau 29

Répartition des sections par tendance syndicale

(en %)

	CGT		CFDT		CGT-FO		CFTC		CGC		Autres syndicats UCT compris	
	1976	1977	1976	1977	1976	1977	1976	1977	1976	1977	1976	1977
Toutes entreprises confondues	40,56	40,46	24,80	24,38	12,26	12,67	5,11	5,16	11,65	11,89	5,62	5,44
Entreprises de 50 à 149 salariés	44,70	44,81	26,35	25,70	11,93	12,09	5,04	4,97	7,42	7,96	4,56	4,47
Entreprises de 150 à 299 salariés	41,47	40,93	24,06	23,13	11,94	12,91	4,65	5,03	12,03	12,24	5,85	5,76
Entreprises de 300 à 1 000 salariés	36,37	36,07	22,98	23,13	12,52	12,77	4,89	4,96	16,98	17,07	6,26	6,00
Entreprises de plus de 1 000 salariés	27,82	27,09	23,72	24,30	14,15	14,98	7,33	7,43	18,09	18,07	8,89	8,13

Source : ministère du Travail.

Tableau 30

Evolution de la répartition des sections par tendance syndicale suivant la taille des entreprises

(en %)

	CGT		CFDT		CGT-FO		CFTC		CGC		CFT		CGSI		Autres syndicats (UCT compris)	
	1975 *	1976 *	1975 *	1976 *	1975 *	1976 *	1975 *	1976 *	1975 *	1976 *	1975 *	1976 *	1975 *	1976 *	1975 *	1976 *
Toutes entreprises confondues	41,61	40,56	24,68	24,80	11,74	12,26	4,95	5,11	11,16	11,65	1,51	1,37	0,78	0,70	3,56	3,52
Entreprises de 50 à 149 salariés	45,91	44,70	25,86	26,35	11,41	11,93	4,88	5,04	7,21	7,42	1,01	0,90	0,59	0,54	2,59	3,08
Entreprises de 150 à 299 salariés	42,56	41,47	24,06	24,06	11,65	11,94	4,79	4,65	10,97	12,03	1,48	1,50	0,80	0,62	3,66	3,68
Entreprises de 300 à 1 000 salariés	37,69	36,37	23,49	22,98	11,88	12,52	4,61	4,89	15,94	16,98	1,68	1,68	0,89	0,90	3,76	3,64
Entreprises de plus de 1 000 salariés	28,78	27,82	23,95	23,72	13,18	14,15	6,61	7,33	17,71	19,09	3,47	2,60	1,39	1,18	4,87	5,08

* Les résultats figurant à toutes les colonnes 1975 et 1976 correspondent au nombre total de sections syndicales en pourcentage au 1er juillet 1975 pour la colonne 1975 et au 1er juillet 1976 pour la colonne 1976.

Un syndicat est représentatif lorsqu'il est affilié à une organisation représentative sur le plan national (CGT, CFDT, CGC-FO, CFTC, CGC). Les syndicats non affiliés doivent faire la preuve de leur représentativité dans l'entreprise ou l'établissement.

Un délégué syndical est présenté par un syndicat représentatif ayant constitué une section syndicale.

Nombre de délégués syndicaux prévus par la loi :

— de 50 à 1 000 salariés : 1 délégué ;

— de 1 001 à 3 000 salariés : 2 délégués ;

— de 3 001 à 6 000 salariés : 3 délégués ;

— au-delà de 6 000 salariés : 4 délégués.

Champ d'application

Entreprises relevant du secteur privé ou para-public soumises au contrôle de l'Inspection du travail et de la main-d'œuvre, et de l'Inspection du Travail et de la main d'œuvre des transports et concernées par la loi du 27 décembre 1968.

Cette loi a prévu que pourraient être créées, par les syndicats représentatifs, des sections syndicales dans les entreprises employant habituellement plus de 50 salariés. Restent en dehors du champ d'application les personnels de la Fonction publique, des collectivités locales, et des établissements publics à caractère administratif.

Tableau 31

Sections syndicales et délégués syndicaux depuis 1970

	1970	1973	1976	1977
Entreprises assujetties (en nombre)	29 546	34 921	36 876	36 276
Entreprises ayant une ou plusieurs sections (en nombre)	8 137	13 969	19 063	20 367
Pourcentage d'entreprises ayant une ou plusieurs sections	*27,54*	*40,00*	*51,69*	*56,14*
Sections syndicales (en nombre)	11 775	20 721	30 171	32 809
Délégués syndicaux (en nombre)	13 199	23 828	34 343	37 545

Source : Enquête annuelle du ministère du Travail, sur l'application de la loi du 27 décembre 1968.

Les comités d'entreprise

Tableau 32

Répartition des comités élus ou réélus en 1978, par tranches d'effectifs

Comités élus	Moins de 50 salariés		50 à 99 salariés		100 à 199 salariés		200 à 499 salariés		500 à 999 salariés		1 000 salariés et plus	
	Nombre	%	Nombre	%	Nombre	%	Nombre	%	Nombre	%	Nombre	%
12 406	725	5,8	4 660	37,6	3 424	27,6	2 433	19,6	751	6,0	412	3,3

Source : ministère du Travail.

Remarque : la législation sur les comités d'entreprise ne vise que les salariés des entreprises occupant un effectif supérieur à 49 salariés. Les comités doivent être renouvelés tous les deux ans. En 1978, 12 406 comités ont été élus ou réélus, le taux de participation s'est élevé à 71,1 %.

Résultats des élections de 1978 aux comités d'entreprise (1)

Tableau 33

Répartition des suffrages exprimés suivant l'origine des candidatures en 1978

Origine des candidatures	Ensemble		Premier collège		Deuxième collège		Troisième collège	
	Suffrages exprimés	%	Suffrages exprimés	%	Suffrages exprimés	%	Suffrages exprimés	%
CGT	824 280	38,5	721 029	44,9	90 903	22,8	12 348	8,9
CFDT	436 554	20,4	338 671	21,1	80 963	20,3	16 920	12,2
CFTC	59 605	2,7	42 885	2,6	11 480	2,8	5 240	3,7
CGT-FO	215 653	10,0	155 235	9,6	47 600	11,9	12 818	9,2
CGC	140 999	6,6	13 748	0,9	72 978	18,3	54 273	39,2
CSL (ex.-CFT)	33 290	1,6	26 941	1,7	5 368	1,3	981	0,7
CGSI	851	0,0	407	0,0	288	0,0	156	0,1
UCT	2 852	0,1	573	0,0	1 218	0,3	1 061	0,7
Autres syndicats	75 019	3,5	50 376	3,1	16 064	4,0	8 579	6,2
Non syndiqués	349 257	16,3	252 459	15,7	70 913	17,8	25 885	18,7
Totaux	**2 138 360**	**100,0**	**1 602 324**	**100,0**	**397 775**	**100,0**	**138 261**	**100,0**

(1) Ces résultats ne prennent en compte que le secteur privé et ne concernent qu'un travailleur sur trois. Des secteurs entiers comme les mines, la SNCF, la fonction publique ou les collectivités locales sont en dehors du champ d'application.

En 1978, 16 689 entreprises étaient concernées par ces élections.

Source : ministère du Travail et de la Participation.

Tableau 34

Répartition des sièges obtenus suivant l'origine des candidatures en 1978

Origine des candidatures	Ensemble		Premier collège		Deuxième collège		Troisième collège	
	Sièges obtenus	%	Sièges obtenus	%	Sièges obtenus	%	Sièges obtenus	%
	17 007	29,7	15 360	36,6	1 452	13,1	195	4,6
CGT	8 983	15,7	7 262	17,3	1 385	12,5	336	8,0
CFDT	1 305	2,2	893	2,1	293	2,6	119	2,8
CGT-FO	4 374	7,6	3 146	7,5	962	8,6	266	6,4
CGC	3 465	6,0	315	0,7	1 816	16,4	1 334	32,1
CSL (ex.-CFT)	228	0,4	156	0,4	56	0,5	16	0,3
CGSI	34	0,0	22	0,0	9	0,0	3	0,0
UCT	77	0,1	11	0,0	40	0,3	26	0,6
Autres syndicats	2 107	3,6	1 349	3,2	503	4,5	255	6,1
Non syndiqués	19 532	34,1	13 390	31,9	4 543	41,0	1 599	38,5
Totaux	**57 112**	**100,0**	**41 904**	**100,0**	**11 059**	**100,0**	**4 149**	**100,0**

Les conflits du travail

Tableau 35

Données générales sur l'évolution des conflits du travail en 1978 et 1979

	Conflits localisés			Conflits généralisés		
	1978	1979	Evolution (en %) 79/78	1978	1979	Evolution (en %) 79/78
Nombre de conflits résolus	3 177	3 040	− 4,3	29	64	+ 120,7
Nombre d'établissements touchés par ces conflits	3 616	4 271	+ 18,1	8 562	17 739	+ 107,2
Effectifs totaux de ces établissements	1 414 588	1 312 258	− 7,2	*	1 110 360	—
Effectif moyen	391	307	− 21,5	*	*	—
Effectif ayant cessé le travail	496 252	509 765	+ 2,7	208 489	457 428	+ 119,4
Pourcentage des effectifs ayant cessé le travail	**35,0**	**38,9**	*	*	*	—
Nombre de journées individuelles perdues	1 982 960	2 857 315	+ 44,1	119 466	464 287	+ 288,6
Nombre de journées individuelles perdues par personne ayant cessé le travail	**4,0**	**5,6**	*	**0,57**	**1,0**	*
Nombre de conflits en cours en fin d'année	18	81	*	*	—	—
Nombre de journées individuelles perdues du fait des conflits en cours en fin d'année	98 021	314 987	*	*	*	—
Nombre de journées individuelles perdues du fait des conflits observés au cours de l'année	2 080 981	3 172 302	+ 52,4	—	—	—

* Evolution en données sans grande signification.

Source : ministère du Travail et de la Participation.

Tableau 36

Données générales sur l'évolution des conflits du travail de 1952 à 1979

Années	Conflits résolus			Nombre de journées individuelles perdues (1) (milliers)
	Nombre de conflits résolus (nombre)	Nombre d'établissements touchés (nombre)	Effectifs ayant cessé le travail (milliers)	
1952	1 749	24 392	1 155,2	1 732,6
1953	1 761	13 629	1 783,2	9 722,1
1954	1 479	9 904	1 269,0	1 440,1
1955	2 672	6 794	792,0	3 078,7
1956	2 440	8 585	666,0	1 422,5
1957	2 623	23 312	2 160,9	4 121,3
1958	954	4 609	858,0	1 137,7
1959	1 512	4 349	581,1	1 938,4
1960	1 494	3 395	838,6	1 070,0
1961	1 963	8 913	1 269,5	2 600,6
1962	1 884	7 903	833,5	1 901,5
1963	2 382	9 794	1 147,8	5 991,5
1964	2 281	12 908	1 047,3	2 496,8
1965	1 674	10 191	688,0	979,9
1966	1 171	10 827	1 028,6	2 523,5
1967	1 675	30 088	2 823,6	4 203,5
1968	—	—	—	150 000 *
1969	2 207	11 653	1 443,6	2 223,4
1970	2 942	5 944	1 079,8	1 742,2
1971	4 318	—	—	4 387,8
1972	3 464	72 882	2 721,3	3 755,3
1973	3 731	35 995	2 246,0	3 914,6
1974	3 381	14 771	1 563,5	3 380,0
1975	3 888	23 946	1 827,1	3 868,9
dont : conflits localisés	*3 832*	*5 034*	*1 099,6*	*3 505,6*
1976	4 348	35 534	2 022,5	5 010,7
dont : conflits localisés	*4 298*	*4 991*	*882,7*	*4 054,9*
1977	3 302	20 287	1 919,9	3 665,9
dont : conflits localisés	*3 247*	*4 090*	*583,8*	*2 434,4*
1978	3 206	12 178	704,8	2 200,4
dont : conflits localisés	*3 177*	*3 616*	*496,3*	*2 081,0*
1979	3 104	22 010	967,2	3 636,6
dont : conflits localisés	*3 040*	*4 271*	*509,8*	*3 172,3*

* Estimation.

(1) Du fait des conflits observés pendant l'année.

Tableau 37

Nombre de journées de travail perdues en raison de conflits du travail pour 1 000 travailleurs

Pays	1975	1976	1977	1978
Allemagne (République fédérale d')	10	40	—	370 (1)
Belgique	340	560	420	650
Danemark (2)	110	220	240	90
Espagne	370	2 540	3 350	1 820
Etats-Unis (3)	990	1 190	1 070	1 080
Finlande	310	1 310	2 360	160
France	390	420	260	200
Irlande	810	840	1 050	1 650
Italie	1 730	2 315	1 560	890
Japon	390	150	70	60
Norvège	10	70	40	90
Pays-Bas	—	10	140	—
Royaume-Uni	540	300	840	840 (1)
Suède	20	10	23	10
Suisse	—	20	—	—

Secteurs considérés : industries extractives et manufacturières, construction, transports et communications.
(1) Chiffres provisoires.
Moins de 5 journées perdues pour 1 000 travailleurs employés.
(2) Industries extractives non comprises.
(3) Y compris l'électricité, l'eau et le gaz.

Source : BIT, publié dans *Liaisons sociales*, 18 juin 1980.

Graphique 3

Nombre de journées de grève par an 1952-1979

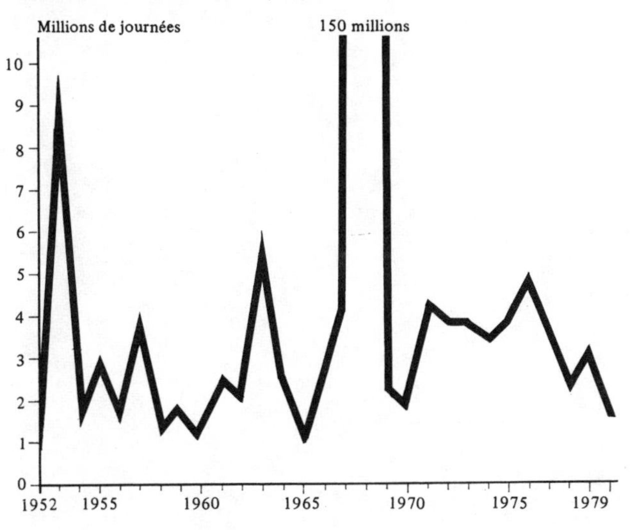

Source : ministère du Travail.

Institutions et mœurs

Les Français et l'autorité : la vision d'un Américain

Jesse R. Pitts *

A l'école, le jeune Français respecte, dans son professeur, le détenteur du savoir, mais il est prompt à manifester collectivement par le chahut sa défiance envers le gardien de l'ordre. Devenu citoyen, il oscillera de même entre l'attachement à la règle et la rébellion contre ceux qui exercent l'autorité, entre la passion pour l'État et la passion contre le gouvernement. A en juger par cette analyse d'un observateur étranger, c'est tout le fonctionnement de la vie politique française qui serait marqué par le phénomène de la « communauté délinquante ».

Est-ce qu'il y a une attitude vis-à-vis de l'autorité, et plus exactement vis-à-vis de l'autorité étatique, qui soit spécifique à la France ? Le voyageur qui connaît la Grande-Bretagne et l'Allemagne, l'Italie et les États-Unis, répondra d'instinct : certainement. Le sociologue, plus conscient que des stéréotypes nationaux différents peuvent recouvrir des réalités très semblables, répondra : peut-être, car chaque fois qu'il essaie de cerner le phénomène de la spécificité française, elle tend à s'évanouir dans la multiplicité des indices et dans la difficulté d'établir, à travers les différences de langage, des comparaisons valables d'une société à l'autre.

L'hypothèse directrice ici consiste à expliquer un ensemble d'attitudes (plutôt qu'*une* attitude proprement dite), commun aux citoyens français (de toutes classes ? de toutes régions ? de tous âges ?) par certains traits de la socialisation du futur citoyen telle qu'elle est réalisée dans le cadre de l'école secondaire (1). Certes, il ne faudrait pas croire que la socialisation par l'école soit le seul facteur d'explication du comportement politique français. C'est *un* élément causal dans un ensemble où entrent beaucoup d'autres facteurs culturels, structurels,

---

* Jesse R. Pitts, professeur de sociologie à l'université d'Oakland, directeur de la Tocqueville Review - La Revue Tocqueville, co-éditeur de *Theories of Society,* The Free Press, Glencoe 1961, et collaborateur de l'ouvrage collectif *A la Recherche de la France,* éd. du Seuil, Paris, 1964. Écrit à l'heure actuelle un ouvrage sur Mai 68.

(1) Voir « Le Family and Peer Goup » dans *A Modern Introduction to the Family,* edited by N. Bell and E. Vogel, Glencoe, The Free Press, 1960, ainsi que ma contribution à l'ouvrage collectif *A la Recherche de la France,* Le Seuil, Paris, 1963. Voir aussi Jesse R. Pitts : « La Communauté délinquante » dans le numéro spécial d'*Esprit,* l'Administration, janvier 1970, dont j'ai emprunté quelques paragraphes pour la rédaction du présent article.

démographiques. De plus, en admettant que l'école secondaire crée une prédisposition, un ensemble d'attitudes que l'on retrouvera comme *leitmotiv* dans le fonctionnement des institutions politiques, l'école elle-même est un effet de la structure et de la culture ambiante autant qu'elle est une cause efficiente : l'école crée, subit, révèle la société politique.

L'école : communauté culturelle et communauté délinquante

Certes, l'école secondaire n'a jamais été que l'expérience d'une minorité de la population, 2 % aux XVIIIe et XIXe siècles, avant que Jules Ferry ne développe l'école secondaire laïque, c'est-à-dire la version laïque de l'enseignement dispensé par les jésuites. Pendant la période 1880 à 1930, l'enseignement secondaire privé et public touche peut-être 7 % des garçons, dont la moitié obtient le baccalauréat ; en 1963-64, c'est 25 % des garçons et des filles qui sont concernés.

Le fait que, pendant longtemps, seule une minorité des enfants soit passée par le secondaire n'est pas un argument probant contre l'hypothèse d'un impact décisif, car les règles de comportement des classes dirigeantes tendent à s'étendre aux autres classes grâce à la logique interne des rôles sociaux (le commandé apprend le commandement de son chef), par la manière dont le langage découpe la réalité sociale et par la socialisation qu'accomplissent les structures de l'Église, le service militaire et l'entreprise. Les éléments dirigeants de ces institutions sont, le plus souvent, passés par l'enseignement secondaire.

S'il y a une attitude « française » vis-à-vis de l'autorité, elle ne découle pas des expériences faites par l'enfant avant 10-11 ans, qui font de lui un animal social dans le sens le plus général, mais des expériences plus tardives, où, l'enfant peut intégrer les données de sa famille, de son école et la culture qui l'imbibe à la fois à l'école et dans la communauté où vit sa famille. C'est pourquoi le secondaire est beaucoup plus stratégique que le primaire.

La relation d'autorité que l'élève vit dans le secondaire est semblable à celle qu'il vivra comme citoyen adulte en ce qu'il a déjà atteint une certaine autonomie, qu'il est plus conscient de ses propres intérêts, mais qu'il est imbriqué dans le groupe des camarades avec lesquels il confronte l'autorité de l'administration incarnée par les professeurs et le personnel d'encadrement (concierge, pions, surveillant général, etc.). Il doit trouver un équilibre entre les pressions qui viennent de lui-même, de sa famille, du professeur et de ses camarades. Plus tard, comme adulte, il sera confronté à l'autorité étatique en tant que membre de sa famille, de sa commune, de sa profession et de sa classe (2).

---

(2) Malgré leur intérêt certain, une des faiblesses de l'approche « socialisation politique », basée sur des questionnaires portant sur les représentations que peut se faire l'enfant de l'État, du Président, de la Patrie, etc., est qu'elle ignore les relations de groupe. Trop souvent, elle ignore l'observation du comportement politique de l'enfant à l'école même. Voir, par exemple, C. Roig et F. Billon-Grand, *La Socialisation politique des Enfants*, Armand Colin, Paris, 1964. Pour une vue plus nuancée, voir : Annick Percheron, *L'Univers politique des enfants*, Armand Colin, Paris, 1974.

Les observations sur lesquelles sont fondées les propositions qui vont suivre datent d'avant 1968. Par conséquent, elles ne prétendent analyser que l'expérience des Français de plus de trente ans qui, tout de même, dominent encore la vie politique du pays. Dans la conclusion, quelques hypothèses seront émises sur les conséquences possibles des changements apportés par les douze ou quatorze dernières années dans la structure de l'enseignement secondaire.

L'enseignement secondaire et l'apprentissage de l'autorité

Au moins jusqu'en 1968, les spécificités de l'enseignement secondaire français les plus saillantes pour l'observateur étranger sont l'explication de texte (3) et le chahut.

La magie du langage

L'explication de texte apprend à l'enfant la magie du beau langage. Le maître fait l'exégèse d'un texte apparemment clair mais qui devient obscur dès qu'on veut aller au-dessous de sa surface. L'élève reçoit de bonnes notes s'il découvre ce qu'il faut découvrir. Mais l'expérience initiale est une expérience d'infériorité, d'impuissance devant ces mots, ce texte qui, sous la direction du maître, se révèle étonnamment riche de significations profondes, quoique écrit il y a deux ou trois siècles. C'est donc dans le cadre de la sagesse ancienne, héritage d'un passé glorieux, que l'élève va être invité à démontrer son individualité en trouvant son propre style : le style, substance mystérieuse que certains atteignent et que d'autres n'atteindront peut-être jamais. A ceux qui ont du style beaucoup sera pardonné. Certes, il y a plusieurs sortes de style. C'est une question de maintien, d'allure, de ton, mais avant tout c'est la maîtrise des mots par quoi l'individu, qu'il soit élève ou professeur, est reconnu à la fois unique et membre d'une cohorte d'élite. Pour le professeur c'est la capacité de commander l'attention et de dominer toute situation imprévue (un rire d'élève, un oiseau qui entre par la fenêtre) par les mots qui recréent l'ordre prévisible, le silence, la sécurité. Quand le professeur a du style, les enfants et lui sont soudés dans le consensus de la *communauté culturelle,* l'infériorité des élèves perdant son caractère humiliant dans la reconnaissance de la légitimité du pouvoir professoral.

Le chahut et la coalition délinquante

Précisément le chahut est le résultat de la détermination par les élèves que leur professeur manque de style. Ils ne contestent pas sa supériorité intellectuelle, mais *son autorité administrative n'est pas acceptée d'office.* S'il ne sait pas dominer sa classe, par le ton, par les mots, il sera chahuté sans merci. Dans toutes les écoles du monde il y a des enfants bavards et turbulents et des professeurs sans aplomb. Mais, du moins en Amérique, dans les *high schools* de classe moyenne et bourgeoise, il n'y a pas ce potentiel de rébellion systématique et collective prêt à s'abattre sur le professeur qui bafouille, sur le profes-

---

(3) C'est aussi l'opinion de Raymond Boudon, exprimée dans « The Freudian-Marxian-Structuralist (FMS) Movement in France : variations on a Theme by Sherry Turkle », *The Tocqueville Review-La Revue Tocqueville,* Vol. 2, Nb. 1 (Spring 1980).

seur au cœur tendre qui a peur d'être injuste, qui n'aime pas punir ou qui, dans son désarroi, ne sait plus que punir.

Sur l'incidence du chahut dans le système secondaire français, nous avons quelques données numériques qui s'appliquent à l'année 1967-68. 50 % des élèves du 1er cycle déclarent que le chahut arrive « souvent » ou « très souvent » dans leurs classes. Le pourcentage donnant les mêmes réponses tombe à 18 % dans le second cycle. Cependant, même dans le second cycle, 45 % déclarent que deux ou trois professeurs sont chahutés, ce qui représente entre 25 % et 35 % des professeurs avec lesquels ces élèves sont en relation (4).

Le chahut ne disparaît pas dans l'enseignement supérieur quoiqu'il prenne des formes plus subtiles qui, au maximum d'intellectualité, donnent le canular.

Le chahut fait partie de l'apprentissage des termes de l'engagement dans le groupe des camarades. Ce dernier n'a pas d'activités légitimes. Le lycée ne devient pas, comme en Grande-Bretagne ou aux États-Unis, un centre de loyauté intense englobant à la fois les camarades de classe, les autres classes, les professeurs et l'administration, et dont l'unité est révélée par les rivalités sportives entre les différentes écoles, où tous viennent soutenir *leur* équipe.

En France, l'école secondaire demeure le « bahut », un endroit où l'on va uniquement pour travailler. D'ordinaire, les enfants étudient dans des classes plus ordonnées et plus silencieuses qu'aux États-Unis, si on compare entre elles des écoles de recrutement bourgeois. Avec la majorité des professeurs, on dirait que le groupe informel des élèves n'existe pas. Avec d'autres, au contraire, le groupe se révèle et c'est le chahut, la joie, la fantaisie, le défoulement. Le groupe des élèves se soude contre l'autorité défaillante de certains professeurs, s'empare de la direction de la classe, et crée une sorte de *happening* où enfin l'élève est libre d'exprimer sa volonté, son désir de parler, et ceci dans la miraculeuse unanimité avec tous ses camarades (enfin, presque tous, car il y a toujours des lèche-bottes et des polars qui se tiennent en dehors). A l'opposé de l'unanimisme de la communauté culturelle il y a l'unanimisme de la *communauté délinquante.*

Elle est « délinquante » parce qu'elle n'existe que dans la rébellion contre l'autorité constituée. Elle est délinquante parce qu'elle n'a qu'une légitimité très ambiguë. Les parents d'élèves soutiennent la légitimité scolaire de tous les professeurs, mais soutiennent aussi, d'une façon souvent inconsciente et contradictoire, le chahut de leurs enfants, même s'ils les punissent pour s'être fait coller. Il n'est besoin pour l'enfant que d'écouter son propre père parler de ses souvenirs de chahut avec ses anciens camarades de classe. La seule légitimité que peut avoir la communauté délinquante sera dérivée de son existence comme coalition pour la défense de chacun de ses membres en tant que prolonge-

(4) William R. Schonfeld : *Youth and Authority in France : a Study of Secondary Schools,* Sage, Berkeley, 1971, et *Obedience and Revolt,* Sage, Berkeley, 1974. Sur le chahut voir Jacques Testanière, « Chahut traditionnel et chahut anomique dans l'enseignement du second degré », *Revue Française de sociologie,* 8, numéro spécial, 1967, et Gérard Vincent : *Les Lycéens,* Armand Colin, Paris, 1971, ainsi que *Le Peuple Lycéen,* Gallimard, Paris, 1974.

ments de leurs familles, et aussi comme défense de l'intangibilité du moi « sauvage », résidu irréductible de tous les rôles sociaux conformistes.

Le moi sauvage est l'autre face du style personnel, promu, préconisé par le professeur en tant qu'autorité culturelle. Il trouve sa consécration glorieuse dans l'amour passion, sujet constamment discuté dans l'étude des tragédies classiques (Pauline aime-t-elle Polyeucte ou Sévère ? Andromaque est-elle en train de tomber amoureuse de Pyrrhus ?), dans les poèmes appris par cœur, et dans la vie des grands hommes.

En attendant ces expériences exaltantes (et souvent adultères), le soutien du moi sauvage se fait par le chahut. Hors de la classe, dans la récréation, dans le bref interlude aux toilettes, la communauté délinquante offrira une écoute complaisante à toutes les verbalisations agressives, sexuelles, antigrammaticales, argotiques, que les camarades expriment à haute voix contre les parents exigeants, les tantes pimbèches, les professeurs, les pions, les concierges, les surveillants généraux, la police, la civilité puérile et honnête.

Quoique les relations des élèves les uns envers les autres soient souvent empreintes de méfiance et comportent des brimades physiques fréquentes, dans l'unanimisme du contre de la communauté délinquante ils éprouvent un haut degré de fraternité, vibrante, intime, dont la nostalgie leur restera pour la vie.

La primauté de l'intérêt personnel

Un exemple plus nuancé du *contre* est le soutien accordé par la communauté délinquante à la triche. Parfois la triche est une entreprise collective où toute la classe est impliquée. Le plus souvent elle est le résultat d'initiatives solitaires ou à deux. Le groupe ne dénoncera pas. Mais il n'est pas obligatoire pour l'élève de copier ou de laisser copier. Puisque la communauté délinquante affirme la primauté de l'intérêt personnel, le groupe ne peut pas exiger que l'élève sacrifie son intérêt aux « autres ». On voit tout de suite le ver dans le fruit qui est introduit par le fait que, dans la triche, il y en a qui profitent (les copieurs), et d'autres qui ne profitent pas (les copiés). La communauté délinquante n'a pas la légitimité ni la structure qui pourrait lui permettre de distribuer des biens divisibles et inégalement répartis. Il n'y a pas le romantisme de la loyauté qui existe dans les écoles anglaises ou allemandes. L'élève n'est pas supposé « cafeter » si l'administration le « cuisine », mais on ne s'attend pas à beaucoup de sacrifices de sa part.

L'égalitarisme jaloux

La communauté délinquante est caractérisée par un égalitarisme jaloux. Les élèves ne veulent pas qu'un autre puisse obtenir des avantages qui leur sont déniés. Cette obsession d'égalitarisme cache mal des tentations d'obtenir par le fayottage et le chouchoutage — ouvertement décriés — des avantages concrets et la reconnaissance de soi comme individu. L'égalitarisme, c'est la méfiance de la « trahison » d'autrui. Pour se défendre contre ces tentations, la communauté délinquante développe une idéologie qui refuse toute éventualité de collaboration entre elle et l'autorité constituée. Mais que peut faire un groupe pour empêcher les « trahisons » quand la protection de l'intérêt personnel, prolongement de l'intérêt familial, est une de ses raisons d'être ?

La communauté délinquante rêve du professeur qui crée l'égalitarisme de l'amour réciproque mais celui-ci obtient plus fréquemment l'égalitarisme de la distance. Ce professeur est indifférent à l'opinion des élèves. Les essais de séduction ou de chantage sont sans prise sur lui. Il est parfaitement sûr de son droit. Par sa maîtrise de la rhétorique, qui communique sa certitude de la légitimité de son pouvoir, son inflexibilité (« Mais Msieur, c'est pas moi... »), son omniscience (« il a des yeux partout, ce mec-là »), il refoule à l'état de virtualité impuissante la communauté délinquante.

Prééminence de la communauté culturelle

Le professeur anime par le maniement du verbe, plutôt que par les punitions — et certainement pas par la violence physique, pratiquement inconnue dans le secondaire français — la communauté culturelle dont il s'affirme le chef incontesté. Or, *la communauté culturelle a toujours préséance sur la communauté délinquante.* Les élèves désirent la domination de la communauté culturelle, dont les contraintes trouvent un exutoire (et un correctif) dans la communauté délinquante, qui est le carnaval d'un ordre sacré, et une punition contre les professeurs vulnérables et sans style.

C'est pourquoi le chahuteur, qui prend la baguette de chef d'orchestre (plus pour du *free jazz* que pour une symphonie) *ne peut jamais être sûr qu'il sera suivi.* Loin d'être désarçonné, le professeur sûr de lui désarçonnera l'élève qui se retrouvera tout à coup en dehors de la communauté culturelle, ridiculisé, peut-être puni, orphelin au milieu des rires (serviles ? appréciateurs ?) de ses camarades.

Peu d'expériences sont aussi dévastatrices et inoubliables pour l'enfant (et pour les autres qui se moquent de lui) que de se trouver tout à coup le « pigeon » d'une opération dont il avait cru devenir le meneur de jeu. Il apprend ainsi la fragilité des expressions structurelles de la communauté délinquante alors que son réservoir motivationnel est inépuisable, l'incertitude de son *leadership,* alors même qu'il se risque en avant. La communauté délinquante renaîtra d'ailleurs avec une vigueur non diminuée, sinon accrue, dans la classe suivante si son professeur est incapable de s'affirmer comme chef de la communauté culturelle.

La communauté délinquante est donc un groupe parallèle et subordonné à la communauté culturelle. C'est un groupe aux frontières très tranchées et cependant très perméables aux trahisons secrètes ; son thème est le contre systématique mais il offre une soumission sans faille aux autorités qui satisfont aux exigences du style et de l'égalité (apparente) de traitement. Il n'a rien à distribuer, sinon le prestige ambigu et incertain de maître-chahuteur, mais ses membres sont grands consommateurs des joies de l'unanimisme chahuteur, des complicités du copinage, à condition que cela ne coûte pas trop cher. La communauté délinquante n'a que peu de réserves de loyauté pour poursuivre des buts positifs et soutenir les tensions créées par la politique de récompenses et de sanctions inévitables.

Ni le statut, ni la fonction ne fondent la légitimité de l'autorité

Les rôles intrinsèques à la constitution et à l'activité de la communauté délinquante sont intériorisés par les élèves et deviennent une partie de leurs prédispositions d'adultes. Il s'y imbrique un certain nombre de conclusions implicites à l'action de la communauté délinquante. Attitudes et croyances vont devenir *un* des éléments qui entrent dans la construction du comportement politique adulte :

1) Aucune autorité ne peut s'attendre à être respectée du fait de son utilité fonctionnelle (transmettre des connaissances nécessaires à l'examen) ou de son statut traditionnel (professeur). Ce sont là facteurs secondaires. Il faut que l'autorité démontre sa possession de la magie des mots, qu'elle sache parler, avec les mots qui inspirent ou qui tuent, avec les réparties fulgurantes — toutes proportions gardées — du genre de celles dont l'histoire de France transmet le souvenir, et que par là, elle prouve son essence supérieure. L'autorité peut écouter, elle ne peut pas dialoguer sans nier sa supériorité. Elle juge, elle décide. Elle crée autour d'elle l'unanimisme de la communauté culturelle où chacun communie dans la croyance aux valeurs supérieures.

2) L'autorité ne dialogue pas, mais discrètement on peut souvent s'arranger.

3) Il faut que les menaces de l'autorité soient crédibles (cela fait partie du style) mais jamais, ou pour ainsi dire jamais, l'autorité ne fait appel à la force physique pour imposer sa loi.

4) Le pouvoir appartient à ceux qui peuvent le prendre. Des enfants peuvent prendre le pouvoir à un professeur incapable de présence ou de style.

5) Le chahut donne la joie qui réconcilie tous les élèves dans l'unanimisme du contre, mais il ne menace pas les cadres de la vie scolaire maintenus par les professeurs non chahutables. Les cours et les examens continuent, alors même que certaines classes sont soumises à un chahut continuel.

6) Hors l'unanimisme de la communauté culturelle ou de la communauté délinquante, et hormis les amis intimes, il est pour ainsi dire impossible de s'unir pour des buts communs. Chacun cherche son intérêt personnel. Les élèves assument la cruauté qui est souvent implicite dans les jeux de la communauté délinquante. Ils sont sans illusions sur eux-mêmes et sur les autres (5).

Communauté culturelle, communauté délinquante dans le système politique français

Certes de tout temps, le chahut décroissait dans les classes terminales et dans l'université. Schonfeld avance l'hypothèse ingénieuse que les attitudes chahuteuses ne diminuaient pas. Puisque le chahut mettrait en danger un but désiré

(5) Une expérience cruciale dans les grandes écoles est que le groupe des camarades, contrairement à ce qui se passe dans le secondaire, est légitime, soutenu par l'administration. Son chahut, ses rituels d'incorporation (le bizutage) sont couverts par l'autorité officielle. Le groupe apprend la pratique d'une solidarité sans faille, capable d'ignorer les différences de classement final et les différences de classe sociale d'origine. Après sa famille, l'élève ne connaîtra pas une solidarité aussi forte et durable, basée sur la confiance réciproque et la fierté d'appartenir à un corps d'élite. C'est très différent de la solidarité fragile de la communauté délinquante, mais cela reste limité au corps. Cela ne devient pas une capacité de développer une solidarité avec des gens en dehors du corps. Le chahut, le canular, l'argot d'école sont là pour marquer la frontière avec ceux qui n'en sont pas.

— réussite à l'examen — alors que l'élève avait toujours envie de chahuter, il réduisait la dissonance psychologique entre deux buts incompatibles en imaginant que le chahut était rendu impossible par la rigueur d'un contrôle qui, en fait, n'existait plus. C'est ce que Schonfeld appelle *assumed coverage,* contrôle présumé. L'élève ne se sert pas de la marge de liberté qui lui est laissée. Il continue d'osciller entre la soumission admirative, craintive, ou la rébellion.

L'autorité gouvernementale suspectée

L'essence de la socialisation par l'école complétée par le service militaire, a deux conséquences de base pour le comportement politique de l'adulte.

La première est que le citoyen français refuse, plus que les citoyens des autres pays démocratiques de l'aire Atlantique, la présomption d'une « légitimité de tous les jours » à l'autorité civile. Ainsi le citoyen français fait-il une différence très nette entre l'État et le Gouvernement.

La deuxième conséquence est que le citoyen recherchera avec d'autres citoyens la protection et la solidarité dans le *contre,* dans la défense du *statu quo.* C'est l'unanimité dans l'hostilité qui n'accepte d'assumer aucune responsabilité pour l'ordre ou l'accomplissement des tâches collectives, si ce n'est le blocage des initiatives gouvernementales.

Le chahut commence par le déni de légitimité culturelle au « gouvernement ». Pour le Français il est « évident » que le gouvernement vole, triche, et ment, qu'il a des favoris pour qui la loi n'existe pas et des têtes de turc pour qui la loi aura toutes les rigueurs concevables. La justice, croit-il, est contrôlée par le gouvernement qui « épingle » les affaires dont il décide qu'elles le concernent plus ou moins directement. De même le citoyen a-t-il tendance à supposer que les mass-média — surtout la radio et la télévision — sont largement contrôlés par le gouvernement, à l'exception du Canard Enchaîné et des journaux d'opposition, et encore...

Contre ce gouvernement, à qui il refuse la légitimité culturelle, le citoyen défend son bon droit, c'est-à-dire le patrimoine de sa famille, par tous les moyens disponibles. A ce qu'il imagine être la triche du gouvernement, il répond par la ruse et la triche. Mais s'il s'imagine que la police veille, ce qui est un exemple du *contrôle présumé* décrit plus haut, il obéira, tout en réservant son consentement intime. Car le citoyen français croit à l'omnipotence et à l'omniscience des polices et des services secrets. Il pense que les écoutes téléphoniques, les indicateurs pullulent. Il croit que la police est capable de faire disparaître les gêneurs. Face à ce citoyen, dont elle imagine qu'il n'a guère de réflexe conformiste, l'autorité civile évidemment essaiera d'encourager l'obéissance non seulement en jouant de la peur du gendarme, mais en invoquant sa dignité d'État. L'autorité civile essaye de créer la communauté culturelle autour de son image d'État protecteur du citoyen, garant de l'ordre et de la sécurité et seule source de gloire.

L'État idéalisé

Le citoyen réplique en contestant la légitimité culturelle de l'autorité civile en tant que gouvernement. Il place la légitimité culturelle dans une idéologie politique qui, si elle était adoptée par le gouvernement, ou si le parti qui l'incarne devenait le gouvernement lui donnerait enfin la légitimité culturelle et la dignité d'État. Cela se traduit par une certaine obsession pour la politique politicienne qui remplit deux fonctions : d'une part elle garde les yeux de chaque citoyen rivés sur Paris, elle les empêche de se limiter à leurs familles et à leurs communes. Elle les oblige, par l'obsession idéologique, à penser en termes d'intérêt général sinon de « volonté générale ». D'autre part, la politique politicienne si elle remet en cause la légitimité du Gouvernement en place, renforce encore plus l'engagement des Français envers un État idéal qui n'aurait aucun des vices du gouvernement.

Équilibre fragile entre la passion pour l'État et la passion contre le gouvernement. Une des définitions de la démocratie insiste sur le fait que c'est un régime où chaque parti peut accepter de perdre. En France, la passion politique, qui soude la nation, rend la peur de perdre plus grande que dans d'autres démocraties industrielles, et cependant la démocratie française est vigoureuse. D'une part, comme nous le verrons plus loin, la réalité politique vécue est très différente des idéologies de parti, et d'autre part, tous les citoyens sont sensibles à certains symboles.

L'État mobilisateur, une politique de grandeur

Un autre moyen pour l'autorité civile de s'emparer du sacré est d'invoquer les périls qui pèsent sur la France soit de l'intérieur, soit de l'extérieur, ou de flatter l'orgueil national par des appels à une politique de grandeur : les frontières naturelles, la ligne bleue des Vosges, la préservation de l'influence française en Afrique noire, au Canada, en Belgique, la création éventuelle d'une Europe française.

Puisque la France est toujours menacée, ou toujours à la recherche de la grandeur, l'État français doit être un État mobilisateur, confronté à une masse instable de citoyens frondeurs qu'il faut conduire, mais aussi cajoler, séduire, forcer dans les chemins de la gloire (mais le meilleur d'eux-mêmes ne souhaite que cela !). Dans la mobilisation pour un but qui doit souvent demeurer ambigu afin de ne pas éveiller les résistances extérieures (n'en parler jamais, y penser toujours...), ou dont la tactique n'est pas compréhensible à l'homme de la rue, il faut donc que le Gouvernement se serve d'expédients autant que de la loi. Ce sont les grands desseins de l'État qui justifient les expédients du Gouvernement.

Jusqu'où le Gouvernement peut-il aller pour forcer les citoyens à réaliser la volonté générale, la raison d'État ? Il y a deux réponses, une d'opportunité et une de principe. La réponse d'opportunité, c'est qu'il faut aller jusqu'à ce que les citoyens crient, ou juste au-dessous. La réponse de principe, c'est que l'État français reconnaît le sacré de la famille, qui se traduit par le *respect des droits acquis.* Un pourcentage substantiel des grands fonctionnaires sont eux-mêmes issus de grandes familles bourgeoises et ceux qui ne le sont pas aspirent à créer leurs propres dynasties ancrées dans la propriété et les droits acquis. Par conséquent l'État s'interdit de violer — autant que faire se peut — les droits acquis. Le Gouvernement a besoin des cris et des injures des citoyens pour guider le char de l'État hors des fossés de l'impossible. La tradition de l'État français est d'éviter l'usage de la violence qui tue et qui étoufferait les cris nécessaires à son pilotage, et dont le Parlement donne une version amortie.

Dans le passé on disait que pour un préfet, la plus grande catastrophe était d'avoir un tué dans son département pendant une manifestation. Exagération sans doute, mais qui exprime bien la croyance que le bon usage de la parole doit suffire, soit à inspirer le respect, soit à séduire. La violence, c'est la faillite de la parole. L'État français et les gouvernements qui l'occupent agissent comme si l'usage de la violence était un déni de leur propre majesté, car s'en servir contre des citoyens protestataires, c'est leur donner la majesté du contre-pouvoir, c'est sacraliser leur opposition. C'est risquer de semer les dents du dragon que l'on a occis.

Pas de dialogue avec une administration omnisciente

Le respect des droits acquis justifie évidemment le respect des quelque 36 000 communes où habitent et votent les citoyens français. Respect dont un État centralisateur sait s'accommoder puisqu'il vérifie leurs comptes et peut dans certains cas révoquer leurs maires. Il y a aussi les syndicats d'intérêts dévoués à la défense des droits acquis, communautés délinquantes avec des signes formels, des bureaux et des cotisations.

L'Administration va lancer ses ordres sous la forme d'un règlement péremptoire tenant compte de toutes éventualités possibles. Le citoyen considère ce règlement comme un empêchement à la poursuite fructueuse de son intérêt privé, tel qu'il l'entend. Souvent il s'incline, car il peut être le seul dans son cas, et sent qu'il ne pourra pas rameuter sa commune, son syndicat, son clan sur un cas d'espèce.

De plus, la conviction que l'appareil administratif a de sa propre omniscience ne peut lui permettre de s'expliquer ou d'accepter des suggestions de la part des administrés sans contredire cette présomption. Il cherche le règlement général, universel, égal pour tous, qui relie les citoyens aux intérêts sacrés de l'État.

De son côté, le citoyen, s'il veut annoblir sa requête, doit la faire passer par le canal du pouvoir, sans quoi elle risque de passer pour une simple révolte de la chair contre l'Esprit. Le député — être mi-chair, mi-Esprit — est le canal immédiatement disponible. Il est l'intermédiaire de choix entre l'État et le citoyen, moins puissant sous l'Empire libéral, plus puissant sous la troisième et la quatrième République, moins puissant sous la cinquième. Sous n'importe quel régime, le député sera d'autant plus puissant qu'il sera ancré dans une commune, seule source de pouvoir auquel l'État reconnaisse une légitimité *sui generis,* c'est-à-dire qu'il en sera le maire.

En dehors de ce canal, qui partage une certaine majesté du pouvoir, la discussion puisqu'elle est illégitime par essence, prend tout de suite l'allure d'une requête de passe-droit ou de rébellion.

Le face à face du citoyen et de l'Administration

Pour paralyser l'adversaire — ce citoyen qui ne comprend pas ou ne veut pas comprendre la logique de la raison d'État —, l'Administration a trois tactiques possibles : l'une est de faire appel à sa légitimité d'État, une autre est de s'attacher le quémandeur-rouspèteur en le faisant entrer dans la cohorte des protégés de la préfecture, et la troisième est de créer avec le quémandeur une communauté délinquante privée, n'englobant que le fonctionnaire et le citoyen.

Dans les deux premiers cas, elle monte le drapeau au mât, fait sonner le clairon, évoque la grandeur (et les servitudes) de l'État, la menace de l'ennemi, ranime la flamme de la tombe du Soldat Inconnu, et salue le monument aux Morts. Si cela est bien fait, le quémandeur-rouspèteur sortira du bureau sans se rendre compte qu'il a été éconduit, tout ébloui que les mystères de l'État lui aient été entr'ouverts.

La beauté du style peut n'être pas pleinement suffisante. L'autorité peut y ajouter des avantages, mais il faut faire attention que les offres de gâteaux ne viennent profaner l'atmosphère sacrée où l'attitude convenable ne peut être que le sacrifice sur l'autel de la patrie.

Il y a les décorations qui demeurent dans le spirituel, les sièges dans les commissions diverses où, sans faire grand chose, on participe à l'essence magique de l'État. Il y a les places d'honneur à la tribune quand vient un ministre ou même le chef de l'État. De plus, l'Administration peut presque tout empêcher en France ou du moins retarder, par ses règlements ou la lenteur de ses procédures. Par conséquent, le service normal ou quelque peu accéléré, acquiert les allures d'une faveur.

On devient ainsi un protégé de la préfecture, un polar, un chouchou, comme on aurait dit au lycée. Ce qui est différent d'un notable. Ce dernier est enraciné dans son terrain, dans sa corporation, son syndicat, son parti politique, son réseau de famille, d'amitiés et de services rendus. Il est capable de prendre ses distances avec le pouvoir. Il a sa communauté délinquante qu'il peut mobiliser si besoin. Il faut compter avec lui. Il est une force d'équilibre vue localement, une force de stagnation vue par l'État saint-simonien et mobilisateur. C'est plutôt un chahuteur appâté qu'un chouchou. On sort de derrière son bureau pour lui parler, on s'asseoit avec lui sur le canapé.

Le marchandage, facteur de décrispation

Le citoyen qui n'est pas paralysé par le discours du fonctionnaire, ou appâté, va définir la situation d'une manière hostile. L'Administration, c'est le Gouvernement qui prend l'argent des familles, menace les droits acquis, a ses chouchous et croit tout savoir alors qu'il ne sait rien. Que ce soit pour un passe-droit ou pour l'interprétation d'une directive administrative, le citoyen rouspèteur est convaincu que son action doit être entreprise, non dans l'effort d'une démonstration qu'il y a eu erreur ou maldonne (l'Administration ne se trompe jamais), mais dans le cadre de la communauté délinquante si elle veut avoir des chances de réussir, c'est-à-dire qu'il doit se mettre d'une façon ou d'une autre sur le terrain de la force. Dans le meilleur des cas, la force est simplement le marchandage : donnant-donnant où l'État abdique temporairement sa dignité spéciale que les protégés ou les terrorisés *apprécient comme une contrepartie immédiate* de leur soumission. Et c'est le réseau des notables, les communautés délinquantes semi-institutionnalisées, tout un enchevêtrement de connexions, de services rendus, où le député n'est plus qu'une force parmi d'autres, qui lie l'État, les groupes d'intérêts et les communes. Le marchandage neutralise la crispation idéologique.

Surenchère et escalade

Mais si le citoyen n'obtient pas satisfaction à travers le marchandage, peut-être parce qu'il n'a rien à offrir de crédible, alors il doit mobiliser la communauté délinquante. Pour cela, il faut que l'intérêt de chacun soit palpable ou immédiat, donc fondé sur le *statu quo,* et que l'action du pouvoir crée un facteur d'incertitude que le citoyen puisse aisément interpréter comme une probabilité de spoliation. Dans cette attitude, le citoyen rouspéteur est aidé par le fait que jusqu'à très récemment, l'Administration ne faisait aucun effort de relations publiques, car s'expliquer, c'est admettre la suprématie morale du public, alors que l'Administration, dépositaire de la volonté générale, possède la science infuse (c'est aussi abandonner la monnaie d'échange qu'est le « tuyau » et la participation au secret d'État).

Pour se défendre contre la rhétorique de l'État à laquelle ses membres ne peuvent pas être indifférents, la communauté délinquante fait appel à la contre-rhétorique : la surenchère patriotique et/ou révolutionnaire à travers laquelle le Gouvernement est défini comme failli ou essentiellement illégitime ; la rhétorique des petits qui ne veulent pas être écrasés par les gros, des familles qui ne veulent pas être sacrifiées à une politique issue d'abstractions étrangères à la vie réelle.

Par conséquent, dès que le citoyen fait face à l'Administration en tant que membre de la communauté délinquante, les deux parties se trouvent sur un terrain très mouvant où le désaccord risque à chaque instant de se tranformer en escalade idéologique et en rebellion, où chacun devient prisonnier de sa rhétorique. Du fait que l'Administration a tendance à interpréter la discussion comme une révolte plus ou moins ouverte, très rapidement, les deux parties sont devant l'alternative suivante : se soumettre ou se démettre. C'est l'équivalent structurel de la situation scolaire, où le formalisme de l'autorité cache une incertitude de l'obéissance, où la mauvaise surprise est toujours possible. C'est-à-dire que l'Administration, ici le préfet, doit toujours être prête au pire. L'ordre doit être recréé à chaque aube nouvelle. Le système hiérarchique et doctrinale de l'Administration, face à des citoyens égalitaires et idéologues, stimule sa propre contestation. Il divinise le pouvoir central tout en le laissant à la portée de la communauté délinquante si son chahut réussit trop bien.

L'empirisme désamorce la contestation

Quoique le système français soit très vulnérable à la contestation, rien n'est plus mauvais pour le fonctionnaire que de voir l'autorité de son secteur administratif mise en doute et bafouée. Par conséquent, comme l'a très bien montré

Crozier (6), le système bureaucratique français, probablement plus que d'autres, renforce la tendance du fonctionnaire à arranger les choses à son niveau, afin de ménager sa zone d'autonomie dérobée au système formel par la sélection des informations qui remontent la hiérarchie. Par conséquent, que ce soit pour éviter des histoires ou pour augmenter son autonomie effective, les structures poussent l'administration sur le terrain au compromis discret : l'ordre formel, qui satisfait l'esprit et le rattache au sacré, cache un empirisme informel, des lettres de la loi qui sont demeurées mortes, des règlements qui ne connaissent que des exceptions. Le citoyen, qui n'est pas découragé par l'écran rébarbatif dont s'entourent les divers services administratifs (c'est le bluff du ton adjudant) et qui sait mobiliser sa communauté délinquante, va trouver devant lui un mur de pierre qui va bientôt se révèler un mur de caoutchouc.

Pour le fonctionnaire, dont les services ont essayé en vain la tactique du silence ou du refus péremptoire, qui a épuisé les tactiques dilatoires (« je vais en référer à Paris » : c'est étrange combien de problèmes politiques et médicaux s'arrangent si on ne fait rien...) et qui trouve devant lui un groupe de demandeurs bardés de médailles et de pancartes agressives, il faut à tout prix désamorcer la confrontation.

Les citoyens sentent la répugnance profonde de l'État à utiliser la violence qui risque, si elle devient grave, de les sacraliser et d'entraîner d'autres à se joindre à eux, avec tous les plaisirs de l'indignation morale, ou de l'opportunité de se faire un gendarme.

Pragmatisme secret et égalitarisme formel

Si le fonctionnaire est habile, il va jouer des deux registres à la fois. En recevant le ou les délégués dans son bureau il va jouer de la symbolique de l'État. Les lambris imposants de son bureau en sont un élément ; le langage administratif en est un autre. Bientôt ce langage domine la conversation et met les délégués en position d'infériorité. Ceux-ci en adoptant le langage administratif ont déjà fait un pas vers le fonctionnaire. Celui-ci essaye de les séparer de leurs troupes en leur offrant le rôle de « chef responsable », conscient des problèmes de l'État.

A ce moment, changement de registre : le fonctionnaire offre une transaction. Il va essayer de faire rentrer le *leader* (c'est plus facile avec un qu'avec plusieurs délégués) dans une communauté délinquante à deux qui les opposera ensemble à ceux qui voudraient les contraindre : d'une part, les règlements rigides imposés par Paris, sans aucun égard pour les situations particulières, d'autre part, les camarades excessifs et ignorants, qui sont en train de faire leur chahut devant la préfecture et qui pourraient laisser tomber leur *leader* d'un moment à l'autre. Il faut être raisonnable, tout en s'aidant mutuellement à demeurer crédible vis-à-vis de son système de référence, l'État pour l'un, et les manifestants pour l'autre.

Les manifestants sont souvent portés à en découdre, car se montrer capables de violence, c'est sacraliser l'intérêt privé qui est à l'origine de la manifestation,

(6) Michel Crozier, *Le Phénomène bureaucratique,* éd. du Seuil, Paris, 1964.

c'est démontrer le haut niveau d'indignation morale où l'on est arrivé. C'est la communauté délinquante qui se pose en *leader* de la communauté culturelle. Elle commence par nier le monopole de la force physique qui fait partie de la symbolique de l'État-Gouvernement. Le Gouvernement, s'il gagne la bagarre, devient l'oppresseur des faibles. S'il la perd, il devient indigne de représenter l'État. Rappelons-nous : le chahut est une sorte de révolution larvée qui, en fait, supplie l'autorité de se montrer éblouissante.

A défaut d'éblouissement, les chefs, qui sont en train de discuter dans les bureaux de la préfecture, vont développer le scénario du *baroud d'honneur.* On laissera la communauté délinquante faire son chahut dans un cadre donné où les participants pourront crier, pendre en effigie, bref tirer le maximum de profit psychologique, mais d'où ressortira assez clairement que la force du mouvement est limitée et que les résultats obtenus par le délégué sont les meilleurs possibles. La communauté soupçonnera souvent son ou ses chefs de s'être vendus, ce qui prouve qu'on ne peut faire confiance à personne, que les autres sont toujours un peu plus mauvais que soi-même... et qu'on leur a fait peur... Même si les gains ne sont pas aussi tangibles qu'on pouvait l'espérer, le revenu psychique valait bien le déplacement.

Que la contestation en arrive là reste tout de même l'exception. Mais dans les cas où cette stratégie ne réussit pas, il ne reste au préfet que de demander à Paris de résoudre le problème. Pourquoi ce vide tocquevillien entre Paris et le département ? Parce que — entre autres raisons — la passion égalitariste des citoyens exige que les règlements soient les mêmes pour tous, que personne ne soit avantagé. Par conséquent, dès que les problèmes ne peuvent plus être réglés par le pragmatisme secret des communautés délinquantes semi-institutionalisées, il faut en référer au sommet, même pour le règlement des résidences d'étudiants. L'égalitarisme formel va de pair avec la centralisation, qui rend à son tour inévitable les ajustements secrets, de même que la planification socialiste ne peut exister sans un vaste marché noir.

Les conséquences de ce modèle d'autorité sur la vie politique française

Si ce modèle a quelque valeur, il permet de prédire les conséquences suivantes :

1) Le système politique français est plus enclin que les autres systèmes démocratiques européens — de pays industriels impliqués dans une politique de puissance — à des manifestations collectives débouchant souvent sur une violence qui reste contenue et qui ne met pas en danger les cadres symboliques et administratifs (7).

2) C'est un système qui permet au citoyen de jouir des bénéfices de l'ordre républicain sans avoir à s'engager personnellement. Il se conforme, mais il parle souvent comme s'il y croyait peu. Il continue d'acheter de l'or comme ses ancêtres le faisaient. Il parle beaucoup de participation, car en parler c'est se plaindre qu'elle n'existe pas (officiellement), mais ce qu'il désire réellement c'est l'unani-

---

(7) C'était l'impression que retirait Charles Tilly au fur et à mesure que progressait son enquête sur l'incidence des contestations violentes (autres que le terrorisme) dans plusieurs pays d'Europe (communication orale).

misme de la communauté culturelle ou de la communauté délinquante. Ce n'est pas un engagement *public* dans le processus de décisions incertaines qui inévitablement frustrent un certain nombre de gens et peuvent se révéler erronées à l'usage (8).

3) Le système politique français, derrière une façade rigide, est d'une souplesse inattendue. Tocqueville le disait déjà, à propos de l'Ancien Régime : « une règle rigide... une pratique molle » (9).

4) Le développement du Parti communiste français, depuis une cinquantaine d'années, a renforcé le système politique français en faisant entrer dans le système de la communauté délinquante semi-institutionnalisée (le marchandage, le copinage, la baroud d'honneur) toute une couche de citoyens qui se sentait exclue du système. L'élément millénariste du noyau militant permet les compromissions de la communauté délinquante semi-institutionnalisée, sans risquer de faire coopter le Parti et de dissoudre son ardeur militante.

5) L'État français, pour autant qu'il est poussé par sa politique de grandeur qui justifie son aspect mobilisateur et annoblit sa rhétorique, est probablement incapable de se décentraliser.

Les changements récents et les perspectives : l'autorité aura-t-elle encore un sens ?

Depuis 12-15 années il y a eu des changements dans l'enseignement secondaire français dont il est encore difficile d'évaluer l'impact. Mai 68 a semblé précipiter une crise d'autorité dans les lycées. Il a fallu cinq, six années avant qu'elle ne soit partiellement résolue. L'abandon des études littéraires, base de la communauté culturelle, par les élèves des milieux bourgeois, s'est accéléré. Le chahut dans les « bons lycées » semble avoir diminué, remplacé, non pas par l'ordre de la communauté culturelle, mais par *l'ordre utilitaire,* c'est-à-dire par le silence d'élèves trop préoccupés de préparer leurs examens pour avoir le temps et le désir de jouir de l'unanimisme de la communauté délinquante. Ceci va bien au-delà du « contrôle présumé » donné par Schonfeld comme explication pour la diminution du chahut quand les élèves passaient dans le deuxième cycle, avant 1968.

Par conséquent, il est possible que la symbolique du style enseignée par l'explication de texte, la composition française et l'histoire de France et qui était renforcée par le carnaval du chahut, ne soit plus enseignée aux élèves des nouvelles générations. Possible, mais pas certain.

(8) Une exception notoire à ce modèle est le monde paysan, qui a vu, après la seconde guerre mondiale, un développement surprenant de coopératives et d'organisations indépendantes de l'État, où les exploitants ont pris eux-mêmes en main leurs affaires. L'impulsion de base est venue des Jeunesses agricoles catholiques et de ses vétérans. Un mouvement catholique renouvelé entre les années 1920-60 a eu des conséquences dans toute la société française, les plus visibles étant dans le monde rural. Ce mouvement a enseigné à ses membres « la communauté scrupuleuse », avec la BA scoute, l'initiative collective et la confiance dans l'individu, alors que la combinaison communauté culturelle - communauté délinquante apprend à ses membres à la fois la déification de l'autorité, la méfiance d'autrui, la rebellion et l'amour impossible (l'unanimisme intoxicant et fragile du contre). Voir l'article de Henri Mendras « Une figure de la France » dans *La Sagesse et le Désordre : France 1980,* Henri Mendras, Gallimard, Paris, 1980, Pierre Gremion, *Le Pouvoir périphérique, bureaucrates et notables dans le système politique français,* éd. du Seuil, Paris, 1976, et Peter Gourevitch, « The Reform of Local Government, A Political Analysis », dans *Comparative Politics,* 10, 1, October 1977.

(9) Alexis de Tocqueville, *L'Ancien Régime et la Révolution,* Gallimard, Paris, 1967.

D'autre part, en France, comme dans les autres pays démocratiques de l'Ouest, il semble que l'éducation secondaire ait beaucoup de mal à adapter ses programmes et ses structures aux besoins des élèves peu, ou moyennement doués, venus du sous-prolétariat, du prolétariat, et même de certains éléments issus de la petite bourgeoisie. La prolongation de la scolarité obligatoire est sans doute très appréciée des syndicats d'enseignants, elle l'est beaucoup moins des élèves.

La discipline de l'entreprise — souvent familiale dans la petite bourgeoisie — avait un sens immédiat, rémunérateur, et se révélait efficace comme élément socialisant et « adultifiant ». Les mouvements de Jeunesses Communistes s'opposaient vigoureusement à la diffusion de la culture « blouson noir ». Ils semblent en perte de vitesse.

La présence forcée dans les CES (collèges d'enseignement secondaire) où règnent le « bof », le désordre (différent du chahut) et même la violence n'a probablement pas le même impact socialisant que l'usine. Les jeunes maîtres au col roulé ne communiquent guère à leurs élèves « la noblesse du travail ouvrier » et « l'amour de la patrie » qui donnaient, pour les enfants du *Tour de France par deux enfants* de Bruno, une légitimité et une compensation au manque de mobilité sociale. Le ton à la mode serait plutôt le ressentiment râleur et il se transmet probablement mieux que la règle des participes. Nous ne savons rien de précis sur l'ampleur de ces phénomènes qui se prêtent trop facilement à la dramatisation journalistique, ni sur l'impact durable sur la personnalité de l'élève de quatre ou cinq années passées dans un CES désorganisé.

Que ce soit l'ordre utilitaire des « bons lycées » ou le désordre gratuit des CES populaires, si l'expérience adolescente de l'école est décisive dans le développement politique adulte, nous risquons d'assister à l'accroissement constant de masses pour lesquelles la symbolique traditionnelle de l'autorité n'aura pas de sens, ni dans l'imaginaire ni dans l'action. D'ici dix ans, cela pourrait entraîner des changements de la structure politique plus importants que des changements de Constitution dont la France a connu une douzaine en moins de deux siècles. Les structures éducatives françaises sont en ébullition depuis plus de vingt ans et il n'est pas facile de prédire quel sera leur nouveau point d'équilibre : avec un contenu différent, il est possible que le couple communauté culturelle - communauté délinquante se recrée de nouveau. Il est possible aussi qu'il disparaisse pour être remplacé par un système nouveau dont nous ne pouvons prédire ni les caractéristiques ni les conséquences.

L'évolution des mentalités : conformisme et modernité

Alain de Vulpian*

Le Français était traditionnellement considéré — et se percevait lui-même — comme individualiste, respectueux de l'ordre, contraint dans ses relations avec autrui, attaché à un certain conformisme de l'apparence... Tous ces traits culturels spécifiques se sont estompés au cours du dernier quart de siècle, et de nouvelles transformations particulièrement importantes sont en cours depuis quelques années. La tolérance aux variations individuelles devient plus grande, les relations interpersonnelles sont plus libres, plus ouvertes et témoignent d'un besoin accru de transparence et de richesse affective. Ce mouvement général des sensibilités vers plus d'autonomie, plus de fluidité, plus de souplesse, commence à remettre en cause — mais de façon encore timide — la rigidité des institutions et des idéologies.

Depuis quelques décennies, on constate en France des changements considérables dans les valeurs, les aspirations, les sensibilités, les façons d'être et les modes de relation aux autres (1).

La diffusion de nouveaux courants

Une analyse secondaire de près d'un millier d'enquêtes différentes, menées dans les secteurs les plus divers au cours des vingt-cinq dernières années, et d'une dizaine d'ouvrages consacrés à l'ethnologie de la société française aux environs de 1950, a conduit à identifier un certain nombre de courants socio-culturels majeurs. Une enquête quantitative menée chaque année auprès d'un échantillon représentatif de la population française permet de tracer la courbe

* Alain de Vulpian est président de la COFREMCA, Compagnie française d'études du marché et de conjoncture et de RISC *(Research institute on social change)*.
La COFREMCA applique, depuis 1974, les sciences sociales à des problèmes de stratégies et d'ajustements des entreprises. RISC est l'émanation de 17 observatoires du changement social situés dans la plupart des pays très industrialisés.

(1) L'observatoire mis en place par la COFREMCA — Système COFREMCA de suivi des courants socio-culturels — en 1974 a permis de faire apparaître l'importance des évolutions qui ont marqué le dernier quart de siècle, et des transformations qui semblent s'amorcer depuis ces dernières années.

d'évolution de chacun de ces courants, d'évaluer leur pénétration dans les différents segments de la population, et d'identifier leurs manifestations.

Courants selon l'époque à laquelle ils ont commencé à se diffuser parmi les masses.

Courants se diffusant dans les masses dès 1955

2 — Différenciation marginale.
4 — Déclin du primat de la sécurité économique.
8a — Recherche de la nouveauté.
13 — Anti-accumulation.
15 — Hédonisme.
22 — Sensibilité au cadre de vie.
25 — Polysensualisme.
30 — Souci de son apparence personnelle.
31a — Souci de sa santé.

Courants se diffusant à partir de 1960

5 — Créativité personnelle.
12 — Dévaluation de la supériorité nationale.
17 — Libéralisme sexuel.
18 — Sensibilité à la manipulation.
21 — Mythe de la nature.
28 — Moindre différenciation des sexes.

Courants se diffusant à partir de 1965-1967

1 — Déclin du standing.
3 — Expression de la personnalité.
6 — Automanipulation.
7 — Epanouissement professionnel.
8 — Ouverture au changement.
9 — Rejet de l'autorité.
10 — Moindre attachement à l'ordre.
11 — Ouverture aux autres.
16 — Déclin du besoin d' « *Achievement* ».
19 — Sensibilisation aux contraintes sociales.
20 — Simplification de la vie.
24 — Besoin d'enracinement.
26 — Intraception.
27 — Attirance pour l'irrationnel.

Courants se diffusant au cours des trois dernières années

14 — Vie intense et animée.
31b — Souci de sa forme.
32 — Intégration de la durée.
33 — Sensibilisation à la violence.

Le changement socio-culturel du dernier quart de siècle

La modernité

Tout au long de la période, un certain nombre de traits qui avaient été considérés comme spécifiquement français s'atténuent. Rompant avec leur conformisme de l'apparence, nos compatriotes se plaisent à affirmer leur individualité en affichant de petites différences de choix et de comportements, alors que la société se met à tolérer ces déviances marginales. Simultanément, ils s'ouvrent à la nouveauté, abandonnent des conduites éprouvées qui les satisfaisaient et les rassuraient, pour la seule satisfaction d'être et de paraître modernes. La dominante du visuel sur les autres sens s'estompe, le tactile, l'auditif, l'olfactif, le « proprioceptif »... trouvent droit de cité ; des enfants de plus en plus nombreux apprennent à utiliser simultanément tout leur appareil sensoriel, à ressentir et à éprouver plutôt qu'à se représenter. L'attachement à un ordre rigoureux se fait moins maniaque, un léger désordre suscite moins d'anxiété : la tolérance s'accroît, notamment dans les couches les plus jeunes, pour les fautes de grammaire ou d'orthographe, les repas moins réglés, les manquements du savoir-vivre, le désordre vestimentaire et celui de la maison.

L'acceptation des différences

En même temps, la relation des Français à l'autorité semble évoluer : la tendance à se situer spontanément sur le registre obéissance-révolte se fait moins dominante et laisse plus de place aux dimensions de l'échange, du dialogue, de la coopération ; la tendance à appréhender la réalité en termes de différence plutôt que de supériorité-infériorité, se développe. La fermeture aux autres, la centration sur le foyer-forteresse, la communication étroitement codifiée, font progressivement place à une ouverture timide, à l'affirmation d'un besoin de communication, au développement de conduites empathiques.

Au lendemain de la guerre et jusqu'aux environs de 1960, la « société de consommation boulimique » s'établit. Elle nous semble principalement portée par quatre modifications fondamentales du vécu des personnes :

— l'affirmation des différences individuelles, qui devient licite ;

— la montée du plaisir aux dépens du devoir et du sacrifice ;

— l'implantation du mythe de la modernité dans l'ensemble de la population motive de très nombreux changements de conduites, pour être et paraître moderne ;

— le développement de la considération et du *standing* comme motivations dominantes nourrit une tendance à la compétition et à l'imitation des modèles issus des catégories perçues comme supérieures.

Entre 1965 et 1967, l'accentuation de certaines des tendances ci-dessus (affirmation individuelle, plaisir), le renversement de certaines autres et l'apparition de nouvelles sensibilités préparent une remise en cause très profonde de la « société de consommation boulimique ».

— L'expression personnelle commence à devenir une valeur sociale et une motivation dominante chez certains. Des personnes plus nombreuses sont en prise plus directe sur leur affectivité et sur leur personnalité. Elles veulent les exprimer dans leurs choix et leurs comportements, et les épanouir. Simultanément, l'empathie se développe : elles sont plus au courant d'elles-mêmes et des autres qu'elles comprennent comme de l'intérieur, elles sont plus au courant de leurs relations aux autres, des influences qui s'exercent entre elles, les autres, les pouvoirs. Ces évolutions mettent en cause le jeu de l'imitation et de la compétition et la puissance d'entraînement des modèles sociaux, des rôles, des conventions...

— Les motivations de *standing* perdent chez certains leur position dominante et s'accompagnent de plus en plus souvent de culpabilité.

— Le mythe de la modernité et du progrès fait long feu.

— La contestation systématique de la société, des anciennes règles, des anciennes valeurs, se développe comme une façon d'être se suffisant à elle-même. L'autorité et surtout l'autorité statutaire, l'ordre, les manipulations exercées par les puissances, la répartition des rôles sexuels, la compétition comme modèle social, etc. sont tout particulièrement contestés.

— On voit se développer un mouvement positif vers les autres, la communication directe, les cellules de taille réduite, la relation symbiotique avec l'environnement naturel et humain.

Le changement socio-culturel en cours

Une société où les différences socio-démographiques s'atténuent tandis que les différences individuelles s'accentuent

Le changement récent (1974-1978) est d'une ampleur considérable. Nos indicateurs quantitatifs cernent les attitudes et les comportements des personnes. Sur les 26 courants socio-culturels pour lesquels nous disposons d'indicateurs quantitatifs suivis depuis 1974, 6 ont connu pendant la période une progression forte (6 à 12 % des Français passent, pendant la période, d'un quartile « en retard » à un quartile « en avance » sur chacun de ces courants). Dans le même temps, 8 subissent une progression plus faible, mais significative, et un régresse.

Il faut noter que ces mouvements n'affectent pas particulièrement les catégories socio-démographiques habituellement à la pointe de l'évolution socio-culturelle. Par exemple, les très jeunes, les étudiants, les employés progressent peu, alors que les plus de 50 ans, les ruraux, les retraités, les ouvriers spécialisés, les agriculteurs, sont parmi les catégories dans lesquelles on observe les progressions les plus nombreuses.

Parmi les changements majeurs en cours, quatre retiendront ici notre attention : un renforcement des différences et de la variabilité individuelles, une tendance à la contraction des cercles d'identification et d'appartenance, une croissance de la transparence sociale, une certaine fluidité récente de plusieurs systèmes sociaux antérieurement bloqués.

Renforcement des différences et de la variabilité individuelles

La tendance à la « différenciation marginale » (courant 2) observée déjà dans les années cinquante est amplifiée par des courants plus récents.

Les courants 3 : « Expression personnelle », 10 : « Moindre attachement à l'ordre », 28 : « Moindre différenciation des sexes », 17 : « Libéralisme sexuel », sont parmi ceux qui ont le plus spectaculairement accru leur diffusion dans la population française de 1974 à 1978. Une proportion croissante des Français gagne ainsi de l'autonomie par rapport aux conditionnements sociaux, aux rôles, aux modèles, aux autorités, aux normes et aux contre-normes.

Les motivations d'expression personnelle et d'accomplissement prennent du poids en tant que motivations dominantes, aux dépens des motivations de *standing* et de celles de sécurité économique. Les Français, de plus en plus nombreux, recherchent l'épanouissement ; leur personnalité jaillit dans leurs choix et leurs refus ; ils cherchent, par leurs conduites, à exprimer leurs humeurs, leurs émotions, leur personnalité ; ils se méfient des modèles, des stéréotypes, des propositions qu'ils ne sentent pas comme venant d'eux-mêmes.

En dépit d'un déclin qui se poursuit, la motivation de sécurité économique continue probablement encore à occuper une position dominante chez un nombre un peu plus grand de Français que la motivation d'expression et d'accomplissement. Mais l'expression de la personne devient une valeur sociale. De plus en plus de consommateurs, qui sont motivés avant tout par la considération et le *standing,* cherchent à paraître des personnes autonomes, indépendantes, par exemple en choisissant leurs vêtements, leur maquillage, le mobilier de leur appartement. Nous atteignons probablement ainsi des seuils où l'expression de la personne colore les réactions, non seulement de ceux qui sont dans le courant, mais de la plus grande partie de la population.

Une personne expressive a tendance à être expressive à tout instant, selon ses humeurs et ses émotions du moment. Elle a moins tendance à coller à un modèle durable d'elle-même, plus à être ce qu'elle ressent ici maintenant. Elle est moins fidèle à une image de soi, à un produit, à une marque. Elle est fondamentalement diverse et versatile. Elle doit être reconquise en permanence.

La division de notre société en grandes catégories socio-démographiques, en catégories sociales clairement distinctes, s'estompe. L'analyse socio-démographique des mouvements des courants entre 1974 et 1978 montre que les différences socio-culturelles entre les jeunes et les vieux, entre les ouvriers et les cadres, entre les urbains et les ruraux, se réduisent. Il semble bien qu'une immense classe moyenne soit en train de se constituer sous nos yeux.

Cependant, le mouvement vers l'autonomie porte les personnes à se différencier sinon à l'infini, du moins selon la variété de leur personnalité, de leurs intérêts, de leurs humeurs... La classe moyenne qui se constitue est, en fait, extrêmement différenciée, selon un grand nombre de dimensions qui ne sont pas socio-démographiques : régions ou pays, styles de vie, types socio-culturels ou psychologiques, centres d'intérêt, cellules idéologiques, etc. Et, dans cette société, les identifications ne se recoupent pas : une personne A s'apparente à une personne B du point de vue de son style de consommation, à une personne C pour tel de ses centres d'intérêt, à une personne D qui participe, comme elle, à une association linguistique régionale, etc. Les appartenances se chevauchent les unes les autres beaucoup plus que par le passé. Il semble que la structure de notre société ait ainsi tendance à devenir beaucoup plus complexe.

Tendance à la contraction des cercles d'identification et d'appartenance

Le courant que nous avons appelé « Besoin d'enracinement » (24) progresse régulièrement et fortement.

Le niveau auquel s'effectue la participation la plus spontanée change. Il y a vingt ans, de très nombreux Français avaient encore le sentiment de participer à la France ou au Prolétariat (c'est-à-dire des entités larges, abstraites et mythiques) en lisant le matin un quotidien national, par exemple *Le Figaro* ou *L'Humanité.*

Aujourd'hui, ce mode de participation est de moins en moins opérant. Nous voyons un bon nombre de nos concitoyens chercher des racines et une participation sociales à un niveau primaire et concret. Ils le font parfois de façon réaliste en s'insérant dans de petits groupes de camarades d'atelier ou de bureau, en créant des associations, correspondant à tel ou tel de leurs centres d'intérêt, en tentant de redonner vie à la commune... Ils le font aussi au plan des symboles et du rêve, en copiant le style de vie, la nourriture, les vêtements, la musique de groupes ethniques dans lesquels les communications directes d'homme à homme étaient plus développées, en lisant des livres qui évoquent des sociétés dont les membres étaient plus enracinés.

La famille, elle-même, semble à nouveau correspondre à certaines sensibilités de pointe, en s'ouvrant quelque peu. L'ensemble de ces sensibilités se traduit notamment par un mouvement d'éloignement de ce qui est grand, centralisé, puissant, une demande d'autonomie des personnes et des petits groupes vis-à-vis des grandes entités. Il en résulte une réduction du diamètre des cercles d'identification et d'appartenance.

La transparence de notre société s'accroît

Notre société devient de plus en plus transparente, mais la croissance de notre besoin d'intraception (courant 26) nous la fait souvent paraître trop opaque.

Une proportion de plus en plus élevée de nos concitoyens est en communication directe avec leur affectivité ; ils deviennent plus au courant d'eux-mêmes et de leurs relations au monde extérieur. Parallèlement, se développe chez eux un goût pour et une aptitude à comprendre (sentir) les autres comme de l'intérieur, par empathie, et à comprendre (sentir) de même la société dans laquelle ils baignent, ses structures, ses processus. Ils sont plus aptes à décoder les phénomènes psychologiques et sociaux, à percevoir les processus et les enchaînements dans la société. Lorsque nous avons identifié ce courant, au début des années soixante-dix, nous l'avons baptisé « Intraception ».

Ce courant progresse de façon régulière et forte. Il se manifeste, entre autres, par de profondes modifications des relations interindividuelles et des relations des personnes à la société et aux puissances. Il constitue naturellement un facteur central d'autonomie des personnes : il explicite les conditionnements, déjoue les manipulations, sape les mythes et mystifications. Dans sa phase actuelle, le phénomène s'auto-alimente : nos contemporains intraceptifs sont aux aguets et demandent un complément d'information qui, leur étant apporté, accroît la transparence du système. Divers changements technologiques et institutionnels sont nourris par l'intraception et la nourrissent, contribuant ainsi à accroître le niveau de transparence. Il en va ainsi de certains progrès des sciences sociales (ethnologie, sociologie, psychologie sociale, ethologie, ...) et du développement d'appareils d'observation et d'analyse de la société. Il en va ainsi de la télévision qui rend relativement transparentes les personnes qu'elle montre. Il en va ainsi des techniques d'enregistrement (magnétophones, magnétoscopes) et des techniques de groupe qui rendent la personne plus transparente à elle-même. Il en va ainsi de l'instantanéité croissante de l'information des masses qui permet à des *feed-back* positifs ou négatifs d'être opérants, etc.

Fluidité récente de plusieurs systèmes sociaux anciennement bloqués

Les grands courants de la pensée moderne commencent à influencer les représentations du public. Les représentations dominantes du monde comme ordonné, pyramidal, mécanique, cartésien sont ébranlées. Le discontinu acquiert droit de cité. L'incertitude et le hasard l'emportent sur un déterminisme global et détaillé. L'ordre naît du désordre plutôt que d'un principe organisateur général. Les schémas biologiques ou informatiques s'affirment aux dépens des représentations mécaniques, les interactions et *feed-back* aux dépens de la causalité. La pensée systématique s'épanouit. La survie de l'espèce paraît le résultat de l'ajustement des individus à leur environnement...

Cette évolution profonde de nos schémas de pensée et de nos représentations menace d'anciennes idéologies dominantes. L'idée se répand qu'il faut interférer avec les processus et les systèmes plutôt que légiférer, réglementer ou punir. La prétention à tout connaître et à tout gouverner du point de vue supérieur de l'État, la prétention à prévoir le sens de l'histoire, paraissent de plus en plus « étranges » à une proportion croissante de nos concitoyens. L'idée pointe que, pour que survive une espèce, il faut laisser se battre ses constituants — individus ou organisations.

Simultanément, le consensus collectiviste et planificateur de l'intelligentsia française paraît ébranlé. L'intelligentsia exerce en France une influence importante sur les hauts fonctionnaires et les journalistes. Depuis 1945, la plupart de ses membres s'accordaient à affirmer la primauté des valeurs de planification et d'organisation collective, le caractère intrinsèquement bon de l'État et mauvais de l'entreprise. Le consensus de l'intelligentsia a commencé à se lézarder il y a quelques années, lorsque la protestation de Soljenitsyne a trouvé un terrain pour germer. Les nouveaux philosophes, puis les nouveaux économistes ont élargi la fissure. Le journal *Le Monde,* dans ses pages intellectuelles, s'est ouvert à des idées divergentes.

Dans les années 1970-1977, le mouvement profond des sensibilités vers l'autonomie individuelle et vers la primauté de la personne et des petits groupes sur la collectivité ne se manifestait que très imperceptiblement dans la vie politique et institutionnelle de la France. Les processus d'organisation collective, de réglementation et de bureaucratisation se poursuivaient.

L'échec, inattendu pour beaucoup, de l'opposition lors des élections législatives de 1978, a provoqué comme une discontinuité, désarçonné plus d'un responsable et permis aux tendances sous-jacentes d'émerger timidement dans la vie institutionnelle : discussions au sein des partis de gauche, amorces de dialogues avec les syndicats, coupure du ministère des Finances en deux, attribution du portefeuille de l'économie à un homme d'entreprise, etc.

Ainsi, les évolutions en cours sont multiples et de grande ampleur. Nous sommes en train d'assister à une transformation profonde et durable des attitudes, des comportements et des sensibilités des Français.

Vivre autrement

Théodore Zeldin *

Société permissive, conflits de générations, place nouvelle de la femme, souci de la qualité de la vie et des relations humaines : faut-il donc parler d'une révolution des mœurs ? Ce diagnostic maintes fois répété, et largement partagé par l'opinion publique, paraît fondé sur le constat de mutations bien réelles dans la vie des Français. Mais n'y a-t-il pas aussi un mythe du changement, qui se nourrit de multiples images, elles-mêmes mythiques, de la société française traditionnelle ?

« Notre société en pleine mutation... » De tous les clichés de ces trois dernières décennies, celui-ci est peut-être le plus rebattu. Les politiciens ne s'en lassent pas. Les sociologues le confirment par leurs études. Les grands moyens d'information trouvent tous les jours une nouveauté à signaler. Qui pourrait douter que le changement est la caractéristique essentielle de notre époque ?

Les spécialistes qui apportent leur contribution à cet ouvrage n'auront pas de mal à donner de nombreux exemples de changements — idées, lois, institutions, activités, coutumes ; leur problème serait plutôt de faire un choix parmi les multiples points qui méritent d'être cités. Mais pourra-t-on conclure, après les avoir lus, que la France a complètement changé de visage entre 1940 ou 50 et 1980 ?

La réponse variera suivant le point d'observation où l'on se place. A quoi ressemblait la France de 1940 ? La vision que nous en avons se modifie constamment. Le vieux monde de l'avant-guerre, que les Français ont peut-être cru laisser derrière eux après 1945, ne présente plus le même aspect maintenant qu'à cette époque. C'est comme d'être assis dans un train, et de se demander si c'est le train ou le quai qui bouge. On peut dire en fait que les deux ont bougé. Il convient de tenir compte de ce phénomène pour mesurer la complexité dont toute étude des mutations de la société française sera nécessairement empreinte.

La prospérité ne suffit plus

On est tenté d'affirmer que c'est la nouvelle prospérité qui constitue la transformation la plus fondamentale. Il y a dix ans, il est vrai, en réponse aux sondages d'opinion, les Français se disaient avant tout conscients de l'amélioration de

* Théodore Zeldin, professeur d'histoire et doyen du St Anthony's College d'Oxford. Auteur de plusieurs ouvrages sur la société française, et notamment *Conflicts in french society* et *Histoire des passions françaises, 1848-1945* (traduction française aux éditions Recherches en 1978, cinq volumes).

leur niveau de vie. Aujourd'hui, les réponses sont différentes, et insistent davantage sur la modification des relations individuelles. Est-ce par lassitude à l'égard du progrès matériel ? Ou bien les fruits de la prospérité ne sont-ils plus ce qu'ils étaient dans les années soixante ?

Ce n'est pas la première fois qu'une expansion industrielle spectaculaire se produit en France ; on a trop tendance à l'oublier. Les années vingt, le Second Empire, ont été témoins de poussées presque aussi importantes que celles de l'après-guerre. Mais il s'est développé un mythe qui veut que la France soit longtemps restée un pays essentiellement rural et qu'elle ait résisté obstinément à la Révolution industrielle déclenchée en Angleterre, dont les cheminées fumantes ne lui inspiraient que mépris. Mais les calculs les plus récents des historiens de l'économie jettent un jour nouveau sur cette question. Il est vrai qu'au XIXe siècle, la production de la France n'a été multipliée que par 5, alors que celle de l'Angleterre passait de 1 à 12. Mais si l'on se souvient que la population française n'a augmenté que d'environ 50 %, alors que la population anglaise triplait, et que l'on établisse le rapport entre productivité et population, le tableau est différent. En fait, la croissance économique des deux pays au cours de ce siècle a été presque égale : 1,3 % par an en Angleterre, contre 1,2 % en France. Il se peut que les Français soient aujourd'hui deux fois plus riches que leurs grands-parents, mais leurs besoins sont certainement au moins deux fois plus élevés.

Quant à l'accroissement de la population après la guerre, il convient aussi de le voir en termes relatifs. On ne peut le comparer au type de transformation que l'Angleterre a connu il y a cent ans, ou dont l'Iran, par exemple, a été le théâtre au XXe siècle, passant de 10 à 33 millions d'habitants. Il n'a donné lieu à aucun changement d'attitude durable : le taux de natalité en France diminue maintenant exactement au même rythme que dans les autres pays d'Europe *. Le taux de natalité a commencé à augmenter en France avant que le gouvernement ait institué une politique d'allocations familiales et il a baissé en dépit de cette politique.

Inventer un nouveau style de vie

Au cours de la crise des années trente, certains Français ont commencé à pressentir que la France avait perdu son autonomie en tant que nation. Elle ne pouvait pas échapper aux contraintes des mouvements économiques internationaux. Depuis la guerre, une uniformité de plus en plus grande s'est manifestée en Europe occidentale, dans le style de vie, dans la proportion des propriétaires d'automobiles, de machines à laver, de téléviseurs, etc., quels que soient les succès ou les échecs des gouvernements respectifs. La paysannerie française disparaît comme celles de l'Angleterre et de l'Allemagne ; ce qui diffère, c'est le rythme de cette évolution. La France n'a que deux villes de plus d'un million d'habitants, alors que l'Angleterre et l'Allemagne en ont chacune six, mais elle subit de la même façon l'invasion des supermarchés et des multinationales. Ses hommes politiques font de leur mieux pour maintenir l'illusion qu'elle est une

* Cf. annexe 3, p. 380.

nation totalement indépendante, et insistent d'autant plus sur ce point qu'il est sujet à caution. Mais l'opinion publique ne se laisse pas abuser. Il semble que la proportion de Français prêts à mourir pour leur patrie se réduit malgré un certain chauvinisme oratoire.

A mon avis, donc, pour juger de l'évolution récente de la France, il ne faut pas s'appuyer sur les différences statistiques négligeables qui la séparent des autres nations. Cela reviendrait à perpétuer le point de vue national, et c'est précisément de cette phase qu'émerge la France. Au cours des deux derniers siècles, les efforts de la France pour se comprendre elle-même ont été marqués par le présupposé d'une différence essentielle avec les autres nations. La question du pouvoir, militaire et économique, préoccupait avant tout celles de ses classes qui se livraient à une réflexion politique.

Mais ce n'est plus ce dont les jeunes Français se soucient. Les passionnantes enquêtes psycho-sociologiques de Claude Tapia (1) révèlent clairement un phénomène de plus en plus net : la nouvelle génération se distingue par l'attention plus grande qu'elle accorde aux mœurs, à la qualité de la vie, aux loisirs et aux relations individuelles. Le comportement des gens à l'égard les uns des autres échappe largement au contrôle des gouvernements. Dans ce domaine, l'individu conserve une autonomie importante, ce qui constitue peut-être sa réponse aux pressions économiques apparemment inéluctables qui pèsent sur lui. Il faut juger la France moderne en fonction des critères de cette génération-ci et non pas de la précédente.

Accepter les différences !

Ce qui a donc le plus changé aujourd'hui, c'est la vision nouvelle que les Français ont les uns des autres, leur attitude nouvelle dans leurs rapports mutuels, à l'égard de leur famille, de leurs amis, de leurs voisins, de leurs collègues de travail. Le facteur crucial qui influe sur ces comportements, c'est la façon dont s'est dissipé le voile d'hypocrisie qui recouvrait traditionnellement la vie privée. Le sondage d'opinion, avec ses questionnaires de plus en plus détaillés, nouveauté apparue après la guerre, a révélé aux Français leur propre diversité. Il a rendu impossible de parler de ce peuple comme s'il constituait une masse homogène. Il a détruit la conception nationaliste du Français typique, en révélant que cet idéal n'avait jamais existé dans la pratique. Dans le passé, les poètes ont loué la diversité physique de la France ; c'était pour les Français l'objet d'une fierté légitime. Les enquêteurs ont montré la diversité des comportements français, et cette révélation les a déconcertés. La raison en est qu'ils ne peuvent plus se repérer facilement, dans un contexte dont ils avaient l'habitude. Il devient possible d'acquérir une grande quantité d'informations portant sur le présent, alors que l'équivalent en ce qui concerne le passé ne pourra jamais se trouver. De nombreux mythes survivent ; et les Français se battent contre des traditions qui n'ont jamais existé, ou se libèrent de contraintes qu'ils ont inventées eux-mêmes.

---

(1) Camilleri (Carmel) et Tapia (Claude), *Jeunesse française et groupes sociaux après Mai 1968, Enquêtes sur des populations universitaires et scolaires de Paris et de province,* éd. du CNRS, Paris, 1974.

Société permissive et tradition

On s'imagine en général que la moralité française s'est effondrée au cours des vingt dernières années, et qu'une société permissive a succédé à une société régie par une stricte moralité. Il semble que cette vision des choses soit erronée. C'est le XIXe siècle qui constitue une singularité dans l'histoire française, et il serait plus juste de dire que la France retourne à une situation qui existait auparavant. La bourgeoisie, dans son ère de gloire, s'est efforcée de soumettre les conduites à des règles sévères, à une époque où la respectabilité et l'ascension sociale constituaient les buts suprêmes, mais sa réussite n'a pas été à la hauteur de ses espérances : l'hypocrisie fleurissait ; et les critères de moralité de la classe laborieuse variaient énormément. On sait maintenant que de nombreux paysans du XVIIIe siècle menaient une vie aussi « licencieuse » que n'importe quel contestataire contemporain. Dans l'histoire, le puritanisme est une exception ; sa réapparition semble soumise à un rythme cyclique, de sorte que la société permissive qui épouvante les conservateurs présente, en fait, de nombreux traits traditionnels.

Un nouveau rapport entre générations

On croit aussi, fréquemment, que l'idée de hiérarchie est morte. On entend dire que le respect pour les vieillards, pour les parents, se perd. C'est là ne pas tenir compte des conditions démographiques totalement différentes qui règnent aujourd'hui. Sous l'Ancien Régime, la durée moyenne des mariages était de 20 ans. Les parents mourraient au moment où leurs enfants atteignaient la maturité. Les générations se succédaient sans avoir le temps de se connaître totalement, et surtout sans avoir l'occasion d'entrer en concurrence. Les parents, aujourd'hui, vivent beaucoup plus longtemps, et entravent effectivement l'accession de leurs enfants aux postes de commande. Dans le passé, il était beaucoup moins difficile d'accepter l'idée que les vieillards détenaient la sagesse, parce qu'ils étaient beaucoup moins nombreux, et qu'il y avait peu de risque que leur domination se perpétue longtemps.

Le conflit de générations n'est cependant pas une nouveauté. Il y a cent ans, déjà, de nombreux auteurs se plaignaient de l'empire exercé sur la vie familiale par des enfants gâtés et désobéissants, « *à sept ans, gourmands, maîtres de la maison ; à douze, montant gravement les marches du collège un cigare à la bouche ; à dix-sept, disputant avec leur père et ne s'inclinant ni devant la vieillesse ni devant la supériorité* ». Seules les règles de l'hypocrisie ont changé. En 1950, quand on demandait à des jeunes gens auquel des Dix Commandements ils attribuaient le plus d'importance, ils répondaient sans hésiter : « Honore ton père et ta mère ». Leur réponse ne serait plus la même aujourd'hui. Cela ne veut pas dire, néanmoins, que leur dépendance par rapport à leurs parents ait complètement disparu ; elle a pris un caractère émotionnel différent. Ce n'est pas par hasard que cette génération a pris pour évangile le freudisme, selon lequel la personnalité est en grande partie déterminée par l'attitude adoptée par les parents vis-à-vis du petit enfant.

La jeunesse française a été représentée parfois comme une horde de barbares campant aux portes de la civilisation traditionnelle. Toutes les études sérieuses ont prouvé que cette impression était fausse.

Les jeunes semblent divisés en trois groupes à peu près égaux : un tiers seulement ont le sentiment que leurs parents vivent dans un univers mental tellement éloigné du leur que cela ne vaut même pas la peine d'essayer de discuter avec eux ; un autre tiers partage parfois ce point de vue, mais seulement occasionnellement ; le reste, enfin, s'entend assez bien avec ses parents. Pour la majorité de la population, il n'y a donc pas de conflit de génération. Nous savons, par exemple, que 53 % des parents ont les mêmes pratiques religieuses que leurs enfants ; que plus de la moitié des célibataires âgés de plus de 26 ans vivent avec leurs parents.

Les modes de la jeunesse : une manière de s'affirmer

Mais la jeunesse a agacé et provoqué la génération précédente par des gestes symboliques que celle-ci a eu beaucoup de mal à tolérer. Les cheveux longs, les mini-jupes, le *rock and roll,* ont passé aux yeux des adultes pour un rejet total des valeurs établies. Là encore, de dangereux malentendus auraient pu être évités si l'on avait su voir les événements contemporains dans un contexte historique. Les parents ont oublié que l'amusement français traditionnel : « *épater le bourgeois* », n'a pas forcément une signification révolutionnaire, mais qu'il peut traduire aussi la quête d'une identité, et un désir de communication, partagés par toutes les générations. Ils ont oublié qu'ils avaient eux-mêmes semé le désordre en dansant le tango et la rumba, de même que leurs grands-parents en dansant la polka et la valse, danses qui furent toutes considérées comme le comble de la débauche, et condamnées par les représentants de l'église, les juges et les professeurs.

1968, un crime de lèse-majesté

Les événements de Mai 68 donnèrent d'autant plus l'impression d'une révolution de la jeunesse qu'ils semblaient faire partie d'un mouvement international. Il apparaît que leur rôle de perpétuation du passé s'est révélé aussi important que leur fonction d'innovation. Ils ont donné aux adultes l'occasion de « *se saigner pour mieux survivre* ». La jeunesse a commis le crime de rendre publics les doutes et les hypocrisies du monde adulte, de mettre en lumière les contradictions qui le partageaient, de révéler l'absurdité de bien des vieilles coutumes dont on pouvait se dispenser sans dommage. Mais les jeunes étaient eux-mêmes aussi divisés que les adultes, et cela n'a pas changé.

Communiquer pour mieux vivre

Quand on parle de « forces de changement », il ne faut jamais oublier qu'il s'agit de minorités opposées à d'autres minorités, de tailles diverses et s'affrontant sur des thèmes divers. La minorité la plus intéressante est celle qui a compris que le terrain principal est celui de la communication. On peut considérer que la discothèque symbolise dans ce domaine un nouveau départ, ou une résurrection. Au XVIIIe siècle, la France apporta à la civilisation une de ses principales contributions en créant le salon littéraire, où la conversation atteignit des sommets inégalés. Dans les années soixante, la France vit fleurir les discothèques, dans lesquelles par contre, la conversation est abolie, car le bruit de la musique y est trop fort. Les vieux et les profanes se sentent complètement exclus. « *Ça se passe en France et nous ne comprenons pas* », pouvait-on lire à l'époque dans *Paris-Match,* qui parlait de ce qui semblait être une nouvelle et étrange anti-civilisation, de chansons dont les paroles n'avaient aucun sens, de héros à la fois extraordinaires et très ordinaires, d'une violence apparemment sans but. Mais la discothèque indiquait, au sein de la nouvelle génération, la quête d'une nouvelle forme de communication, fondée sur des gestes, des loyautés, toute une gamme de complicités. Si l'émission de radio *Salut les Copains* eut un tel succès, c'est qu'elle donnait aux jeunes l'illusion qu'ils pouvaient se comprendre et partager les mêmes émotions. Bien sûr, ce n'était qu'une illusion : les copains étaient aussi divisés que toute autre génération, et se répartissaient en toute une série de groupes, dont chacun était pourvu de ses snobismes, de ses goûts, de ses inégalités propres. Ils acceptaient l'illusion, parce qu'ils s'amusaient bien ; cela leur permettait d'oublier et de se divertir ; et là aussi, ils restaient dans la meilleure tradition française, même si en surface, elle avait pris l'accent américain.

Le couple au premier plan

Quand ces enfants ont grandi, ils ont essayé d'aller au-delà de l'illusion. Ils se sont efforcés de mieux se comprendre, comme l'indique la nouvelle attitude vis-à-vis du mariage. Le mariage, lui aussi, est devenu une conversation. Son but principal n'est plus lié aux finances, à la propriété, à la transmission de l'héritage. Ce que chaque partenaire cherche dans le couple, c'est avant tout une compatibilité de goûts et d'habitudes. Cela explique que la cohabitation prénuptiale soit devenue si populaire (là encore, nous devons pourtant souligner qu'il s'agit de minorités : un tiers des couples seulement cohabitent aujourd'hui avant le mariage, contre 17 % il y a dix ans) *. Dans l'ensemble, les parents en sont rapidement venus à accepter cette coutume nouvelle, parce qu'ils se rendent compte que loin d'être une attaque contre l'institution du mariage, il s'agit au contraire d'une tentative de la renforcer, de porter remède à l'incompréhension mutuelle qui divisait jadis les couples, de mettre fin aux disputes incessantes dont tant de gens ont été témoins dans leur enfance. Mais, bien sûr, la recherche de l'intimité rend les individus bien plus vulnérables. Il n'est pas surprenant de voir monter le taux de divorce ** : cela veut dire que les gens sont plus exigeants, même s'ils sont en même temps incapables de définir ce qu'ils veu-

---

* Cf. annexe 3, p. 386 à 388.

** Cf. annexe 3, p. 382.

lent. On peut supposer qu'avant que le divorce ne devienne légal, les couples qui sombraient dans le silence ou dans l'antagonisme étaient aussi nombreux que ceux qui aujourd'hui se séparent.

Une nouvelle place de la femme dans un monde qui demeure à domination masculine

Le Président de la République a dit : « *La société sera transformée par les femmes* ». Dans le courant de cette période, les femmes ont pris conscience d'avoir un rôle nouveau, de voir s'ouvrir devant elles de plus larges opportunités, d'être traitées de façon différente. Mais jusqu'à quel point ont-elles été révolutionnaires, et quelle a été la profondeur de l'impact de leur rôle nouveau sur la société ? De nouveau, les réponses apportées en général à ces questions ont été influencées par des mythes bien enracinés sur la situation des femmes dans le passé. Il n'est pas exact que les femmes aient brusquement pris un rôle actif dans la société, après avoir été pendant des siècles des ombres dociles. Le XIXe siècle fut l'ère de l'ambition. On pouvait réaliser son désir de s'élever dans l'échelle sociale, grâce à la nouvelle doctrine de l'ouverture des carrières en fonction des talents. Mais même si l'on avait du talent, il était difficile de faire son chemin. Le mariage était souvent un moyen d'ascension plus efficace qu'un diplôme. Les femmes jouaient le rôle d'intermédiaires dans cette guerre méritocratique ; dans les coulisses, elles aiguillonnaient les hommes. Derrière chaque bachelier, il y avait une mère déterminée et anxieuse, autant qu'un père ambitieux. C'est au XXe siècle que la mère a perdu le contrôle de ses enfants. Les institutions ont davantage réglementé la compétition : l'État, l'école, les experts, les médecins et les psychologues ont tous revendiqué le droit de superviser l'enfant. Le désir de voir ses enfants réussir mieux que soi-même n'a pas diminué. Mais désormais, les femmes ont décidé de réaliser directement leurs espérances, au lieu de le faire par l'intermédiaire d'autrui.

Dans l'ensemble, les femmes se sont cependant contentées de s'emparer d'une place dans un monde auquel les hommes avaient donné sa forme ; elles ne l'ont pas transformé. Mieux elles réussissent — et ce sont les plus capables qui sont arrivées au premier rang dans leurs carrières — moins elles ont besoin de renverser l'ordre établi. Mais l'organisation actuelle du travail ne convient pas à la plupart des femmes. Elles apprécieraient de pouvoir partager leur temps entre leur famille et leur travail. En France, pourtant, le travail à mi-temps s'est très peu développé. 11 % des femmes seulement ont un emploi à mi-temps, contre 20 % en Allemagne et 38 % en Angleterre. La majorité des femmes, en France, ont continué à accepter des postes moins bien payés, moins intéressants et plus exposés au chômage que les hommes *. Elles constituent donc le soutien principal du système industriel ancien, qui repose sur l'existence d'une main-d'œuvre peu payée et semi-spécialisée. 70 % d'entre elles déclarent ne pas désirer plus de responsabilité dans leur travail. Malgré l'ennui, elles trouvent au bureau et à l'usine des satisfactions sociales. Le Secrétariat d'État à la

* Cf. annexe 2, p. 264 à 267.

condition féminine a évalué à une sur cinq seulement la proportion de femmes qui ont « *une volonté offensive de changement* », alors que deux sur cinq « *aimeraient voir du changement, mais ne sont pas prêtes à agir pour l'obtenir* ». Sur le plan politique, les femmes deviennent conservatrices plus tôt que les hommes ; si la gauche n'a pas accédé au pouvoir, ce n'est pas que toutes les femmes votent à droite ; les jeunes femmes votent en effet exactement comme les jeunes hommes ; mais après 35 ans, les femmes sont souvent plus conservatrices que les hommes, et il y a, naturellement, bien plus de femmes âgées que d'hommes âgés. On en conclut que les femmes ont exercé une pression dans des directions contradictoires.

Priorité aux relations affectives

Cela explique qu'il n'y ait pas eu autant de changement dans l'organisation pratique de la vie que dans le statut légal des femmes. Il y a une autre raison : les femmes ont consacré plus d'efforts à améliorer leurs relations affectives qu'à leur situation professionnelle. Elles estiment que les relations de couple se sont améliorées, bien plus qu'elles n'estiment que l'organisation générale de la société a progressé. Plus qu'une aspiration à la prospérité, la quête du bonheur est une recherche de l'amitié.

Voilà pourquoi on ne doit pas laisser la prospérité de l'après-guerre occulter les évolutions plus subtiles survenues en France au cours de cette période. En fait, la France est divisée en deux sur la question de la place du travail dans la vie. Une moitié des Français seraient prêts à gagner moins pour bénéficier de plus de loisirs et mener une vie plus épanouie. Naturellement, les classes les plus fortunées peuvent adopter cette attitude plus fréquemment et plus facilement. Il ne s'ensuit pas que les plus pauvres leur emboîteront fatalement le pas. La prospérité ne conduit pas nécessairement à l'idéal de la retraite précoce (qui est, bien entendu, un idéal cher au Français).

On constate qu'il n'y a pas de consensus en France. Toutefois, ce qu'il y a de plus nouveau, c'est que les gens commencent peu à peu à accepter cette idée, en partie parce qu'ils reconnaissent davantage la variété qui existe dans le pays. Mais il n'est pas facile de trouver un sens à cette nouvelle tour de Babel. En 1980, la France est peut-être moins différente qu'on ne le pense de ce qu'elle était en 1950 ; ce qu'on prend pour une nouveauté est souvent une redécouverte de ce qui existait auparavant, mais caché dans l'obscurité.

Joindre le geste à la parole

Laurence Wylie *

Le corps a ses raisons... que la sociologie ne connaît pas, — ou pas assez —. Qu'y a-t-il pourtant de plus caractéristique d'une culture, et de plus difficile à modifier, que les attitudes corporelles, les rythmes d'élocution, les formes de la conversation ? Combien le Français se distingue sur ce point de l'Américain, c'est ce que montre, avec le recul nécessaire à l'anthropologue, un familier de la France et de ses habitants.

Au cours d'une conférence donnée il y a environ cinquante ans, Marcel Mauss déclarait qu'à son avis les sociologues ne tenaient pas assez compte d'une des clés fondamentales pour comprendre les faits culturels. Nous pourrions, disait-il, apprendre énormément de choses sur le comportement humain si nous nous mettions tout simplement à observer les phénomènes communs des « techniques du corps » (1). L'article de Mauss est très souvent cité mais il n'a pas inspiré beaucoup de recherches, tout au moins sur le comportement des Français. Certes, des milliers d'ouvrages (2) portent sur la nourriture en France, la santé, l'habillement, les sports, les convenances, la vie amoureuse, etc., mais bien peu d'entre eux se préoccupent de savoir comment se tiennent les Français lorsqu'ils sont debout, comment ils bougent, quels sont leurs contacts physiques, quels sont leurs gestes, comment ils utilisent l'espace qui les entoure ou communiquent au moyen d'expressions du visage ou du regard.

Et pourtant, pour comprendre les hommes, il est essentiel de savoir quelle idée ils ont de leur corps, de la façon dont il fonctionne et de la façon dont il devrait se mouvoir et réagir vis-à-vis des autres. De cette conception résulte un modèle dont les implications sont fondamentales pour certains des problèmes les plus importants de notre vie : comment élevons-nous nos enfants, comment sont organisées les familles, comment se déroulent les rites sociaux, comment fonctionne le gouvernement ? — ou comment il devrait fonctionner. Sans vouloir tomber dans les excès de l'organicisme, pris trop au sérieux au XIXe siècle, il est

---

* Laurence Wylie, professeur honoraire à l'université de Harvard. A publié de nombreuses études sur la société française et, en particulier, *Un village du Vaucluse,* traduction française aux éditions Gallimard, 1968 et *Chanzeaux, village d'Anjou,* Gallimard 1970.

(1) Cette conférence a été faite le 17 mai 1934 et publiée dans le *Journal de Psychologie,* XXXII, 3-4, mars-avril 1936.

(2) Dans la bibliographie monumentale d'environ 3 000 titres portant sur le comportement corporel, récemment publiée par Anne Ancelin Schutzenberger, très peu de titres émanent de Français ou concernent les Français. Voir sa *Contribution à l'étude de la communication non verbale,* Honoré Champion, Paris, 1978, v II p. 711 - 803 b.

cependant impossible de s'offrir le luxe de négliger les facteurs humains qu'il implique. Par exemple, il est intéressant de remarquer comment Durkheim, lorsqu'il rédigeait *De la division du travail social,* a été inspiré par sa propre réaction à un article de Herbert Spencer qui établissait le corps comme modèle de l'organisation sociale — alors qu'il s'agissait d'un concept totalement britannique en pleine contradiction avec le concept français de l'organisation du corps (3).

Il est absolument indispensable de tenir compte des attitudes corporelles dans toute étude portant sur la stabilité et les changements sociaux, d'autant plus que les fondements des postulats relatifs au corps et aux techniques du corps apparaissent comme l'un des traits les plus stables de l'activité humaine. Bien sûr, il peut se produire de brusques changements du comportement corporel dans des domaines tels que les modes vestimentaires, alimentaires ou dans la façon de se déplacer. L'évolution technologique oblige les techniques du corps à se transformer en fonction de l'activité professionnelle.

Dans les dernières décennies, les Français, toujours préoccupés par les problèmes de santé, se sont de plus en plus tournés vers la kinésithérapie et autres thérapies du corps. Le sport est devenu de plus en plus populaire *. C'en est fini de l'image de l'intellectuel, rat de bibliothèque, semblable à la caricature du philosophe du XIXe siècle déclarant, lorsqu'il se sentait contraint de faire faire une promenade à son corps : « Je vais promener Médor ! ». Aujourd'hui, ce professeur ferait du *jogging* ou jouerait au tennis.

Attitudes corporelles et identité sociale

Il y a cependant des aspects plus évidents et donc plus négligés du comportement corporel, tels que la tension musculaire, le rythme du mouvement, le sens des frontières du corps, la relation du corps à l'espace environnant, qui semblent se perpétuer de génération en génération. Ce sont précisément ces traits qui forment un style associé, consciemment ou non, à un « comportement typique » qui donne à un groupe social son identité.

Reste à savoir comment déterminer précisément ces caractéristiques afin d'éviter que nos observations ne soient trop impressionnistes. Il peut être amusant de s'asseoir à la terrasse du café de Flore et d'émettre des hypothèses sur l'identité sociale des passants. Cela peut même aiguiser notre sens de l'observation, mais il sera difficile d'en vérifier les résultats !

Comment peut-on étudier avec exactitude le mouvement humain sans l'arrêter ? Or, en l'arrêtant pour en étudier ses composantes une à une, ne détruisons-nous pas justement le phénomène que nous voulons étudier ? Le problème remonte à Zénon, mais heureusement, l'utilisation du cinéma nous donne un avantage sur lui.

Mes observations sur le comportement corporel des Français et des Américains reposent essentiellement sur l'analyse formelle exposée en particulier par le

---

(3) Voir par exemple les pages 204 et 205 de la 8e édition, Presses universitaires de France, Paris, 1967.

* Cf. annexe 3, p. 396 et 397.

Dr William Condon, du Département de psychiatrie de l'École de médecine de l'université de Boston. A l'aide d'un équipement de projection spécial, il est possible de ralentir la vitesse normale d'un film de 24 images par seconde, ce qui permet de visionner un fragment de film à n'importe quelle vitesse afin d'examiner un fragment quelconque autant de fois qu'il est nécessaire pour retracer avec toute la précision voulue le mouvement enregistré sur le film. On peut ensuite faire la courbe représentant le mouvement effectué par chaque partie du corps et chronométrer le mouvement selon le nombre d'images par seconde. En général, il s'agit de 24 images, mais on peut utiliser un film à 48 ou 96 images par seconde. Une analyse aussi minutieuse du mouvement est une entreprise fastidieuse : il faut souvent une heure pour retracer le mouvement d'une personne pendant une seconde. Cependant, les résultats compensent largement l'effort car, lorsqu'on a décomposé le processus de changement dans son ensemble, on a une description exacte du mouvement et de sa vitesse. Apparaît alors un profil général.

Par suite de la lenteur de cette méthode d'analyse, il est malheureusement impossible d'étudier un grand nombre de séquences, ou des séquences longues portant sur de nombreux sujets, si bien que l'échantillon d'attitudes corporelles que j'ai pu observer est limité. Mes sujets, Français et Américains, étaient des étudiants et des professeurs d'université, vivant tous dans la région de Boston ou y effectuant un séjour, de sorte que mes observations concernent pour la plupart des intellectuels de la classe moyenne et supérieure. Je ne suis que trop conscient des différences sociales, géographiques, professionnelles dans le comportement national, ainsi que des différences dues à l'âge ou au sexe. C'est pourquoi je ne prétends en aucune façon avoir défini des caractéristiques générales des Français ou des Américains. J'ai l'impression qu'il existe des différences culturelles générales, mais ce n'est qu'une impression. Quand je me réfère dans cet article à des Français ou à des Américains, je ne parle que de mes sujets, pris comme exemples, et non de la population française ou américaine en général. De plus, étant donné le peu d'espace dont je dispose, je ne pourrai dans ce chapitre qu'évoquer un petit nombre de traits du comportement culturel : la tension musculaire, les attitudes, le rythme.

Une tension musculaire constante

Ce qui frappe le plus un observateur américain dans le comportement corporel général des Français, c'est qu'ils semblent tenus à dominer constamment leurs muscles. Il en résulte une tension habituelle qui n'est absolument pas consciente. Inculquée chez l'enfant à force de discipline et de mimétisme, cette tension est devenue naturelle à un degré tel qu'il est impossible à un étranger de l'imiter. Lorsqu'un étudiant américain essaye d'imiter les attitudes corporelles des Français, il doit constamment créer cette tension ; mais cet effort est si fatigant qu'il ne peut longtemps être soutenu. Cette obligation de contrôle et la tension qui en découle sont la cause de la rigidité considérable du torse. La poitrine est bombée ; les épaules sont tenues hautes et carrées. Pour les Américains, la forme carrée des épaules des Français, même chez les petits enfants, est un perpétuel sujet d'étonnement. Et naturellement, puisqu'il est considéré comme souhaitable d'avoir des épaules carrées, ce caractère est couramment exagéré par la coupe des vêtements.

En contraste avec le reste du torse, les épaules restent des instruments de communication étonnamment flexibles. On les ramène souvent vers l'avant et ce geste s'accompagne d'une expiration ou d'une moue, créant ainsi un mouvement du corps que les étrangers trouvent « typiquement français ».

La station debout

Lorsqu'ils veulent converser debout, les Américains et les Français se tiennent de façon différente. Les Américains en général se tiennent debout, les jambes parallèles et les pieds très écartés, et font passer le poids du corps d'un pied sur l'autre environ toutes les secondes. Cette alternance soulage le corps, car le bassin bascule souvent et se trouve soumis de façon irrégulière à la poussée de la gravitation. De sorte que rester debout est inconfortable, et que les Américains aiment bien se reposer en s'appuyant sur quelque chose — un mur, une table, un bureau ou même en mettant le pied sur une chaise.

Les Français ne semblent pas basculer le bassin, ils sont donc moins gênés par la force de gravitation. Ils ont moins besoin de se reposer en déplaçant leur poids. Mais on constate qu'ils déplacent tout de même le poids de leur corps. Ils tiennent leurs pieds relativement près l'un de l'autre, mais pas de manière parallèle, un pied est placé à une douzaine de centimètres en avant de l'autre. En déplaçant leur poids, ils déclenchent un mouvement d'avant en arrière, contrastant avec le mouvement latéral des Américains. Le mouvement en avant souligne un point que la personne veut faire ressortir de la conversation, alors que le mouvement en arrière accompagne le rire ou une réaction à une estocade verbale et corporelle de l'interlocuteur. Vue au ralenti, une conversation française fait penser aux mouvements des duellistes.

Les gestes des mains et des bras

Les Américains, lorsqu'ils sont debout, mettent souvent une main dans leur poche, parfois les deux ; les Français mettent rarement leurs mains dans leurs poches. Ils gardent souvent le haut du bras serré contre le corps, mais ont une flexibilité incroyable du coude, du poignet et de la main. Le ballet gracieux et compliqué que constituent les mouvements du poignet et de la main est très impressionnant et difficile à imiter. Il est particulièrement beau lorsqu'on l'observe au ralenti, ce qui permet d'en décomposer la complexité.

Une différence notable distingue les hommes américains des hommes français (peut-être également des hommes européens du nord de ceux du sud), c'est que les hommes américains conservent une certaine rigidité à leurs poignets. Aux États-Unis, plier les poignets est considéré comme un geste féminin ; en France il ne semble pas y avoir cette différenciation de sexe.

Au cours d'une conversation, les Français gardent souvent les bras croisés, ou parfois mettent leurs poings sur les hanches. L'un des bras se libère souvent pour permettre des gestes du poignet et de la main. Il y a d'énormes différences dans les gestes de la main, variant selon le niveau social, l'âge, le sexe, et sans doute la région. Les gens « bien élevés » font moins de gestes que les classes plus populaires, les adultes moins que les enfants, les hommes moins que les femmes, et les gens sobres moins que les gens ivres ! Cependant, tout le monde utilise certains types de gestes, même si c'est inconsciemment. Les mains servent de baguette pour marquer le rythme de la communication. Elles peuvent aussi mimer des situations ou des relations (exemple : « escalier en spirale » « comme ci, comme ça », « l'un après l'autre »). Elles peuvent aussi servir de jalons pour indiquer les changements dans le sujet de conversation. Elles peuvent indiquer des actes de bienséance. Enfin, servant d'emblèmes, elles peuvent parfois exprimer l'intégralité d'un message, qui peut être obscène et qu'il vaut mieux éviter d'exprimer oralement : (le bras d'honneur, « que dalle », « j'ai eu la trouille » !).

La position assise

Les Américains n'apprécient guère les sièges et la façon de s'asseoir en France. Traditionnellement, les chaises sont normalement raides, droites, faites pour que les Français s'y asseoient comme lorsqu'ils se tiennent debout, c'est-à-dire de façon beaucoup plus droite que les Américains. Les meubles français modernes, en réaction contre cette tradition, sont cependant souvent très bas, de sorte que les genoux tendent à se trouver plus haut que la tête, comme on le voit dans les bandes dessinées de Brétecher. Les Américains préfèrent une façon de s'asseoir intermédiaire, ni droite, ni au même niveau que le plancher. Ils aiment surélever leurs pieds et non leurs genoux. En fait, chaque fois que c'est possible, ils aiment étendre leurs jambes et poser leurs pieds sur une table, un bureau ou une chaise.

Les Français mettent rarement leurs pieds plus haut que leurs genoux. Lorsqu'ils croisent les jambes, ce qu'ils font souvent, la jambe, qui est croisée par-dessus le genou, repose parallèlement sur l'autre jambe. Les hommes des États-Unis, au lieu de croiser entièrement les jambes, posent souvent leur pied sur le genou opposé, ce qui serait considéré comme impoli en France.

Les Français gardent souvent les bras croisés quand ils sont assis, comme lorsqu'ils sont debout. Étant assis, il leur arrive de croiser un bras sur la poitrine, le coude opposé appuyé sur l'une des mains, alors que l'autre main est portée au visage et touche, caresse ou tripote la bouche, les cheveux, ou toute autre partie de la tête. D'autres fois, le menton repose dans le creux de la main pour soutenir la tête.

La démarche

La différence entre la façon de marcher des Américains et des Français est si marquée qu'à Paris on peut repérer un Américain à plus de cent mètres rien qu'à sa démarche. Les Américains ont tendance à balancer les épaules et le bassin. Ils rebondissent fort sur la demi-pointe des pieds. Ils font des moulinets avec leurs bras pour montrer que l'espace qui les entoure leur appartient.

A l'inverse, les Français ont tendance à marcher comme s'ils descendaient un corridor étroit ; leur espace personnel est beaucoup plus restreint. Leur démarche est régulière, avec relativement peu de balancement ou de déplacement de côté. Chez les hommes, la jambe est projetée très loin en avant de sorte que le genou se tend jusqu'à sa limite. Le pied retombe sur le talon à chaque pas. Et puisque le torse demeure rigide, les bras doivent bouger énormément pour contrebalancer le mouvement des jambes. Mais comme le haut du bras reste collé au corps, l'essentiel du mouvement vient de l'avant-bras. Or, à Paris surtout, les gens tiennent souvent un objet à la main, ce qui naturellement gêne le mouvement du bras, mais le poids de l'objet aide à compenser le besoin d'équilibrer le mouvement de la jambe opposée.

La plupart du temps, la tête est légèrement penchée en avant, si bien qu'il semble que ce soit elle la force motrice qui déclenche le mouvement en avant. Le reste du corps ne faisant que suivre. Le style de la démarche de *Tati* est la caricature de cette position où c'est la tête qui guide.

Le rythme corporel de base

La tension du corps donne aux mouvements corporels des Français une certaine brusquerie, une sorte de « staccato » qui est le caractère distinctif du comportement corporel et, surtout, de la façon de communiquer des Français.

Le facteur qui est sans doute le plus important dans le comportement corporel et donc dans la communication, verbale ou non verbale, est en même temps le moins étudié et le plus mystérieux : c'est le rythme du mouvement corporel. Il semble que toute communication humaine soit soumise à un rythme d'environ une seconde. Il ne s'agit pas de groupes de respiration ou de signification, de divisions grammaticales ou d'unités phonétiques, mais d'une correspondance fondamentale avec les forces rythmiques qui sous-tendent la vie humaine. Ce n'est pas seulement la partie du corps qui produit la voix qui exprime le rythme, c'est le corps tout entier, bien que certaines parties soient visiblement plus impliquées que d'autres. Grâce au rythme de base, il existe dans toute personne normale une synchronie parfaite entre les différentes parties du corps, et par conséquent entre les parties qui produisent le son — et donc avec le son lui-même —. (Je parle de personnes « normales » parce que la dyssynchronie est le symptôme de certaines infirmités telles que la schizophrénie, la dyslexie et l'autisme).

Un rythme propre à chaque culture

Mais la cadence d'une seconde ne représente qu'un niveau du schéma rythmique. Elle n'est qu'une des subdivisions d'un ensemble hiérarchisé plus vaste de rythmes plus longs et, à l'inverse, elle se décompose elle-même dans un schéma hiérarchique composé de cadences inférieures à la seconde. Alors que la cadence d'une seconde semble caractériser toute communication humaine dans toutes les cultures, les différences culturelles s'expriment de façon caractéristique au niveau inférieur à la seconde. C'est ce système rythmique fantastiquement compliqué qui est le plus difficile à apprendre dans une langue étrangère. Peut-être est-il d'ailleurs impossible à assimiler parfaitement, d'autant plus que ce phénomène est totalement négligé dans les études de langues. Il est probable que les personnes qui sont douées pour les langues doivent davantage à leur sensibilité rythmique qu'à toute autre qualité. Tout en ignorant tout du problème de la rythmique, nous sommes bien conscients de son importance lorsque nous entendons quelqu'un parler une langue étrangère. Quelle que soit la perfection de sa grammaire, de son vocabulaire, de la prononciation des sons pris un par un, on se rend compte qu'il a quelque chose de faux, et cette qualité indéfinissable qui trahit l'étranger est souvent le rythme. Chaque culture a son propre schéma de rythme synchronique.

Les Français et les Américains sont inévitablement très différents pour tout ce qui touche cet aspect du comportement corporel, mais même si nous sommes conscients que des différences existent, nous ne sommes pas capables de discerner leur nature et leurs causes. L'un des facteurs fondamentaux à connaître, c'est que le rythme corporel des Américains, et donc leur discours, est assez régulier ; si on faisait marcher un métronome on s'apercevrait que, quelle que soit la vitesse, la mesure est tout simplement représentée par le rythme à quatre temps.

Le rythme syncopé de la langue française

La communication chez les Français est plus irrégulière, car elle est fréquemment syncopée. L'expression en mesure est souvent retenue brièvement, alors que l'air s'accumule dans les poumons de sorte que, lorsque l'expiration s'effectue, elle se fait légèrement à contretemps. La syncope ainsi produite crée une qualité dramatique que les étrangers remarquent souvent dans la langue française. L'effet dramatique dérive du fait que le corps tout entier semble prêt à exprimer un son : alors que les lèvres sont pincées, les épaules haussées, les sourcils levés, la tête portée pour émettre un son, l'expiration qui produit le son est retenue un instant, puis se fait rapidement. Parfois, l'émission se fait sous forme de vocalise, comme dans le cas de « bof », pour prendre un cas extrême. En général, la syncope est plus subtile.

On trouve une autre différence entre l'expression des Français et celle des Américains dans la capacité des premiers d'exprimer différents rythmes avec les différentes parties de leur corps, alors que le corps des Américains bouge d'un bloc, selon leur rythme à quatre temps. Cette affirmation est entièrement hypothétique, car le phénomène n'a pas été bien étudié. On dit que les danseurs africains sont capables d'exprimer en même temps plusieurs rythmes différents avec différentes parties de leur corps (4), tour de force absolument impossible pour des Américains d'origine nord-européenne. Peut-être les qualités rythmiques des Français se trouvent-elles situées entre les extrêmes américaines et africaines. Si l'on examine un film montrant les Français en train de parler, on s'aperçoit qu'un Français peut, par exemple, marquer un rythme d'une seconde avec la main, pendant que la tête affiche un rythme différent pour souligner quelque chose de significatif, et que le son peut s'exprimer par une syncope inférieure à la seconde.

En outre, les Français sont capables d'accélérer beaucoup leurs gestes, ou, au contraire, de les ralentir. Ainsi, ils peuvent tendre la main très rapidement et avec un mouvement relatif, de sorte que les doigts sont étendus en un instant,

(4) Eléonore Smith Bowen, *Return to laughter,* Harper, New York, 1954, p. 122 et s.

puis la main se referme toujours en rotation vers le poignet, et tout ceci prend place en une fraction de seconde. Le geste est si rapide qu'on ne peut l'étudier qu'au ralenti.

Les règles de la conversation

Les effets des différences culturelles rythmiques portent aussi sur la conversation. C'est ainsi que chaque culture a ses règles lorsqu'il s'agit de prendre la parole tour à tour. Dans les pays occidentaux, la cadence d'une seconde indique le synchronisme qui existe entre deux personnes qui se parlent, et lorsqu'une des deux s'arrête de parler pour permettre à son interlocuteur de prendre la parole, celui-ci commence à parler sur le battement d'une seconde, de sorte que le rythme n'est pas perturbé. Chez les Américains, lorsque quelqu'un a fini de parler, il se tourne vers son interlocuteur, le regarde dans les yeux, lève les sourcils et cesse d'émettre des sons. L'autre commence à parler, au deuxième temps de la mesure. Mais, chez les Français, il n'est pas rare que le second orateur n'attende pas que le premier ait terminé de s'exprimer et se mette à parler sur le dernier temps, ou même l'avant-dernier, si ce n'est l'avant avant-dernier temps du discours du premier orateur.

Cette façon d'agir des Français déroute les Américains. Si l'un de nous tente de participer à une conversation de groupe avec des Français, il sent qu'il a peu de chances d'y participer parce qu'il attend en vain qu'un des orateurs s'arrête de parler avant qu'il ne commence. Cependant, avant que celui qui parle ne s'arrête et avant que notre Américain ait eu l'occasion d'ouvrir la bouche, un autre Français a déjà commencé à parler, le privant de ce qui lui semblait une occasion méritée pour laquelle il avait poliment patienté.

Les Françaises qui ont épousé des Américains m'ont dit que leurs nouvelles familles les accusaient de les interrompre impoliment avant qu'elles n'aient fini de parler. D'autre part, un Américain qui attend un temps de silence avant de commencer à parler ralentit toute conversation avec des Français. Cela peut rendre les Français impatients et leur faire croire que la conversation avec les Anglo-Saxons est lente et ennuyeuse.

Une autre habitude des Français dans leurs conversations et leur rythme surprend les Américains : c'est celle qui consiste à faire éclater une conversation générale en conversations particulières. Lorsqu'une conversation générale se tient entre des Américains, le groupe tout entier écoute ce que dit celui qui a pris la parole, chaque participant attendant son tour sans interrompre celui qui le précède. Nous sommes gênés lorsque, dans un groupe, le Français se tenant à côté de nous, parle à son voisin en même temps, soit qu'il feigne d'ignorer la personne qui a la parole, soit même qu'il porte des jugements sur ce qu'elle est en train de dire. Cela ne semble pas impoli aux Français. Ils semblent avoir la capacité de suivre plus d'une conversation à la fois, la conversation générale en même temps qu'une conversation privée avec un autre individu. Suivant les deux à la fois, ils peuvent changer et passer de la conversation générale à la conversation particulière sans gêne ni mauvaise compréhension. Peut-on relier cette particularité à leur capacité d'exprimer plusieurs rythmes à la fois ? En tout cas, ce dynamisme compliqué des groupes français rend leur conversation plus vivante que celle des groupes américains. Je n'ai aucune idée de la façon dont les groupuscules et les individus se règlent l'un l'autre sur un rythme propre de sorte qu'ils puissent quitter une conversation privée et rejoindre la conversation générale. Les Américains, incapables de participer à ces changements, se sentent complètement exclus.

Cette description rapide de la tension et des rythmes du comportement corporel des Français, qui ne repose malheureusement que sur des données limitées, n'est qu'une indication de la richesse des informations qui pourraient être découvertes en approfondissant d'autres domaines du vaste champ de la communication verbale : la proxémie, les frontières corporelles, l'expression faciale, les mouvements des yeux, le para-langage, pour ne pas parler que des moyens de communication que nous utilisons sans doute mais dont nous ne savons presque rien — la température, l'odeur, les réactions chimiques —.

En tant qu'étranger, cela m'intéresse personnellement d'apprendre comment le comportement français dans ces domaines diffère de ceux de ma propre culture. L'étude de la population française révèlerait beaucoup de différences sociales ou de sous-cultures qui sont beaucoup plus importantes que nous ne l'imaginons dans l'aggravation des relations sociales. Nos habitudes corporelles, culturelles résistent au changement et renforcent la continuité de l'identité dans la société.

Famille et relations de parenté

Martine Segalen *

Crise de la famille ? Au moment même où le thème tend à perdre un peu de son actualité, l'évolution récente témoigne bel et bien, en France comme dans beaucoup d'autres pays, de changements importants dans le mariage, la fécondité, le divorce. Signes d'essoufflement de l'institution familiale, préludes à une remise en question plus radicale, ou manifestations d'un surcroît d'attachement aux valeurs affectives ? Quelles que soient les interprétations que l'on en propose, les mutations qui affectent le groupe domestique contrastent en tous cas singulièrement avec le maintien, voire le renforcement du rôle joué par les relations de parenté au sens large.

La famille évolue à des rythmes différents ; elle connaît des transformations lentes qui sont des continuités ; elle connaît aussi des ruptures relativement rapides. Selon le champ considéré, les descriptions faites de la famille d'autrefois sont toujours pertinentes, ou bien les faits rapportés pour la période 1960-1965 sont déjà périmés, les tendances inversées, les projections hasardeuses.

Cette analyse n'est pas aisée, car le fait familial est chargé d'idéologie. En effet, la famille est une institution sociale que tout le monde connaît ou a connu d'expérience personnelle pour en être issu, en avoir fondé une ou l'avoir rompue, en faire partie ou la rejeter. Ce n'est pas un lieu neutre : il est peu d'institutions qui soient aussi chargées affectivement, donc si propices à la création d'idéologies qui fonctionnent selon leur logique propre, entretenant un rapport plus ou moins distant avec les faits.

Si l'actualité de la famille prend de court les analyses du sociologue, c'est aussi qu'il est mal armé pour évaluer les changements familiaux. Étudier l'évolution de la famille, c'est la référer à une situation passée, donc prendre en compte la longue durée. Jusqu'aux années soixante-dix, la famille ancienne — qu'il s'agisse de sa structure, des rôles, des réseaux de relations, de ses rapports avec les autres institutions sociales — était mal connue. La connaissance

* Martine Segalen, ethnologue, chercheur au Centre d'ethnologie française (Laboratoire associé au CNRS). Auteur de plusieurs études sur la parenté et le mariage dans la société française et notamment de *Nuptialité et alliance, le choix du conjoint dans une commune de l'Eure,* Maisonneuve et Larose, Paris, 1972, et de *Mari et femme dans la société paysanne,* Flammarion, Paris, 1980, *Amours et mariages dans l'Ancienne France,* Berger-Levrault, Paris, 1981. En préparation, *Sociologie de la famille,* dans la collection U chez Armand Colin.

qu'on supposait en avoir relevait plus du mythe que de la réalité. Ainsi, pendant les années qui ont suivi l'après-guerre, la sociologie de la famille, influencée par l'école empirique américaine, s'est centrée sur les relations entre industrialisation et changements familiaux (1), en référant les phénomènes observés à un modèle familial que les analyses historiques ont depuis en partie démantelé. La sociologie de la famille a retrouvé un nouveau souffle lorsqu'elle a pu resituer la situation contemporaine ou récente dans les analyses de longue durée que lui proposaient les historiens.

Des travaux abondants, inspirés par l'idéologie contemporaine de la « crise de la famille » ont en effet conduit les historiens à s'interroger sur la famille du passé. Pouvait-on parler de « nucléarisation », « d'isolement familial », de « déperdition des fonctions familiales » ? Quel sens ces propositions avaient-elles par rapport aux structures et aux fonctions de la famille d'autrefois ? Les travaux des historiens ont contribué à percer quelques-uns des discours idéologiques que la famille suscite si souvent, en montrant notamment qu'elle avait — sur certains points — moins changé qu'on ne le prétendait. Une première évolution se situerait donc dans les idées relatives à la famille plus que dans les faits familiaux eux-mêmes.

Cependant, certains aspects du fait familial sont en pleine évolution. Où se situent donc les continuités et les points de rupture ?

Pour mieux les comprendre, il importe de réfléchir au préalable sur l'objet qui est analysé. Le terme « famille » est flou et polysémique. Il signifie à la fois cellule conjugale, relations entre parents proches et lointains : il confond des personnes, des relations, des interactions. Le concept de parenté, emprunté à l'anthropologie, est plus fonctionnel : il distingue l'unité de base, dite groupe domestique, et les relations entre les groupes domestiques apparentés. Le *groupe domestique* est fondé sur le *mariage,* ou *l'alliance* d'un homme ou d'une femme ; les relations de parenté s'organisent dans ce que les anthropologues nomment un *groupe de descendance,* autrement dit entre individus descendant d'un même parent. Ce sont, dans notre société, les frères et les sœurs, les oncles et les tantes, les neveux et les cousins etc. Cette distinction fondamentale proposée par l'anthropologie peut fournir les outils propres à analyser l'évolution de la famille — terme dont nous essaierons désormais de bannir l'emploi dans ces lignes — au cours des dernières décennies.

Tandis que les relations de parenté reprennent de l'importance — ou sont soudain redécouvertes par les observateurs — les changements interviennent essentiellement au sein du groupe domestique. Comme le dit Françoise Héritier « ce sont les modalités de l'alliance qui sont critiquées et remises en cause, son principe peut-être, mais pas ceux de la filiation et de la consanguinité » (2).

---

(1) On trouvera une bibliographie du sujet dans la *Sociologie de la famille* d'Andrée Michel, Mouton, Paris, 1970, p. 129 à 137.

(2) Françoise Héritier, « Les dogmes ne meurent pas », *Autrement,* 3/75, p. 153.

Le groupe domestique : une structure inchangée, un contenu différent

Le groupe domestique ou ménage — *household* en anglais — est l'ensemble des personnes, apparentées par l'alliance (mari et femme) ou la filiation (enfants-parents) qui partagent le même espace de résidence. Le lecteur a reconnu ce qu'aujourd'hui on nomme « famille nucléaire » c'est-à-dire papa-maman et les enfants. Le groupe domestique peut cependant comprendre d'autres personnes : les parents, les frères ou les sœurs des conjoints, des personnes non apparentées qui sont serviteurs ou pensionnaires. Le groupe domestique, c'est un espace résidentiel partagé, mais aussi le lieu d'accomplissement de diverses fonctions, telle production et consommation. Ainsi le ménage agricole dans la France contemporaine était unité de résidence, de travail, de production de consommation.

Selon la thèse du sociologue américain Talcott Parsons, le groupe domestique ancien, toujours très peuplé (familles nombreuses), associant plusieurs générations, aurait été atomisé par l'industrialisation à sa forme contemporaine. C'est ainsi que Parsons affirmait que l'industrialisation avait entraîné la « nucléarisation » de la famille ; elle aurait aussi considérablement réduit les fonctions du groupe domestique. Les tâches de production lui auraient été enlevées ; les tâches traditionnelles de soins aux jeunes enfants, aux malades ou aux personnes âgées seraient partagées avec des institutions mordant sur le pouvoir familial : écoles, hôpitaux, maisons de retraite, etc. Le groupe domestique ne serait plus que la cible de politiques étatiques subies par une institution sans ressort.

Les travaux des historiens étudiant la taille et la structure du groupe domestique d'autrefois ont contribué à ébranler ce mythe. En montrant qu'au XVIIIè siècle comme aujourd'hui, la taille du ménage est relativement réduite, et sa structure simple, ils ont reposé en termes neufs les rapports entre changements familiaux et passage à une société industrialisée.

En effet, dans une bonne partie de l'Europe du Nord, Angleterre, pays scandinaves, France du Nord, etc., le groupe domestique du XIXe siècle et même du XVIIIe siècle est composé, comme aujourd'hui de papa-maman et des enfants (3). Sur ce point la famille n'a guère changé. L'industrialisation n'a pas nucléarisé le groupe domestique pour la bonne raison qu'il l'était déjà et que les générations ne cohabitaient pas ensemble comme on l'a si souvent dit. Les démographes estiment que, compte tenu de la mortalité du XVIIIe et du XIXe siècle, « le degré de cohabitation n'était pas radicalement plus fort qu'aujourd'hui » (4).

Les rôles dans le couple évoluent lentement

Si le groupe domestique n'a pas changé fondamentalement dans sa taille et sa structure, on peut supposer que les interrelations entre les parents qui s'y trouvent ont beaucoup évolué. Là aussi, pas de changement fondamental, et les rôles ne semblent évoluer que très lentement.

---

(3) Peter Laslett et Richard Wall (ed), *Family and Household in Past Time,* Cambridge University Press, 1972, 623 p.

(4) Henri Léridon, « La famille en chiffres », *Autrement* 3/75, p. 9.

Les enquêtes d'Andrée Michel montrent une pérennité dans la répartition sexuelle des tâches et des rôles au sein du couple, en dépit de l'augmentation du nombre de femmes au travail. Ceux et celles qui cherchent à faire évoluer la famille sur ce point ont une lutte difficile à mener puisque la reproduction des stéréotypes se fait au sein même de la cellule conjugale : « les enfants — dit Andrée Michel — ne peuvent que reproduire les comportements et les rôles de leurs parents, d'autant plus que ces mêmes stéréotypes sont consolidés par l'environnement scolaire, les livres de classe, la publicité, les mass media » (5).

Ce modèle dit « traditionnel » de répartition sexuelle des rôles n'est d'ailleurs pas aussi ancien que l'adjectif le donne à penser, ni pertinent pour tous les groupes domestiques. Il conviendrait en effet de nuancer selon le milieu socio-professionnel, le type d'environnement résidentiel, etc. Cette variété des types, rôles et modèles familiaux n'est pas nouvelle, et autrefois comme aujourd'hui, il importe d'attribuer une importance primordiale à la qualification du groupe étudié, en évitant autant que possible les adjectifs flous du type « classe moyenne », ou « milieu populaire ».

Le cadre démographique et social du groupe domestique n'a donc pas beaucoup bougé. Tel qu'on pouvait le saisir dans les années 1950-1965, il semblait en continuité avec les générations précédentes : forte nuptialité, âge au mariage le plus bas, fécondité qui s'essoufflait mais restait satisfaisante du point de vue du remplacement des générations. Le groupe domestique, finalement inchangé, loin d'être remodelé par l'industrialisation n'aurait-il pas contribué au passage de la société d'économie ancienne à une économie moderne ?

Voilà que, depuis peu, tout près de nous, l'actualité des statistiques remet en cause cette belle pérennité. Comme le dit Hervé Le Bras, étudiant l'enfant et la famille dans les pays de l'OCDE, c'est un phénomène à l'échelle européenne : « De 1950 à 1965, un certain type de famille s'est mis en place, caractérisé par un mariage dominant et précoce, la naissance rapide de deux enfants, puis un ralentissement ou un arrêt dans la constitution de la famille. Depuis 1965, cet alignement sur le modèle de la famille précoce à deux enfants commence à être remis en cause dans chacune de ses composantes : augmentation du nombre de familles sans enfants ou avec un seul enfant, allongement des délais entre les naissances successives, retard de l'âge au mariage et diminution de sa fréquence, augmentation des naissances illégitimes et des divorces » (6). Paradoxalement, l'idéologie de la « crise de la famille », manifeste alors que le groupe domestique donnait tous les signes de santé, est moins visible aujourd'hui, alors que des changements profonds l'affectent à la fois dans sa constitution, sa fécondité, sa rupture enfin.

Reportons-nous en deçà de la période 1950-1965 pour mieux comprendre le sens de ces changements.

On se marie moins

L'âge au mariage dont dépend la constitution du groupe domestique influe beaucoup sur le sens de l'institution. Contrairement aux idées reçues, les

(5) Andrée Michel, « La dînette et le train électrique », *Autrement,* 3/75, p. 86.

(6) Hervé Le Bras, *L'enfant et la famille dans les pays de l'OCDE : analyse démographique,* Centre pour la recherche et l'innovation dans l'enseignement, OCDE, 1979, p. 47.

Roméo de quinze ans n'épousaient pas leur Juliette de treize ans : le mariage sous l'Ancien Régime était caractérisé par un âge élevé, les garçons se mariant aux alentours de vingt-neuf ans, les filles de vingt-sept. Le rajeunissement au mariage est relativement récent et date du début du XIXe siècle. Il était le signe d'un accès plus facile des jeunes à l'indépendance économique. Le modèle du mariage jeune semble aujourd'hui donner des signes d'essoufflement : depuis 1972, l'âge au premier mariage (car on exclut de ces données les remariages de veufs ou de divorcés qui obéissent à des logiques autres) s'élève à nouveau *. En même temps, le taux de nuptialité qui était très stable depuis deux siècles — à l'exception des périodes de guerre — fléchit (cf. p. 335). On observe corrélativement qu'un plus grand nombre de jeunes couples s'installent ensemble et vivent maritalement, sans la sanction légale du mariage. C'est ce qu'on nomme « la cohabitation juvénile » (7) **.

Enfin, autre signe d'ébranlement du modèle des années 1950-1965, un plus grand nombre de femmes sont enceintes lorsqu'elles se marient (environ 20 % actuellement).

Il naît moins d'enfants

Tous ces phénomènes relatifs à la constitution du groupe domestique ne peuvent être séparés d'un autre fait qui est la chute de la natalité ***, et plus précisément encore la chute de la fécondité (nombre de naissances rapporté à la population féminine âgée de quinze à quarante-neuf ans).

Ici encore, un rappel des comportements anciens peut être utile. Il faut savoir que la France est l'un des premiers pays d'Europe à avoir introduit la limitation volontaire des naissances, dès avant la Révolution française, les démographes historiens l'ont bien établi maintenant. La France a donc une longue histoire contraceptive, et on doit se demander si, sur la longue tendance, ce n'est pas le *baby-boom* d'après-guerre qui apparaît hors de la norme. Cependant, le recul de la fécondité comme de la nuptialité qui affecte depuis peu la France est un phénomène observé dans toute l'Europe occidentale. En dépit des prises de position politiques qui se sont fait entendre à l'occasion du renouvellement de la loi sur l'avortement, les études démographiques ont bien établi que le début de la baisse de la fécondité est antérieur à la diffusion des contraceptifs nouveaux et à la libéralisation de l'avortement. C'est « un phénomène voulu et non subi » comme l'écrit Gérard Calot (8).

---

(7) Louis Roussel, « La cohabitation juvénile en France », *Population,* 1978, 1, p. 15-42 ; Louis Roussel, « Le mariage dans la société française contemporaine », *Travaux et documents,* n° 73, 1975, 408 p.

(8) Gérard Calot, « Une baisse de fécondité voulue et non subie », *Le Monde,* 2 octobre 1979, p. 24. Il est trop tôt pour donner un sens à la reprise observée depuis 1978 (1,87 enfant par femme en 1979, 1,95 en 1980).

* Cf. annexe 3, p. 381.

** Cf. annexe 3, p. 386 à 388.

*** Cf. annexe 3, p. 380.

On divorce plus facilement surtout dans les classes moyennes

Le troisième phénomène qui affecte profondément le groupe domestique contemporain est l'augmentation des divorces *, elle aussi relativement récente. Certes, sous l'Ancien Régime, les ménages étaient probablement plus souvent qu'aujourd'hui rompus par la forte mortalité ; les veufs, un peu moins les veuves, se remariaient souvent, et peu de temps après le décès de leur conjoint. Aujourd'hui, les progrès de la médecine ont accru considérablement la longévité des individus et la durée possible des unions. C'est peut-être une des causes de l'augmentation des divorces. En 1977, on comptait qu'un mariage sur six se terminait par un divorce pour les promotions récentes de mariages (9).

Tableau 1

Age moyen au mariage en France depuis 1931
(corrigé de la répartition par âge de la population)
(en années et centièmes d'années)

Années	Sexe M	Sexe F	Ecart	Années	Sexe M	Sexe F	Ecart
1931	26,67	23,70	2,97	1957	26,40	23,54	2,86
1932	26,63	23,56	3,07	1958	26,32	23,45	2,87
1933	26,52	23,47	3,05	1959	26,15	23,36	2,79
1934	26,52	23,37	3,15	1960	26,05	23,27	2,78
1935	26,47	23,38	3,09	1961	26,01	23,27	2,74
1936	26,62	23,35	3,27	1962	25,82	23,17	2,65
1937	26,80	23,43	3,37	1963	25,42	22,99	2,43
1938	26,91	23,59	5,32	1964	25,30	22,96	2,34
1946	27,67	24,45	3,22	1965	25,22	22,95	2,27
1947	27,55	24,23	3,32	1966	25,24	22,97	2,27
1948	27,29	24,03	3,26	1967	25,20	23,01	2,19
1949	26,83	23,75	3,08	1968	25,14	22,93	2,21
1950	26,58	23,59	2,99	1969	25,12	22,93	2,19
1951	26,51	23,52	2,99	1970	25,07	22,89	2,18
1952	26,48	23,50	2,98	1971	25,02	22,85	2,17
1953	26,40	23,47	2,93	1972	24,94	22,75	2,19
1954	26,35	23,46	2,89	1973	24,94	22,70	2,24
1955	26,34	23,46	2,88	1974	(24,97)	(22,77)	(2,20)
1956	26,48	23,62	2,86	1975	(25,03)	(22,91)	(2,12)

Source : INSEE.

Les phénomènes concernant la constitution, la fécondité et l'achèvement volontaire du groupe conjugal sont à mettre en relation avec un autre facteur qui nous montre à quel point le social et l'économique influent sur le familial. Il s'agit de la forte augmentation du taux d'activité féminine, notamment dans les classes moyennes où la femme n'avait pas l'habitude de travailler **. Le travail féminin est assurément aussi ancien que le fait familial ; la femme est une productrice dans la société agricole, artisanale ou ouvrière, où son activité a tou-

(9) Jacques Commaille, « Le divorce en France. De la réforme de 1975 à une sociologie du divorce », *Notes et Études documentaires,* n° 4478, nouvelle édition 1980, p. 41, La Documentation française.

* Cf. annexe 3, p. 382.

** Cf. annexe 3, p. 383 et 384.

jours été une nécessité et une éthique. Actuellement, c'est une nouvelle catégorie sociale qui est touchée par le phénomène. Pour les femmes de la classe moyenne l'exercice d'une activité professionnelle correspond à un choix porteur de sens et de conséquences pour la cellule familiale, ce travail féminin ne constitue plus un salaire d'appoint, mais sert la volonté d'affirmer un épanouissement personnel. Il n'est donc pas étonnant d'observer un rapport étroit entre divorce et activité féminine et une forte divortialité dans les classes moyennes (10), surtout si l'on se rappelle la résistance à l'évolution des rôles au sein du couple.

Tableau 2

Le nombre de divorces, de séparations de corps et de mariages depuis 1884

Année	Nombre de divorces	Nombre de séparations de corps	Nombre de mariages
1884	1 657	2 821	289 555
1885	4 123	2 122	283 170
1895	7 700	1 823	282 945
1905	10 860	2 238	316 200
1913 (1)	16 335	2 466	298 866
1913 (2)	13 457	2 046	
1914	10 154	1 696	168 923
1915	1 952	405	75 242
1925	22 176	3 354	352 830
1935	23 988	3 530	284 895
1945	37 718	4 806	393 000
1946	64 064	5 237	517 000
1955	31 268	4 097	312 703
1960	30 182	4 060	319 944
1965	34 877	4 771	346 308
1970	40 004	4 355	393 700
1971	46 788	4 238	406 700
1972	48 954	4 368	416 300
1973	50 267	4 078	400 700
1974	58 459	4 438	394 800
1975	61 496	4 625	390 000
1976	63 483	3 445	374 003
1977	77 709	3 504	367 000
1978	82 256	3 436	355 000
1979	88 831	3 831	340 000

(1) Statistiques sur 87 départements.
(2) Statistiques sur 77 départements.

Le couple investi d'une fonction affective

Tous ces indices d'une évolution récente du groupe domestique donnent à observer un nouveau type de mariage. Les sociologues utilisent souvent les analyses historiques pour mieux la cerner. Prenant essentiellement appui sur les thèses de Philippe Ariès, ils posent que le changement de la famille est la

---

(10) Jacques Commaille, *op. cit.*, p. 82.

conséquence de l'intrusion du sentiment dans le groupe domestique. Autrefois, on se mariait par intérêt, en obéissant à ses parents ; aujourd'hui, l'union est fondée principalement sur l'amour ; autrefois les parents étaient relativement indifférents à leurs enfants ; aujourd'hui les enfants, moins nombreux, sont survalorisés, etc. On peut certainement mettre en cause ces analyses historiques de référence, à l'aide d'une approche anthropologique. Celle-ci rend mieux compte des sentiments éprouvés réellement par les individus — paysans, ouvriers — qu'une analyse historique à l'écoute d'institutions par le discours desquelles ces sentiments filtraient de façon déformée — églises, tribunaux, philanthropes, peintres ou romanciers. L'opposition entre passé et présent semble trop schématique, et les études nouvelles montrent tant l'amour des mères du temps passé pour leurs enfants que celui des jeunes gens et des jeunes filles (11).

Cependant, on ne peut réfuter l'intense investissement affectif dont le couple est l'objet depuis quelques décennies, et cette montée de l'affectivité peut expliquer les évolutions qui viennent d'y être repérées.

Le mariage contemporain est fondé essentiellement sur l'amour (même si les mécanismes du choix du conjoint continuent d'assortir socialement les couples) et le couple est investi d'une fonction affective essentielle. Les jeunes couples, dans ce nouveau modèle, engageraient d'abord une union sans aucune sanction légale et avec l'assentiment un peu las de leurs parents, pour essayer leur amour. Après plusieurs mois de cohabitation, ou plusieurs années, cédant à l'insidieuse pression familiale et sociale, le plus souvent lorsque la naissance « programmée » d'un enfant s'annonce, ils se marieraient. Ce mariage ne trouverait sa justification que dans l'existence du sentiment amoureux, et ne durerait que tant qu'il apporte une gratification affective. La forte divortialité refléterait ainsi l'investissement affectif dans le couple : on divorcerait beaucoup parce qu'on attend beaucoup du mariage. Elle serait aussi conséquence de l'activité professionnelle féminine. Dans ce nouveau mariage, les rôles sont en effet relativement égaux et partagés. La femme qui travaille peut être déçue, au bout de plusieurs années, d'éprouver la résistance du modèle traditionnel de répartition sexuelle des rôles et des tâches. Ainsi le « mariage compagnonnage », selon l'expression de Louis Roussel, ayant failli à son projet serait dissous par le divorce.

La survalorisation affective du couple expliquerait aussi la chute des naissances mais ce n'est là qu'une explication du phénomène. Dans la mesure où celui-ci inquiète, on voit se multiplier les discours alarmistes, et il n'est pas étonnant que soient dès lors produites les interprétations les plus diverses. Philippe Ariès estime, par exemple, que « le malthusianisme actuel est de nature hédoniste », les femmes préférant réduire leur fécondité pour mieux assurer leurs ambitions et le couple pour se replier sur lui-même (12). D'autres y voient le reflet d'un sentiment d'anxiété face à la famille ou à l'avenir en général. Cette anxiété se traduit également dans la médicalisation croissante de la petite enfance, le recours aux thérapeutes de toutes sortes, le contrôle des

---

(11) Françoise Loux, *Le jeune enfant et son corps dans la médecine traditionnelle,* Flammarion, Paris, 1978, 276 p ; Martine Segalen, *Mari et femme dans la société paysanne,* Flammarion, Paris, 1980.

(12) Philippe Ariès, « L'enfant, la fin d'un règne », *Autrement,* 3/75, p. 171.

Figure 1
L'évolution du taux brut de nuptialité depuis 1950

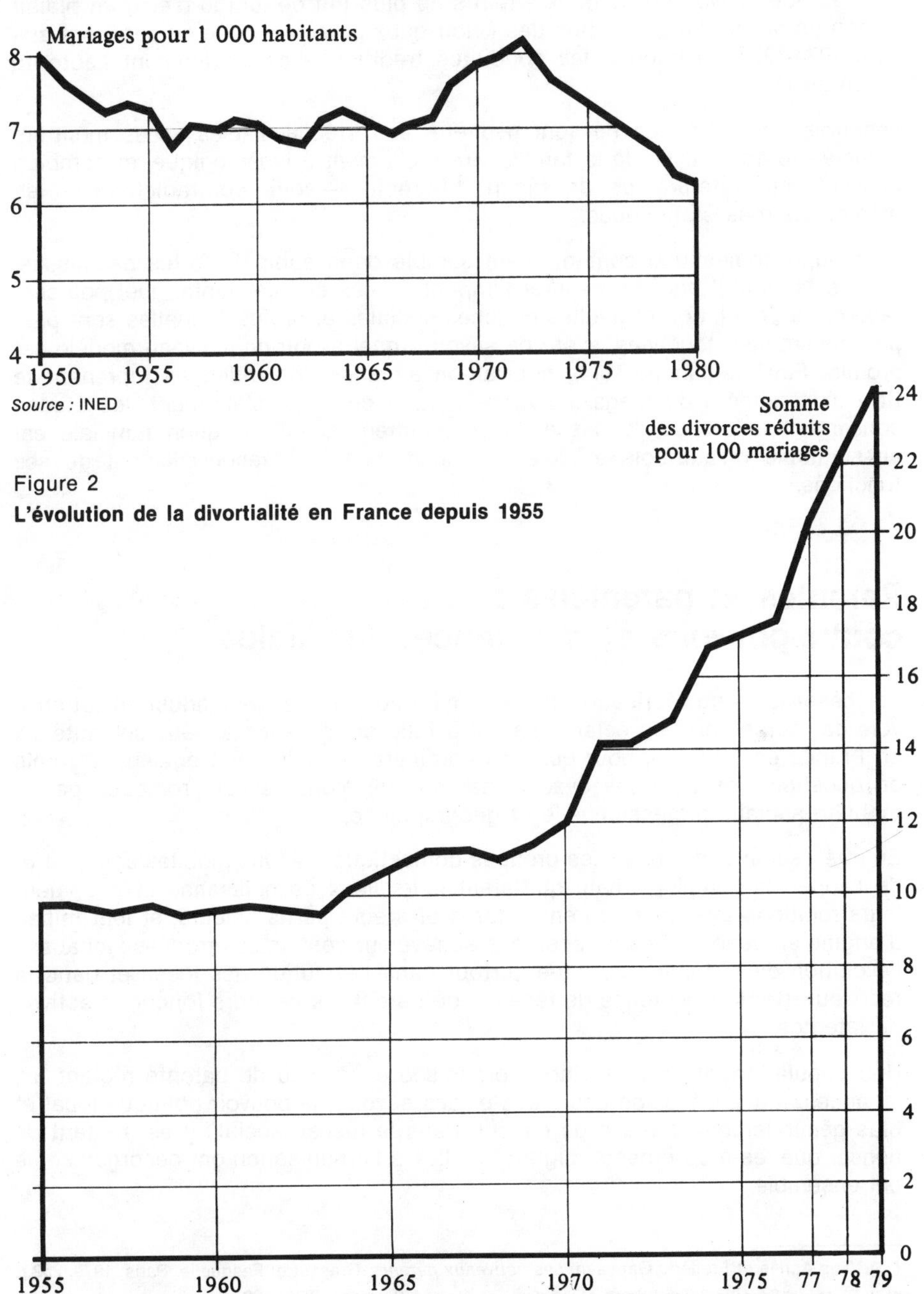

Source : INED

Figure 2
L'évolution de la divortialité en France depuis 1955

Cet indice consiste à rapporter les nombres des divorces d'une année à l'effectif initial de la promotion de mariages dont ces divorces sont respectivement issus. On obtient ainsi des taux dont l'addition constitue pour une année la somme des divorces réduits.

Source : INED.

parents sur le système scolaire, etc. D'autres sociologues au contraire pensent que le choix d'avoir un ou deux enfants au plus fait de lui (ou d'eux) un plaisir et non un devoir. La génération des « nouveaux parents » qui a eu ses vingt ans vers 1974-1975 abandonne les conduites traditionnelles, notamment l'autorité parentale (13).

Les trois interprétations ne sont peut-être pas irréconciliables ; elles montrent combien toute analyse de la famille vire facilement à l'idéologique, et combien peuvent être interprétées de façon différente — voire contradictoire — les mêmes courbes statistiques.

Le groupe domestique contemporain semble donc subir de fortes secousses. Encore faudrait-il pouvoir mesurer l'impact de ces changements, quel pourcentage de la population et quelles couches sociales et professionnelles sont plus particulièrement touchées, avant de savoir à quel avenir ce nouveau modèle est promis. Finie la famille ? (14), pourrait-on alors se demander, en reprenant le titre d'un numéro du magazine *Autrement.* A ceux qui s'alarment, les études concernant le groupe de descendance montrent que l'institution familiale est aussi stable qu'autrefois et qu'elle connaît même un renouvellement de ses fonctions.

Parentés et parentèles : contre-pouvoirs et résistances familiales

La thèse de la nucléarisation de la famille sous l'effet de l'industrialisation a volé de toutes parts en éclats, mais il a fallu attendre les années soixante-dix en France en tout cas, pour que son corollaire immédiat soit également remis en question : les relations avec la parenté (15) n'ont pas été rompues par la mobilité sociale, professionnelle et géographique.

En effet, selon cette thèse, les groupes domestiques rendus mobiles sous l'effet de l'appel de l'emploi urbain quittaient leurs lieux de naissance et coupaient leurs relations avec leurs parents, frères et sœurs partis ailleurs, et leur milieu d'origine en général. Ces propositions se révèlent désormais erronées : ici aussi, l'évolution de la famille se situe surtout dans l'évolution des idées et dans la redécouverte de l'existence de réseaux de parenté et de leurs fonctions actives ou latentes.

Une population villageoise stable, organisée en réseau de parenté réglant les alliances, la transmission des biens et des savoirs, le pouvoir politique local et plus généralement la place de chacun dans le réseau social : il est tentant de penser que les mouvements migratoires liés à l'urbanisation ont désorganisé ce bel ensemble.

---

(13) Yves Agnès et Frédéric Gaussen, *Les nouveaux parents,* Grasset et Fasquelle, Paris, 1979, 252 p.

(14) Finie, la Famille ? Traditions et nouveaux rôles, *Autrement,* 3/75, 192 p.

(15) Nous utilisons l'expression de relations de parenté pour qualifier les relations entre groupes domestiques apparentés, en éliminant les termes flous de « famille étendue » ou « large ».

Les études ont mis, au contraire, en évidence le rôle de ces réseaux dans l'organisation des transferts de population des villages vers les villes. De véritables filières familiales accueillent le migrant, l'hébergent, lui trouvent un premier emploi, le soutiennent de leur aide morale et matérielle. Ainsi, au bas de l'échelle sociale, le réseau de parenté constitue le soutien le plus efficace pour les ouvriers et les artisans les plus démunis, en l'absence de toute aide sociale organisée par l'État.

A l'autre extrémité de l'échelle sociale, les historiens redécouvrent le rôle des réseaux de parenté dans le développement du capitalisme. Contrairement à ce que l'on a longtemps affirmé, l'industrialisation n'a pas immédiatement détruit les bases familiales des entreprises qui avaient recours à la parenté pour le crédit, comme pour la constitution des alliances de nature économique et matrimoniale (16).

Les réseaux de parenté, facteur de sécurisation

Dans la société contemporaine, les sociologues redécouvrent également le rôle de ces parentés *. Ainsi, Louis Roussel analysant le mariage dans la société contemporaine observe que l'affectif n'est pas seulement limité au couple conjugal et aux enfants, mais s'étend aux parents des deux conjoints (17). Son étude sur les relations entre parents et enfants mariés montre que non seulement les jeunes ménages choisissent de résider à proximité de leurs parents, mais aussi qu'ils entretiennent des relations nombreuses qui assurent un soutien moral et matériel. Placées sous le signe d'une certaine ambiguïté (les parents sont plus « demandeurs » que les enfants), ces relations sécurisent face à une société perçue comme hostile, en tissant entre les générations des liens par lesquels se transmet une relative continuité des valeurs familiales.

Au-delà des ascendants, les relations de parenté pour être moins denses n'en sont pas moins importantes. C'est ici qu'intervient le concept de parentèle. Au centre du réseau potentiel de parents, tout individu est libre de choisir qui il veut voir ou ne pas voir, qui il peut solliciter en cas de besoin. Ces oncles et tantes, neveux et nièces, cousins et cousines, on les voit d'abord lors des rassemblements familiaux liés au rites de passage, baptêmes, mariages ou enterrements. Longtemps, on a restreint leur rôle à cette fonction symbolique. Or, cet ensemble de parents constitue une potentialité d'aide épisodique ; ils offrent une information de haute qualité sur le marché du travail ; ils fournissent une source d'identification sociale d'autant plus fondamentale que l'on est loin de son lieu d'origine où réside encore l'essentiel de sa parenté.

C'est ici que se découvrent les résistances et contre-pouvoirs familiaux. Refuser la mobilité géographique, vouloir vivre et travailler au pays en est un des plus évidents. C'est vouloir résider là où on est né, où l'on a été socialisé, parmi ses parents et ses amis. Contrairement aux générations anciennes, les migrants qui

---

(16) Pierre Deyon, « Le rôle des structures familiales dans le développement de Roubaix au XIXe siècle », Colloque d'histoire de la famille, octobre 1979, 5 p. Multigraphié.

(17) Louis Roussel et Odile Bourguignon, *La famille après le mariage des enfants. Étude sur les relations entre générations,* Travaux et documents, n° 78, PUF, 1976, 258 p.

* Cf. annexe 3, p. 388 à 390.

vont aujourd'hui vers la ville n'y trouvent pas toujours de valorisation ; ce sont eux qui se ruent sur les routes du week-end ou des vacances pour passer leur temps libre dans leur « maison de famille ». Ainsi peut-on expliquer le nouvel intérêt pour les cultures, les patrimoines, les parlers locaux et la floraison d'associations de sauvegarde.

Le réseau de parenté a là un rôle imaginaire, d'autant plus fort qu'il ne laisse aucune prise et n'est susceptible d'aucune manipulation. Avec le groupe domestique, cerné dans son lieu de résidence, l'État détient une cible ; par contre le réseau de parents est insaisissable du fait de la diversité des biens qui assurent sa cohésion. Ici encore, il conviendrait de nuancer le propos selon la classe sociale. Les catégories socio-professionnelles du haut de l'échelle bénéficient de réseaux sociaux, souvent greffés autour d'une culture de loisir, qui concurrencent d'une certaine façon les réseaux de parenté ; les classes ouvrières, au contraire, ont un horizon restreint à leurs seules parentés *. Le degré d'urbanisation doit également être pris en considération. Ces réseaux semblent relativement peu perturbés par le phénomène, si l'on excepte les grandes métropoles vers lesquelles se dirigent précisément les individus en rupture avec la parenté, lorsque la situation familiale qu'ils vivent est vécue comme une déviance mal tolérée par le groupe d'origine (18).

Conclusion

Ces quelques propositions n'épuisent en rien un sujet aussi complexe que celui de l'évolution de la famille. On n'a fait qu'effleurer notamment le problème de la variété des modèles familiaux, et celui des rapports entre famille et société. Influencée par les déterminants économiques et sociaux, la famille réagit en harmonie ou en opposition avec la société. Aujourd'hui, lieu de l'affectif, elle serait « un bastion », un « rempart », une « forteresse » contre les agressions de la société. C'est un des contrastes avec la famille d'autrefois qui fonctionnait en continuum avec la société. Ce vocabulaire militaire et défensif propose une image de la famille en opposition avec les fonctions nombreuses que les analyses révèlent. Au-delà de l'affectif, elle guide les jeunes sur le marché du travail, elle fournit une référence territoriale pour donner une identité à chacun.

Le « bastion » semble toutefois bien fragile si l'on observe les statistiques récentes sur le reflux de la nuptialité et la montée des divorces. En dépit de celles-ci, l'institution familiale française ne semble pas être remise en cause, comme on peut le voir en Suède, par exemple, où sexualité et amour sont dissociés, où plus de 40 % des naissances sont conçues hors mariage, ce qui estompe singulièrement la distinction entre légitimité et illégitimité.

Ce qu'il faut se demander par contre, c'est comment peut se résoudre la contradiction apparente entre un groupe domestique qui donne des signes d'essoufflement et un réseau de parenté qui conserve — ou même, selon certains, reprend actuellement — des forces.

---

(18) Agnès Pitrou, « Le soutien familial dans la société urbaine », *Revue française de sociologie,* XVIII, 1977, pp. 77-84.

* Cf. annexe 3, p. 389.

Figure 3
Représentation graphique des groupes domestiques

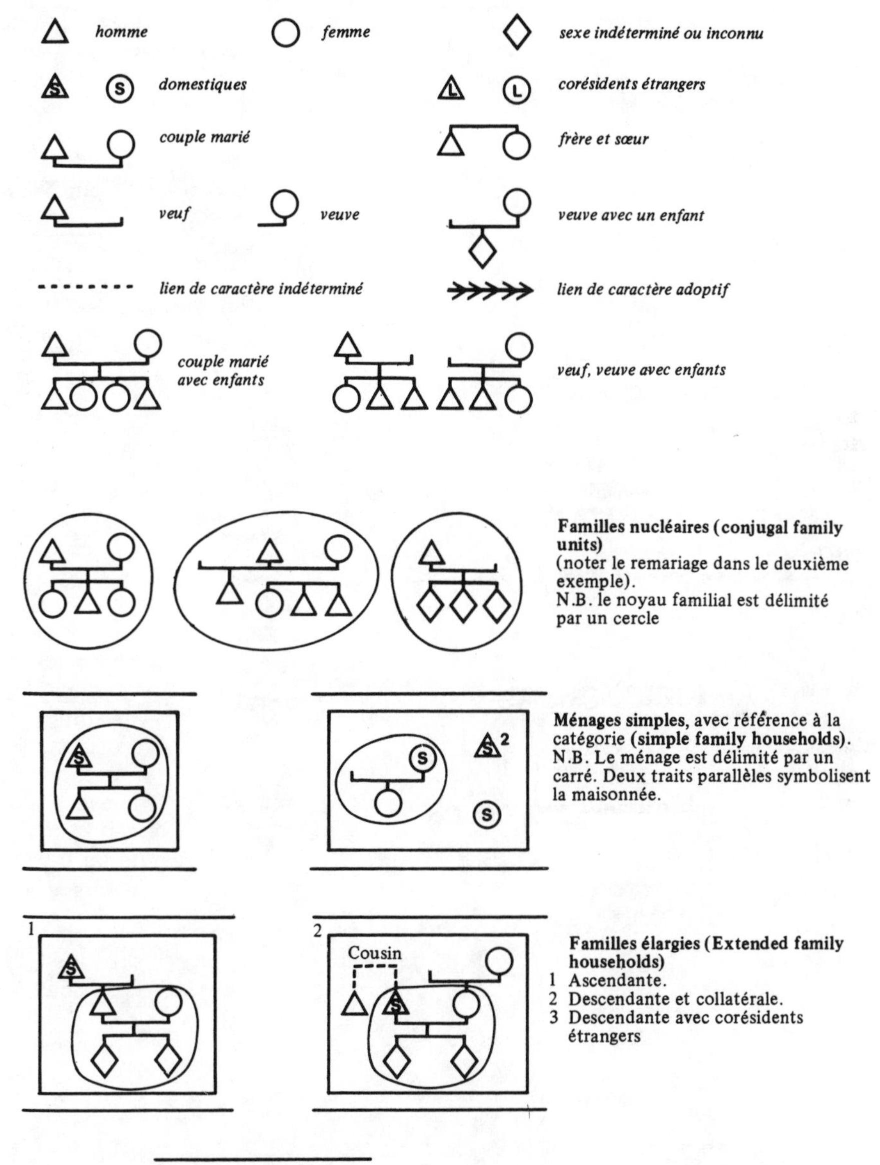

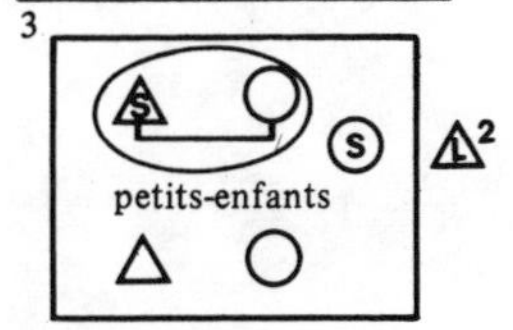

N.B. Lorsque la source signale des gens apparentés et que le lien ne peut être suffisamment identifié, on reproduit la terminologie et le lien est indiqué en tirets.

Justice : crise de confiance

Jacques Commaille*

Le statut et la nature du droit sont en train de se modifier profondément. La norme juridique n'a plus la même prétention à l'universalité et à la pérennité : elle tend à s'adapter aux circonstances, à la diversité des pratiques sociales, au caractère souvent collectif des problèmes à résoudre. On observe une délégation croissante du juridique au judiciaire, en même temps que se développent de multiples formes de régulation extra-judiciaire. Tous ces changements institutionnels suscitent des attitudes divergentes de la part d'un corps de magistrats qui a lui-même connu au cours des dernières années d'importantes transformations sociologiques.

A l'évocation du changement social, peu d'institutions semblent devoir susciter un discours aussi unanimement désenchanté que celui portant sur le droit et la justice, comme s'il existait une incompatibilité fondamentale entre les deux termes, le droit et la justice ne pouvant être associés qu'à l'idée de permanence.

Comment faire alors échapper l'analyse à l'expression de la révolte, de l'indignation, de la conscience malheureuse, en travaillant sur un « objet » si spécifique, aussi porteur d'une symbolique, aussi marqué de représentations sociales, dans lesquelles dominent actuellement le ressentiment à l'égard d'une justice considérée comme en « crise », fonctionnant mal, de façon inadaptée (la « justice du néolithique »), et injuste (la « justice de classe ») et à l'égard d'un droit, par ailleurs craint ou sollicité de façon parfaitement contradictoire, en même temps que superbement ignoré (la croyance en la valeur du précepte : « Nul n'est censé ignorer la loi » ne résiste pas aux enquêtes sur la connaissance du droit par les citoyens !).

* Jacques Commaille, sociologue, maître de recherche au service de coordination de la recherche du ministère de la Justice. Travaux sur la famille, le droit de la famille et la justice de la famille. A publié plusieurs articles et ouvrages dont :

— *Le divorce et les Français,* tome 1 et 2, PUF, Paris, 1975 (en collaboration).

— « Le divorce en France. De la réforme de 1975 à la sociologie du divorce », La Documentation française, *Notes et Etudes Documentaires,* n° 4478, nouvelle édition 1980.

— *Family in change,* International Library, Västeras, 1980 (en collaboration).

— *Travaux du colloque de sociologie juridique franco-soviétique,* Ed. du CNRS, Paris, 1977 (en collaboration).

Il est vrai que pendant longtemps, le problème ne s'est pas posé. A l'inverse d'autres institutions et d'autres acteurs sociaux, la justice, le droit et le juge semblaient ne devoir connaître comme analyse que celle permise par la « Science du droit ». Cette dernière qualification paraît effectivement exclure toute autre approche « scientifique », sinon accessoire. Ainsi, la sociologie du droit n'a été le plus souvent concevable que comme une sociologie *dans* le droit (« Sociology in law » (1)) au seul service de la « Science du droit », c'est-à-dire au seul service de l'amélioration du droit, de sa production, de son application en vue d'une meilleure effectivité.

De cette conception, découlent des approches qui ressortissent à une sorte d'ethnocentrisme de discipline (ou d'institution) en particulier lorsqu'est abordé le problème du rapport avec le changement social. Il est alors attendu du droit et de la justice qu'ils provoquent le changement social et la transformation des comportements sociaux. Le constat avancé d'une relation exactement inverse : l'évolution du droit et de la justice n'est que la conséquence du changement social et des comportements sociaux, n'est alors que la version fataliste de cette vision dogmatique de la relation. Cette dernière façon de voir les choses est d'ailleurs actuellement dominante, participant d'un sentiment de « déclin du droit », d'un « dessaisissement » ou d'une « marginalisation de la justice », ce qui somme toute n'est pas tout à fait nouveau, puisque par exemple, la production législative de l'entre-deux-guerres était déjà considérée comme « législation de décadence » par rapport au Code civil de 1804 (2).

On pressent alors la difficulté d'entreprendre une analyse des transformations du droit et de l'institution judiciaire française qui tenterait de saisir l'ensemble des facteurs qui concourent à ces transformations et leur influence respective. Conscient des dangers que comporte l'analyse d'un tel « objet »... et de ses difficultés, nous nous contenterons ici d'évoquer le changement de nature et de statut du droit, pour mieux saisir les redéfinitions de l'institution judiciaire, avant d'aborder spécifiquement le processus de bureaucratisation dans lequel elle semble engagée (3).

Statut du droit ébranlé

Sous l'apparente permanence des principes, à peine altérés formellement par des réformes pourtant nombreuses, le droit a pourtant changé de nature et de statut. Cette transformation n'a certainement pas le caractère maîtrisé, rationnel qu'aspirent à lui conférer les doctrinaires du droit civil ou du droit pénal ; elle est le fruit de tensions contradictoires s'observant, en particulier, dans le processus de production de la norme juridique. Cette production législative, sensible aux pressions, à la force des idées dominantes, à l'influence des mass-

(1) Cf. R. Treves. *Two sociologies of law,* European Yearbook in Law and Sociology, Martinus Nijhoff, The Hague 1977. L'auteur distingue la sociologie *dans* le droit (« Sociology in law ») de la sociologie *du* droit ou *sur* le droit (« Sociology of law ») cette dernière prenant le droit et la justice comme « objet » d'analyse au même titre que n'importe quel autre « objet » social.

(2) Cf. J. Carbonnier. *Essais sur les lois.* Répertoire du Notariat Defrénois, Paris, 1979, pp. 232-233.

(3) Essentiellement à partir de travaux de recherches menés récemment dans le domaine de la justice civile et sur l'institution judiciaire, pour la plupart sous l'égide du Service de coordination de la recherche du ministère de la Justice.

média, à des événements fortuits, prend de plus en plus un aspect conjoncturel, et la loi constitue alors une sorte de cristallisation précaire. Il en découle une norme juridique ayant de moins en moins vocation, comme cela a été le cas au XIXe siècle, à être dogmatique, porteuse de « valeurs universelles », devant s'imposer aux conduites humaines, et dotée d'une certaine pérennité ; elle est d'abord empirique, adaptée aux circonstances du moment. Elle tient également plus compte des attitudes et des pratiques sociales dans leur diversité, ce qui conduit au « pluralisme juridique », qui est aussi un « compromis » entre les logiques de changement et celles de tradition : la nouvelle loi sur le divorce du 11 juillet 1975 va ainsi instituer trois types de divorce (par consentement mutuel, pour rupture prolongée de la vie commune, pour faute) qui correspondent approximativement à des « sensibilités » différentes des Français sur cette question. Si l'on persiste à vouloir que la loi provoque le changement, et non qu'elle l'entérine, le risque est alors qu'elle n'apparaisse que comme un acte formel de modernité, c'est-à-dire comme comportant un grand risque d'ineffectivité : la loi du 22 décembre 1972 sur l'égalité des salaires entre l'homme et la femme ou celle du 11 juillet 1975 sur la discrimination sexuelle connaissent de grandes difficultés d'application, sauf dans la fonction publique.

Ce statut de la norme paraît faciliter ultérieurement, au niveau de l'application, les réappropriations différentielles par les acteurs sociaux, de telle sorte que le processus de sa production devient continu : les divergences doctrinales des juristes sont suivies d'interprétations jurisprudentielles contradictoires des magistrats, elles-mêmes en partie fondées sur des usages différents de la loi par les justiciables.

Le recours aux sondages d'opinion constitue une bonne illustration de ce changement de statut de la loi. La « sociologie législative » (4), cet attribut de la théorie législative contemporaine, selon laquelle il est nécessaire de légiférer en fonction de l'opinion (5), peut être considérée, tout à la fois, comme un effort de prise en compte rationnelle de la diversité, et comme la recherche d'une nouvelle légitimité, d'autant plus nécessaire que le rôle du Parlement dans l'élaboration de la loi s'est sensiblement affaibli. Son emploi intensif pour ce qui concerne les réformes nombreuses intervenues depuis 1964 dans le droit de la famille consacrerait le fait qu'il s'agit dans tout cela, moins d'une nouvelle conception de la famille (ou de toute autre matière réformée), que d'une nouvelle conception du droit (6).

Le changement de nature du droit : de l'individu à la collectivité

Si le droit a vu son statut se modifier, le développement, par exemple, du droit du travail, du droit social atteste qu'il a également changé de nature. Les principes individualistes du Code civil de 1804 sont ainsi apparus de plus en plus inappropriés au caractère collectif et social des problèmes à résoudre : parce que

(4) J. Carbonnier, *Sociologie juridique.* PUF, nouv. éd. Paris, 1978.

(5) J.F. Perrin, *Pour une théorie de la connaissance juridique.* Droz, Genève, 1979, p. 144.

(6) J. Carbonnier. *Essais sur les lois.* Op. cit., p. 175.

la nature des conflits s'est modifiée en fonction de l'émergence de certaines formes de « production moderne » (par exemple, en agriculture (7)), parce qu'au lien contractuel entre individus s'est fréquemment substitué un rapport entre groupes, ou encore, parce que la prise en compte des effets sociaux d'une situation a prévalu sur la volonté de faire respecter strictement une norme de comportement (par exemple, si rien n'est venu modifier dans le droit civil les règles de formation du mariage, en revanche, le droit social reconnaît l'union libre).

La transformation du régime de la responsabilité civile témoigne parfaitement de ce glissement de l'individu au social. Le principe de la responsabilité individuelle fait, en effet, place, ici, à celui de risque social. La protection des individus n'est plus simplement de leur fait mais de celui de la collectivité, celle-ci étant soumise non plus à une obligation morale de protection, de sécurité, de garantie, mais à une obligation légale par l'intermédiaire, en particulier, de l'assurance ; ainsi en matière d'accidents du travail (8), ou en matière d'accidents de la circulation.

Le transfert du pouvoir législatif au pouvoir exécutif

Ces changements de statut et de nature de la loi s'accompagnent de déplacements des lieux de production de la norme juridique. « Que la France ait changé de Constitution en 1958 n'est pas, à cet égard, un fait insignifiant (...) il en résulte une prépondérance écrasante de l'exécutif dans l'initiative des lois » (9). Cette prépondérance croissante de l'exécutif sur le législatif, abondamment analysée dans les traités juridiques, mais peu encore dans les études décisionnelles, se manifeste d'abord au niveau de la préparation des lois (10), puis ultérieurement au cours de la phase d'élaboration des décrets d'application, certaines de leurs dispositions constituant bien souvent des modifications suffisamment sensibles pour qu'il soit considéré que l'esprit général de la loi en est partiellement modifié. Parmi de nombreux exemples, retenons : la loi d'orientation du 30 juin 1975 sur les handicapés qui a été suivie de décrets renforçant les pouvoirs du préfet dans les commissions départementales d'éducation spécialisée créées par la loi ; la loi du 11 juillet 1975 sur le divorce qui prévoit que le prononcé du divorce sur demande acceptée revient au juge aux affaires matrimoniales alors que le décret d'application stipule que ce prononcé revient au tribunal (d'où cet article de doctrine dénonçant « l'omniprésence de l'exécutif » et s'intitulant : « Un étrange problème : les juges doivent-ils appliquer la loi... ou les décrets ? ») (11), plus encore la loi du 28 décembre 1967 sur la contraception

(7) H. Nallet et C. Servolin, *Le Paysan et le droit,* INRA, ronéo, 1978, p. 60.

(8) Voir sur ce point les analyses de F. Ewald in *Assurance-Prévoyance-Sécurité. Formation historique des techniques de gestion sociale dans les sociétés industrielles,* rapport de recherche au ministère du Travail et de la Participation, Paris, 1979.

(9) J. Carbonnier. *Essais sur les lois,* op. cit., p. 235.

(10) J. Commaille et M.P. Marmier-Champenois, *Sociologie de la création de la norme : l'exemple de changements législatifs en matière familiale,* Communication au colloque franco-soviétique de sociologie juridique, Moscou, 1978.

(11) Cf. J. Sicard, *La Gazette du Palais,* Doctrine, 8 mars 1977. Cet article traite précisément des problèmes posés par l'application de la nouvelle loi sur le divorce.

qui n'a pas été applicable pendant cinq ans... dans l'attente de ses décrets d'application.

C'est dans le cadre de cette évolution qu'on observe également, d'une part, le développement des modes réglementaires d'élaboration de la norme donnant lieu à une inflation réglementaire, se cumulant avec l'« inflation législative » tant déplorée par les juristes, d'autre part, la multiplication des lieux de création de normes, y compris hors de l'administration dans le secteur privé. Cette prolifération réglementaire — outre qu'elle est intimement liée au nouveau statut de la loi — participe d'une adaptation de la régulation sociale à la modification des structures économiques et à leurs conséquences sociales (ce qui explique la place prise par les ministères techniques dans ce type de production normative), en même temps qu'elle témoigne d'une redéfinition de l'intervention de l'État. Deux exemples serviront à illustrer le phénomène : dans le secteur agricole, si les grandes lois d'orientation posent les principes généraux du développement souhaitable de l'agriculture, la transcription normative de ces principes est systématiquement renvoyée à l'appareil d'encadrement de la production agricole ; ceci contribue à l'existence de deux corps de règles juridiques apparemment très hétérogènes : l'un d'origine très ancienne organisé autour du Code civil, l'autre beaucoup plus récent, constitué d'un ensemble de règlements élaborés au fur et à mesure des besoins nés des transformations structurelles de la « petite production » (12). Dans le secteur de la protection de l'enfance, c'est surtout une « énorme masse réglementaire produite par la machine administrative », dont l'influence ne cesse de croître, qui constitue la référence de fonctionnement, de telle sorte que, « pour comprendre les raisons au niveau institutionnel de l'évolution de la condition des jeunes délinquants sur plus d'un siècle, il faut se garder de ne lire que les grandes lois de l'enfance, à vrai dire fort rares » et se pencher sur « l'arsenal des arrêtés et surtout des circulaires » (13).

Les juges et les silences de la loi

Ces reconversions du droit s'accompagnent bien entendu d'une redéfinition de l'institution judiciaire et du rôle de ses acteurs. L'analyse des rapports entre la sphère juridique et la sphère judiciaire révèle d'abord une sorte de délégation croissante de la première à la seconde. Cette délégation se ferait essentiellement de deux façons.

Dans le premier cas, l'affaiblissement de la norme juridique, les contradictions qu'elle comporte compte tenu des conditions de sa production, son inadéquation ou son « silence » face à l'évolution socio-économique conféreraient à l'instance judiciaire un rôle accru. C'est ainsi, par exemple, à la pratique judiciaire qu'il revient de traiter du contentieux d'affaires de responsabilité civile en matière d'accidents de la circulation avec une marge d'autant plus grande que le corps juridique de référence a été élaboré à un moment (celui de la naissance du Code civil) où le phénomène social qui est maintenant à réguler n'existait

(12) H. Nallet et C. Servolin, Op. cit.

(13) J. Costa-Lascoux, *La délinquance des jeunes en France. 1825-1968,* T.4, Textes législatifs et réglementaires, Ed. Cujas, 1978.

pas (14). C'est ainsi également, qu'en matière de restructuration économique, les règles habituelles du Code civil ne « sont plus d'un grand secours » au juge invité à « sortir de la logique proprement juridique pour s'aventurer en terrain économique » (15). C'est ainsi, enfin, que l'empirisme de la nouvelle loi du divorce, son pluralisme (... et ses ambiguïtés) secrètent un empirisme, un pluralisme judiciaire.

Dans le second cas, la délégation au judiciaire est inscrite dans la loi : soit que celle-ci multiplie les possibilités d'intervention du juge (si fréquemment en matière familiale qu'il a été plaisamment question de « ménage à trois ») (16), soit qu'elle confère au juge un pouvoir d'interprétation étendu, soit qu'elle l'institue de façon nouvelle (comme l'illustrent ces nouveaux juges que sont le juge des enfants ou le juge aux affaires matrimoniales).

A cette nouvelle conception du juge est associée une modification dans les formes de l'intervention judiciaire. Moins que l'objectif de la décision rendue en audience publique, ce qui tendrait à prévaloir c'est une manifestation de justice continue, constituée de séries d'interventions, de mesures, de conseils donnés en audience de « cabinet » (dans le bureau du juge).

Vers une marginalisation des instances judiciaires ?

La délégation du juridique au judiciaire, l'autonomie plus grande du judiciaire, la conception plus extensive de son intervention, ne sauraient pourtant signifier un accroissement de son pouvoir réel d'intervention dans l'ensemble de la régulation sociale. Bien au contraire, le constat de l'augmentation sensible du nombre d'affaires qu'elle traite, dissimule ce qui constitue le fait dominant : qu'elle ne traite qu'une petite part du contentieux qui semblerait devoir lui revenir, ne fonctionnant éventuellement que comme instance d'homologation ou d'appel. Cette situation s'explique par la mise en place de dispositions réglementaires qui excluent de plus en plus l'instance judiciaire, par le développement de l'arbitrage, dans le cadre d'une évolution analogue à celle qualifiée de « délégalisation » aux Etats-Unis (17), hors d'une intervention judiciaire estimée lourde et inefficace. Le sort de l'institution judiciaire serait d'ailleurs non seulement d'être dessaisie mais aussi d'être dépendante, dans la mesure où nombre d'affaires ne lui parviendraient qu'après une présélection faite par les instances extra-judiciaires, en amont dans le processus de régulation de la justice civile, de façon analogue d'ailleurs à cette « sur-détermination » par les instances en amont (Police, Parquet ou... organismes privés) observée dans le domaine de la justice pénale (18), ou dans celui de la justice des mineurs (19).

---

(14) J. Commaille, *Contribution à une approche sociologique de la pratique judiciaire : les accidents de la circulation.* L'Année Sociologique, vol. 27/1976, PUF, Paris, 1978.

(15) C. Casassus et S. Erbes-Seguin. *L'intervention judiciaire et l'emploi. Le cas du textile,* La Documentation française, Paris, 1979, p. 141.

(16) Cf. R. Savatier, *Le droit, l'amour et la liberté,* LGDJ, 2e édition, Paris, 1963, p. 97.

(17) R. Abel « Delegalization. A Critical Review of its Ideology, Manifestations, and Social Consequences », *Jahrbuch fur Rechtssoziologie und Rechtstheorie,* n° 6, 1980, p. 27 et s.

(18) Ph. Robert et C. Faugeron, *Les forces cachées de la Justice. La crise de la justice pénale,* Le Centurion, Paris, 1980.

(19) M. Henry et al. « Le droit et son impact sur la réalité sociale dans le domaine de la protection judiciaire de la jeunesse », *Annales de Vaucresson,* n° 16, 1979 p. 199 et suivantes.

Il convient d'être prudent dans l'explication de cette évolution. Faut-il d'abord attribuer l'augmentation du contentieux soumis à la justice à ce qui est souvent présenté comme une « juridicisation croissante des rapports sociaux » (dont le développement des consultations juridiques, des « boutiques » de droit serait un des indicateurs) ou encore à la volonté de l'institution judiciaire de se rendre plus accessible (instauration de l'aide judiciaire, gratuité des actes de justice, création de bureaux d'accueil, meilleure information des justiciables, etc.) ? Faut-il ensuite tout à fait souscrire à une analyse de la part prise par la justice dans la résolution des conflits comme étant une évolution vers un « dessaisissement », une « marginalisation », ou ne faut-il pas se demander si l'apparente évolution ne cache pas une sorte de permanence dans l'exercice — ou dans l'aspiration à l'exercice — d'une fonction symbolique, dont la finalité serait de servir de référence à l'ensemble de la régulation sociale tout en n'intervenant que de façon exceptionnelle ?

C'est le cas, par exemple, en matière d'accidents de la circulation : bien que la justice ne traite qu'une toute petite partie du contentieux (il a été estimé que l'absorption par la justice de l'ensemble du contentieux multiplierait par 45 le volume des affaires passant actuellement par les tribunaux), il peut être supposé que sa façon de le traiter sert de référence au règlement d'ensemble de ce contentieux, en même temps d'ailleurs qu'elle contribue à qualifier l'accident dans les représentations sociales qui le concernent (20).

L'analyse reste à faire parce qu'il lui manque, en particulier, la perspective historique pour qu'elle ne se confonde trop — par manque de rigueur ou de moyens — avec le discours des acteurs.

Le rôle des professionnels du droit

Ce discours des acteurs est d'ailleurs à rapprocher de ces vastes mouvements de redéfinition des corps professionnels du droit et de la justice que provoquent les évolutions mentionnées. Ces corps professionnels sont-ils soumis au changement comme le laisse supposer un discours empreint de la nostalgie d'un âge d'or du droit et des « notables de la robe » ? Participent-ils, au contraire, activement au changement ? C'est ce qu'incline à en faire l'hypothèse une pensée sociologique, dans la tradition de Max Weber. Pour ce dernier, parallèlement à l'action de la politique, de la religion et de l'économie, « les juristes, les légistes, les notables de la robe, les avocats et en général tous les professionnels du droit » influent sur l'évolution du droit dans le cadre du processus continu de rationalisation que connaît la civilisation occidentale (21). Cette influence ne se manifesterait plus seulement par des actions de défense d'une idéologie du formalisme juridique de l'extension de laquelle leur survie paraissait dépendre (22), mais par des actions de « restructurations du champ juridi-

(20) J. Commaille, *Contribution à une approche sociologique de la pratique judiciaire,* op. cit, p. 219 et s.

(21) Max Weber, « Sociology of law » in *Economy and Society,* vol. 2, University of California Press, Berkeley, 1978.

(22) R. Abel, Op. Cit.

que », comme celle constituée par le développement du droit du travail, véritable création d'un champ juridique autonome assurant de nouveaux « marchés » (23).

Des magistrats nouveaux

Les observations qui peuvent être faites sur l'évolution des magistrats confrontés au changement de l'institution judiciaire révèlent ici encore la difficulté d'appréhender, sans simplification abusive, le rôle joué par les acteurs sociaux dans le changement social. Le corps des magistrats est d'abord un corps ayant subi au cours des dernières années d'importantes transformations morphologiques *. Une sensible augmentation des effectifs (par exemple : 3 973 magistrats en 1969, 5 384 en 1980) s'accompagne d'un spectaculaire rajeunissement (environ un tiers des magistrats ont maintenant moins de 40 ans), d'une féminisation relative (les femmes représentent 21,4 % de l'ensemble des effectifs, 43,8 % des effectifs compris entre 24 et 34 ans), d'une modification de sa composition sociale (évolution d'un corps majoritairement issu des classes supérieures à un corps majoritairement issu de la « petite bourgeoisie » (24).

Or, ces transformations jouent certainement un rôle dans l'émergence des tensions qui ont traversé ces dernières années le corps des magistrats, la création du Syndicat de la magistrature en donnant un bon exemple (25). Cette création peut, en effet, être interprétée à partir de l'idée qu'un certain nombre de magistrats ont eu la révélation que le droit dans les interprétations divergentes qu'il permet, et la justice, dans les usages multiples qu'on peut en faire, constituaient plus qu'avant un enjeu social et politique. Mais l'hypothèse peut être également avancée que cette prise de conscience par une partie du corps est aussi en quelque sorte la conséquence des transformations morphologiques qui l'affectent, lesquelles auraient favorisé l'apparition d'une « nouvelle éthique » et des oppositions entre « fractions nouvelles de la petite bourgeoisie et fractions en déclin de la classe dominante », entre sexes, entre classes d'âges, entre « positions à l'intérieur du champ (prétendants/détenteurs de postes) ou entre filières d'accession » (26).

On ne retrouverait là, somme toute, que des façons courantes dont les professions s'inscrivent de manière antagoniste dans les dynamiques institutionnelles, le processus étant peut-être, ici, spécifiquement marqué par la définition professionnelle donnée ou que se donnent les magistrats. Depuis longtemps sollicités pour être — ou aspirant à être — « ministres d'équité » et non simples exécutants de la loi, comme les y invite d'ailleurs l'article 4 du Code civil (27),

---

(23) P. Cam, « Juges rouges et droit du travail ». *Actes de la recherche en sciences sociales,* n° 19, janvier 1978.

(24) P. Cam, Ibid. et N. Herpin, *L'application de la loi. Deux poids, deux mesures,* éd. du Seuil, Paris, 1977.

(25) Le Syndicat de la magistrature a été créé en 1968. La création de ce syndicat est considérée comme significative de l'évolution des idées au sein d'un corps professionnel qui jusqu'alors n'était représenté que par des associations ayant des objectifs uniquement corporatistes.

(26) P. Cam., Op. Cit., p. 23.

(27) « Le juge qui refusera de juger, sous prétexte de silence, de l'obscurité ou de l'insuffisance de la loi, pourra être poursuivi comme coupable de déni de justice ».

* Cf. annexe 3, p. 401.

les magistrats jouissent d'une autonomie par rapport au droit. Cette autonomie peut être vue comme la condition d'une « activité créatrice » telle que celle que leur prêtait M. Weber (28) ; elle est également présentée par les études de décision judiciaire ou des analyses sémiologiques de la jurisprudence (29) comme la source d'une activité influencée par leur propre « vision du monde », leurs propres systèmes de valeurs, ou par la façon dont ils « négocient » leur propre éthique avec celle des autres agents de la juridiction à laquelle ils appartiennent.

Des conceptions différentes de leur métier

Cette autonomie relative explique en tous les cas, à l'instar des autres professionnels du droit (30), que les réponses du corps des juges aux changements institutionnels puissent se faire en fonction de logiques divergentes visant, au-delà des finalités sociales ou institutionnelles affirmées, à reconstituer suivant des conceptions différentes, l'image et le statut social de la profession. Ces logiques, dont l'affrontement dialectique est au cœur de la dynamique institutionnelle (31) tendent, soit à faire prévaloir le souci exclusif de la reproduction ou de la restauration d'une justice déjà instituée, soit à considérer que l'emporte la nécessité des transformations.

Dans le premier cas, il s'agit de préserver une certaine tradition — ou d'y revenir —, cette conception « juridiste » est marquée par le souci du retour à l'application de la loi, à la fonction de « dire le droit » ou, à tout le moins, de juger à l'issue du débat contradictoire. Paradoxalement le courant critique à l'intérieur du corps rejoint en partie cette logique, parce qu'elle lui paraît pouvoir restaurer la justice comme recours et diminuer les risques d'arbitraire, d'encadrement social, d'extension du contrôle social étatique.

Dans le second cas, il s'agit : soit de privilégier les finalités sociales de la pratique judiciaire en mettant en place un type d'intervention continue, accordant de l'importance à l'amont et à l'aval de la décision, celle-ci n'étant plus l'élément central du dispositif « thérapeutique », mis en œuvre éventuellement avec l'aide de techniciens sociaux (psychiatres, psychologues, travailleurs sociaux, etc.), soit de s'inscrire activement dans le cadre d'une évolution vers une rationalisation de l'institution judiciaire, en soulignant l'importance des aspects organisationnels.

La bureaucratisation de l'institution judiciaire

On peut se demander si ce dernier courant n'est pas appelé à avoir une importance croissante, dans la mesure où il est en adéquation avec ce qui paraît être

(28) M. Weber, op. cit.

(29) A.J. Arnaud, *Autopsie d'un juge. Etude sémiologique de la jurisprudence aixoise en matière de divorce.* In Archives de Philosophie du Droit, éd. Sirey, Tome XIX, Paris, 1974.

(30) Voir par exemple, pour les avocats : A. Boigeol. « La profession d'avocat face à l'aide judiciaire ou le libéralisme en question », *L'Année Sociologique,* vol. 27/1976. PUF, Paris, 1978.

(31) H. Lafont et Ph. Meyer, *Justice en miettes,* PUF, Paris, 1979.

la tendance dominante de l'institution. La création de l'Ecole nationale de la magistrature annonçait déjà, qu'à l'exemple de toute autre administration, la justice devait être conçue de plus en plus comme un « service public ». D'autres réformes sont venues renforcer cette tendance : la fonctionnarisation du personnel des greffes et la création d'une Ecole nationale d'application des secrétariats-greffes ont ainsi permis l'introduction d'un nouveau corps de fonctionnaires dans l'institution ; ce nouveau pouvoir administratif témoigne de la part de plus en plus grande prise par les tâches administratives à l'intérieur des tribunaux, et pose d'ailleurs, semble-t-il, un problème d'équilibre des pouvoirs en leur sein (32), les personnels des greffes souhaitant de plus grandes responsabilités et une plus grande autonomie. Faut-il attribuer à ce qui est souvent perçu comme un phénomène de bureaucratisation croissante de l'institution, les projets de création d'un corps d'administrateurs de juridictions en France comme aux États-Unis (33) ? En tous les cas, les efforts de rationalisation dans l'administration des affaires judiciaires, comme dans n'importe quelle organisation bureaucratique, sont ici indéniables : réformes de procédure, répartition plus rationnelle des tâches, développement d'une spécialisation des juges et des services, fixation du juge sur son lieu de travail, formalisation plus grande des rapports hiérarchiques, recours à des techniques modernes de gestion (permis en particulier, par l'introduction de l'informatique), etc. (34). De façon classique, cette évolution paraît devoir s'accompagner d'une dépendance croissante à l'égard d'une administration centrale (qui n'aurait plus d'original que le nom : la Chancellerie), elle-même de plus en plus rationalisée.

Cette transformation s'inscrit bien entendu dans un effort de modernisation sans précédent de l'institution qui, tout à la fois : construit de nouveaux palais de justice (par exemple, autour de Paris, trois grands tribunaux ont été créés, conformément au nouveau découpage territorial intervenu en 1964 et résultant d'une volonté de décentralisation administrative de la région parisienne), augmente sensiblement son personnel (juges et greffiers, mais aussi éducateurs et surveillants), se dote de nouveaux moyens de gestion, renouvelle ses équipements pénitentiaires ou ceux destinés aux mineurs, etc. L'analyse de cette institution, c'est peut-être d'abord cette extraordinaire impression initiale de mutation que donne la comparaison entre ce nouveau tribunal à l'architecture futuriste, implanté au milieu d'une ville nouvelle, avec une gestion largement automatisée d'affaires judiciaires de plus en plus nombreuses, animé par un magistrat plutôt jeune en complet veston, exerçant l'essentiel de son activité dans son bureau, et ce palais de justice, souvent vétuste, trônant entre la préfecture et la cathédrale, dont le cœur est le lieu même du rituel judiciaire : la salle d'audience, où se rend, sous les lambris, une justice solennelle avec un personnel en robe.

---

(32) Voir, par exemple, sur cet aspect : H. Lafont et Ph. Meyer, *Rapport sur la réforme des Greffes,* Groupe d'Étude des fonctions sociales, SCR, Justice, multigr., Paris, 1978.

(33) Dans ce pays se constitue une véritable spécialité judiciaire d'administrateur de tribunal avec sa formation professionnelle, ses organes d'étude propres, tels que les « *Institute of Judicial Administration* », « *Institute for Court Management* », sa littérature : Cf. D. Ensellem. « Eléments de réflexion sur la pratique judiciaire. Les apports de l'approche organisationnelle », *L'Année Sociologique,* 1978, Vol. 29, Paris, 1980, pp. 451-481.

(34) Cf. C. Balle, « Le Tribunal de Grande Instance. Une approche organisationnelle ». In *Le fonctionnement de la justice pénale,* éd. du CNRS, Paris, 1979.

Après avoir tenté de rendre compte des reconversions du droit, de l'institution judiciaire et de ses acteurs, sans prétendre pouvoir les situer dans un schéma explicatif général, ce serait sans doute faire preuve de quelque facilité que de conclure rapidement en confondant une modernisation nécessaire avec l'avènement d'une justice technocratique.

La conviction d'une autonomie relative des instances concernées dans l'évolution n'autorise pas à trancher aussi vite pour l'avenir, comme si la sociologie du droit n'était déjà plus qu'une sociologie de l'État, ou celle du « pouvoir judiciaire » une sociologie de l'administration de la justice. Bien que les transformations de l'institution judiciaire française paraissent effectivement s'inscrire dans un mouvement plus général de grande ampleur (35), il resterait, pour ne pas paraître céder aux tentations du prophétisme, à appronfondir ce qui demeure de la spécificité de la justice, avant d'aspirer à connaître son avenir, avenir d'autant plus incertain qu'il concerne une institution à laquelle il peut être encore prêté de la singularité, et qu'il dépend de la vaste redéfinition en cours de l'ensemble des régulations sociales de la société française.

(35) Cf. par exemple, pour ce qui concerne l'évolution de l'institution judiciaire dans certains pays : W. Heydebrand, « The Content of Public Bureaucracies : An Organizational Analysis of Federal District Courts ». *Law and Society Review,* vol. II, number 5, summer 1977. B. Abel-Smith and R. Stevens, *Lawyers and the Courts. A Sociological Study of the English legal System 1750-1965,* Heinemann, London, 1967.

Monde catholique, pratique religieuse et vie politique

Suzanne Berger*

Le contrôle politique et idéologique exercé traditionnellement par l'Eglise sur ses membres s'est considérablement affaibli ; les institutions et les mouvements propres au monde catholique sont en crise, et leurs liens avec l'Eglise se sont relâchés. Jadis caractérisés par certains traits de leur pratique sociale et politique, les catholiques se distinguent de moins en moins du reste de leurs contemporains par leurs attitudes. Il est d'ailleurs devenu bien difficile de les identifier comme tels, par suite du recul de la pratique religieuse. Parallèlement, une profonde évolution interne se manifeste, accentuant le contraste entre les attitudes qui demeurent répandues chez la majorité des pratiquants et les engagements politiques et sociaux de diverses minorités militantes.

Parmi les transformations profondes qui ont secoué la société française depuis une vingtaine d'années, on constate que le monde catholique est l'un des secteurs qui a subi les mutations les plus rapides. Il y a eu des modifications profondes et radicales dans le domaine de la pratique, des croyances, des structures et des hommes. Quelles sont les causes de ces modifications, sont-elles irréversibles ou cycliques, et surtout, quelles conséquences auront-elles sur la société dans son ensemble ? Toutes ces questions font l'objet de vives discussions aussi bien parmi les spécialistes que dans le grand public.

Certains observateurs voient dans ces bouleversements de la religion la cause profonde d'une « crise d'autorité » latente en France. Pour eux, l'érosion de l'Eglise serait à l'origine du déclin des valeurs jusqu'alors garantes de l'ordre social et de la légitimité du pouvoir, en même temps que la politisation de certains groupes sur lesquels reposait autrefois le consensus social (1). C'est à

---

* Suzanne Berger, professeur en sciences politiques, Massachusetts Institute of Technology, Cambridge, Massachusetts, USA. A publié notamment *Paysans contre la politique,* Le Seuil, 1975 et récemment, *Dualism and Discontinuity in Industrial Societies,* Cambridge University Press, 1980, en collaboration avec Michael Piore.

(1) Pour cette interprétation, voir Alain Besançon, *La Confusion des langues* (Paris, Calmann-Lévy, 1978) ou Juan Miguel Garrigues, « L'Eglise catholique et l'Etat libéral », *Commentaire* (hiver 1979-1980) n° 8.

une tout autre conclusion que tend une autre interprétation des changements en cours dans la religion. Ses partisans soutiennent que, par suite du long processus de sécularisation de la société, le pouvoir et l'influence de l'Eglise dans tous les domaines, à l'exception de la religion, ont progressivement été éliminés (2). Les catholiques qui avaient dans le passé des attitudes et comportements politiques et sociaux bien distincts de ceux des autres Français, se rapprocheraient de plus en plus, d'après cette théorie, des autres citoyens. La disparition du particularisme catholique devrait donc favoriser l'intégration nationale et la stabilité politique, en éliminant le clivage responsable de la division de la société française depuis 1789.

Malgré leur opposition, ces deux théories se rejoignent tout de même sur un point : un certain lien entre religion, politique et société est en train de disparaître. Ce lien se traduisait notamment par l'association étroite qui se manifestait entre pratique religieuse et choix politique. Michelat et Simon, parmi d'autres, ont montré que la pratique religieuse est fortement liée au vote à droite ; ni le critère de la classe sociale, ni celui du niveau de revenus ou d'éducation ne sont d'aussi bons indicateurs des opinions conservatrices que la pratique religieuse (3). Il faut rechercher les origines de ce phénomène dans la convergence de deux événements majeurs de l'histoire française : en effet, la première mobilisation politique a coïncidé, au XIXe siècle, avec les controverses qui ont opposé l'Eglise et l'Etat.

Tout vient du fait qu'au moment où les Français commençaient à pouvoir tous participer à la vie politique — grâce à l'établissement du suffrage universel pour les hommes et au développement du système des partis politiques — se posait avec force la question de l'intégration des catholiques et de l'Église dans un État démocratique moderne.

Les Français ont commencé à percevoir l'influence que pouvait avoir la politique sur leur vie privée quotidienne au moment où les interventions les plus marquantes de l'État dans la vie de la société concernaient l'Église.

L'alliance traditionnelle des catholiques et des conservateurs

Trois sortes de conflits ont amené ces interventions. Tout d'abord, l'Église avait été un des principaux acteurs du système féodal détruit par l'État moderne. Tout comme la noblesse et la monarchie, l'Église avait été dépossédée de son pouvoir dans des secteurs-clés de la vie économique et sociale. Au sein des luttes qui opposèrent au XIXe siècle les Républicains à ceux qui souhaitaient rétablir l'Ancien Régime, l'Église devait devenir le pilier sur lequel reposait la défense de ce dernier, car sa légitimité et son influence avaient beaucoup mieux résisté que celles de la monarchie ou de la noblesse. La seconde catégorie de conflits opposant l'Église et l'État provenait des liens internationaux de

---

(2) La meilleure description du processus de sécularisation dans les pays de l'Europe occidentale se trouve dans l'ouvrage de David Martin, *A General Theory of Secularization,* Basil Blackwell, Oxford, 1978).

(3) Guy Michelat et Michel Simon, *Classe, religion, et comportement politiques* Paris, Presses de la Fondation nationale des sciences politiques et Editions sociales, 1977.

l'Église. Dans une démocratie qui était nationaliste et patriotique, les relations de l'Église avec le Vatican, les ambiguïtés que pouvaient soulever les priorités dans les engagements du personnel ecclésiastique et les soupçons qui pesaient sur les catholiques français, toutes ces considérations soulevaient des problèmes que ni la constitution civile du clergé durant la Révolution ni le concordat napoléonien n'avaient effacés. Enfin, et c'est ce point qui devait avoir les conséquences les plus importantes sur l'organisation de la vie politique en France, l'Église et l'État étaient en désaccord total lorsqu'il s'agissait de déterminer à qui, de l'Église ou de l'État, il revenait d'orienter les valeurs, les croyances et les allégeances des Français. Pour les républicains, l'État, s'il voulait créer des citoyens, devait inculquer à tous un ensemble de valeurs qui devaient se transmettre dans la même école. L'Église, de son côté, pensait que si elle voulait faire des hommes chrétiens, elle devait leur faire acquérir certaines valeurs et leur faire comprendre la société et leur propre rôle en son sein, par des moyens qui n'étaient concevables que dans les écoles chrétiennes. La controverse entre républicains et catholiques sur leur idéal respectif de l'autorité, du citoyen, et de la nature de la société, devait conduire à la bataille entre l'école laïque et unique d'un côté, et l'école libre et un système pluraliste de l'autre. Si les tensions suscitées par les deux premières questions disparurent presque complètement après la séparation de l'Église et de l'État en 1905, les passions relatives à la question scolaire ne devaient s'éteindre qu'au cours des vingt dernières années.

C'est à partir des trois différends qui ont opposé l'Église et l'État que s'est formé le système des partis politiques tout au cours du XIXe siècle et qu'ont fini par se définir la gauche et la droite en politique. Et, lorsque le conflit entre le socialisme et son opposition surgit à la fin du siècle dernier, les alliances et tactiques engendrées se superposèrent mais n'effacèrent jamais les alignements partisans des batailles précédentes. Ce qu'il faut retenir, c'est que les catholiques ont fait leur entrée dans la démocratie de masse alors que se posait une série de questions qui les fit opter pour la droite politique. Et cet engagement a survécu longtemps, alors même que les questions qui justifiaient ce choix s'étaient évanouies. Bien que l'aide de l'État aux écoles libres ne représente plus une question brûlante pour la plupart des Français d'aujourd'hui, les catholiques pratiquants de toutes classes sociales continuent de voter plus à droite que les autres catégories de la population.

Des pratiques sociales spécifiques, sources de cohésion

Mais, expliquer les origines de l'association de la religion et du monde conservateur ne rend cependant pas compte des raisons du maintien de ce lien. Il faut en chercher la cause dans la solidité de certaines structures créées par l'Église pour protéger les catholiques contre la politique républicaine et contre une culture rationaliste, et pour aider l'Église à préparer la reconquête de la société. Tout d'abord, l'Église a spécifiquement enjoint les chrétiens de voter pour certains partis politiques et associations et d'y militer. Tout au long de la Troisième République, les instructions des évêques et des prêtres désignaient aux fidèles avant les élections les noms des candidats acceptables. Il arrivait même que les paroissiens qui votaient pour la gauche (et même parfois, ceux qui votaient pour le « mauvais » candidat de la droite) se voient menacés de sanctions qui pouvaient, dans certains cas, aller jusqu'au refus des sacrements. De plus, outre les injonctions politiques spécifiques et les interdictions du clergé, l'enseignement social de l'Église, la façon dont les sermons, la littérature et la philosophie catholiques expliquaient la signification chrétienne des réalités sociales et économiques, tout cela renforçait le caractère conservateur des croyances qui étaient largement partagées par les catholiques de toutes les classes sociales. L'Église attaquait le capitalisme en tant que système social reposant sur le matérialisme, le rationalisme et la subordination des besoins humains à la recherche du profit. Mais en même temps, elle rejetait l'idée selon laquelle l'intervention de l'État pouvait réparer les injustices du capitalisme. Elle ne croyait pas que ces injustices reposent sur une domination de classe et ne puissent être éliminées que par la lutte des classes et la révolution. Pour les catholiques, les conflits et injustices suscités par la société industrielle devaient être résolus par le recours à l'association professionnelle dans l'organisation de la société et à la solidarité individuelle avec les plus pauvres.

La troisième forme d'adaptation de l'Église catholique à l'État démocratique et à la société industrielle réside dans une innovation organisationnelle : la création d'un réseau dense et vaste d'associations groupant des catholiques à tous les stades de leur vie et appartenant à toutes les catégories sociales. Cette série d'organisations imbriquées les unes avec les autres comprenait aussi bien des groupes, comme les Enfants de Marie, ayant des buts spécifiquement religieux, que d'autres ayant des objectifs précis mais non religieux, qui doublaient des associations similaires du « monde extérieur » comme des équipes catholiques de sport ou des associations catholiques d'avocats. Mais ce qui a constitué, durant les cinquante dernières années, le réseau le plus important d'organisations catholiques résulta de la création de groupes ayant le vaste projet de pénétrer et de transformer des milieux sociaux entiers : il s'agit de l'Action catholique. C'est ainsi que des mouvements d'Action catholique furent créés pour les ouvriers, les étudiants, les paysans, les milieux indépendants. Ce réseau d'associations constituait par rapport à la figure un peu mythique de l'État laïque un monde catholique clos, ou une « contre-société », avec des frontières bien tracées protégeant ses membres de ceux de l'extérieur. L'étendue des domaines touchés par ces organisations au sein de cette entité que représente le monde catholique, l'importance donnée à la doctrine et à la défense de l'orthodoxie, les liens étroits unissant la doctrine et les organisations qui l'incarnaient, les relations entre le noyau formé des militants, du clergé et des laïcs qui se trouve au centre du système et le cercle plus vaste des croyants passifs : tout ceci ressemble de façon frappante aux schémas présidant au développement d'une entité culturelle qui se dessinait durant la même période au sein de la gauche. Les fonctions de cette « contre-société catholique », comme celles de cette « contre-société communiste », analysées par Annie Kriegel dans *Les Communistes,* étaient d'entourer et de protéger les croyants, d'inculquer une série de valeurs et de comportements, et de construire en microcosme et par anticipation, l'ordre social qu'on voulait instaurer dans la société globale.

Le relâchement des liens entre l'Église et les laïcs

Les relations entre l'Église et la société française reposaient donc sur trois bases essentielles : le contrôle strict de l'Église dictant certaines pratiques sociales ou politiques à ses membres ; un système de valeurs, d'attitudes et de croyances conservatrices ; et un sous-ensemble culturel et organisationnel vaste et s'adaptant aux situations. Sur ces trois points, les changements qui se sont produits dans l'Église depuis une trentaine d'années ont été si rapides et si profonds que, au début des années quatre-vingt, il ne reste plus que des traces de l'ensemble primitivement conçu. Pour ce qui est du contrôle de l'Église sur le comportement des catholiques, l'Église tente beaucoup moins de l'influencer et y réussit encore moins lorsqu'elle le tente. Les prêtres ne recommandent plus de candidats à leurs paroissiens. Même lorsque l'Église déclare contraires à la doctrine certains comportements personnels, sociaux ou politiques, elle ne peut plus compter être suivie par les fidèles. Une enquête de 1973 a révélé, par exemple, que 51 % des catholiques pratiquants estimaient, en dépit des proclamations du pape, que l'usage de moyens contraceptifs ne constituait « aucune faute » (4). Il est devenu plutôt rare que des prêtres refusent des sacrements à ceux qui désobéissent. Et ceux des catholiques qui refusent de suivre les directives de la hiérarchie sur la contraception et sur le communisme, par exemple, continuent en général à participer, à part entière, à la communauté religieuse, alors que naguère des sanctions les auraient obligés à s'incliner ou à s'en aller.

D'autres changements ont affecté le système des valeurs sociales pour les catholiques. Les doctrines officiellement proclamées par l'Église depuis le concile de Vatican II insistent beaucoup plus qu'auparavant sur la signification religieuse des actions nécessaires pour mettre fin aux injustices sociales politiques et économiques. Elles reflètent également une nouvelle conception de la nature de ces injustices et des formes d'action nécessaires pour les réduire. Les conceptions conservatrices et corporatistes de la société sont remplacées par la prise de conscience des racines économiques des injustices sociales et politiques : on reconnaît qu'il n'est pas possible de porter remède à la détresse des plus pauvres sans transformer les structures sociales et économiques existantes ; que les injustices découlent du rapport de forces des diverses classes sociales et que pour les réduire, l'action politique est nécessaire.

Autre transformation aussi importante que celles intervenues dans le contenu des doctrines de l'Église : désormais, les positions politiques et sociales les plus variées sont reconnues légitimes, et nul système ne peut tirer des croyances catholiques des solutions sociales et politiques exclusives.

Enfin, l'adaptation de l'Église à la société démocratique moderne s'était beaucoup appuyée sur la « contre-société catholique » ; or, ce système de structures intégrées s'est sérieusement effrité durant les quinze dernières années. On a assisté à un affaiblissement rapide de ces institutions propres au monde catholique qui avaient rendu possible la pénétration de valeurs et de comportements

(4) D'après une enquête de la SOFRES effectuée pour le compte du *Figaro,* et citée par Jacques Gellard dans son article « Marginalité de l'Eglise en France ? » *Etudes,* janvier 1979, p. 93.

homogènes chez les catholiques de toutes classes sociales. Il y a eu aussi un affaiblissement des associations qui, jusque-là, servaient de relais pour transmettre ces valeurs au monde extérieur. Ce processus a été amorcé par la désagrégation de la structure d'autorité dans la « contre-société » qui faisait des laïcs catholiques les agents de l'Église partout où le clergé ne pouvait intervenir directement. Les relations entre les dirigeants de l'Action catholique et la hiérarchie étaient régies par un « mandat » plus ou moins explicite que ces associations recevaient de l'Église pour mener à bien une mission que les laïcs ne définissaient pas eux-mêmes. Les crises successives des mouvements d'Action catholique dans les années cinquante et soixante, l'indépendance croissante des laïcs et l'assurance qu'ils avaient prise, renforcées par les documents de Vatican II (Lumen Gentium), ont conduit à un relâchement progressif des liens entre les mouvements et l'Église.

Le cas de l'association des jeunes ruraux de l'Action catholique (Mouvement rural des jeunes chrétiens) est un cas extrême mais révélateur : vers le milieu des années soixante-dix, renversant les rôles traditionnels, les dirigeants laïcs du groupe choisissaient eux-mêmes leurs propres aumôniers, qu'ils pressaient ensuite la hiérarchie d'accepter.

La spécialisation de l'Action catholique et le pluralisme politique

Le second aspect de la désagrégation de cet ensemble culturel provient de la spécialisation progressive de ses associations. La formule de l'évangélisation par milieux était essentielle pour l'Action catholique, mais cette spécialisation même qui a rapproché le monde catholique de différents milieux dont les valeurs n'étaient pas catholiques, laissait aussi l'Église très ouverte et vulnérable à son environnement. Les rapports entre les associations d'Action catholique et les groupes qu'elles évangélisaient ont inévitablement conduit à une sorte de fragmentation du monde catholique, alors que les groupes se fondaient plus ou moins dans une partie de leur environnement. Ce processus de spécialisation et d'attraction centrifuge est apparu de façon la plus éclatante avec la « spécialisation idéologique » après mai-juin 1968, les mouvements d'Action catholique s'identifiant de plus en plus, non seulement à leur milieu social mais aussi à ses options politiques. Il semble que dans les années soixante-dix, la légitimation du pluralisme politique par l'Église ait eu, paradoxalement, comme conséquence, de pousser les catholiques à créer des communautés de pensée dans lesquelles ils pourraient communier avec d'autres dont ils partageaient les opinions sociales et politiques et, parfois même, dont ils partageaient la vie quotidienne.

En définitive, la « contre-société » catholique s'est effritée parce que les cloisons qui séparaient ses membres de l'extérieur étaient tombées.

Le déclin des rites

Depuis Vatican II, en effet, il est devenu de plus en plus difficile d'identifier les catholiques en tant que tels. Officiellement, l'Église, aujourd'hui comme naguère, identifie la communauté des catholiques avec celle des baptisés *, alors que dans le passé, les catholiques se distinguaient en assistant à la messe dominicale, en communiant et en se confessant régulièrement, et en se soumettant aux rites du baptême, de la communion solennelle et du mariage religieux. Aujourd'hui l'observance est très différente de ce qu'elle était il y a trente ans : la messe dominicale n'a plus le même caractère obligatoire, la communion solennelle devient rare dans de nombreuses paroisses ; la confession a été souvent remplacée par une cérémonie pénitentielle collective **. Les prêtres eux-mêmes ne sont plus d'accord sur l'obligation de se plier à ces rites. Certains prêtres, par exemple, prônent, comme auparavant, le baptême de tous les enfants assez vite après leur naissance ; d'autres estiment que si les parents ne sont pas des pratiquants réguliers, le baptême devrait être remis à plus tard. Comme les critères sont flous, il devient de plus en plus problématique de savoir qui est ou n'est pas chrétien, et c'est cela, aussi bien que d'autres facteurs, qui a affaibli la différenciation entre le monde catholique et l'extérieur.

Les catholiques : des militants comme les autres

Mais, la disparition des murs qui séparaient le monde catholique de la société globale affecte non seulement les catholiques qui pratiquent irrégulièrement leur religion, mais aussi les catholiques qui participent intensément aux associations qui sont au centre de cette « contre-société ».

De plus en plus, les militants des associations d'Action catholique s'éloignent du monde catholique pour s'engager dans les partis et syndicats qui naguère étaient interdits aux catholiques. Pour certains, le passage à gauche et l'entrée dans des mouvements temporels s'accompagnent d'une rupture avec les organisations catholiques ; mais pour un nombre non négligeable de catholiques, il s'agit de militer dans des organisations classées des deux côtés de l'ancienne division idéologique. C'est ainsi que, dans les années soixante-dix, un cinquième des membres de l'Action catholique ouvrière, pour prendre l'exemple le plus frappant, militaient en même temps dans des partis de gauche, et un dixième au parti communiste. Ces migrations à travers les vieilles frontières touchaient donc les membres les plus engagés du monde catholique. Ce qui est en cause ici, ce n'est pas une désertion de l'Église, mais un refus du système institutionnel établi par l'Église pour régir les relations de ses membres avec les parties de la société non soumises à son autorité.

Le nombre de pratiquants diminue

En même temps que se produisaient des changements radicaux dans le système d'autorité, dans les valeurs et les doctrines et dans les frontières du

---

* Cf. annexe 3, p. 402 et 403.

** Cf. annexe 3, p. 402.

monde catholique, la population appartenant à cet univers se rétrécissait. Même s'il est devenu plus difficile, par suite des changements dans les formes de la pratique, de s'appuyer sur le critère de l'assistance à la messe dominicale, de la communion ou de la confession pour mesurer les dimensions de la communauté catholique, il est cependant clair qu'on assiste à un déclin évident. Une enquête nationale effectuée par la SOFRES en 1977, montrait que 82 % de l'échantillon interrogé se déclarait catholique (5). Parmi ces derniers, 13 % seulement assistaient chaque semaine à la messe ; 7 % en outre, y participaient une ou deux fois par mois, alors que dans les années cinquante, 30 % de tous les catholiques assistaient régulièrement à la messe (6). Et alors que le nombre des pratiquants réguliers a connu un déclin lent mais constant, le nombre des prêtres a, lui, décru de façon vertigineuse. En 1963-64, il y avait 5 279 séminaristes en France ; en 1975-76, seulement 1 297 (7). Durant la même période, le nombre d'ordinations est tombé de 610 à 156 alors que le nombre de prêtres quittant le sacerdoce s'accélérait énormément (8) *.

Deux processus complexes ont donc été à l'œuvre durant les vingt dernières années et ont altéré les relations entre l'Église et la société française : un ensemble de changements qui a réduit la population composant le monde catholique alors qu'un autre transformait ce monde de l'intérieur même. L'impact social et politique des premières transformations a, semble-t-il, consisté à généraliser pour une population d'origine catholique dont la pratique allait déclinant une série de comportements sociaux et politiques qui ne diffèrent plus de ceux de la population tout entière. Il est difficile de prouver ce phénomène, mais des études comme celles menées par Philippe Braud sur la Bretagne laissent penser que lorsque la pratique décline dans les anciens bastions catholiques, la population se répartit électoralement entre les différents partis dans des proportions proches des moyennes nationales (9). Les gains apparents de la gauche parmi les populations catholiques de l'Ouest se produisent en réalité parmi une population de moins en moins pratiquante et dont les préférences politiques se rapprochent de celles des autres régions non-pratiquantes de France.

Cependant, la population restée pratiquante continue à défendre des valeurs sociales et politiques et des pratiques qui restent très différentes de la population globale. Une enquête de la SOFRES de 1977 a constaté que 39 % d'un échantillon représentatif des Français s'identifiaient à la gauche ou à l'extrême-gauche en politique, contre 13 % seulement des pratiquants réguliers (10). Mais bien que les tendances politiques des catholiques en tant que groupe restent situées à droite, une minorité du monde catholique s'est portée vers la gauche durant les vingt dernières années. On trouve parmi les prêtres, et spécialement

---

(5) D'après une enquête de la SOFRES, de décembre 1977, effectuée pour le *Nouvel Observateur.*

(6) Gellard, op. cit., p. 84.

(7) Raymond Deville, « Situation des grands séminaires en France », *Etudes* juin 1978, p. 803.

(8) Voir François Isambert, « Le sociologue, le prêtre et le fidèle », sous la direction de H. Mendras, *La Sagesse et le désordre* Gallimard, Paris, 1980, p. 231.

(9) Philippe Braud, « Les élections législatives de mars 1978 dans la région Bretagne », *Revue française de science politique* 28, n° 6 (décembre 1978).

(10) D'après l'enquête de la SOFRES de décembre 1977, effectuée pour le *Nouvel Observateur.*

* Cf. annexe 3, p. 402.

parmi ceux des nouvelles générations, un soutien de la gauche beaucoup plus important que parmi les autres catholiques. Et la force des marxistes dans les mouvements d'Action catholique laisse à penser que les attitudes sociales et politiques de cette partie du monde catholique diffèrent radicalement de celles des pratiquants en général. Bien que les partisans de la gauche et ceux qui y militent ne constituent pas encore une fraction assez large des pratiquants pour être électoralement discernable, l'impact à long terme de ce groupe peut en réalité devenir significatif, car ses membres ont une influence et un activisme sans rapport avec leur nombre.

Les catholiques : un ensemble de moins en moins monolithique

Au début des années quatre-vingt donc, les différentes fractions du monde catholique s'avancent sur des sentiers divergents. Devant une telle situation, les hypothèses les plus contradictoires ont été avancées sur les conséquences à long terme de la transformation des croyances et des structures religieuses sur la politique et la société en France. La libération des consignes de la hiérarchie amènera-t-elle à une redistribution de l'électorat catholique parmi les partis de gauche, de droite et du centre, en fonction des critères de classe, de revenus ou d'éducation ? Ou bien les spécificités de cet électorat, son héritage idéologique vont-ils l'attirer à l'une ou l'autre extrémité de l'éventail politique ? Est-ce que le déclin de l'ensemble des croyances catholiques, qui mettaient l'accent sur la hiérarchie, l'harmonie sociale et le volontarisme, va contribuer à saper les bases de l'autorité dans l'État et sur les lieux du travail ? Ou bien la transformation des croyances catholiques en matière sociale va-t-elle soutenir la légitimation d'un nouvel idéal ? La désagrégation de la « contre-société » catholique va-t-elle laisser libre champ aux militants catholiques pour s'occuper des questions politiques spécifiques et pragmatiques (contre le nucléaire, pour l'écologie, etc.) et soutenir ainsi une politique des réformes en France ? Ou bien les catholiques militants vont-ils apporter à l'action collective un engagement transcendantal qui renforcerait l'aspiration permanente d'une partie des Français à une transformation politique globale ? L'importance des enjeux pour la société contemporaine laisse à penser que la controverse politique sur ces questions sera vive dans les années à venir.

Le renouveau du mouvement associatif

François Bloch-Lainé *

Les associations, traditionnellement peu développées en France, ont connu récemment un essor sans précédent. En permettant de concilier au mieux des aspirations contradictoires (efficacité et indépendance, respect des normes et volonté d'innover), le mouvement associatif paraît appelé à jouer un rôle grandissant dans l'action collective. En dépit des problèmes auxquels il se trouve confronté, sa chance principale réside dans sa grande capacité d'adaptation qui contraste avec la rigidité des institutions les mieux établies, souvent impuissantes à suivre l'évolution des mœurs et des mentalités.

En France, au cours des dernières années, comme dans tous les pays industrialisés, urbanisés, centralisés, les individus, qui se sentent de plus en plus isolés au sein des collectivités dont ils font partie et de plus en plus faibles face aux pouvoirs qu'ils subissent, ont éprouvé un besoin croissant de « médiateurs » qui fussent à leur portée, conformes à leurs vœux et choisis librement.

L'essor sans précédent des associations (1), dont nous sommes les témoins depuis peu, répond, sans nul doute, à ces désirs de nos concitoyens : celui de s'exprimer et de se défendre en se groupant, afin d'être mieux entendus que par les voies ordinaires ; celui d'améliorer leur vie quotidienne, en organisant des solidarités et des services réciproques **.

Mais le phénomène n'est pas simple et le mouvement qui s'ensuit appelle beaucoup d'attention et de soins pour ne pas décevoir les espoirs dont il procède. Le cas français est, en effet, assez singulier. Nous savons, depuis Alexis de Tocqueville (2), que dans une vieille nation comme la nôtre, forgée par son État, les

---

* François-Bloch-Lainé, inspecteur général des Finances honoraire, président de la Fondation nationale des entreprises publiques et de l'Association « pour le développement des associations de progrès », administrateur de la Fondation de France, co-auteur, notamment, de *Pour nationaliser l'État,* Le Seuil, 1968.

(1) On connaît le nombre des associations qui se « déclarent » dans les préfectures : près de 35 000 par an actuellement, chiffre qui a doublé depuis 10 ans, quadruplé depuis 25 ans, alors qu'il était inférieur à 1 000 avant la guerre. Mais on ne sait pas combien d'entre elles sont vivantes : de l'ordre de 300 000 à 500 000, dit-on.

(2) Dans *la Démocratie en Amérique.*

** Cf. annexe 3, p. 403 et 404.

groupes de citoyens motivés sont moins enclins à agir eux-mêmes avant d'en appeler au Prince que dans les pays où, tantôt un peuple de pionniers continue, suivant sa tradition, à se porter spontanément sur de nouvelles frontières, tantôt des particularismes tenaces tiennent constamment en lisière toute puissance centrale.

En France, il y a longtemps qu'on a pris l'habitude d'attendre de l'Administration régalienne, sinon toujours l'initiative, du moins le soutien et le cadre de la plupart des actions collectives. Et, parmi celles-ci, les activités d'ordre social ont été longtemps les moins vivaces, les moins libres. L'État a pris en considération les entreprises commerciales et les syndicats professionnels dès la seconde partie du siècle dernier, avant de donner droit de cité aux associations ; si libérale fût-elle, la loi du 1er juillet 1901, qui reste la charte de ces dernières, a donc été la plus tardive, la plus réticente ; les tergiversations dont elle est issue font d'elle une loi de tolérance plus que d'impulsion. Les associations françaises demeurent les moins « capables », au sens juridique, et les moins encouragées, parmi les personnes morales admises comme corps intermédiaires.

Cependant, voici que se produisent des pulsions sociales, plus décisives que les forces politiques qui furent impuissantes ou hostiles, plus d'un siècle durant, sous des régimes divers, à l'égard du phénomène associatif ; voici que des nécessités vitales font surgir en grand nombre des organismes qui se situent entre les services publics et les entreprises privées, pour déterminer des rencontres, exercer des influences, effectuer des prestations, aux fins d'entraide, de protection, d'éducation, de recherche, de culture, en faisant jouer les liens du voisinage, du métier ou de la conviction.

Les associations au centre de l'innovation sociale

Cette éclosion est à même de répondre à plusieurs paradoxes fondamentaux de la société présente, qui font problème, parce qu'elle fournit les meilleures solutions.

Il s'agit d'abord de concilier deux tendances contradictoires : la socialisation fatale des moyens à mettre en œuvre dans la vie collective, (moyens trop coûteux pour être encore individuels) et la tendance croissante à l'autonomie des personnes (plus instruites, mieux informées, plus désireuses de déterminer chacune son propre destin). Mieux que dans l'orbite d'un service public ou à l'intérieur d'une société commerciale, cette conciliation peut se faire grâce à la formule de l'association, la plus propice à l' « autogestion » qu'on souhaite tant développer — et qui est encore au stade de la découverte — pour répondre, à la fois, au souci d'efficacité et au souci d'indépendance.

Il s'agit, ensuite, de répondre à deux nécessités qu'il est également difficile de rendre compatibles : le respect des normes établies et l'innovation sociale. Une société n'est vivante et ne progresse que si, à côté de ceux qui suivent les règles établies, d'autres les bousculent sans créer pour autant de désordre grave, inventent, expérimentent en tâtonnant, avec le droit à l'erreur qui est la condition de leur hardiesse. Des groupes constitués sans responsabilité institutionnelle et sans but lucratif ont moins de précautions limitantes à prendre que des fonctionnaires soucieux du prestige de la puissance publique et que des commerçants préoccupés de rentabilité financière. L'association est leur véhicule naturel.

Il s'agit, enfin, de mobiliser le maximum de dévouement, d'enthousiasme, de gratuité, sans quoi les communautés se dessèchent, faute de cœur et d'argent. L'association peut seule faire coopérer pour cela des professionnels et des bénévoles, des experts et des militants, dont la coexistence, toujours difficile, est ailleurs impossible.

C'est ainsi que, déjà, des associations ont pris en charge, dans notre pays, une part considérable de ce qui se fait pour seconder les personnes faibles (enfants, handicapés, vieillards), pour devancer, en leur servant de terrains d'essai, les prestations administratives et les offres du marché, puis pour les compléter ou pour les corriger, en matière d'éducation populaire, de tourisme social, d'activités sportives et de loisir ; pour protéger, mettre en valeur le patrimoine naturel et culturel et pour en faciliter l'accès, la jouissance au plus grand nombre ; pour favoriser la découverte dans tous les domaines, avant les concours officiels ou au-delà ; pour informer, puis pour traduire l'opinion, sur des sujets particuliers, vis-à-vis des élus politiques et de leurs mandataires administratifs...

Une grande liberté d'initiative

Pour l'accomplissement de toutes ces fonctions — dont la typologie n'est pas facile à établir, tant il y a de diversité et de mélange — les originalités principales de la solution associative ne sont peut-être pas celles que l'on met généralement en avant pour la définir, à savoir le caractère privé et l'absence de but lucratif. Ces traits, qui s'appliquent à l'ensemble du « tiers-secteur », dont font partie aussi les coopératives et les mutuelles, sont, en effet, plus négatifs que positifs ; ils paraissent aujourd'hui insuffisants pour donner à l'association une *légitimité* et une *utilité* sociales, qui lui soient propres, notamment dans les domaines où elle doit être représentative ou participer au service public, pour bien répondre à l'attente de notre société. Certes, le caractère privé est essentiel, puisqu'il signifie la liberté de l'initiative et la référence au droit civil, hors des règles du droit public faites pour des organismes d'une autre nature, sinon d'une autre utilité. Et l'absence de but lucratif ne l'est pas moins moralement, puisqu'elle signifie que les « surplus » financiers, bien qu'on ne les exclue pas en tant qu'ils permettent d'accroître les moyens d'action, ne sont jamais ni visés en priorité, ni attribués à des personnes physiques. Sans ces particularités, érigées en vertus, il n'y aurait pas association, mais administration ou entreprise. Cependant, il en faut d'autres, plus déterminantes encore, pour que l'association ait un rôle propre à jouer, une valeur ajoutée qu'on ne trouve pas ailleurs.

Une légitimité naturelle

Il convient d'abord de rappeler que c'est sa représentativité qui la rend « légitime » au regard de la collectivité. Point au sens de la légitimité légale des institutions politiques, des corps élus qui détiennent les pouvoirs officiels, mais d'une légitimité naturelle, celle que lui confèrent les forces de base dont elle émane et sans laquelle elle n'aurait guère de signification. On a beaucoup parlé, ces temps derniers, du « nouveau pouvoir des associations » et des « contre-pouvoirs » qu'elles constituent. Ces expressions, intéressantes mais ambiguës, se prêtent à des malentendus qui ont pour effet d'irriter les autorités élues, lesquelles, en démocratie, sont les seules responsables finalement, les seules habilitées à décider en dernier ressort. Il ne suffit pas que des associations soient représentatives pour échapper à la Loi ou s'y substituer ; mais il faut qu'elles le soient pour avoir du crédit au regard de la Loi, pour être écoutées, secondées, suivies par les instances publiques ou privées auxquelles elles s'adressent, auprès desquelles elles opèrent. Le mouvement associatif doit donc veiller lui-même, dans l'intérêt de sa mission, à l'élimination des fausses associations. Non de celles qui, à leur naissance, sont très naturellement le fait de quelques précurseurs, pas encore rejoints par les participants qu'ils appellent, à partir du besoin qu'ils constatent, de l'idée qu'ils captent ou qu'ils proposent les premiers ; mais de celles qui servent durablement de couverture à des isolés, ou de masque à des commerçants, ou d'instrument à des fonctionnaires.

Le respect des règles démocratiques

Il n'est pas interdit aux associations de choisir le secret, c'est-à-dire de refuser tout indice, toute justification à l'extérieur ; elles renoncent alors à tout soutien, à toute notoriété. Si elles prétendent, au contraire, mettre, comme on le dit, « la démocratie à portée de la main » et jouer un rôle reconnu dans la vie collective, il leur faut être elles-mêmes des modèles de démocratie, prouver leur audience, afficher des objectifs résultant de conventions publiées et des résultats approuvés par les communautés qui les mandatent. Un des problèmes les plus sérieux qui se posent actuellement aux animateurs du mouvement associatif est celui de cette authenticité, faite à la fois de transparence et de discipline, difficile à vérifier, à organiser et, plus encore, à imposer dans un milieu dont la liberté est le signe le plus distinctif. L'urbanisme et l'environnement sont devenus deux des principaux objets de l'intervention d'associations. Comment les agréer, pour qu'elles exercent une influence, si on ne peut mesurer leur audience ? Dans d'autres activités, le nombre, la nature des cotisants, des militants, des usagers, le fonctionnement effectif du pacte social pour la désignation et le contrôle des dirigeants sont également des éléments déterminants pour l'obtention d'un « droit de cité », vis-à-vis de l'opinion et des pouvoirs.

L'utilité sociale

La légitimité d'une association est, d'autre part, fonction de son utilité, notamment quand il s'agit pour elle de rendre des services d'intérêt général, semblables à ceux qui sont rendus par des services publics. La relation de l'association au service public — dans toutes les sortes de prestations évoquées plus haut — est un autre problème fondamental du mouvement associatif dans le temps présent, problème rencontré à tous les tournants de la pratique et teinté encore de débats idéologiques. Ceux-ci tendent à s'estomper, fort heureusement, bien que les Français s'opposent encore les uns aux autres sur la persistance d'un « jacobinisme » qui traverse les partis libéraux et socialistes. Dans ces partis figurent également, par rapport à l'État, des centralisateurs et des décentralisateurs. Faut-il faire participer davantage ou moins, de façon régulière, des associations à l'accomplissement des tâches dont les administrations sont les principaux responsables ? Convient-il de distinguer mieux, dans la notion de service public, la *tâche* et l'*instrument,* pour que des associations, dûment « conventionnées », agissent comme gestionnaires ? Ces associations doivent-elles agir alors dans les mêmes conditions que les administrations ou autrement ? C'est, on le sait, en matière de santé et, plus difficilement encore, en matière d'éducation que ces questions se posent. Peu à peu, assez empiriquement, des solutions se dessinent, que des pays étrangers, moins soucieux que le nôtre de logique juridique, moins enclins aux querelles issues de notre Révolution, ont peut-être moins de peine que nous à acclimater.

La coopération entre les associations

Cette évolution serait-elle facilitée, accélérée par une organisation plus poussée du mouvement associatif, face à des pouvoirs publics qui, de leur côté, coordonneraient mieux leurs interventions dans ce domaine ?

Les principales associations françaises se rapprochent les unes des autres depuis quelques années et elles ont rejoint, à travers des « inter-associations » assez imparfaites, la coopération et la mutualité, qui sont beaucoup plus structurées et réglementées. Il est clair que le « tiers-secteur » dit aussi secteur de « l'économie sociale » — est hétérogène. Les associations, qu'elles opèrent en économie marchande ou en économie non-marchande, ne se classent, ne se fédèrent, ne s'uniformisent pas aussi facilement que les coopératives et les mutuelles ; on peut même penser qu'elles se dénatureraient si elles allaient trop loin, à cet égard, dans la voie de l'imitation. Quoiqu'il en soit, elles ne risquent pas, pour le moment, d'être trop unies et encadrées. Des progrès se sont accomplis, depuis qu'elles en ont pris conscience, dans deux directions principales :

— On a créé des services communs, avec le concours d'organismes extérieurs au mouvement, qui sont prêts à l'aider dans son développement : des mécanismes de financement, tels qu'une société de garantie mutuelle des associations (SOGAMA) qui leur permet d'accéder au crédit bancaire dans de meilleures conditions, que des centres d'information sur les innovations sociales, que des bureaux de conseil et d'assistance technique, que des « maisons des associations » ouvertes par les municipalités...

— On s'est groupé pour étudier des questions, effectuer des démarches auprès du Gouvernement (3), en matière de fiscalité (exonération des dons à l'impôt sur le revenu, taxe sur les salaires, régime fiscal et postal de la presse associative) ou de droit des personnes (statut des étrangers dans les associations françaises et les associations internationales constituées en France ; facilités données dans les administrations et les entreprises aux salariés qui sont animateurs d'associations, comme pour les activités syndicales...).

(3) Notamment au sein d'une association générale « pour le développement des associations de progrès » (DAP).

Du côté des pouvoirs publics, il convient de noter, comme événements prometteurs, la constitution « d'intergroupes » parlementaires pour la vie associative, à l'Assemblée nationale et au Sénat, ainsi que la mission donnée au délégué à la Qualité de la Vie de coordonner les actions gouvernementales en faveur des associations et la nomination plus récente d'un « parlementaire en mission » sur le sujet.

Mode passagère ou durable ?

Il reste beaucoup de précautions à prendre pour que tout cela ne fasse pas long feu. Les mesures concrètes suivent lentement les bonnes paroles, où qu'elles soient prononcées. Les tendances profondes de nos concitoyens sont difficiles à déceler et à utiliser, dans la période de mutation où nous sommes et dans le désarroi qui l'accompagne, chez beaucoup de jeunes, notamment. La vie communautaire paraît se développer, en même temps que les élans anciens vers le « service » ou le « combat » en commun fléchissent devant les impératifs de la vie personnelle, devenus prioritaires dans l'échelle des valeurs. Il y a plus de volontaires pour des actions correspondant aux prédilections du moment, cependant que des besognes dont l'utilité sociale n'a pourtant pas faibli cessent soudain de bénéficier des mêmes zèles. On est ainsi dans l'impossibilité de formuler des diagnostics globaux sur l'intensité et sur les applications d'une aspiration générale à plus de « convivialité ». La chance de la formule associative, par rapport à tous les autres modes d'intervention, est sa capacité d'adaptation aux circonstances, tant psychologiques que matérielles. Dans des domaines où les institutions sont mises en échec par les évolutions imprévues des mentalités et des mœurs, les associations donnent suite, plus vite et mieux qu'elles, aux appels de la population. Encore faut-il qu'elles ne s'institutionnalisent pas elles-mêmes, comme les plus anciennes d'entre elles ou les plus proches de l'Administration sont portées à le faire.

Paradoxalement, c'est en s'appliquant, sinon à être éphémères (encore que les associations les plus vivantes soient faites pour mourir jeunes, après avoir brûlé), du moins à se remettre en cause souvent, pour se renouveler constamment, que les groupes de citoyens motivés, agissant sous l'empire de la loi de 1901, prendront, au total, le plus de place — et de façon durable — dans la vie française de demain.

Les nouveaux usages du jardin

Françoise Dubost *

Aujourd'hui, le jardin n'est plus essentiellement un lieu de production alimentaire. Certes, le potager demeure, et continue, sous une forme réduite, à jouer un rôle d'appoint parfois indispensable. Mais l'activité de jardinage est devenue aussi, et de plus en plus, une pratique de loisir et une source de dépenses, tout en revêtant des modalités et des significations très différentes selon les classes sociales.

De la nécessité à l'agrément

Pour la grande majorité de la population, le jardin n'a été longtemps qu'un lieu de *production alimentaire,* de nécessité vitale. Dans le passé, le jardin populaire se réduit au potager et seul le jardin du riche comporte, en plus du jardin potager, un jardin d'agrément. Au XIXe siècle, les paysans ne sont pas les seuls à se nourrir presque exclusivement de pain, et de légumes qu'ils cultivent eux-mêmes. C'est aussi le cas de la majorité des ouvriers, qu'il s'agisse des ouvriers-paysans de type traditionnel, ou des habitants des cités ouvrières construites par le patronat industriel dans les grands centres miniers, sidérurgiques ou textiles. Ce rôle alimentaire fondamental, le potager l'a conservé jusqu'à une époque récente, et jusque dans les banlieues des grandes villes où le potager ouvrier s'est maintenu sous deux formes : associé à la maison dans le secteur pavillonnaire du logement social (qui s'est développé surtout après la loi Loucheur) (1), et en lotissements de parcelles de terre destinées aux habitants des immeubles collectifs, appelés *jardins-ouvriers.* Cette dernière formule, d'inspiration philanthropique à l'origine, a été largement utilisée par le patronat et les municipalités de certaines régions et les rares qui subsistent aujourd'hui ne donnent qu'une faible idée du nombre et de l'importance que ces lotissements avaient atteints pendant la période de l'entre-deux-guerres. Le gouvernement de Vichy les a encore développés pendant la guerre, et comme l'occasion était belle de prêcher le retour aux valeurs familiales et terriennes, on a vu refleurir sous Pétain tous les thèmes du paternalisme du XIXe siècle. Sans aucun doute

* Françoise Dubost, chargée de recherche au Centre national de la recherche scientifique (Centre européen de sociologie historique), a publié sur le même sujet : « Les jardins de Créteil » in *Traverses,* 5/6, juin 1976, « La scarole et le bégonia » in *Ethnologie française,* 4, 1979, « Le jardinage » in *Encyclopaedia Universalis,* 1980.

(1) La loi Loucheur date de 1928, elle est à l'origine du premier *programme* général de construction de HBM (Habitations à bon marché). Elle crée également une nouvelle catégorie : les HLM (Habitations à loyer moyen).

cependant, l'idéologie avait moins de part que le besoin économique dans le succès des lopins potagers.

Le changement aujourd'hui paraît considérable : le jardin le plus modeste a sa pelouse et ses massifs fleuris, son saule pleureur et ses sapins bleus. On ne voit plus guère le potager qui se cache derrière la maison. Est-il en train de disparaître tout à fait, et le jardin va-t-il cesser d'être un lieu de production pour devenir un lieu de *dépense,* un débouché pour ce marché en pleine expansion qu'est le marché des produits de jardin et de jardinage ?

Dans le jardin pavillonnaire type, l'espace d'agrément est séparé de l'espace utile : le potager d'un côté, la pelouse et les massifs de fleurs de l'autre, souvent de part et d'autre de la maison, en « jardin de derrière » et « jardin de devant » (2). On peut penser que ce n'est là qu'une étape vers la transformation complète en jardin d'agrément, la culture potagère étant doublement condamnée à terme par son inutilité économique et par son passé prolétaire : les règlements de copropriété l'interdisent dans certains lotissements de constructions individuelles, ce qui montre assez qu'on l'identifie à la culture du pauvre, au sens propre comme au sens figuré.

Une telle interprétation serait prématurée. Il est vrai que les superficies cultivées en potager ont beaucoup diminué : de 29 % entre 1962 et 1975. Recul évidemment lié à l'élévation du niveau de vie, à l'urbanisation croissante, mais surtout, comme le montrent bien les statistiques du ministère de l'Agriculture (3), au déclin rapide de la population agricole. Malgré tout, l'existence du potager reste étonnamment tenace, notamment dans la population non agricole. Citons les chiffres de l'INSEE : en 1977, *41 % des ménages français cultivaient un jardin potager* (4), dont 80 % appartenant à la population non agricole ; les ouvriers restent, après les agriculteurs et les retraités, la catégorie où le nombre des possesseurs de jardins potagers est le plus élevé (42 %), et ils représentent à eux seuls le tiers des gens qui cultivent un potager en France.

Au total, le potager a moins souvent disparu qu'il ne s'est réduit. On l'a observé dans des régions où les implantations industrielles en milieu rural sont anciennes et où l'ouvrier-paysan de type traditionnel a longtemps survécu (5). *C'est aussi cette forme réduite de potager, associée de plus en plus souvent à un jardin d'agrément,* qu'adoptent aujourd'hui les nouvelles catégories de ruraux, ceux qui, au prix de migrations quotidiennes, résident à la campagne tout en travaillant à la ville. Or on sait que ces catégories sont actuellement en pleine expansion.

Parvenu à ce « modèle réduit », *le potager ne semble pas près de disparaître* *. Selon les prévisions de l'INSEE, la production autoconsommée, désormais limi-

(2) N. Haumont, *Les Pavillonnaires,* CRU, 1971.

(3) Enquêtes sur l'utilisation du territoire. Les exploitants agricoles cultivaient 181 000 ha de jardins en 1962 et 72 000 en 1975, soit une réduction de plus de moitié, alors que les non-exploitants cultivaient 176 000 ha en 1962 et 190 000 en 1975.

(4) Marie-Annick Mercier, *La consommation alimentaire en 1977,* Collection INSEE M83, juillet 1980 et les données de l'enquête alimentaire permanente de l'INSEE.

(5) Les mineurs du fer et les sidérurgistes lorrains ont en cultivant leurs lopins assuré la quasi-totalité de leur subsistance jusque dans les années cinquante. Cf. les témoignages recueillis par S. Bonnet, *L'Homme du Fer.*

* Cf. annexe 3, p. 396.

tée à certaines espèces, légumes verts et petits légumes (6), a toute chance de se maintenir longtemps. Cette estimation tient compte de facteurs très différents, du développement actuel de la construction individuelle au succès des thèmes écologiques valorisant les produits « naturels », obtenus selon les procédés traditionnels, par opposition à ceux de l'agriculture moderne. Mais surtout, la place prise par le congélateur dans les biens d'équipement des ménages est en train de transformer les modes d'approvisionnement familiaux ; elle donne un nouvel intérêt aux produits du jardin qui peuvent être stockés sans nécessiter les longues préparations des conserves traditionnelles. Ajoutons que si ces facteurs nouveaux peuvent favoriser le maintien de la culture potagère, les facteurs traditionnels sont loin d'avoir disparu. Le rôle alimentaire du potager n'est plus qu'un rôle *d'appoint,* mais, dans certaines régions et dans certaines classes sociales, un appoint encore indispensable. D'autant plus que cet appoint, en économisant une partie du revenu monétaire, autorise parfois l'achat de biens d'équipement et de loisir que ne permettrait pas le seul revenu du salaire (7).

Le jardin reste donc, au moins partiellement, un lieu de production. Il devient aussi, et de plus en plus, un lieu de dépense. Mais cette consommation reste très inégale selon les classes sociales (8), tout comme *l'activité du jardinage reste inégalement considérée selon les classes sociales comme une obligation ou comme une distraction.* Dualité que reflètent encore les enquêtes statistiques puisque le jardinage y est recensé tantôt comme travail domestique (INSEE, enquête sur les budgets-temps, rubrique « ménage »), tantôt comme activité de temps libre (INSEE, Enquête sur les comportements de loisirs des Français, 1967 ; ministère des Affaires culturelles, les pratiques culturelles des Français, 1973).

Quoiqu'il en soit, on peut souligner *l'importance de la pratique du jardinage et son extension à toutes les classes sociales* : 48 % des Français jardinent, soit 78 % de ceux qui possèdent un jardin (9). Il y a toutefois des nuances appréciables : il y a moins de jardiniers chez les employés et chez les cadres moyens que chez les ouvriers. Ils ont, surtout, une pratique moins fréquente (45 % des ouvriers jardinent tous les jours ou plusieurs fois par semaine) ; chez les cadres supérieurs, le jardinage est encore plus épisodique et ils sont plus nombreux que les autres à ne jamais jardiner. Ajoutons les différences d'âge et de sexe : on ne jardine guère avant 25 ans, on jardine surtout à l'âge mûr et à l'âge de la retraite, mais de moins en moins à partir de 70 ans. Le jardinage, enfin, est plus masculin que féminin dans toutes les classes sociales, à l'exception des agriculteurs : chez ces derniers, la culture du potager reste l'affaire des femmes, du moins jusqu'à l'âge de la retraite.

---

(6) *Les grandes tendances de la consommation alimentaire,* exercice pour 1980, INSEE.

(7) F. Loux, *Conduites économiques ouvrières en milieu rural,* 1974.

(8) Du simple au quadruple, selon qu'il s'agit d'agriculteurs et d'ouvriers ou de cadres supérieurs et de professions libérales, voir INSEE, *Conditions de vie des ménages en 1970,* p. 71 : consommation en plantes et matériel de jardin.

(9) Les données utilisées ici sont celles de l'enquête INSEE qui utilise des critères plus précis et plus détaillés pour mesurer l'intensité et la fréquence de la pratique que celle du ministère de la Culture.

Dans quelles catégories le jardinage apparaît-il le plus nettement comme une pratique de loisir ? Chez les cadres moyens et supérieurs assurément. Pas chez les agriculteurs, on s'en doute, où il reste un travail associé à l'activité principale. Mais plus souvent qu'autrefois chez les ouvriers, comme le montrent certaines enquêtes, encore que les différences restent importantes selon qu'ils sont ruraux ou citadins, et selon les traditions propres à chaque région. Les ouvriers de la région parisienne, ceux d'Annecy ou de Toulouse, affirment plus souvent que ceux de Sainte-Colombe en Châtillonnais ou ceux du Creusot que le jardinage est une distraction. Mais cette « distraction » quand elle est liée à une tradition du travail manuel, à un apprentissage familial, à tout un mode de vie, conserve des traits bien spécifiques (10). *Si le jardinage est à la mode, s'il fait partie de ces activités manuelles et artisanales qui ont été promues à la dignité de loisir, s'il a changé d'image sociale, il n'en garde pas moins, selon les classes sociales, des modalités et des significations bien différentes.*

Du pavillonnaire au néo-villageois

Beaucoup de Français rêvent encore au pavillon de banlieue comme à l'idéal de la maison avec jardin. Or, la réorientation de la politique gouvernementale en faveur du logement individuel, l'apparition de nouveaux types de promotion immobilière et le développement de la construction préfabriquée et industrialisée, ont eu pour effet d'élargir l'accès à la maison individuelle, mais aussi de la proposer sous des formes nouvelles, de l'habitat individuel groupé des villes nouvelles aux néo-villages de la grande banlieue, de la maison Phoenix à la maison « traditionnelle » produite en série. *L'aménagement et le décor du jardin tendent-ils à s'uniformiser* comme s'uniformise la maison, comme s'uniformisent aussi, certains du moins le prétendent, les modes de vie ?

L'uniformisation, souvent, correspond à une *vulgarisation du modèle bourgeois.* C'est bien ce que le Corbusier détestait dans le jardin pavillonnaire, dont il faisait le symbole de la médiocrité, de la prétention, et de l'individualisme petit-bourgeois. Aujourd'hui encore, beaucoup ne voient guère dans le décor des jardins de banlieue que la copie maladroite et étriquée des « beaux jardins », un *décor d'emprunt,* que les ruraux à leur tour se mettent à emprunter aux citadins : voir les habitants de Plodémet repliés sur leur « placenta pavillonnaire » et décorant leurs jardinets, double symptôme de l'urbanisation et de l'embourgeoisement du bourg breton (11).

Il est vrai que le traitement décoratif d'un espace extérieur à la maison tend à faire partie aujourd'hui, dans toutes les classes sociales, des normes de présentation de l'habitation elle-même. Le fait de posséder des arbres d'ornement, par exemple, a cessé d'être un signe de distinction sociale, alors que dans les campagnes du XIXe siècle, un bouquet d'arbres d'essences décoratives — conifères, platanes, marronniers — signalait invariablement la présence d'une maison de

---

(10) Joffre Dumazedier et Aline Ripert, *Le loisir et la ville,* 1967 ; Janine Larrue, *Loisirs ouvriers chez les métallurgistes toulousains,* 1965 ; Françoise Loux, op. cit. ; Françoise Dubost « Les jardiniers de Créteil » *Traverses,* 5/6, juin 1976 ; François Portet, *Sociétés locales et conditions d'expression de cultures populaires autonomes,* thèse 3e cycle, université de Paris VII, 1979.

(11) Edgard Morin, *La métamorphose de Plodémet,* Fayard, 1967.

notable ou d'une maison de maître. De même pour la pelouse, les fleurs, le mobilier ou les objets décoratifs, qui sont entrés dans le répertoire commun et qui composent « les agréments de l'entrée et l'ornement du vestibule », comme disait Charles Blanc (12), aujourd'hui offerts à l'extérieur.

La généralisation du jardin d'agrément correspond sans aucun doute à l'extension, jusque dans les milieux populaires, d'une norme bourgeoise, et elle va de pair avec une homogénéisation certaine des niveaux de vie. *Qu'elle n'ait pas fait disparaître pour autant les signes de distinction sociale,* c'est aussi une évidence. Première raison, la généralisation de la norme n'est pas encore à son terme. Certains éléments se diffusent plus vite que d'autres, les objets décoratifs, par exemple, se sont multipliés bien avant le mobilier de jardin, et la décoration florale précède l'apparition de la pelouse (dans nombre de jardins populaires les fleurs en pot dominent encore, ou des massifs soigneusement entourés de gravier). Les « concours fleuris » ont joué à cet égard un rôle important.

Deuxième raison, la réinterprétation obligée de la norme en fonction des moyens dont on dispose, d'où une version riche et une version pauvre de la même norme. Tout le monde s'achète des arbres d'ornement mais tout le monde ne choisit pas les mêmes espèces. Quand on ne possède pas un jardin « peuplé d'arbres centenaires », comme disent les publicités immobilières, on préfère le saule pleureur, le prunus ou l'acacia en boule parce qu'ils poussent plus vite et que leurs proportions s'accordent mieux à la taille exiguë du jardin.

Troisième raison, et c'est la plus importante, chaque milieu social conserve sa version propre de la norme et réinvente au besoin des critères de différenciation. Pour prendre l'exemple des objets décoratifs, les nains et les moulins n'ont jamais appartenu à l'inventaire des jardins bourgeois, les lanternes de cocher et les chaudrons fleuris en ont disparu quand ils sont devenus trop communs : variations de détail, mais que la sociologie spontanée connote infailliblement. Plus visibles encore, les variantes apparues autour d'un type produit industriellement, la « maison à l'américaine », comme l'appellent G. Bauer et J.M. Roux (13), introduite en France par les *builders* (14), nouveaux venus dans la promotion immobilière et dont les sociétés sont généralement des filiales de sociétés américaines. Dans le modèle initial, c'est une maison allongée et basse (l'étage quand il existe se dissimule dans le toit sous forme de combles), peinte en blanc, et posée sur un « green » collectif. Tel quel, le modèle a été bien adopté par une clientèle de cadres moyens ou supérieurs dans les premières opérations intégrées réalisées par les *builders.* Par la suite, le modèle s'est commercialisé sous une autre forme, celle des ventes sur catalogues, en s'adressant à un public beaucoup plus diversifié. De façon caractéristique, ni le *green* collectif ni le jardin de plain-pied n'ont survécu à sa diffusion en milieu populaire, où l'on reste attaché à la fois aux clôtures et au principe du logement à l'étage (d'où la « butte », qui permet de maintenir la structure du pavillon traditionnel).

(12) *Grammaire des objets décoratifs,* 1890.

(13) Gérard Bauer et Jean-Michel Roux, *La rurbanisation ou la ville éparpillée,* 1976.

(14) Les *builders* sont des organisations de promotion intégrée qui assurent le financement, la promotion, les études, la construction et la vente de leurs opérations immobilières.

Mais il faut ajouter que tous ces mécanismes d'emprunt, d'échange et d'innovation ne coïncident pas forcément avec l'image d'une stratification sociale clairement ordonnée et hiérarchisée. Il en est ainsi du goût de l'ordre et de l'ordonnance, de la symétrie et du strict découpage de l'espace, goût si partagé qu'on peut parler de *goût majoritaire,* et où l'on ne retrouve pas que l'héritage bourgeois. C'est aussi bien le goût de la propreté domestique que le souci des convenances, et en ce sens, l'entretien du jardin correspond bien moins, comme le note D. Riesman, au besoin de se singulariser, qu'à l'obligation ressentie par tous de « faire le ménage dehors » (15). Le tracé net des allées, les massifs soignés, les arbres bien taillés, correspondent sans doute à un goût du décorum, mais ils évoquent aussi le strict alignement des plants du potager traditionnel, et la passion du nettoyage et du désherbage, qui va bien au-delà de ce qu'exige la culture, chez le jardinier populaire. Or c'est ce goût commun, où se fondent la tradition populaire et la tradition bourgeoise, qu'une partie des classes moyennes récuse aujourd'hui en lui opposant *un autre modèle : le jardin indiscipliné,* sans allées ni massifs, et où les herbes folles ont droit de cité à l'ombre des pommiers rustiques. Nouveauté déguisée en retour au jardin à l'ancienne, jardin de curé ou jardin de mon grand-père, mais nouveauté quand même, qu'illustrent bien les magazines préférés de la nouvelle classe moyenne. *Maison et jardin,* finalement, s'oppose moins à *Rustica,* que les deux ensemble à *Elle* ou à la *Maison de Marie-Claire* qui se font les promoteurs et l'écho à la fois de la contestation du jardin bien ordonné.

De même faut-il nuancer le schéma trop simpliste de la vulgarisation des modèles de haut en bas de la société pour interpréter les *modes de sociabilité* qui se développent dans les nouveaux types d'habitat et qui sont essentiellement liés à l'existence du jardin. Dans les néo-villages, que les promoteurs construisent à proximité des grandes villes, on a pu observer de nouveaux comportements de la classe moyenne : dans ses jardins, on se cache moins et on se montre davantage, on tolère mieux les intrusions, on expose au regard les rites de la vie familiale. A condition, bien sûr, que le groupe de voisinage reste suffisamment homogène pour que l'on s'y sente entre soi : les nouvelles manières ne détruisent pas les barrières sociales.

Ne sont-elles que le reflet d'une idéologie citadine qui ressuscite sur le mode de l'utopie la sociabilité villageoise traditionnelle, au moment précisément où elle était en train de disparaître ? Le mythe de la campagne, me semble-t-il, n'explique pas tout. La communauté de voisinage existe ailleurs que dans un lointain passé paysan, et notamment dans l'ancien habitat ouvrier à la fois individuel et groupé, où le jardin est associé à la maison : cités ouvrières construites à la campagne au XIXe siècle par les patrons industriels, quartiers ouvriers anciens des grandes villes. Cet habitat représente encore une part appréciable du domaine bâti existant et la tradition du genre de vie mi-rural mi-urbain qui lui est associée ne sert pas moins de référence que le modèle paysan dans les milieux populaires. Le caractère communautaire de la vie quotidienne, la solida-

(15) Cf. in *L'abondance à quoi bon ?* les conclusions résumées d'une enquête sur le jardinage menée dans deux banlieues de Chicago par le Centre d'études des loisirs dirigé par D. Riesman et R. Meyerson. Il n'est pas sans intérêt de comparer la banlieue américaine des années soixante avec notre nouvelle banlieue, quelles que soient par ailleurs les conditions bien différentes de leur développement.

rité du groupe de voisinage, la perméabilité des relations familiales aux relations de voisinage sont autant de normes spécifiquement populaires (voir Hoggart) (16) et ne doivent rien à la morale paternaliste qui a prôné ce type d'habitat.

Il n'est pas sûr que la clôture pavillonnaire suffise aujourd'hui à détruire ces normes et qu'on ne les retrouve pas dans ces nouvelles banlieues rurales où l'ouvrier, tout en travaillant à la ville, continue de résider au village, et bien souvent dans son village d'origine. Elles marquent peut-être encore de leur empreinte les nouveaux usages qui s'instaurent dans les jardins exigus et contigus des néo-villages. Le jardin a été le conservatoire de pratiques paysannes et ouvrières longuement enracinées dans l'histoire et il n'est pas sans intérêt de montrer comment les classes populaires, et les classes moyennes aussi dans une certaine mesure, réinterprètent aujourd'hui cet héritage.

(16) Voir aussi l'introduction de Jean-Claude Passeron à *La Culture du pauvre,* traduction française de *The Uses of literacy.*

Annexe 3 :

La société française en chiffres

Démographie
Famille et relations de parenté
La consommation
Les loisirs
Les vacances
Justice
Religion catholique
Les associations

Démographie

Tableau 1

Evolution de quelques données caractéristiques de la natalité, de la fécondité et de la mortalité

(en milliers)

	1964	1970	1977	1978	1979	1980 *
Mariages	347	393	368	354	340	335
Taux de nuptialité (1)	7,2	7,8	6,9	6,6	6,3	6,2
Naissances	878	850	745	737	757	795
Taux de natalité (2)	18,1	16,7	14	13,8	14,1	
Décès	520	542	536	547	541	545
Taux de mortalité (3)	10,7	10,6	10,1	10,3	10,1	10,1
Taux de mortalité infantile (4)	23,4	18,2	11,5	10,6	10,1	9,8
Excédent des naissances sur les décès	+ 357	+ 308	+ 208	+ 190	+ 216	+ 250
Accroissement naturel (en %)	7,4	6,1	3,9	3,5	4	4,6
Effectif de la population au début de l'année	48 310	50 770	52 972	53 182	53 372	53 588

* Résultats provisoires. *Source :* INED.

(1) Nombre de mariages pour 1 000 habitants.

(2) Nombre de naissances pour 1 000 habitants.

(3) Nombre de décès pour 1 000 habitants.

(4) Nombre de décès à moins de 1 an pour 1 000 nés vivants.

Tableau 2

Répartition de la population par groupe d'âge

Année	Population au 1er janvier (en milliers)						Proportion pour 1 000				
		Moins de 20 ans	20 à 64 ans	65 ans ou +	Moins de 15 ans	60 ans ou +	Moins de 20 ans	20 à 64 ans	65 ans ou +	Moins de 15 ans	60 ans ou +
1901 (1)	38 486	13 168	22 064	3 254	9 889	4 906	34,2	57,3	8,5	25,7	12,7
1931	41 257	12 398	24 915	3 944	9 340	5 871	30,1	60,4	9,6	22,6	14,2
1936	41 194	12 336	24 728	4 130	10 067	6 144	29,9	60,0	10,0	24,4	14,9
1946	40 125	11 838	23 847	4 440	8 592	6 438	29,5	59,4	11,1	21,4	16,0
1954	42 885	13 165	24 792	4 928	10 251	6 963	30,7	57,8	11,5	23,9	16,2
1962	46 422	15 382	25 571	5 469	12 238	7 932	33,1	55,1	11,8	26,4	17,1
1968	49 723	16 789	26 680	6 254	12 524	8 877	33,8	53,7	12,6	25,2	17,9
1972	51 486	16 851	27 922	6 713	12 692	9 334	32,7	54,2	13,0	24,7	18,1
1975	52 600	16 888	28 663	7 049	12 656	9 672	32,1	54,5	13,4	24,1	18,4
1976	52 810	16 778	28 883	7 149	12 538	9 579	31,8	54,7	13,5	23,7	18,1
1977	52 973	16 636	29 113	7 224	12 387	9 418	31,4	55,0	13,6	23,4	17,8
1978	53 182	16 518	29 320	7 344	12 273	9 294	31,1	55,1	13,8	23,1	17,5
1979	53 372	16 398	29 531	7 443	12 131	9 195	30,7	55,3	13,9	22,7	17,2
1980	53 588	16 286	29 768	7 534	12 002	9 144	30,4	55,5	14,1	22,4	17,1
1981 *	53 838	16 221	30 160	7 457	11 932	9 336	30,1	56,0	13,6	22,2	17,3

* Evaluation provisoire. (1) 87 départements. *Source :* INSEE.

Graphique 1 :

Répartition de la population totale au 1er janvier 1981 suivant le sexe et l'âge.

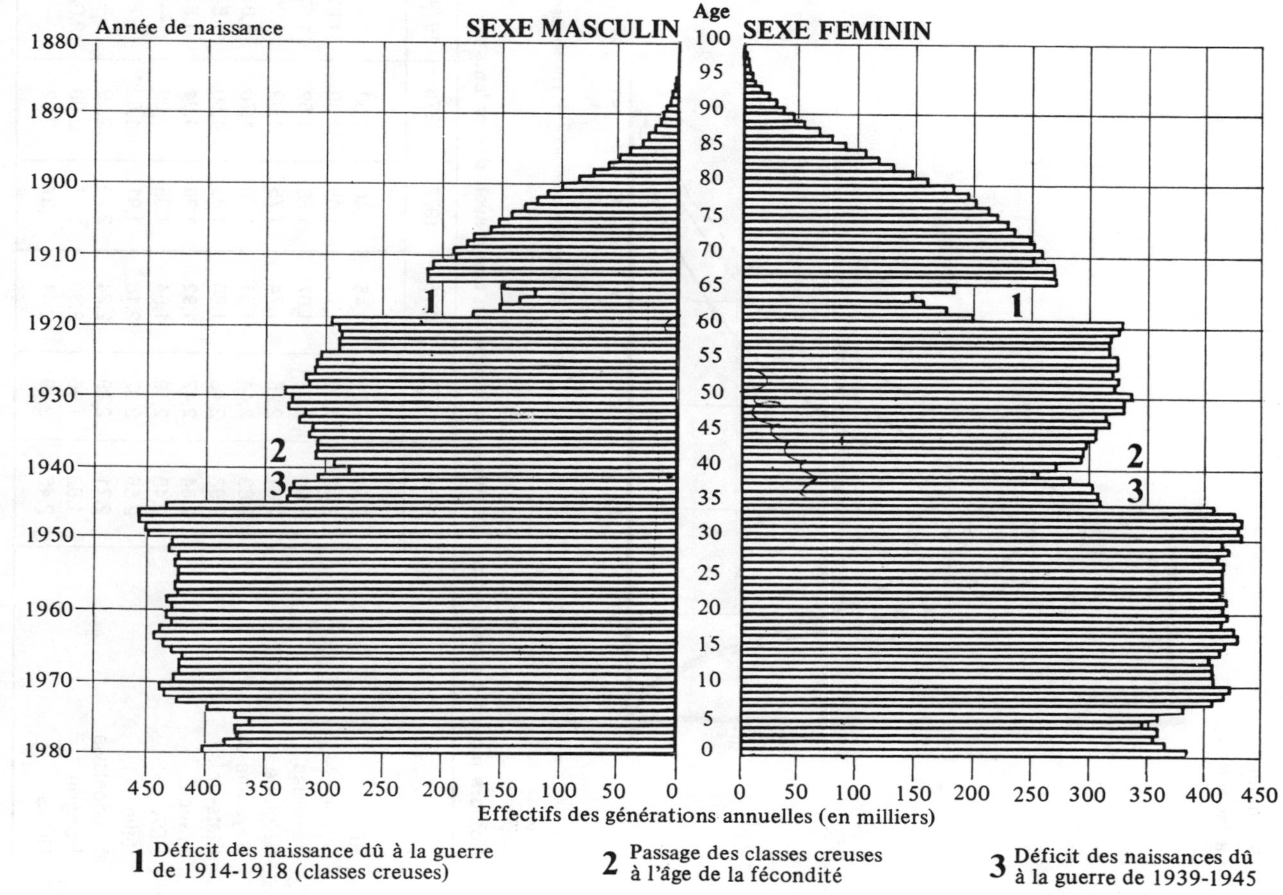

Source : Bulletin mensuel de statistique, n° 1, janvier 1981, INSEE.

Famille et relations de parenté

Graphique 2 :
La fécondité

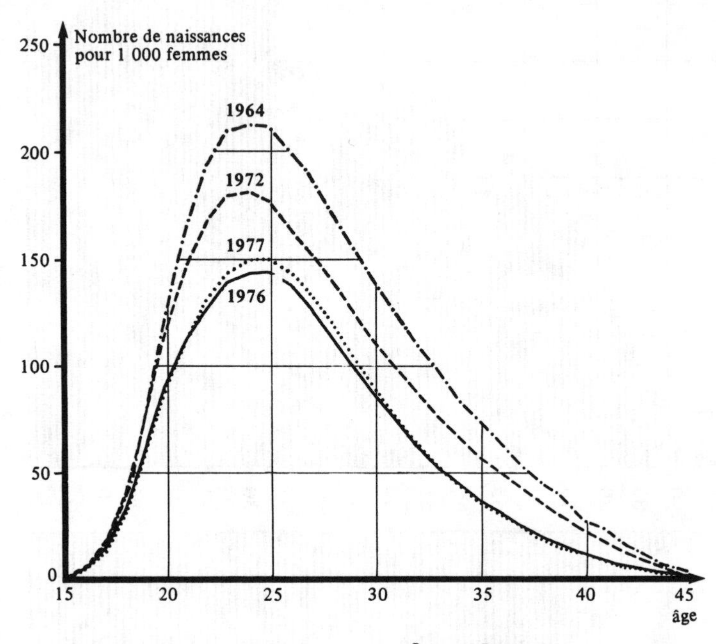

Source : Economie et Statistique, n° 119, février 1980.

Tableau 3
Nombre moyen de naissances vivantes par femme en âge d'avoir des enfants

	1965	1970	1975	1977	1978	1979 *
RFA	2,51	2,01	1,45	1,40	1,39	1,40
Suède	2,42	1,92	1,78	1,65	1,60	1,67
Pays-Bas	3,04	2,58	1,67	1,58	1,59	1,57
Belgique	2,61	2,25	1,74	1,75	1,69	1,70
Royaume-Uni	2,83	2,44	1,81	1,70	1,78	1,87
Etats-Unis	2,93	2,48	1,80	1,83	1,80	1,84
France	**2,84**	**2,47**	**1,92**	**1,86**	**1,84**	**1,87**
RDA	2,48	2,19	1,54	1,85	1,90	—
Italie	2,55	2,37	2,18	1,91	1,82 *	1,71
Yougoslavie	2,71	2,29	2,24	2,20	2,19	—
Hongrie	1,82	1,96	2,39	2,17	2,08	2,02
URSS	2,46	2,39	2,41	2,37	2,32	—

* Estimation.

Source : « La conjoncture démographique, l'Europe et les pays développés d'outre-mer », Données statistiques, *Population*, juillet-octobre 1980, INED.

Tableau 4

Age moyen du mariage (1958-1978)

Année	Age moyen corrigé de l'inégalité des effectifs en âge de se marier		
	Hommes	Femmes	Ecart
1958	26,05	23,25	2,80
1965	24,91	22,72	2,19
1972	24,57	22,53	2,04
1975	24,65	22,51	2,14
1976	24,67	22,56	2,11
1977	24,80	22,67	2,13
1978	24,95	22,83	2,12

Source : INSEE.

Nota : Nombre de mariages de célibataires pour 1 000 hommes ou 1 000 femmes de chaque génération jusqu'à 50 ans, dans les conditions de nuptialité de l'année d'observation. L'écart croissant entre l'indice masculin et l'indice féminin tient en partie à la forte masculinité de la population étrangère.

Graphique 3

Quotients de nuptialité par sexe et âge.

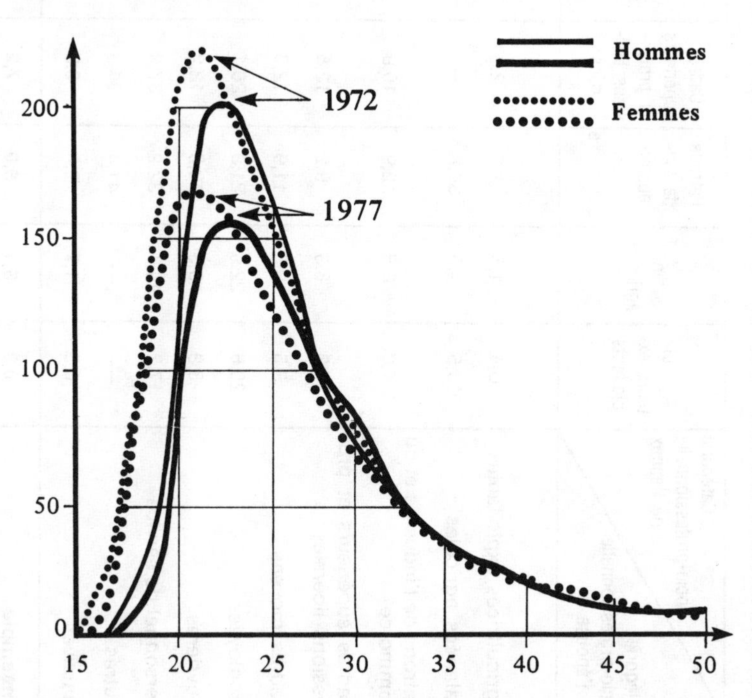

Source : Population et sociétés, INED, n° 133, mars 1980.

Tableau 5

Taux de divortialité selon les catégories socio-professionnelles des époux

(en %)

Catégorie socio-professionnelle de l'épouse / Catégorie socio-professionnelle de l'époux	Agriculteurs exploitants	Salariés agricoles	Patrons de l'industrie et du commerce	Cadres supérieurs et professions libérales	Cadres moyens	Employés	Ouvriers	Personnel de service	Autres	Inactifs	Ensemble
Agricultrices exploitantes	0,4	1,5	1,9	2,8	3,3	1,9	1,7	3,3	2,9	0,7	0,5
Salariées agricoles	10,5	4,8	30,8	—	11,1	18,5	9,6	—	25,0	3,1	6,5
Patrons de l'industrie et du commerce	4,0	6,5	2,9	10,9	10,1	10,9	9,3	13,9	16,0	3,7	4,7
Cadres supérieurs et professions libérales	17,3	8,3	9,2	12,5	14,2	14,8	10,2	13,6	21,4	9,1	12,5
Cadres moyens	5,5	9,8	11,9	12,9	9,8	15,0	9,9	18,2	11,2	8,5	11,0
Employées	20,6	22,9	21,8	20,1	19,1	21,0	16,6	32,9	22,9	15,6	18,9
Ouvrières	8,3	9,3	13,0	12,2	12,4	13,4	9,1	12,4	12,8	5,6	9,6
Personnel de service	17,7	14,1	32,2	37,9	32,6	28,7	19,5	15,4	26,5	10,7	22,6
Autres	—	—	41,4	34,3	23,8	33,3	19,7	25,0	14,3	26,7	22,5
Inactives	0,9	1,7	3,3	3,9	3,8	5,1	2,9	5,2	3,6	0,8	2,6
Ensemble	**0,9**	**3,1**	**5,0**	**7,2**	**8,7**	**11,0**	**6,2**	**11,4**	**7,5**	**1,6**	**5,4**

Source : A. Boigeol et J. Commaille, « Divorce, milieu social et situation de la femme », in Economie et Statistique, n° 53, février 1974, p. 14, repris dans *Notes et Etudes documentaires,* « Le divorce en France », Jacques Commaille, n° 4478, 1980.

Tableau 6

Taux d'activité féminine et charges familiales en 1968 et 1975

(en %)

Tranche d'âge	Pas ou plus d'enfant à charge		1 enfant à charge de :						2 enfants à charge le plus jeune ayant :						3 enfants à charge ou plus le plus jeune ayant :					
			moins de 2 ans		3 ans à 6 ans		7 ans ou plus		moins de 2 ans		3 ans à 6 ans		7 ans ou plus		moins de 2 ans		3 ans à 6 ans		7 ans ou plus	
	1968	1975	1968	1975	1968	1975	1968	1975	1968	1975	1968	1975	1968	1975	1968	1975	1968	1975	1968	1975
Moins de 25 ans	72,4	79,8	43,0	56,3	48,3	62,8	48,6	63,1	17,6	24,3	21,0	32,5	34,6	42,2	8,5	8,7	13,9	15,8	8,3	27,9
25 à 29 ans	75,7	83,8	50,5	66,6	53,7	70,3	62,3	73,3	26,6	39,1	27,7	11,3	35,3	50,7	11,9	14,3	15,3	19,6	15,9	34,1
30 à 34 ans	70,6	77,5	48,7	65,1	52,9	68,4	58,9	72,5	31,2	47,9	30,6	46,6	35,6	52,2	15,1	19,0	17,9	23,8	22,7	34,0
35 à 39 ans	63,0	69,6	44,2	59,5	46,6	60,2	52,6	64,7	30,5	45,7	30,1	46,0	34,1	48,6	15,1	18,6	17,6	23,4	23,0	32,3
40 à 44 ans	54,5	60,1	35,5	47,3	37,3	46,3	40,7	50,2	25,9	33,5	26,6	34,1	29,7	39,2	15,3	19,9	17,0	17,9	21,0	26,5
45 à 49 ans	47,3	51,9	28,4	37,8	30,3	37,4	35,4	41,1	24,9	29,5	23,9	26,6	27,6	31,7	14,0	14,4	19,9	16,3	20,7	23,0
50 à 54 ans	41,5	44,2	23,2	29,4	22,6	30,0	30,4	33,9	21,0	26,6	18,0	28,5	23,1	26,2	11,6	13,7	15,1	16,7	18,7	17,0
55 ans et plus	20,5	15,5	24,1	18,6	17,3	16,7	24,5	22,4	22,5	18,2	12,8	19,9	18,3	18,3	13,6	15,7	12,2	16,2	20,1	19,0
Total	**35,8**	**37,0**	**45,3**	**60,6**	**48,7**	**64,7**	**41,6**	**49,6**	**25,9**	**37,8**	**29,6**	**42,1**	**31,1**	**42,4**	**13,9**	**16,3**	**17,2**	**21,7**	**21,8**	**23,0**

Source : Liaisons sociales, 25 février 1980, d'après Secrétariat d'Etat à l'emploi féminin.

Tableau 7

Distribution par catégorie socio-professionnelle des chefs de famille ayant des enfants à charge

Catégories socio-professionnelles	Pères ayant un conjoint	Pères seuls	Mères seules
Exploitants agricoles	7,3	6,8	3,1
Salariés agricoles	1,6	1,7	0,5
Patrons de l'industrie et du commerce	8,8	7,7	4,0
dont : artisans	3,8	3,2	0,5
petits commerçants	3,4	3,2	3,0
Professions libérales et cadres supérieurs	9,5	7,1	2,6
dont : cadres administratifs supérieurs	4,7	3,3	1,3
Cadres moyens	11,7	7,8	9,6
dont : instituteurs	1,9	1,3	2,9
services médicaux et sociaux	0,5	0,4	2,1
techniciens	5,1	3,0	0,8
cadres administratifs moyens	4,1	3,1	3,8
Employés	9,1	9,0	20,4
dont : employés de bureau	7,0	7,1	16,5
employés de commerce	2,0	1,9	3,9
Ouvriers	42,5	39,8	19,3
dont : contremaîtres	3,9	2,5	0,3
ouvriers qualifiés	18,6	15,8	3,6
OS	14,4	14,2	7,7
manœuvres	4,6	6,4	7,7
Personnel de service	1,5	2,4	11,4
dont : gens de maison et femmes de ménage	0,04	0,2	3,8
Autres actifs	2,9	2,0	0,4
dont : artistes	0,2	0,2	0,2
armée, police	2,7	1,8	0,2
Inactifs	4,9	15,4	28,5
dont : âgés de 17 à 64 ans	1,3	3,8	20,8
anciens agriculteurs	0,4	2,0	1,1
retraités du secteur public	0,9	3,0	0,7
anciens salariés du secteur privé	1,2	5,6	3,1
Total	**100**	**100**	**100**

Source : Recensement de population de 1975, sondage au 1/20.

Graphique 4

Taux de célibat féminin selon l'âge et la catégorie socio-professionnelle, d'après le recensement de 1968.

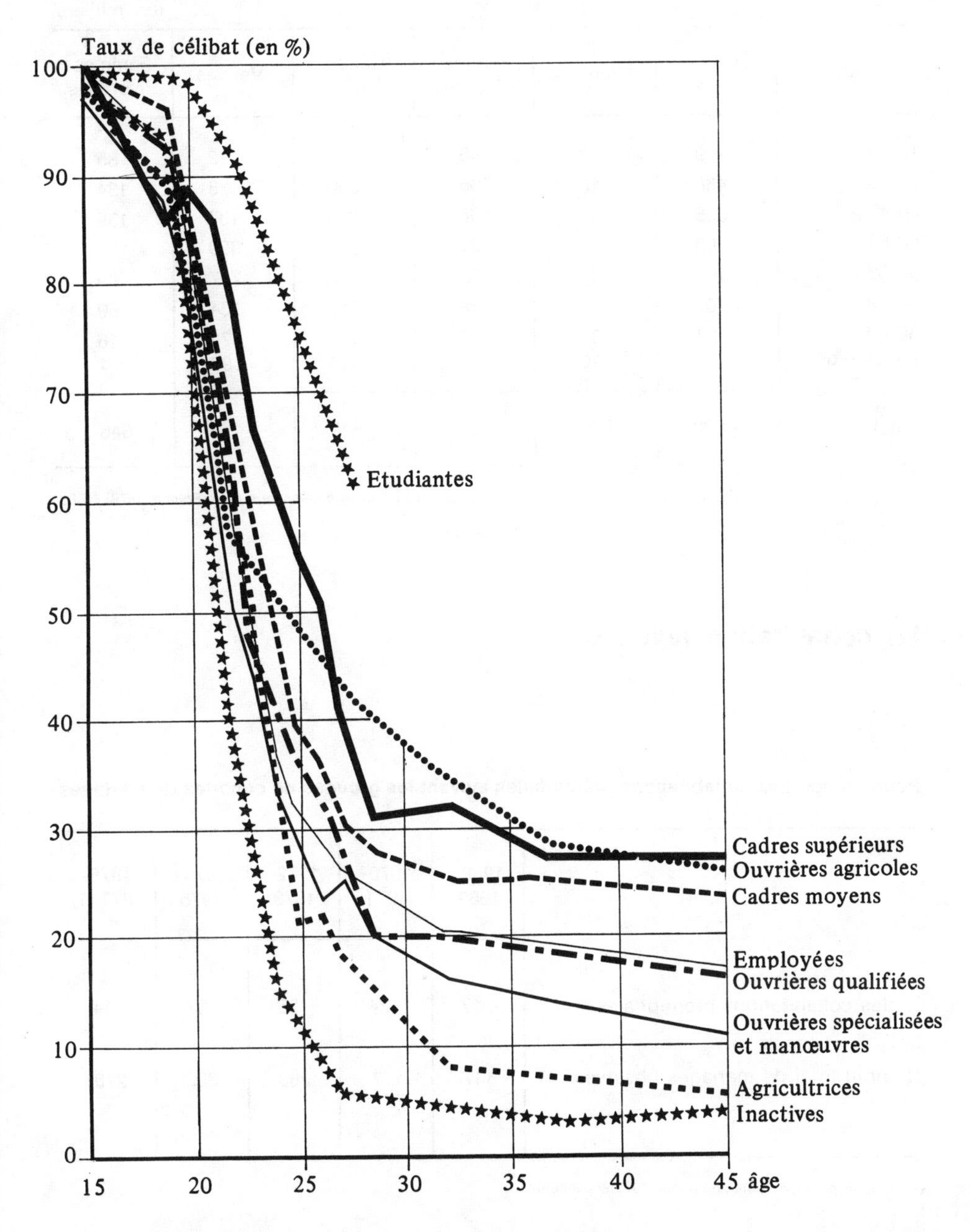

Source : Louis Roussel, « Mariage dans la société française, faits de population, données d'opinion », cahier n° 73 de l'INED, PUF, 1975, p. 73 paru également dans *Données sociales*, INSEE, édition 1978.

Tableau 8

Célibataires, veufs et veuves, divorcés au 1er janvier 1978

(en milliers)

Age	Célibataires	Veufs	Hommes divorcés	Célibataires	Veuves	Femmes divorcées
15-29	4 299	3	48	3 349	12	85
30-39	468	10	105	290	38	134
40-49	365	32	106	238	137	139
50-59	268	73	85	242	359	122
60-69	168	141	52	200	717	89
70-79	107	254	29	210	1 134	60
80-89	21	137	4	101	671	16
90 et plus	2	20	ε	10	98	1
Total	5 698	670	429	4 640	3 166	646

Source : Annuaire statistique de la France, 1979, INSEE.

La cohabitation juvénile *

Tableau 9

Pourcentage des cohabitations prénuptiales suivant les groupes de cohortes de mariages

	1968-1969	1970-1971	1972-1973	1974-1975	1976-1977 (1)
% des cohabitations prénuptiales	17	24	26	37	44
Nombre total de mariages observés	117	177	263	302	270

(1) Quatre premiers mois de l'année 1977 seulement.

* *Source : Population*, n° 1, janvier-février 1978, « Cohabitation juvénile en France », Louis Roussel, INED.

Tableau 10

Fréquence de la cohabitation prénuptiale dans la population mariée suivant quelques caractéristiques

Groupes d'âges	%	Nombre total de mariés	Niveau d'études atteint	%	Nombre total de mariés
18-19 ans	(1)	29	Primaire	16	220
20-21 ans	31	109	Primaire supérieur	21	84
22-23 ans	38	131	Technique et commercial	27	322
24-25 ans	29	269	Secondaire	30	281
26-27 ans	29	252	Supérieur	54	245
28-29 ans	31	372			

Profession de l'intéressé	%	Nombre total de mariés	Profession du père de l'intéressé	%	Nombre total de mariés
Agriculteur	0	48	Agriculteur	20	191
Ouvrier	26	290	Ouvrier	31	308
Employé	31	243	Employé	26	160
Cadre moyen	42	171	Cadre moyen	36	122
Profession libérale / Cadre supérieur	51	75	Profession libérale / Cadre supérieur	53	137
Etudiant	58	206			

Résidence	%	Nombre total de mariés	Pratique religieuse	%	Nombre total de mariés
Rurale	16	291	Pas de religion	54	223
Moins de 5 000 hab.	30	262	Pas de pratique religieuse	31	569
5 000 à 200 000 hab.	33	158	Pratique irrégulière	16	213
Plus de 200 000 hab.	36	225	Pratique régulière	11	83
Agglomération parisienne	46	226			

(1) Effectif trop faible.

Tableau 11

Distribution des cohabitations prénuptiales suivant leur durée

	Moins de 3 mois	3-6 mois	7-11 mois	1 an-2 ans	2-3 ans	3 ans et plus	Pas de réponse	Total	Durée moyenne
% nombre	10	19	8	33	17	8	5	100	1,4 an

La durée des cohabitations atteint donc, en moyenne, presque un an et demi : 10 % d'entre elles seulement ont duré moins de 3 mois, tandis que 25 % ont dépassé 2 ans. Ajoutons, point très important, que dans plus de 70 % des cas cette cohabitation a été unique, la personne interrogée n'a vécu qu'avec celui ou celle qui est devenue ensuite son conjoint légal.

La plupart des couples de cohabitants n'ont pas d'enfant et n'envisagent pas d'en avoir sans se marier.

Tableau 12

Pourcentage des cohabitants déclarant avoir eu un enfant ensemble

France			Paris		
H	F	Ensemble	H	F	Ensemble
8	11	9	7	10	9

Les relations de parenté *

Tableau 13

Fréquentation de la parenté

Rythme des rencontres / Parents concernés	Au moins une fois par semaine	Au moins une fois par mois	Plusieurs fois par an	Une fois par an	Exceptionnellement	Jamais	Total	Effectifs
Parents de la femme	50	17	18	7	4	4	100	1 500
Parents de l'homme	41	21	20	7	4	7	100	1 378
Fratrie de la femme	34	24	25	8	5	4	100	1 552
Fratrie de l'homme	25	25	27	9	8	6	100	1 517
Enfants mariés	56	12	16	5	6	5	100	122
Autres parents	7	24	29	13	14	13	100	1 744

(Echantillon total : 1 744 ménages).

* *Source :* Agnès Pitrou : « Le soutien familial dans la société urbaine », *Revue Française de Sociologie*, vol. XVIII, n° 1, janvier-mars 1977.

Tableau 14

Fréquentation des parents selon l'âge de la femme

Fréquentation des parents / Age de la femme	Hebdo-madaire	Men-suelle	Epi-sodique	Annuelle	Rare ou nulle	Total	Effectifs
Moins de 25 ans	64	17	10	3	6	100	289
25 à 30 ans	54	15	15	7	9	100	352
30 à 35 ans	48	18	17	6	11	100	398
35 à 40 ans	43	18	23	8	8	100	369
40 à 45 ans	40	19	21	12	8	100	214
45 à 50 ans	50	15	20	6	9	100	88
Plus de 50 ans	47	13	33	7	0	100	22 (12 Non déter-miné)

(Echantillon total : 1 744 ménages).

Tableau 15

Fréquentation des ascendants selon la catégorie socio-professionnelle du chef de ménage

	Fréquentation des parents de la femme (F) et de l'homme (H)											
CSP	Hebdo-madaire		Men-suelle		Plu-sieurs fois par an		Annuelle		Excep-tionnelle		Nulle	
	F	H	F	H	F	H	F	H	F	H	F	H
Cadres supérieurs	42	33	18	21	31	37	5	6	3	1	1	2
Cadres moyens	47	45	23	23	18	24	7	5	2	3	3	3
Employés	52	41	16	21	17	17	7	8	3	6	5	7
Ouvriers qualifiés	53		17	17	13	16	7		5	8	5	8
Ouvriers spécialisés	56		14	20	14	15	5		5	5	6	11
Manœuvre et personnel de service	37	27	13	26	19	24	16	7	5	8	10	8
Moyenne	50	41	17	21	18	20	7	7	4	4	4	7

(100 % = 1 744 ménages).

Graphique 5

Fréquentation de parents, d'amis ou d'associations selon la catégorie socio-professionnelle du père.

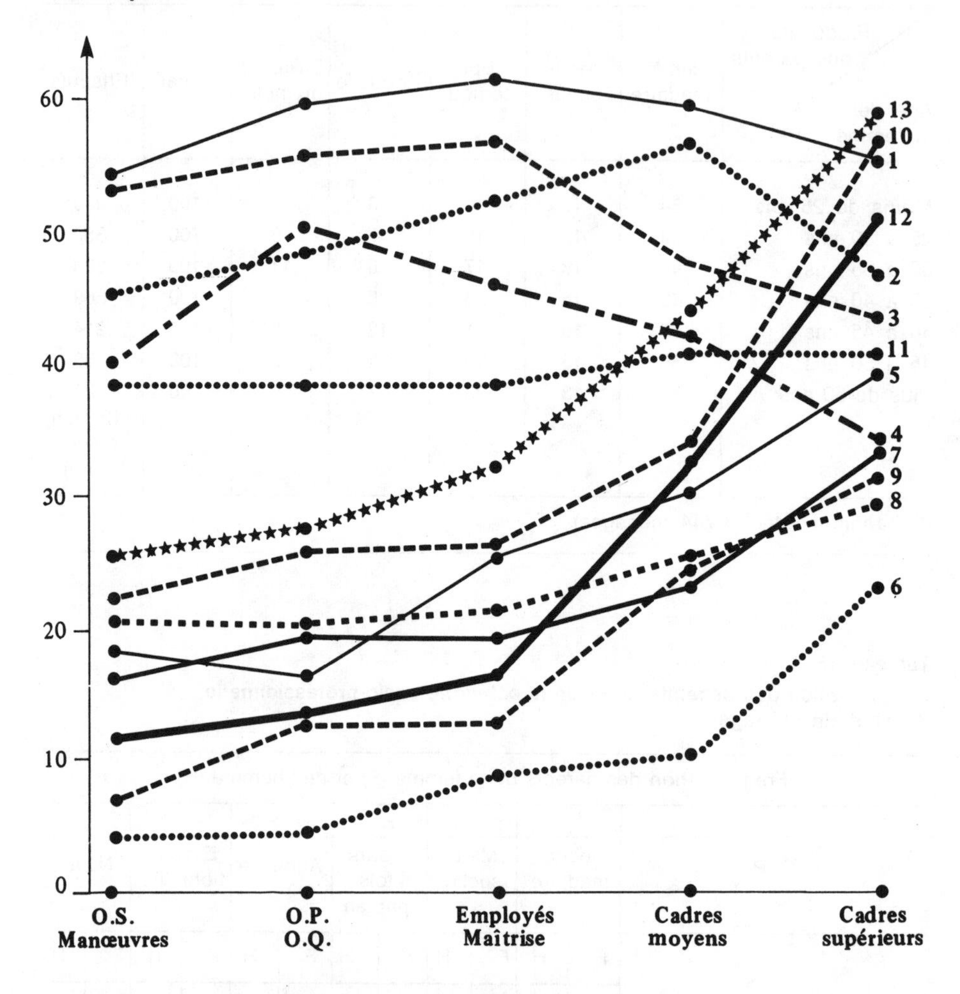

Le graphique présente en pourcentage la fréquentation de parents ou d'amis selon la catégorie socio-professionnelle du père.

Les rubriques figurant sur le graphique, répétées par leur numéro de 1 à 13 sont les suivantes :

1. La famille fréquente les parents de la femme au moins une fois par mois.
2. La famille fréquente les parents du mari au moins une fois par mois.
3. La famille fréquente des frères et sœurs de la femme au moins une fois par mois.
4. La famille fréquente des frères et sœurs du mari au moins une fois par mois.
5. La famille a reçu des amis au moins une fois la semaine précédant l'enquête.
6. La famille a reçu un camarade d'un des enfants au moins une fois la semaine précédant l'enquête.
7. La famille a été reçue chez des amis au moins une fois la semaine précédant l'enquête.
8. La famille a été en promenade au moins une fois la semaine précédant l'enquête.
9. La famille va au spectacle au moins une fois par mois.
10. La famille va chez des amis au moins une fois par mois.
11. La famille se rend chez des parents au moins une fois par mois.
12. Les parents assistent à des réunions de temps en temps.
13. Le père et la mère font partie d'une association.

Extrait de TABARD Nicole : *Attitudes à l'égard de la famille et de la vie sociale.* Paris, CNAF-CREDOC, 1976, multigr. (cité par A. PITROU).

La consommation

Tableau 16

Evolution structurelle de la consommation des ménages de 1970 à 1979

Evolution de la consommation des ménages
par catégorie de produits classés selon la durabilité

	Consommation en millions de F		Coefficients budgétaires		Variation annuelle en volume (%)				
	1970	1979	1970	1979	1976	1977	1978	1979	Moyenne 1970-1979
Biens durables	34 295	129 818	7,3	8,6	16,9	−2,3	8,5	3,3	7,9
dont : automobile	11 464	45 738	2,4	3,0	32,0	−8,1	15,4	1,4	5,7
récepteurs de télévision et de radio	3 044	11 981	0,6	0,8	17,1	11,6	10,9	2,9	14,4
réfrigérateurs, machines à laver et lave-vaisselle	2 460	6 247	0,5	0,5	8,6	−0,5	1,2	3,9	6,0
Biens semi-durables	71 669	209 264	15,3	13,9	4,5	1,5	1,7	1,6	3,6
Biens non durables	197 684	585 686	42,1	38,8	3,3	2,2	3,8	2,2	3,3
alimentation	120 192	323 720	25,6	21,5	2,0	1,4	2,8	1,8	2,1
autres biens non durables	77 492	261 966	16,5	17,3	4,9	3,3	5,0	2,7	5,0
Services	165 442	583 879	35,3	38,7	5,5	5,3	5,1	4,9	5,5
Ensemble de la consommation finale sur le territoire	**469 090**	**1 508 647**	**100,0**	**100,0**	**5,4**	**2,8**	**4,4**	**3,2**	**4,5**

Source : Economie Géographie, « La consommation des ménages », décembre 1980, n° 180, Bulletin mensuel publié par l'Institut de l'entreprise.

Tableau 17

Evolution de la structure des dépenses des ménages (coefficients budgétaires, en %)

	1959	1970	1975	1979
Alimentation	34,1	27,1	23,9	22,0
Habillement	8,6	8,6	7,8	6,8
Logement	11,9	14,5	14,9	15,6
Equipement du logement	10,1	10,0	10,6	10,1
Santé	7,2	9,8	11,8	12,9
Transports	8,9	11,6	11,7	12,3
Loisirs - culture	5,4	6,2	6,8	7,6
Divers	13,8	12,2	12,5	12,7
Total des dépenses	**100**	**100**	**100**	**100**

Source : « Le mythe du nouveau consommateur », Philippe L'HARDY et Alain TROGNON, *Economie et Statistique*, n° 123, juillet 1980.

Tableau 18

Evolution de la consommation par fonction avant et après 1973 (en %)

	Taux de croissance annuels moyens de la consommation en volume (aux prix de 1970)	
	Période 1959-1973	Période 1973-1979
Alimentation	3,1	2,0
Habillement	5,1	0,8
Logement	7,2	4,8
Equipement du logement	6,0	2,6
Santé	8,6	7,1
Transports	8,1	3,6
Loisirs - culture	6,9	6,7
Divers	4,6	4,5
Ensemble des dépenses	**5,5**	**3,8**

Tableau 19

Ménages équipés au moins d'un appareil (en %)

Catégorie socio-professionnelle du chef de ménage	Automobiles		Machines à laver		Lave-vaisselle		Téléviseurs couleur		Nombre de ménages (en millions)
	1970	1979	1970	1979	1970	1979	1973	1979	1979
Agriculteurs exploitants	73,0	89,7	62,9	90,1	1,3	18,0	3,7	21,5	0,9
Salariés agricoles (1)	47,7	68,1	48,4	78,5	1,0	8,3	1,0	15,3	0,2
Patrons de l'industrie et du commerce	81,1	91,7	71,3	90,7	6,3	33,7	13,9	51,6	1,2
Professions libérales et cadres supérieurs	90,7	91,8	75,4	88,6	14,1	52,4	18,0	55,8	1,4
Cadres moyens	82,3	90,3	69,5	86,4	3,7	26,1	8,2	44,5	1,9
Employés	60,6	77,9	60,9	80,9	1,6	12,9	7,1	41,4	1,4
Contremaîtres et ouvriers qualifiés	70,6	83,6	68,9	88,7	1,0	10,9	6,2	36,3	2,9
Autres ouvriers	55,8	71,7	60,0	80,8	0,3	4,6	4,3	31,8	2,1
Personnel de service (1)	41,1	57,0	42,3	70,2	0,2	7,4	3,2	31,6	0,5
Autres catégories (1)	83,2	90,6	75,0	86,3	3,5	16,4	7,8	49,5	0,4
Non actifs	26,6	38,3	36,1	64,6	0,8	4,9	7,4	34,4	6,2
Ensemble	**57,6**	**68,6**	**56,9**	**78,8**	**2,4**	**14,8**	**7,7**	**38,1**	**19,1**

(1) Les résultats relatifs à ces catégories, dont les effectifs sont peu importants, sont entachés d'une grande variabilité aléatoire.

Source : Economie Géographie, op. cit.

Graphique 7 :
Evolutions comparées des taux d'équipement pour diverses catégories de ménages.

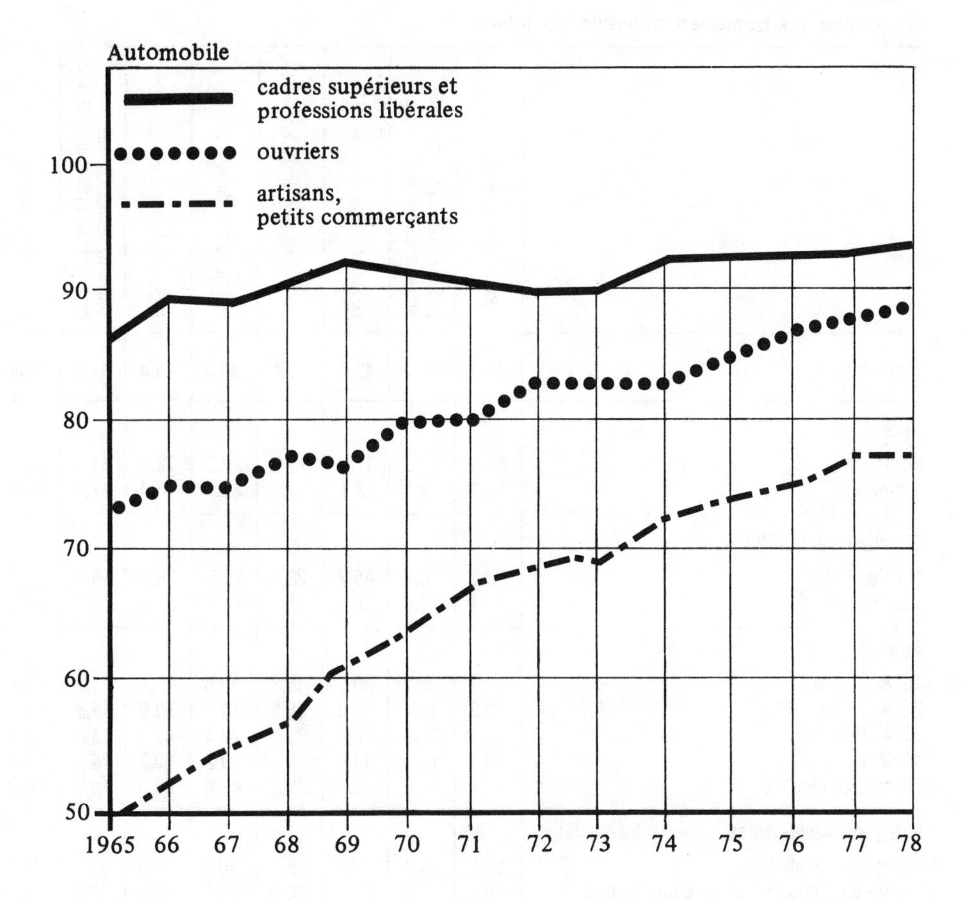

Tableau 20
Equipement des résidences secondaires au début de 1979

Appareils	Part des ménages propriétaires d'une résidence secondaire équipés dans leur résidence secondaire (en %)
Réfrigérateur	79,6
Machine à laver le linge	21,5
Télévision	22,8
Lave-vaisselle	8,1
Congélateur	2,6

Les loisirs

Tableau 21

Fréquence de quelques activités de loisirs

	Lecture d'un quotidien (1)	Lecture d'une revue d'actualité politique ou sociale (5)	Lecture d'un magazine (5) (11)	Lecture de plus de 20 livres (8)	Pas de lecture de livre (8)	Ecoute de la télévision (2)	Durée moyenne d'écoute de la télévision (en heures) (3) (12)	Ecoute de la radio (2)
Ensemble	**55,1**	**16,6**	**42,8**	**28,4**	**30,3**	**74,4**	**15,7**	**76,9**
Sexe								
Hommes	60,3	21,3	37,9	30,9	28,3	72,3	14,1	75,9
Femmes	50,2	12,3	47,4	26,1	32,1	76,4	17,1	77,8
Situation de famille								
Mariés	58,6	18,2	45,7	22,8	25,6	78,7	16,3	76,6
Célibataires	43,4	16,0	38,4	45,1	11,3	62,9	12,4	80,2
Age								
15 à 19 ans	37,1	9,2	30,9	45,3	10,8	77,6	13,2	74,8
20 à 24 ans	35,2	16,4	42,5	38,2	13,7	53,6	13,5	86,1
25 à 39 ans	47,9	20,8	48,0	31,5	22,4	67,0	13,8	82,2
40 à 59 ans	64,1	17,5	44,9	22,8	39,2	80,2	15,5	76,4
60 ans et plus	67,6	14,9	40,7	20,5	43,0	82,0	19,6	69,2
Catégorie socio-professionnelle individuelle								
Agriculteur exploitant	61,2	21,1	48,1	8,7	66,3	78,9	15,7	76,3
Patron de l'industrie et du commerce	60,2	17,2	34,2	20,8	28,9	68,5	12,6	69,4
Cadre supérieur et profession libérale	61,1	57,2	76,7	65,3	2,2	52,3	8,7	72,1
Cadre moyen	57,9	34,6	62,0	48,9	4,0	56,7	8,8	86,2
Employé	60,4	18,8	51,8	36,3	12,7	74,4	13,4	79,3
Ouvrier qualifié, contremaître	54,3	10,7	27,3	24,7	23,3	68,3	14,1	79,0
OS, manœuvre et personnel de service	50,0	12,2	31,3	26,3	34,1	73,4	15,9	81,7
Femme inactive de moins de 60 ans	41,5	9,0	46,8	28,9	29,0	81,7	17,1	78,7
Inactif de 60 ans et plus	66,3	14,1	40,0	19,9	43,3	82,5	20,3	69,4
Niveau d'études								
Pas de diplôme	47,5	9,1	28,1	14,8	53,4	78,8	18,1	69,9
Certificat d'études	58,4	13,2	43,4	25,4	31,2	78,9	16,2	79,2
Brevet ou CAP	54,4	21,9	49,0	41,5	12,2	66,1	13,4	79,4
Baccalauréat et études supérieures	59,1	40,1	61,8	52,3	3,6	60,6	11,2	78,9

(1) Tous les jours. (2) Un jour sur deux au moins. (3) Hebdomadaire. (4) Souvent ou de temps en temps. (5) Régulièrement. (6) Plus de dix des professionnels. (11) Revue d'actualité politique et sociale, magazine féminin et familial, revue littéraire, artistique, scientifique, d'histoire, etc. (12

en %

Utilisation d'un appareil photographique (4) (8)	Utilisation d'un électrophone (4) (8)	Utilisation d'un magnétophone (4) (8)	Monument historique (8) (7)	Fréquentation d'un musée (8) (7)	Sortie le soir (9)	Concert (10) (7) (8)	Fréquentation d'un théâtre (8) (7)	Non fréquentation du cinéma (8)	Cinéma (6) (8)	Assistance à un match ou spectacle sportif (8) (7)	Fréquentation d'une fête foraine (8) (7)	Fréquentation d'un bal public (8) (7)	Jardinage (4) (8)
45,5	**44,8**	**17,3**	**31,8**	**27,4**	**47,1**	**6,9**	**12,1**	**48,3**	**21,8**	**24,3**	**47,2**	**25,4**	**28,4**
49,4	46,1	20,7	33,3	29,4	53,6	8,4	12,2	44,4	26,9	34,0	51,7	29,8	31,7
41,9	43,6	14,2	30,4	25,6	40,8	5,4	12,1	51,9	17,1	15,0	43,0	21,4	25,3
47,3	40,9	13,5	30,8	25,5	40,3	6,3	10,1	56,3	12,4	21,9	46,5	21,0	35,3
56,8	69,9	34,5	41,0	38,8	77,4	8,0	17,5	17,0	54,3	38,7	61,6	48,3	11,5
54,2	75,9	35,0	41,2	39,5	77,2	5,2	15,6	12,6	55,8	42,3	74,8	62,3	5,0
71,0	64,6	32,9	39,1	31,6	78,2	7,0	18,1	18,3	50,1	39,5	62,9	43,2	10,6
61,2	56,4	22,4	37,5	34,3	57,2	9,6	15,0	36,9	27,7	28,8	58,4	35,6	24,3
44,3	41,5	12,7	32,0	24,8	38,9	6,8	9,4	49,9	8,9	21,4	43,3	17,5	39,1
17,0	15,0	3,4	18,7	16,4	20,4	4,9	8,7	80,3	4,3	8,9	21,7	0,8	37,5
33,3	28,0	4,0	20,7	14,7	50,5	4,1	1,5	68,7	9,9	22,9	63,1	35,9	63,1
44,7	47,2	17,5	29,1	24,4	40,0	8,9	14,6	44,8	14,1	28,5	38,2	19,4	19,8
64,6	69,2	35,4	59,6	53,2	76,8	21,5	35,8	13,7	48,5	27,1	31,8	18,7	25,0
67,4	71,6	35,7	55,8	46,9	76,7	16,7	33,5	16,1	44,0	31,9	49,0	39,2	16,0
67,6	61,8	26,9	43,9	31,0	61,1	7,1	12,0	25,5	25,0	28,6	56,7	34,7	18,1
68,1	44,8	19,2	40,1	32,5	52,0	11,1	7,4	37,2	33,3	36,9	60,9	44,3	22,6
48,6	49,4	20,5	23,4	24,8	49,1	1,8	6,0	46,3	26,1	27,6	56,5	33,2	24,3
50,8	53,6	16,5	33,6	29,0	45,5	5,3	13,1	47,1	11,1	19,5	51,7	24,5	22,4
15,5	14,6	2,7	19,8	15,8	19,4	4,9	8,6	79,9	4,2	9,0	20,4	0,7	37,6
26,9	31,8	8,3	18,0	12,8	26,6	4,8	6,3	65,8	11,9	15,6	43,3	16,7	31,6
45,9	39,6	14,3	31,0	25,4	44,0	3,8	7,1	53,6	17,2	25,5	49,8	27,0	33,0
59,9	62,4	28,1	38,6	38,1	65,0	10,2	18,5	24,4	33,1	33,0	51,9	34,7	17,2
63,1	69,0	32,5	54,9	51,8	77,2	19,8	36,7	18,2	47,7	26,2	38,3	23,9	19,0

moins une fois. (8) Au cours des douze derniers mois. (9) Au moins une ou deux fois par mois. (10) Concert de « grande musique » jouée par
ersonnes disposant d'un téléviseur.

Source : Secrétariat d'État à la Culture, *Pratiques culturelles des Français*, décembre 1974.

Le jardinage *

En 10 ans, le jardinage est devenu en France un phénomène de masse ; 240 000 jardins ont été créés chaque année entre 1968 et 1977 et l'on compte actuellement 11 500 000 ménages qui jardinent.

L'engouement pour cette nouvelle forme de loisir s'explique surtout par le développement des maisons individuelles (9 millions de résidences principales comportent un jardin) et par le mouvement écologique. La crise économique favorise également cette activité, à la fois peu coûteuse et rentable.

L'essor du jardinage amateur touche à la fois le jardin d'agrément et le jardin potager. La surface consacrée au gazon est passée entre 1975 et 1979 de 30 à 39 %. Les dépenses affectées aux meubles de jardin représentent en 1979 : 26 % des achats de matériel de jardin, presque autant que pour les végétaux (30 %). Durant la même période la surface potagère s'est également accrue passant de 40 % à 46 % de la surface totale du jardin. 30 % de la production nationale de légumes est assurée par les jardiniers amateurs. Si le côté alimentaire du jardin a tendance à s'accentuer, il reste avant tout une distraction : 24 % seulement des jardiniers amateurs sont des ouvriers contre 42 % pour les autres professions et 34 % pour les non-actifs.

Le jardinage permet l'essor de divers secteurs industriels et commerciaux : en moins de 10 ans, le guide Clause du jardinage a atteint le millionième exemplaire, la motoculture de plaisance, les produits chimiques (engrais, insecticides) et les centres commerciaux spécialisés (jardineries) habilement servis par une publicité qui met en valeur le gain de temps et le standing, sont en pleine prospérité.

* D'après *le Monde*, 31 août 1980, « La France jardine » par Richard Clavaud.

Le sport

La pratique du sport en France s'accroît de façon notable depuis quelques années. Selon un sondage Sofres-Vittel (*Le Figaro* du 17.12.1980) 28 % des personnes interrogées pratiquent régulièrement un sport (contre 20 % en 1975). Le nombre de licences sportives progresse :

1977	8 511 984
1978	8 568 615
1979	9 105 574
1980 (1)	10 000 000

(1) estimations.

Source : projet de loi de finances pour 1981 - ministère de la Jeunesse, des Sports et des Loisirs - Présentation du budget sous forme de budget et de programmes - Paris 1980.

On remarque en outre que les effectifs féminins progressent plus vite que ceux des hommes dans de nombreuses disciplines et plus particulièrement dans les sports de compétition.

Il faut enfin ajouter à cela le développement des sports qui ne nécessitent pas l'affiliation à une fédération : marche, jogging, footing, bicyclette. Ainsi, on dénombre 500 000 licenciés pour le ski alors qu'il existe semble-t-il près de deux millions de skieurs.

Toutefois, la progression est variable selon les disciplines. Le surf et le skateboard ont atteint leurs effectifs maximum en 1978. De même, les effectifs de la Fédération de boxe n'augmentent que lentement. En revanche, le tennis connaît l'essor le plus remarquable (le nombre de courts a doublé de 1975 à 1980, passant de 7 500 à 15 000). La course d'orientation, le cyclotourisme et la gymnastique volontaire sont aussi en pleine expansion, avec un taux d'accroissement des licenciés (de 1975 à 1980) respectivement de 180 %, 145 % et 103 %.

On remarque que les fédérations sportives olympiques sont nettement moins dynamiques que les fédérations non olympiques. Les premières ont connu de 1975 à 1980 un taux d'accroissement de 30 % tandis que les secondes enregistrent un taux d'environ 65 %. La préférence des Français va aux sports pratiqués par plaisir, sports de détente et de loisirs beaucoup plus qu'aux sports de compétition.

Tableau 22

Pourcentage d'accroissement des effectifs masculin et féminin (1975-1980)

	Hommes	Femmes
Aviron	30 %	75 %
Basket	4 %	40 %
Cyclotourisme	140 %	295 %
Equitation	26 %	44 %
Football	48 %	300 %
Gymnastique	4,4 %	47 %
Volley	13 %	54 %

Source : La Croix, 31-1-1981.

Tableau 23

Accroissement des effectifs des fédérations sportives

	1975	1980
Athlétisme	87 331	101 163
Aviron	10 790	13 550
Basket	235 178	299 644
Boules	163 024	163 358 (1)
Boxe	11 924	13 748
Canoë-kayak	10 947	16 295
Course d'orientation	1 850	5 220
Cyclotourisme	32 573	79 483
Escrime	23 425	25 981
Football	1 046 068	1 554 069
Golf	28 533	50 519
Gymnastique	80 147	103 189
Gymnastique volontaire	117 888	238 450
Hand-ball	99 410	149 089
Hockey sur gazon	5 442	7 482
Jeu à XIII	16 600	24 322
Judo	296 476	351 888
Karaté	(2)	69 767 (2)
Montagne	85 500	110 396
Motocyclisme	9 526	14 300
Natation	69 777	93 620
Pétanque	327 562	426 282
Rugby	122 791	179 273
Ski	538 421	544 582
Sport équestre	100 079	136 708
Sport de glace	15 860	21 366 (1)
Sports sous-marins	54 201	65 218
Surf	768	2 477 (3)
Tennis	311 382	800.000
Tennis de table	58 200	83 609
Tir	55 000	94 000
Tir à l'arc	10 600	14 372 (1)
Voile	79 400	85 000
Volley	50 342	63 812

(1) Chiffres de 1979.
(2) En 1979, karaté associé au judo, indépendant depuis.
(3) Surf et skateboard.
Source : ministère de la Jeunesse, des Sports et des Loisirs.

Les vacances

Tableau 24

Les vacances d'été

	Effectifs en millions							
	1965	1973	1974	1975	1976	1977	1978	1979
Effectif de la population des ménages ordinaires d'après l'enquête (3)	46,7	49,6	49,7	49,8	49,7	50,6	51,5	52,9
Nombre de personnes parties en vacances d'été (1)	18,7	23,6	24,0	25,0	25,6	25,7	26,6	28,2
Taux de départ en été (2)	41,0 %	47,6 %	48,2 %	50,2 %	51,5 %	50,7 %	51,7 %	53,3 %
Nombre des séjours de vacances (1)	23,4	27,1	28,1	30,1	30,5	31,3	33,3	35,3
en France	19,1	22,1	23,6	24,9	25,6	25,7	27,2	29,5
à l'étranger	3,3	5,0	4,5	5,2	4,9	5,6	6,1	5,8
Nombre de journées de vacances (1)	509	606	626	661	672,0	659	702	722
en France	432	491	518	542	557,5	538	563	594
à l'étranger	77	115	108	119	114,5	121	139	128

(1) Par convention, nous appelons séjour d'été un séjour ayant débuté entre le 1er mai et le 30 septembre dans les enquêtes réalisées depuis 1973 ; entre le 1er juin et le 30 septembre dans les enquêtes précédentes.

(2) % de personnes parties au moins une fois pendant la période d'été conventionnelle rappelée ci-dessus.

(3) Population des ménages ordinaires d'après l'enquête : *cette estimation* obtenue à partir de l'échantillon, nécessairement différente de la population réelle, assure la cohérence des taux de départ.

Source : Regards sur l'économie du tourisme, n° 26, 2e trimestre 1980, ministère de la Jeunesse, des Sports et des Loisirs.

Tableau 25

Taux de départ en vacances de sports d'hiver en 1979-1980 selon la catégorie socio-professionnelle et l'âge

	Taux de départ en vacances de sports d'hiver (en %)	Durée moyenne annuelle des vacances de sports d'hiver (jours)
Catégorie socio-professionnelle du chef de ménage		
Exploitants et salariés agricoles	3,2	8,9
Patrons de l'industrie et du commerce	10,4	7,8
Professions libérales et cadres supérieurs	22,9	8,8
Cadres moyens et autres actifs	14,3	8,1
Employés	11,0	8,6
Ouvriers et personnels de service	4,3	9,0
Non actifs	2,5	10,1
Ensemble	**7,8**	**8,7**
Age		
0 à 13 ans	9,8	9,3
14 à 19 ans	8,8	9,0
20 à 24 ans	6,6	8,0
25 à 29 ans	9,6	8,7
30 à 39 ans	13,0	8,2
40 à 49 ans	7,6	8,1
50 à 59 ans	4,1	8,3
60 ans et plus	1,2	10,7
Ensemble	**7,8**	**8,7**

Source : Regards sur l'économie du tourisme, n° 27, 3e trimestre 1980, ministère de la Jeunesse, des Sports et des Loisirs.

Graphique 7

Evolution du taux de départs en vacances.

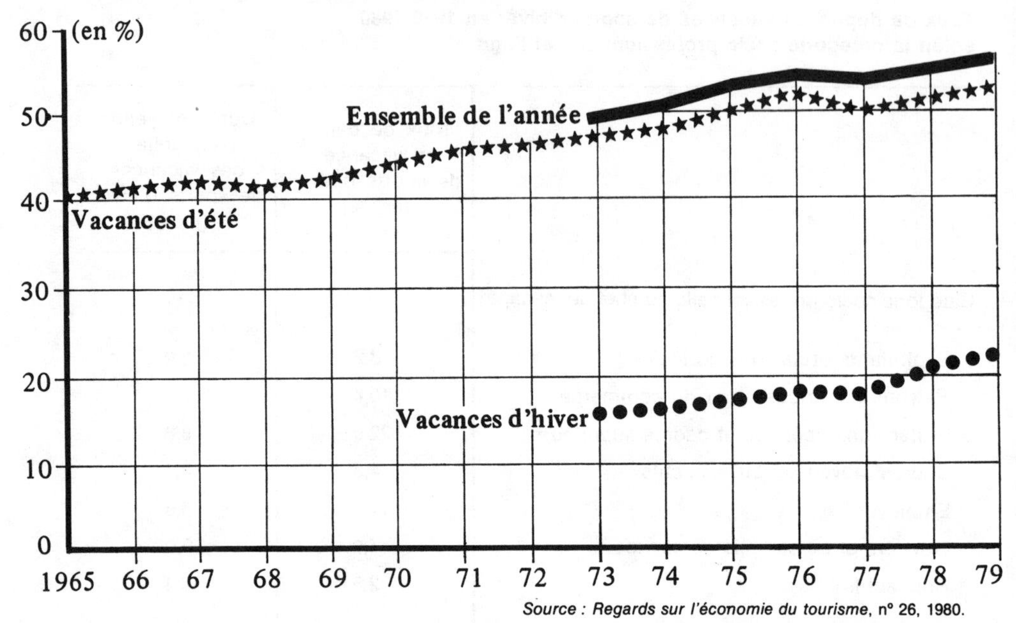

Source : Regards sur l'économie du tourisme, n° 26, 1980.

Tableau 26

Départs en vacances (*) selon les catégories socio-professionnelles

	Taux de départ (%)					Nombre de journées par personne partie				
	1969	1974	1976	1978	1979	1969	1974	1976	1978	1979
Exploitants et salariés agricoles	8,9	13,5	16,8	24,1	19,0	20,1	17,1	16,9	17,5	16,9
Patrons de l'industrie et du commerce	50,6	55,2	50,4	58,7	56,4	25,9	25,5	20,1	24,7	23,6
Cadres supérieurs et professions libérales	87,9	85,9	87,1	89,2	90,0	38,6	37,7	41,2	40,4	38,7
Cadres moyens	76,2	79,2	81,3	78,1	80,5	33,4	32,6	32,4	34,5	32,3
Employés	62,4	62,4	66,2	66,3	67,5	28,4	27,6	28,6	26,8	27,9
Ouvriers	42,8	47,4	53,4	50,3	54,9	26,6	25,6	26,2	25,7	24,7
Personnel de service	46,0	52,4	53,1	54,0	55,3	27,7	25,8	27,7	28,2	28,2
Autres actifs	65,6	65,9	76,8	72,9	76,2	33,6	32,4	33,0	33,6	33,9
Inactifs	30,2	33,5	35,9	37,6	37,7	35,1	36,5	34,1	35,7	34,9
Ensemble	**45,0**	**50,1**	**54,0**	**54,3**	**56,0**	**30,5**	**29,9**	**30,3**	**30,7**	**29,7**

(*) Tous types de vacances confondus.

Source : INSEE.

Justice (1)

Tableau 27

Tranches d'âge des magistrats

	Au 1er janvier 1975	1980 (1)
Moins de 40 ans	9,20 %	32,05 %
De 40 à 50 ans	24,70 %	16,50 %
De 50 à 60 ans	34,30 %	39,13 %
De 60 à 70 ans	25,20 %	12,26 %

(1) Estimations.

En 1978, la répartition des effectifs entre les différents niveaux hiérarchiques est la suivante :

hors-hiérarchie .... 5,63 %

1er grade : 2e groupe .... 13,81 %
1er groupe .... 10,78 %

2e grade : 2e groupe .... 28,13 %
1er groupe .... 41,63 %

Le nombre de magistrats s'élève en 1979 (1er mai) à 4 993. On compte 3 737 magistrats du siège et 1 124 magistrats du parquet.

Extrait de « L'organisation judiciaire en France », *Notes et Etudes documentaires,* N° 4 453, édition 1979, La Documentation française.

Religion catholique

Evolution du pourcentage de baptisés par rapport au nombre de naissances

— 1958 .... 91,71 %

— 1968 .... 82,75 %

— 1974 .... 70,00 %

Le calcul de ce pourcentage a été abandonné au cours de ces dernières années en raison du nombre croissant de baptisés nés au cours d'une année précédente.

Source : Annuaire de l'église.

Tableau 28

Pratique religieuse

	1971	1976
Vont à la messe tous les dimanches	22 %	16 %
De temps en temps	26 %	27 %
Pour les cérémonies	51 %	35 %
Jamais	7 %	14 %

Enquête SOFRES sur un échantillon de 1 000 catholiques de 18 ans et plus.

Tableau 29

Vocations sacerdotales

	1968	1969	1970	1971	1972	1973	1974	1975	1976	1977
Nombre d'entrées dans les grands séminaires	789	470	402	265	243	151	194	155	164	152
Ordinations	501	370	284	237	193	219	170	161	136	99

Tableau 30

Nombre d'ordinations : quelques repères historiques

1830	2 300	1924	907
1893 *	1 205	1927	1 043
1900 *	1 679	1931	838
1904 *	1 740	1938	1 355
1914 *	704	1951	1 028
1918 *	152	1959	568

* Sans l'Alsace-Lorraine.

Pratiques cultuelles des catholiques adultes

Graphique 8

Evolution des baptêmes, mariages et enterrements catholiques.
Variation des pourcentages de cérémonies religieuses à Paris, de 1865 à 1969.

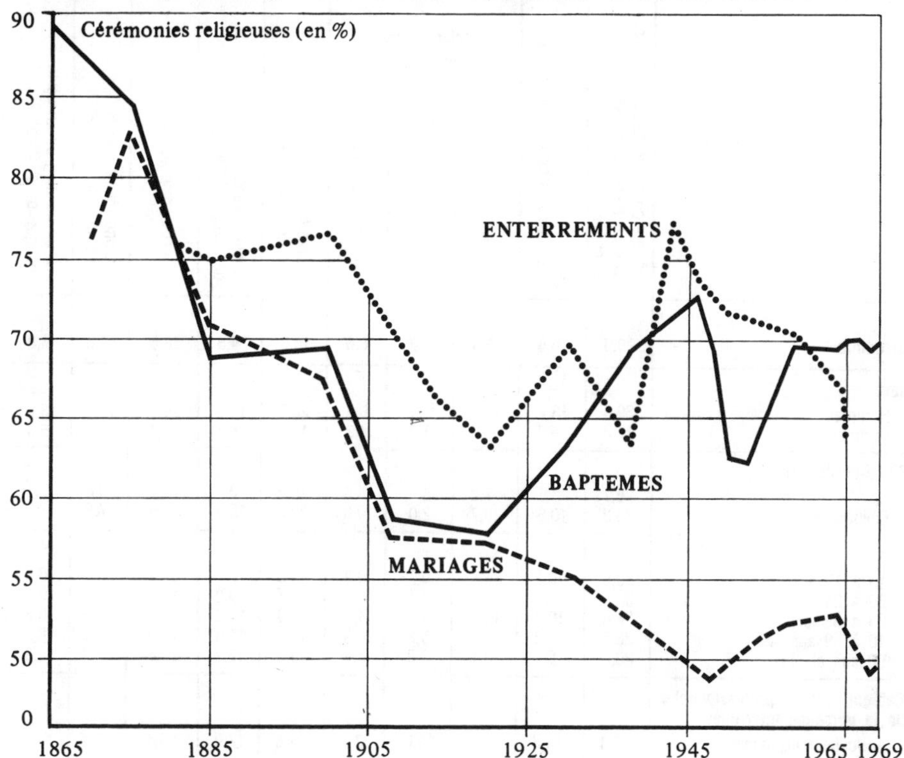

Les associations

La vie associative concernait, en 1973, 28 % des Français de 15 ans et plus. L'activité des associations s'étend aux domaines les plus divers de la vie quotidienne ; le tableau ci-dessous montre l'importance particulière des associations sportives, mais aussi des syndicats et des associations culturelles et artistiques.

(1) Parmi les Français de 15 ans et plus.

(2) Institutions d'animation culturelle, adhésion à des organismes de spectacles, sociétés savantes, etc.

(3) Pratique de la musique, de la peinture, etc.

(4) Toutes proportions rapportées à l'ensemble de la population et non à la population susceptible d'adhérer à telles associations : population des seuls parents d'élèves, par exemple.

(5) Mouvement de jeunesse.

Tableau 31

Proportion de personnes (1) **faisant partie d'une association, selon le type d'activité de l'association (1973)** (en %)

Activité	
Sportive	9,9
Syndicale (4)	3,6
Culturelle (2)	3,2
Artistique (3)	2,3
Parents d'élèves (4)	2,2
Religieuse	2,0
Educative (4) (5)	0,9
Politique	0,8
Autres associations	2,9

Source : Secrétariat d'Etat à la Culture, enquête sur les pratiques culturelles des Français, décembre 1974.

Tableau 32

Taux de participation (1) à des associations, clubs ou autres organisations, selon le nombre, l'objet des associations, le mode de fréquentation et l'exercice des responsabilités. Participation politique et syndicale (1973)

Taux de participation	...à une ou plusieurs associations, clubs ou autres organisations (ensemble)	dont : ...à deux associations au moins	...selon l'activité de l'association :			...avec fréquentation au moins une fois par mois	...avec exercice de responsabilité	...avec simple adhésion	...à une réunion politique avant des élections (2) (3)	...à un meeting ou un défilé politique ou syndical (2)
			Sportive	Syndicale	Artistique ou culturelle					
Ensemble	**28,0**	**8,5**	**9,9**	**3,6**	**5,6**	**18,7**	**9,5**	**18,6**	**9,8**	**9,0**
Sexe										
Hommes	39,4	13,2	16,4	6,1	6,9	26,7	15,3	24,1	14,4	13,0
Femmes	17,5	4,2	4,0	1,2	4,3	11,3	5,1	12,4	5,6	5,4
Situation de famille										
Mariés	26,7	8,5	7,2	4,4	4,4	15,2	10,4	16,3	10,8	7,1
Célibataires	38,2	10,8	20,7	2,0	10,0	32,5	10,6	27,6	7,9	17,3
Age										
15 à 19 ans	39,0	9,2	26,6	0,7	9,2	35,6	7,9	31,1	4,5	20,8
20 à 24 ans	32,1	8,3	15,9	2,1	8,8	25,7	10,0	22,1	10,5	10,2
25 à 39 ans	28,8	10,3	10,9	4,3	4,5	19,3	11,6	17,2	11,3	10,8
40 à 59 ans	28,7	9,2	6,5	5,2	4,9	16,0	11,8	16,9	12,6	8,1
60 ans et plus	20,0	5,7	3,1	2,9	4,4	10,8	7,2	12,8	7,3	2,3
Catégorie socio-professionnelle de la personne interrogée										
Agriculteur exploitant	42,1	13,8	9,0	14,6	2,1	21,8	17,0	25,1	20,9	13,3
Patron de l'industrie et du commerce	24,5	9,5	11,7	2,7	4,1	17,0	11,2	13,3	9,4	7,3
Cadre supérieur et profession libérale	53,7	21,7	15,4	3,4	16,2	37,7	29,3	24,4	22,4	21,4
Cadre moyen	45,4	19,9	19,5	3,2	16,2	35,8	19,8	25,6	20,2	19,7
Employé	27,9	7,7	10,9	3,2	6,8	19,5	13,2	14,7	6,9	7,0
Ouvrier qualifié, contremaître	33,2	7,8	11,3	9,4	4,7	18,2	9,6	23,6	11,3	10,5
OS, manœuvre et personnel de service	16,9	4,1	8,4	3,8	0,6	12,0	4,3	12,6	7,7	5,1
Femmes inactives de moins de 60 ans	18,2	4,5	4,6	0,6	3,7	12,1	5,4	12,8	5,0	7,6
Inactifs de 60 ans et plus	19,9	5,9	2,9	2,2	4,8	10,8	6,8	13,1	6,8	2,1
Niveau d'études										
Pas de diplôme	18,1	2,9	5,6	3,1	1,7	10,0	4,7	13,4	7,2	4,9
Certificat d'études	27,7	8,9	9,5	4,4	4,2	17,9	9,6	18,1	9,8	8,1
Brevet ou CAP	30,4	7,9	11,8	2,6	8,3	22,8	11,4	19,0	8,9	13,0
Baccalauréat et études supérieures	48,5	19,4	18,6	2,5	15,5	35,0	22,4	26,1	17,8	16,8

(1) Rapport pour chaque type de pratique, du nombre de personnes de la catégorie de population désignée qui participe à une association, à l'ensemble des effectifs de la catégorie de population désignée.

(2) Au moins une fois au cours des douze derniers mois.

(3) L'importance des taux de participation obtenue tient sans doute à une interprétation extensive de la question posée. L'année 1973 a vu se dérouler des élections législatives.

Source : Secrétariat d'Etat à la Culture, *Pratiques culturelles des Français,* décembre 1974.

Education et vie intellectuelle

L'école : mythes et réalités

Alain Girard*

La généralisation de l'enseignement jusqu'à 16 ans ne va pas sans difficultés ; elle met en cause tout l'édifice scolaire et certains de ses principes fondamentaux. Les chances d'accès à l'école sont devenues égales pour tous, mais les chances de réussite demeurent dépendantes de l'origine sociale et des aptitudes individuelles. Le monde de l'école, qui connaît le difficile passage d'un enseignement d'élite à un enseignement de masse, est en proie à un malaise permanent, ponctué de nombreuses réformes et tentatives de réforme.

Donner la même instruction gratuitement à tous les enfants, sans distinction de naissance ou de fortune, afin de porter au plus haut niveau les talents de chacun, faire progresser les sciences et mieux assurer la prospérité publique, tel est l'objectif proclamé voici déjà deux siècles à l'époque de la Révolution.

Or, cent ans plus tard, le futur ministre Jules Ferry propose encore comme tâche impérieuse de faire disparaître « la dernière, la plus redoutable des inégalités qui viennent de la naissance, l'inégalité d'éducation ».

Un nouveau siècle s'écoule. Tous les enfants prennent le chemin de l'école jusqu'à 16 ans au moins. Le nombre des étudiants est multiplié par 25 depuis 1900. Rien n'y fait. C'est autour du même débat, sous le nom pesant de démocratisation, que s'affrontent aujourd'hui les passions et se succèdent réformes et critiques.

S'agit-il donc d'un mythe ? Plus l'objectif semble proche, et plus il s'éloigne, comme la ligne d'horizon. La réalité ne répond pas à l'attente.

La montée des effectifs

Cependant, les faits sont éloquents et les progrès accomplis considérables. Ce qui apparaît vers les années cinquante comme une « explosion scolaire » n'était en réalité que la suite naturelle des réalisations antérieures. Il a fallu l'effort de

---

* Alain Girard, professeur à l'Université René Descartes, conseiller scientifique à l'INED (Institut national d'Etudes démographiques). A publié, notamment, *Le choix du conjoint*, PUF, 1974, *La réussite sociale*, PUF, 1971, *Vers l'enseignement pour tous*, éditions Elsevier, 1974, en collaboration avec A. Sauvy.

tout le XIXe siècle pour alphabétiser la totalité des enfants des deux sexes et instituer, comme un fruit mûr, la gratuité et l'obligation scolaire d'abord jusqu'à 13 ans puis jusqu'à 14 ans (1). L'enseignement du second degré peut alors se développer, greffant une nouvelle population d'élèves sur l'ensemble alphabétisé. La deuxième moitié du XXe siècle est marquée par le plein essor de cet enseignement plus poussé que le primaire, libérant ainsi une foule nombreuse d'adolescents, qui, nantis de la clef d'or du baccalauréat, peuplent les universités.

La croissance des effectifs d'élèves dans l'enseignement du second degré témoigne de ces faits. Passant environ de un à cinq millions, ils ont quintuplé en l'espace de vingt-cinq ans, de 1950 à 1975, marquant d'année en année une progression quasi linéaire.

Cette croissance n'est pas due comme on l'a dit souvent à tort à la reprise de la natalité après la guerre. La population des enfants de 10 à 17 ans, en âge de fréquenter cet enseignement, ne s'est accrue dans le même temps que de 50 % alors que les effectifs d'élèves étaient multipliés par 5. Le phénomène est encore plus net au niveau de l'enseignement supérieur. La cause fondamentale de la croissance tient à l'élévation du taux de scolarisation dans le second degré, c'est-à-dire de la proportion d'enfants scolarisés à ce niveau par rapport à tous ceux des mêmes générations. Ce taux passe, toujours dans cette même période de 25 années, d'un cinquième aux trois quarts.

Le taux global de scolarisation au-delà de 16 ans, âge auquel a été portée l'obligation, ne cesse lui aussi de s'élever, atteignant plus de la moitié à 17 ans et plus du quart à 18 ans, compte tenu du petit nombre de ceux qui fréquentent déjà à cet âge l'enseignement supérieur.

Le nombre des bacheliers s'accroît comme celui des élèves, quintuplant de 1951 à 1977, passant de 30 000 à 154 000 et même 209 000 en ajoutant les titulaires des baccalauréats de technicien créés récemment, et qui donnent accès eux aussi à l'université. Aujourd'hui, le quart d'une génération obtient ce diplôme, contre environ 1 % en 1900 et 4 à 5 % vers 1939.

Egalité des sexes et enseignement préscolaire

Un autre élément a contribué à la montée des effectifs : les filles, traditionnellement moins instruites que les garçons, ont rattrapé leur handicap. Soumises au même titre à l'obligation scolaire, elles étaient encore très minoritaires au-delà des classes primaires au début du siècle, et même jusqu'en 1939, surtout dans les écoles publiques. Or, elles arrivent à égalité vers 1955 et, depuis, pour des raisons sociologiques qu'il n'y a pas à exposer ici, elles sont même légèrement majoritaires dans l'ensemble du second degré : 51 % contre 49 %. Fait d'autant plus notable qu'à ces âges-là, par suite de la répartition des sexes à la naissance, la proportion est inverse dans la population totale. Elles ne restent minoritaires que dans l'enseignement technique.

(1) La prolongation de la scolarité obligatoire jusqu'à 16 ans est décidée par une ordonnance de janvier 1959. Elle deviendra effective en 1967.

Tableau 1

Croissance des effectifs dans l'enseignement du second degré depuis 1950

Années	Population âgée de 10 à 17 ans (milliers)	Effectifs scolaires dans le 2e degré (milliers)	Taux de scolarisation %	Indice de croissance de la population	Indice de croissance des effectifs scolarisés
1950-51	4 589	1 019	22,2	100	100
1954-55	4 390	1 238	28,2	96	121
1958-59	5 275	1 858	35,2	115	182
1964-65	6 736	3 036	45,1	147	298
1970-71	6 619	4 267	64,5	144	419
1975-76	6 750	4 866	72,1	148	478

Source : ministère de l'Education et ministère des Universités. Service des études informatiques et statistiques, SEIS et Alain Norvez, *Le corps enseignant et l'évolution démographique*, INED et PUF, Paris, 1977.

Tableau 2

Taux de scolarisation au niveau préscolaire

Age	1964-1965 %	1970-1971 %	1974-1975 %	1976-1977 %	1977-1978 %	1978-1979 %	1979-1980 %
2 ans	10,4	17,5	25,7	26,1	28	30,6	33,9
3 ans	42,2	61,1	76,6	81,6	84,9	86,8	88,1
4 ans	72,2	87,3	95,9	99,3	100	100,0	100,0
5 ans	96,1	100,0	100,0	100,0	100	100,0	100,0

Source : idem.

Tableau 3

Taux de scolarisation de 13 à 18 ans

Age	Dans le second degré			Tous enseignements		
	1958-1959 %	1967-1968 %	1972-1973 %	1967-1968 %	1976-1977 %	1979-1980 %
13 ans	36,2	60,7	92,9	98,5	99,7	100
14 ans	55,3	70,2	91,6	84,6	97,1	98,5
15 ans	51,3	60,4	85,9	62,1	92,5	93,1
16 ans	42,9	53,7	65,8	54,6	70,6	73,3
17 ans	26,7	38,0	47,0	38,6	51,7	56,8
18 ans	14,2	22,2	24,6	23,6	26,2	37,6

Source : idem.

Tableau 4

Évolution des effectifs d'élèves et d'enseignants du 2e degré

	Effectifs d'élèves				Effectifs d'enseignants	
	public et privé		public		public	
	(milliers)	Indices	(milliers)	Indices	Nombres	Indices
1958-59	1 859	100	1 361	100	66 387	100
1964-65	3 036	154	2 308	169	112 595	169
1968-69	3 833	207	2 832	183	164 906	248
1971-72	4 464	242	3 559	262	209 088	314
1974-75	4 782	259	3 831	282	224 396	338
1978-79	4 976 (1)	267	3 982 (1)	292	278 783	419
1979-80	5 007 (1)	269	3 994 (1)	293	291 235 (2)	438

Source : idem.

(1) Non compris les enseignements d'éducation physique.
(2) Y compris enseignants des SES.

En outre, parmi l'ensemble des bacheliers, on compte maintenant régulièrement plus de filles que de garçons. En 1977, 53 % de filles pour les baccalauréats du second degré et 59 % pour les baccalauréats de technicien, sauf sur ce point encore pour le secteur industriel. En dépit de cette différence, les femmes reçoivent donc aujourd'hui la même instruction que les hommes, dispensée d'ailleurs dans des établissements où la mixité est devenue la règle. Cause ou effet, cette similitude d'instruction est liée de toute évidence au changement récent survenu dans la « condition féminine ». Elle fait mieux comprendre la brusque montée au cours de la dernière décennie de la participation des femmes à l'activité professionnelle hors du foyer.

La femme ayant plus souvent qu'auparavant une occupation salariée, il importe qu'elle puisse le plus vite possible après sa maternité confier à d'autres le soin de garder ses enfants, en si petit nombre qu'ils soient. Les jeunes, qui demeurent à l'école plus longtemps qu'hier, y entrent aussi plus tôt. La scolarité s'allonge aux deux extrémités. Le taux de scolarisation s'est accru récemment en deçà de l'obligation encore plus vite qu'au-delà. La totalité des enfants de 4 et 5 ans fréquentent aujourd'hui les écoles maternelles ou les classes et sections enfantines, plus de 8 sur 10 parmi ceux de 3 ans et plus d'un quart déjà à 2 ans.

Voilà donc l'école investie d'un nouveau rôle, qui s'exerce dans le sens même du souci d'égalisation des chances. Si le milieu familial où grandissent les enfants n'est pas également favorable pour tous, il convient de combler le handicap de certains en les plaçant tous à égalité le plus tôt possible à l'école.

Conséquence de l'expansion

Tout semble donc aller pour le mieux. Le développement de l'enseignement ne répond-il pas aux aspirations profondes des Français ? Hommes et femmes y trouvent plus de justice sociale, et en attendent pour l'avenir plus de bien-être pour chacun, et plus d'efficacité pour l'économie, l'enseignement agissant pour les individus comme « appareil élévateur », et pour la collectivité comme le moteur même du progrès.

Or, au lieu d'un grand calme, signe de satisfaction, des moments d'agitation plus ou moins forte se succèdent. Une sorte d'état de crise permanent s'établit comme si les pouvoirs publics, qui ne ménagent pourtant pas les changements législatifs ou réglementaires, étaient toujours en retard d'une réforme. Les syndicats, groupés ou non au sein de la Fédération de l'éducation nationale, les associations de parents d'élèves, les mouvements étudiants et lycéens, la presse, ne cessent de dénoncer les insuffisances et les injustices. Tout se passe comme si toute réalisation provoquait en même temps une demande, d'autant plus impatiente que l'attente antérieure avait été plus largement satisfaite. La réalité quotidienne ne répond pas aux aspirations.

Révision de la carte scolaire et recrutement massif dans le corps enseignant

Dès le lendemain de la guerre, alors que les générations d'enfants à scolariser n'ont jamais été si peu nombreuses, la pénurie de locaux et de maîtres provoque des remous. C'est que se produit un vaste mouvement de concentration de la population, qui déplace les hommes de la campagne vers les villes. L'urbanisation, moins avancée en France que dans d'autres pays voisins, s'amplifie, contraignant à une redistribution des implantations scolaires. Il faut défaire pour une part l'œuvre admirable du siècle précédent. A l'obligation d'ouvrir des écoles jusque dans les plus petites communes, et même les hameaux les plus reculés où grandissent quelques enfants, succède la nécessité d'en fermer pour faire face aux besoins des agglomérations. Après les urbains réclamant écoles et maîtres, les ruraux protestent. Le temps de l'école buissonnière est révolu. Le règne du ramassage scolaire commence, d'abord honni des parents, et qui ne pourrait plus être supprimé sans soulever des tempêtes.

S'il faut des écoles pour accueillir les enfants, il faut des maîtres pour les instruire *. Les efforts ont été considérables. A la poussée des effectifs d'élèves a correspondu une croissance aussi forte et même légèrement plus forte du corps enseignant. A titre d'illustration, l'augmentation du nombre des maîtres de l'enseignement public dans le 2e degré a atteint un taux annuel de 10 %, avec des pointes s'élevant jusqu'à 14 %, pour la période 1958-59 à 1973-74, soit une multiplication par 3,4 entre ces deux dates, plus rapide dans le même temps que celle des élèves, 2,8 (2).

Il a fallu recruter massivement, imaginer un système pour inciter les étudiants à s'orienter vers l'enseignement, les « instituts de préparation à l'enseignement secondaire », augmenter le nombre des places offertes aux concours, opérer des glissements de fonction, recruter des auxiliaires. Certaines mesures pouvant faire figure d'expédients furent souvent dénoncées en leur temps, mais quelles n'auraient pas été les protestations, si l'absence de maîtres avait empê-

---

* Cf. annexe 4, p. 491.

(2) Alain Norvez, *Le corps enseignant et l'évolution démographique. Effectifs des enseignants du second degré et besoins futurs*, PUF, Paris, 1977.

ché l'ouverture ou le fonctionnement de beaucoup d'écoles ? La tâche de l'administration n'est pas simple car il faut s'attendre pour demain à des difficultés inverses. Indépendamment de toute question de formation ou de qualification, le corps enseignant, rajeuni par suite du recrutement intensif, va connaître un taux de renouvellement très lent *. Il y aura peu de départs à la retraite, et d'autre part, les effectifs d'élèves vont diminuer de manière importante par suite de la baisse récente et profonde de la natalité. Déjà, de nouvelles protestations se font entendre parce que le recrutement diminue.

La querelle de l'enseignement libre

L'enseignement public a assumé presque entièrement la charge de la croissance des effectifs. Ceux de l'enseignement privé se sont développés moins rapidement **. Mais les difficultés rencontrées ont failli, à plusieurs reprises, rallumer la « guerre scolaire ». Un débat ancien sépare en effet les Français en deux camps.

D'un côté les partisans du monopole de l'État, de l'autre les tenants du maintien d'un enseignement privé, presque entièrement d'obédience religieuse et catholique. Entre les deux positions extrêmes, se situent des libéraux partisans de la liberté de l'enseignement, mais ne souhaitant pas que l'État accorde des subventions aux écoles privées. Les proportions des trois courants peuvent varier au cours du temps, selon les circonstances ou la législation en vigueur, mais sont toujours nettement marquées.

Tableau 5

L'opinion à l'égard de l'enseignement libre

Questions : 1° A votre avis vaut-il mieux qu'il existe des écoles de l'État ou bien à la fois des écoles de l'État et des écoles libres ?
2° Et l'État doit-il subventionner les écoles libres ?

	Janvier 1945 %	**Mars 1946 %**	**Juillet 1946 %**	**Janvier 1949 %**	**Septembre 1951 %**	**Décembre 1959 %**
Partisans de :						
liberté de l'enseignement	58	58	62	61	66	47
monopole de l'État......	30	36	31	27	25	46
ne se prononcent pas....	12	6	7	12	9	7
Total	**100**	**100**	**100**	**100**	**100**	**100**
Partisans de :						
monopole de l'État......	28	35	31	25	25	41
liberté sans subvention...	20	20	30	20	17	11
liberté et subventions....	34	28	25	35	41	32
ne se prononcent pas à l'une des questions......	18	17	14	20	17	16
Total	**100**	**100**	**100**	**100**	**100**	**100**

Source : Sondages, revue française de l'opinion publique. XXII, 1960, 3, 27-32.

* Cf. annexe 4, p. 492 et 493.

** Cf. annexe 4, p. 486.

Des lois, de 1951 et de 1959, celle-ci légèrement retouchée en 1971, instituent en fait des subventions substantielles aux écoles privées sous réserve d'assurances portant en particulier sur la qualification des maîtres. Mais aucun des deux camps ne désarme et, une fédération de parents d'élèves ayant pris position en 1977 en faveur de la nationalisation de l'enseignement, près de la moitié du public interrogé, 44 %, considérait que la guerre scolaire peut reprendre en France, contre 37 % d'avis contraire (3). Il y a là un brûlot qui pourrait à nouveau se rallumer à l'occasion de quelque changement politique.

Le système scolaire et les fonctions de l'école

Hormis ce problème, la véritable mutation qui s'opère dans l'enseignement, en France comme dans tous les pays industriels, ne va pas sans douleur. Le passage d'un enseignement secondaire et supérieur destiné à un nombre limité de jeunes à un enseignement ouvert à tous, c'est-à-dire d'un enseignement conçu pour la formation d'une élite à un enseignement de masse, met en cause tout l'édifice scolaire et certains de ses principes fondamentaux.

Certes, l'école conserve un très grand prestige, comme le prouvent les résultats d'enquêtes conduites en 1973 (4). Il est prioritaire ou « très important » pour 90 % des parents interrogés que l'école « donne aux jeunes de tous les milieux les mêmes chances de réussir dans la vie », et pour 88 % qu'elle « les prépare à un métier ». Telles sont, aux yeux des Francais, les deux fonctions essentielles de l'école, à côté desquelles les autres, comme la formation de citoyens ou l'épanouissement de la personnalité, sont secondaires. Mais la majorité, respectivement 53 % et 52 %, estimé que ces deux fonctions primordiales sont actuellement mal remplies.

Ce mécontentement exprime à coup sûr la difficulté de la mutation en cours. L'objet de l'enseignement primaire était de ne laisser aucun enfant ignorer les éléments de base. Mais il était admis implicitement que là s'arrête l'instruction commune. Au-delà, vers onze ou douze ans, les enfants étaient séparés en trois voies qui n'ouvrent pas les mêmes perspectives d'avenir. Les plus nombreux achevaient à l'école primaire le temps de la scolarité obligatoire avant d'entrer dans la vie active sans qualification particulière. D'autres, destinés à fournir une main-d'œuvre plus qualifiée, suivaient un enseignement général court de trois ou quatre années, pouvant déboucher sur une formation professionnelle. Les autres enfin, les élus du système, poursuivaient un enseignement long qui conduit à l'université, et permet d'accéder aux fonctions sociales les plus spécialisées et les plus hautes.

Les examens et concours apparaissaient comme le moyen le plus démocratique pour discerner les aptitudes et les connaissances et diriger les enfants vers l'une ou l'autre de ces voies. Des bourses peuvent aider les meilleurs si leurs parents n'ont que de faibles ressources. Lorsque la gratuité fut étendue à l'enseignement secondaire, vers les années trente au nom de l'égalité, ce prin-

---

(3) *Sondages, revue française de l'opinion publique,* XXII, 1960, 3, p. 27-31 et XXXIX, 1977, 3 et 4, p. 93-104.

(4) Voir « L'enseignement en France », *Sondages, revue française de l'opinion publique,* XXXVI, 1974, 3 et 4, 160 p.

cipe sélectif se trouva renforcé, car « aussi nécessairement que l'ombre suit le corps, la gratuité entraîne la sélection » notait pour la justifier un des promoteurs de cette mesure (5).

L'enseignement progressif est gradué en « classes » ou « années » et le passage d'une classe à la classe supérieure suppose acquise, dans des matières plus ou moins diversifiées, une somme donnée de connaissances *. Aux diverses « classes scolaires » correspondent d'aussi près que possible des « classes d'âge ». Les programmes sont conçus en fonction du développement intellectuel des enfants au cours de leur croissance.

Une telle construction, qui se rencontre à quelques variantes près dans toute l'Europe occidentale comme en France, n'est pas née de quelque décision soudaine mais résulte d'une lente élaboration séculaire. Elle a donné des preuves éclatantes de sa valeur si l'on en juge par le progrès des sciences et des techniques. Or, c'est ce système qui a été violemment critiqué et qu'a fait éclater le développement même de l'enseignement.

Un système progressif qui ne tient pas assez compte des aptitudes individuelles

La difficulté majeure sur laquelle bute la généralisation de l'enseignement aux différents degrés tient au fait que tous les enfants d'une même génération ne progressent pas à la même allure. Retards scolaires ou abandons d'études faussent le fonctionnement du système. Bien des recherches l'ont montré et en France, en particulier, une enquête longitudinale qui suivit pendant dix ans une « promotion » d'élèves (6). Placés sur une même ligne de départ, les enfants s'égaillent en cours de route. Un dixième même ne parvient pas à la dernière classe du cycle primaire et les autres se répartissent déjà à ce niveau en plusieurs classes d'âge. l'écart se creuse encore plus par la suite, et, sans parler des sorties du système scolaire à 16 ans, ceux d'une même génération qui obtiendront le baccalauréat le passent en trois et même quatre sessions successives. En conséquence, le temps des études s'allonge. Parmi les bacheliers, seul un tiers de l'ensemble obtient le diplôme à l'âge réputé normal, quatre sur dix ont un an de plus, et un quart deux ans de plus. La population des étudiants vieillit à son tour de manière marquée et beaucoup s'inscrivent à l'université à 19 ou 20 ans, qui ne mèneront pas loin leurs études supérieures.

L'âge et la réussite scolaire sont en outre en étroite relation. Les plus précoces sont aussi ceux qui réussissent le mieux et la réussite est le critère déterminant pour la poursuite des études. En désignant ainsi les plus aptes à recevoir l'enseignement le plus poussé, l'école assume une de ses fonctions essentielles, c'est-à-dire une fonction d'orientation, si l'on ne veut pas par euphémisme prononcer le mot de sélection **.

---

(5) F. Vial, *Vues sur l'école unique,* Paris, 1935.

(6) Pour l'étranger voir l'*Enseignement secondaire, évolution et tendances,* OCDE, Paris, 1969. Pour la France, série d'articles recueillis dans *Population* et *L'enseignement,* PUF, Paris, 1970 et A. Girard et H. Bastide : « De la fin des études élémentaires à l'entrée dans la vie professionnelle ou à l'université. La marche d'une promotion de 1962 à 1972 », *Population,* XXVIII, 1973, 3, 571-594.

* Cf. annexe 4, p. 485.

** Cf. annexe 4, p. 482 et 483.

Les réformes et l'esprit des réformes : le collège unique

C'est à apporter un remède à cette situation, notamment à l'étirement des âges tout au long du cursus scolaire, que s'attachent les réformes qui se succèdent depuis la fin de la guerre.

Dès 1947, un grand projet, connu sous le nom de « plan Langevin-Wallon », présente une construction d'ensemble d'un système d'enseignement complètement rénové et obligatoire jusqu'à 18 ans. S'il ne reçoit pas même un début d'exécution, au moment où le pays avait à faire face à sa reconstruction, les idées qu'il incarne ne sont pas étrangères, peut-on penser, aux réformes ultérieures. Tout semble en effet concourir à un même objectif.

Après la suppression de l'examen d'entrée en 6e, un décret de 1959 porte l'obligation scolaire à 16 ans et crée un « cycle d'observation » en classes de 6e et 5e, en même temps que des catégories nouvelles d'établissements, comme les collèges d'enseignement général, CEG, où l'on entre après le cycle élémentaire. En 1963, la durée de ce cycle d'observation est étendue de deux à quatre années et il est organisé dans des établissements d'un type nouveau, les collèges d'enseignement secondaire, CES. Après la 3e seulement, les enfants sont orientés vers un cycle court ou des études plus longues. Enfin, la loi de juillet 1975 se veut plus globale encore, institue un tronc commun de formation de l'école primaire à la fin de la 3e, supprime les filières de niveau et unifie tous les enseignements de la 6e à la 3e dans un seul type d'établissement, le collège ou collège unique, qui se situe entre l'école primaire et le lycée.

Voici, très brièvement résumées, ses principales dispositions. Les enfants qui ont des difficultés graves continuent à relever d'un enseignement spécialisé. Pour tous les autres, l'enseignement pourra être « personnalisé », soit par des actions de soutien dans les matières fondamentales, soit, à l'inverse, par des activités d'approfondissement. Un système de capitalisation est institué pour faciliter l'acquisition des diplômes. Les disciplines enseignées de manière obligatoire sont les mêmes dans les deux premières années de collège (6e et 5e cycle d'observation). Pendant les deux années suivantes (4e et 3e : cycle d'orientation), les élèves doivent choisir au moins une option supplémentaire, par exemple latin ou grec ou deuxième langue vivante. Les collèges disposent d'une autonomie pédagogique accrue et doivent en outre offrir au moins une option de caractère préprofessionnel.

On cherche à faciliter le passage d'une classe à la classe supérieure, mais les familles peuvent éventuellement décider le redoublement de la première année d'un des deux cycles ; à la fin d'un cycle, après la 5e ou la 3e, la décision appartient au conseil de classe, la famille pouvant seulement en cas de désaccord faire appel devant une commission *ad hoc.* A la fin du cycle d'observation, fin de la 5e, les enfants peuvent être orientés soit vers des 4e et 3e dites « aménagées » où ils reçoivent un enseignement renforcé sans option, ou encore vers des « classes préprofessionnelles de niveau », ou des classes préparatoires à l'apprentissage. De toute manière, les élèves font l'objet d'une observation individuelle et continue tout au long de leur scolarité obligatoire.

Cette loi de 1975 est entrée progressivement en application d'année en année et n'est complètement en place au collège unique au niveau de la 3e que depuis 1980-81. Il est donc hors de question de se prononcer sur ses effets, mais la volonté qui l'inspire apparaît clairement. Il importe en premier lieu de laisser le plus longtemps possible tous les enfants ensemble dans un seul type d'établissement, et de retarder par là même le moment des choix, qui retentissent sur toute la carrière future, scolaire et professionnelle. En deuxième lieu, on tente de faire en sorte que tous les enfants puissent progresser, mais à leur rythme propre, en « soutenant » les uns et en proposant aux autres des enseignements supplémentaires par un système d'options. Il s'agit donc d'un effort pour concilier ensemble deux objectifs majeurs : égalité et efficacité.

Certaines idées définissent un moment d'une civilisation. L'esprit qui anime les réformes actuelles n'est pas propre à la France. On retrouve en particulier les mêmes tendances dans la plupart des pays industriels. La Suède avec « l'école globale » (7), ou la Grande-Bretagne avec la « comprehensive school » (8), offrent des exemples qui ne sont pas sans analogie avec le collège unique français. L'idée de base est sans doute partout de présenter à tous les enfants un « noyau » de disciplines communes auquel s'ajoutent des matières à option. Les choix sont effectués de manière progressive et libre par les élèves et leur famille, l'école se bornant à fournir les indications et les moyens nécessaires. Telle est en tout cas, semble-t-il, l'intention ou la visée ultime pour « démocratiser » l'enseignement et donner à tous les enfants la possibilité d'en profiter à égalité, chacun selon ses goûts et ses possibilités. L'avenir dira s'il s'agit toujours d'un rêve impossible.

L'image de l'école dévalorisée

En attendant, et sans porter de jugement, les tentatives de réforme et les réformes sont le signe même des difficultés rencontrées, et d'une sorte de malaise latent. Chaque changement provoque des protestations, des retours en arrière, des correctifs, des querelles incessantes sur le contenu des programmes ou la pédagogie, sur le statut des maîtres. Un tel bouillonnement a d'autres effets encore. L'image de l'école s'est altérée. Elle n'est plus le temple de la science. L'instituteur n'est plus le détenteur du savoir chargé de donner aux enfants le moyen de s'élever au-dessus de la condition de leurs parents. Le professeur de lycée n'est plus le notable d'hier. Par suite de leur nombre et de l'anonymat urbain, l'un et l'autre ont perdu leur prestige. Ils exercent un métier mais n'accomplissent plus une mission. Le « savant » impressionne peut-être encore mais la fonction enseignante est dévalorisée. Les diplômes ont perdu de leur prix : là où le certificat d'études était requis, c'est aujourd'hui le baccalauréat, demain peut-être la licence ou un diplôme plus élevé.

De tels changements n'échappent pas aux enfants. L'école n'est plus pour eux le seul lieu où acquérir des connaissances. Elle paraît bien étroite et attardée à côté des horizons ouverts par les voyages et par la télévision. Une école « paral-

(7) *The new school in Sweden, the comprehensive school ; aims, organization, methods,* Stockholm, 1963. *La politique et la planification de l'enseignement. Suède.* OCDE, Paris, 1967.

(8) J. Dulck, *L'enseignement en Grande-Bretagne,* 2e éd., Paris, Colin, 1970.

lèle », selon l'expression désormais consacrée, ne cesse de prendre chaque jour plus de place dans la vie des jeunes. Sa concurrence est redoutable, car elle est attrayante par nature, et n'exige aucun effort d'abstraction. S'ils veulent instruire, ses promoteurs tiennent avant tout à plaire et à distraire. Quel contraste avec les maîtres austères de l'école traditionnelle, thuriféraires de l'attention rigoureuse et de la discipline intellectuelle et morale. Est-ce la raison pour laquelle très peu d'élèves du secondaire et encore moins de maîtres des écoles ou des lycées, interrogés au cours des enquêtes mentionnées plus haut, ne sont partisans d'une prolongation de la scolarité obligatoire au-delà de 16 ans, âge où elle est fixée actuellement ? La majorité des enseignants se prononceraient même en faveur d'un retour à 14 ans comme précédemment. Les raisons invoquées sont qu'il n'y a pas lieu d'obliger des enfants qui ne s'intéressent pas à l'école, ou qui n'y réussissent pas, à y demeurer longtemps, ou encore que les jeunes qui manifestent du goût pour un métier puissent l'apprendre le plus tôt possible (9).

Tableau 6

(juillet 1973). Actuellement la scolarité est obligatoire jusqu'à 16 ans. Pensez-vous qu'il faille... ?

	Enseignants du		Elèves du
	Primaire %	**Secondaire %**	**Secondaire %**
L'abaisser à 14 ans	48	43	23
La maintenir à 16 ans	40	42	59
La prolonger jusqu'à 18 ans	8	10	14
Ne se prononcent pas	4	5	4
Total	**100**	**100**	**100**

Source : idem XXXVI, 1974, 3 et 4, 75 et 111.

Mieux nourris qu'hier et protégés des maladies, plus précoces dans leur développement physique et sexuel, beaucoup de jeunes sont rebutés par l'école. Leurs aspirations entravées par les contraintes de l'étude les porteraient plutôt vers une activité au profit plus rapide et plus visible. Mais aucune nécessité ne les oblige à gagner leur subsistance. La production n'a pas besoin d'eux. Ils vivent désormais une adolescence qui n'en finit pas. La majorité légale a été abaissée, mais les adolescents dépendent plus longtemps de leurs parents au point de vue économique. Une sorte de puberté psychologique se prolonge. Bien des difficultés d'aujourd'hui s'expliquent ainsi. L'insertion de l'ensemble des jeunes dans la vie sociale n'est réalisée ni par le système scolaire ni par l'organisation économique. Les conditions de l'existence ont changé. Les valeurs sur lesquelles s'est peu à peu fondé le régime scolaire ne sont plus intériorisées et admises par tous sans discussion.

---

(9) Voir *Sondages. Op. cit.*

L'égalité et les inégalités

L'ébranlement résultant de la généralisation de l'instruction a-t-il au moins permis d'atteindre l'objectif tant recherché de l'égalité de fait entre tous les enfants, indépendamment de leurs origines sociales ? On pourrait le penser, puisque tous accèdent précisément à l'instruction dans les mêmes conditions.

Or, toutes les observations sérieuses montrent qu'il n'en est rien. En dépit de la prolongation de l'obligation scolaire et de la gratuité étendue à tous les niveaux (10), malgré tous les efforts institutionnels et réglementaires déployés en ce sens *, la probabilité de poursuivre des études longues et de parvenir à des fonctions plus rémunératrices ou mieux considérées varie toujours de manière directe avec le milieu d'origine. La précocité et la réussite, si importantes pour la poursuite des études, ne sont pas également réparties dans tous les milieux. Les enfants des groupes favorisés sont avantagés. Cette constatation alimente le débat persistant autour de l'école.

La critique s'est quelque peu déplacée. L'inégalité des chances d'accès à l'enseignement ne pouvant plus être dénoncée, on s'en prend de manière plus subtile à l'inégalité des chances de réussite. L'école aurait mis en place un mode d'instruction et un système de sanction des aptitudes tels qu'ils avantagent les enfants des milieux favorisés. En particulier, le langage qu'on y cultive serait celui de la bourgeoisie, qui s'assure ainsi le contrôle des épreuves, par lesquelles les individus se trouvent finalement placés aux différents degrés de la hiérarchie sociale. Les examens et concours prétendument démocratiques seraient aux mains des classes dirigeantes l'instrument même de la perpétuation de leur pouvoir (11). On ne saurait pourtant rejeter le passé sans se renier ni refuser à l'école et à ses maîtres la volonté de corriger les différences de fortune entre les enfants et de contribuer au progrès. Il ne servirait à rien, comme l'écrit un auteur non suspect de conservatisme, de « mépriser l'orthographe » ou de nier que « les riches ont tout de même un langage plus riche » (12).

Mais le malaise ou le mauvais fonctionnement de l'institution scolaire dû à l'élargissement de son public ne saurait être considéré dans une perspective idéologique et polémique, malgré les passions qu'il soulève. Il n'est pas réservé à la France. Toutes les démocraties occidentales le connaissent, mais aussi les démocraties populaires de l'Europe de l'Est et l'Union soviétique (13). Quels que soient le degré atteint de démocratisation de l'enseignement ou le régime économique et l'idéologie dominante, la volonté de donner à tous des chances égales se heurte à un obstacle lié à la stratification sociale elle-même. L'inégalité des chances résulte essentiellement de l'existence de strates hiérarchiques

(10) Jusqu'à la troisième incluse les manuels scolaires sont également fournis gratuitement depuis la rentrée scolaire 1980-81.

(11) Voir à ce sujet les livres de P. Bourdieu et J.C. Passeron, *Les héritiers.* Paris, 1964 et *La Reproduction,* Paris, 1970 et de Baudelot et Establet, *L'école capitaliste en France,* Paris, 1971.

(12) G. Snyders, *Ecole, classe et lutte des classes,* Paris, 1976.

(13) Voir par exemple J. Markiewicz-Lagneau, *Education, égalité et socialisme. Théorie et pratique de la différenciation sociale en pays socialiste.* Paris, 1969 et A. Sauvy et A. Girard, *Vers l'enseignement pour tous,* Paris-Bruxelles, 1974.

* sur l'attribution des bourses, cf. annexe 4, p. 487.

dans les sociétés, entraînant des différences économiques et sociales entre les groupes. Seule, semble-t-il, une politique de réduction de ces inégalités économiques est susceptible d'atténuer l'inégalité des chances scolaires. En définitive, conclut l'auteur de cette analyse, « une égalité complète des chances devant l'enseignement n'est probablement pas réalisable et ne peut être qu'une notion limite » (14).

L'école, la famille et la société

L'école ne parle qu'un seul langage aux enfants qui lui sont confiés. Sa grande vocation de promouvoir la justice et le progrès, en même temps qu'elle diffuse le savoir, n'est-elle qu'une « notion limite », un idéal, un mythe qui se heurtent à des obstacles toujours renaissants ?

Même si l'on admet que les aptitudes intellectuelles sont distribuées dans une population de manière aléatoire, il n'est pas sûr qu'elles se répartissent également entre les différents groupes. Divers mécanismes, où le biologique et le social interfèrent, peuvent expliquer qu'il en soit ainsi. Sans entrer ici dans une querelle ancienne, qui a repris aujourd'hui avec beaucoup de violence, il faut bien admettre que les enfants sont imprégnés dès leur naissance, sinon dès leur conception, par une ambiance qui les fait devenir ce qu'ils seront, sinon par hérédité biologique, au moins par hérédité sociale. L'école est certes là pour compenser, dans la mesure où elle le peut, les déficiences familiales. Mais, laissant de côté la part de l'hérédité, n'est-il pas certain que deux enfants, ayant si l'on ose dire la même quantité d'intelligence, ne se développeront pas au même rythme si l'un a autour de lui ce qui manque à l'autre : facilités matérielles, jouets perfectionnés, conversations et ambiance intellectuelle plus riches, relations, et surtout appui dans le travail, et aspirations élevées ? Il ne s'agit pas seulement d'argent. Le capital financier, à supposer que les parents en aient un, n'est pas tout. Ils lèguent à leurs enfants, comme c'est leur devoir social, le capital intellectuel qu'ils ont acquis.

L'école ne fonctionne pas en circuit fermé. Elle est immergée dans la société et en relation étroite avec les autres institutions. L'influence de la famille est primordiale pour le développement des enfants. Sauf à la supprimer, comme Platon déjà l'avait compris, la famille joue un rôle de frein dans les modifications du corps social. Les enfants qui naissent ne sont pas distribués à chaque génération de manière aléatoire. Les lignées se perpétuent.

L'école, on le lui reproche assez, contribue elle aussi à maintenir les formes traditionnelles de la société. Avec toutes ses imperfections, elle est le fruit d'une lente élaboration poursuivie au cours du temps. Il lui faut tout ensemble transmettre le legs du passé et incarner l'idéal d'aujourd'hui. Lieu d'une querelle sans cesse recommencée entre les anciens et les modernes, elle doit à chaque instant s'adapter aux formes nouvelles de la vie sociale.

La tâche n'est pas aisée, et l'ardeur du débat qui la concerne témoigne de l'attachement que lui portent les Français, comme elle est le gage de ses progrès futurs.

---

(14) R. Boudon, *L'inégalité des chances. La mobilité sociale dans les sociétés industrielles,* Paris, 1973. Voir aussi R. Girod, *Inégalité, Inégalités. Analyse de la mobilité sociale.* Paris, 1977.

L'école, la famille et la société

Un enseignement supérieur en quête d'universités

Yves Grafmeyer *

Les anciennes facultés, puis les universités instituées par la loi de 1968 ont été confrontées à un accroissement considérable de la demande d'enseignement supérieur et à une diversification progressive de leurs missions. Comment ont-elles répondu à ce double défi, qui est certes caractéristique de tous les pays industrialisés, mais auquel s'ajoutent, dans le cas de la France, tous les problèmes issus du clivage entre universités et grandes écoles ?

Voici moins de vingt ans, d'aucuns annonçaient le proche avènement d'une « civilisation tertiaire », civilisation dans laquelle « la moitié ou les trois quarts de la population bénéficiera d'un enseignement supérieur » (1). A l'époque, l'augmentation rapide du nombre d'étudiants n'apparaissait guère en elle-même comme une source de préoccupation. Ce qui était au contraire mis en doute par certains, c'était bien plutôt la capacité des systèmes d'enseignement à satisfaire à la fois les besoins croissants d'emplois très qualifiés et, parallèlement, une demande d'éducation qui se développait dans toutes les couches de la société. Ce qui retenait plutôt l'attention, c'était le poids persistant exercé par le milieu social et culturel, en dépit de l'accroissement des effectifs, sur les probabilités d'accès à l'enseignement supérieur et à ses diverses filières (2). Le constat majeur était celui de l'inégalité des chances, le débat dominant portait sur les raisons de cette inégalité.

Depuis quelques années, de nouvelles interrogations se font jour, de nouvelles inquiétudes aussi, et les thèmes centraux d'étude et de discussion commencent à se déplacer. On demande des comptes aux universités. N'y a-t-il pas trop d'étudiants ? Le gonflement des effectifs n'est-il pas l'une des causes du chômage des jeunes ? Les formations dispensées sont-elles adaptées aux débouchés ?

---

* Yves Grafmeyer, maître-assistant à l'École normale supérieure, maître de conférence à l'Institut d'études politiques. Spécialiste de sociologie économique et de sociologie urbaine. A publié, en collaboration avec J. Joseph, *L'école de Chicago : naissance de l'écologie urbaine,* éditions du Champ urbain, 1979.

(1) J. Fourastié, *Le grand espoir du XXe siècle*, Gallimard, 1963.

(2) Voir notamment A. Girard et A. Sauvy, « Les diverses classes sociales devant l'enseignement », *Population,* 1965 ; P. Bourdieu et J.-C. Passeron, *Les héritiers,* Éditions de Minuit, 1966.

Chômage des anciens étudiants, dévalorisation des diplômes, inadaptation des enseignements : c'est à tort que l'on fait parfois l'amalgame entre ces différents diagnostics. La conformité aux exigences du marché de l'emploi ne préserve pas nécessairement le niveau de prestige du diplôme, ni même les chances ultérieures de reconversion et de réemploi, si l' « adaptation » a été conçue de façon trop étroitement spécialisée à partir d'une appréciation des besoins à court terme. A l'inverse, une forte sélection des étudiants peut préserver la valeur d'échange du diplôme, peut faciliter l'accès au premier emploi, mais ne garantit pas par elle-même l'excellence de la formation dispensée. Parler sans plus de précision de l'inadaptation des universités tend à entretenir la confusion entre ce qui est imputable à l'évolution conjoncturelle du marché du travail, à la transformation de la structure des emplois, et à la manière dont les établissements d'enseignement supérieur remplissent leur mission de formation.

Plaçant pour un temps le monde universitaire sur le devant de la scène, les événements du printemps 1968 avaient ouvert un débat sur le thème de la crise de l'enseignement supérieur. Survenant quelques années plus tard, les problèmes posés par l'aggravation du chômage contribuent à leur tour à nourrir les interrogations actuelles sur les missions de l'université et sa capacité à les assumer. L'accroissement massif du nombre d'étudiants au cours de ces dernières décennies est un phénomène général, mais auquel ont été confrontées des structures éducatives très diverses selon les pays. On rappellera ici sommairement les principales particularités du système français d'enseignement supérieur, avant de présenter leurs incidences sur des comportements individuels caractérisés globalement par une forte demande d'éducation, puis la manière dont le système est affecté en retour par cet afflux qui conduit à un véritable changement d'échelle de la réalité universitaire.

L'héritage du passé : de l'Université aux universités

L'héritage du siècle dernier pèse encore fortement sur le système français d'enseignement supérieur, longtemps caractérisé par l'absence de véritables universités, et dominé, aujourd'hui encore, par un net clivage entre deux filières : les établissements universitaires et les grandes écoles.

Après l'abolition des universités de l'Ancien Régime, la Faculté devient assez rapidement la nouvelle structure de base, et fait preuve au cours des régimes successifs d'une remarquable stabilité. L'autonomie corporative dont jouissent les universitaires au début du XIXe siècle disparaît progressivement. Ce qui demeure en revanche, et pour longtemps, c'est un découpage par grands secteurs disciplinaires, où la production du savoir est subordonnée à la préparation de diplômes professionnels (facultés de droit et de médecine) ou à la collation des grades (facultés de lettres et de sciences) ; c'est aussi, corrélativement, une gestion très centralisée des carrières, des moyens et des diplômes, impliquant l'uniformité des établissements et leur répartition territoriale calquée sur les découpages académiques.

Le mot « université » existe bien, mais nullement la chose. L'université — au singulier — n'est que la réunion des divers degrés d'enseignement (primaire, secondaire, supérieur) au sein d'un même département ministériel. Symptôme d'une centralisation administrative poussée, mais aussi d'une continuité toujours sensible aujourd'hui entre le second degré et le supérieur. Ainsi le baccalauréat, diplôme terminal de l'enseignement secondaire, demeure encore à l'heure actuelle la condition nécessaire (sauf exceptions) et suffisante (sauf depuis quelques années pour les études médicales) de l'accès aux universités. Contrairement à ce que l'on observe dans d'autres pays, le système français se caractérise donc par une orientation précoce : la liberté de l'entrée à l'université trouve sa contrepartie dans la vigueur des mécanismes de filtrage et de sélection qui jalonnent l'enseignement secondaire. Autre exemple de continuité entre les deux niveaux d'enseignement : pour les disciplines littéraires et scientifiques, l'agrégation des lycées — qui confère toujours le titre d' « agrégé de l'université » — reste souvent un élément non négligeable d'appréciation de l' « aptitude » à l'enseignement supérieur. Pour les lettres et les sciences, les liens entre le secondaire et le supérieur sont d'ailleurs renforcés par la place prépondérante qu'occupent traditionnellement les débouchés dans la carrière enseignante. Cette solidarité du secondaire et du supérieur n'est pas sans incidences sur la conception du cursus universitaire, l'organisation des cycles d'étude, les modes de transmission du savoir et les critères de notation des étudiants.

En dépit du mouvement d'idées qui, dès le milieu du XIXe siècle, cherche à mettre en place de véritables centres d'étude et de recherche, peu nombreux, largement décentralisés et pluridisciplinaires, inspirés du modèle allemand, les réformes entreprises n'aboutissent en fait qu'à entériner le système existant, tout en lui donnant les moyens de mieux fonctionner. Ainsi, en rebaptisant universités les corps de facultés des quinze académies, la loi de juillet 1896, « généralement saluée comme l'acte de naissance des universités, est au contraire leur acte de décès » (3). Le mot université reste une simple étiquette, jusqu'à la loi d'orientation de 1968, qui crée des établissements autonomes fondés sur le principe de la pluridisciplinarité et de la participation. Si ce nouvel acte de naissance a quelques droits à se prétendre authentique, il n'a certes pas rayé d'un trait de plume l'ancien ordre des choses. L'attachement manifesté par de nombreuses unités d'enseignement et de recherche et par leurs directeurs aux appellations théoriquement périmées de « facultés » et de « doyens » est plus qu'une coquetterie. Les solidarités fondées sur le mode de recrutement des professeurs, la conception des études et la spécificité des disciplines demeurent souvent très vivaces. Et surtout, en dépit des intentions généralement prêtées au ministre Edgar Faure lors de la réforme, les grandes écoles sont restées en dehors du champ d'application de la loi d'orientation de l'enseignement supérieur.

Un enseignement supérieur à deux filières

Les plus anciennes d'entre les grandes écoles ont été créées sous la Révolution et l'Empire pour répondre à des besoins nouveaux (ingénieurs civils et militaires, professeurs, interprètes, etc.) par la formation de corps de spécialistes sous le contrôle de l'État : École polytechnique, École normale supérieure,

---

(3) A. Prost, *L'enseignement en France, 1800-1967,* Armand Colin, 1968.

École des langues orientales... Affirmé dès l'origine, l'objectif professionnel est toujours la mission principale des écoles : elles préparent à un métier. Les dernières décennies sont marquées notamment par la multiplication des écoles d'ingénieurs, l'unification des concours d'accès à la haute administration publique au sein de l'École nationale d'administration, et la montée des écoles commerciales et de gestion.

Les grandes écoles et la sélection

A la différence des universités, les grandes écoles recrutent leurs élèves sur la base du concours. Le principe de sélection est de rigueur à tous les niveaux : compétition vive, au cours des années de préparation intense qui suivent le baccalauréat, pour l'admission à l'école ; hiérarchie des carrières offertes, notamment dans la fonction publique, selon le rang de sortie ; hiérarchie, enfin, du prestige entre les écoles, qui commande très directement les choix des candidats reçus à plusieurs concours, ou acceptés dans plusieurs écoles par suite de leur bon classement dans un concours commun. Ce dernier point a des implications importantes sur les modalités de l'orientation professionnelle : la diversification des carrières se trouve en fait étroitement régie par l'échelle de prestige des écoles et des voies de sortie, elle-même liée aux performances scolaires des candidats. Sauf vocation personnelle très affirmée, on ne choisit pas l'École navale ou une École supérieure de commerce si l'on a la possibilité d'entrer à l'École polytechnique, et le polytechnicien qui, par son classement de sortie, peut prétendre au Corps des mines, ne se destinera pas à la carrière d'ingénieur des Eaux et Forêts. Symétriquement, la distribution des élèves entre les diverses écoles et les diverses spécialités ne les enferme pas dans une qualification technique étroitement définie. C'est d'autant plus manifeste que l'on s'élève dans la hiérarchie des grandes écoles, dont les plus prestigieuses ont le souci d'apposer sur leurs produits le double sceau de la compétence technique et de la réputation de polyvalence (4). C'est cette double image de spécialiste et de généraliste, largement reçue dans la société française, qui assure à une fraction très minoritaire de chaque classe d'âge une insertion professionnelle quasi-automatique et contribue à la production d'une élite sociale. Production, et aussi dans une certaine mesure reproduction, si l'on en juge par l'origine sociale des élèves des grandes écoles, sensiblement plus élevée en moyenne que celle des étudiants des universités. Mais il serait assurément simpliste d'en conclure à l'opposition rigide d'une filière bourgeoise et d'une filière plus démocratique. Le système méritocratique des grandes écoles se nourrit des effets combinés de l'héritage social et culturel, des arbitrages opérés par les jeunes au sortir du baccalauréat, et des aptitudes individuelles prises en compte par les modes de notation et de classement en vigueur dans l'appareil scolaire.

Certes, la coupure entre les deux filières n'est pas totale. Des élèves d'écoles d'ingénieurs viennent chercher dans les universités une formation complémentaire en droit, en gestion, en urbanisme, etc. Quelques écoles recrutent une partie de leurs élèves sur dossier parmi les diplômés de l'université. Et surtout, il convient de souligner que le système des grandes écoles doit une partie de

---

(4) Cf. ici même l'article de E.N. Suleiman : « Elites et Grandes Écoles », p. 101.

son bon fonctionnement à l'existence des universités. En premier lieu, le caractère fortement sélectif des grands concours qui confère à l'école son prestige, son attrait et garantit un accès aisé à la vie active, est directement lié à la minceur d'un flux d'entrée strictement contrôlé, qui est loin de couvrir l'ensemble des besoins de la nation en diplômés, et plus encore de satisfaire la demande croissante d'éducation supérieure. Pas de « premier choix » sans l'existence d'un « second choix » (« petite » grande école, universités, Instituts universitaires de technologie, etc.). Le prélèvement opéré par la filière sélective a rejeté entièrement sur les autres établissements d'enseignement supérieur la mission de faire face à l'augmentation massive de ces demandes.

Rappelons d'autre part qu'une fraction non négligeable du corps enseignant des grandes écoles est constituée par des universitaires détachés à temps complet ou partiel et plus fréquemment encore rémunérés sur vacations en sus du service normal qu'ils assurent dans leur université de rattachement. Ces heures complémentaires étant rétribuées à des taux très inférieurs à ceux de l'heure « statutaire » (souvent moins du dixième), l'appât du gain joue évidemment moins que le prestige de l'institution et l'attrait représenté par un auditoire réduit et de qualité. Au sein même de l'ensemble relevant du ministère des Universités, les établissements qui, de par leur position de prestige et la possibilité qui leur est accordée d'instituer une sélection à l'entrée, sont les mieux en mesure de se constituer en écoles, sont également ceux qui trouvent le plus de facilités pour recourir à cette pratique. Dans certains cas, le corps enseignant « maison » est même nettement minoritaire. Ainsi pour l'année 1979-1980, le corps des professeurs assurant des cours magistraux à l'Institut d'études politiques de Paris comprend, sur un total de 137 noms, 20 enseignants affectés à temps plein à l'Institut ou à la Fondation nationale des sciences politiques, 45 enseignants de diverses universités (dont 9 de province), 43 fonctionnaires des administrations et entreprises publiques et 29 divers (CNRS, secteur privé, organismes internationaux).

Cependant, quelles que soient les passerelles entre les deux filières, il n'en demeure pas moins que deux voies bien distinctes s'ouvrent au bachelier désireux d'entreprendre des études supérieures *. Cette dichotomie marque profondément la structure et le fonctionnement de l'enseignement supérieur français.

Des universités hétérogènes

Tout d'abord, le prélèvement effectué par les grandes écoles contribue à renforcer le poids du second degré dans l'orientation future des études. Si l'on excepte le cas des écoles qui, telles l'ENA ou l'École nationale de la magistrature, recrutent leurs élèves parmi les titulaires d'un diplôme d'enseignement supérieur, les matières sur lesquelles s'opère la sélection sont celles enseignées dans les lycées. La continuité est forte entre les dernières années du second degré et les classes préparatoires, d'ailleurs gérées par les lycées. Les filtres successifs reposent sur un approfondissement des matières scolaires, si bien que la section du baccalauréat et la qualité de la réussite scolaire sont déterminantes pour la suite.

---

* Cf. annexe 4, p. 488.

D'autre part, comme les grandes écoles ne couvrent pas tout le champ des métiers, leur existence affecte très inégalement les différents départements des universités. En médecine, en pharmacie, et dans une moindre mesure en droit, les universités détiennent pratiquement le monopole de la formation professionnelle. Du coup, le système des grandes écoles, qui ne vient pas en concurrence pour ces spécialités, tend plutôt à servir de référence et à être partiellement incorporé dans les unités d'enseignement et de recherche concernées : primat de la préparation à un métier déterminé (médecin, pharmacien, juriste) dans la conception et le déroulement des études, liens entre le monde universitaire et celui des ordres professionnels, souci du contrôle des flux d'entrée, ayant abouti depuis peu à l'institution d'un *numerus clausus* dans les UER médicales. A l'inverse, dans les UER de sciences, de lettres et de sciences humaines, une partie du public potentiel a été retenue à la source par les classes préparatoires aux grandes écoles, lesquelles jouent en particulier un rôle prépondérant dans le contrôle de la délivrance du titre d'ingénieur. Les étudiants de ces disciplines ne sont assurément pas tous, tant s'en faut, des candidats malheureux aux différents concours. Mais leurs motivations sont multiples, et l'université ne leur propose pas une référence professionnelle dominante, surtout depuis que les effectifs excèdent considérablement les possibilités de carrière dans l'enseignement secondaire, débouché traditionnel mais devenu très minoritaire et en régression *. Les UER de sciences économiques tendent à connaître une situation assez voisine, compte tenu du développement rapide des écoles de commerce et de gestion. Au total, il n'y a pas un, mais plusieurs systèmes universitaires juxtaposés, fonctionnant selon des logiques différentes et avec une adéquation variable entre les attentes du public étudiant, les normes de référence du corps enseignant et les exigences professionnelles. Cette diversité des situations et le cloisonnement hérité des anciennes facultés ont tendance à se renforcer mutuellement. C'est donc dans un monde universitaire caractérisé par une forte hétérogénéité que se retrouvent inscrits à l'heure actuelle plus de 800 000 étudiants.

Université bourgeoise, université de masse ?

L'augmentation de la population étudiante est un phénomène de grande ampleur et aussi, on l'oublie parfois, de longue période. De 1900 à 1960, les taux d'accroissement sont de l'ordre de 3,5 à 4 % par an, tout comme après 1970. C'est seulement pendant les années 1961-1969, où le rythme de croissance annuel atteint presque 14 %, que la reprise démographique de l'après-guerre vient renforcer temporairement les effets d'une tendance qui se situe en réalité à l'échelle du siècle : l'accroissement de la scolarisation volontaire, c'est-à-dire des études au-delà des limites de la scolarité obligatoire (5). Très supérieure à la croissance démographique, la progression du nombre d'étudiants est sensiblement parallèle, sur le long terme, à celle des baccalauréats délivrés. A l'heure actuelle, un quart environ de chaque classe d'âge obtient le baccalauréat, et un peu plus du cinquième entre à l'université. Ainsi, le destin scolaire se joue pour une bonne part dès le second degré, où

(5) Voir notamment sur ce point Ph. Cibois, « Les effets du nombre », revue *Esprit*, novembre/décembre 1978.

* Cf. annexe 4, p. 493.

fonctionne un système précoce d'orientation et de sélections successives qui est la contrepartie de l'absence de sélection à l'entrée de l'université.

Démocratisation relative

Si le taux de scolarisation dans le supérieur a beaucoup progressé, il ne s'est pas accompagné de modifications importantes dans la composition sociale de la population étudiante *. L'ensemble constitué par les enfants de professions libérales et de cadres (supérieurs et moyens) représente encore environ la moitié du total. Les taux de progression des étudiants issus de catégories défavorisées (ouvriers, notamment) sont certes les plus forts, et la part de ceux-ci dans le total tend à s'accroître légèrement : mais ce pourcentage part de très bas et demeure faible. En chiffres absolus, les effectifs des enfants de cadres et de professions libérales continuent à augmenter. Les statistiques ne permettent donc guère de parler d'une forte « démocratisation » de l'enseignement supérieur, ni d'accréditer la thèse symétrique d'une fuite des catégories aisées qui laisseraient peu à peu le piège de l'université de masse se refermer sur les couches moyennes et laborieuses. Il serait plus juste de dire qu'un système d'enseignement réservé jadis à quelques dizaines de milliers de privilégiés s'est étendu progressivement à des fractions plus larges de la population française, dans le temps même où s'accroissait considérablement la part du personnel d'encadrement et des salariés non manuels dans cette population. Perçues par ceux qui sont originaires de milieux modestes comme un moyen possible de promotion, les études supérieures sont considérées davantage comme un impératif par ceux dont l'enjeu est au contraire le maintien d'une position sociale favorable.

Origine sociale et réussite scolaire

Si les stratégies des diverses catégories sociales vis-à-vis de l'université font preuve d'une relative stabilité au cours des dernières décennies, en revanche elles diffèrent assez largement en fonction des disciplines considérées. Les avantages et les coûts représentés par des études supérieures, et dans telle spécialité plutôt que dans telle autre, sont évalués diversement par chacun selon sa situation personnelle (origine sociale, sexe, tradition familiale, série du baccalauréat, réussite scolaire antérieure, préférences individuelles, etc.). Tous ces éléments interagissent de façon complexe, mais l'origine sociale joue un rôle de premier plan, soit directement, soit par l'intermédiaire de la réussite scolaire et des itinéraires suivis au cours des études secondaires. Certaines UER attirent plus particulièrement les enfants de professions libérales et cadres supérieurs et ont une composition sociale voisine de celles des grandes écoles (UER de médecine et de pharmacie). Les UER de droit et de sciences économiques ont une position proche de la moyenne. Viennent ensuite les études littéraires, puis scientifiques, et enfin les IUT.

Le plus remarquable dans cette hiérarchie sociale des disciplines, c'est non seulement sa stabilité au cours du temps, mais sa relative uniformité sur l'ensemble du territoire national. Une importante étude comparative conduite

---

* Cf. annexe 4, p. 489.

par M. Amiot et C. Baudelot (6) montre que l'on observe peu d'écarts, d'une université à l'autre, dans les taux de scolarisation du supérieur, dans la composition sociale globale des étudiants, dans la hiérarchie des UER en fonction de l'origine sociale et dans leur hiérarchie selon le mérite des entrants (apprécié d'après le double critère de l'âge et de la mention au baccalauréat). Tout se passe donc, semble-t-il, comme si le système universitaire prélevait dans toutes les régions une même fraction de chaque classe d'âge, aux caractéristiques standardisées, et les affectait à ses différentes filières de manière à peu près identique. Cette uniformité territoriale des représentations, des aspirations et des stratégies répond à l'uniformité des structures universitaires, et n'est pas l'aspect le moins intéressant de la centralisation à la française.

Pour une bonne part, on l'a vu, l'accès à l'enseignement supérieur est commandé par la succession des filtrages préalables et ne fait que l'entériner. L'obtention du baccalauréat est déterminante ; la série du baccalauréat * ouvre l'accès à certaines disciplines et peut en interdire d'autres en pratique ; le niveau de la réussite scolaire contrôle l'accès aux classes préparatoires aux grandes écoles ; l'affinité des filles pour les études littéraires supérieures, toutes catégories sociales confondues (une étudiante sur deux environ est en lettres, contre un étudiant sur cinq) est un prolongement de leur option préférentielle pour la série A du baccalauréat, etc. Mais les études comparatives mentionnées ci-dessus montrent que de nouvelles modulations interviennent lors de l'entrée dans le supérieur : par exemple, l'origine sociale semble l'emporter nettement sur le niveau de la réussite scolaire antérieure pour le choix de la filière. De même, parmi les titulaires du baccalauréat C, les enfants des professions libérales s'orientent majoritairement en médecine, et les fils et filles d'ouvriers spécialisés en sciences.

Le prestige des études longues

Inégalement affirmée selon l'origine sociale, une stratégie d'ensemble paraît dominer : la préférence pour les études longues au détriment des filières courtes à objectif plus directement professionnel. Il ne semble guère nécessaire d'invoquer à ce propos le fameux mépris de la technique qui serait fortement enraciné dans la mentalité du Français. Le succès des écoles d'ingénieurs oblige en effet à manier avec prudence ce genre de stéréotype. La préférence pour les études longues résulte de calculs individuels très largement favorisés par toute la structure de l'enseignement supérieur français. Par définition, la formation technique occupe toujours la position terminale dans un cursus d'études : elle signifie pour celui qui s'y engage un arrêt dans l'acquisition des connaissances générales et la décision d'entrer dans la vie active à un niveau déterminé de qualification. La certitude d'un gain réel, mais limité, en termes de rémunération immédiate et de facilités d'emploi, peut être considérée par l'étudiant comme moins attrayante que l'espérance d'une position professionnelle et sociale plus élevée, même si les risques d'échec scolaire et de

(6) M. Amiot et A. Frickey, *A quoi sert l'université ?*, Presses universitaires de Grenoble, 1978. M. Amiot, Ch. Baudelot et al., *Les rapports entre le passage des étudiants par l'université et le marché de l'emploi urbain*, rapport DGRST, 1977.

* Cf. annexe 4, p. 486.

chômage ultérieur sont objectivement plus grands. Ainsi a-t-on pu expliquer, notamment, l'insuccès relatif des IUT, qui n'ont pas attiré autant d'étudiants que prévu dans les années qui ont suivi leur création (7). On assiste toutefois depuis quatre ou cinq ans à une inflexion sensible de la tendance : certaines filières d'enseignement supérieur court, qui pratiquent la sélection à l'entrée, voient affluer un nombre croissant de candidats, qui peut représenter jusqu'à dix fois la quantité des postes offerts. C'est le cas par exemple des écoles d'assistantes sociales, des écoles normales d'instituteurs, des IUT préparant à des spécialités non saturées sur le marché du travail. La quasi-assurance d'obtenir un emploi de cadre moyen à la sortie du cycle d'étude exerce maintenant un attrait incontestable sur un nombre de jeunes qui est en très nette augmentation, même s'il demeure inférieur aux espoirs qui étaient placés il y a quinze ans dans la création des IUT *.

Les filières longues et générales des universités demeurent malgré tout les voies à la fois les plus aléatoires et les plus attrayantes, pour les jeunes issus de milieux aisés, du fait du plus grand prestige du statut professionnel espéré et aussi de l'absence de sélection à l'entrée. En quelque sorte, pour beaucoup d'étudiants, deux « tu l'auras » valent mieux qu'un « tiens ». Et ce d'autant plus que tout concourt ensuite, dans l'institution universitaire, à justifier et conforter l'option prise initialement en faveur des études longues. Sauf exceptions, l'enseignement universitaire est essentiellement conçu en fonction de la minorité d'étudiants qui parvient aux grades les plus élevés. En dépit des diplômes qu'elles permettent d'acquérir (DEUG, licence), les premières années d'étude ne sont pas vraiment organisées de manière autonome en cycles d'enseignement général spécifiques, pouvant s'articuler dans l'université ou hors d'elle sur une formation professionnelle complémentaire. Le contenu des enseignements, le mode de transmission du savoir, les critères de notation, prennent leur sens par référence au niveau terminal, celui qui conduit, notamment en lettres et sciences, aux carrières de chercheur et d'enseignant. Les universités produisent ainsi une minorité de diplômés de haut niveau, tout à fait compétitifs avec les anciens élèves des grandes écoles, mais sans proposer aux autres étudiants un réel éventail de formations plus courtes et diversifiées, susceptibles d'éviter au plus grand nombre de vivre la sortie prématurée du système sur le mode de l'échec.

Or l'importance considérable des abandons en cours d'études supérieures est précisément l'une des particularités les plus notables de l'université française. Non seulement de nombreux étudiants renoncent à poursuivre leur scolarité jusqu'au niveau de la maîtrise, mais beaucoup quittent l'université après un an ou deux d'études sans avoir le moindre diplôme, après un échec au premier examen (parfois très sélectif dans certaines disciplines comme la médecine), ou avant même d'en avoir subi les épreuves. En lettres et sciences humaines notamment, à peine plus de la moitié des inscrits se présentent aux examens de fin de première année. En 1966, deux bacheliers sur trois environ obtenaient un diplôme de premier cycle universitaire ; il n'y en avait plus qu'un sur trois en 1976. Largement ouverte aujourd'hui aux couches moyennes, à la petite bourgeoisie, l'université éprouve quelque mal à concilier

---

(7) R. Boudon, *Effets pervers et ordre social*, PUF, 1977.

* Cf. annexe 4, p. 488.

la prise en charge de cette « masse » avec le maintien de ses modes traditionnels de formation et ses normes élitistes de fonctionnement.

Les difficultés de la sortie

« Déséquilibre entre la quantité des diplômés et celle des postes offerts », « inflation de l'enseignement supérieur », « dépréciation des diplômes », « inadaptation du produit à la demande » : les métaphores économiques prolifèrent. Mais, contrairement à ce que tendent à suggérer quelques assimilations superficielles, elles ne sont pas équivalentes.

La formation des cadres moyens

La première assimilation est souvent voisine, dans sa formulation, du thème malthusien du déséquilibre entre population et ressources. Il y a trop de diplômés, trop peu de débouchés, trop de candidats au festin : bref, l'université fabrique des chômeurs. En fait, les affirmations de ce type ne mettent pas directement en cause la formation ni le fonctionnement des universités, quoi qu'on ait pu dire. Dans une période où l'aggravation du chômage est générale, il devient particulièrement peu significatif de comparer le taux de chômage des jeunes diplômés avec celui de l'ensemble de la population active. Le premier taux porte sur des flux, le second sur des stocks. En outre, les mécanismes de protection contre le chômage — bien qu'étant d'une efficacité fort inégale selon les secteurs d'activité — rendent difficilement assimilables la perte de l'emploi et l'échec dans la recherche du premier emploi. Il est plus difficile d'entrer sur le marché du travail que de s'y maintenir. Seules sont donc réellement instructives les comparaisons entre les différentes catégories de jeunes entrant dans la vie active. Or ces comparaisons ne sont pas défavorables, tant s'en faut, aux jeunes issus de l'enseignement supérieur (8). Ces derniers ont des difficultés à trouver un emploi, mais, dans la plupart des cas, ceux qui ont un bagage scolaire moindre en éprouvent encore plus *.

En revanche, on assiste incontestablement depuis quelques années à un tassement du niveau moyen des emplois obtenus par les dernières générations de diplômés. Les universités produisent proportionnellement un peu moins de cadres supérieurs, un peu plus de cadres moyens et d'employés, — du moins dans les premières années de la vie active, seules connues par définition. Si l'on songe au considérable accroissement des effectifs étudiants depuis vingt ans, il est juste de rappeler que le marché du travail a été en mesure d'en absorber l'essentiel à des niveaux « satisfaisants », du fait des changements intervenus dans la structure de la population active (environ 9 % de cadres et professions libérales à la fin de la deuxième guerre mondiale, plus de 20 % aujourd'hui). Néanmoins cette transformation de la structure des emplois n'a pas été suffisante pour éviter un certain glissement. Et quand bien même ce dernier ne se fût-il pas produit, c'est le prestige même des

---

(8) Cf. par exemple M. Amiot et Ch. Baudelot, *op. cit.*
* Cf. annexe 4, p. 484.

emplois occupés par des diplômés qui est exposé à une relative érosion du seul fait de leur forte progression numérique. Si l'on suit cette manière de voir les choses, l'augmentation du nombre de diplômés ne peut évidemment qu'exercer un effet quasi mécanique de réduction du prestige social qui s'attache au diplôme. Déplorer la dépréciation des diplômes, c'est aussi déplorer l'extension de l'instruction supérieure — une extension qui se limite d'ailleurs à 20 % environ d'une classe d'âge dans la France d'aujourd'hui.

L'entrée des étudiants dans la vie active demeure imparfaitement connue malgré l'importante information collectée depuis quelques années par l'observatoire national du CEREQ et par un certain nombre de monographies (9). L'adéquation entre la formation reçue et l'emploi occupé varie considérablement selon les cas individuels, mais aussi d'une discipline à l'autre. Presque totale en médecine, inégale en sciences et en droit, elle est faible dans les domaines où les seuls véritables débouchés professionnels — l'enseignement et la recherche — ne concernent qu'une petite minorité. Le type d'emploi et la rémunération tendent alors à dépendre principalement du niveau du diplôme obtenu, qui joue un rôle de « signalement » pour l'employeur; quant à son contenu, il peut être totalement étranger à la fonction effectivement occupée. Seule une analyse détaillée de cohortes d'anciens étudiants peut permettre d'apprécier dans quelle mesure interviennent divers réseaux (familiaux et autres), dotés d'une efficacité très variable selon les intéressés, pour leur faciliter l'accès au premier emploi et les prémunir le cas échéant contre une mobilité sociale descendante.

Les degrés de l'insertion professionnelle

Contrairement à ce que l'on observe généralement pour les anciens élèves des grandes écoles, le passage à la vie active constitue pour la plupart des étudiants moins un événement qu'un processus, s'étendant souvent sur plusieurs années de tâtonnements, de reconversions successives, de chevauchements entre la poursuite des études et une activité salariée à temps complet ou partiel. Autant de difficultés supplémentaires pour qui veut saisir les mécanismes d'une insertion professionnelle qui ne s'effectue ni d'un seul coup ni de manière linéaire.

Les raisons du phénomène sont multiples. Quand le premier emploi ne correspond guère à la carrière espérée, ni aux études accomplies, maintenir ou reprendre le contact avec l'université apparaît comme le moyen de garder une insertion dans un milieu et un type d'activité jugés plus gratifiants, d'acquérir de nouveaux grades, et même éventuellement de mener à bien une reconversion que facilite le système actuel des équivalences. D'autre part, les étudiants sont de plus en plus nombreux à rechercher en cours de scolarité un travail rémunéré, même peu qualifié, leur assurant une autonomie financière au moins partielle, en complément des subsides familiaux ou des

---

(9) Centre d'études et de recherches sur les qualifications (CEREQ), *Tableaux de l'observatoire national des entrées dans la vie active,* La Documentation française, vol. 1 (1977), vol. 2 et 3 (1978), vol. 4 et 5, 1979.

bourses d'État (10). Le plus souvent sans lien avec les aspirations de carrière, ces premières expériences professionnelles peuvent avoir néanmoins quelque incidence sur les choix ultérieurs. Il devient d'ailleurs de plus en plus malaisé de faire une distinction tranchée entre les étudiants qui travaillent et les travailleurs qui étudient. B. Girod de l'Ain rappelait récemment (11) les incidences possibles du nouvel arbitrage qui semble prévaloir depuis quelques années dans beaucoup d'entreprises françaises entre la promotion interne et le recrutement externe du personnel d'encadrement. Dans plusieurs secteurs de l'industrie et des services, en dépit du fort accroissement des jeunes diplômés entrant sur le marché du travail et du sensible tassement des besoins en cadres, la promotion interne ne régresse pas, bien au contraire. Mais elle ne se fait plus exactement « sur le tas ». Les employeurs semblent plus portés que naguère à favoriser chez leurs salariés l'acquisition de nouveaux diplômes pour contrebalancer le rôle croissant de l'ancienneté dans une période où la file d'attente des candidats à la promotion interne s'allonge considérablement. Si cette nouvelle stratégie des entreprises devait se confirmer, elle aurait pour effet d'obscurcir sensiblement les mécanismes de sélection par le diplôme. Dans tous les cas où il n'existe pas de difficultés insurmontables à mener des études supérieures de front avec un travail à temps plein, les jeunes diplômés seront en compétition avec ceux qui, parmi les salariés, auront l'opportunité et la capacité intellectuelle d'acquérir de nouveaux titres. Au contraire, le diplôme de grande école, incompatible avec une activité salariée et inaccessible au-delà de limites d'âge strictement définies, tendra à consolider dans les années qui viennent une position qui est d'ores et déjà fort avantageuse pour l'accès au premier emploi.

Entre l'autonomie et l'anomie

Ainsi, le passage par l'université n'est ni aléatoire, ni insignifiant pour ceux qui en bénéficient. On y accède à travers des mécanismes de sélection non institutionnalisés mais bien réels, qui jouent de manière assez voisine d'un bout à l'autre du pays. On la quitte pour occuper des emplois situés moins souvent que jadis au sommet de la hiérarchie sociale, mais qui correspondent dans la quasi-totalité des cas à un travail non manuel. Apparemment peu sensible aux variations régionales de la stratification sociale et de la structure des emplois, le système universitaire attire une population spécifique et l'affecte à une zone déterminée du marché du travail : essentiellement cadres moyens, moins souvent employés, plus rarement encore cadres supérieurs, avec une orientation préférentielle vers la fonction publique. En elles-mêmes, ces années de transition entre la scolarité obligatoire et l'entrée dans la vie active sont plus qu'une simple parenthèse : elles représentent pour une minorité de jeunes l'expérience d'un mode de vie original, aux valeurs spécifiques et aux contraintes moins affirmées que pendant la période scolaire ou professionnelle. Ce passage par les études universitaires

---

(10) Sur les arbitrages opérés entre études, travail salarié et loisirs, cf. L. Levy-Garboua, « Les contradictions de l'université de masse », *Revue française de Sociologie,* vol. XVII, 1976.

(11) B. Girod de l'Ain, « La compétition pour les postes de cadres », articles parus dans le journal *Le Monde* du 28 au 31 mars 1980.

s'ajoute à l'effet propre du diplôme pour infléchir durablement les attitudes et les comportements — et accroître, par exemple, la capacité de négociation et de mobilité dans la future vie de travail (12).

Incontestablement, les universités apparaissent donc bien comme des instances de filtrage, des structures d'accueil, des lieux de passage, conférant un certain nombre de caractéristiques à ceux qu'elles ont préalablement sélectionnés. Mais simultanément, on serait tenté de dire qu'elles ne se présentent guère comme de véritables institutions, c'est-à-dire des unités d'action capables de prendre en charge leur propre fonctionnement et de maîtriser leurs échanges avec l'environnement.

Des missions de plus en plus complexes face à des attentes contradictoires

La forte augmentation du nombre d'étudiants et la diversification de leurs attentes a entraîné une inadéquation grandissante du système à ses nouveaux publics. Les missions de l'enseignement supérieur sont devenues plus nombreuses et plus complexes : recherche et formation à la recherche ; préparation à des diplômes susceptibles d'assurer une insertion professionnelle ; formation permanente ; diffusion générale du savoir et de la culture. Le conflit entre ces missions existe dans tous les pays, mais il est particulièrement marqué en France, du fait de la rigidité des structures qui permet difficilement à l'appareil universitaire d'assumer sa polyvalence fondamentale. Enseignants et étudiants, pris entre des exigences et des aspirations peu compatibles, sont souvent portés à des attitudes faites d'oscillations et de retrait. P. Bourdieu et J.-C. Passeron notaient déjà voici quinze ans la dissociation que font beaucoup d'étudiants entre leur présent et leur futur, entre la poursuite d'objectifs à court terme et leurs projets de carrière (13). Si les attentes des étudiants sont contradictoires (demande de formation utile et négociable sur le marché du travail, recherche du diplôme en tant que tel, attrait pour les questions jugées intéressantes par elles-mêmes indépendamment de toute préoccupation utilitaire), les méthodes d'enseignement ne le sont pas moins : même si leur légitimité est remise en cause, les modes traditionnels de transmission du savoir et de notation conservent une place importante, et l'on a pu parler d'une tendance à la « secondarisation » de l'enseignement supérieur (14) ; mais simultanément, certaines aspirations des étudiants favorisent la propension assez compréhensible de beaucoup de professeurs à privilégier, de façon parfois prématurée, l'enseignement de type « formation à la recherche fondamentale ».

L'attribution des moyens matériels, la rémunération des enseignants, la gestion des carrières, l'organisation générale des études relèvent du ministère des Universités. Cible permanente de la contestation, puisque tant de choses dépendent d'elle, l'administration centrale n'exerce en pratique qu'un faible contrôle sur ses propres innovations. Heureuses ou non, les réformes décidées au sommet sont très largement contournées et « digérées » par l'appareil uni-

---

(12) Cf. ici même P. Morin, « Les modèles de management et leur avenir », p. 213.

(13) P. Bourdieu et J.-C. Passeron, *op. cit.*

(14) A. Prost, « Les acteurs et l'institution », revue *Esprit*, novembre/décembre 1978.

versitaire, sans qu'on assiste pour autant à un véritable aménagement de la règle centrale en fonction de la diversité des contextes régionaux et de politiques élaborées localement par les universités. Point donc ici de « pouvoir périphérique » comparable à celui du système politico-administratif local à la française (15). Les universités ont peu de prise sur leur environnement et entretiennent avec lui des échanges encore réduits. Elles ne maîtrisent pas leur flux d'entrée ni son orientation, et leurs relations avec les acteurs locaux (pouvoirs publics, entreprises, administrations, organismes et associations diverses) se développent incontestablement ici et là, mais restent globalement très limitées. Ainsi la formation permanente, qui bénéficie largement du concours d'enseignants du supérieur pris individuellement, échappe pourtant pour l'essentiel à l'université en tant qu'institution.

Du coup, sur toutes ces questions, les débats tendent à faire une place excessive à la logique du tout ou rien et à la rhétorique. Ainsi, le problème de la diversification des filières et des niveaux d'études se cristallise facilement en conflit sur le thème de la sélection, honnie par les uns, prônée par les autres, et qui de toute manière s'exerce bel et bien, mais dans des conditions peu satisfaisantes : soit très en amont de l'université, soit par l'importance de l'autoélimination en cours d'études, soit enfin par l'inégale information des étudiants.

Un monde fragmenté et uniforme

Le monde universitaire français apparaît donc à la fois centralisé et fragmenté, uniforme et compartimenté, hétérogène mais non diversifié. Assurément, les universités comportent en leur sein un très grand nombre d'établissements au sens fort du terme, capables de se donner une ligne d'action en matière de formation, de recherche et d'échanges avec l'extérieur. C'est, typiquement, le cas des grands laboratoires de recherche, de quelques UER, surtout de petite taille, et d'un nombre appréciable d'instituts. Mais l'université dont ils dépendent a plus de difficultés à se comporter elle-même en établissement. Certes, les nouvelles structures de la loi de 1968 ont permis à beaucoup d'universités d'élaborer peu à peu une véritable politique d'ensemble, grâce à l'action des présidents, des conseils, et notamment des conseils scientifiques. Mais des faiblesses institutionnelles fondamentales subsistent, et pèsent encore sur l'énorme potentiel de recherche et de formation représenté par les universités.

(15) P. Gremion, *Le pouvoir périphérique,* Le Seuil, 1976.

Démocratisation culturelle et maisons de la culture

Catherine Tasca *

En dépit des difficultés rencontrées, les maisons de la culture, créées à l'initiative d'André Malraux, ont apporté depuis deux décennies une contribution importante au renouveau de la vie culturelle française. Au-delà d'un simple bilan qui comptabiliserait les réussites et les échecs, il importe de souligner l'originalité de cette institution qui n'a guère d'équivalents à l'étranger, et la part d'innovation qu'elle contient : participation des usagers à la gestion, pluridisciplinarité, liaison vivante entre les créateurs, le public et l'action culturelle de la cité.

Il n'y aurait pas grand intérêt à aborder ce sujet en termes de « bilans » : cette notion comptable colle mal aux aventures de l'esprit, si matérialisées soient-elles. Elle conduit inéluctablement à une présentation en deux parties, le plus et le moins, avantages et inconvénients, qui, si elle satisfait le souci d' « objectivité », procède trop souvent par soustraction, confondant des données hétérogènes, appréciant toute démarche à l'aune de ses résultats et niant le dynamisme du processus.

La critique des maisons de la culture n'est plus à faire. Elle est née en même temps que ces maisons elles-mêmes, dès 1961, par la voix de la presse d'abord, vite relayée par les pouvoirs de tutelle, tout spécialement par l'État dont on ne sait si la prompte autocritique sur une expérience qu'il avait lui-même impulsée tient plus à un excès d'humilité face à sa propre création ou à un manque d'imagination pour l'avenir d'un projet mal maîtrisé ou encore à un désir croissant de désengagement financier et politique sur le terrain de l'action culturelle publique.

Toujours est-il qu'il paraît aujourd'hui plus utile de faire le point sur ce qu'ont apporté en près de deux décennies le projet et les réalisations des maisons de la culture à la vie culturelle française et à la réflexion sur une politique de développement. On ne saurait nier les limites et les échecs de ces institutions, mais c'est leur part d'utopie et d'innovation qui mérite d'être dégagée, afin d'ensemencer les terrains à venir de l'action culturelle.

---

* Catherine Tasca, administrateur civil au ministère de la Culture et de la Communication, directrice de la maison de la culture de Grenoble de 1973 à 1977. Actuellement administrateur général de l'Ensemble Intercontemporain.

Les difficultés inhérentes aux maisons de la culture

Toutefois, pour n'être pas taxé de trop de partialité, on évoquera d'abord en guise d'analyse critique sommaire deux défauts originels de cette entreprise, deux contradictions qui étaient incluses dans l'appellation même des maisons de la culture et que leur propre action a très vite fait éclater au grand-jour.

Première contradiction : la maison

On a enfermé dans une maison un projet tourné par essence vers l'action extérieure, vers la vie de la cité. L'architecture des maisons de la culture depuis l'origine rassemble en un bâtiment unique les diverses fonctions d'accueil, d'animation, de production, de représentation. Là-dessus, s'est développée toute une imagerie en noir ou en rose : superbe vaisseau, temple, cathédrale, phare, forteresse, bunker, etc. Il y a bien eu vers 1968, en réaction au lieu clos, la tentation d'éclater les fonctions, d'éclater l'architecture. Tout un projet de construction tripolaire avait été envisagé au Havre, puis abandonné. La maison de la culture de la Seine-Saint-Denis est « éclatée » sur deux communes, Bobigny et Aulnay, mais reste dans sa réalisation fidèle au modèle de l'équipement lourd de la « maison ». Et les centres d'animation culturelle, sorte de seconde génération des maisons de la culture, qui, depuis les années soixante-dix, sont une formule allégée de celles-ci, n'en restent pas moins, malgré des dimensions plus modestes, conçus dans la même optique de la maison, pôle d'attraction et de rassemblement.

Outre les lourdeurs structurelles qui en découlèrent — charges permanentes d'entretien, de gardiennage, de fonctionnement, problème non résolu de l'amortissement et du renouvellement des équipements — cette conception du bâti influa grandement sur la perception qu'on eut du rôle des maisons de la culture. Elles furent vécues comme pôles centralisateurs plutôt que pôles de rayonnement, lieux d'une culture sacralisée, d'accès difficile, trop impressionnantes pour ceux qui n'étaient pas des habitués des institutions culturelles.

On ne saurait conclure sur cette première contradiction sans souligner toutefois que mettre la culture en « maisons » a eu aussi des effets heureux. Cela a commencé de doter la France d'un réseau, certes encore incomplet, d'équipements culturels modernes, de bonne capacité d'accueil (voir tableau p. 437). Cela a aussi permis de dégager au niveau national et local des budgets culturels qui ne l'eussent sans doute jamais été sans l'impulsion donnée par ces réalisations. Cela a enfin suscité la rencontre de publics jusque-là séparés, enfermés dans des pratiques culturelles sectorielles : amis du musée, sociétés des concerts, sociétés savantes, amis du théâtre, etc.

Les maisons de la culture sont ainsi les signes bâtis, donc d'une certaine manière irréversibles, d'une prise en charge collective de la fonction culturelle.

Deuxième contradiction : « la » culture

Elle est apparue plus tardivement que la première, autour de 1968. A l'idée d'une culture unique, rassemblante, ouverte à tous c'est-à-dire commune à tous les âges, toutes les classes, toutes les régions, s'est peu à peu substituée la reconnaissance d'une culture multiple, non assimilable à la culture de masse, de cultures différentes, voire antagonistes, ayant toutes droit de cité et devant donc trouver place dans une maison de la culture, sous des modes différents à définir chaque fois en fonction du contexte local. Dès lors, l'unité du projet culturel, l'uniformité du modèle maison de la culture, mais aussi l'unité du projet à l'intérieur de chaque maison, se sont trouvées remises en cause. La vision normative de l'action culturelle publique s'est heurtée à des projets concurrents, certes plus ponctuels, souvent précaires mais généralement plus vivants parce que mieux ancrés dans une réalité sociogéographique, plus militants, participatifs et non accaparés par les professionnels, répondant mieux de ce fait aux aspirations démocratiques de l'action culturelle. Dès lors, il devenait moins aisé de définir le programme d'action d'une maison de la culture. Le dialogue avec des partenaires divers suscite des demandes parfois contradictoires : amateurs/professionnels, création/créativité, culturel/socio-culturel, identité particulière du groupe/appartenance à la communauté nationale. La gestion du projet en est rendue plus compliquée. La plupart des maisons de la culture ont pris conscience de cette évolution et en ont tenu compte dans leurs actions. Mais leur image reste marquée par leur appellation d'origine qui fait d'elles les lieux de la culture reconnue, policée, intemporelle.

Les maisons de la culture en France

Lieu d'implantation	Création de l'association	Ouverture du bâtiment	Superficie utile	Dépenses 1978
Le Havre	1961	En construction	—	7 133 000
Bourges	1963	1963	5 600 m²	5 592 000
Amiens	1964	1965	7 472 m²	5 624 500
Firminy	1965	1966	3 000 m²	1 789 000
Rennes	1963	1968	6 850 m²	9 343 500
Grenoble	1966	1968	12 700 m²	13 617 800
Reims	1965	1969	6 139 m²	8 592 000
La Rochelle	1966	En construction	—	4 043 600
Corse	1967	Locaux	dispersés	3 879 800
Nevers	1970	1971	9 300 m²	4 525 700
Châlons-sur-Saône	1971	1971	6 500 m²	7 060 000
Créteil	1975	1975	7 455 m²	7 405 000
Nanterre	1976	1976	9 000 m²	7 912 000

Maisons en préfiguration : Chambéry - Nantes.

Il faut pourtant reconnaître les avantages offerts par la conception d'origine. L'affirmation qu'il existait *une* culture ouverte à *tous* a été le point de départ de l'engagement des pouvoirs publics dans une politique culturelle volontaire. C'est grâce à cette vision unitaire de la culture qu'on a vu naître l'idée d'un droit à la culture, d'un service public de la culture et d'une obligation pour l'État et les collectivités locales de dégager les moyens d'une politique de développement culturel. Sans l'établissement d'un droit de tous à la culture, on en serait sans doute resté au laisser-faire, au système « D », chaque individu devant trouver seul son chemin vers la culture, par vocation pour le créateur, par héritage pour le bien né, par volonté pour l'autodidacte. On sait trop bien comme ces voies-là sont parcimonieuses. Les maisons de la culture ont donc été aussi l'affirmation d'un droit.

Une fois posé ce qui nous semble être le double handicap des maisons de la culture, il faut reconnaître leurs principaux apports. Ils sont de quatre ordres :

— la gestion tripartite ;

— l'alliance avec la création ;

— la pluridisciplinarité ;

— la participation active au projet culturel d'une cité.

On peut d'ailleurs faire le même constat positif pour certains centres d'animation culturelle, et les mêmes principes d'action pourraient être repris dans d'autres cadres institutionnels.

La gestion tripartite : associer des intérêts divergents

Les statuts-types des maisons de la culture empruntent à la forme associative (loi de juillet 1901) sans toutefois la respecter totalement puisque, dans la plupart des cas, la participation des usagers est numériquement très restreinte et déléguée à des représentants, agissant, il est vrai, en principe à titre personnel et non comme mandatés, mais en fait porte-parole de collectivités et groupements.

L'assemblée générale étant une instance d'exception et souvent d'enregistrement, c'est surtout dans le conseil d'administration qu'il convient d'observer l'organisation des pouvoirs. On y trouve sur un effectif de 25 à 30 personnes une légère majorité de personnalités, élues au sein de l'assemblée, représentative du corps social, et une minorité de membres « de droit » représentant les autorités de tutelle à part égale : État (ministère de la Culture et parfois ministère de la Jeunesse et des Sports) et collectivités locales (ville-siège, département, et parfois villes voisines). Le mode de financement est en principe calqué sur cette structure juridique : un tiers venant des recettes propres — du moins était-ce l'objectif initial — un tiers venant des subventions de l'État, un tiers des subventions des collectivités locales. Ce schéma théorique a en fait été modifié par la pratique, la part relative des recettes propres ayant diminué dans la plupart des établissements. Elle est souvent plus proche de 20 % que de 30 %.

A vrai dire, chaque partie à ce « trio » se sent plus ou moins lésée :

— *Les usagers* parce qu'ils ne peuvent participer en masse à cette gestion et parce que la composition même de leur représentation, si large et si équitable ait-elle été à la création de l'association, se révèle généralement insuffisante et inadéquate au fur et à mesure que la cité évolue et que le rapport des forces se transforme, lésés enfin parce que leur capacité d'action dans la maison de la culture dépend en partie des moyens financiers que les deux autres partenaires veulent bien dégager. La tentation peut devenir forte pour eux de sortir du système pour recouvrer une plus grande liberté de proposition ou de contestation, ou bien de limiter leur action à des aspects très partiels de la vie de la maison tels que l'usage individuel de certains services, les suggestions ponctuelles sur la programmation, sans participation au débat sur le projet global.

— *L'État* aussi est assez mal à l'aise dans ce mode de gestion. Il n'est pas dans ses habitudes de payer sans être le maître. Il s'accommode plus volontiers des systèmes de régie directe ou d'établissement public. Il vit mal sa double position au sein des conseils d'administration : à la fois membre actif d'une association qui fait ses choix et en revendique les moyens, et financier qui doit répondre à ces revendications en les intégrant dans une politique nationale. Il est toujours dans la crainte que le premier, partenaire dans l'association, engage trop le second, pouvoir de tutelle. D'où son attitude de plus en plus souvent absentéiste, ou abstentionniste, lorsque l'association est confrontée à des choix graves. Le risque, du côté de l'État, est donc celui du désengagement.

— *Les collectivités locales* en revanche, et notamment les municipalités, si elles ressentent aussi l'inconfort de cette double position de membre et tuteur, voient mieux le parti qu'elles peuvent en tirer. Plus proches que l'État, plus directement impliquées dans les choix faits par la maison de la culture, notamment dans ses collaborations avec les diverses institutions locales culturelles, sociales, éducatives, elles perçoivent mieux l'intérêt qu'elles ont à participer activement aux décisions, à soutenir dans le débat tripartite leurs propres options, et à contrôler du dedans l'évolution de la composition de l'association, notamment la représentation du « tiers » usagers. De leur côté, c'est donc plutôt une trop grande immixtion, voire une municipalisation déguisée qui est à craindre.

— Il y a dans cette gestion un quatrième partenaire, non membre de l'association, mais quotidiennement lié à elle : c'est le directeur (ou « la direction » si la formule est d'inspiration collégiale). Lui non plus ne vit pas toujours très bien les contraintes de l'institution associative et les tensions ou contradictions du tripartisme. Il les ressent souvent comme un frein à son dynamisme, un risque d'empiètement sur ses responsabilités et une mise en cause du professionnalisme. Il est assurément dans une position inconfortable puisqu'il doit tout à la fois proposer, mettre en œuvre, et aussi être à l'écoute de trois types de demandes, potentiellement conflictuelles. Sa tentation à lui est de revendiquer le pouvoir de diriger seul, la pleine confiance, et toute liberté d'agir dans le cadre de son mandat.

Pour certains, tout ce qui précède devrait être porté au passif du système tripartite. Sans en nier les difficultés, on doit cependant reconnaître que c'est aujourd'hui la seule formule ouverte et la plus appropriée à la nature complexe de l'institution « maison de culture », la seule sans doute à créer une obligation de dialogue entre les pouvoirs publics concernés, sans qu'aucun puisse se l'approprier. C'est aussi le lieu d'expression possible d'un certain contre-pouvoir des usagers qui peut équilibrer les « raisons » trop étroitement financières ou trop politiciennes des autorités de tutelle. Ce contrepoids, bien qu'inégal selon les contextes locaux et les personnalités en place, reste la seule chance d'un intéressement effectif de la population locale à l'action et l'enjeu de sa maison de culture. On devrait certes améliorer les modes de désignation et surtout de renouvellement de ces associations, préciser les responsabilités respectives du directeur et du conseil, mais le principe mérite d'être maintenu.

L'alliance avec la création : un pari difficile

Les fonctions de production artistique et de diffusion sont traditionnellement assumées par des institutions bien distinctes. Leur réunion dans un même lieu et un projet commun est sans doute une des idées (utopie ?) les plus novatrices incluses dans la conception initiale des maisons de la culture. C'est ce qui fait la véritable spécificité de l'action culturelle de ces maisons : rendre compte de la création contemporaine dans sa diversité, organiser la rencontre des créateurs et du public, susciter des formes nouvelles d'insertion de la création dans la vie sociale. Sans cette fonction, les maisons de la culture risqueraient fort d'être ravalées au rôle de « garage ».

Ce lien avec la création a en fait pris des formes très diverses :

— simple accueil pour représentation

— équipe de création au sein de la maison de la culture (ex. : Unité cinéma de la maison de la culture du Havre)

— centre de création indépendant mais installé dans la maison et lié à elle par une convention de longue durée (ex. : Centre dramatique national des Alpes à Grenoble, Pupitre 14 - centre musical à Amiens, Théâtre du Bout du monde à Rennes, Théâtre du Silence - centre chorégraphique à La Rochelle).

— accueil d'un créateur ou d'une équipe de création pour la durée d'une coproduction (ex. : André Benedetto au Havre, Pierre Barrat et l'Atelier lyrique du Rhin à Nanterre, Ernest Pignon-Ernest, Yves Bosseur à Grenoble)

— collaboration ponctuelle avec des créateurs locaux.

Chacun de ces cas de figure constitue un apport spécifique dans la vie des maisons de la culture.

Réunir diffusion et création

La diffusion de la création contemporaine est une tâche prioritaire des maisons de la culture. A condition de ne pas limiter leurs choix aux produits déjà sélectionnés au plan national (produits de masse et produits de prestige), les maisons de la culture peuvent, par une programmation ouverte, se démarquer utilement du marché du spectacle et donner à leurs publics les éléments de confrontation et de découverte indispensables à une véritable formation culturelle. Cet apport est d'ailleurs tout aussi nécessaire aux créateurs locaux qu'au public. A ne considérer que ce simple aspect de la diffusion, les maisons de la culture ont marqué pour leur région une indéniable ouverture du panorama culturel par rapport à la situation antérieure.

Créer des liens privilégiés entre les créateurs et le public

En second lieu, la présence durable et familière de la création dans une maison de la culture crée les conditions d'un fructueux rapport d'échange entre les publics et les artistes.

Elle permet d'abord de vaincre certains préjugés sur « la vie d'artiste » et de faire connaître les vraies conditions de la création. Cette découverte n'est pas toujours possible à tous les stades de la préparation. La pratique croissante des répétitions publiques permet un regard sur la genèse du travail, mais les disciplines artistiques se prêtent plus ou moins bien à cette mise à nu : le comédien, le danseur, l'instrumentiste le feront plus aisément donc plus volontiers que l'écrivain, le peintre ou le compositeur. C'est surtout la fréquentation des artistes et la connaissance de leurs lieux et rythmes de travail qui donnent au public une approche concrète et une compréhension du métier artistique.

De ce point de vue, dans une maison de la culture le rapport public/artiste est bien différent de celui qui s'établit à l'occasion d'un spectacle de passage un seul soir dans une ville.

Les artistes sont de plus en plus nombreux à rechercher une certaine implantation locale, au moins temporaire, une insertion sociale dans laquelle certains puisent une part de leur inspiration et de leur démarche (ex. les travaux d'Armand Gatti à Montbéliard et à l'Isle d'Abeau, d'Ernest Pignon-Ernest à la Bourse du travail de Grenoble, de Georges Aperghis à Bagnolet, etc.). Dans tous les cas, ils y trouvent au moins des occasions de dialoguer avec un public, d'identifier des attentes ou des rejets, d'échapper à la dispersion et à l'isolement de la création « foraine ».

La liaison avec les créateurs permet enfin d'offrir aux amateurs par des stages ou ateliers animés par des artistes des possibilités de formation à l'expression et d'apprentissage des techniques artistiques, fondées non sur la seule initiation à des gestes et des « recettes » mais sur une découverte active du processus artistique, sur le développement et la confrontation des capacités expressives. Il y a dans ce type d'actions que certaines maisons de la culture développent assez largement une chance véritable de modifier le rapport figé entre créateurs et spectateurs et d'asseoir le développement culturel sur une beaucoup plus large créativité.

Les maisons de la culture sont donc parfois un lieu très privilégié pour cette liaison vivante avec la création.

La pluridisciplinarité

Les maisons de la culture n'ont pas en la matière une mission exhaustive mais bien plutôt d'exemplarité.

C'est une des idées les plus simples et en même temps les plus dynamiques du projet des maisons de la culture. Tout comme les fonctions de diffusion, de création, d'animation étaient généralement confiées à des structures bien distinctes, chaque discipline artistique avait secrété ses propres institutions et par voie de conséquence son public particulier. On trouvait les beaux arts au musée ou dans les galeries, la musique, à la salle des concerts, l'art dramatique au théâtre, le lyrique à l'opéra, le cinéma dans ses salles, etc.

Les rassembler dans une même maison en un programme, c'était permettre des confrontations, des échanges, donc un élargissement du champ culturel tant pour les artistes que pour le public. A la condition, bien sûr, de ne pas se contenter de juxtaposer les disciplines mais de créer des passerelles, de provoquer des rencontres entre les artistes, d'aiguiser la curiosité des publics et de faciliter le passage d'une discipline à l'autre.

Les maisons de la culture y parviennent très inégalement, la tendance naturelle restant à la spécialisation des arts et des publics. Sans doute la pluridisciplinarité ne peut-elle pas être mise en œuvre constamment et dans toutes les directions par un même établissement. Mais elle peut l'être plus aisément sur un projet sélectif liant deux ou trois disciplines pour une durée déterminée (ex. programmation commune sur un thème pour un mois, un trimestre). Cela permet de façon exemplaire de mettre au jour pour un temps des relations profondes : cohérence de la programmation, correspondance esthétique, complémentarités techniques, collaboration de partenaires extérieurs, utilité sociale du projet. Il faut noter ici que la pluridisciplinarité se met en œuvre plus aisément sur le long terme et sur un processus de création que sur les produits de diffusion. D'où l'intérêt supplémentaire des liens avec la création évoqués précédemment.

S'il est vrai que certaines institutions culturelles spécialisées (musées, centres dramatiques) mènent des actions pluridisciplinaires, le poids de leur spécialité les empêchent de le faire très largement. Les maisons de la culture ont donc là un champ d'action spécifique. De nos jours d'ailleurs, une bonne compréhension de cette vocation pluridisciplinaire implique de ne pas s'en tenir aux seules disciplines artistiques et d'intégrer les données scientifiques, techniques et sociales du développement. C'est, avec le brassage des publics, une autre façon d'élargir le champ des interrogations culturelles.

La participation active au projet culturel de la cité

Là encore, la tâche de la maison de la culture n'est pas de coordonner, encore moins de totaliser les initiatives, mais plutôt de susciter des rencontres exemplaires et de créer les signes d'une possible globalisation. Il lui appartient de rassembler en un projet cohérent les objectifs divers de la politique culturelle locale.

Dans la politique culturelle municipale, la tradition était au saupoudrage des aides : subventions faibles mais nombreuses, soutien technique, prêts de locaux, à des organisations très diverses. Parallèlement, les villes assumaient en gestion directe ou en régie quelques grands services : musée, théâtre municipal, bibliothèque. Ces interventions éparses créaient une dilution des moyens financiers et une incapacité à choisir entre les demandes ou à favoriser une certaine cohérence des actions culturelles. La préoccupation de globalisation est apparue plus clairement au début des années soixante, prenant appui sur la naissance d'un ministère des Affaires culturelles et sur la formulation par André Malraux et ses collaborateurs d'une politique fondée sur les objectifs de décentralisation et de concertation entre les villes et l'État. Pour donner corps à ce projet et profiter des crédits ouverts par l'État, les collectivités locales se sont trouvées obligées d'énoncer leurs propres objectifs, de faire des choix et de tracer un projet global. Les maisons de la culture ont été le signe et l'instrument de cette nouvelle politique.

Aujourd'hui, le problème de la cohérence des projets culturels d'une collectivité locale se pose dans des termes différents mais toujours avec autant d'acuité. Ce qui a changé depuis vingt ans, c'est la multiplicité des pôles d'initiative. Alors qu'à l'origine la maison de la culture était dans la plupart des cas le seul lieu de mise en œuvre d'une politique d'action culturelle, maintenant il existe généralement dans la même ville d'autres équipes qui développent la même démarche sur des bases tantôt spécialisées (ex. bibliothèque jouant le rôle d'un centre d'animation de quartier) tantôt polyvalents (ex. centres intégrés éducatifs et culturels). La maison de la culture n'est donc plus seule à assumer une fonction de cohérence. Toutefois, par l'ampleur de ses moyens financiers et humains, par sa liaison avec la création vivante, elle garde un rôle exemplaire dans cette optique de globalisation. Elle est souvent la seule à pouvoir animer un projet rassemblant pour un temps, autour d'une discipline ou d'un thème, des partenaires et des démarches habituellement séparés. C'est alors l'occasion dans une ville, pour les édiles comme pour les usagers, de faire le point d'une politique, d'amorcer des innovations et de réviser éventuellement les objectifs. Les maisons de la culture sont un instrument privilégié de cette mise en perspective, pourvu qu'elles participent activement à la vie culturelle locale et que leur projet converge avec celui des élus municipaux.

En guise de conclusion provisoire, deux observations s'imposent :

— L'histoire des maisons de la culture n'est pas achevée. Malgré leurs difficultés internes, malgré tous les coups de frein donnés par les pouvoirs publics, partout où elles existent, elles ont su créer un public et répondre à des besoins difficilement réversibles. De plus il est encore des villes pour persévérer dans cette voie en réalisant enfin les équipements adéquats (ex. Bobigny : ouverture en 1980 — Le Havre et La Rochelle : construction en cours) et il en est d'autres pour demander la création d'une maison de la culture sur leur territoire (ex : Chambéry - Nantes - Brest).

— Cette histoire est déjà riche d'enseignements négatifs ne manqueront pas de souligner leurs détracteurs, mais positifs aussi, nous l'avons vu, sur plusieurs points. Il est injuste de faire porter aux maisons de culture plus d'espoirs ou plus de déceptions que ceux qui leur reviennent. Maillons forts d'un réseau d'équipements culturels qui restent très inégalement répartis sur le territoire, elles ne sauraient en être le seul élément ni le modèle exclusif. Elles ne pourront développer leurs potentialités, adapter leur action qu'à la condition de s'inscrire dans une politique générale d'action culturelle tant au niveau de l'État qu'à celui des collectivités locales et des organisations professionnelles concernées. Ce qui ne dépend évidemment pas d'elles seules. Leurs acquis justifient la poursuite de l'expérience car ils peuvent être capitalisés au sein de ces mêmes établissements ou dans d'autres cadres qu'il appartient aux professionnels et aux collectivités d'imaginer en fonction de leur propre histoire.

Marché de l'art et bureaucratie culturelle

Raymonde Moulin*

La mise en question par les artistes eux-mêmes du primat de l'œuvre et de la suprématie du marché s'est traduite par une intervention croissante des pouvoirs publics dans la vie artistique. L'État n'est plus seulement le mécène qui commande une œuvre, mais l'employeur qui rémunère des services et assure la protection sociale des personnes. Deux lois importantes ont sanctionné depuis quinze ans cette transformation de la production culturelle et de la condition des artistes. Le créateur est de moins en moins un marginal ; il est souvent désormais un salarié, ou du moins le bénéficiaire de certaines prestations sociales. Dans le temps même où les pratiques artistiques se redéfinissent, un statut socio-professionnel de l'artiste s'élabore peu à peu.

Notre hypothèse est que le marché de l'art, en tant que système d'organisation de la vie artistique déterminant en dernière analyse la condition sociale et économique de l'artiste, ne permet plus de rendre compte de la structure actuelle du champ de production artistique ni du statut des producteurs. Au cours des quinze dernières années, les relations entre le champ de production artistique et les pouvoirs publics se sont transformées. Il s'agit non plus seulement d'intervenir (indirectement) sur le fonctionnement du marché et d'imaginer des mesures ponctuelles d'assistance sociale à l'égard des artistes. La mise en place d'institutions vouées au « développement » culturel et les modifications introduites dans la nature du droit social tendent à instaurer un mécénat d'un type nouveau, bureaucratique, et à faire sortir l'artiste de sa situation de marginalité.

Le marché de l'art actuel

La double contestation

La mise en question de l'art, dans et par l'art, est allée de pair, au cours des années soixante et particulièrement depuis 1968, avec la contestation de

* Raymonde Moulin, directeur de recherches au Centre auropéen de sociologie historique (CNRS). Auteur de nombreux travaux de socio-économie des arts et de l'architecture. A publié notamment *Le marché de la peinture en France*, Ed. de Minuit, 1re édition, 1967, et *Les architectes*, Calmann-Lévy, 1973.

l'œuvre et la dénonciation de l'argent. Les artistes les plus représentatifs des avant-gardes successives (1) ont explicitement cherché à rendre leur « travail » irrécupérable par le marché.

Il leur suffisait de poursuivre l'entreprise d'autodestruction de l'art commencée dès le début du XXe siècle : rejet de la composante artisanale du métier d'artiste ; refus du signifié ; abandon de l'œuvre au hasard ; désignation de l'objet trouvé comme art ; substitution de l'artiste à l'œuvre — s'il est vrai, comme le pensaient les surréalistes qu'il suffit, pour être artiste, de vivre (ou de mourir) artistiquement. Au cours des années soixante, les grandes avant-gardes de la première moitié du siècle ont été indéfiniment reprises et poussées à leurs ultimes conséquences dans la voie de l'ascétisme abstrait d'une part ou de la parodie de l'art, de tradition surréaliste, d'autre part. Un troisième courant, celui de la figuration narrative, redécouvrant le tableau et le contenu pour en faire un instrument de lutte, a débouché sur une critique sociale et politique. En même temps, certains artistes plasticiens ont utilisé de nouveaux « supports » (comme l'image photographique, filmique et électronique) autorisant la reproductibilité.

Le marché de l'art, face à ces offensives venues de l'intérieur, a mis en place des stratégies diversifiées qui, au moins jusqu'à la crise économique de 1975, se sont révélées efficaces (2). La rareté a été maintenue : unicité de la signature et tirage arbitrairement limité des œuvres dont le support autorisait la reproductibilité (3). La sauvegarde de la rareté s'est accompagnée de l'usage commercial du renouvellement artistique permanent : le marché de l'anti-art, ou du non-art, ou de l'art sans œuvre (ces expressions non équivalentes ne recouvrent évidemment pas les mêmes produits) s'est trouvé animé d'un « tourbillon innovateur perpétuel » (4).

Dans son secteur de promotion des « créations actuelles » (5), le marché des années 60-75 a présenté, avec le marché des années cinquante, des différences non de nature, mais de degré. Les labels artistiques ont été produits de plus en plus vite, par un système de plus en plus complexe, aux acteurs multiples et de recrutement international (conservateurs, animateurs, directeurs de galerie, professeurs des écoles d'art, critiques, universitaires, public restreint des amateurs). Le magistère artistique est passé, au moins sur les franges avancées,

---

(1) La notion d'avant-garde ne va pas sans ambiguïté. Nous tiendrons comme artistes d'avant-garde ceux qui se dénomment comme tels et sont en concurrence les uns avec les autres pour se faire reconnaître, socialement, comme d'avant-garde.

(2) Nous n'insisterons pas ici sur les modifications survenues dans la structure du marché : grandes foires internationales (la FIAC, foire internationale d'art contemporain de Paris, a été créée en 1975) ; galeries multinationales ; concentration du marché (si nombre de galeries ont été éphémères, accompagnant le renouvellement des tendances, on constate que dix galeries sur environ 400 réalisaient, en 1972, 15 % et, en 1977, 20 % du chiffre total des exportations d'œuvres originales).

(3) La loi contribue au maintien de la rareté. Cf. l'article 1er du décret du 10 juin 1967 définissant les œuvres d'art originales.

(4) Cf. Joseph Schumpeter, *Capitalisme, socialisme et démocratie,* Paris, Payot, 1951.

(5) Les catégories traditionnelles (peinture, dessin, sculpture, gravure) ont éclaté du fait de l'interdisciplinarité artistique et de la prolifération des expériences nouvelles. Dans le langage « indigène », on parle volontiers d'« objets », plus récemment de « pièces » (traduction discutable du mot anglais *pieces*), sans, pour autant, abandonner le terme d'arts plastiques. De fait chaque artiste donne, de la pratique et des produits auxquels elle aboutit, une définition purement nominative. Les répertoires de vente publique les regroupent sous le terme de « créations actuelles » (cf. *Connaissance des arts,* n° spécial annuel sur la valeur des objets).

des spécialistes aux *free-lance.* Le discours sur l'art (à dominante sciences humaines) a pris le pas sur son objet. Le rythme du changement s'est accéléré, la nouveauté se substituant à l'innovation et les séquences courtes de la mode aux séquences longues du style.

La crise du marché

Les peintres impressionnistes ont subi, en leur temps, le contrecoup des désastres financiers de 1884 et les artistes des années trente ont éprouvé, plus durablement encore, celui de la grande dépression. Pour rendre compte des difficultés du marché français des recherches artistiques actuelles, on peut, de la même façon et à juste titre, faire état de la conjoncture générale. Reste que les effets de la mise en question simultanée de l'œuvre d'art et de l'économie de l'art ne pouvaient pas ne pas se répercuter sur le marché et, par là, sur les moyens d'existence des artistes. Le spéculateur, acheteur idéal-typique de l'avant-garde, ne peut pas ne pas s'inquiéter du profit qu'il pourra tirer d'une vente différée : le rien se vend, comme le vent, mais se revend moins bien. Outre le fait que le marché de l'art vivant ne soit pas à l'abri de la surproduction (et que l'usage de la peinture acrylique comme aussi de l'épiscope ont autorisé une plus grande vitesse d'exécution), il ne l'est pas non plus de la reproduction (compte tenu des nouveaux supports). L'extension de la demande est rendue difficile pour plusieurs raisons. La plupart des recherches artistiques ont exigé, pour être comprises dans la complexité de leur intention, un haut degré de complicité culturelle. L'acheteur potentiel, face à des démarches hyperintellectualisées, dans lesquelles l'idée à communiquer compte plus que l'objet à contempler, est frustré de la trop fameuse, et toujours relative, jouissance esthétique.

Dans les années cinquante, l'échelle de notoriété des artistes (constituée au terme d'un itinéraire codifié des « honneurs » internationaux) coïncidait avec l'échelle des cotes, et grossièrement, avec les ventes. Au cours des années 60-70, et sauf peut-être pendant l'euphorie trompeuse de la période 70-74, les distorsions entre la notoriété et le succès commercial ont été de plus en plus nombreuses. Un artiste pouvait fort bien être invité dans les grandes manifestations internationales et reconnu par l'intelligentsia, internationale elle aussi, des arts plastiques sans pouvoir vivre de la vente de ses travaux.

Affrontés aux aléas du marché ou se situant hors du marché par la nature même de leurs créations, nombreux sont les artistes qui aspirent à une diversification du travail artistique, des lieux d'intervention de l'artiste et des modalités de sa rémunération.

L'État et les collectivités publiques ont, dans ces circonstances, de nouvelles fonctions à assumer : à côté de l'État mécène, au sens traditionnel du terme, acquéreur ou commanditaire d'œuvres, l'État patron doit garantir le droit des artistes au travail et l'État protecteur le droit des artistes à la sécurité sociale.

L'État employeur : le marché des services artistiques

La politique culturelle des années soixante, et plus encore celle des années soixante-dix, se caractérise par la mise en place d'institutions culturelles d'un type nouveau, conçues pour soutenir la création, de préférence interdisciplinaire, et favoriser la communication avec un public socialement élargi (6). La poursuite de cette double finalité entraîne, du fait de l'évident décalage entre les attentes moyennes et le dernier état de la création, la prolifération des médiations et le développement, au sein des professions du tertiaire, d'un marché des professions culturelles et socio-culturelles.

Enseignement et animation

L'enseignement artistique, bastion de la tradition académique, s'est ouvert, depuis 1968, aux artistes des différentes avant-gardes et la fonction éducative des artistes a trouvé un cadre plus large, dès lors qu'elle a pu s'exercer sous les formes diversifiées que recouvre le terme flou d'animation : animation-pédagogie destinée à « développer la créativité » et à « encourager les pratiques d'amateur » (7) ; animation-présentation dans les centres culturels ; animation-création, avec la création collective, l'animation de quartier, les manifestations d'art dans la rue, les « expos-manifs » et toutes autres expériences culturelles (8).

Enseignant comme animateur, l'artiste est salarié ou payé à la vacation. L'appréciation de son activité de création n'intervient pas dans la rémunération de ce qui constitue son métier secondaire. Le problème récemment apparu est, plus précisément, celui de la rémunération de l'artiste dans le cas où ses travaux de création sont diffusés par le réseau non marchand de l'action culturelle.

Le réseau non marchand

Dans nombre de cas, le réseau culturel constitue l'unique structure d'accueil offerte aux produits artistiques inadaptés au marché. Les contrats entre l'institution et l'artiste s'apparentent alors à la commande ou à l'achat d'œuvres, même si les produits s'éloignent de la définition traditionnelle de l'œuvre. La difficulté est quasi insurmontable dans le cas, le plus fréquent, de l'exposition itinérante de tableaux. Le compositeur de musique est rémunéré, plutôt mal que bien généralement, de la divulgation de son œuvre par le droit d'auteur. L'exposition est au contraire, bien souvent considérée comme un service rendu à l'artiste et aucune règle ne contraint les institutions publiques à rémunérer un artiste pour l'exposition de ses œuvres. Tout au plus est-il indemnisé forfaitairement, par certaines institutions, pour les œuvres prêtées (9) et rétribué, éven-

(6) La première Maison de la culture a été ouverte à Bourges en 1963. Le lancement des Centres d'action culturelle date de 1968. Le Centre national d'art et de la culture Georges Pompidou a été inauguré le 31 janvier 1976, cinq ans après l'ouverture du concours du plateau Beaubourg.

(7) Cf. Rapport du groupe Culture, préparation du 7e Plan, Commissariat général au plan, *La Documentation française,* 1976.

(8) On mentionnera en particulier, à Paris et en dehors du Centre Pompidou, les expériences effectuées par la section « Animation, Recherche, Confrontation » du Musée d'art moderne de la Ville de Paris (ARC) et, en province, par le Centre de recherche, d'animation et de création du Creusot (CRACAP).

(9) S'inspirant du modèle suédois et sous l'impulsion de l'Association technique pour l'action culturelle (ATAC), les maisons de la culture accueillant une exposition itinérante versent une somme forfaitaire de 1 500 F à l'artiste, quelle que soit sa notoriété. Cette somme n'est pas comptabilisée dans les revenus de l'artiste : elle n'est pas, du point de vue fiscal, tenue pour le paiement d'une location des toiles, mais comme une compensation des phénomènes d'usure.

tuellement, en tant qu'animateur-présentateur de sa propre exposition. On peut citer également des exemples de commandes d'expositions où l'artiste reçoit une rémunération négociée en chaque cas, pour ses prestations conjuguées de créateur et d'animateur, tout en demeurant propriétaire des œuvres.

Le métier secondaire, quand il a une dimension artistique, ne s'est jamais clairement distingué du métier principal. L'art commercial, par exemple, est le métier secondaire du peintre débutant, mais il fait partie de l'activité principale du peintre arrivé. La frontière entre l'animation comme activité secondaire ou principale n'est pas toujours évidente et la période d'absence d'œuvres a favorisé la substitution de l'animateur au créateur, de même qu'elle a autorisé l'extension, apparemment sans limite, du champ d'activités auquel est conféré le label artistique.

Les prestations de service de l'artiste intervenant dans l'élaboration du cadre de vie sont, de la même façon, extrêmement diversifiées, allant de la conception du projet urbanistique ou architectural (dans des cas rares) à l'animation urbaine, en passant par le « stylisme plastique ». Le plasticien a fait son entrée dans les équipes pluridisciplinaires qui regroupent les professionnels de l'aménagement, de l'urbanisme et de l'architecture (10). Plasticien-conseil intervenant à un niveau élevé ou préposé aux tâches techniques de transcription graphique, activité de création ou métier secondaire, tous les cas de figures sont possibles. La lutte contre le chômage artistique se conjugue, non sans ambiguïté, avec la réinterprétation moderne de l'artiste total, à la manière de Michel Ange ou de Léonard.

Trois exemples de commandes publiques

Trois exemples de commandes effectuées par le département des arts plastiques de Beaubourg en 1977 sont, de ce point de vue, significatifs. On a commandé à un artiste, Buren, une œuvre expressément conçue pour le Centre, mais destinée à entrer dans les collections du musée : le contrat est ici équivalent à celui de tout achat d'œuvre. On a commandé à un groupe d'artistes trois environnements destinés au Hall d'entrée, mais devant être détruits à la fin de l'exposition. Les artistes, regroupés sous le pseudonyme de Zig et Puce (Tinguely, Spoerri, Niki de Saint-Phalle et Luginbuhl) ont été considérés comme maîtres d'œuvre : le budget qui leur a été accordé comportait leurs honoraires, les matériaux, mais aussi les prestations extérieures. La commande s'apparentait ici à celle d'un spectacle, inédit et créé en fonction du lieu. On a commandé à un artiste, Ben Vautier, une exposition « A propos de Nice » : le contrat stipulait qu'il était rémunéré en tant que commissaire artistique (le montant de la rémunération correspondant à un salaire de deux à trois mois de travail). Ces exemples sont caractéristiques de la diversité des prestations fournies, la dernière étant, par rapport aux deux autres, une création au second degré, plus souvent confiée à un critique ou à un conservateur qu'à un artiste. Lorsque, toujours au Centre Pompidou, l'artiste est chargé de l'animation pédagogique des expositions ou des collections permanentes, il est rémunéré à la vacation, comme les autres animateurs, sans que son travail donne lieu à une commande.

(10) En France, la circulaire de 1975 relative à « l'intervention de spécialistes des arts plastiques dans la construction de logements » vise à « donner aux constructions un supplément de qualité appréciable » en faisant entrer des plasticiens dans les équipes plusridisciplinaires ayant compétence pour étudier les divers éléments des projets ». En France, également, à Marne-la-Vallée, le sculpteur E. Patkaï a été associé aux urbanistes chargés de mettre au point le schéma d'aménagement du Pavé Neuf (27 ha).

Marché des œuvres et marché du travail

Au cours des quinze dernières années, l'État et les collectivités publiques n'ont certes pas abandonné la forme traditionnelle de mécénat que constituent les achats et les commandes d'œuvres destinées à enrichir le patrimoine national (11). La redéfinition des pratiques artistiques a cependant appelé de nouvelles formes de soutien à la création et une plus grande diversité dans les modes de rémunération (cachet, vacation, salaire etc.). Le développement, au sein des professions du tertiaire, d'un marché des services artistiques — prolongements ou substituts du travail créateur dans la diffusion sociale de l'art contemporain — constitue la caractéristique majeure des années soixante-dix. Nous verrons que la plus récente loi sur la sécurité sociale des artistes en a pris acte. L'État n'intervient plus seulement comme acquéreur ou commanditaire d'œuvres, mais il rémunère des services artistiques. Les interventions publiques demeurent cependant beaucoup trop faibles, financièrement, pour espérer corriger les sanctions du marché. D'autre part, les deux marchés, des œuvres et du travail, qui n'ont pas les mêmes modes de régulation ne sont pas sans interférence. Les artistes tentent de monnayer dans l'un ce qu'ils ont obtenu dans l'autre. Les concurrents complices que sont les administrateurs culturels et les conservateurs d'une part, les directeurs de galerie d'autre part participent de concert à la constitution de la valeur artistique mais ne parviennent pas, même agissant ensemble, à assurer la sécurité économique du créateur.

L'État protecteur : la sécurité sociale

L'entrée des artistes dans le secteur protégé s'est faite en deux étapes et, de l'une à l'autre, les critères de définition des ayants droit ont changé. Cette évolution de la « nature de la loi » entre 1964 et 1975 est un bon indicateur des changements de l'évaluation sociale du « métier » d'artiste.

La première loi a sanctionné un état de fait dans lequel le marché de l'art, en tant que système d'organisation de la vie artistique, déterminait en dernière analyse le droit de l'artiste à la protection sociale (12). Le critère de professionnalité retenu était d'ordre fiscal, l'artiste devant faire la preuve que plus de 50 % de ses revenus professionnels provenaient de la vente de ses œuvres ou des droits accessoires, de suite ou de reproduction. La couverture des risques était assurée par une double cotisation, celle des artistes et celle des commerçants en œuvres d'art originales, anciennes ou modernes. Les artistes (par ail-

(11) La loi de 1951 a fait l'objet d'aménagements successifs, mais le principe est demeuré le même : 1 % du montant de la subvention accordée par l'État aux constructions scolaires est réservé à des travaux de décoration. La croissance des crédits alloués par le ministère de l'Éducation au titre du 1 % a été forte entre 1951 et 1970 du fait du grand nombre de bâtiments scolaires construits. Leur montant s'est stabilisé à plus de 16 millions de francs annuels, de 70 à 75, et a commencé à décroître en 77 du fait de la diminution du nombre de constructions. Certains autres départements ministériels appliquent des mesures analogues au 1 %. La contribution des collectivités locales, sans obligation, a été de l'ordre de 0,80 % pour la décoration des établissements scolaires.

(12) Loi du 26 décembre 1964 ; décret du 24 décembre 1965 ; arrêté du 21 janvier 1966.

leurs définis, du point de vue du régime fiscal, comme exerçant une profession libérale) se trouvaient ainsi assimilés à des salariés pour lesquels les marchands tenaient lieu d'employeurs. Avec la loi de 1964, et dès avant que le grand prix de Rome, ultime bastion de la tradition académique, ait été emporté dans la tourmente de 1968, les pouvoirs publics avaient accepté, comme critère unique de professionnalité de l'artiste, le résultat des appréciations émises par le marché. De ce fait, la loi de 1964 ne pouvait durablement résister à la contestation du marché de l'art, telle qu'elle s'est développée dans les années soixante et particulièrement après 1968.

La loi de 1975, prenant acte des nouvelles pratiques artistiques et du caractère indéfini des produits auxquels elles aboutissent, renonce aux catégories de peintre, sculpteur, graveur (13). La formule « artistes auteurs [...] d'œuvres graphiques et plastiques » utilisée dans le titre de la loi étend à des catégories d'artistes non concernées par la loi de 1964 le bénéfice de la sécurité sociale. Les conditions d'affiliation sont élargies : il n'est plus nécessaire, pour obtenir l'affiliation au régime, de justifier d'au moins 50 % de revenus artistiques. Il est seulement demandé à l'artiste de justifier que son activité artistique lui a procuré, au cours des trois années précédentes, des revenus — de quelque nature qu'ils soient — au moins égaux à 1 200 fois la valeur horaire du SMIG. Dans le cas où cette condition n'est pas remplie, une commission tripartite (artistes, administrateurs, diffuseurs) propose ou non l'affiliation au vu du dossier d'activités artistiques du candidat. Cette commission consultative où les artistes sont majoritaires (six sur onze) délivre pour la sécurité sociale ce qui tient lieu, bien que le terme soit évité avec soin par le texte de loi, de certificat de professionnalité (14). Elle est, dans la logique même de la loi qui assimile les artistes aux autres catégories professionnelles, composée des représentants des associations professionnelles et des syndicats d'artistes (15). C'est en effet des organisations corporatives que les administrateurs attendent une réponse, indépendante de tout jugement de qualité, à la question : qui est artiste professionnel ? Le nombre des artistes affiliés est passé de 3 000 environ en 1974 à environ 6 000 en 1979.

La loi de 1975 demeure cependant incomplète dans sa recherche d'une assimilation avec les droits des salariés. Les artistes ne bénéficient pas des prestations en espèces de l'assurance maladie et de l'assurance maternité. La législation du travail n'a pu, en l'état actuel de la réglementation, être étendue aux artistes. Les notions de chômage et de sous-emploi sont de définition particulièrement délicate, s'agissant des artistes. Le temps du créateur n'est pas sociale-

---

(13) La loi ouvre l'accès à la sécurité sociale pour les artistes exerçant un second métier : tous les revenus, y compris les salaires, sont comptabilisés en un compte unique. L'absence de tout revenu ne constitue pas non plus un obstacle définitif. La loi, en prévoyant une reconnaissance de professionnalité en dehors de tout critère économique, a pris en compte cette réalité première de la vie d'artiste que le créateur vit pour l'art et non de lui.

(14) Pour obtenir une commande publique (en particulier une commande relative au 1 %) ou pour obtenir un atelier, l'affiliation à la sécurité sociale est requise.

(15) Il semble que les pouvoirs publics soient en quête d'interlocuteurs représentatifs avec lesquels négocier. Un nouveau syndicat a été créé en 1977, le Syndicat national des artistes plasticiens (SNAP) affilié à la CGT. Un an après sa création, il comptait 600 adhérents, ce qui peut être considéré comme un succès. Il n'empêche que la majorité des artistes paraît réfractaire à toute espèce d'union (fût-elle fédérative) des artistes, comme il en existe dans les pays scandinaves.

ment comptabilisable. Il suffit de rappeler les difficultés que soulève l'institutionalisation (vers laquelle s'orientent les pays scandinaves) d'un système de revenu minimum garanti pour les artistes.

L'aide aux artistes et le soutien de la création

Le système marchand n'est plus l'unique circuit de diffusion et de promotion des artistes. La vente des œuvres n'est plus l'unique source de leurs revenus, dont le pourcentage a cessé d'être le critère exclusif de professionnalité. Un nouveau système d'organisation de la vie artistique s'esquisse, en même temps que s'élabore un statut socio-professionnel du créateur.

Cependant, le système de marché fait mieux que survivre, en bénéficiant, à l'occasion, du soutien des pouvoirs publics (16). La crise que le marché traverse est, au moins partiellement, liée à celle des avant-gardes épuisées et le marché développe, actuellement, un nouveau secteur, assagi, de l'offre. L'entrée en lice des nouveaux peintres — dont tous ne sont pas jeunes ni débutants — marque un retour à l'œuvre, au métier, au travail indivisible de l'artiste solitaire, aux supports traditionnels, aux catégories, non moins traditionnelles, du dessin, de la peinture et de la sculpture, à la figuration ou à la transfiguration des enchantements du monde. On conçoit l'effet sur le marché de telles démarches. C'est la rareté et la délectation retrouvées dans des œuvres qui sont néanmoins présentées dans les hauts lieux des avant-gardes culturelles.

L'absence de définition des critères de professionnalité a permis aux artistes d'entrer dans le secteur protégé sans payer le prix supporté par les autres catégories professionnelles. L'État intervient de plus en plus en tant qu'employeur, au fur et à mesure que se développent toutes les formes de médiations culturelles, liées à l'urbanisme, à l'architecture et à la vie quotidienne, médiations qui visent à se faire reconnaître comme services artistiques à part entière. Mais les institutions publiques, pour la part de leurs activités qui concerne le soutien à la création et non l'aide aux artistes, restent solidaires des tendances du marché. Les deux systèmes collaborent à la reconnaissance sociale des artistes au niveau le plus élevé de la hiérarchie, dans cette partie du champ artistique qui se définit par la différence et la plus ardente compétition.

(16) Nous nous limiterons à trois exemples : la législation sur les œuvres originales, déjà mentionnée, la législation sur la TVA et les mesures en préparation concernant les ventes publiques.

La presse : crise passagère ou durable ?

Francis Balle*

Y a-t-il un mal français de la presse ? Le tirage de la grande presse d'information n'a pas suivi depuis 1945 la progression de la démographie, et l'essor de certains quotidiens régionaux n'a pas compensé le fort déclin des grands journaux parisiens. La spécialisation croissante des publications s'accompagne d'un fort cloisonnement entre univers juxtaposés. Les relations entre la presse, les lecteurs et les pouvoirs publics sont entachées des suspicions réciproques, alimentées par la conception de l'information qui caractérise traditionnellement — et aujourd'hui encore — le journalisme à la française.

La presse d'aujourd'hui, en France, est semblable à celle d'hier : elle présente plus de différences que de ressemblances avec ses homologues des autres pays occidentaux. Certes, les défis sont partout les mêmes : concentration, concurrence avec l'audiovisuel, diversification et atomisation du marché de l'information. Mais les particularités qui en résultent, communes à la presse de tous les pays industrialisés, sont loin de prévaloir sur les singularités que la presse française doit à ses traditions, plus encore qu'à son régime juridique.

Convergences et divergences

Le défi des nouveaux médias, l'irruption des livres sur l'actualité, la diversification croissante de la presse écrite : en moins de quinze ans, entre 1960 et 1975, les quotidiens français ont perdu leur double monopole sur l'information et sur la presse, à l'instar de leurs homologues des autres pays industrialisés.

La concurrence des autres médias

Jusqu'au seuil des années soixante, la règle d'or, pour les moyens d'information, était celle de la complémentarité : la radio se consacre à la musique, la télévision est vouée au spectacle et la presse diffuse seule les nouvelles de

* Francis Balle, professeur à l'Université de droit, d'économie et de sciences sociales de Paris.
A participé à l'Encyclopédie de la sociologie, Larousse, 1974 ; a publié notamment *Mac Luhan pour comprendre les médias*, Hatier, 1973 ; *Sociologie de l'information* (en collaboration avec J. Padioleau), Larousse, 1973 ; *Médias et société*, Collection Université nouvelle, Monchrestien, 1980.

l'actualité. A force de croire inéluctables les vocations respectives qu'on leur prêtait, les médias étaient devenus chacun ce que l'on croyait qu'ils étaient. Les convictions collectives font partie intégrante de la réalité sociale ; et l'on sait pareillement la force et les vertus des prédictions créatrices.

C'est seulement au tournant des années soixante que la concurrence apparaît : la radio, la première, met le doigt dans l'engrenage, à la faveur des circonstances. Le rôle qu'on lui prête, à tort ou à raison, pendant la guerre d'Algérie, prend une valeur de symbole. Les uns et les autres, journalistes et lecteurs, découvrent son extraordinaire mobilité.

La conversion de la télévision à l'information n'est pas moins spectaculaire. Sans doute, ses performances sont-elles loin d'égaler celles de sa devancière, du moins sur le terrain de l'ubiquité. Mais les émissions « magazines » se multiplient dès 1960, complétant avantageusement l'information condensée et superficielle des journaux télévisés.

La même époque est également marquée par la percée d'un nouveau venu sur le marché de l'information : le livre. Grâce aux progrès des techniques de la composition et de l'impression, il cesse d'être un bien de consommation durable, dépositaire d'une culture de référence, pour devenir un bien-prêt-à jeter, à l'égal de n'importe quelle publication périodique. Il prend pied dans l'actualité, nouveau témoin de l'histoire immédiate, naguère chasse gardée des quotidiens.

A la fin des années soixante-dix, l'annonce des nouveaux médias, télétexte, télévision interactive, téléinformatique domestique, jumelés avec les banques de données, vient briser l'assurance tranquille des quotidiens, inquiets devant une nouvelle redistribution des fonctions parmi les médias d'information.

Ainsi s'achève une époque pour les médias d'information : celle de la complémentarité, du refus de la concurrence, du partage du marché. A la fin des années soixante, la presse, le livre, la radio, la télévision et même le cinéma, sont des moyens d'information, chacun parlant de tout et se donnant pour vocation de s'adresser à tous.

A cela s'ajoute, pour les deux dernières décennies, la redistribution des rôles au sein de la presse elle-même. En France comme ailleurs, c'est pendant cette période que la presse périodique prend le pas sur la presse quotidienne. Toutes catégories confondues, les périodiques représentent en 1962 un peu moins de 46,5 % du tirage total annuel des publications françaises de presse. En 1970, le cap des 50 % est franchi : pour la première fois dans l'histoire de la presse française, il se publie chaque année plus de périodiques que de quotidiens.

Diversification et spécialisation croissante

Ainsi, la presse française obéit à la loi de la diversification ou de la spécialisation croissante ; un nombre toujours plus grand de publications représente la diversité sociale sous tous ses aspects, choisissant de se consacrer, électivement ou simultanément, à un seul public ou à un seul sujet.

Évolution du marché des quotidiens français du XIXe siècle à nos jours

Années	Paris		Province		Tirage total	Nbre d'ex. pour 1 000 habitants
	Nombre de titres (1)	Tirage global	Nombre de titres	Tirage global		
1803	11	36 000				
1815	8	34 000				
1825	12	59 000				
1831-32	17	83 000	32	20 000	105 000	3
1846	25	145 000				
1852	12	160 000				
1863	16	200 000				
1867	21 (2)	763 000	57	200 000	963 000	28
1870	36	1 070 000	100	350 000	1 420 000	36
1880	60	2 000 000	190	750 000	2 750 000	73
1885			250	1 000 000		
1908	70	4 777 000				
1910	73	4 920 000				
1914	80	5 500 000	242	4 000 000	9 500 000	244
1917	48 (3)	8 250 000				
1924	30	4 400 000				
1939	31	5 500 000	175	5 500 000	11 000 000	261
1946	28	5 950 000	175	9 165 000	15 123 000	370
1952	14	3 412 000	117	6 188 000	959 900	218
1972	11	3 877 000	78	7 498 000	11 375 000	221
1974	13	3 831 000	73	7 509 000	11 340 000	216
1975	12	3 195 000	71	7 411 000	10 606 000	200
1976	13	2 970 000	71	7 197 000	10 167 000	220
1977	15	3 184 929	72	7 391 000	10 575 949	
1978	15	3 139 374	72	7 235 152	10 504 531	

L'évolution des chiffres de diffusion de la presse économique, de la presse scientifique et de publications comme *Historia* et le *Reader's Digest* est à cet égard particulièrement significative (voir tableaux 1, 2 et 3 p. 462 et suivantes).

Le constat pourtant s'impose : loin de rapprocher la presse française de ses homologues des pays occidentaux, ces différents défis accentuent davantage encore ses singularités, témoignant ainsi du poids des coutumes politiques et des habitudes du passé. D'un côté, la presse française est faite de la juxtaposition de catégories de publications qui semblent s'ignorer les unes les autres, chacune poursuivant sa logique propre. De l'autre, les groupes de presse, comparativement, sont moins puissants et moins nombreux.

(1) Non compris les quotidiens spécialisés.
(2) Dont 560 000 exemplaires de petits journaux non politiques à 5 centimes.
(3) Chiffre du 1er juillet ; après le passage des journaux de 5 à 10 centimes, le tirage tomba à 6 100 000 en octobre.
Source : Avant 1939, *Documents pour l'histoire de la presse* (1 et 2), CNRS, CDSH, 1973 et 1976, et SJTI pour la période suivante.

Au premier rang dans l'univers des publications spécialisées, les *news-magazines,* hebdomadaires d'intérêt général, occupent une place à part : en dépit de la diversité de leurs centres d'intérêts, ils répondent chacun aux attentes d'un public nettement circonscrit et constituent souvent le refuge d'une réflexion partisane qui déserte les grands quotidiens. L'évolution de l'audience respective de l'*Express,* du *Nouvel Observateur* et du *Point* atteste la part que ces trois grands prennent désormais dans l'information politique. (Voir tableau 4 p. 464).

Le déclin des quotidiens *

A l'évidence, ce sont les quotidiens qui marquent l'ultime singularité de la presse française. Moins nombreux d'année en année, ils s'efforcent de conserver une espèce de magistère sur l'information, se réservant de qualifier les événements, de consacrer les académismes et, le cas échéant, de faire valoir ou de récompenser les hommes politiques ayant leur faveur.

Depuis le début de ce siècle, époque des quotidiens multimillionnaires, le nombre des titres est passé en France de 400 à 300 en 1930. A la veille de la seconde guerre mondiale, il n'est déjà plus que 250 ; fin 1950, de 150. En 1978, moins de 90 au total : 72 pour la province, 15 pour Paris. Les quotidiens, à ce signe, constituent ce que les économistes appellent un marché clos : les tentatives de création sont vouées à l'échec, exceptions faites de *Libération* en 1973 et du *Matin* en 1977. Exprimé en tirages globaux, le déclin des quotidiens n'est pas moins éloquent : 12 millions d'exemplaires tirés chaque jour en 1940 ; 10 millions et demi en 1978. (Voir tableau p. 455).

Parmi les nationaux, seul le *Monde* accroît son audience, notamment après 1968 : celle-ci, comme l'atteste le tableau ci-contre, passe de 673 000 lecteurs en 1965 à près d'un million et demi en 1978. Depuis cette date, son audience tend à diminuer sensiblement.

Le Monde

Année	Tirage	Diffusion	Audience
1962	238 010	182 408	
1965	292 814	230 012	673 000
1970	478 925	360 131	1 200 000
1975	548 048	431 536	1 273 000
1978	545 670	428 857	1 434 000
1979	549 206	437 875	1 518 000
1980	568 209	445 372	1 465 000

Sources : OJD/CESP

Quant à ceux des nationaux qui jouent aux « attrape-tout », leur audience diminue dans les mêmes proportions : *France-Soir* et le *Figaro* :

---

* Cf. annexe 4, p. 494 et 495.

France-Soir

Année	Tirage	Diffusion	Audience
1962	1 281 760	1 046 250	3 086 000
1965	1 228 801	995 175	2 453 000
1970	1 213 249	868 927	2 452 000
1975	943 816	712 491	1 564 000
1978	686 309	510 537	1 257 000
1979	669 908	505 559	1 112 000

Sources : OJD/CESP

Le Figaro

Année	Tirage	Diffusion	Audience
1962	472 900	392 000	1 089 000
1965	499 022	412 295	965 000
1970	532 453	429 714	1 330 000
1975	492 126	402 436	1 041 000
1978	407 364	327 158	863 000
1979	406 190	324 195	862 000 (1)

(1) le 2/4/1979

Sources : OJD/CESP

Dans le même temps, l'écart entre les régionaux et les nationaux ne cesse de se creuser. Alors que les quotidiens à diffusion nationale perdent 950 000 clients entre 1960 et 1975, les provinciaux passent de 6 300 000 à 6 600 000. En 1980, ils continuent à se prévaloir de la fidélité des lecteurs et des annonceurs. Et ils conservent l'exclusivité des nouvelles locales, de cette « micro-information », rose ou noire, inscrite dans le cercle des banquets de famille et des départs à la retraite. Eux aussi, pourtant, sont atteints par l'érosion de la diffusion. Et ils se résignent aussi mal que leurs confrères parisiens, depuis 1977, au « vieillissement » de leur audience, à la désaffection relative des jeunes lecteurs.

Il reste que la montée des régionaux est loin de compenser le recul des journaux de la capitale. Seuls certains, très gros, ont du reste prospéré : *Ouest-France* a beaucoup plus de lecteurs en 1978 qu'en 1962 ; la *Voix du Nord* progresse beaucoup moins, quant à l'*Indépendant,* il perd plus de 25 000 lecteurs.

Ouest-France (couplage Ouest-France, L'Éclair, Le Télégramme, Presse-Océan)

Année	Tirage	Diffusion	Audience
1962			1 976 000
1965			2 412 000
1970	978 137	867 602	1 905 886
1975	1 005 756	893 025	2 262 000
1978	1 055 169	934 416	2 715 000
1979	1 065 274	780 299	2 644 000

Ouest-France (seul)

Année	Tirage	Diffusion	Audience
1962	619 745		
1965	672 453	609 482	
1970	694 780	623 175	
1975	710 406	637 361	
1978	751 323	671 810	
1979	758 008	676 311 (1)	

(1) le 2/4/1979

Sources : OJD/CESP

La Voix du Nord

Année	Tirage	Diffusion	Audience
1962	400 480	368 060	1 185 000
1965	410 998	379 067	1 185 000
1970	421 706	387 478	1 241 000
1975	411 720	382 040	1 158 000
1978	408 972	378 853	1 337 000
1979 (1)	409 942	379 193	1 346 000

(1) le 2/4/1979

Sources : OJD/CESP

L'Indépendant (Perpignan)

Année	Tirage	Diffusion	Audience
1962			222 000
1965	75 199	68 428	235 000
1970	78 931	70 318	
1975	78 245	69 247	170 000
1978	80 826	71 411	195 000
1979	82 449	72 642	195 000

Sources : OJD/CESP

Pour les uns comme pour les autres, nationaux ou régionaux, le constat est amer : la « grande » presse, en France, ne suit pas la progression de la démographie, encore moins celle des niveaux d'instruction ou de l'indice d'urbanisation. Depuis 1950, elle n'a jamais plus dépassé le seuil fatidique moyen de 260 exemplaires quotidiens pour 1 000 habitants. En 1946, le taux était de 300. Mais dès 1952, le taux avoisine 250, avec une tendance marquée à la baisse, surtout après 1970 : 257 en 1960, 254 en 1970, 220 seulement en 1976, à peine 200 en 1980.

Là réside l'une des particularités de la presse française : dans cette juxtaposition d'univers différents. D'un côté, celui des quotidiens à diffusion nationale, qui sont prestigieux, mais passablement inquiets sur leur proche avenir. De l'autre, celui des régionaux, plus ou moins importants par les chiffres de diffusion, relativement prospères, mais peu assurés, le plus souvent, de leur prestige.

La psychose de crise

Ainsi, tout se passe comme si la France, après avoir été le berceau des grands quotidiens, se résignait peu à peu à en être le tombeau. Rien ne parvient à épargner sa morosité à la presse française, ce sentiment qu'elle éprouve de vivre la fin d'une époque. Est-ce là l'effet d'un caprice national ? Ou bien une fatalité historique, liée à l'avènement des nouveaux médias ? Singularité française ou triomphe de la télématique ?

Des relations ambiguës avec les lecteurs et les pouvoirs

En réalité, la presse française semble souffrir d'un double malentendu. Le premier concerne les relations qu'elle entretient avec ses lecteurs. Le fait marquant, à cet égard, c'est la multiplicité des phénomènes de rejet. Depuis le refus radical de la presse par ceux qui la considèrent comme l'instrument d'une culture prétendue dominante et des intérêts qui la servent, jusqu'à cette forme atténuée du refus des journaux qui consiste, soit à les lire occasionnellement, soit à prêter seulement attention à leurs rubriques les plus anodines. Entre ces deux pôles, les chefs d'accusation sont nombreux ; recherche du grand public, conformisme, pusillanimité... Vindictes souvent opposées : les uns reprochent aux journaux de mettre l'accent sur ce qui ne va pas, les ruptures, les conflits, les minorités ; les autres, à l'inverse, estiment qu'ils constituent l'allié le plus sûr de tous les *establishments.*

Un second malentendu empoisonne les relations entre la presse et les pouvoirs, quels qu'ils soient. Sans doute, les relations entre les grands moyens d'information et les gouvernements sont-elles marquées, partout, par la suspicion. Le Président Carter n'aimait pas la presse, non plus que ses prédécesseurs n'aimaient la télévision. Mais le malentendu entre la presse et les gouvernements est plus profond en France que partout ailleurs. Les dirigeants sont excessivement sensibles aux critiques des médias. Et ceux-ci admettent difficilement la critique d'où qu'elle vienne. De là la gaucherie, ou les maladresses, de l'information d'État en France. De là aussi la fausse naïveté, les candeurs apparentes, de la presse française, plus tentée de se draper dans sa dignité que d'informer par elle-même. Cette intolérance réciproque entre la presse et l'État entraîne ceci, qui est préjudiciable à tous : les institutions de la presse sont mises en question à tout moment, de toutes parts et dans des perspectives fort diverses.

Crise de crédibilité, crise de légitimité : ce sont en vérité les deux aspects d'un même phénomène. Car jamais, sans doute, les relations triangulaires entre la presse, les pouvoirs et les lecteurs, n'ont été à ce point empreintes de suspicions réciproques. Peut-être parce que le droit — c'est-à-dire le législateur et les juges — se trouve souvent dans l'incapacité d'apporter une solution pleinement satisfaisante aux conflits entre les protagonistes de l'information, chacun titulaire, à un titre ou à un autre, de la liberté d'informer : l'éditeur, le journaliste, l'informateur, le lecteur. Mais aussi et surtout en raison de cette psychose de crise qui paraît atteindre tous ceux qui font la presse française. Tous cherchent confusément un bouc émissaire. Chacun semble mener une guerre de positions, partageant avec les autres le pressentiment d'une catastrophe finale. Les journalistes d'abord : certains invoquent le conservatisme des directeurs de journaux, d'autres la relative indifférence des lecteurs. Arguments qui, dans bien des cas, apportent une explication à l'érosion de la diffusion. Les dirigeants de la « grande » presse ensuite : ils jettent souvent la pierre aux journalistes, trop portés, selon eux, à vouloir « précéder » les lecteurs. Et ils déplorent aussi parfois, la propension des pouvoirs établis, publics ou privés, à la rétention systématique de l'information. Les lecteurs enfin : ils accordent aujourd'hui plus volontiers leur confiance à la télévision qu'aux journaux, même s'ils leur sont fidèles. Une tradition bien établie veut que l'on traite le lecteur français avec ménagement. « Dans l'instant où il réclame la vérité, il rejette toute information risquant d'ébranler ses convictions » (Ph. Boegner).

Information et commentaire

Ainsi, entre les uns et les autres, la stratégie du soupçon prévaut tandis que les entreprises de presse deviennent parfois le champ parfaitement clos d'un combat entre des managers prudents ou routiniers et les corporatismes respectifs des journalistes et des imprimeurs. L'histoire des médias suggère au moins deux rapprochements à pareille situation ; le cinéma américain d'avant 1948 et la presse anglaise des premières années 1970. Le monopole d'Hollywood fut brisé sous le double effet d'une stricte application des lois antitrust et de la montée des petits producteurs indépendants. Épreuve finalement salutaire qui permit au film américain de trouver un second souffle. Quant à la presse anglaise, elle réalise enfin que ses privilèges d'antan risquent d'être la cause de son infortune de demain. Pour la sauver, ses dirigeants accordent aujourd'hui toute leur attention à la multiplicité croissante des intérêts des lecteurs : le lancement des quotidiens locaux à faibles tirages illustre leur effort, parmi bien d'autres choses.

Un manque de confiance en son avenir, l'abstentionnisme absolu ou relatif de ses lecteurs, des relations qui passent pour ambiguës avec les pouvoirs : tout se passe comme si la presse française ne parvenait pas à briser le cercle vicieux de cet « enfermement ». Comme si elle n'était pas à la hauteur des espoirs mis en elle par la société. Espoirs encore accrus par la conviction, fondée ou non, que le progrès des sociétés a partie liée avec leur capacité à s'informer sur elles-mêmes.

C'est peut-être dans la préhistoire de l'information moderne, avant la fin du siècle dernier, qu'il faut rechercher les raisons de ce mal dont la presse française paraît atteinte. Ce qui caractérisait déjà le journalisme de cette époque, c'était son mépris pour le reportage et son goût pour la chronique. A propos des « maréchaux » de la chronique, comme leur époque les avait baptisés, l'historien Pierre Albert (4) écrivait récemment ceci : « On attendait d'eux, non pas des articles sérieusement documentés et démonstratifs, mais des exercices de style, de l'esprit, des points de vue originaux que l'on acceptait même paradoxaux, des remarques critiques... ».

---

(4) Pierre Albert est également l'auteur de « La presse française » dans la collection *Notes et Études documentaires*, n° 4462, 2e édition 1979, La Documentation française, Paris.

Le fait surprenant, c'est que l'expansion des journaux millionnaires, le *Petit Journal,* le *Petit Parisien,* le *Journal* et le *Matin,* avant 1914, n'ait pas supplanté le journalisme de chronique au profit du reportage. Aujourd'hui encore, l'univers de l'information, en France, n'a pas vraiment surmonté son allergie pour le reportage, ses techniques, ses dogmes et son éthique. Mis à part quelques notables concessions, l'idéologie qui domine, dans la profession, tire ses principes et ses règles de la seule chronique, tenue pour un modèle du genre : le goût de l'interprétation personnelle, le journalisme conçu comme vocation plutôt que métier, le refus catégorique de la distinction entre le fait et le commentaire, la mise en cause de l'idéal d'objectivité. D'où la survie d'un journalisme « représentationnel » plus qu' « informationnel », pour reprendre une distinction désormais classique. Journalisme à la française qui se trouve davantage en affinité avec l'époque préindustrielle, celle d'une presse qui n'a largué les amarres ni avec les gouvernements qui conduisent l'action, ni avec les partis qui divisent l'opinion.

Pour avoir fait un autre choix, l'Amérique a progressivement mis en place les institutions d'une information diversifiée, puissante, indépendante et, partant, crédible. Le coup d'envoi remonte à la guerre de Sécession. C'est l'utilisation du télégraphe qui devait commander au journaliste de présenter un résumé de la nouvelle avant d'en exposer les détails. En même temps, se formulait la règle des cinq W - Who ? What ? When ? Where ? Why ? — ainsi que la recommandation d'un style impersonnel et dépouillé.

On mesure peu, en France, ce que les médias d'Outre-Atlantique doivent à l'application de ces premières recommandations. C'est d'elles pourtant que résultent le développement de l'enseignement du journalisme et l'expansion de ces industries d'amont, les agences, qui alimentent les journaux en matière première. De là aussi procède le développement considérable des bureaux de presse, établis auprès des administrations, qui informent les journalistes sans forcément les compromettre. Prolongement naturel de l'institutionnalisation du reportage : le Watergate ou, plus récemment, l'affaire Lance.

Devenu une discipline, le meilleur journalisme américain a son impératif catégorique : l'objectivité. Impératif qui commande de divulguer toutes les nouvelles et de présenter sans parti pris tous les points de vue. Avec pour corollaire obligé la distinction entre le fait et le commentaire. Inacceptable pour le philosophe, tout se passe comme si la célèbre distinction était indispensable pour professionnaliser le journalisme et instituer le pouvoir d'informer. Comme le Dieu de Kant, hors d'atteinte pour la Raison, mais nécessaire dans la pratique quotidienne de la vertu.

Comment s'étonner alors que les Français, nombreux, continuent à penser que si la presse n'existait pas, il ne faudrait pas l'inventer ? Dans le pays de Girardin et de Moïse Millaud, la presse n'a pas bonne réputation, ni auprès des pouvoirs, ni auprès des lecteurs. Parce que, souvent, on ignore ses lois. Parce que, parfois, elle n'a pas su se doter d'une véritable autodiscipline.

Tableau 1

Presse économique (tirage et diffusion en nombre d'exemplaires)

Année	Les Échos		Le Nouvel Économiste		L'Expansion		La Vie Française		Le Nouveau Journal	
	Tirage	Diffusion	Tirage	Diffusion	Tirage	Diffusion	Tirage	Diffusion	Tirage	Diffusion
1960	42 950	37 550					149 015	115 189		
1966	51 600	43 450					132 664	97 049		
1970	56 450	48 600					133 636	105 137	53 000	46 000
1975	62 480	53 958			161 967	148 724	152 980	111 393		
1977	63 992	53 707	152 074	122 870	162 948	143 614	129 516	102 344	59 000	52 000
1978	66 036	51 116	141 171	119 347	159 078	141 840	122 138	98 915		
1979			140 811	119 780	159 420	141 410	109 111	93 475	59 000 (1)	
1980	66 000	52 776	138 567	118 264	179 857	149 837	110 000 (1)		44 000 (1)	34 000 (1)

(1) Chiffres non contrôlés par l'OJD

Source : OJD

Tableau 2

Presse scientifique

Année	Science et Vie		Sciences et Avenir		Recherche		Pour la Science	
	Tirage	Diffusion	Tirage	Diffusion	Tirage	Diffusion	Tirage	Diffusion
1960	257 317	193 249	107 387	77 016				
1965	238 430	191 603	100 816	69 926	17 443	18 000		
1970	232 936	185 434	84 419	55 755	39 500	30 000		
1975	257 250	225 453		57 030	53 249	45 667		
1979	341 588	292 878	120 985	90 490		68 006	65 000 (1)	40 000 (1)

(1) 1978

Source : OJD

Tableau 3

Année	Historia		Sélection du Reader's Digest	
	Tirage	Diffusion	Tirage	Diffusion
1960	345 647	290 248	1 290 321	1 183 692
1967	304 616	226 611	1 292 095	2 206 573
1970			1 279 261	1 167 818
1975		168 147	1 284 139	1 231 309
1979	187 999	162 872	1 163 666	1 096 872
1980		154 598		1 143 000

Source : OJD

Tableau 4

L'Express

Année	Tirage	Diffusion	Audience
1956		15 827	
1960	190 097	138 480	
1964		152 917	
1968		460 027	1 822 000
1970	658 909	560 552	2 730 000
1973	722 608	614 101	3 321 000
1976	698 105	574 197	2 531 000
1978	649 319	520 025	2 710 000
1979	645 328	532 113	
1980	658 020	545 348	2 800 000

Le Nouvel Observateur

Année	Tirage	Diffusion	Audience
1966	111 946	69 301	
1968			672 000
1970	230 052	206 553	975 000
1974	352 771	295 422	1 637 000
1976	411 844	321 008	1 764 000
1978	454 381	369 293	2 136 000
1979	454 831	373 781	2 211 000
1980		372 606	2 203 000

Le Point

Année	Tirage	Diffusion	Audience
1973	285 564	163 910	
1974	272 833	184 320	1 133 000
1976	301 675	221 788	1 493 000
1978	359 398	279 937	2 006 000
1979	375 603	293 003	2 033 000
1980	375 855	301 581	2 168 000

Sources : OJD/CESP

L'intellectuel et ses publics : les singularités françaises

Raymond Boudon *

On prête parfois à l'intellectuel un rôle d'arbitre. Mais la production intellectuelle n'est-elle pas soumise elle-même à l'arbitrage de ses divers publics, dont les attentes et les critères de jugement se révèlent fort divergents ? La communauté scientifique, les « groupes concernés », l' « opinion » définissent autant de marchés distincts qui ont une capacité inégale de légitimation et d'orientation de la production intellectuelle selon les disciplines mais aussi selon les pays. C'est ainsi que la tradition nationale, et le contexte social et institutionnel éclairent les singularités de la vie intellectuelle française.

Dans *Idéologie et Utopie* (1), Mannheim reprend dans ses grandes lignes la théorie esquissée par Marx selon laquelle les opinions et les systèmes de croyances ou idéologies des agents sociaux seraient déterminés ou en tout cas influencés par leur position dans le système social. Mais il y ajoute une proposition de son cru : les intellectuels constitueraient parmi les différentes catégories d'agents sociaux un cas singulier. Ils seraient les seuls à avoir des attaches sociales indécises, à entretenir un rapport flottant *(freischwebend)* avec les structures sociales et notamment avec les classes sociales. Cette position privilégiée leur permettrait d'assumer un rôle *d'arbitre* entre idéologies opposées, réservant ainsi les droits de l'objectivité et de la vérité.

A l'opposé, dans la *Démocratie en Amérique* et dans *l'Ancien Régime et la Révolution,* Tocqueville avait développé l'hypothèse selon laquelle les vues et, plus généralement, les productions des intellectuels dépendent de leur position sociale. Les « légistes », nous dit Tocqueville, ont tendance à être révolutionnaires lorsqu'ils sont éloignés du pouvoir et conservateurs quand ils s'y sentent associés (2). Les philosophes français du XVIIIe siècle développèrent

---

* Raymond Boudon, professeur à l'université de Paris-Sorbonne, directeur du groupe d'étude des méthodes de l'analyse sociologique (CNRS). A publié notamment *L'inégalité des chances,* A. Colin, 1973, *Effets pervers et ordre social,* PUF, 1977 et *La logique du social,* Hachette, 1979.

(1) Karl Mannheim, *Ideology and Utopia,* Londres, Routledge and Kegan Paul, n.d. ; traduction française partielle, *Idéologie et Utopie,* Marcel Rivière, Paris, 1956.

(2) Alexis de Tocqueville, *De la Démocratie en Amérique,* Gallimard, Collection Idées, Paris, pp. 162-163.

des théories politiques plus abstraites, plus dogmatiques, plus radicales et plus générales que les penseurs politiques anglais, explique encore Tocqueville parce que la centralisation administrative, plus prononcée en France qu'en Grande-Bretagne, avait pour effet d'introduire une distance plus grande entre l'État et le citoyen en général, entre l'État et l'homme de lettres en particulier (3).

Les intellectuels : des producteurs

Tocqueville ou Mannheim ? Peut-être la bonne réponse à la question soulevée par ces deux auteurs de la relation entre les intellectuels et leur société consiste-t-elle à admettre que, *selon les contextes sociaux et institutionnels,* les intellectuels sont incités (incités mais non déterminés) à exécuter leur « rôle » et à remplir leur « fonction » de manière variable. Dans la brève note qui suit, je m'en tiendrai essentiellement aux intellectuels producteurs, donnant à la notion d'intellectuel une acceptation plus étroite que celle qui lui est généralement prêtée, par Bon et Burnier par exemple (4). L'hypothèse principale que je chercherai à défendre est que les intellectuels (c'est-à-dire les intellectuels producteurs), à l'instar des autres catégories de producteurs sont plus ou moins sensibles à la structure, à la fragmentation éventuelle du ou des marchés auxquels ils s'adressent, qu'ils sont plus ou moins informés de la nature et de la structure de la demande émise par ce ou ces marchés. Cette sensibilité au marché n'implique évidemment pas, il importe de le noter d'entrée de jeu, une soumission passive aux attentes du marché, ne fût-ce que parce ces dernières sont toujours partiellement indéterminées. Ainsi, un historien peut avoir le sentiment qu'un ouvrage sur la politique étrangère de Louis XI ou de Richelieu est capable de rencontrer la curiosité du public à un moment donné. Ce sentiment n'exclut évidemment pas qu'il cherche à aborder son sujet de la manière la plus « objective » possible. Certains types d'organisation du marché entraînent, comme on verra, des phénomènes de corruption. Mais il n'y a aucune raison pour que la dépendance par rapport à un marché ait en soi des effets corrupteurs.

Ces questions, qui concernent bien sûr les intellectuels en général, ne me paraissent pas pouvoir être éludées lorsqu'il s'agit de traiter des intellectuels français. L'impression de singularité que la vie intellectuelle française peut donner à l'observateur résulte dans une grande mesure, c'est du moins la proposition que je chercherai à suggérer dans les notes qui suivent, de la *spécification* que les institutions et traditions françaises confèrent à ces mécanismes généraux. C'est pourquoi je m'efforcerai d'abord de tracer dans ses grandes lignes une théorie générale de la production et de la consommation intellectuelle, me contentant ensuite de suggérer la manière dont cette théorie peut rendre compte des similarités et différences de la « vie intellectuelle » française avec celle de quelques pays comparables.

---

(3) Alexis de Tocqueville, *L'Ancien Régime et la Révolution,* Livre III, chapitre I.

(4) Frédéric Bon et M.A. Burnier, *Les nouveaux intellectuels,* Le Seuil, Paris, 1966.

Production et consommation intellectuelle : les trois marchés

Une théorie économique importante avance que le marché de l'emploi est fondamentalement un marché double (5). Mon sentiment est que le marché auquel s'adresse l'intellectuel-producteur est fondamentalement un marché triple.

Le jugement des pairs

Avec un degré d'autonomie variable selon ses ressources cognitives et verbales, l'intellectuel peut en premier lieu choisir de s'adresser exclusivement à un cercle de pairs, spécialistes de la même discipline que lui. Considérons par exemple le cas du mathématicien : il s'adresse principalement, voire exclusivement à d'autres mathématiciens. Dans ce cas, les attentes du « public » sont fortement structurées. Le public du mathématicien s'attend à ce qu'un produit proposé à son attention obéisse à un certain nombre de règles qui font l'objet d'un consensus dans la communauté internationale des mathématiciens. Ainsi, sauf exception, on s'attendra à ce qu'un théorème présenté comme nouveau soit démontré plutôt que défendu par des procédés rhétoriques. Dans ce cas, les règles de l'évaluation du produit sont reconnues de tous les membres du groupe et acceptées par lui. Lorsque ce cas de figure prévaut (le cas du mathématicien n'est ici qu'un exemple parmi d'autres), les gratifications symboliques qui permettent de rémunérer le producteur reposent entièrement entre les mains de ses pairs. Le producteur d'un théorème nouveau est rémunéré par un prestige accru à l'intérieur de la communauté scientifique. Éventuellement, des ressources symboliques (distinctions) ou matérielles-symboliques (promotion, nomination à une chaire prestigieuse ou mieux dotée) seront dégagées par des organisations émanant de la communauté des pairs. De façon générale, le producteur s'adressant à ce type de marché, que j'appellerai le marché de type I, est inconnu à l'extérieur de la communauté de ses pairs. Lorsque le résultat de ses travaux est jugé digne d'être porté à l'attention d'un public plus large, par la voie de la presse par exemple, les journalistes doivent se cantonner à un simple rôle d'information et de vulgarisation, s'abritant totalement derrière la communauté des pairs pour ce qui est de l'évaluation du produit.

Bien que caractéristique des sciences de la nature, le marché de type I n'est pas limité à ce domaine. Une enquête démographique ou sociologique peut s'adresser à un marché de type I, tout comme une recherche sur la philosophie de Maïmonide ou de Heidegger par exemple. Mais pour que cela soit possible, il faut, encore une fois, que ces produits puissent s'adresser à une communauté de « spécialistes », que cette communauté s'accorde sur un ensemble de règles d'évaluation et qu'elle dispose de ressources matérielles et symboliques permettant de rémunérer le producteur.

(5) Il s'agit de la théorie du « dual labor market » développée par Michael Piore. Le paradigme qui conçoit l'intellectuel comme un producteur s'adressant à un marché segmenté, est utilisé par François Bourricaud, *Le bricolage idéologique,* PUF, Paris, 1980 et par Raymond Boudon, *Effets pervers et ordre social,* Presses universitaires de France, Paris, 1977, pp. 222 sq., « The FMS movement in France, Variations on a theme by Sherry Turckle », *Revue Tocqueville,* n° 2 (1), 1980.

L'appel à un public plus large

L'intellectuel peut en second lieu, toujours avec un degré d'autonomie variable avec ses ressources cognitives et verbales, s'adresser à un marché constitué à la fois par ses pairs et par un public plus large. Je parlerai dans ce cas d'un marché de type II. Considérons l'exemple du livre que Baudelot et Establet ont écrit en 1971 sur l'*École capitaliste en France* (6). Il suffit de le feuilleter pour voir que ses auteurs s'adressent d'abord à une communauté de pairs : le livre est chargé de tableaux statistiques ; les auteurs annoncent qu'ils formulent des *hypothèses,* qu'ils ont l'intention de *démontrer* leurs hypothèses à l'aide d'un corpus de données patiemment recueillies et analysées. Bref, ils sollicitent le jugement de la communauté de ceux qui ont la réputation de savoir critiquer, manipuler et analyser des « données sociales ». Mais, en même temps, les « hypothèses » développées sont aussi des « idées » qui ne pouvaient manquer d'attirer l'attention et l'intérêt d'un public plus large : les enseignants en général, mais aussi (et ces deux groupes ne sont pas exclusifs d'autres groupes) une bonne partie des militants et sympathisants du Parti communiste, car les auteurs avaient décidé de situer explicitement leur contribution par rapport aux réflexions de ce parti sur l'École. Dans la même veine, on peut citer comme exemple aux États-Unis, le rapport Coleman sur *Inequality of Opportunity,* ou le livre de Jencks, *Inequality* (7). Ces deux produits visaient à la fois une communauté de pairs (ils reposent tous deux sur des observations complexes savamment analysées) et un public plus large (enseignants, décideurs politiques, etc.).

Un marché de type II entraîne des mécanismes d'évaluation et de rémunération différents de ceux qui caractérisent le marché de type I. Ici le producteur s'expose à l'évaluation et sollicite les rémunérations à la fois de la communauté de ses pairs et d'autres groupes. Par là, il met ces instances en concurrence. Dans une situation que d'aucuns tiendraient sans doute pour « naturelle », la communauté des pairs devrait juger ou « évaluer » en première instance et les groupes concernés en seconde instance. En réalité, cet ordre tend souvent à être brouillé, voire inversé. En effet, l'évaluation par les pairs est effectuée essentiellement par le canal de comptes rendus et discussions critiques dans des revues professionnelles dont le temps de production est de l'ordre de l'année. Alors que l'évaluation de ce que j'ai appelé les « groupes concernés » est « normalement » beaucoup plus rapide. On imagine mal qu'un journaliste attende patiemment le résultat de l'évaluation « scientifique » d'un produit de type II (i.e. s'adressant à un marché de type II) pour le porter à l'attention des « groupes concernés » dont il sait qu'ils incluent une bonne partie de ses lecteurs. Dans ce cas de figure, le journaliste est donc inévitablement impliqué dans le processus d'évaluation. Par un effet de rétroaction dont l'intensité est variable selon les cas, cette évaluation à chaud peut avoir une influence sur le processus d'évaluation à froid de la communauté des pairs.

(6) Christian Baudelot et Roger Establet, *L'école capitaliste en France,* Maspero, Paris, 1971.

(7) James Coleman, *Inequality of educational opportunity,* Washington, U.S. Department of Health, Education and Welfare, 1966 ; Christopher Jencks, *Inequality,* Basic Books, New York, 1972 ; traduction française *Inégalité,* Presses universitaires de France, Paris, (à paraître).

A ce point, nous touchons une importante différence entre la situation française et la situation d'autres pays, comme les États-Unis. Dans certains domaines, celui de la philosophie et des sciences sociales notamment, les marchés de type II fonctionnent, pour des raisons qu'on analysera plus bas, de manière contrastée. Aux États-Unis, les produits relevant de ces domaines et s'adressant à des marchés de type II sont généralement construits, composés et rédigés de manière à ce que le processus d'évaluation par les « groupes concernés » ne puisse court-circuiter l'évaluation par le groupe des pairs. Considérons l'exemple de la théorie de la justice de Rawls ou du manifeste libéral que représente l'*Anarchy state and utopia* de Nozick (8). Dans les deux cas, il s'agit de livres s'adressant en priorité aux professionnels de la philosophie. Leur difficulté, la complexité de l'argumentation, le caractère « ésotérique » des références excluaient *a priori* que l'évaluation ait pu provenir d'abord des journalistes spécialisés régnant sur les « pages culturelles » de la presse « intellectuelle », et ensuite seulement des pairs. La discussion de ces deux ouvrages s'est d'abord déroulée au sein de revues professionnelles de philosophie, de sociologie, de science politique, de droit avant d'être portée à la connaissance d'un public plus large. Bref, le processus d'évaluation s'est développé dans ce cas selon un schéma analogue à celui auquel est normalement exposée une contribution dans le domaine de la biologie par exemple. Cet exemple me paraît intéressant parce qu'il est typique : aux États-Unis, le processus d'évaluation des produits des sciences sociales ou de la philosophie suit généralement le schéma qui vient d'être décrit, même dans le cas (qui est celui de Rawls ou de Nozick) où ces produits finissent par atteindre une grande diffusion et une certaine popularité dans l'intelligentsia en général. Le fait que cette popularité puisse reposer en définitive sur la dimension idéologique des produits (c'est bien le cas de Rawls dont le livre ne vise à rien moins qu'à fonder philosophiquement une certaine forme de *socialisme,* comme celui de Nozick qui vise à renouveler les fondements du *libéralisme*) n'est pas contradictoire avec une évaluation de type « scientifique », qui ne peut pas ne pas reposer essentiellement sur l'opinion des pairs. J'ai insisté ici sur l'exemple de Nozick et de Rawls. On observerait un processus d'évaluation de même type par exemple à propos de livres qui firent « fureur » dans le domaine de l'inégalité devant l'éducation (comme les travaux déjà cités de Coleman et de Jencks) ou même de livres généraux de réflexion sur les sociétés (Bell) (9).

La communauté scientifique court-circuitée

En France, le processus d'évaluation sur les marchés de type II tend en général à suivre un schéma inversé. Je veux dire que ces produits sont souvent confectionnés de manière à entraîner un effet de *court-circuit* de l'évaluation par des pairs. Il serait facile de citer de nombreux cas de livres « scientifiques » dont on apprend par les pages culturelles de la presse intellectuelle, dès leur parution et avant toute évaluation par les pairs, qu'ils sont des « contributions

(8) John Rawls, *A theory of justice,* Belknap, Cambridge, 1971 ; Robert Nozick, *Anarchy, State and Utopia,* Basic Books, New York, 1974.

(9) Daniel Bell, *Les contradictions culturelles du capitalisme,* Presses universitaires de France, Paris, 1979, traduction de *The Cultural contradictions of capitalism,* Basic Books, New York, 1976.

scientifiques » fondamentales ou au contraire des productions mineures. Le cas déjà mentionné, de Baudelot et Establet est typique à cet égard. Leur livre sur l'*École capitaliste en France* fut traité comme une contribution « scientifique » majeure par certains rédacteurs de la presse intellectuelle. Le processus d'évaluation par les pairs ne de développa qu'ensuite, trop lentement et trop tard pour influencer l'opinion « générale ». On peut même présumer que dans un cas comme celui-là, l'opinion « générale » n'est pas sans effet sur le processus d'évaluation par les pairs. Dénoncer les faiblesses d'une œuvre glorifiée par les « médias » peut requérir un certain courage de la part du chercheur chargé d'en rendre compte qui, en France, est souvent un « jeune » chercheur (les chercheurs « chevronnés » ayant tendance à abandonner la « discussion » scientifique à leurs cadets). Ce processus d'évaluation avec court-circuit, rare dans un pays comme les États-Unis, est très frappant en France. Nous tenterons plus bas de suggérer une explication de cette singularité.

Un marché diffus

En troisième lieu, l'intellectuel peut adresser son produit à un marché diffus (que j'appellerai de type III). De même que le mathématicien illustre de la manière la plus pure le producteur de type I, le romancier est une illustration « canonique » du producteur de type III. Dans ce cas, le « public » est au moins idéalement, considéré comme le juge souverain. Bien entendu, l' « opinion » qui finira par prévaloir est le résultat d'un processus complexe qui inclut des réseaux compliqués de cénacles, de « leaders d'opinion », etc. Mais à la différence des deux cas précédents, le produit n'est pas explicitement soumis à une communauté de pairs. De même que le mathématicien n'est qu'un exemple canonique des producteurs de type I, le romancier est seulement un exemple de producteur de type III. Un philosophe, un moraliste, un sociologue voire un biologiste peuvent aussi choisir de s'adresser à un marché de type III.

Il est sans doute inutile de préciser que la typologie qui vient d'être esquissée doit être tenue, pour employer une célèbre expression de Max Weber, comme idéal-typique. En d'autres termes, il ne serait pas difficile de trouver de nombreux exemples de cas douteux, dont l'assignation à l'un ou l'autre des trois types est incertaine. La polémique entre Breton et Nadeau quant à l'authenticité de prétendus inédits de Rimbaud démontre que Breton croyait fermement à l'existence d'une communauté de spécialistes en matière de poésie (10). L'accueil réservé à la *Philosophie zoologique* de Lamarck par ses pairs illustre un cas plus complexe encore : Lamarck pensait avoir proposé un produit de type I qui fut perçu par ses pairs comme un produit de type III : ses taxinomies faisaient autorité dans les milieux scientifiques, mais sa théorie de l'évolution fut perçue comme une fantaisie philosophique (11).

Idéal-typique, la précédente typologie est également rudimentaire. D'autres distinctions mériteraient d'être introduites. Ainsi, le producteur qui s'adresse à un marché de type II peut chercher à se donner l'image d'un *expert*

(10) André Breton, *Flagrant délit*, Pauvert, Paris, 1964.

(11) Madeleine Barthélémy Madaule, *Lamarck ou le mythe des précurseurs*, Le Seuil, Paris, 1979.

s'adressant, non seulement à ses pairs, mais par exemple à la classe politique (cf. l'exemple de Crozier). Mais il peut aussi être un *créateur de valeurs.* Voir par exemple le cas de M. Foucault qui, dans ses travaux sur l'enfermement, a non seulement fait œuvre d'« historien des mœurs » mais, en même temps, provoqué un effet diffus de sensibilisation aux conditions de l'enfermement psychiatrique ou carcéral.

Variations de la demande sur les trois types de marché : les facteurs institutionnels

Le point que je voudrais tenter d'esquisser maintenant, c'est que la demande correspondant aux trois types de marché, loin d'être fixe, évolue en fonction d'un certain nombre de facteurs liés entre eux par des relations complexes. En outre, ces facteurs sont variables d'un pays à l'autre. Plutôt que de demande seulement, il faudrait d'ailleurs parler à la fois de demande et de capacité de rémunération. Je précise d'emblée qu'il ne peut être question en quelques pages de faire le tour de cette question complexe, mais seulement de suggérer les lignes principales de l'analyse.

L'action des organisations professionnelles

Une première série de facteurs relève du niveau *institutionnel.* Un de ces facteurs est représenté par la crise qui a affecté les sytèmes universitaires de la quasi-totalité des pays occidentaux à partir du milieu des années soixante et par les conséquences qu'elle a entraînées au niveau des institutions. Je me contenterai à cet égard d'évoquer un exemple particulier mais important. Dans certains cas, comme en France, la crise a conduit à la mise en place d'institutions de cogestion qui eurent pour effet de renforcer le pouvoir syndical dans les instances ayant la charge de gérer les carrières du personnel d'enseignement et de recherche. De par leur essence même les syndicats sont des producteurs de biens collectifs soumis aux paradoxes analysés par Olson (12) : ils ne peuvent prétendre avoir une clientèle et, partant, une influence importante, que s'ils enrobent les biens collectifs qu'ils ont vocation à produire (« défense de la recherche », des traitements, etc.) dans des biens individuels (les *selective incentives* d'Olson). La participation syndicale à la question des carrières a pour effet de mettre les organisations syndicales en position d'influence en ce qui concerne la distribution de biens individuels tels que avancement, promotion, etc. Mais il est clair qu'un syndicat qui serait résolument méritocratique, qui attacherait en d'autres termes un poids décisif dans ses choix à l'efficacité ou à la compétence avec lesquelles leurs clients potentiels remplissent leur rôle, ne pourrait s'attirer qu'une clientèle restreinte. Réciproquement, une organisation syndicale « rationnelle » qui souhaite maximiser sa clientèle et, par là, son influence a intérêt à effectuer ses choix en fonction de critères définis de telle sorte

(12) Mancur Olson, *The logic of collective action,* Cambridge, Mass., Harvard University Press, 1965 ; traduction française, *La logique de l'action collective,* Presses universitaires de France, Paris, 1978.

que chacun de ses clients potentiels puisse espérer en profiter. Par un effet quasi mécanique, le renforcement du pouvoir syndical eut donc pour effet de rendre la carrière des enseignants et chercheurs en moyenne plus faiblement dépendante de la « qualité » de leurs prestations ou de leur production. Dans les disciplines où cela était possible (pour des raisons essentiellement intrinsèques, c'est-à-dire dérivant de la nature même de la discipline), cette évolution s'est accompagnée d'une tentative de légitimation « épistémologique ». Pour parler plus précisément, elle a bénéficié de la diffusion d'une épistémologie présente dans l'air du temps, l'épistémologie « anarchiste » admirablement résumée par le célèbre formule de Feyerabend : « anything goes » (13). En effet, à partir du moment où l'imagination est présentée comme plus importante que la rigueur, où le souci de l'observation et de la preuve est condamné au nom du refus du « positivisme naïf », où l'intuition et le sentiment sont posés comme pouvant se substituer à la démonstration et à l'analyse, où la possibilité d'un savoir indépendant des valeurs est contestée, il en résulte sur le plan institutionnel que toute procédure d'évaluation de la recherche se trouve d'avance révoquée en doute. L'épistémologie de l' « anything goes » conduit, à partir de raisons « scientifiques », à la minimisation des critères « scientifiques » dans l'évaluation des produits de la recherche.

Cette évolution est naturellement beaucoup plus caractéristique de certaines disciplines (14). On voit mal le mathématicien renoncer à la notion de preuve. Quoiqu'en dise Feyerabend, on a du mal à imaginer que les propositions de la physique puissent être soumises à une consultation électorale. En revanche, certaines disciplines, comme les sciences sociales ou la philosophie, où le consensus de la communauté scientifique est plus flottant, ont été largement influencées par cette évolution. J'écarte pour l'instant la question de savoir si cette évolution est, d'un point de vue scientifique, positive ou négative. Il est très difficile d'en juger. Pour s'en convaincre, il suffit de rappeler le cas, déjà mentionné, de Lamarck dont les spéculations en matière d'évolution furent jugées par les « spécialistes » contemporains comme d'ingénieuses fantaisies. Le seul point qu'il m'importe de souligner ici, c'est que les facteurs qui viennent d'être évoqués eurent pour effet d'entraîner une déflation brutale des ressources symboliques et matérielles à la disposition des sous-marchés de type I. En d'autres termes, la convergence d'une épistémologie « anarchiste » diffuse et de l'installation du pouvoir syndical eut pour effet à la fois de désinstitutionnaliser les processus d'évaluation et, par voie de conséquence, les processus de rémunération qui les accompagnent. Ainsi, plusieurs sous-marchés de type I, liés à certains secteurs de l'activité intellectuelle, perdirent de leur pouvoir d'attraction, entraînant un effet de répulsion, un *push effect,* au bénéfice des marchés de type II et III. (Nous verrons ultérieurement que dans le même temps d'autres facteurs firent apparaître un effet d'attraction, un *pull effect,* sur les marchés de type II et III). Le *push effect* explique (en partie) que nombre de producteurs intellectuels qui s'étaient cantonnés à une production austère et « savante » (marché de type I), s'orientent vers les marchés de type II et III (voir par exemple Deleuze,

(13) Paul Feyerabend, *Against method,* NLB, 3e édition, Londres, 1976.

(14) Des effets analogues à ceux qui viennent d'être décrits n'étaient pas imprévisibles comme le montre le livre de François Bourricaud, *Universités à la dérive,* Stock, Paris, 1971.

Althusser) et que les nouveaux venus s'adressent en moyenne plus fréquemment à ces derniers marchés dès leurs premiers travaux (cf. B.H. Lévy).

Le recours à l'analyse comparative serait indispensable pour étayer l'analyse qui précède. Je ne puis ici que me contenter de remarques succinctes. En Allemagne, la décentralisation du système universitaire et l'autonomie des *Länder* ont entraîné une diversification des effets de la crise universitaire. Plusieurs universités, même dans les sciences sociales, continuent d'être dotées d'institutions reposant sur ce que j'appellerai le *triangle de production de la connaissance* ou plus brièvement le *triangle cognitif* : une épistémologie voisine du *rationalisme critique* de type poppérien, un consensus diffus sur les *règles de l'évaluation,* des ressources symboliques et matérielles permettant la conversion de l'évaluation en *rémunération.* D'autres universités ont subi l'évolution décrite plus haut à propos du cas français. Comme en France, cette évolution, conjugant ses effets avec ceux de la crise sociale dont la crise universitaire était un aspect, a contribué à produire un effet de répulsion sur les marchés de type I, en même temps que l'attraction des marchés II et III se trouvait renforcée. L'affrontement épistémologique et idéologique de la fameuse querelle autour du positivisme *(Positivismusstreit)* témoigne par exemple de la tension entre clercs (i.e. ceux qui tiennent le marché de type I pour naturel) et penseurs « engagés » (orientés vers les marchés de type II et III) (15).

Aux États-Unis, les marchés de type I apparaissent comme beaucoup plus résistants que dans beaucoup d'autres pays. Le nombre des universités et institutions de recherche, leur très grande différenciation, leur hiérarchisation finement graduée, le rôle décisif joué par les associations professionnelles régionales et nationales dans le fonctionnement de ce que Caplow appelle *the academic marketplace,* sont autant de facteurs contribuant à la vitalité des marchés de type I. Aux États-Unis comme ailleurs, les crises sociales et politiques qui se succèdent depuis le milieu des années soixante ont contribué à un renforcement de la demande sur les marchés de type II et III (*Against Method* de Feyerabend est un produit caractéristique du marché de type II, *The Making of a counter-culture* de Roszak ou *The Greening of America* de Reich du marché de type III) (16).

L'attrait des intellectuels pour des publics plus larges

En France, le développement des institutions de cogestion dans l'université s'ajoutant à d'autres facteurs (fragilité traditionnelle de l'implantation de la recherche dans l'université, existence, prestige et caractère centralisé du Tout-Paris intellectuel — structure qui n'a pas d'équivalent strict ni en Grande-Bretagne, ni en Allemagne, ni aux États-Unis) a contribué à un renforcement de la demande sur les marchés de type II et III. La faiblesse des rémunérations matérielles et symboliques dont, par l'effet de ces facteurs, disposaient les « pairs » tend à neutraliser leur pouvoir de régulation sur la

(15) Adorno *et al., Der Positivismusstreit in der deutschen Soziologie,* Neuwied, Luchterhand, 1969.

(16) Paul Feyerabend, *op. cit.,* Theodore Roszak, *The making of a counter-culture,* Garden City, New York, Anchor, 1968 ; Charles Reich, *The greening of America,* Random House, New York, 1970.

production intellectuelle. Par voie de conséquence, dans les disciplines où cela est possible, l'intellectuel français s'orientera de préférence vers les marchés de type III s'efforçant de confectionner des produits répondant aux « grandes interrogations » de ce temps, ou, s'il tient à conserver l'image d'un « scientifique » (comme il est pratiquement obligé de le faire dans le cas où il occupe une position dans le système d'enseignement et de recherche) vers les marchés de type II. Mais dans ce cas, on assiste fréquemment à un processus de court-circuit de l'évaluation par les pairs, le caractère « scientifique » de l'œuvre étant « déterminé » par les media plutôt que par les pairs. En revanche, dans bien des domaines, la production adressée au marché I décline en quantité et peut-être en qualité. Bref, de multiples facteurs (que je ne peux faute d'espace analyser de manière plus détaillée) convergent beaucoup plus nettement dans le cas de la France que dans d'autres contextes, pour neutraliser le rôle de régulation que les pairs jouent normalement au niveau de l'évaluation de la production « scientifique ». Par voie de conséquence, une épistémologie de type « anarchiste » peut alors se développer et servir de légitimation à une production reposant sur des critères plutôt esthétiques que cognitifs, même lorsqu'elle se donne pour « scientifique » (le cas de la « sémiologie » de Barthes est significatif à cet égard).

J'ai cru bon d'insister, à partir d'exemples circonscrits, sur l'importance des facteurs institutionnels, car ils me paraissent être souvent négligés par les sociologues qui s'intéressent à l'intelligentsia : les intellectuels ne sont pas seulement sensibles au *Zeitgeist* (à l'esprit du temps), ou, plus généralement, aux facteurs sociétaux, c'est-à-dire aux facteurs situés au niveau des sociétés dans leur ensemble. Leur production est également affectée (les exemples précédents étaient principalement destinés à mettre ce point essentiel en évidence) par les incitations en provenance des différents types de marché et, en amont, par l'effet déterminant des institutions sur la structure de la demande émise par les trois types de marché. L'importance des *institutions* est d'autant plus grande que la fraction de l'intelligentsia insérée dans les institutions de production et de transmission du savoir est plus grande. Or, aujourd'hui, à l'exception de quelques producteurs, la plupart des intellectuels occupent une niche dans l'espace des professions (enseignants, journalistes, chercheurs, etc.). C'est pourquoi il est difficile de rendre compte des singularités de la production intellectuelle française si on ne tient pas compte des différences institutionnelles entre la France et par exemple l'Allemagne ou les États-Unis.

Les variations de la demande : facteurs sociétaux

Parmi les facteurs sociétaux ayant effectué la demande sur les trois marchés, il faut mentionner à nouveau la crise sociale et politique qui s'est développée à partir des années soixante. Les grands débats sur la pauvreté aux États-Unis, sur les inégalités en France ou aux États-Unis ont contribué à une augmentation de la demande sur les marchés de type II et III. Mais il importe de noter un effet d'interaction (au sens statistique) important entre les facteurs institutionnels précédemment évoqués et ce facteur sociétal. Aux États-Unis, la crise a stimulé l'apparition de produits de type I et II, en même temps que de produits de type III. En France, la stimulation paraît s'être exercée plutôt au profit des types II et III. Il s'agit bien sûr d'une proposition intuitive difficilement quantifiable. On peut seulement l'étayer par quelques notations. Ainsi, le débat relatif aux transferts sociaux a contribué aux États-Unis à un renouveau de la philosophie politique comme en témoignent par exemple les livres déjà cités de J. Rawls *(A theory of justice)*, et de R. Nozick *(Anarchy, state and utopia)*. Ces livres difficiles, compacts, caractérisés l'un et l'autre par un grand souci d'information, de rigueur et d'analyse sont des œuvres de philosophes « professionnels » s'adressant principalement à d'autres philosophes « professionnels ». Ils ont l'un et l'autre connu un succès notable aux États-Unis, mais aussi en Angleterre, en Allemagne et en Italie. Certaines de leurs analyses reposent sur une extension de la théorie économique, d'autres débouchent sur des conclusions juridiques. De sorte qu'ils attirèrent l'attention de la triple communauté internationale des théoriciens du droit, des spécialistes de l'économie normative et des philosophes politiques. Ce type de produit ne paraît pas avoir eu d'équivalent en France, où les incitations dues à la crise paraît plutôt avoir profité au marché de type III (cf. Attali) (17). Une observation analogue peut être faite à propos de la crise de l'éducation. Il est par exemple remarquable que des sociologues et économistes américains de l'éducation se classant eux-mêmes comme « radicaux », comme Bowles et Gentis, manifestent un grand souci d'étayer leurs conclusions politiques sur une induction statistique serrée (18). Le prosaïsme de leur style, le caractère analytique de leurs démonstrations indiquent qu'ils s'adressent *en première instance* à un public — le public de leurs pairs — qui, par essence, ne peut se laisser séduire aux charmes de la rhétorique. En effet, la rhétorique implique toujours un rapport de supériorité du locuteur par rapport à sa « cible ». Son apparition indique généralement que le producteur intellectuel cherche à court-circuiter l'évaluation de son produit par la communauté de ses pairs. (Encore une fois, je précise qu'il ne s'agit pas ici de juger mais de décrire : une œuvre qui court-circuite le processus « naturel » d'évaluation par les pairs n'est pas nécessairement dépourvue de portée sur le plan cognitif et réciproquement).

Une multitude d'autres facteurs convergents contribuent à gonfler la demande sur les marchés de type II et III. Faute de pouvoir me livrer à une analyse exhaustive, je me contenterai de mentionner rapidement quelques-uns de ces facteurs.

Le gonflement de la demande

— La croissance générale du niveau de l'éducation et le développement de l'urbanisation ont contribué, par le jeu de mécanismes intermédiaires qu'il

(17) Par exemple, Jacques Attali et Marc Guillaume, *L'anti-économique*, Presses universitaires de France, Paris, 1974.

(18) Par exemple Samuel Bowles et Herbert Gentis, « IQ in the US class structure », in Jerome Karabel et A.H. Halsey, *Power and ideology in education*, Oxford University Press, New York, 1977, p. 215-232.

serait facile de restituer, à ce qu'on peut appeler une *intellectualisation de la vie privée.* Plusieurs classes de comportements (comportements sexuels, éducation des enfants, comportements alimentaires), qui furent jusqu'à une époque récente largement réglés par la tradition, sont (notamment par l'effet du développement de l'urbanisation et de l'éducation, mais aussi par celui du développement des connaissances) l'objet d'un processus complexe de « rationalisation » (au sens de Max Weber). Ce processus de rationalisation entraîne à son tour une augmentation de la demande sur les marchés II et III, comme en témoigne le succès des périodiques de large diffusion destinés aux « couples », aux « parents », à la « mère », au « consommateur », etc. La substance de ces publications est bien sûr fournie en partie par le développement des connaissances en matière de psychologie, de psychanalyse ou de diététique. Mais il est clair que leur matière est parfois insuffisamment filtrée et qu'elles anticipent quelquefois sur les processus d'évaluation des connaissances, par essence très lents.

— De la même façon, les sociétés industrielles sont caractérisées par ce que E. Shils a appelé une « intellectualisation » de la vie politique (19), résultant de la croissance de l'interdépendance internationale et de l'interdépendance intranationale entre groupes sociaux. D'où l'accroissement de la demande en matière de théories politiques et économiques. Ainsi, la mesure des inégalités a cessé d'être comme au temps de Pareto l'objet de recherches spéculatives pour devenir un sujet politique. Là encore, il est facile d'évoquer de nombreux exemples d'*avance* (ou de retard) de l'*utilisation* des outils intellectuels par rapport au filtrage de ces outils. Ainsi, de nombreuses comparaisons internationales des inégalités continuent de reposer sur le célèbre indice de Gini sans tenir compte des difficultés méthodologiques soulevées notamment par Paglin (si on suppose une société parfaitement égalitaire où chacun des sociétaires aurait à un âge donné strictement le même revenu, l'indice de Gini fait apparaître une certaine quantité d'inégalités globales résultant exclusivement des différences d'âge ; *ergo,* lorsqu'on compare deux sociétés à l'aide de l'indice de Gini, ces mesures et, partant, le signe de leur différence peuvent être affectées par la structure de leur pyramide démographique).

— De même que les comportements privés sont soumis à un processus de « rationalisation » par l'effet de certains facteurs, de même des changements sociaux complexes entraînent ce que B. Cazes a appelé une *destructuration* de pratiques professionnelles qui reposaient sur des traditions transmises d'une génération à l'autre (20). La crise de l'éducation, l'augmentation de la demande scolaire ont, comme le montrent bien Bodin et Touchard, contribué à « destructurer » le « rôle » de l'instituteur ou de l' « enseignant » du secondaire (21). L'apparition de nouvelles formes de criminalité, celles particulièrement qui résultent de la concentration urbaine, ont contribué à destructurer

---

(19) Edward Shils, article « Ideology » in *International Encyclopaedia of the Social Sciences,* vol. 7, 1968, 66-76.

(20) Bernard Cazes, « Vraies et fausses mutations », *Contrepoint,* été 1971, 4, pp. 85-92.

(21) Louis Bodin et Jean Touchard, « Les intellectuels dans la société française contemporaine », *Revue française de science politique,* 1959 (9), pp. 835-859.

les traditions sur lesquelles reposaient les « rôles » correspondant aux différentes catégories d'agents du système judiciaire. De façon générale, l'interdépendance croissante entre agents économiques et entre fonctions collectives entraîne simultanément des effets de « rationalisation », d'intellectualisation et de destructuration : « Lorsque l'on développe les soins hospitaliers à domicile (médecine dite ambulatoire), des interférences se créent entre la fonction santé et la fonction logement. Un exemple encore plus frappant est celui de l'éducation, qui recoupe la fonction santé (apprentissage de l'hygiène à l'école, valeur nutritive à la cantine), la fonction logement (rôle de la qualité de l'habitat dans les résultats scolaires), la fonction sécurité (lien entre niveau d'éducation et probabilité de comportements délinquants), etc. » (22).

Tous ces facteurs et d'autres qu'il serait facile de mentionner (développement des moyens de communication de masse par exemple) ont pour effet d'entraîner une augmentation de la demande sur les marchés II et III. Sherry Turckle a noté que le public du fameux séminaire de Lacan incluait de nombreux membres des professions « paramédicales » (23). Bien que la sociologie ne se soit guère intéressée à ces questions, on peut gager que le « succès » de Baudelot et Establet, résulte de l'écho qu'ils ont trouvé auprès des enseignants, que celui de Feyerabend est dû aux chercheurs professionnels, que celui de Foucault s'appuie sur la « crise de la psychiatrie », et que la popularisation de Freud répond à l'intellectualisation des comportements privés.

Les mécanismes de régulation de la production intellectuelle

Le succès de la théorie des intellectuels proposée par Mannheim résulte en partie de ce qu'elle renvoie une image flatteuse. Réciproquement, l'oubli où sont parfois tenus les profonds développements de Tocqueville sur les philosophes du XVIIIe siècle ou les « légistes » du XIXe siècle résulte sans doute de leur caractère désabusé. Il est d'ailleurs significatif qu'on ne retienne généralement de Mannheim que les développements d'*Idéologie et Utopie* et que les considérations infiniment plus nuancées et réservées de *Man and Society* soient généralement « occultées », ou, pour employer un langage moins à la mode mais qui a l'avantage de ne pas introduire l'hypothèse douteuse d'une conspiration, oubliées (24).

D'un point de vue sociologique, les indications de Tocqueville et du dernier Mannheim me paraissent fournir un paradigme beaucoup plus fécond que la théorie de la « Freischwebende Intelligenz ». On ne voit pas pourquoi l'intellectuel aurait « spontanément », « naturellement » et dans tous les cas le goût de la vérité et de l'ascèse qu'implique le déchiffrement de la réalité sociale. Pas plus qu'on ne voit pourquoi le producteur de biens matériels

---

(22) Bernard Cazes, *op. cit.*

(23) Sherry Turckle, *Psychoanalytic politics, Freud's Revolution,* Basic Books, New York, 1978.

(24) Karl Mannheim, *Man and society in the age of reconstruction,* Harvest Books, New York, 1940.

devrait « spontanément » ou « naturellement » chercher à imaginer les produits les plus aptes à satisfaire les besoins de son public. La théorie économique démontre que certaines configurations institutionnelles (cf. le *lazy monopoly*) incitent au contraire le producteur à fabriquer des biens mal adaptés aux besoins du public.

Rappelons-nous l'épisode du lyssenkisme dont le triomphe passager fut assuré par un dérèglement des processus d'évaluation scientifique (25). L'épisode démontre que le processus de production des connaissances dépend, même dans le cas des sciences « dures », de mécanismes de régulation à la fois complexes et fragiles. Car si le cas de Lyssenko est d'une pureté exemplaire et, par là, rassurante (comme l'accident spectaculaire qui « ne peut qu'arriver qu'aux autres »), il n'est pas difficile d'imaginer des versions plus banales du même schéma. Considérons une théorie T rédigée de manière à caresser dans le sens du poil ce que Tocqueville appelle les « passions générales et dominantes », ou, éventuellement les intérêts des groupes G, G', G"... Supposons que cette théorie appartienne à un champ scientifique C, et que les mécanismes d'évaluation de C soient déréglés. Imaginons, en outre, que T soit brillamment exposée et qu'elle comporte une dose suffisante d'ambiguïté et d'imprécision pour donner lieu à des interprétations différentes. Il y a tout lieu de penser que T sera bien reçue par G, G', G", ainsi que par les représentants et avocats de ces groupes. Un auteur, je crois qu'il s'agit de Geiger, a proposé de définir les propositions idéologiques comme des jugements de valeur déguisés en jugements de fait. Mon exemple didactique montre que l'idéologie peut, avec une aisance relative, se couvrir de l'autorité de la science. Le risque est d'autant plus grand que la demande est plus forte sur les marchés de type II et III et plus faible sur les marchés de type I.

Spécificité de la « vie intellectuelle » française

Au terme de ces remarques qui visaient davantage à soulever des questions indiscrètes et à suggérer un paradigme d'analyse qu'à offrir une théorie élaborée de la production intellectuelle, je voudrais ajouter un correctif. J'ai essayé de montrer qu'il pourrait être utile de chercher à expliquer notamment les différences internationales en matière de production intellectuelle à partir d'un schéma de type « économique » au sens large de ce mot. Dans mon esprit, une telle analyse n'exclut la considération ni des différences historiques ni des différences culturelles. Différences *historiques* : D. Bell montre bien comment aux États-Unis, des processus complexes et partiellement indépendants ont fait basculer le syndicalisme américain vers le *market unionism* et dépouillé les institutions politiques se réclamant du marxisme de l'attrait qu'elles avaient exercé sur l'intelligentsia américaine jusqu'au début des années quarante (26). Par voie de conséquence, l'idéologie marxiste a cessé brutalement, à partir de ce moment, de servir de point de référence obligé aux intellectuels américains qui découvrirent et reconnurent sans hésitation l'existence du stalinisme et de

(25) Voir Jaurès Mendvedev, *Grandeur et chute de Lyssenko,* Gallimard, Paris, 1961.

(26) Daniel Bell, *The end of ideology,* Collier McMilan, Toronto, 1960, notamment chapitres 12 et 13.

son Goulag. Des processus opposés ont au contraire contribué en France à faire du marxisme l' « horizon indépassable » dont parle J.P. Sartre et à retarder de trente ans environ la découverte du Goulag par l'intelligentsia française. Différences *culturelles* : ici encore, on ne peut mieux faire que laisser la parole à Tocqueville qui voit dans l'*esprit littéraire* qui afflige traditionnellement la France la source principale de l'indifférence relative des intellectuels français par rapport à la réalité : « malheureusement il [Ampère, ami de Tocqueville et son confrère à l'Institut] était fort enclin à transporter dans la littérature l'esprit des salons, et dans la politique, l'esprit littéraire. Ce que j'appelle l'esprit littéraire en politique consiste à voir ce qui est ingénieux et neuf plus que ce qui est vrai, à aimer ce qui fait un tableau intéressant plus que ce qui sert, à se montrer très sensible au bien jouer et au bien dire des acteurs, indépendamment des conséquences de la pièce, et à se décider enfin par des impressions plutôt que par des raisons. Je n'ai pas besoin de dire que ce travers se rencontre ailleurs que dans les académies. A vrai dire, toute la nation en tient un peu, et le peuple français, pris en masse, juge très souvent en politique comme un homme de lettres (27). »

L'esprit littéraire

Il n'est pas question de nier l'importance d'une tradition bien établie que Tocqueville résume par l'expression d' « esprit littéraire ». Ainsi, on ne peut comprendre la vie intellectuelle française de l'après-guerre si on ne donne pas à Sartre la place qui lui revient. Représentant caractéristique de l' « esprit littéraire », et particulièrement de l'application de l'esprit littéraire à la politique, Sartre a incontestablement servi d' « individu de référence » pour parler comme les sociologues, à de nombreux producteurs intellectuels français. Son goût pour le traitement rhétorique et pseudo-déductif de questions empiriques, son esprit de système, son génie verbal, son irrespect pour les faits se retrouvent chez bien des intellectuels qui se sont trouvés vedettisés, pour quelques mois ou pour quelques années, au cours des deux dernières décennies. Sherry Turckle a fort bien montré l'influence de l' « esprit littéraire » dans le cas de la psychanalyse : Freud resta peu populaire en France jusqu'à ce que Lacan entreprenne de la traduire et de la transfigurer en faisant de la psychanalyse une discipline traitant moins du sujet que de son *discours*. Promue au rang d'une méthode d'*explication de texte*, la psychanalyse put alors trouver, grâce à Lacan, un écho considérable en France.

Une production intellectuelle à orientation plutôt esthétique ou idéologique

Malgré l'importance de l'hypothèse de Tocqueville sur l' « esprit littéraire » de la « nation » française, je ne crois pas cependant qu'elle soit suffisante à expliquer la « vie intellectuelle » française des vingt dernières années. Au début des années soixante, Crozier (28) avait posé le diagnostic selon lequel les intellectuels français, en raison de leur croissance numérique et des effets

(27) Alexis de Tocqueville, *Souvenirs*, Gallimard, Collection Folio, Paris, 1978, p. 119.
(28) Michel Crozier, « The cultural revolution », *Daedalus*, hiver 1963-64.

de concurrence provoqués par cette croissance, en raison aussi de la complexification des démocraties avancées, se prendraient de goût pour une analyse sobre, minutieuse, « empirique » des phénomènes sociaux, économiques et mentaux et finiraient par épouser leur siècle. Comme Crozier lui-même le reconnaît (29), ce diagnostic a été invalidé par les faits. Systèmes philosophiques, hypothèses « grandioses » qui, pour employer une expression de Raymond Aron, font trois petits tours et puis s'en vont, continuent en France de faire l'objet essentiel de l'attention et des discussions dans les « salons », les « media », ainsi que dans les clubs officiels et officieux. En dépit de l'« esprit littéraire » français, il n'y avait cependant aucune raison de principe pour que le diagnostic émis par Crozier au début des années soixante soit nécessairement invalidé. Mais l'augmentation de la demande sur les marchés II et III, la faible capacité de rémunération matérielle et symbolique dont depuis 1968 notamment, disposent les institutions de production de la connaissance, à savoir les institutions universitaires, l'importante capacité de rémunération dont à l'inverse dispose le *Tout-Paris,* la corruption (au sens de Montesquieu) des mécanismes de régulation de la production intellectuelle, l'étiolement des marchés de type I correspondant à plusieurs secteurs de l'activité intellectuelle, ont contribué à détourner de nombreux intellectuels français d'une production à finalité *cognitive* et à les orienter de manière beaucoup plus sensible que dans des pays comparables vers une production de type *esthétique* ou *idéologique.* Mais les producteurs intellectuels occupant souvent une position dans le système d'enseignement et de recherche, l'« esprit littéraire » tend souvent à se faire passer pour « scientifique ».

---

(29) Michel Crozier, « Les angoisses existentielles des intellectuels français, réflexion sur vingt ans de révolution culturelle », *Commentaire,* été 1979.

Annexe 4 :

La société française en chiffres

Education - emploi
La presse

Education-emploi

Niveau de formation de la population

Tableau 1

Population totale selon le niveau de diplôme en 1968 et 1975

(en %)

Niveau / Année	Non diplômés	BEPC	CAP BEP	Bac général	Bac technique	Supérieur	Population de référence
1968	75,2	4,9	11,1	3,1	2,9	2,7	34 563 900
1975	67,4	6,1	13,7	3,7	3,3	5,8	36 539 800

Sources : Recensements de la population 1968 et 1975.

Tableau 2

Structure de la population active totale selon le niveau de diplôme (*)

(en %)

Niveau / Année	Non diplômés	BEPC	CAP BEP	Bac général	Bac technique	Supérieur	Population de référence
1968	67,7	5	15,5	3,8	4	3,8	20 071 100
1975	56,9	6,5	19,3	4,5	4,7	8	21 467 600

(*) Apprentis exclus.

Sources : Recensements 1968 et 1975.

Tableau 3

Flux de sorties du système éducatif (apprentissage exclu) par niveau de formation : 1973-1980

Niveau de formation	Constat					Estimations		
	1973	1974	1975	1976	1977	1978	1979	1980
I + II	72 900	72 700	77 500	72 500	72 100	73 500	74 200	74 800
III	59 800	59 000	59 100	67 500	72 500	75 600	76 400	75 500
IV supérieur	59 700	62 900	54 700	51 500	53 000	53 900	55 100	56 500
Total supérieur	**192 400**	**194 600**	**191 300**	**191 500**	**197 600**	**203 000**	**205 700**	**206 800**
IV secondaire	67 200	75 100	69 900	67 000	60 800	62 100	62 900	64 600
V	333 100	302 100	318 300	340 300	370 400	367 000	384 400	384 700
VI et V bis	209 000	223 200	170 700	148 700	142 300	127 700	110 800	96 000
Total secondaire	**609 300**	**600 400**	**558 900**	**556 500**	**573 500**	**556 800**	**558 100**	**545 300**
Total général	**801 700**	**795 000**	**750 200**	**748 000**	**771 100**	**759 800**	**763 800**	**752 100**

Source : SEIS.

Nomenclature des niveaux de formation

Niveau VI :	Sorties du premier cycle du second degré (6e à 3e pratique et CPPN) et des formations professionnelles en un an (CEP et CPA).
Niveau V bis :	Sorties de 3e I, II et II aménagées et des classes du second cycle court avant l'année terminale.
Niveau V :	Sorties de l'année terminale des cycles courts professionnels et abandons de la scolarité du second cycle long avant la classe terminale.
Niveau IV secondaire :	Sorties de classes terminales.
Niveau IV supérieur :	Abandons de scolarité post-baccalauréat avant d'atteindre le niveau III.
Niveau III :	Sorties avec un diplôme de niveau baccalauréat + 2 ans (DUT, BTS, instituteurs, DEUG, écoles de santé, etc.).
Niveaux I et II :	Sorties avec un diplôme du second ou troisième cycle ou de grande école.

Tableau 4

Sorties du système éducatif selon le niveau de diplôme

Diplôme / Année	1973		1977	
	Effectif	%	Effectif	%
Sans diplôme	331 200	41,6	271 400	34,4
BEPC	102 400	12,9	77 800	9,9
CAP et BEP	143 200	18,0	185 100	23,5
Bac général	99 200	12,5	96 300	12,2
Bac technique	25 900	3,3	36 600	4,6
DEUG - ENI	18 100	2,3	15 200	1,9
DUT - BTS - Santé	33 300	4,2	56 900	7,2
Enseignement supérieur	42 900	5,4	48 400	6,1
Total	**796 300**	**100**	**787 700**	**100**

Source : Bilan formation-emploi 1977 - CEREQ - INSEE - SEIS.

Tableau 5

Evolution des taux de chômage selon le niveau du diplôme le plus élevé obtenu

(en % de la catégorie considérée)

Niveau du diplôme	avril 1975 (PSERE) (1)		mars 1978 (PSERE) (1)		mars 1979 (PSERE) (1)	
	Jeunes (18 à 24 ans)	Total	Jeunes (18 à 24 ans)	Total	Jeunes (18 à 24 ans)	Total
CEP	9,3	4,6	11,7	4,5	12,1	5,0
BEPC (avec ou sans CAP)	8,9	5,4	9,9	5,3	13,6	6,3
CAP	5,3	3,3	9,0	4,3	10,5	4,9
Baccalauréat ou brevet de technicien	6,4	3,3	8,6	3,7	11,1	4,2
Baccalauréat + 2 (DUEL, DUES, BTS)	4,4	3,0	7,0	3,3	7,3	3,2
Egal ou supérieur à la licence	—	2,8	—	2,5	—	3,0
Aucun diplôme	12,4	5,8	14,8	6,3	18,3	7,7
Ensemble	**7,5**	**3,7**	**10,8**	**4,8**	**13,3**	**5,6**

Sources : Enquêtes « Emploi », (INSEE).

(1) A l'exclusion des étudiants.

— Chiffre non significatif en raison de la faiblesse de l'effectif.

Notes :

CEP : Certificat d'études primaires
BEPC : Brevet d'études du premier cycle (du second degré)
CAP : Certificat d'aptitude professionnelle
DUEL : Diplôme universitaire d'études littéraires
DUES : Diplôme universitaire d'études scientifiques
BTS : Brevet de technicien supérieur
PSERE : Population sans emploi à la recherche d'un emploi ; population qui satisfait simultanément aux critères suivants : recherche d'un emploi salarié, démarches effectives, disponibilité, absence d'occupation professionnelle au cours de la semaine de référence.

Graphique 1 :

Déroulement de la scolarité (1978-1979).

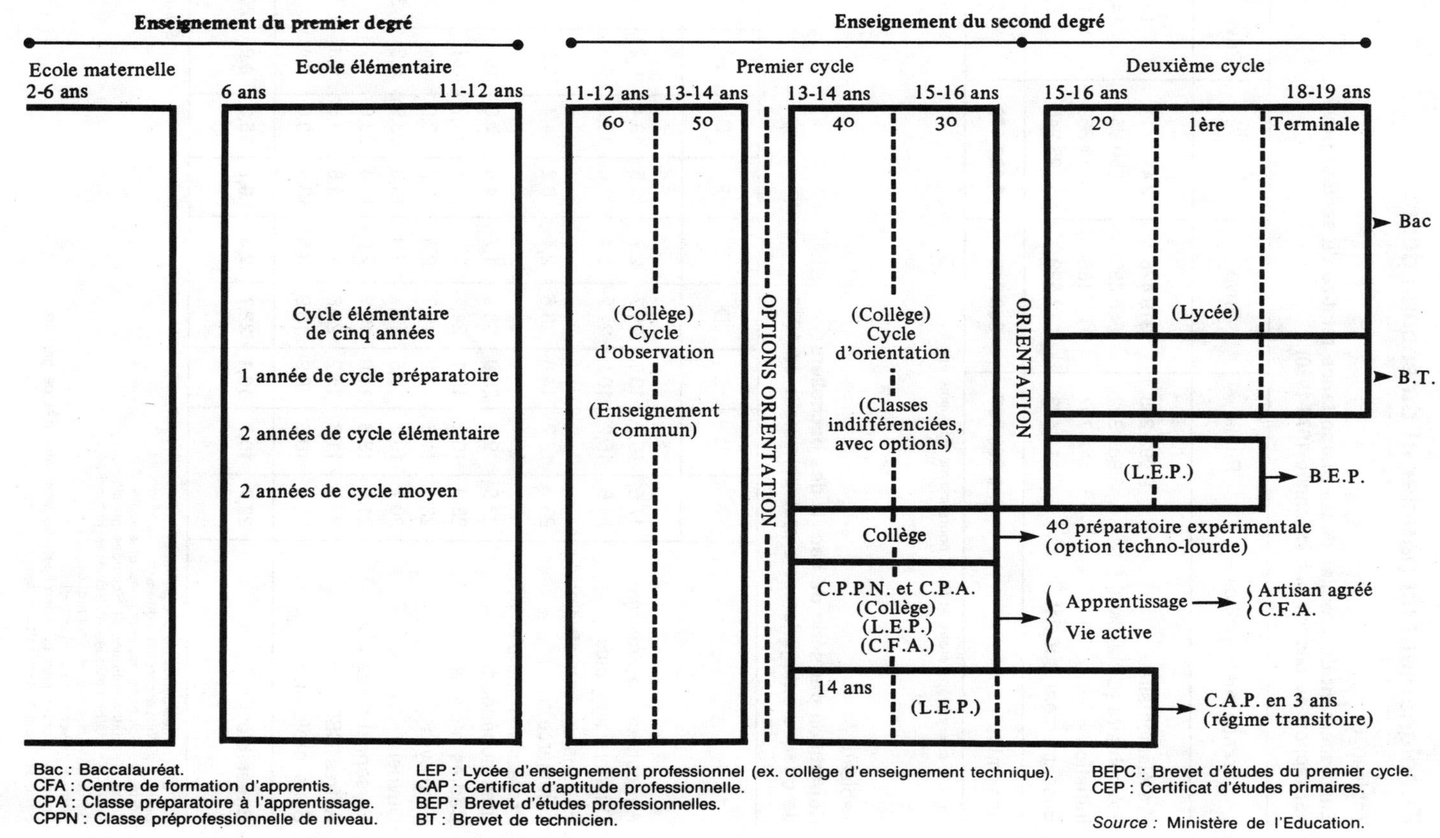

Bac : Baccalauréat.
CFA : Centre de formation d'apprentis.
CPA : Classe préparatoire à l'apprentissage.
CPPN : Classe préprofessionnelle de niveau.

LEP : Lycée d'enseignement professionnel (ex. collège d'enseignement technique).
CAP : Certificat d'aptitude professionnelle.
BEP : Brevet d'études professionnelles.
BT : Brevet de technicien.

BEPC : Brevet d'études du premier cycle.
CEP : Certificat d'études primaires.

Source : Ministère de l'Education.

Enseignement du premier et du second degré

Tableau 6

Enseignement du premier degré : importance relative du secteur privé par rapport au secteur public (année 1979-1980)

France métropolitaine	Public	Privé	Public + privé	Privé en %
Pré-élémentaire	2 093 285	319 426	2 412 711	13,2
Elémentaire (CP à CM2) (1)	3 985 322	665 632	4 650 954	14,3
Initiation	11 707	156	11 863	1,3
Enseignement spécial	116 423	7 522	123 945	6,0
Ensemble	**6 206 737**	**992 736**	**7 199 473**	**13,8**

(1) CP, cours préparatoire et CM2, cours moyen deuxième année.

Source : SEIS.

Tableau 7

Répartition par série de bac (1) **des bacheliers de chaque catégorie socio-professionnelle en 1978**

	A	B	C	D	E	F	G	H	Total = 100 %
Agriculteurs exploitants	17,6	10,2	13,7	25,7	2,7	10,5	19,4	0,2	15 819
Ouvriers agricoles	21,6	15,2	10,2	21,2	3,4	11,6	16,2	0,6	1 275
Patrons de l'industrie et du commerce	23,7	12,7	14,8	23,6	2,4	8,2	14,4	0,2	22 740
Professions libérales et cadres supérieurs	23,5	9,3	25,0	28,9	1,7	4,5	7,0	0,1	40 378
Cadres moyens	23,9	10,2	19,1	24,1	2,8	8,1	11,7	0,1	35 857
Employés	23,6	11,6	13,2	19,7	2,8	10,7	18,0	0,4	24 436
Ouvriers	20,7	10,3	9,5	15,7	3,3	16,3	23,9	0,3	38 243
Personnel de service	21,4	13,8	11,0	16,2	2,0	12,4	23,0	0,2	2 293
Autres CSP	23,7	11,3	15,2	24,8	2,6	8,6	13,5	0,3	17 256
Sans profession	26,8	10,0	8,9	15,9	3,5	13,9	20,6	0,4	6 292
Ensemble	**22,7**	**10,7**	**16,1**	**22,7**	**2,6**	**9,7**	**15,3**	**0,2**	**204 589** (1)

(1) Différentes séries du baccalauréat :
Série A : Philosophie et Lettres.
Série B : Sciences économiques et sociales.
Série C : Mathématiques et Sciences physiques.
Série D : Mathématiques et Sciences naturelles.
Série E : Sciences et Techniques.
Série F : Techniques industrielles.
Série G : Techniques commerciales, administratives et de gestion.
Série H : Techniques informatiques.

Source : SEIS.

Tableau 8

Répartition des élèves et des étudiants selon la catégorie socio-professionnelle de leurs parents

France métropolitaine (public)

(en %)

Origine socio-professionnelle des parents	Elèves de classes de 2e en 1976-1977 (1)	Etudiants français	
		1978-1979	1979-1980
Agriculteurs exploitants	5,53	5,4	5,3
Salariés agricoles	0,74	0,4	0,4
Patrons de l'industrie et du commerce	10,84	10,6	10,4
Professions libérales	16,78	33,5	33,7
Cadres moyens	15,60	17,8	17,7
Employés	13,10	9,0	9,1
Ouvriers	25,92	13,2	13,4
Personnel de service	2,65	1,0	1,0
Autres catégories (y compris pupilles)	4,0	6,3	6,1
Sans profession	4,71	2,8	2,8

(1) Dernière enquête parue, celle-ci n'étant réalisée que tous les quatre ans.

Source : SEIS.

Tableau 9

Statistique des boursiers dans l'enseignement du 2e degré et l'enseignement supérieur

France métropolitaine (public)

A - 2e degré

	1979-1980 (1)	
Collèges	1er cycle	974 150
LEP	2e cycle court	275 231
Lycées	2e cycle long	172 754
Sections éducation spéciale		
Total		**1 330 646**

(1) Enquête faite par la Direction des Affaires Générales (DAG3).

France métropolitaine (public)

B - Supérieur

	1979-1980
Enseignement supérieur (universités et assimilés) (IUT, ENSI, INP, IEP, CPAG, écoles ingénieurs, autres)	97 897
Classes supérieures (STS + CPGE)	16 980

Université et enseignement supérieur

Tableau 10

Les étudiants en 1977-1978

(en milliers)

	Secteur public	Secteur privé	Total
Universités			
Droit et sciences économiques	184,4	1,4	185,8
Sciences	125,9	0,6	126,5
Lettres et sciences humaines	253,4	9,0	262,4
Médecine et odontologie	160,9	0,8	161,7
Instituts universitaires de technologie	47,4		47,4
Divers	25,3	0,2	25,5
Total	**832,1**	**12,0**	**844,1**
Sect. de techn. supérieurs	33,4	17,0	50,4
Sect. de techn. sup. agriculture	2,2		2,2
Classes préparatoires aux grandes écoles	33,4	4,1	37,5
Classes préparatoires (non éducation)	1,6		1,6
Préparations diverses	1,1	1,9	3,0
Formation profess., préparations diverses des écoles normales	27,7		27,7
Total	**99,4**	**23,0**	**122,4**
Grandes écoles			
Ecoles d'ingénieurs	19,4		19,4
Ecoles d'ingénieurs privées		8,3	8,3
Ecoles supérieures de commerce		11,2	11,2
Ecoles de Sciences juridiques et administratives (e)	6,9	1,4	8,3
Ecoles de formation carrières sanitaires et sociales (e)	38,0	10,0	48,0
Autres écoles	38,7	2,8	41,5
Total grandes écoles	**103,0**	**33,7**	**136,7**
Ensemble des effectifs post-baccalauréat	**1 034,5**	**68,7**	**1 103,2**

(e) Estimation.

Tableau 11

Répartition des étudiants français et étrangers dans l'Université (1979-1980)

Droit	133 280	Pharmacie	36 639
Sciences économiques	69 636	Dentaire	12 304
Lettres	260 803	Pluridisciplinaire	10 996
Sciences	136 378	IUT	51 992
Médecine	142 128	**Total**	**854 166**

Tableau 12

Répartition des étudiants français, selon la catégorie socio-professionnelle des parents en 1978-1979

métropole et DOM (public)

Disciplines et cycles / Catégories socio-professionnelles des parents	Agriculteurs Exploitants	Ouvriers agricoles	Patrons de l'industrie et commerce	Professions libérales cadres supérieurs	Cadres moyens	Employés	Ouvriers	Personnel de service	Autres catégories professionnelles (1)	Sans profession	Non réponse	Total
Droit	5 512	459	11 187	34 917	18 401	10 513	13 944	1 296	7 288	3 493	11 447	118 457
Sciences économiques	3 131	232	5 496	14 263	8 954	4 653	6 896	578	2 995	1 223	3 638	52 059
Lettres	9 640	872	20 968	57 478	37 122	19 825	29 442	2 264	15 211	5 545	19 757	218 124
Sciences	7 260	454	10 078	33 135	20 867	9 684	14 661	841	6 805	2 590	6 896	113 271
Médecine	4 506	268	13 326	60 632	19 981	8 929	9 534	678	5 638	4 210	7 165	134 867
Pharmacie	2 080	68	4 038	13 736	4 804	2 049	2 076	145	1 326	783	1 132	32 237
Dentaire	330	15	1 452	5 118	1 636	799	690	41	401	381	464	11 327
Pluridisciplinaire	317	24	957	2 542	1 793	959	1 280	80	524	247	495	9 218
IUT	4 531	294	5 190	7 194	8 079	4 476	11 489	781	2 586	820	1 431	46 871
Total	**37 307**	**2 686**	**72 692**	**229 015**	**121 637**	**61 887**	**90 012**	**6 704**	**42 774**	**19 292**	**52 425**	**736 431**
En %	5,1	0,4	9,9	31,1	16,5	8,4	12,2	0,9	5,8	2,6	7,1	100,0

(1) Armée, police, artistes...

Graphique 2 :

Evolution du nombre de certains diplômes universitaires. Comparaison 1960 et 1977.

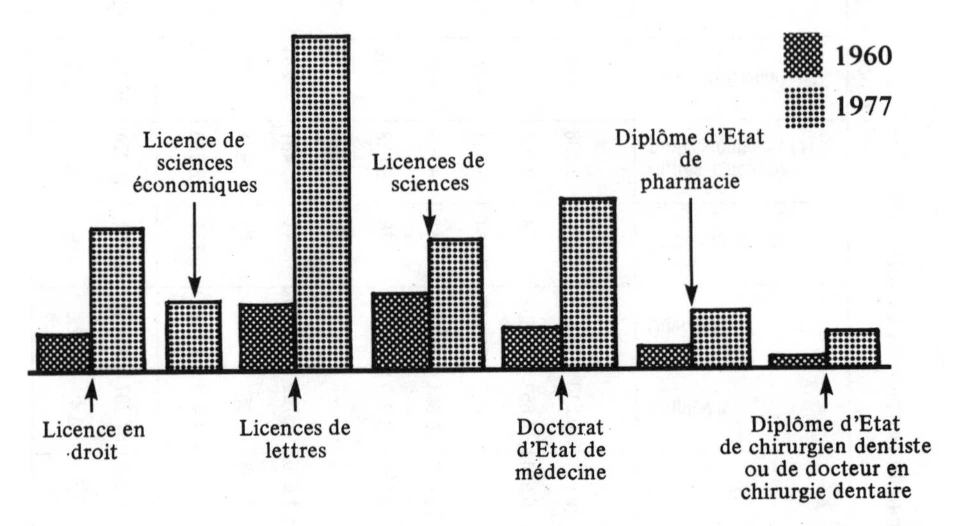

Source : SEIS.

Les enseignants

Tableau 13

Personnel du premier degré public (1977-1978)

	Hommes	Femmes	Total
Titulaires et stagiaires	62 264	187 716	249 980
Maîtres spécialisés	8 676	13 060	21 736
Remplaçants	1 347	9 343	10 690
Suppléants éventuels	366	2 476	2 842
Elèves-maîtres	48	47	95
Total	**72 701**	**212 642**	**285 343**

Source : Tableaux de l'Economie Française, 1980, INSEE.

Tableau 14

Personnel enseignant, par discipline, dans les établissements publics du second degré en 1978-1979

	Lycées	Collèges	Type lycée **Total**
Mathématiques	9 396	8 729	18 125
Sciences naturelles	2 503	5 259	7 762
Physique (+ technologie)	7 964	2 755	10 719
Philosophie	2 313		2 313
Histoire et géographie	5 929	7 151	13 080
Sciences économiques et sociales	1 441		1 441
Lettres classiques	4 520	7 617	12 137
Lettres modernes	4 317	9 208	13 525
Allemand	3 585	4 318	7 903
Anglais	6 477	9 629	16 106
Espagnol	2 290	1 939	4 229
Italien	733	484	1 217
Dessin d'art	611	3 214	3 825
Travaux manuels éducatifs	244	3 020	3 264
Education musicale	251	2 941	3 192
Sc. et techn. économiques	4 515		4 515
Construction mécanique	1 984		1 984

	Type collège **Total**
Lettres-histoire-géographie	19 126
Lettres-allemand	3 650
Lettres-anglais	11 974
Lettres-espagnol	1 917
Lettres-italien	437
Math.-physique-technologie	15 369
Sciences naturelles-physique, technologie	7 229
Français, latin	646
Lettres, éducation physique	770
Math.-éducation physique	822
Sc. nat.-éducation physique	726
Lettres-éducation musicale	820
Math.-éducation musicale	470
Lettres-arts plastiques	1 786
Math.-arts plastiques	1 278
Enseign. manuel et pré-professionnel	7 530

Source : Tableaux de l'Economie Française, 1980, INSEE.

Tableau 15

Structure d'âge par discipline des enseignants en activité dans le 2e degré (*)

	% moins de 30 ans	% 30 à 40 ans	% 40 à 50 ans	% plus de 50 ans
Philosophie	8,4	47,7	23,2	20,7
Lettres	13,7	47,2	23,6	15,5
Histoire-géographie	10,6	44,8	27,6	17,0
Anglais	10,5	44,2	26,6	18,7
Allemand	14,6	46,6	23,9	14,9
Espagnol	6,5	41,5	36,4	15,6
Italien	6,3	40,1	30,9	22,7
Autres langues	14,5	48,6	24,7	12,2
Mathématiques	20,3	53,7	16,2	9,8
Sciences physiques	9,0	48,7	32,3	10,0
Sciences naturelles	9,8	36,7	40,9	12,6
Dessin	12,8	44,2	26,2	16,9
Education musicale	19,7	31,2	30,1	19,0
Education manuelle et technique	16,9	29,6	29,4	24,1
Sciences économiques et sociales	17,9	67,4	9,8	4,9
Sciences et techniques économiques	12,0	53,1	23,2	11,7
Disciplines techniques	8,7	40,2	26,1	25,0

(*) Statistiques établies par le Service des etudes informatiques et statistiques du ministère de l'Education, février 1980.

Tableau 16

Places mises aux concours de 1953 à 1980

Années	Agrégations	Capes
1953	530	553
1954	764	834
1955	889	1 300
1956	1 149	1 560
1957	1 339	2 372
1958	1 529	2 600
1959	1 543	2 600
1960	1 655	2 900
1961	1 789	3 500
1962	1 778	3 500
1963	1 874	2 958
1964	1 486	3 500
		Capes + Capet
1965	1 200	3 858
1966	1 270	3 715
1967	1 350	3 980
1968	1 450	5 017
1969	1 740	5 944
1970	2 120	6 050
1971	2 200	7 150
1972	2 200	7 150
1973	2 200	7 150
1974	2 200	7 150
1975	1 800	6 000
1976	1 600	5 000
1977	1 600	4 000
1978	1 200	3 250
1979	1 000	1 700
1980	1 000	1 700

Source : Le Courrier de l'Education, mai 1980.

Tableau 17

Taux de réussite aux concours de recrutement

	Agrégation			Capes		
	1964	1973	1979	1964	1973	1979
Candidats	6 646	24 551	20 408	7 214	51 858	34 828
Reçus	962	1 959	976	2 739	6 923	1 637
%	14,4 %	7,9 %	4,8 %	38,4 %	13,4 %	4,7 %

Source : SEIS.

La presse

Graphique 3 :
La diffusion des six premiers quotidiens.

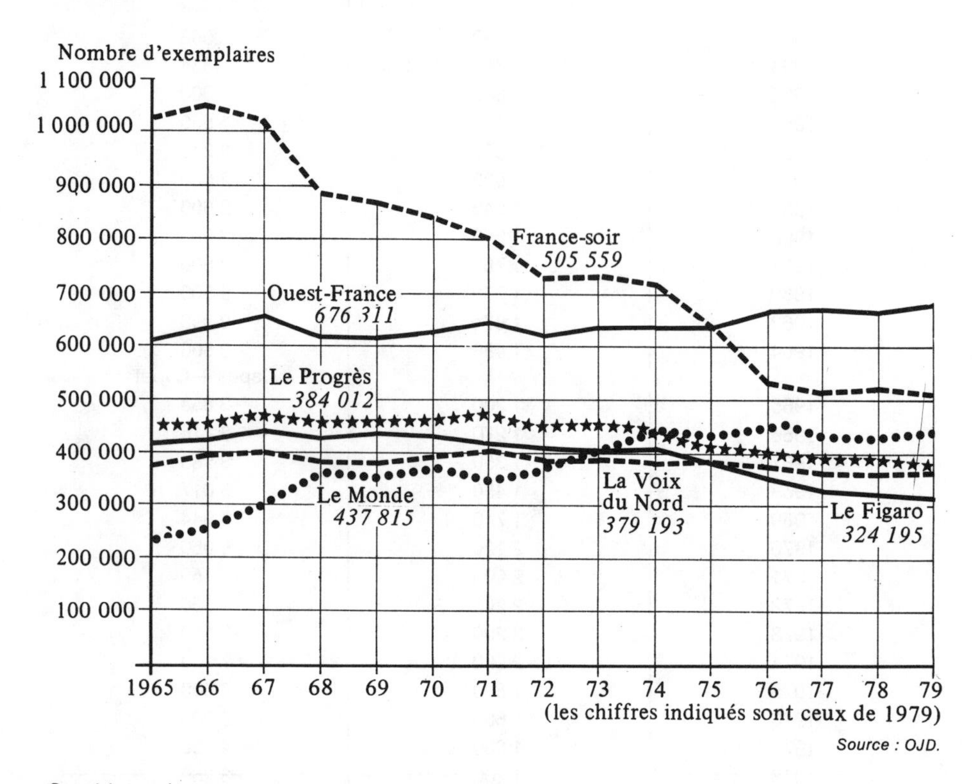

Source : OJD.

Graphique 4
Evolution des tirages des quotidiens depuis 1945 (en millions d'exemplaires)

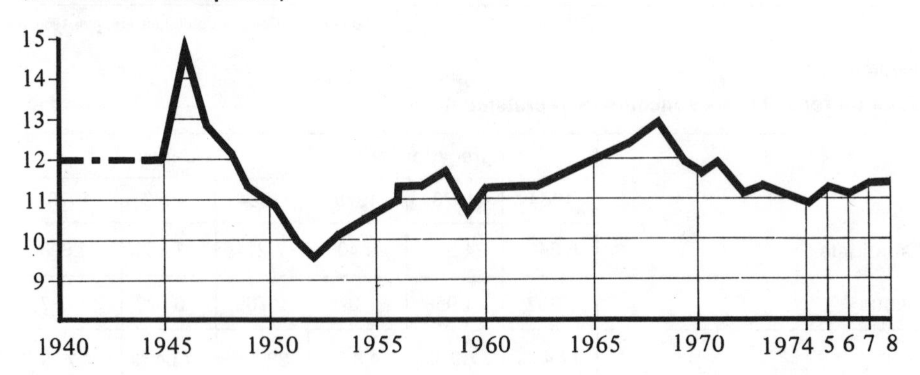

Source : les Cahiers français, n° 178, La Documentation Française.

Tableau 18

Répartition entre la province et Paris

	Province	Paris	Total
1945	175	31	206
1950	126	16	142
1955	116	13	129
1960	98	13	111
1965	92	13	106
1970	81	13	94
1975	72	9	81
1978	75	15	90

Source : Les Cahiers français, n° 178, *op. cit.*

Depuis 1892, le nombre de quotidiens édités en France ne cesse de diminuer.

Graphique 5

L'évolution du nombre des quotidiens

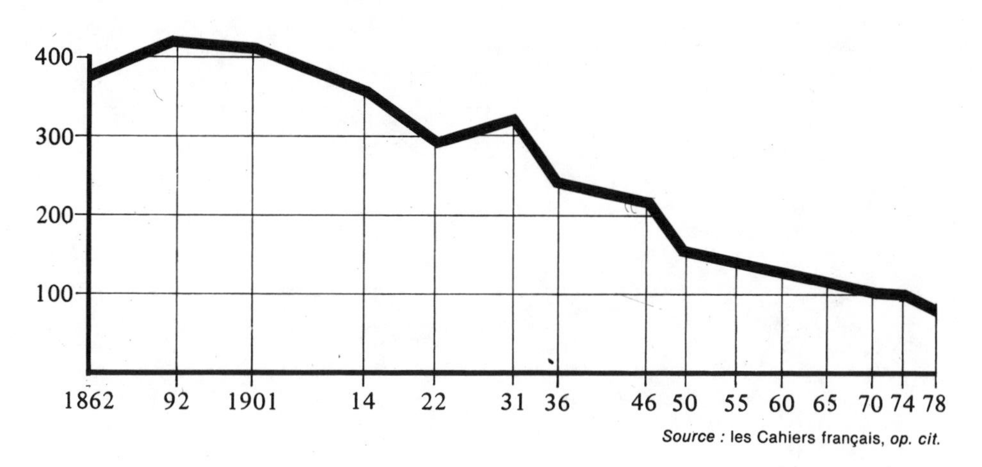

Source : les Cahiers français, *op. cit.*

ACHEVÉ D'IMPRIMER
SUR LES PRESSES DE
GRAPHIC-EXPANSION S. A.
9, avenue du Général-Leclerc
——— NANCY ———
D.L. 1293 - 1er trimestre 1982

GRAFMEYER (Y.), REYNAUD (J.D.) et alii.
— Français, qui êtes-vous ?
Notes et Études documentaires, nos 4627-4628
Paris : la Documentation française ; 1981, 500 p. ; tab., cartes, graph., 24 cm.

Etude collective sous la direction de Jean-Daniel REYNAUD et Yves GRAFMEYER.

Ce livre tente de présenter un portrait des Français en montrant comment depuis 1945 un certain nombre de phénomènes nouveaux : croissance économique, exode rural, extension du salariat, hausse générale du niveau d'instruction, ont conduit à des changements d'attitudes et de comportements des Français même si certaines caractéristiques demeurent stables.

De multiples aspects de la société française sont analysés : d'abord la population, les catégories socio-professionnelles, les conditions de vie, les facteurs d'inégalité, les élites, le monde rural. L'entreprise et les relations sociales, la formation professionnelle, le management et l'innovation sont abordés dans la deuxième partie. Les modifications des mœurs et des comportements, l'évolution de certaines institutions comme la famille, l'église, la justice font l'objet de la troisième partie. Enfin, dans la dernière partie sont examinés les aspects plus particulièrement culturels.

D'importantes annexes statistiques sur la plupart des thèmes traités complètent cet ensemble.